KB261811

동아시아 집단주의의 유학사상적 배경

심리학적 접근

저자 **조긍호**(趙兢鎬)
－1948년 경기도 양평 출생. 서울대학교 문리과대학 심리학과 졸업. 서울대학교 대학원 문학석사 ·
　박사. 전남대학교 심리학과 교수, 미국 미시간대학교 객원연구교수
－한국 사회 및 성격심리학회 회장, 한국심리학회 회장 역임.
－대한민국학술원상(인문사회과학부문) 수상
－현재 서강대학교 심리학과 교수
－저서 {유학심리학}(학술원상 수상), {동양심리학}(공저), {불평등사상의 연구}(공저), {심리
　　학: 인간의 이해}(공저), {한국인 이해의 개념틀}, {이상적 인간형론의 동·서 비교}

동아시아 집단주의의 유학사상적 배경

초판 제1쇄 발행　2007. 11. 25.
초판 제2쇄 발행　2008. 10. 20.

지은이　　조긍호
펴낸이　　김경희
펴낸곳　　㈜지식산업사

　　　　본사 · 경기도 파주시 교하읍 문발리 520-12
　　　　　　　전화 (031)955-4226~7 팩스 (031)955-4228
　　　　서울사무소 · 서울시 종로구 통의동 35-18
　　　　　　　전화 (02)734-1978　팩스 (02)720-7900
　　　　인터넷한글문패　지식산업사
　　　　인터넷영문문패　www.jisik.co.kr
　　　　전자우편　jsp@jisik.co.kr
　　　　등록번호　1-363
　　　　등록날짜　1969. 5. 8.

책값은 뒤표지에 있습니다.

ISBN 978-89-423-3070-6　93180

이 책을 읽고 문의하고자 하는 이는 지식산업사 전자우편으로 연락 바랍니다.

동아시아 집단주의의 유학사상적 배경

심리학적 접근

조긍호

지식산업사

이 책의 집필 과정에서 2006 / 2007년도 서강대학교 교내연구비(20061052)의 지원이 있었음.

책머리에

올해로 벌써 이순(耳順)의 나이가 되었다. 감히 어떻게 견줄 수 있으리오마는, 공자께서는 예순 살에 이르러 무엇을 들어도 저절로 그 이치를 깨닫게 되어 귀가 편해졌다고 하셨는데, 필자는 나이가 이미 예순이 되었으되 보고 듣는 것마다 의혹을 새록새록 불러일으키고 눈귀에 거슬릴 뿐이니, 이순이 아니라 이역(耳逆)이라 해야 옳을 듯싶다. 아직 불혹(不惑)의 상태에도 이르지 못한 것 같으니, 자괴감만 더욱 깊어간다. 흐르는 세월에 마음을 싣지 못해, 나이는 저만큼 앞서 가는데 마음은 여기 그대로 머물러 선인(先人)의 자취를 따르지 못하니 안타까울 따름이다.

그 안타까움이 필자를 바쁘게 몰아대고 있다. 이 책은 그런 안타까움의 소산이지만 마음만 바빴을 뿐 그 수확은 겨우 이 정도에 머무르고 말았다. 안타까움이 부끄러움을 키워가고 있음을 느끼는 요즈음이다. 그러나 어찌하랴! 필자가 평생 키워온 그릇이 고작 요만한 크기일 뿐인 것을……. 남들만큼 그릇이 크거나 깊지는 못하지만, 그래도 오래 눌러 앉아 버티는 재주(?) 하나는 타고 났으니, 한 번 담긴 물은 요 정도의 그릇에서나마 쏟아지지 않도록 조심할 밖에 다른 방법이 없을 듯싶다. 그저 그런 자세로 읽고 쓰고 하며, 나이만 먹어가고 있다.

흔히 동아시아 사회의 특징은 집단주의이고, 그 배경에는 유학사상이 놓여 있다고들 이야기한다. 1980년대 중반 심리학도의 눈으로 유학 경전을 읽기 시작할 때만 해도, 필자의 생각은 이런 상식에서 크게 벗어나 있지 않았다. 이러한 관점에서 유학 경전과 현대심리학을 접목하려면 유학 경전의 독서와 함께 문화비교심리학의 연구 결과들을 개관해 볼 필요가 있겠다고 생각했다. 그리하여 문화비교심리학의 연구 성과들에서 드러나는 동아시아 사회의 집단주의적인 특징에 대해 선택적으로 취합하여 읽기 시작했던 것이다.

이러한 작업의 성과를 《한국인 이해의 개념틀》(2003년, 나남출판)로 종합·정리하느라 현대 한국인에게 끼친 유교의 영향에 관해 앞서 발표된 문헌들을 접하면서, 필자는 고개를 갸우뚱하지 않을 수 없었다. 모두는 아니었지만, 대체로 이 문제를 두고 논자들은 현대 한국인의 부정적 행동 특징에 주목하면서, 이들이 유교 문화의 영향에서 나왔다고 주장하고 있었다. 예를 들면, 개인의 자유보다 권위를 앞세우는 자아 말살, 가부장적인 가족 중심주의, 계층의식, 사대주의와 당쟁의 격화, 관존민비, 체면 중시, 과거지향성, 눈치보기, 의존심, 허명(虛名)을 숭상하는 상명주의(尙名主義), 추리력과 창조력의 결여, 기술 천시 같은 행동들이 모두 유교 문화의 영향 때문에 나온 특징들이란 식이다. 이들에 따르면, 원인 없는 결과가 있을 수 없고 아니 땐 굴뚝에 연기 날 리 없으니 이러한 부정적 행동들의 배후에는 부정적인 원인이 있었을 것이고, 그것이 바로 동아시아 사회를 오랫동안 지배해 왔던 유학사상이라는 것이다. 그러니 "공자가 죽어야 나라가 산다"고 목청을 높이는 사람까지 생겨났던 것은 어쩌면 당연한 논리적인 귀결이었던 셈이다.

이러한 주장의 논거는 아주 단순하여, 차라리 허망하기까지 하다. 아마도 그들의 논거는 '현재는 과거의 산물'이라는 점, 그 이상도 또 그 이하도 아닐 것이다. 현재는 항상 미래의 결과를 잉태하게 마련이므로, 동아시아인들의 현재는 공통의 과거가 만든 것이고, 그 공통의 과거가 바로 유학사상이라는 것이다. 이러한 이해에 대해 그들은 추호도 의심을 품지 않는다.

동아시아인, 특히 한국인들의 부정적 측면에만 초점을 맞추고 있는 점도 문제지만, 이러한 분석이 안고 있는 더욱 심각한 문제점은 유학의 어떤 측면이 어떤 심리적 과정을 거쳐 현재의 행동을 낳게 되었는지에 관한 논의가 거의 없다는 사실이다. 기존의 연구들이 이러한 문제점을 안고 있는 데에는 몇 가지 원인이 있다고 볼 수 있다.

첫째는 유교 문화가 동아시아인에게 끼친 영향을 분석하기 위한 일관되는 기본틀이 없이, 논자 나름대로 유학 경전의 이 구절 저 구절을 이런 저런 행동 특징과 단순히 연결지어 해석하려 했다는 점이다. 둘째는 현대 동아시아인의 행동과 심성의 특징에 대한 실증적 자료를 수집함이 없이, 대부분 근거도 희박한 일상적인 편견에 기대어 분석이 이루어지고 있다는 점이다. 그리고 셋째는 인간 심성과 행동에 관한 유학적 이론체계에 대한 철저한 탐색이 없이, 상식적인 수준에서 논의가 전개되고 있다는 점이다.

사상적 배경이 실제 행동을 낳게 되는 심리적 기제(機制)를 밝히는 작업은 매우 힘들다. 특히 문화의 영향같이 한 사회 전체가 관련되는 거대 주제일 경우에는 더욱 그렇다. 그러나 그렇다고 하더라도, '유학의 어떤 내용이나 측면이 현대 동아시아인의 행동 가운데 어떤 내용과 측면에 영향을 미쳤을 것이다'라는 정도의 분석쯤은 있어야, '동아시아 집단주의의 배경은 유학사상'이라는 주장이 설득력을 갖게 되지 않을까?

이러한 관점에서 이 책에서는 '동아시아 집단주의의 배경은 유학사상'이라는 추론을 현대 동아시아인의 행동 특징에 관한 실증적인 자료와 유학 경전에서 도출되는 인간관과 인간 심성에 관한 이론체계를 바탕으로 삼아 논리적으로 고찰해 보려 하였다. 이 책에서는 현대 문화비교심리학에서 동아시아인과 서구인의 행동과 심성의 특징을 비교·개관하기 위한 개념틀과 유학 경전에서 도출되는 인간관을 이 책 전체를 꿰뚫는 기본적인 틀거리로 삼고, 문화비교심리학에서 밝혀진 현대 동아시아인의 지(知, 인지)·정(情, 정서)·의(意, 동기) 세 측면의 행동 특징에 관한 실증적인 자료와 유학 경전에서 추출해 낸 인지·정서·동기 같은 인간 심성에 관한 이론체계를 대비하여, 양자 사이에 꽉 짜인 논리적인 정합성이 있는지를 확인해 보는 방식으로 논의를 진행하였다. 이러한 목표를 이루기 위해 필자는 세 가지 측면에서 자료를 수집하고 정리했다.

첫째는 현대 문화비교심리학에서 실증적으로 밝혀낸 연구 결과들을 개관하여, 인지, 정서와 동기의 측면에서 현대 동아시아인이 드러내는 심성과 행

8

동의 특징을 있는 그대로 찾아내는 것이다. 이는 동아시아인의 현재의 특징에 관한 기초 자료로 사용될 것이다.

둘째는 《논어(論語)》·《맹자(孟子)》·《순자(荀子)》 같은 선진유학의 경전과 퇴계(退溪)와 율곡(栗谷) 같은 조선조 성리학자들의 저술을 전통적인 방법에 따라 철학적으로 읽지 않고, 이들 경전을 심리학적 안목에서 읽어, 이로부터 인지·정서·동기 같은 실제 인간의 심성과 행동에 관한 심리학적 이론체계를 이끌어내는 것이다. 전통적으로 유학의 경전은 인간 본성에 관한 선악의 관점과 이에 근거를 둔 당위론의 관점에서 읽혀왔으나, 필자는 가능하면 이러한 선악의 관점을 탈피하여, 인간 심성을 구성하는 인지·정서·동기(지·정·의)에 대해 선진유학자들이 어떻게 개념화했는지 있는 그대로 찾아내고자 하였다. 이는 동아시아인이 인간의 심성과 행동을 이해하는 사상적 배경에 관한 기초 자료로 사용될 것이다.

셋째는 이 두 작업의 결과를 관련시켜, 과연 이 두 가지 자료(동아시아인의 인지·정서·동기의 현재적 특징과 유학 경전에서 도출되는 인지·정서·동기에 관한 이론체계) 사이에 일관성이 있는지 확인하는 것이다. 만일 이 두 자료 사이에 일관성을 찾을 수 있다면, 2,000여 년 전에 구축된 유학사상이 현대 동아시아인의 심성과 행동의 특징을 형성한 모태로서 작용해 왔다고 추론할 수 있을 것이다.

이 책에서 사용한 자료들은 대체로 필자가 앞서 출간한 세 권의 책 — 《유학심리학: 맹자·순자 편》(1998년, 나남출판), 《한국인 이해의 개념틀》(2003년, 나남출판), 《이상적 인간형론의 동·서 비교》(2006년, 지식산업사) — 을 집필하는 과정에서 수집된 것들이다. 이 책에서는 이러한 자료에 약간의 새로운 내용을 덧붙여 보완하고, 이들의 구성을 달리하여 '동아시아 집단주의의 사상적 배경은 유학의 체계'라는 주제를 검토하기 위한 체제로 정리하였을 뿐, 앞선 자료들이 대체로 그대로 사용되었다. 이러한 이 책의 내용은 모두 여섯 개의 장으로 구성되었다.

우선 전체의 서론에 해당하는 제1장에서는 현대 동아시아의 문화가 과연 집단주의의 특징을 간직하고 있는지를 확인해 보고, 이어서 중국·한국·일본 같은 동아시아 각국의 역사에서 유학사상이 차지하고 있던 위상과 현대 동아시아인이 아직도 강한 유학적 가치관을 지니고 있다는 사실에 대해 살펴보았다. 이러한 작업을 통해 동아시아인에게 가장 큰 영향을 끼친 전통사상은 유학의 체계임을 확인할 수 있었으며, 현대 동아시아 집단주의의 배경에 유학사상이 놓여 있을 가능성이 있음을 확실히 할 수 있었다.

다음 제2장에서는 문화비교심리학의 연구 결과들에서 밝혀진 바와 같은, 현대 동아시아인의 심성과 행동의 집단주의적 특징을 서구 개인주의 사회인과 비교하여 정리해 보기 위한 문화차 개관의 기본틀을 정립하려 했다. 이 책에서는 이러한 문화차 개관의 기본틀을 집단주의와 개인주의 문화권의 기본적인 인간관과 자기관의 특징에서 끌어내려 했다. 이어서 두 문화권의 특징적인 인간관과 자기관이 그 사상적 배경으로 추정되는 자유주의와 유학사상의 인간관·자기관에서 직접 유도될 수 있는지를 확인하려 했다. 말하자면, 서구 개인주의의 배경인 자유주의의 이념과 동아시아 집단주의의 배경으로 추정되는 유학의 체계에서 도출되는 인간관과 개인관의 차이로부터, 다양한 현대 문화비교연구들을 종합하여 두 유형(개인주의와 집단주의)의 문화차를 개관하는 기본틀이 도출될 수 있는지를 검토하고자 했던 것이다. 이렇게 두 사상체계에서 도출되는 인간관과 자기관의 차이가 곧바로 두 문화 유형의 특징적인 차이로 연결된다면, 자유주의와 유학사상은 곧 개인주의와 집단주의의 사상적 배경이라는 증거가 될 수 있을 것이다. 그러니까 이 장의 내용은 다음 장들의 전개를 위한 이론적 바탕이 되는 셈이다.

이러한 문화차 개관의 기본틀에 따라 제3장부터 제5장까지는 각각 인지(제3장)·정서(제4장)·동기(제5장)의 측면에서 우선 현대 동아시아인의 심성과 행동의 특징을 개관하고, 이어서 유학의 경전에서 도출되는 인지·정서·동기의 이론을 정리하고자 했다. 그리고 각 장의 말미에서 이 두 자료들을 비교하여 정리함으로써, 유학사상이 동아시아인이 보이는 집단주의적 심성과 행동의 배경으로 작용하고 있는지를 확인하고자 했다. 그러므로 제3, 4, 5장의 내용은 이 책의 핵심적인 본문이라 할 수 있다.

마지막으로 제6장은 이 책의 결론에 해당하는 부분이다. 이 장에서는 우선 제2장부터 제5장까지의 결과들을 종합적으로 고찰하여, 동아시아 집단주의의 사상적 배경이 유학의 체계라는 결론을 이끌어냈다. 다음으로 이 책에서 전개하고 있는 바와 같은 문화차 연구가 오늘날과 같은 세계화의 시대에 가지는 심리학적인 함의에 대해 고찰해 보았다. 끝으로 서구인들과는 다른 행동·심성의 특징을 드러내며 살아가는 동아시아인들의 삶의 배경, 곧 유학 사상의 바탕 위에 세울 수 있는 새로운 심리학에서 다루어야 할 몇 가지 가능한 연구 문제에 대해 살펴보았다. 이러한 동양심리학은 현대 서구심리학과 대립된다는 의미에서 새로운 것이 아니라, 이 두 가지가 보완적으로 서로 접근함으로써 과거와는 다른 통합적인 보편심리학을 세우는 계기가 되어야 한다는 점에서 새로운 심리학이라 할 수 있을 것이다.

워낙 많은 이들에게 기대어 살아가고 있는 사람인지라, 이 책을 엮어내면서도 필자는 여러 분들에게 크게 신세를 져왔고, 또 아직도 그들에게 의존하고 있다. 새로운 책을 엮어내거나 논문을 쓸 때마다 떠오르는 것은 학문적인 스승이자 평생의 사표(師表)이신 이인(里仁) 선생님의 가르침이다. 이인 정양은(鄭良殷) 선생님은 필자의 학사·석사·박사논문의 지도교수이셨는데, 필자는 그분에게서 학문적인 내용이나 공부하는 사람으로서 가져야 할 자세뿐만 아니라, 인생을 어떻게 살아가야 할 것인지에 대해서도 배웠다. 새 논문이나 책을 구상할 때마다 말씀드리고 가르침을 받았는데, 이 책을 엮어내는 과정에서는 그렇게 할 수가 없었다. 그 때문에 이 책은 필자의 다른 책들보다 많이 모자란다. 그래서 그런지 올해 오월에는 다시 뵐 수 없는 선생님이 더욱 그리워진다.

스승의 날이 있는 오월이 되면 또 한 사람, 이수원(李秀遠) 교수가 떠오른다. 이 교수는 필자가 동양심리학 분야의 공부를 하도록 격려하고 이끌어준 사람으로, 필자가 이 분야의 공부에 계속 매달리고 있는 데는 그에 대한 경쟁심도 한몫 하고 있다. 선생님으로보다는 장형(長兄)으로, 또 어떤 때는 듬직한 친구로 의지하고 따랐는데, 너무 이른 나이에 떠나시고 말았다. 내

년이면 벌써 그의 10주기가 된다. 이 책을 보시면, "너 놀고만 있지는 않았구나"라며, 술 한잔 거나하게 사주실 텐데…….

동양심리학 연구 모임의 동호인인 윤호균(尹虎均, 가톨릭대), 최상진(崔祥鎭, 전 중앙대), 한덕웅(韓德雄, 성균관대) 교수는 이 교수의 절친한 친구들인데, 이들은 아직까지 먼저 떠난 친구가 남겨놓은 못난 동생을 보살피는 심정으로, 이 모임의 막내인 필자의 든든한 방패막이가 되어주고 있다. 필자에게 돌아올 많은 화살을 이분들이 앞에서 막아주고 있는 것이다. 항상 고마워하고 있다.

이인 선생의 제자들 모임인 두륜회(頭崙會) 회원들은 방학 때마다 갖는 정기 모임뿐만 아니라, 일 년에 몇 번씩 있는 부정기 모임, 그리고 개인적인 만남 들에서 언제나 필자의 용기를 북돋아주고 잘못을 고쳐주는 수고를 아끼지 않는다. 홍대식(洪大植, 성신여대), 안신호(安晨鎬, 부산대), 민경환(閔庚煥, 서울대), 장성수(張聖洙, 한양대), 김명언(金明彦, 서울대), 박영석(朴泳錫, 가톨릭대), 이주일(李柱一, 한림대), 장재윤(張在閏, 성신여대) 교수가 바로 그들인데, 이들은 필자가 필요할 때마다 도움을 청하는 믿음직한 후원군들이다. 이번 여름 모임에서도 이들은 이 책의 초고에 대해 아낌없는 비평을 해줄 것이다. 고마울 따름이다.

고등학교 시절과 그 즈음에 만나 40년이 훨씬 지난 아직까지도 변함없는 우정을 키워가고 있는 강물 같은 친구들, 서강(西江)의 20여 년이 삭막하지 않게 만들어주고 있는 산과도 같은 친구들, 그 밖에도 함께 공부하고 있는 여러 선배·동료·후배들, 이들 모두는 필자의 삶에 윤기가 돌게 해주고 있다. 이들과 만나는 행운이 없었다면, 필자의 삶이 얼마나 쓸쓸해졌을까? 어려울 때마다 이들을 생각만 해도 가슴이 따뜻해진다. 모두들 못난 사람을 보듬어 안아주니 고맙다.

언제나 가족들에게 느끼는 고마움은 맨 마지막에 생각나게 마련이다. 그들은 남이 아니라 바로 필자 자신이기 때문이다. 여든 셋의 연세에도 아직 정정하셔서, 집안 살림을 도맡고 계신 어머니께 느끼는 절절한 고마움은 겉으로는 드러내지 못하고 그저 가슴 속에 담아두고만 있다. 아라와 한민(漢珉)

이는 벌써 사회인이 되어, 더 이상 필자의 도움을 필요로 하지 않을 뿐만 아니라 오히려 이제는 그들이 필자를 보살펴주고 있으니, 고맙기도 하고 또 섭섭하기도 하다. 다른 가족들도 모두 건강하게 자기 일에 열심들이니 고맙다.

아내는 이번에도, 아마 앞으로도 계속 그렇겠지만, 충실한 동반자가 되어 주었다. 지금까지는 필자의 원고를 컴퓨터로 옮기는 작업에 만족하더니, 이번에는 자기 마음에 들지 않는 표현은 알맞는 것으로 바꾸어 넣기도 하고, 또 필자가 며칠 게으름이라도 피울라치면 따끔하게 일침을 놓기도 하면서, 그야말로 공저자(共著者)의 역할을 더없이 훌륭하게 해내었다. 그녀의 채찍질이 없었더라면, 이 책을 이렇게 빨리 상재(上梓)할 수는 없었을 것이다. 이 책을 공저자인 그녀, 김옥희(金玉姬)에게 드린다.

끝으로 안식년을 맞은 필자에게 강원도 평창(平昌)의 그림 같은 시골집 청송재를 쓰게 해준 서산회(西山會)의 친구들과, 짜증 한번 내지 않고 그 먼 평창 길을 매번 동행해 준 후동(後童) 이상준(李相準) 형, 그리고 저절로 탄성을 자아내게 하는 우리 산하의 이곳저곳을 골라 데리고 다니면서 구상과 집필 및 원고 정리의 지루한 고비 때마다 청량한 바람을 선사해 준 연수재(然水齋) 정경상(鄭京相) 형 내외에게 다시 감사드린다. 원고를 멋진 책으로 묶어준 지식산업사의 김경희(金京熙) 사장님과 김세준(金世埈) 씨를 비롯한 편집진 여러분에게도 고마운 마음을 전한다

2007년 오월 말일 달 밝은 밤에

송뢰(松籟)와 두견성(杜鵑聲)이 그윽한
문필봉(文筆峰) 아래 청송재(聽松齋)에서

조긍호(趙兢鎬)

차 례

일러두기

1. 유학 경전의 장 번호나 쪽수는 참고문헌에 밝힌 판본을 따랐다.
2. 찾아보기에 나오는 국·한문과 구미 어문 인명은 본문에서 언급한 인물이거나, 인용 출처를 밝히면서 각주에 제시해 놓은 저자들의 이름이다.

제1장
동아시아 사회와 유학사상

중국·대만·홍콩·싱가포르 같은 중화계와 한국과 일본으로 대표되는 동아시아 사회는, 북미와 오세아니아 그리고 북서 유럽의 개인주의 사회와는 달리 강한 집단주의의 특징을 간직하고 있는 사회로 알려져 있다. 동아시아인들은 대체로 서구인과는 달리 스스로를 자기와 타인 사이의 연계 속에서 파악하고, 개인의 목표보다는 소속 집단의 목표를 앞세우며, 사회행위의 원동력을 사회적 규범과 의무 및 책임감에서 찾고, 개인에게 불리할지라도 내집단과 조화로운 관계를 유지하려는 특징을 보인다.[1] 이와 같이 동아시아 사회에서는 개체적 존재인 자기 자신보다는 같은 집단에 소속된 내집단원(예: 가족, 동료, 친구)에 대한 배려와 책임, 그들과 조화로운 관계를 형성하고 유지하는 일, 그리고 자신에게 부과된 사회적 규범과 의무에 더 큰 관심을 기울이고 중요시하는 집단주의적인 행동양식을 높이 평가한다.

중국·한국·일본 같은 동아시아 집단주의 사회는 한자문화권(漢字文化圈)이라는 공통된 문화 배경을 가지고 있다. 중국은 자기네 문자이므로 말할 것 없지만, 한국과 일본도 오랫동안 오로지 한자만을 사용하거나 또는 한자와 자기네 문자(한글과 가나)를 병용하여 문자 생활을 해왔다. 곧 동아시아인들은 대체로 한자를 통해 역사·종교·사상 같은 삶의 내용들을 기록하고 전수해 왔던 것이다. 그러므로 한국인과 일본인의 삶과 문화는 문자 종주국인 중국의 영향을 받지 않을 수 없었다.

게다가 지정학적으로도 한국과 일본은 중국의 영향을 받을 수밖에 없는 위치에 놓여 있다. 전통적으로 중국은 동아시아에서 유일한 문화선진국이자 초강대국이었다. 따라서 주변 여러 나라들은 중국의 속국이거나 한국과 일본처럼 독립을 유지하더라도 그 영향권 아래 있을 수밖에 없었다. 이들 나라들은 교섭을 통해 도교(道敎)와 유학(儒學) 같은 중국 고유의 종교와 사상을 직접 받아들였을 뿐만 아니라, 중국인의 눈으로 보면 외래 사상이었던 불교(佛敎) 또한 중국을 통해 받아들였다.

이렇게 동아시아 사회인의 삶과 문화는 중국 종교와 사상의 영향을 크게

---

1 Triandis, 1995, pp. 43-44.

받아왔다. 중국은 불교가 크게 성행했던 위진남북조(魏晋南北朝, A.D. 318~581)와 수(隋, 581~617)와 당(唐, 618~907)으로 이어지는 약 600년 동안을 제외하면,[2] 한(漢, B.C. 202~A.D. 220)의 무제(武帝, 재위 B.C. 140~87) 이후 신해혁명(辛亥革命, 1911)으로 청(淸, 1616~1912)이 멸망하기까지 2,000년 이상의 기간 동안, 유학이 관학(官學)이자 국가 통치의 기본 이념으로서 중국 사회를 지배하였다. 따라서 한국과 일본에 영향을 미친 중국의 사상 또한 압도적으로 유학사상이었다. 한국에서는 조선(朝鮮, 1392~1910) 왕조가 등장하면서, 그리고 일본에서는 에도 막부(江戶幕府, 1603~1867)가 세력을 떨치면서 중국과 마찬가지로 유학이 국가 경영의 최고 이념으로 떠올랐다. 그 결과, 근세에 들어서서 한국·중국·일본의 동아시아 국가는 유학을 공통의 사상적 배경으로 하는 유교문화권(儒敎文化圈)을 형성했던 것이다.

이러한 맥락에서 보면, 현대 한국인·중국인·일본인 곧 동아시아 사회인이 보여주는 집단주의적인 심성이나 행동 특징의 밑바탕에는 공통된 문화 배경으로 유학사상이 놓여 있다고 추론해 볼 수 있다. 이 책에서는 이러한 추론을 현대 문화비교심리학의 연구 결과와 유학 경전, 특히 그 원형이 되는 선진유학(先秦儒學)의 경전에서 도출되는 지(知)·정(情)·의(意)의 인간 심성에 관한 이론들을 결부시켜 검토하려 했다. 현대 동아시아 집단주의 사회인이 공통적으로 보이는 인지·정서·동기와 같은 심성이나 행동의 특징과 유학의 경전에서 도출되는 인지·정서·동기에 관한 이론들 사이에 논리적 일관성이 찾아진다면, 동아시아 집단주의의 배경에 유학사상이 놓여 있다는 추론이 이론적 경험적으로 확인될 수 있을 것이기 때문이다. 이를 위해 이 장에서는 먼저 동아시아 사회에서 유학사상이 차지하는 위상에 대해 고찰해 보기로 하겠다.

---

2 이 시기에도 북위(北魏) 태무제(太武帝, 재위 423~452)의 폐불(廢佛), 북주(北周) 무제 (武帝, 재위 560~578)의 폐불 사건이 잘 보여주듯이, 불교가 전폭적으로 받아들여져 성행 하기만 했던 것은 아니다. 이는 불교가 외래 종교였으므로, 한족(漢族)의 민족적 자존심이 이의 무조건적인 수용을 허락하기 힘들었던 데 원인의 일단이 있었을 것이다. 곧 "한족의 전통 사상인 유교의 덕치를 이상으로 하되, (자기들에게 동화시켜야 할 이민족인) 호족 (胡族)을 고려하여 불교 또한 보호하였던 것"(한자경, 2005, p. 143)으로, 이 시기에도 국 가 경영의 공식적인 사상체계[官學]는 역시 유학이었던 것이다.

1. 동아시아 문화와 집단주의

    지난 세기의 후반부에 들어서면서 인류 지성사에 불어닥친 탈근대주의
(post-modernism)의 영향으로 말미암아, 심리학을 비롯한 인문·사회과학계
에는 커다란 변화가 일어났다. 이러한 변화 가운데 가장 두드러진 것은 17
세기 이래 학문 세계를 지배해 왔던 보편주의(universalism)가 퇴조하고 다문
화주의(multiculturalism)의 조류가 대두하여, 국지적인 문화에 대한 관심이
확산되었다는 사실이다.[1] 17세기 이후 합리주의(rationalism)를 신봉하는 근

---

1 오늘날의 대표적인 과학철학자이며 문명비평가인 Stephen Toulmin(1990/1997, pp. 293-312)
에 따르면, 17세기부터 20세기까지 이어진 근대성(modernity)의 핵심은 인간의 이성(reason)
과 합리성(rationality)에 대한 확신에 있었으며, 이 이성주의 또는 합리주의 시대에는 그 이
전의 인문주의(humanism) 시대에 중시하던 수사학(구전), 특수성, 국지성이나 일시성(시
의적절성)의 추구로부터 형식논리학(기록), 보편성, 일반성과 항구성의 추구로 관심이 옮
겨졌다고 한다. 그러나 1960년대와 1970년대를 거치면서 귀인 편향(歸因偏向, attributional
bias)이나 추단율(推斷律, heuristics) 같은 비합리적인 사고 경향에 관한 연구들을 통해 인간
의 합리성에 대한 확신이 흔들리기 시작했다. 그리하여 1980년대 이후의 문명사는 이성주
의가 퇴조하고 다시 인문주의가 부활하는 대전환기를 맞이하였다고 Toulmin은 주장한다.
곧 인간의 특성을 파악하는 핵심이 합리성에서 적합성(reasonableness)으로 달라지게 되었
고, 그 결과 다시 구전적이고 구체적인 것, 특수한 것, 국지적인 것, 그리고 일시적이고 시
의적절한 것의 추구로 관심이 옮겨지고 있으며, 이것이 탈근대성의 특징이 되고 있다는 것
이다. 말하자면, 이러한 탈근대적 사회에서는 보편적이고 항구적이며 절대적인 일반 원리
보다는, 구체적이고 시·공간의 제약을 받으며 상대적인 특수 원리들에 더 관심을 기울이게
되었으며, 따라서 합리성에 근거를 두고 지금까지 추구해 왔던 보편성, 항구성 그리고 절
대성의 해체가 탈근대 사회의 특징이라는 것이다(조긍호, 1998a, pp. 50-51). 이러한 보편주
의, 절대주의 해체의 움직임이 현실적으로 드러나고 있는 것이 바로 20세기 후반에 와서
두드러지고 있는 "문화 찾기의 열풍"(예: 동양적인 것 찾기 운동, 한국적인 것 찾기 운동,
아시아적 가치 논쟁, 문화 충돌론, 오리엔탈리즘 논의 등)이라고 볼 수 있을 것이다.

대주의(modernism)가 서구에서 지배적인 삶의 태도로 받아들여지면서 과학이 발달하고, 그에 따라 경제적 군사적으로 급격한 성장이 이루어진 데에 힘입어, 20세기 중엽까지 서구 문명은 보편적인 인류 문화의 모형으로 군림해 왔다. 그러나 이제 서구 문화는 서구인만의 특수 문화일 뿐, 인류의 보편적인 문화라거나 가장 선진적인 문화라고는 볼 수 없다는 사실을 모두가 인식하게 되었다.[2] 이러한 인식은 각 지역, 인종, 또는 하위 집단들마다 특유하게 간직하고 있는 문화의 독특성을 이해하는 것만이 평화롭게 공존하는 길을 모색하는 방법이 될 수 있다는 다문화주의의 움직임으로 이어졌다.

이러한 변화는 인문·사회과학의 여러 학문 분야에서 보편주의를 탈피하고, 각 연구자가 관심을 가지고 있는 해당 사회의 특수한 문화적 특징에 대해 집중적으로 탐색하는 경향을 낳았다. 20세기 중반까지 보편주의 기치에 따라 인간 심성과 행동의 보편 원칙을 찾아내려 노력해 왔던 심리학도 예외는 아니어서,[3] 1980년대 이래 심리학 특히 사회심리학의 최대 화두는 문화로 집중되고 있는 것이다.[4]

1) 집단주의 문화와 개인주의 문화

문화에 대한 심리학적 연구에서 가장 시급히 해결해야 할 문제는 서로 비교할 수 있는 전형적인 소수의 유형으로 다양한 문화들을 분류하는 일이

---

2 Amir & Sharon, 1987; Berry, Poortinga, Segall, & Dasen, 1992, p. 381; Greenfield, 2000, p. 231; Kim, U., 2000, pp. 284-285; Yang, K. S., 1997, p. 69; Yang, K. S., 2000, p. 245-250.

3 20세기 중반 이후 심리학계에 나타난 서구심리학의 보편성에 관한 회의는 기존 심리학이 밝혀낸 많은 기본적인 심리나 행동의 원리가 문화보편적으로 적용되지 않는다는 사실이 확인되고, 아울러 기존의 문화차를 설명하는 양식이 서구 중심의 목적론적 허구에 빠져 있다는 사실을 인식하게 됨으로써 직접 도출되고 있다. 이 문제에 관해서는 졸저(조긍호, 2003a, pp. 31-41; 2006, pp. 26-33) 참조.

4 문화에 관한 탐구가 최근 사회심리학 연구의 특징이 되고 있다는 사실에 관해서는 졸저 (조긍호, 2006, p. 25, 주 1) 참조.

다. 이것이 바로 문화 사이의 비교를 통해 문화가 인간 심리와 행동에 미치는 영향을 실제적으로 추론해 내는 기본적인 전거가 되기 때문이다. 이러한 맥락에서 문화들 사이의 차이를 비교하기 위한 다양한 체계가 제시되었는데, 가장 대표적인 것은 호프스테드(Hofstede)가 66개 국(53개 문화집단)에 걸친 광범위한 비교연구를[5] 통해 제시한 개인주의(individualism)-집단주의(collectivism)[6] 분류체계이다.

호프스테드는 1967년부터 1973년 사이에 다국적 거대 기업인 IBM에 근무하는 66개 국 117,000명의 종업원들을 대상으로 작업 목표와 가치에 관련된 조사를 실시했다. 이 연구의 대상들은 모두 IBM이라는 같은 회사에 근무하는 종업원들이었으므로, 근로조건·학력·연령 같은 요인은 대체로 비슷했다. 단지 국적만 다르다는 사실을 고려할 때, 이 조사에서 나타나는 차이는 곧 국가 또는 문화의 차이를 그대로 반영한다고 호프스테드는 생각했다. 결과 분석 과정에서 그는 국가 간 차이를 부각시키고자, 각 문항에 대한 국가별 응답자들의 평균치를 기초 자료로 삼아 요인 분석을 실시했다.[7] 그 결과, 각 국가 또는 문화의 차이를 잘 드러내주는 권력 거리(power distance: 사회 안의 권력 분포의 불평등 지표. 상위자와 하위자의 세력 차이 또는 불평등의 정도를 나타냄), 개인주의(개인의 자유와 선택을 중시하고, 개인 사이의 구속력이 느슨한

---

5 Hofstede, 1980.

6 collectivism은 "집합주의" 또는 "집단주의"로 번역할 수 있는 용어이다. 차재호(차재호·나은영, 1995; 차재호·정지원, 1993)는 이를 집합주의라 번역하여 사용하고 있다. 그러나 '집합'이라는 용어는 성원들 사이에 아무런 감정적 연계나 서로 간의 관심과 배려 또는 상호의존성이 전혀 없이, 단지 어떤 조건에서 같은 속성을 지닌 사물들의 모임을 말할 때 주로 쓰인다. 곧 '집합'이란 단어는 감정적 동기적 연계는 전혀 배제하고 사용되는 경향이 있으며, 꼭 사람들의 모임만을 의미하는 것도 아니다. 그러나 '집단'은 사람들의 모임을 주로 이야기할 때 쓰이며, 성원들 사이의 애착이나 관심, 배려 같은 정서적 연계도 내포하는 용어이다. 동아시아의 문화를 collectivism의 문화라 할 때, 여기에는 내집단에 대한 애착과 관심도 그 중요한 특징으로 포함된다. 이러한 배경에서 이 책에서는 collectivism을 "집단주의"라 번역하여 쓰기로 한다.

7 Hofstede(1980)는 이러한 국가 또는 사회 수준의 분석을 생태학적 분석(ecological analysis)이라 하여, 개인별 응답을 기초 자료로 삼아 분석하는 개인 수준 분석과 구별하고 있다.

정도를 나타내는 지표), 남성성(masculinity: 자기 주장, 경쟁, 물질적 성취 같은 남성적 가치를 선호하는 정도), 불확실성 회피(uncertainty avoidance: 불확실하거나 판단하기 어려운 상황으로 말미암아 위협을 느껴 회피하려는 정도)라는 네 가지 요인 구조를 밝혀냈다.

이 네 가지 요인 가운데 이후의 연구자들이 문화차를 가장 잘 드러낼 것으로 보고 주목한 요인이 개인주의-집단주의 요인이었다. 최근의 문화비교연구에서 개인주의-집단주의 분류체계에 관심이 집중된 데는 다음과 같은 배경이 놓여 있다.[8] 우선 이 분류체계가 "전 세계에 걸친 다양한 문화들 사이에 사회 행동의 차이를 가져오는 가장 중요한 차원"[9]으로서, 문화차를 설명하는 보편 원칙이 될 수 있다는 기대를 낳은 점이다.[10] 다음으로 이 분류체계로 개인주의와 경제 발전 사이에 밀접한 관계를 설정함으로써,[11] 사회 현상(예: 경제 발전)을 심리적 특징(예: 성취동기, 근대화 성향, 개인주의 성향)으로 설명하려는 사회과학자들의 오랜 관심사를 부추길 수 있었다는 점이다.[12] 또한 이 체계가 퇴니스(Tönnies)의[13] "이익사회(Gesellschaft)-공동사회(Gemeinschaft)"의 분류체계 같이 전통적으로 사회과학자들에게 익숙하거나 상식적인 문화 분류체계와 공통점이 많다는 사실도 지적할 수 있다. 그리고 하나의 설명 수단으로서 단순성과 포괄성을 가지고 있어서, 과학 이론에 요구되는 "절약의 법칙(law of parsimony)"에 잘 부합했다는 점도 1980년대 이후 연구자들의 관심을 끌어 모을 수 있었던 요인이라고 볼 수 있다. 이러한 배경에서 개인주의-집

---

8 Kagitcibasi, 1997, pp. 8-10.

9 Triandis, 1988, p. 60.

10 Greenfield, 2000, p. 231; Kagitcibasi & Berry, 1989, pp. 515-520.

11 Hofstede(1980)는 자기의 원자료에 포함된 40개 국의 개인주의 점수와 각국의 1970년도 1인당 GNP 사이에 r = 0.82의 높은 상관이 있음을 보고하고 있다(pp. 165-169). 그러나 49개 국으로 확대하여 각국의 개인주의 점수와 1987년도 1인당 GNP 사이의 상관을 내 보면, r = 0.77(Hofstede, 1991/1995, pp. 116-119)로 약간 낮아지고 있다.

12 이에 관해서는 졸저(조긍호, 2003a, pp. 110-113; 2006, p. 36, 주 11) 참조.

13 Tönnies, 1887/1957.

단주의 체계는 "이 이후 …… 많은 문화 및 문화비교연구들을 촉진하여"[14] "1980년대는 문화비교연구에서 개인주의-집단주의의 시대"[15]를 이루었으며, 이러한 경향은 "앞으로도 활발하게 지속될 것으로 기대된다."[16]

호프스테드의 자료에[17] 따르면, 과테말라(6점)·에콰도르(8점)·파나마(11점)·베네수엘라(12점)·콜롬비아(13점) 같은 중남미 지역, 대만(17점)·한국(18점)·싱가포르(20점)·홍콩(25점)·일본(46점) 같은 동아시아 지역,[18] 파키스탄(14점)·태국(30점)·말레이시아(26점)·필리핀(32점)·인도(46점) 같은 남아시아 지역의 국가들이 특히 개인주의 점수가 낮은 집단주의 문화를 보유하고 있다. 이에 견주어 미국(91점)·캐나다(80점)의 북미 지역, 호주(90점)·뉴질랜드(79점)의 오세아니아 지역, 그리고 영국(89점)·네덜란드(80점)·이탈리아(76점)·벨기에(75점)·덴마크(71점)·프랑스(71점) 같은 북서유럽 지역의 국가들은 개인주의의 극단에 있는 나라들이다.[19]

이 자료에서 보듯이, 우리나라를 비롯한 일본과 중국(대만·홍콩·싱가포르 같은 중화계 포함)을 포괄하는 동아시아의 문화는 전형적인 집단주의 문화에 속하고 있으므로, 동아시아인의 심성과 행동에는 집단주의 문화의 특징이 매우 강하게 드러날 것으로 추정할 수 있다. 그리하여 지금까지의 문화비교연구들에서는 개인주의 문화의 대표로 미국·캐나다·호주인을 잡고, 집단주의 문화의 대표로 중국·일본·한국인을 잡아, 이 두 지역인들의 행동과 심성의 특징을 대조·분석하는 연구들이 주류를 이루었던 것이다.[20]

---

14 Oyserman, Coon, & Kemmelmeier, 2002, p. 3.

15 Kagitcibasi, 1994, p. 52.

16 Kagitcibasi, 1997, p. 39.

17 Hofstede, 1991/1995, p. 87, 표 3-1.

18 이 자료에 중국은 포함되어 있지 않다. 그러나 Triandis(1995, pp. 90-91)에 따르면, 중국은 동아시아 지역의 어떤 나라보다도 집단주의 경향이 강한 나라라고 볼 수 있다.

19 이 분석에서 개인주의 점수의 분포 범위는 0~100점으로, 점수가 높을수록 개인주의가 강하고, 점수가 낮을수록 집단주의가 강함을 나타내며, 이론적으로 기대되는 평균치는 50점이다.

20 Kagitcibasi, 1997; Oyserman et al., 2002; Triandis, 1995.

2) 동·서 집단주의-개인주의 문화의 연원

이러한 개인주의-집단주의의 분류체계가 현대에 와서 갑자기 생겨난 것은 아니다. 이 분류체계는 18세기 말과 19세기 초에 주로 영국과 프랑스의 정치철학자들이 사용하기 시작했다. 곧 자유와 평등, 그리고 사유재산권과 행복추구권 같은 천부 인권을 중시하는 자유주의(liberalism)에 바탕을 둔 미국혁명(1776)과 프랑스혁명(1789)이 몰고 온 개인 중심의 흐름과, 이에 반대하고 공동체 중심의 과거 체제로 복귀할 것을 주장하는 보수주의(conservatism)의 반작용을 대비하고자 한 데서 비롯되었다.[21] 이렇게 "개인주의-집단주의는 인간의 본성과 인간 존재들 사이의 관계에 관한 사회사상에서 오랫동안 중요하게 다루어졌던 문제인 것이다."[22]

가치 문제를 이항 대립의 양식으로 개념화하는 것은 전 세계적으로 보편적인 경향인데, 그 가운데 가장 대표적인 것이 개인과 집단 사이의 관계에서 개인을 중심의 위치에 놓을 것인지 아니면 집단을 중심의 위치에 놓을 것인지 하는 문제이다.[23] 이렇게 개인과 집단의 관계에서 개인을 집단보다 우선시하느냐 아니면 집단을 개인보다 우선시하느냐의 문제는 모든 문화가 다루어야 할 "문화의 심층구조 원리(deep structure principle of culture)"[24]이다. 이러한 문화의 심층구조 원리로서 개인주의(개인을 집단보다 우선시)-집단주의(집단을 개인보다 우선시)의 체계가 정립되면, 이는 모든 사회적 맥락에서 문화차를 설명하고 통합할 수 있는 단순하고도 강력한 골격의 기능을 수행하게 된다. 곧 "개인주의와 집단주의는 문화 해석과 조직화의 심층 원리

---

21 서구 사상사에서 개인주의의 대두와 그에 대한 집단중심주의자들의 반작용에 대해서는 Dülmen(1997/2004), Laurent(1993/2001), Lukes(1973), Triandis(1995, pp. 19-30) 및 졸저 (조긍호, 2006, pp. 89-193) 참조.

22 Kagiticibasi, 1997, p. 8.

23 Allport, G. W., 1968; Fiske, A. P., Kitayama, Markus, & Nisbett, 1998; Greenfield, 2000; Kagitcibasi, 1997; Kim, U., 1995; Kluckhohn, 1956; Nisbett, 2003; Triandis, 1995.

24 Greenfield, 2000, p. 229.

로서 거대한 생산적 가치(generative value)를 지니게 되어, 마치 언어학에서 작용하는 문법처럼, 이 분류체계는 무한한 상황에서 행동을 산출해 낼 뿐만 아니라 타인의 행동을 이해할 수 있도록 하는 것이다."[25]

가족이나 직장 동료 또는 친구 같은 집단을 개인보다 앞세우고 중시하는 집단주의 문화는 세계 여러 지역(남미·아프리카·남아시아·중동·동아시아) 가운데서도 동아시아 사회의 특징적인 문화 유형이고, 개인을 집단보다 앞세워 중시하는 개인주의 문화는 북미와 오세아니아 및 북서유럽 같은 서구 사회의 특징적인 문화 유형이다. 현대의 가장 영향력 있는 문화심리학자의 한 사람인 니스벳(Nisbett)에[26] 따르면, 이러한 동아시아 집단주의 문화의 원형(原型)은 고대 중국 문명에서 찾아볼 수 있고, 서구 개인주의 문화의 원형은 고대 그리스 문명에서 찾아볼 수 있다. 곧 고대 중국과 그리스의 생태적 조건과 그에 따른 외계 인식의 양식과 철학적 배경의 차이에서 동·서양 집단주의와 개인주의 문화의 연원을 찾아볼 수 있는 것이다.[27]

(1) 생태적 조건과 문화 유형

기후와 자연환경(온도·습도·강수량·토질·일조량·산세·지형 따위) 같은 생태적 조건은 인간을 포함한 모든 생명체의 삶의 양식에 크나큰 영향을 미친다. 일정한 생태적 조건에서 생존하고 적응하는 데 영향을 미치는 요인은 다양하지만, 그 가운데서도 특히 전통 사회인의 생존과 적응 과정에 작용하는 핵심 요소는 가용식량 공급과 그 축적의 문제이다.[28]

식량 공급을 수렵과 채취에 의존하는 부족들은 식량 조달에 한계가 많으므로, 핵가족(nuclear family)과 같은 소단위를 유지하는 것이 생존에 유리했

---

25 Greenfield, 2000, p. 231.

26 Nisbett, 2003; Nisbett, Peng, Choi, I., & Norenzayan, 2001.

27 이 소절은 졸저(조긍호, 2006, pp. 35-49)의 내용에 새로운 자료를 첨가하여 보완하고 재조직함.

28 Berry, 1979; Kim, U., 1995; Segall, Dasen, Berry, & Poortinga, 1999; Triandis, 1990.

을 것이고, 식량 공급의 원천으로서 개인의 사냥과 채취 기술을 높이 평가했을 것이다. 또 그들은 먹을 것을 구하느라 늘 이동할 수밖에 없었을 것이며, 이러한 과정에서 생활양식이나 사고양식이 다른 사람들과 자주 맞부딪칠 수밖에 없었을 것이다. 또한 식량 공급을 목축이나 무역에 의존하는 사람들도 목초지를 찾아 계속 이동하거나 주로 다른 지역과 상품을 교역하는 생활양식을 고수하다 보니, 다른 생활양식과 사고양식을 보이는 사람들과 접촉하는 일이 많아질 수밖에 없었을 것이다.

이러한 생존 조건은 그들의 사회화 과정에 영향을 미쳐, 어려서부터 아이들에게 자립심·자율성·경쟁·독립성·자기주장 같은 개체적 삶의 기초가 되는 특성들을 북돋움으로써,[29] "원시개인주의(protoindividualism)"[30]의 특징을 낳았을 것이다. 높은 산지를 경계로 삼아, 좁고 긴 해안가에서 생활풍습과 사고양식이 다른 도시국가(polis) 또는 부족집단 사이의 교역을 통해 생활 필수품을 조달할 수밖에 없었던 고대 그리스에서 개인주의가 발달했던 사정은 바로 이러한 데 있었다고 볼 수 있다.[31]

이와는 대조적으로, 식량 공급을 농경에 의존하는 사람들은 넓은 평야 지역에 정주(定住)하고, 또 관개시설과 성의 축조 따위에 많은 사람의 공동 노력이 필요하다 보니, 확대가족(extended family)과 같은 대단위 조직을 유지하는 편이 생존에 유리했을 것이다. 이렇게 농경사회에서는 대단위의 협동이 생존의 전제 조건이 됨으로써, 집단 내 질서와 조화의 유지가 요청될 수밖에 없었을 것이다. 그리고 이들은 한 지역에 몇 세대에 걸쳐 정주할 뿐만 아니라, 생활에 필요한 필수품들도 대부분 대단위 집단 내에서 자급자족한 탓에, 다른 집단 사람들과 접촉하는 일은 거의 없고 평생을 같은 집단 사람들과 함께 보냈을 것이다.

이러한 생존 조건은 그들의 사회화 과정에 영향을 미쳐, 어려서부터 아이

---

29 Barry, Child, & Bacon, 1959.

30 Triandis, 1990, p. 71.

31 Nisbett, 2003, pp. 29-39; Triandis, 1990, pp. 70-77.

들에게 순종·겸손·책임감·조화성·협동심 같은 공동체적 삶의 기초가 되는 특성들을 북돋움으로써,[32] "집단주의"[33]의 특징을 낳았을 것이다. 사회생활을 시작한 처음부터 황하와 양자강 유역 같은 넓고 기름진 평야 지역에서 대가족 제도를 유지하면서, 위계화된 중앙집권적 사회를 형성하고 농경 정착 생활을 해왔던 고대 중국에서 집단주의가 발달했던 배경에는 이러한 사정이 놓여 있었던 것이다.[34]

현대 산업사회의 삶의 양식은 이전의 전통사회의 삶의 양식과는 근본적으로 변화되어 문화적인 특징도 달라질 수밖에 없었다. 식량 공급을 더 이상 농경이나 목축에만 의존하지 않게 되었고, 분업(分業)체제를 위주로 하는 대규모 공장노동에 의한 시장 생산과 그에 따른 교역이 삶의 주축이 됨으로써, 이제 상업과 서비스업 같은 3차산업이 삶의 주요 양식을 지배하게 되었다. 이로 말미암아 부의 재축적이 이루어져, 이전보다 훨씬 풍요로운 사회가 되었으며, 기능적 분화에 바탕을 둔 경제 분화가 심화되고 도시화가 촉진되었다. 따라서 삶의 단위가 다시 소규모로 핵가족화했으며, 많은 이질적인 사람들 사이에 접촉이 활발해졌다. 그 결과, 다시 원시개인주의 사회에서 강조하던 사회화의 측면들이 부각되어, "신개인주의(neoindividualism)"[35]의 특징이 드러나게 되었다.

이상에서 보듯이, 생태 조건과 식량 공급 양식의 차이 때문에 빚어지는 사회화 과정의 차이로 말미암아, 농경사회에서는 집단주의 문화가 조성되어 개인보다 집단을 강조하고, 수렵·채취·교역사회와 현대 산업사회에서는 개인주의 문화가 조성되어 집단보다 개인을 강조하게 된다. 이러한 관점을 따르면, 서구 사회에서 개인주의 문화가 발달하고 동아시아 사회에서 집단주의 문화가 발달하게 된 생태적 경제적 배경이 분명하게 드러난다.

---

32 Barry et al., 1959.

33 Triandis, 1990, p. 71.

34 Nisbett, 2003, pp. 29-39; Triandis, 1990, pp. 70-77.

35 Triandis, 1990, p. 71.

　　서구 사회에서는 제너의 방적기 발명(1767), 제임스 와트의 증기기관 발명(1769)에 힘입어 "1780년 이후 백여 년에 걸쳐 …… 농촌적이고 수공업적인 경제에서, 도시적이며 기계로 움직이는 공장이 지배하는 산업으로의 최초의 획기적 약진"[36]인 산업혁명(Industrial Revolution)이 이루어짐으로써, 본격적인 현대 산업사회로 돌입하게 되었다. 이렇게 서구가 현대 산업사회로 들어선 역사는 200여 년이 훨씬 넘는 것으로, 그만큼 개인주의 문화가 굳게 뿌리내리게 되었다. 물론 서구 개인주의의 뿌리를 이러한 경제적 배경에서만 찾을 수는 없는 일이다. 하지만 이렇게 일찍이 현대 산업사회로 들어섰다는 사실이 서구에서 개인주의 문화가 성장하는 데 크게 이바지하는 배경이 되었다는 점을 부인할 수는 없을 것이다.

　　그러나 동아시아 사회는 서구 사회보다 훨씬 늦게 현대 산업사회로 들어서게 되었다. 19세기 후반의 메이지 유신(明治維新, 1868) 이후 산업화의 길을 걷게 된 일본을 제외하고, 대부분의 동아시아 국가들은 20세기 중엽 이후에야 제국주의의 식민 지배에서 벗어나 조금씩 현대 산업사회로 들어섰던 것이다. 우리나라가 본격적인 산업화의 길을 걷게 된 것은 한국전쟁이 끝나고 나서도 10여 년이 지난 다음인 1960년대 후반부터이며, 중국은 우리나라보다도 늦게 1980년대의 개방화 뒤에야 본격적으로 산업화를 다그치게 되었다. 그러므로 동아시아 사회는 서구 사회가 산업화한 뒤 200년 가까운 기간 동안 농경사회의 특징을 간직하는 산업체제를 유지할 수밖에 없었으며, 그 결과 아직까지도 서구 사회보다 상대적으로 강한 집단주의 문화의 특징을 보유하고 있다고 볼 수 있는 것이다.

(2) 세상사 인식의 양식과 문화 유형

　　이상에서 고찰한 생태적 경제적 생활 조건의 차이는 자연적이거나 사회적인 환경 속에서 무엇에 주의를 기울일지를 다르게 하고, 따라서

---

36 Burns, Lerner, & Meacham, 1984/2003, p. 861.

외계와 세상사를 인식하는 양식(cognitive style)의 차이를 낳게 된다.[37] 위트킨(Witkin)과 그 동료들은[38] 어떤 사람들은 각 개별적인 대상을 그것이 놓여 있는 전체 지각 장(場)과 잘 구분하여 저마다의 모양, 색깔, 크기 따위를 제대로 인식하지만, 어떤 사람들은 잘 구별하지 못하고 대상들 사이의 관계 속에서 인식함을 밝혀냈다. 이들 연구자들은 전자를 장 독립적 유형(場獨立的類型, field-independent type), 후자를 장 의존적 유형(場依存的類型, field-dependent type)이라 부르고, 이러한 지각의 장 독립성-의존성은 삶의 조건에 따라 달라짐을 밝혀냈다.

이들은, 사냥감과 먹을 거리를 주변 환경조건과 구별하여 찾아내는 능력에 의존하여 식량을 얻어내는 수렵·채취사회에서는 지각 대상을 환경조건에서 분리하여 인식하는 능력이 발달했을 것이라고 본다. 또한 일터의 분업(分業) 상황에서 남의 일과 구별해서 자기가 할 일을 수행해야 하는 현대 산업사회에서도 장 독립적 지각 경향이 적응에 유리할 것이라고 본다. 이에 견주어, 식량의 획득을 인간과 자연 사이의 조화와 사람들의 협동에 의존하는 농경사회에서는 지각의 대상들을 지각 장의 전체 관계 속에서 인식하는 장 의존적 지각 경향이 발달했을 것이라고 한다.

이렇게 생태적 조건에 따라 외계 인식의 양식이 달라진다는 사실은 미개발 토착부족들(수렵·채취부족과 농경부족)의 장 독립성-의존성을 실증적으로 비교한 연구들에서[39] 잘 드러나고 있다. 이러한 연구들에서는 농경 사회의 정주부족은 장 의존적 특성을 나타내고, 수렵·채취사회의 이동부족은 강한 장 독립성의 경향을 나타낸다는 사실이 밝혀졌다. 이러한 사실은 생태적 경제적 조건에 따라 외계 인식의 양식이 달라짐을 실증적으로 입증해 주는 결과인 것이다.

이러한 장 독립성-의존성 지각 경향은 생태적 조건에 차이가 있는 전통

---

37 Berry, 1966, 1971, 1976, 1979; Fiske, A. P. et al., 1998; Kim, U., 1995; Nisbett, 2003; Nisbett et al., 2001; Triandis, 1990, 1995.

38 Witkin, 1969; Witkin & Berry, 1975; Witkin & Goodenough, 1977.

39 Berry, 1966, 1971, 1976; Berry & Annis, 1974; Witkin & Berry, 1975.

사회 부족에게서만 나타나는 것은 아니다. 현대인을 대상으로 한 많은 문화 비교연구들에서 서구 개인주의 사회의 사람들은 장 독립적으로 외계와 세상사를 인식하여, 초점 자극 이외에 그것이 놓여 있는 맥락이나 배경을 잘 구별하거나 기억하지 못하는 특징을 보이는 것으로 드러나고 있다. 이와 달리 동아시아 집단주의 사회의 사람들은 장 의존적으로 외계와 세상사를 인식하여, 초점 자극이 놓여 있는 맥락인 전체 장을 중시하므로, 초점 자극뿐만 아니라 배경 자극도 잘 구별하고 기억해 내는 것으로 밝혀지고 있다.[40] 이렇게 장 독립성과 의존성은 각각 서구 개인주의 사회와 동아시아 집단주의 사회가 외계와 세상사를 인식하는 특징적인 양식이다.

니스벳은[41] 이러한 서구인(개인주의자)과 동아시아인(집단주의자)의 인식 차이의 근원은, 고대 그리스와 중국의 생태적 조건과 사회 조직 및 관습의 차이에서 비롯하는 철학적 배경의 차이에서 찾아볼 수 있다는 이론을 제시하고 있다. 그에 따르면, 고대 그리스는 높은 산으로 막힌 좁은 해안가에서 중앙집권화하지 못한 도시국가가 발달되어, 도시 사이의 이주와 교역이 활발했으며, 따라서 시장과 정치집회에서 벌어지는 대립과 논쟁이 삶의 중요한 부분이었다. 그러나 고대 중국은 넓고 비옥한 평원에서 중앙집권화·위계화한 사회가 형성되어, 사람들이 한 지역에 몇 세대 동안 정착하면서 농경에 힘썼으므로, 이웃과 협동과 조화를 추구하는 일이 삶의 중요한 부분이었다.

따라서 그리스인들은 나와 나 아닌 것, 인간과 자연, 하나의 사물과 다른 사물을 엄격히 구별하여 범주화하고, 저마다 지니는 일관되고 불변하는 본질(essence)을 추상화하여, 그들을 지배하는 법칙을 찾아내려 노력하게 되었다. 그 결과, 맥락과 분리된 독립적인 대상(object)이 주의의 초점으로 부각되어, 그리스인들은 이러한 분리된 대상의 안정적 불변적 속성을 인식하는 데 힘을 쏟았으며, 결국 범주화(categorization), 논리 규칙에 따른 갈등 해결, 그리고 분석적 사고(analytical thinking)의 양식이 발달하게 되었다는 것이다.

---

40 Fiske, A. P. et al., 1998; Ji, Peng, & Nisbett, 2000; Kagitcibasi, 1997; Masuda & Nisbett, 2001; Nisbett, 2003, pp. 41-44, 86-96; Nisbett et al., 2001; Witkin & Goodenough, 1977.

41 Nisbett, 2003, pp. 1-28, 29-39; Nisbett et al., 2001.

한편 중국인들은 각 개체로서는 존재 의미가 없고 모든 것은 연관적인 맥락 속에 존재한다고 생각했으므로, 항상 변화하는 상황 속에서 상호 연관된 역할과 의무 같은 규범을 파악하여, 공동생활의 조화와 질서를 이루려 노력하게 되었다. 따라서 그들에게는 분리되고 고립된 대상이 아니라 그들이 놓여 있는 전체 장(field)이 주의의 초점으로 부각되어, 전체 맥락 속에서 역동적으로 변화하는 가소성(可塑性, malleability)을 파악하여 통일성을 이루어내는 데 힘을 쏟았으며, 결국 관계의 유사성과 중도(中道, Middle Way)의 인식, 변증법에 의한 갈등의 해결, 그리고 총체적 사고(holistic thinking)의 양식이 발달하게 되었다는 것이다.

이러한 배경에서 지속적으로 고대 그리스 철학의 영향을 받아온 서구인들은, 사회는 상호 분리되고 독립적인 개인들을 기본 단위로 하여 구성되는 복수적인 집합에 지나지 않는다고 보아, 집단보다 개인을 중시하는 개인주의 경향을 띠게 되었다. 그리하여 사회의 이해는 결국 그 구성 요소인 개인의 이해를 통해서 가능하다고 보았고, 개인이 이루어낸 안정적이고 불변하는 독특한 내적 속성(성격·능력·기호·태도·욕구·감정·의도 들)이 개인의 행위와 사회 운용의 원천이라는 개인중심적 인간관을 가지게 되었으며, 스스로를 타인과 분리된 독립적이고 자율적 존재로 인식하게 되었다.

이와는 대조적으로, 오랜 시대에 걸쳐 거듭 고대 중국 철학의 영향을 받아온 동아시아인들은, 상호 연관된 사람들 사이의 관계 또는 그러한 관계의 원형인 가족과 같은 일차집단을 기본 단위로 구성되는 사회는 그 자체가 하나의 유기체라고 보아, 개인보다 그들이 놓여 있는 장으로서 집단을 중시하는 집단주의 경향을 띠게 되었다. 따라서 그러한 관계 속에서 드러나는 각자의 역할과 의무 및 집단 규범이 개인의 행위와 사회 운용의 원천이라는 관계중심적 인간관을 가지게 되었으며,[42] 스스로를 제반 관계의 연쇄망(network) 속에서 타인들과 연계되어 있는 존재로 인식하게 되었다.

결국 개체로서 존재하는 개인을 그들이 소속되어 있는 맥락인 집단과 사

---

42 Dumont, 1970; Miller, J. G., 1984; Miller, J. G., & Bersoff, 1992 등.

회보다 우선시하는 서구 개인주의는, 상호 평등하고 독립적이며 자율적인 존재인 개인이 갖는 천부적인 자유와 권리 그리고 보편적인 이성을 중시하는 '자유주의' 이념에서 그 절정을 맞는다. 곧 현대 개인주의의 이념적 배경은 자유주의 사상이다.[43] 이와는 달리, 개체로서 존재하는 개인보다 그들로 구성된 집단(가족·친구·교회·향우회·동창회·회사의 소속부서 들)을 우선시하는 동아시아 집단주의는, 사람들 사이의 관계를 중시하고 이러한 관계를 맺는 타인에 대한 관심과 배려, 사회적인 책임과 도덕성을 앞세우는 유학의 체계에서 그 사상적 배경을 찾아볼 수 있는 것이다.[44]

---

43 서구 개인주의의 사상적 배경이라 할 '자유주의'에 관해서는 노명식(1991), Gray(1995/2007), 졸저(조긍호, 2006, pp. 89-193) 참조.

44 이승환, 1999a; 조긍호, 1998a, 2003a, 2006; 최상진, 2000; 한규석, 2002; 한덕웅, 1994, 2000, 2003; Bond & Hwang, 1986; Fiske, A. P. et al., 1998; Hofstede, 1991; Kagitcibasi, 1997; Kim, U., 1994, 1995; Kim, U., & Choi, S. C., 1993; King & Bond, 1985; Lew, 1977; Nisbett, 2003; Nisbett et al., 2001; Triandis, 1995; Tu, Wei-Ming, 1985, 1996.

2. 동아시아의 역사와 유학사상

　전통 사상은 우리가 그것을 잘 이해하고 있든 그렇지 못하든 간에 살아 있는 현실의 일부이며, 이러한 전통과 교섭하는 것은 인간의 삶에서 피할 수 없는 일이다. 이러한 전통 사상은 현대인의 삶과 행동 및 사유 속에 녹아 있게 마련이다. 동양 사상의 전통 가운데 현대 동아시아인의 삶과 가치관을 지배하고 있는 것은 역시 유학사상의 전통이다.[1] 따라서 동아시아 집단주의

---

1 길희성, 1998, p. 3; 이광세, 1998, pp. 64-93; Tu, Wei-Ming, 1985, 1996. 물론 동아시아의 전통 사상은 유학사상 말고도 도교와 불교를 비롯한 다양한 체계가 있고, 따라서 동아시 아 집단주의의 사상적 배경을 유학의 체계에서만 찾을 수는 없을 것이다. 사실 이들 사상 체계 사이에는 차이점도 많지만, 서양의 철학적 종교적 사상체계와 대비해 보면 유사한 점이 더 많다고 볼 수 있다. "이 세 체계는 모두 조화와 총체주의(holism) 및 모든 것이 모든 다른 것들에 미치는 상호 영향에 대한 관심을 공유하고 있는 것이다"(Nisbett, 2003, p. 17). 즉 도교와 불교, 그리고 유학사상은 우주에 존재하는 모든 것은 모든 다른 것들과 상호 연관되어 영향을 주고받기 때문에, 개별자로서가 아니라 총체적으로 인식되어야 하 며, 상호 연관된 관계망 속에서 조화를 유지하는 일이 모든 삼라만상의 궁극적인 존재 의 의라고 본다. 이러한 동아시아 전통 사상들은 또한 인간을 포함한 모든 것은 고정 불변하 는 존재가 아니라, 상호 관계 속에서 항상 변전하는 가소적인 존재이며, 이러한 변화 과정 속에 삼라만상의 진정한 본 모습이 담겨 있다고 본다. 이렇게 도교·불교·유학 같은 동아 시아의 전통 사상들은 총체적인 상호 관계 속에서 조화를 추구하고, 역동적인 가소성(可 塑性)을 강조한다는 공통점이 있는 것이다.

　이 가운데서 도교는 인간과 자연 사이의 연관성과 조화, 그리고 상호 역동적으로 영향 을 주고받는 관계를 강조한다. 이 체계는 인간이 자연의 일부라고 보아, 인간보다 자연을 더 강조하는 경향을 띤다(諸橋轍次, 1982/2001; 陳鼓應, 1994/1996; Nisbett, 2003). 불교는 생로병사(生老病死) 같은 모든 인간적 괴로움〔苦〕의 근거를 인간 존재와 모든 다른 것들 사이의 시·공간적인 연계 속에서 찾아〔十二緣起論〕, 현상을 고정 불변하는 것으로 보는 미망(迷妄)에 얽매이지〔執〕 말고, 항상 변전하고 순환하는〔輪廻〕 진리〔諸行無常〕를 인식

문화의 배경을 이해하려면, 우선 과거와 현재의 동아시아 사회에서 유학사상이 차지해 온 위상부터 살펴보는 일이 필요할 것이다.[2]

공자(孔子, B.C. 551?~479)가 창시한 유학은 혼란이 극에 달했던 당시 중국 사회에 횡행한 제자백가(諸子百家)와 경합을 벌이면서, 맹자(孟子, B.C. 371?~289?)와 순자(荀子, B.C. 321?~230?) 같은 걸출한 사상가에 의해 기초가 닦인 사상체계이다. 보통 공자가 살았던 시대를 춘추(春秋)시대라 하고, 맹자와 순자가 살았던 시대를 전국(戰國)시대라 한다. 이 시기는 주(周, B.C. 1050~256) 왕실이 쇠퇴하고 여러 제후국들이 부국강병(富國强兵)에 열을 올려, 합종연횡(合從連衡)이 성행하던 불안한 시대였다. 춘추시대까지만 해도 주 왕실의 권위가 어느 정도 유지되고 있었으나, 전국시대에 주 왕실은 완전히 몰락하여 겨우 명맥만 유지하고 있을 뿐이었다. 순자는 특히 전국시대 말기에 살았는데, 이 시기는 혼란이 극심하여 통일 중국의 꿈이 무르익어가던 시대였다.

춘추·전국시대의 최대 위기는 사회가 온통 이기적인 자기 이익 추구에 혈안이 되어, 인간관계의 근본이 무너졌다는 데 있었다. 따라서 이 시기의 유학자들이 인간관계의 원형을 결코 해체될 수 없는 가족과 같은 일차집단에서 찾아, 이 관계에서 이루어지는 조화와 질서를 사회관계에까지 점진적으로 확장하는 일이 사회의 조화와 평화, 그리고 통일을 이루는 근본이라고 생각하게 된 것은 어쩌면 당연한 귀결이었다. 곧 개인과 사회·집단 중에서

할 것[見性]을 강조하는 인식론 또는 수행론의 체계이다(윤호균, 1999; 諸橋轍次, 1982/2001). 곧 불교는 인간과 그를 얽매는 모든 다른 것들 사이의 상호 역동 관계 속에 놓여 있는 현실세계에서 벗어날 것을 강조함으로써, 어찌 보면 현실을 무시하는 경향을 띤다. 이와는 대조적으로, 유학은 사람과 사람 사이의 상호 연계성과 역동성을 중시하며, 사람 사이의 관계[人倫]에서 조화를 도모할 것을 강조한다. 곧 유학은 인간관계와 인간 집단 속에서 이루어지는 조화를 강조하고, 현실세계를 중시하는 경향을 띤다(諸橋轍次, 1982/2001; 조긍호, 2003a; 陳鼓應, 1994/1996). 이러한 맥락에서 보면, 동아시아의 세 전통 사상 가운데 유학사상이 현대 심리학에서 밝혀진 집단주의의 특징과 가장 가까운 체계라고 볼 수 있는 것이다.

2 이 절과 다음 절(동아시아의 현재와 유학사상)은 졸저(조긍호, 2006, pp. 283-297)의 내용에 새로운 자료를 첨가하여 보완하고 재조직함.

사회·집단을 더 중시하고 인간 존재의 사회성(인간의 상호의존성)과 도덕성(타인에 대한 관심·배려·헌신)을 회복하는 일이 이 시기 유학사상가들의 관심사였으며, 그런 점에서 유학사상은 동아시아 집단주의 문화의 사상적 모태로 자리 잡게 되었다.

중국·한국·일본을 비롯한 동아시아 각국에서 유학은 국교(國敎)나 관학(官學)으로 선양되어, 사회의 사상적 통합과 치국의 지도이념으로 떠올랐던 사상체계다. 중국에서는 한 왕조 초기에 동중서(董仲舒, B.C. 198?~106?)가 "제자백가 중에서 유가만을 한조의 정통 신앙으로 확립하는 데 큰 공적을 세웠고, 또한 유가의 정통성을 수호하기 위하여 제도적인 기반을 창출"[3]함으로써 유학사상의 국교화를 이루었다.[4] 이 시기는 새로운 왕조가 출현하여 치국의 이념 정립이 시급히 요청되던 시대였다. 한국에서는 불교를 국교로 삼았던 고려(高麗, 918~1392)를 대체하여 등장한 조선(朝鮮, 1392~1910)이 유학의 한 갈래인 성리학(性理學)을 새 왕조의 치국이념으로 삼음으로써 유학이 관학으로 부상했다. 일본에서는 도쿠가와 이에야스(德川家康, 1542~1616)가 에도 막부를 연 이래, 새로운 막부 체제의 사회적 통합을 위한 방편으로 유학사상을 장려하여 관학의 지위에 올려놓았다. 특히 중국과 한국에서는 유학 경전이 과거(科擧)의 시험 과목이 되어, 국가 경영의 담당자들을 모두 유학자들로 충원함으로써, 관학으로서 유학의 위상은 더욱 강화되었던 것이다.

---

3 馮友蘭, 1948/1977, p. 253.

4 신정근(2004)은 "동중서 자신은 유교의 국교화를 희망하고 목적으로 삼았을지라도, 현실에서는 결코 그렇게 되지 않았다. 물론 후대에는 그렇게 되었다고 하더라도, 그 기원을 동중서까지 소급할 수는 없는 일이다"(p. 70)라고 하여, 동중서를 "유교 국교화의 아버지로 간주"(p. 22)하는 그동안의 이론에 대해 반대하는 주장을 펴고 있다. 그 역사적 사실의 진위 여부는 이 책의 관심 사항이 아니다. 여기서는 다만 한 왕조 시대부터 유학이 중국 사회의 지도이념이 되었다는 사실만이 중요할 뿐이다.

1) 중국의 유학

앞서 설명한 것처럼 유학은 춘추·전국시대의 혼란을 배경으로 태어났는데, 초기 유학자들은 유학의 왕도사상(王道思想)을 펼치고 제자백가와의 경쟁에서 유학을 수호하는 일을 사명으로 삼고 있었다. 이 시대의 유학을 선진유학(先秦儒學) 또는 원시유학(原始儒學)이라고 하는데, 이 시기는 이후 동아시아의 정신사를 지배해 왔던 유학사상의 기초가 확립되었던 시기였다.

그 뒤로 유학사상은, 관학으로 승격되어 국가의 통치이념으로 부각된 한대부터 당대에 이르는 약 천 년 동안의 한당유학(漢唐儒學), 불교·도교와 경합하면서 사변적이고 형이상학적인 철학체계로 확립된 송(宋, 960~1270)대 이후의 신유학(新儒學), 그리고 유학에 차용된 도교와 불교의 사변적 영향을 제거하고 선진유학의 순수한 형태로 돌아가자는 청대의 고증학(考證學)적 유학, 그리고 근대 서세동점(西勢東漸)의 여파로 말미암은 유학배척운동에 대항하여, 서양 문명과 유학 전통의 절충적 종합을 통해 동양의 문화적 정체성(cultural identity)을 회복하려 했던 1930년대 이후의 현대신유학(現代新儒學)을 거쳐 오늘에 이르고 있다.[5]

선진유학 또는 원시유학은 진(秦, B.C. 221~207)의 통일 이전 시대에 공자·맹자·순자 같은 사상가들이 그 기초를 완성한 체계이다. 공자는 중국 문화의 전통을 "자기를 수양하여 남을 편안하게 한다"는 수기안인(修己安人)[6], "자기의 사욕을 극복하고 사회 규범 체계인 예(禮)로 돌아간다"는 극기복례(克己復禮)[7]의 인간론을 중심으로 해석함으로써, 수기치인(修己治人) 또는 내성외왕(內聖外王)이라는 유학의 기본 방향을 설정하였다. 공자보다 180년 정도 후대 사람인 맹자는 공자의 인간론을 진심론(盡心論)으로 발전시켜 수기와 내성의 측면을 강조했으며, 맹자보다 50세 정도 연하인 순자는

---

5 김승혜, 1990; 이승환, 1998a.

6 《論語》, 憲問 45: 이는 朱熹의 《論語集註》의 편차에 따른 《論語》의 憲問篇 45장을 가리킨다. 이하 《論語》의 인용은 이 예에 따른다.

7 《論語》, 顔淵 1.

공자의 인간론을 예론(禮論) 중심으로 발전시켜 치인과 외왕의 측면을 강조했다. 이렇게 이 시기는 공자 이후 2,500여 년 동안 중국 사회를 지배해온 유학의 기초가 확립되고, 그 기본 경전이 완성되던 시기이다.[8]

한당유학은 동중서에서 시작하여 이론적 틀로 음양오행설(陰陽五行說)을 전격적으로 수용하고, 관리등용 시험인 과거의 시험 과목으로 유학 경전을 채택하여, 중앙집권적 군주제의 이념인 관학으로 정립된 한·당시대 약 천 년 동안의 유학을 말한다. 이 시기의 유학은 이전까지 대체로 평등한 쌍무관계로 인식되던 오륜(五倫)의 사회관계에 상하의 삼강(三綱) 질서를 도입함으로써 원시유학을 변질시켰다는 비판을 받는다. 그러나 이 시기의 유학에 와서는 "음양론이 천인감응설(天人感應說) 및 오행사상과 결합되어, 인성과 수양론은 물론 사회관계와 자연 및 신령한 세계에 이르기까지, 고착된 음양오행의 이론에 따라 우주 전체를 배열시키는 독특한 해석체계를 발전시켰다는 점이 특이하다."[9]

신유학은 송과 명(明, 1368~1644) 시대의 유학자들이 남북조 시기 이후로 놀라운 발전을 이룩해온 도교 및 불교와 벌인 이론적 대결에서 사상적 자극을 받아, 기존 유학에 형이상학적 존재론을 도입함으로써, 유학을 기초가 튼튼한 새로운 철학으로 탈바꿈시킨 이론체계이다. 신유학자들은 만물을 생성하는 자료인 기(氣)와 각 사물에 내재하여 그 존재와 작용의 원리가 되는 이(理)의 이기설(理氣說)을 통해 우주 만물의 존재 근거를 개념화했다. 이러한 신유학의 전통은, 존재와 작용의 원리인 이의 내용을 두고 각 사물이 갖추고 있는 본성인 성(性)이 곧 이[性則理]라고 주장한 성리학 또는 주자학(朱子學)과 인간의 심(心)이 곧 이[心則理]라고 한 심학(心學) 또는 양명학(陽明學)의 계열로 나뉘어 발전해 왔다. 그러나 이 양자는 모두 "인간과 우주 전체를 이와 기로 설명하려 했다는 점에서 공통점을 지니고 있다."[10]

---

8 김승혜, 1990, pp. 307-309.

9 같은 곳, pp. 309-310.

10 같은 곳, p. 310.

이러한 신유학은 지나치게 사변적으로 흘러, 선진유학이 가지고 있던 실천학적 가치를 떨어뜨렸다는 비판을 받고 있다.

남북조시대 이래 유학에 스며들었던 도교와 불교의 사변적 영향을 청대에 발달한 금석학(金石學)의 고증적 학풍에 따라 제거하고, 한학(漢學) 더 나아가서는 선진유학의 순수한 형태로 되돌아가려 한 것이 고증학적 유학이다. 청대의 고증학자들은, 송·명대의 신유학자들이 스스로 배제하려 했던 도교와 불교의 영향에서 아직도 벗어나지 못하고 있다고 비판하면서, 원시유학 경전에 대한 송·명대의 신주(新注)보다 한대의 고주(古注)가 더 원시유학의 본래 모습에 가깝다고 보아, 이를 따르고자 했다. 그러나 송·명대 신유학의 경우에는 "심성론(心性論)을 중심으로 한 이론이 확립되어 뚜렷한 하나의 해석체계로서의 모습을 보여준 데 비하여, 청대의 고증학 전통은 본문 비판과 실사구시(實事求是)의 경세론(經世論)에 있어서는 많은 공헌을 하였지만, 전체적으로 독자적인 해석체계를 형성하는 데 완전히 성공하지는 못하였다"[11]는 비판을 받고 있다.

청이 영국과 벌인 아편전쟁(1840~1842)에서 패한 다음 전통 유학사상에 대한 배척운동이 격렬하게 전개된 후, 1930년대부터 전통에 애정을 지닌 일단의 유학자들이 유학사상의 부흥을 통하여 서양 문화의 충격에 대응하려는 운동을 전개했는데, 이러한 현대의 유학사상을 전통 유학과 구분하고자 사용한 용어가 '현대신유학'이다. 현대신유학의 주창자들은 매우 다양한 배경을 가지고 있었지만, 격렬한 반전통의 유교배척론에 대항하여 "도통론(道統論)에 입각한 전통 문화의 회복을 주장한다는 점, 유학사상을 중국 문화의 중심 (혹은 정통) 위치에 놓고, 여기에 서구 문화를 선별적으로 수용하여 전통 문화의 근대화를 추구한다는 점, 전통 유학 특히 송명 유학이 지닌 인본주의, 도덕주의, 정신주의적 가치를 선양함으로써 민족 문화의 부흥을 고취한다는 점"[12]에서 공통성을 보이고 있다.

---

11 김승혜, 1990, p. 311.

12 이승환, 1998a, p. 370.

신유학과 고증학적 유학을 비롯한 새로운 유학의 사조들은, 항상 선진유학의 본래 모습으로 돌아가자는 기치 아래 선진유학의 경전들을 그 이전 시대와는 달리 새롭게 해석하려는 시도들이었다. 곧 "원시유학의 본래 사상으로 돌아간다는 주장은 사실 새로운 해석이 등장할 때마다 있었던 것이다."[13] 따라서 선진유학은 가장 순수하고 원형적인 유학사상의 정수라고 볼 수 있다. 지금까지 살펴본 유학의 여러 사조들 가운데 우리나라와 일본에서 주로 받아들인 것은, 그 시기의 일치로 말미암아 송대 신유학의 한 갈래인 주희(朱熹, 1130~1200) 계통의 성리학이었다. 그러나 성리학의 뿌리는 선진유학에 있는 것이다.

2) 한국의 유학

유학사상은 삼국시대에 우리나라로 전해져 고구려(高句麗, B.C. 37~A.D. 668)·백제(百濟, B.C. 18~A.D. 660)·신라(新羅, B.C. 57~A.D. 935)에 이미 태학(太學) 같은 국학(國學) 기관을 설립하여 교육을 했으며, 이 시대의 유학자로 설총(薛聰)과 최치원(崔致遠) 같은 이들이 있다.[14]

그러나 우리나라에서 유학사상은 고려 광종(光宗, 재위 949~975)이 과거제를 실시한 이후, 고려 중기에 접어드는 11세기 전반 최충(崔冲, 984~1068)과 그 문하생들에 의해 본격적으로 받아들여지기 시작했다. 13세기 말과 14세기 초엽에는 안향(安珦, 1243~1306)과 백이정(白頤正, 1247~1323) 같은 이들에 힘입어 주자학(朱子學)이 도입되었고, 조선조에 와서는 이러한 주자학, 곧 신유학의 한 갈래인 성리학이 국가 경영의 최고 이념이 되면서 우리나라 정신사의 가장 기본적인 틀이 되어 오늘에 이르고 있다.[15] 17세기에 접

---

13 김승혜, 1990, p. 311.

14 현상윤, 1949, pp. 13-17.

15 윤사순, 1997, pp. 13-40.

어들면서 유학사상의 중심인 중국 대륙의 주인이 한족(漢族)인 명에서 만주족(滿州族)인 청으로 바뀌자, 이러한 경향은 더욱 심화되었다. 곧 "명이 청에 망하자, 조선은 이제 자신이 명을 대신하여 중화 세계의 중심이라고 자부하였다. 이른바 '대중화(大中華)'가 사라져버렸기에 조선의 '소중화(小中華)'가 '우주'의 유일한 중심이라고 생각하게 되었으며, 이것이 조선 문화의 긍지를 뒷받침해 주었던 것이다."[16]

더욱이 조선조에서는 강력한 억불숭유(抑佛崇儒)의 정책을 편 까닭에, 사회 상층부는 물론 일반 민중이 일상생활을 영위해 나가는 모든 측면에서 유학사상이 지도이념으로서 지대한 영향을 끼쳤다. 그 결과, 조선조 이후 우리나라의 문화는 그 이전 시대와는 철저히 단절되었고,[17] 유학사상은 한국인의 문화 전통과 의식구조의 중추가 되어왔다.[18] 말하자면, 현대의 시점을 기준으로 할 때, 한국인의 삶의 과정에 영향을 끼친 가장 가까운 전통 사상은 바로 유학사상이었던 것이다.

따라서 동아시아의 국가들 가운데서도 한국은 가장 유교적인 국가로서, "홍콩이나 일본보다 더한 것은 말할 것도 없고, 대만이나 중국 자체보다도 더욱 유교적 …… 이다. 19세기에 한국을 찾아왔던 선교사들이나 여행가들이 한국인의 생활 거의 모든 부분에 깊이 침투되어 있는 엄격한 유교적 제도와 유교적인 가치관을 보고서 큰 놀라움을 표명"하였으며, "또 현대의 많은 사회학자나 경제학자들도 현재의 한국인이 …… 분명한 유교적인 태도와 사고방식을 가지고 있다는 데 대해서 역시 확신하고"[19] 있다.

이러한 관점에서, 현상윤은 조선 유학은 동양사나 세계사 차원에서도 독특한 위치에 있다고 보면서, 그 배경을 "조선 유학은 첫째 거대한 실천력을 가졌으니, 유교의 이상을 정치나 사회생활에 실현시키고 구현시킨 점으로

---

16 장석만, 1999, pp. 266-267.

17 고병익, 1996, pp. 45-47, 231-236.

18 윤사순, 1997; 이광세, 1998; 이상은, 1976; 이승환, 1998a, b, 1999a, 2004; 조긍호, 2003a.

19 고병익, 1996, pp. 280-281.

보아, 조선 유학은 지나(支那, 중국)의 어느 시대의 그것보다도 우수한 성적을 가진 것이오, 둘째 조선 유학은 성리학에 있어 다대한 발달을 성취한 까닭이다. …… 성리학에 있어서는 대체의 학자가 모두 다 정주(程朱)의 학설을 계승하고 종순하여, 그것을 되풀이하고 해석한 것에 불과한 듯한 인상이 없지 않으나, 그러나 입론한 체계와 개척한 국면이 어느 것이나 정연하고 청신하여, 송명(宋明) 선유(先儒)의 미발처를 밝힌 것이 적지 않고, 양으로 질로 조선 유학의 독특한 지반과 역량을 쌓아 올리며 보여준 것이다"[20]라는 주장을 펴고 있다.

3) 일본의 유학

"일본의 유학은 서력 284년 백제로부터 아직기(阿直岐)가 건너가고, 다음 해 왕인(王仁)이 건너가 《논어(論語)》 10권과 《천자문(千字文)》을 전하면서부터 시작된다. 그러나 그 후 그다지 발전을 이룩하지는 못하였으므로, 일본 유학의 실질적 창시기는 주자학이 수입되고 정착된 에도 시대이고, 그 창시자는 유학으로써 문호를 세운 후지하라 세이카(藤原惺窩, 1561~1619)이다."[21] 그 이후 일본의 유학은 세 방향으로 나뉘어 정착되었다.

그 첫째는 후지하라 세이카, 하야시 라잔(林羅山, 1583~1657), 야마자키 안사이(山崎闇齋, 1618~1682)로 이어지는 주자학의 흐름이다. 이들에게 수용된 주자학은 "주자학 그 자체라고 하기보다는 오히려 조선의 유학, 특히 퇴계학(退溪學)이었다."[22] 일본 유학의 창시자라고 할 수 있는 후지하라가 주자학을 접한 것은 조선의 사신이었던 허산전(許山前)과[23] 정유재란(丁酉再

---

20 현상윤, 1949, p. 10. 고문 어투를 현대문에 가깝게 고침.

21 이기동, 2003, p. 59.

22 같은 곳, p. 61.

23 허산전은 퇴계(退溪) 이황(李滉, 1501-1570) 문하의 삼걸 가운데 한 사람인 유희춘(柳希春, 1513~1577)의 제자였다. 따라서 허산전은 퇴계의 재전(再傳) 제자인 셈으로, 그가

亂) 때 포로로 잡혀왔던 강항(姜沆, 1567~1618)을 통해서였기 때문이다. 그러나 이들 "일본 주자학자들의 주요 관심사는 개인의 수양에 있는 것이 아니라 사회철학의 수립"24에 있었고, 따라서 이들은 주자학, 특히 퇴계학의 형이상학적(形而上學的) 요소를 철저히 형이하학적(形而下學的)으로 이해하여, 오륜과 같은 "인간 사회 속에서의 인간관계의 윤리를 확립하는 데"25 온 힘을 기울였다. 아마도 이것이 사농공상(士農工商)의 계급질서와 상하의 통치질서 확립이라는 새로운 통일 에도 막부의 이해와 맞아 떨어졌기 때문일 것이다.26

다음은 나카에 도주(中江藤樹, 1608~1648)와 구마자와 반잔(熊澤蕃山, 1619~1691)으로 이어지는 양명학 계열이다. 이들은 양명학의 양지설(良知說)과 지행합일설(知行合一說)을 철저한 형이하학적 실천 방법으로 받아들이고, 이를 상하의 계급질서와 그 속에서 저마다 해야 할 역할의 완수를 강조하는 체계로 구축함으로써, "우선 집단을 만들고 난 뒤, 그 집단의 한 구성원이 되는 것으로써 존재 가치를 구하는 이른바 일본인의 집단주의"27의 이론적 기초를 확립하려 했다. 따라서 이들도 일본 주자학자들과 마찬가지로 에도 막부의 시대적 요구에 부응하는 실천 논리를 제공함으로써, 중국의 양명학과 다른 독특한 일본 양명학의 체계를 펼쳤다고 볼 수 있겠다.

마지막은 이토 진사이(伊藤仁齋, 1627~1705)와 오규 소라이(荻生徂徠, 1666~1728)로 이어지는 일본 고학(古學)의 흐름이다. 이들은 한당유학의 형이하학적 체계를 무기로 삼아 주자학의 형이상학적 체계를 비판하는 입장을 전개했는데, 그 결과 옛 유학으로 돌아간다는 의미에서 고학이라 불리게 되었다. 이들은 "한당시대의 훈고학(訓詁學)을 계승하는 것"28을 학문적 목

후지하라에게 전해준 것은 퇴계의 주자학이었을 것이다.

24 이기동, 2003, p. 66.

25 같은 곳, p. 63.

26 김석근, 2000, pp. 52-56, 65-66; 김태영, 2002, pp. 11-14.

27 이기동, 2003, p. 73.

28 같은 곳, p. 77.

표로 삼았는데, 그러나 이들의 기본적인 관심사도 역시 오륜사상을 중심으로 한 사회윤리의 확립에 있었다는 점은 위의 두 조류와 마찬가지다. 그러나 "고학의 정착은 일본의 지식인들이 대륙의 유학에서 벗어날 수 있는 계기가 되었으므로, 고학 이후의 일본 지식인들은 대륙의 유학에서 벗어나 일본 고유의 학문에 관심을 가졌고, 그 결과 국학(國學)이라는 일본 고유의 학문체계를 갖추"29게 되었는데, 이 점은 이들의 공헌이라 하겠다.

이상에서 보듯이, 에도 시대에 본격적으로 받아들인 일본의 유학은 도쿠가와 막부 지배계층의 사회 통합과 사회윤리 구축이라는 목적에 철저히 부응한 사상체계였다. 곧 "일본의 에도 시대에도 조선과 마찬가지로 주자학을 관학으로 승인함으로써,30 유교가 공적으로는 일본의 사상계를 독점할 수 있는 상황이 전개되었다. 에도 시대의 유교사상은 265년간 이어져 내려온 사농공상의 신분질서를 정당화하는 체제상의 가치 규범이었다. 유교사상은 무사계급에뿐만 아니라, 서민 교육기관을 통해 민중에게까지 깊숙이 침투하여 그들의 일상생활의 전반을 규제"31하고 있었던 것이다.

이러한 사정은 메이지 유신 이후의 메이지기(明治期, 1868~1912)에도 마찬가지였다.32 오히려 "유교의 위상은 상대적으로 메이지 시대 이후 더 높아졌다. …… 천황제 국가를 창출해 낸 후, 상·하관계와 상호간의 관계를 유지해 가는 세속 윤리로 유교에 주목했으며, 유교적 덕치주의를 원용했기 때문이다. 특히 충과 효를 중시하는 형태로 일본 고유의 논리와 이어지게 되었고, 이어 '일본 이데올로기'의 주요한 측면을 이루게"33 되었던 것이다.34

---

29 이기동, 2003, p. 84.

30 1790년(寬政 2년)에 "칸세이 이가쿠 노 킨(寬政異學の禁)"을 통해, 시바노 리쯔잔(柴野栗山)의 건의에 따라 주자학 이외의 학문을 금지시킴으로써, 유학 특히 주자학을 관학으로 공식화했다(김석근, 2000, p. 61, 주 13 참조).

31 김태영, 2002, p. 12.

32 김석근, 2000; 김태영, 2002; 이기동, 2003; 조경욱, 2000.

33 김석근, 2000, pp. 65-66.

34 "1872년부터 종래의 교육의 서구화 정책을 수정, 학교 교육에 유교 도덕을 끼워 넣기 시

　　그러나 유교가 유일한 일원적 통치이념으로 군림한 중국이나 조선과는 달리, "일본은 그들의 전통 종교인 신도(神道)와 중국과 조선으로부터 전래된 불교, 그리고 도쿠가와 시대의 국가윤리인 유교가 한데 섞이면서, 신·불·유가 서로 상해하지 않고 공존하는 종교·도덕의 다원적인 사상구조를 유지하였다."[35] 이렇게 된 배경에는 일본인들이 유교에 대해 갖는 친화성(親和性)의 문제와[36] 중국이나 조선과는 달리 일본에는 과거제도가 없었다는 점들이[37] 작용한 것으로 보인다. 곧 유교를 자기들의 고유한 전통 사상이라고 여기는 한국인이나 중국인들과는 달리, 일본인들에게는 신도라는 분명한 전통이 있었던 만큼, 이것을 오히려 자신들의 고유한 문화와 사상으로 여겨 친화를 느낄 뿐,[38] "유교는 자신의 것이 아니라고 여기는 감각이 너무나 강해서,"[39] 그들은 유교 유일체계를 인정할 수 없었다. 또한 과거제가 존재하지 않았으므로 "학문과 정치가 연결되지 않은 채 서로 별개의 영역으로 존재"[40]했다. 그 결과 "학문이 특정의 계급과 고정적으로 이어지는 일이 없었다 …… 따라서 …… 유학은 지배계급의 지적 독점물이 되지 않았고, 중앙권력이 지적 세계를 독점하지도 못하였"[41]던 만큼, 지식인들 사이에서도 유학은 여러 지식체계 가운데 하나로 탐구될 뿐이었던 것이다.

작"(김석근, 2000, p. 53, 주 3)한 일은 국민 교육에 유교사상을 동원한 실례이며, "이는 1890년에 공포된 '교육칙어(教育勅語)'에서 절정에 달했다. 교육칙어는 거의 모두가 사서오경에서 따온 구절들로 이루어져 있다 해도 과언이 아닐 정도"(같은 곳, p. 53)였던 것이다.

35 김태영, 2002, p. 12.

36 김석근, 2000, p. 61-62; 黑住眞, 1998, pp. 35-36.

37 같은 곳, p. 63; 김태영, 2002, pp. 13-14; 辻本雅史, 1998. p. 104.

38 김석근, 2002, pp. 61-62.

39 黑住眞, 1998, p. 36.

40 김석근, 2000, p. 63.

41 辻本雅史, 1998, p. 104.

3. 동아시아의 현재와 유학사상

앞에서 보았듯이, 중국에서는 한 무제 이후 2,000여 년 동안, 한국에서는 고려 광종이 과거제를 실시한 이래 1,000여 년 가까운 기간에 걸쳐,[1] 특히 조선의 건국 이후 500여 년 동안, 그리고 일본에서는 에도 막부의 성립 이후 400여 년 가까운 세월 동안 유학사상은 국가의 지배적인 이념체계로 군림해 왔다. 이렇게 유학은 동아시아의 전체 역사, 또는 근세 400~500여 년의 역사에 걸쳐서 동아시아 사회를 사상적으로 지배해 왔으므로, 동아시아인들의 삶의 풍습과 가치관 및 행동 습성에 가장 커다란 영향을 미친 전통사상은 바로 유학사상이다. 동아시아 사회에서 유학사상은 단순히 과거의 유물이나 박물관의 박제품이 아니라, 아직도 역동적으로 동아시아인의 심성과 행동에 영향을 미치고 있는 기본적인 삶의 체계인 것이다.[2]

1) 유교개신운동

중국을 비롯한 전통적인 동아시아 국가들에서는 유학사상이 국가의 근본 이념으로 숭상되었고, 따라서 삶의 기본 철학으로 받아들여지고 있었다. 그

---

1 Deuchler, 1992/2003, pp. 29-31.

2 동아시아 사회에 아직도 유학의 전통이 강하며, 이러한 유학의 전통은 현재도 동아시아인의 삶과 행동양식에 크게 영향을 미치고 있다는 사실은 많은 서구의 학자들(Davis, W. B., 1987; Deuchler, 1992; Hall, D. L., & Ames, 1987; Robinson, 1991 등)도 인정하고 있는 사실이다.

러나 서양 세력의 개방 압력과 침략 위협이 고조되면서 사정은 달라지기 시작했다. 중국에서 이러한 위협은 아편전쟁으로 본격화했는데, 아편전쟁이 영국의 승리로 끝난 뒤 동양과 서양의 관계는 서세동점으로 특징지을 수 있다. 이러한 "서세동점의 여파로 19세기 후반기부터 20세기에 이르기까지 동아시아의 전통적 유교국가들에서는 유교를 비판하는 현상이 현저"[3]하게 되었다.

중국에서 이러한 유교배척운동은 5·4운동(1919) 때에 절정에 이르렀는데, "이 시기 중국 지식인들의 당면 과제는 유교의 삼강오륜(三綱五倫)과 결별하고, 서구의 민주(民主)와 과학(科學)을 받아들이는 일이었다. 따라서 철저하게 자신의 전통을 비판하고 서구 문화를 수용하려는 '전반서화론(全盤西化論)'이 시대정신으로 부상하게 되었다."[4]

그러나 중국에서는 이미 1920년대 '과학과 현학 논쟁〔科玄論戰〕'을 통해, 전통에 깊은 애정을 지닌 일군의 지식인들〔玄學派〕이 유교배척론자〔科學派〕와 대립하는 과정에서 '현대신유학'의 장을 열어, 전통 문화의 회복과 근대화를 주장하였다. 이들의 주장은 "서양의 민주와 과학을 수용하면서, 동시에 유가 전통의 인문정신과 도덕의식을 계승"하려는 것이었다. 곧 "민주와 과학은 서양으로부터 수용하되〔新外王〕, 내성(內聖)에 있어서는 유가의 '심성지학(心性之學)'을 계승하고자 했던 것이다."[5] 말하자면, 이들은 서구 문화와 유가 전통의 절충적 통합을 통해 동양의 '문화적 정체성'을 회복하고자 했다. 이러한 현대신유학은 1930~1940년대의 웅십력(熊十力)·양수명(梁漱溟)을 비롯한 1세대, 1950~1960년대의 당군의(唐君毅)·서복관(徐復觀)·풍우란(馮友蘭)·모종삼(牟宗三)을 비롯한 2세대를 거쳐, 1970년대 이후의 두유명(杜維明)·채인후(蔡仁厚)를 비롯한 3세대의 학자들에 의해 주도되어 오늘에 이르고 있다.[6]

---

3 이광세, 1998, p. 64. 동아시아 사회와 서구 사회에서 전개된 유학사상에 대한 비판론과 옹호론의 대립에 관해서는 졸저(조긍호, 1998a, pp. 30-43) 참조.

4 이승환, 1998a, p. 368.

5 같은 곳, pp. 371-372.

6 같은 곳, pp. 368-371.

이러한 현대신유가들의 활동에 힘입어 대만·홍콩·싱가포르 같은 중화계 사회에서 유교배척론〔全盤西化論·科學派〕은 오래 전에 자취를 감추고, 유학은 새로이 "동·서 문화의 회통과 상호 보완처를 제창하여, 서방 문화의 장점과 유가 문화와의 새로운 만남"7의 장이 됨으로써, 중화 문화권의 지배적인 사상체계다운 위상을 되찾았다. 이러한 사정은 중국 대륙도 마찬가지다. 이들 현대신유가의 영향으로 "1990년대의 대륙 유학은 가히 공전의 성황을 누리고 있다. …… 1950~1970년대의 유학 연구가 정치에 종속되고 이데올로기에 예속되었다면, 1980년대의 유학 연구는 금기 사항을 파괴하는 사상해방운동의 성격을 띠고 있다. 한편, 1990년대의 유학 연구는 이전과 비교하여 상대적으로 자유로워진 학술 분위기와 문화적 성격을 선명하게 드러내고 있다."8 이렇게 1990년대 중국 대륙의 철학적 분위기가 현대신유가를 적극 받아들임으로써, '대륙신유가(大陸新儒家)'가 출현하게 되었던 것이다.

이러한 대륙신유가들은 "유가사상은 동아시아 지역에서 현대화를 실현한 주요 사상 자원이며, 따라서 중국 현대화의 사상 기초와 '동력원(動力源)'이 될 수 있다고 주장하고, 또 유가 윤리도덕을 전면 긍정하여 '오늘에도 여전히 쓸모가 있다'고 진단함으로써, 유가 윤리를 기초로 하여 오늘날 중국의 도덕규범체계를 중건해야 한다고 주장하기도 한다."9 이제 중국 "대륙에서는 '전통의 뿌리와 접맥된 특색 있는 사회주의 건설'을 자기들의 목표로 설정하고, 유교를 일부로 받아들이고 있는 듯"하며, 따라서 "유교는 지금보다는 훨씬 더 중요한 역할을 담당"하여, "중국인들의 새로운 삶의 철학으로 자리 잡게 될 것으로 보인다."10

19세기 말 한국의 사정도 중국과 비슷했다. 서구 문명의 동점 현상에 대

---

7 김성기, 2000, p. 34.

8 같은 곳, p. 40.

9 같은 곳, p. 43.

10 같은 곳, p. 49.

응한 이 시기 우리나라 유학자들의 반응은 두 가지였는데, 곧 "서구 문명을 사(邪)로 보고 배척한 위정척사론(衛正斥邪論)과 서구 문명의 정신은 거부하되 과학기술은 받아들이고자 한 동도서기론(東道西器論)이었다."[11] 여기서 위정척사론이 유학고수론이었다면, 동도서기론은 유학배척론이었다고 할 수 있다. 이 중 대세를 업은 쪽은 유학배척론이었다.

그러나 이 시기의 유학배척론은 유학의 완전한 배척이 아니라 유교의 개신론(改新論)에 가까웠다. 곧 "이 시기 유학의 주조는 '자강(自强)·자립(自立)·독립(獨立)'을 위한 유교의 새로운 인식, 이른바 유교 개신의 경향"[12]이었다. "해방을 맞이한 이후에도 한국 유학은 일제 강점기에 보인 개신의 노력을 지속시켜 스스로의 존재 가치를 확인하는 한편, 계속적인 발전의 길을 모색하였다. …… 이와 같이 살피면, 개화기에는 위정척사와 동도서기의 갈등을 보이다가, 일제시대 자주 독립을 지향하는 개신의 노력을 기울인 다음, 해방 후에는 스스로의 존재 가치를 확인하는 양상을 보여온 것이 곧 한국 근대 유학의 역사적 전개이며, 그 변모 과정이라 하겠다."[13]

이러한 유학계 자체의 개신의 노력으로 우리나라에서는 유교적 사고양식과 관습, 그리고 가치관이 강하게 남아 있다. 이는 1970~1980년대의 급속한 경제발전과 1990년대의 정치발전을 통해 "경제성장과 민주화라는 두 가지 프로젝트를 이루어낸"[14] 배경이 되었거나, 또는 그 결과 생긴 자부심에 근원을 둔 "우리 것 찾기 운동"의 반영이기도 하다. 최영진은 1996~2000년 사이의 기간 동안 국내 일간지에 게재된 유교 관련 기사를 분석한 결과, "유교가 결코 박물관의 박제품이 아니라, 우리 사회에 살아 있는 역동적 기제임을 확인할 수 있었다"[15]고 보고하고 있다.

현대 일본에서 유학의 사정은 중국이나 한국과는 조금 다르다. 그들에게

---

11 윤사순, 1997, p. 494.

12 같은 곳, pp. 497-498.

13 같은 곳, pp. 500-501.

14 최영진, 2000, p. 31.

15 같은 곳, p. 24.

유교는 다양한 사상체계 중의 하나일 뿐이었으며, 일본에서 유교는 중국이나 한국처럼 유일한 통치이념으로 군림한 적도 없었다.[16] 게다가 일본인들은 유교에 대해 그렇게 친화감을 느끼지도 못했고, 특히 2차대전에 패전한 이후 "유교는 봉건적인 것, 국가주의에 복무한 불순한 것쯤으로 여겨졌던 것이다."[17] 그럼에도 19세기 말엽 이래 일본의 유교 연구열은 세계에서 가장 치열하여, 일본인에게 유교는 가장 친숙한 주제 가운데 하나이다.[18] 또한 아직까지도 일본인의 공식적인 대인관계와 사회윤리는 철저히 유교적이어서, 21세기의 "현대 일본인에게도 유교 예교제(禮敎制)의 근간인 '충'과 '효'의 가치관"[19]은 강하게 남아 있다. 바로 이 점이 같은 유교문화권인 중국·한국·일본의 본질적인 공통점이라고 할 수 있을 것이다.

2) 유교적 역동성의 가치

이렇게 동아시아인들에게 유학사상은 더 이상 과거의 체계가 아니라, 현재 살아남아 있는 현실의 체계이다. 이것이 동아시아 사회에서 유학이 차지하는 현재적 위상이다. 뚜 웨이밍(Tu, Wei-Ming)은 현대 유교권 사람들의 의식구조 속에 공통된 가치관과 행동 또는 사유방식으로 자리 잡은 것을 "마음의 유교적 습성들(the Confucian habits of the heart)"[20]이라 부르고 있다. 유교적 삶의 방식은 동아시아인의 생활에 광범위한 영향을 미쳐, 중국·한국·일본을 비롯한 동아시아인의 공통적인 습성을 낳은 것이다. 동아시아인의 일상생활에서 나타나는 신념·행동·습관의 근간에 이렇게 유학사상의 배경이 깔려 있다는 사실은, 앞서 진술한 역사적 고찰의 결과뿐만 아니라 가

---

16 김태영, 2002, pp. 11~14.

17 김석근, 2000, p. 60.

18 같은 곳, pp. 52-56.

19 김태영, 2002, p. 14.

20 Tu, Wei-Ming, 1996, p. 343.

치에 대한 문화비교연구의 결과에서도 드러난다.

본드(Bond)를 중심으로 한 일군의 연구자들은[21] 22개 국의 대학생을 대상으로 중국인에게 기본적인 가치문항 40개로 구성된 '중국적 가치 검사(Chinese Value Survey)'를 실시하고, 호프스테드와 같은 생태학적 요인 분석을 진행했다. 그 결과, 호프스테드가 밝혀낸 네 차원 가운데 세 차원(권력거리, 개인주의, 남성성)과 함께 국가 간 차이를 드러내는 또 다른 가치 차원이 나타났는데,[22] 이는 인내심, 지위와 서열 존중, 절약, 검소, 염치, 체면 유지, 전통 존중, 인사치레와 은혜 갚기 같은 유교적 가치를 반영하는 차원이었다. 그들은 이를 "유교적 역동성(Confucian dynamism)"이라 명명하고, 호프스테드의 연구에서 밝혀진 가치 차원과 관련지어 여러 관계를 분석하고 있다.[23] 이 척도에서 강한 유교적 역동성의 가치를 보유하고 있는 나라들은 중국(118점)·홍콩(96점)·대만(87점)·일본(80점)·한국(75점) 같은 동아시아의 유교권 국가들이고(순서대로 1~5위임), 미국(29점)·영국(25점)·캐나다(23점) 같은 서구의 국가들은 그 반대쪽의 가치를 지닌 것으로 밝혀지고 있다.[24] 이 연구에서도 '마음의 유교적 습성들'이 여전히 동아시아인의 행동과 사유의 근간을 이루고 있음이 드러나고 있는 것이다.

이렇게 유교적 가치체계는 현대에도 동아시아 일반 민중의 생활에 광범위한 영향을 미치고 있으며, 따라서 유학사상은 동아시아인의 "문화 전통과 의식구조의 중추"[25]가 되어 있다. 이러한 사실과 관련하여 고병익은 한국인의 종교 관련 신념과 행동을 심층적으로 분석한 연구의[26] 결과를 인용하면서, 거의 대부분(91.7%)의 한국인은 현대에도 유교의 행동과 습성을 그대로 유지하고 있는 만큼, 실질적으로 최소한 "유교의 '주변 성원'을 이루고 있

---

21 Chinese Culture Connection, 1987.

22 이 연구에서는 Hofstede(1980)의 "불확실성 회피" 차원은 검출되지 않고 있다.

23 예: Hofstede, 1991; Hofstede & Bond, 1988.

24 Hofstede, 1991/1995, p. 244, 표 7.1.

25 이광세. 1998, p. 63.

26 윤이흠·박무익·허남린, 1985.

다"[27]고 결론짓고 있다. 이 연구에서 조사대상자 총 400명 가운데 자신이 '유교인'이라고 답한 사람은 2명(0.5%)에 지나지 않아, 자신을 '개신교인'이라고 답한 사람 106명(26.25%), '천주교인'이라고 답한 사람 20명(5.0%), '불교인'이라고 답한 사람 77명(19.25%)과는 비교도 할 수 없을 만큼 적었다. 그러나 이들도 일상생활의 기본 실천(조상의 제사, 경서의 공부, 효도)과 일반적 관행(부계 가통, 동성동본 혼인 반대, 성묘와 시제, 3년상, 폐백, 어른 공경), 그리고 집단 행사에 참여하는 일(가족이나 문중 행사, 종친회나 족보 사업, 유림 행사, 유교의 선전 활동)에서는 일정한 정도 이상으로 유교적 행동과 태도 및 습관을 보이는 것으로 조사되었다. 곧 조사 결과 확인된 불교인의 100%, 개신교인의 76.6%, 천주교인의 90%, 무종교인(189명, 47.25%)의 96.8% 등 전체 400명 중 367명(91.7%)이 "그 신념이나 행습으로 보아 유교도라고 볼 수"[28] 있다는 것이다.

이러한 사실들을 함께 놓고 보면, 동아시아 사회에서 지배적인 집단주의 문화의 사상적 배경은 아직까지 동아시아인이 보유하고 있는 '마음의 유교적 습성들'에서 찾을 수 있다는 점이 분명해진다. '유교적 역동성'의 가치 차원에서 분명하게 드러나는 이러한 '마음의 유교적 습성들'을 트리안디스(Triandis)는 "집단주의적인 습성 구조"[29]라 부르고 있는데, 이렇게 동아시아 집단주의 사회인이 드러내는 전형적인 지각·신념·가치·태도·행동의 배후에는 아직도 이 사회에 살아 역동적으로 영향을 미치고 있는 유학사상이 놓여 있는 것이다.

---

27 고병익, 1996, p. 295.

28 같은 곳, p. 294.

29 Triandis, 1995, p. 67.

제2장
문화 유형에 따른 인간관의 차이

중국·한국·일본 같은 동아시아 국가들에서 유학사상은 역사적으로뿐만 아니라, 현재에도 가장 기본적인 삶의 체계가 되어 있다는 사실을 앞 장에서 살펴보았다. 중국은 유학사상의 발상지로서, "한대 이후로 역대의 왕조들은 모두 유가 학설을 치국의 지도사상으로 삼았으며 …… 유가사상은 사회생활에 지배적으로 작용하여 …… 장기적인 역사적 침적을 거쳐, 그 영향은 심지어 중화 민족의 심리구조와 민족 성격을 형성하기에까지 이르렀다."[1] 11세기에 들어서 본격적으로 유학사상을 받아들이기 시작한 한국은 "온 동아시아 가운데서도 가장 유교적인 국가"로서 "홍콩이나 일본보다 더한 것은 말할 것도 없고, 심지어 대만이나 중국 자체보다도 더욱 유교적"[2]인 국가이다. 일본은 유학사상의 뿌리가 상대적으로 깊지 않은 나라지만, 도쿠가와 막부의 에도 시대에 "봉건적 지배층에 대한 계급적 정당성을 뒷받침하고, 상위자에 대한 충성심을 이끌어내기 위한 이데올로기"로 유학사상을 널리 펴기 시작한 이래, 메이지 유신 이후 "천황에 대한 충성심을 보장하기 위해 사회 전체에 대한 정당성을 부여하는 역할"[3]을 유교가 떠맡음으로써, 주도적인 사회이념으로 떠올라 오늘에 이르고 있다.

집단주의 문화가 발달한 동아시아 지역 국가들의 가장 커다란 공통점은 이렇게 유학사상의 배경을 가지고 있다는 사실이다. 따라서 동아시아 집단주의 문화는 유학의 전통에서 그 사상적 배경을 찾아볼 수 있다. 곧 "동양사상의 전통, 그 가운데서도 유교 전통은 한국인은 물론이요, 동아시아인들 모두의 삶의 방식, 인생관과 가치관을 지배하고 있다 해도 과언이 아닌 것이다."[4]

이와는 대조적으로, 북미·오세아니아·북서유럽 지역의 국가들에서 지배적인 개인주의 문화의 뿌리는 서구의 자유주의 사상에서 찾을 수 있다. 서

---

1 孔繁, 1994, p. 17.

2 고병익, 1996, p. 280.

3 조경욱, 2000, p. 219.

4 길희성, 1998, p. 3.

구 역사의 방향을 특징짓는 주류는 개인주의로 이행하는 흐름이었다. 다시 말해, 인간 행위가 점점 개인화하면서 자유가 찾아들었고, 그 결과 집합체나 전체를 개인보다 중시하던 관점이 개인을 더 중요하게 여기는 관점으로 변화됨으로써, 개인과 전체 사이의 관계가 뒤집어진 역사이다. "단순한 상황의 산물이건, 인간 본성의 잠재적 가능성에 힘입어 예정된 목적에서건, 어쨌거나 인간 본성의 개인화와 내면화는 점점 더 복잡해지는 서구 사회와의 상관관계 속에서 필연적으로 성취될 수밖에 없었다. 이런저런 이념적 충돌이 있었음에도 이 개인화 과정의 문화적 역동성이 지금까지 약화된 적이 결코 없었고, 또 개인주의적 가치체계가 전체론적 가치체계를 압도"[5]하게 되었던 것이다.

서구 역사에서 이렇게 개인주의로 이행하는 방향 전환은 르네상스 시대부터 본격적으로 진행되었다. 서구에서도 그리스 이전의 긴 기간은 물론 르네상스 이전의 중세시대까지는 전체주의 경향이 강했다. 그러나 개인주의의 씨앗은 그리스 시대부터 이미 서구 사회에 내재해 있었으며, 14~16세기에 르네상스와 종교개혁에 의해 '자아의 각성'과 '세계의 발견'이 이루어지면서 개인화의 꽃이 피기 시작했다. 이러한 개인주의화의 물결이 정점에 이른 것은 17~18세기 자유주의 사상이 대두한 다음이다. 자유주의 사상의 영향으로 나타난 계몽주의운동 및 미국과 프랑스의 시민혁명, 그리고 영국을 중심으로 한 산업혁명을 거치면서 개인주의는 서구인의 삶의 이념으로 확고히 자리 잡게 되었다. 이렇게 현대 서구 개인주의의 이념적 뿌리는, 개인의 자유와 천부적인 권리에 대한 이론화가 이루어진 자유주의 사상에서 찾을 수 있는 것이다.[6]

이렇게 보면, 집단주의와 개인주의 문화의 기본적인 특징은 그 사상적 배경인 유학과 자유주의 사상에서 인간 일반과 개인 존재를 어떻게 개념화하

---

5 Laurent, 1993/2001, pp. 158-159.

6 김영한, 1998, pp. 28-30; 노명식, 1991, pp. 27-51, 85-113; 조긍호, 2006, pp. 89-183; Dülmen, 1997/2005, pp. 20-68; Gray, 1995/2007, pp. 21-86; Kim, U., 1995, pp. 32-41; Laurent, 1993/2001, pp. 23-61; Lukes, 1973, pp. 23-25; Triandis, 1995, pp. 19-30.

여 받아들이는가 하는 데서 나온다고 볼 수 있다. 여기서 두 사회 문화에 독특한 여러 가지 차이가 나타나는 연원을 이 두 사상체계의 인간관·개인관의 차이에서 찾아보려는 까닭은, 모든 사상체계는 곧 인간 존재에 대한 그들 나름의 개념 정립에서 출발한다고 생각할 수 있기 때문이다.[7]

이러한 맥락에 따라 이 장에서는 자유주의와 유학사상에서 인간 존재를 파악하는 관점을 간단히 살펴보고, 이것이 각각 현대 개인주의와 집단주의 사회에서 인간 일반과 개체적 존재인 자기 자신을 파악하는 관점과 어떤 관련이 있는지를 확인하고자 한다. 그리고 이러한 자유주의와 유학사상에서 도출되는 인간 파악의 관점과 현대 문화비교심리학에서 밝혀진 개인주의와 집단주의 사회인의 심성과 행동의 특징을 대비하여 개관하기 위한 개념틀이, 과연 이론적으로 정합적인 관련성을 이루는지 하는 점을 검토하기로 하겠다. 이는 다음 장부터 전개될, 두 문화 유형에서 특징적인 인지(제3장)·정서(제4장)·동기(제5장)의 차이를 대비하기 위한 개념적 기초로 사용될 것이다. 이를 위해 여기에서는 먼저 개인주의와 집단주의 문화에서 특징적인 인간관과 개인관의 차이, 그리고 이로부터 논리적으로 도출되는 문화차 개관의 기본틀부터 살펴보기로 하겠다.

---

7 한자경(2001)은 그리스 철학, 기독교, 불교, 유학사상 같은 세계의 기본적인 종교와 사상 체계들은 인간 존재에 관한 세 가지 물음, 곧 인간 존재의 근원, 인간의 본질, 그리고 인간 삶의 끝(죽음)이라는 인간의 존재 특성에 관한 물음으로 환원하여 이해할 수 있다고 보아, 이러한 입장을 단적으로 드러내고 있다.

1. 개인주의-집단주의의 인간관과 문화차 개관의 틀

개인과 집단의 관계에서 개인을 우선시키는지 아니면 집단을 우선시키는지 하는 '문화의 심층구조 원리'에 따라 다양한 문화를 두 가지 유형(개인중시문화와 집단중시문화)으로 분류하려는 시도는 지금까지 역사학, 사회학, 인류학, 심리학과 같은 여러 분야에서 많이 제시해 왔다.[1] 이러한 문화 분류체계 가운데 상당히 오래되고 또 일반인에게 널리 알려진 것이 퇴니스가 제시한 '공동사회'와 '이익사회'의 분류체계이다.

공동사회는 사회의 성원들이 하나의 공동체에 오래 함께 살아 서로 잘 알고, 협동과 신뢰를 바탕으로 관계를 맺고 유지하며, 공동 작업을 통해 공동체의 필요에 충당할 목적으로 물자를 생산하고, 신뢰·협동·보수주의가 일상적 삶의 바탕이 되는 사회이다. 이와 달리, 이익사회는 성원들 사이에 수요-공급 원칙에 따라 계약을 바탕으로 관계가 이루어지고, 개인의 가치는 시장원리에 따라 결정되며, 개인적 이익을 얻기 위해 생산 활동에 참여하고, 교환과 경쟁이 일상적 삶의 바탕이 되는 사회이다.[2] 여기서 전자의 공동사회는 개인보다 집단을 강조하는 집단주의 경향을 강하게 띠는 사회이고, 후자의 이익사회는 집단보다 개인을 강조하는 개인주의 경향을 강하게 띠는 사회라 볼 수 있다.[3] 이렇게 문화 유형을 집단주의-개인주의 틀로 분류하는 것은 학계의 오랜 전통이었다.[4]

---

1 이러한 다양한 문화 분류체계에 대해서는 졸저(조긍호, 2003a, pp. 124-125, 주 20; 2006, pp. 50-51, 주 22) 참조.

2 Kim, U., 1995, p. 8.

3 Hofstede, 1980, p. 151.

1) 집단주의-개인주의의 분류 기준

"개인주의는 개인 간의 연계성이 느슨한 사회를 말한다: 모든 사람은 자기 자신과 자기의 직속 가족을 돌보면 되는 것으로 생각한다. 반대로 집단주의는 태어날 때부터 줄곧 개인이 강하고 단결이 잘 된 내집단에 통합되어 있으며, 평생 동안 무조건 내집단이 개인을 계속 보호해 주는 그런 사회를 가리킨다."[5] 이는 개인주의-집단주의 체계를 심리학계에서 처음으로 제시한 호프스테드의 정의이다. 그는 개인과 내집단 사이의 관계를 중심으로 개인주의와 집단주의를 규정하고 있다.

이와는 대조적으로, 이 틀에 따라 본격적으로 문화비교심리학적 연구를 전개한 트리안디스는 두 문화 유형의 차이는 자기 규정, 목표 우선성, 사회 행위의 원동력, 관계 중시 여부의 네 가지 측면에서 정리해 낼 수 있다고 보고,[6] 다음과 같은 포괄적인 정의를 제시하고 있다.

집단주의는 본래 스스로를 하나 또는 그 이상의 집합체(가족·공동작업자·부족·국가)의 일부분으로 보는, 밀접하게 연계된 개인들로 구성된 사회 형태이다: 이 사회의 성원들은 주로 이러한 집합체가 부과하는 의무와 규범에 따라 동기화되고, 자신의 개인적 목표보다는 이러한 집합체의 목표에 우선권을 두려는 준비를 갖추고 있으며, 이러한 집합체의 다른 성원들과 갖는 연계성을 강조한다. 이와 달리, 개인주의는 기본적으로 스스로를 집합체와는 독립적이라고 여기는, 서로 느슨하게 연계된 개인들로 구성된 사회 형태이다: 이 사회의 성원들은 주로 자신의 선호, 욕구, 권리 및 스스로 타인과 수립한 계약에 따라 동기화되고, 다른 사람들의 목표보다는 자기의 목표에 우선권을 두며, 타인과

---

4 이 절은 졸저(조긍호, 2003a, pp. 117-142; 2006, pp. 50-63)의 내용에 새로운 자료를 첨가하고 보완하여 재조직함.

5 Hofstede, 1991/1995, p. 51.

6 Triandis, 1995, pp. 43-44.

이루는 상호작용에서 합리적인 이해득실의 분석을 강조한다.[7]

    이러한 정의들 말고도, 이 두 문화 유형의 여러 가지 차이를 드러내려는 많은 연구들이 이루어져왔는데, 이들을 종합해 보면 두 문화 유형의 기본적인 차이가 잘 드러난다. 곧 집단주의 사회가 사회성과 가족 통합, 내집단 성원들과 갖는 연계성과 상호의존성, 내집단에 대한 관심과 배려 및 헌신이 강조되는 사회라면, 개인주의 사회는 내집단과 거리 두기, 자기 이익 추구와 경쟁 및 개인의 독립성과 개체성이 강조되는 사회인 것이다.[8] 이렇게 다양하게 제시되어 온 연구 결과들을 그 내용의 유사성에 따라 종합적으로 검토해 보면, 한 사회의 문화를 집단주의 또는 개인주의로 규정하는 기준은 다음 몇 가지로 묶어볼 수 있다.

    첫째는 사회적 교환 장면에서 나타나는 교환 자원, 목표, 교환에 관한 시간전망과 같은 교환양식의 기준이다.[9] 비록 이러한 기준을 제시하는 사람들은 집단주의-개인주의 이론틀을 사용하고 있지는 않지만, 이들의 분류에서 장기적 시간전망을 가지고 비등가적(非等價的)인 가치의 자원을, 상대방과의 조화 추구 또는 상대방의 복지에 대한 관심과 신뢰를 바탕으로 교환하는 관계는 집단주의의 특징을 갖는 것으로 볼 수 있다. 반대로 단기적 시간전망에 따라, 등가적(等價的)인 경제적 가치의 자원을, 공정 관계 형성 또는 자기 이익 추구라는 관심과 합의된 계약을 바탕으로 교환하는 관계는 개인주의의 특징을 갖는 것이라 볼 수 있다.[10]

    둘째는 개인과 개인 사이의 상호의존성 정도에 따른 기준이다.[11] 집단주

---

7 Triandis, 1995, p. 2.

8 Bond, 1988, 1994; Kagitcibasi, 1990, 1994, 1996, 1997; Kim, U., 1995; Markus & Kitayama, 1991a, b; Schwartz, S. H., 1994; Triandis, 1988, 1989, 1990, 1994a, b, 1995; Triandis, Bontempo, Villareal, Asai, & Lucca, 1988; Triandis, Leung, K., Villareal, & Clark, F. L., 1985; Triandis, McCusker, & Hui, 1990.

9 Clark, M. S., & Mills, 1979; Fiske, A. P., 1990; Goffman, 1961; Maine, 1963; Mills & Clark, M. S., 1982; Tönnies, 1887/1957 등.

10 Triandis, 1990, p. 60.

의 사회에서 개인을 타인과 연계하여 상호의존적 관점에 따라 파악하고, 사회생활에서 타인이 미치는 영향을 강조하는 것과 달리, 개인주의 사회에서는 개인을 자율적이고 독립적이며 상황에서 분리를 추구하는 존재로 본다. 호프스테드는 개인주의-집단주의의 근본적인 문제는 해당 사회가 옹호하고 있는 상호의존성의 정도로서, 사람들이 "나(I)"의 자기 개념을 가지고 있느냐 아니면 "우리(we)"의 자기 개념을 가지고 있느냐와 관계가 있다고 봄으로써, 이러한 점을 분명히 드러내고 있다.[12]

셋째는 개인과 내집단 사이의 관계에 따른 기준이다.[13] 집단주의 사회에서는 개인 목표를 내집단의 목표에 복속시키며, 내집단을 자기의 확장으로 받아들여 강한 내집단 정체감을 갖는다. 따라서 내집단의 통합과 조화를 강조하고, 내집단 규범을 보편타당한 것으로 지각하며, 내집단에 대해 강한 정서적 애착을 갖는다. 이와 달리, 개인주의 사회에서는 개인의 목표 추구가 집단에 해가 되더라도 집단의 목표에 선행시키며, 자기를 집단과는 분리된 존재로 생각하기 때문에 집단의 결속에는 관심이 없으며 정서적으로도 거리감을 갖는다.

넷째는 사회 구성의 궁극적 단위에 따른 기준이다.[14] 집단주의 사회에서는, 인간은 타인과 맺는 관계 속에 존재하고 이에 따라 규정되며, 따라서 사회는 구성원 각자가 이러한 관계에 내포된 역할을 충실히 수행함으로써 유지된다고 본다. 곧 집단주의 사회에서는 사회의 궁극적 단위를 사람 사이의 관계 또는 이러한 관계의 원형인 가족과 같은 일차집단이라고 보는 것이다. 이와는 달리, 개인주의 사회에서는 사회의 궁극적인 존재론적 단위는 독립적인 개인이라고 보며, 사회는 이러한 개별적 개체들의 복수적인

---

11 Hofstede, 1980, 1983, 1991; Hsu, 1971; Schwartz, B., 1986 등.

12 Hofstede, 1983.

13 Hui & Triandis, 1986; Triandis, 1988, 1989, 1990; Triandis et al., 1985, 1988; Yang, K. S., 1981 등.

14 Bond & Hwang, 1986; Chung, 1994; Hui & Triandis, 1986; Markus & Kitayama, 1991a, b, 1994a, b; Miller, J. G., 1984; Miller, J. G., & Bersoff, 1992 등.

집합일 뿐이라 여긴다.[15] 이렇게 집단주의 사회에서는 개인 사이의 관계를 사회제도의 출발점으로 삼기 때문에, 관계 속에 내재해 있는 역할과 상호의존성을 사회 행위의 규범적 단위로 보게 되지만, 개인주의 사회에서는 상황이나 타인과 분리된 독립적인 개인을 사회제도의 출발점으로 보기 때문에, 기본적으로 비사회적(asocial)인 개인을 사회 행위의 규범적 단위로 보게 된다.[16]

이러한 여러 기준들은 저마다 독특성을 가지고 있기는 하지만, 이들 가운데 가장 중요한 것은 사회 구성의 기본 단위에 대한 견해 차이로 보인다.[17] 왜냐하면, 사회 구성의 기본 단위를 개인 사이의 관계 또는 집단으로 보느냐 아니면 독립적이고 자율적인 개인으로 보느냐의 문제는 앞에서 제시된 집단주의-개인주의 분류의 연원이 되는 문제와 직결될 뿐만 아니라, 이에 따라 개인과 내집단의 관계, 개인 사이의 상호의존성의 정도 및 개인 사이의 교환 양상에 대한 견해 차이가 결과적으로 빚어질 것이기 때문이다. 이러한 사실은, 집단주의-개인주의 구분의 기본적 출발점은 바로 기본적 사회 단위의 인식차라는 전제 아래, 자기를 집단의 일부로서 파악하느냐 아니면 집단과는 별개의 독특한 단위로서 파악하느냐에 따라, 개인이 다른 사람들과 맺는 관계의 차원에서 드러나는 여러 가지 집단주의-개인주의의 차이를 정리해 낼 수 있다는[18] 점에서도 분명해지는 것이다.

앞에서 식량의 확보를 수렵·채취·목축·교역 및 분업화된 생산체제에 의존하는 사회에서는 사람들 사이의 협동보다는 경쟁·자립·독립성이 생존에 유리한 특성으로 부각되고, 식량의 확보를 농경에 의존하는 사회에서는 사람들 사이의 협동·조화·배려가 생존에 유리한 특성으로 부각된다는 사실을 고찰하였다. 그 결과, 전자의 사회에서는 장 독립적인 지각 경향과 사람들

---

15 정양은, 1988; 조긍호, 1993, 1996a, 1997a, 1999a, 2000, 2003a, 2006; Bond & Hwang, 1986; Chung, 1994.

16 Miller, J. G., 1984; Miller, J. G., & Bersoff, 1992.

17 Hui & Triandis, 1986.

18 Triandis et. al., 1988.

사이의 독립성을 추구하는 분화적 동기가 발달하고, 후자의 사회에서는 장의존적인 지각 경향과 사람들 사이의 결합을 추구하는 통합적 동기가 발달한다는 사실이 확인되었다.[19] 그리하여 고대 그리스와 같은 전자의 사회에서는 두드러진 적응양식으로서 개인주의적 경향을 추구하지만, 고대 중국과 같은 후자의 사회에서는 두드러진 적응양식으로서 집단주의적 경향을 추구했던 것이다.

전자의 개인주의 사회에서는 필연적으로 개인을 서로 분리되고 독립적인 존재로 파악하여, 이렇게 개별적이고 자율적인 존재인 개인들이 모여 사회를 구성하는 것으로 인식하게 된다. 곧 사회의 궁극적인 구성 단위를 독립적인 개인에게서 찾는 것이다. 이러한 사회에서는 서로 연계되지 않은 독립적인 개인들 사이의 계약이 사회 형성의 근거가 되므로, 사회생활은 평등하고 공정한 계약에 따른 교환의 양상을 띠게 되고, 결국 소속 집단의 목표나 이익보다는 자기 개인의 목표나 이익에 일차적인 관심을 쏟게 된다.

이와는 달리, 후자의 집단주의 사회에서는 사람들을 서로 연계된 관계 속의 존재로 받아들일 수밖에 없게 되고, 결과적으로 이러한 사람들 사이의 관계 또는 그러한 관계의 원형인 가족과 같은 일차집단을 사회의 궁극적인 단위로 인식하게 된다. 그러므로 이러한 사회에서는 상호의존적인 사람들 사이의 신뢰에 바탕을 둔 서로에 대한 배려가 사회생활의 기초로 부각되고, 따라서 자기 자신의 개인적 목표나 이익보다는 집단의 목표와 이익의 추구에 일차적인 관심을 쏟게 되는 것이다.

이러한 논의에 비추어 보면, 사회의 궁극적인 구성 단위를 상호독립적인 존재인 개인으로 보느냐(개인주의) 아니면 상호의존적인 존재인 사람들 사이의 관계로 보느냐(집단주의)에 따라, 어떤 기준으로 무엇을 서로 교환하느냐 하는 교환의 양식, 사람들 사이의 상호의존성을 중시하느냐 아니면 개인적인 독립성과 자율성을 중시하느냐 하는 삶의 태도, 그리고 개인을 앞세

---

19 Bakan, 1966; Geen, 1995a; Kagitcibasi, 1997; Wiggins, 1992; Witkin & Goodenough, 1977, pp. 661; Triandis, 1995, p. 11. 생태적 조건에 따라 주도적인 동기의 양상이 달라진다는 사실에 관해서는 졸저(조긍호, 2006, pp. 45-47) 참조.

우느냐 아니면 소속 집단을 앞세우느냐 하는 우선 순위 배정의 영역에서 특징적인 차이가 나타난다는 사실이 분명해지는 것이다.

2) 문화 유형에 따른 인간관과 자기관의 차이

지금까지 보아온 바와 같이, 집단주의-개인주의의 문화는 그 생태적 조건에 따라 외계 인식의 양식과 철학적 배경이 달라지고, 결과적으로 세상사와 인간 일반 및 자기를 파악하는 관점에 커다란 차이를 보이게 된다. 니스벳에[20] 따르면, 도시국가 사이의 교역에 의존해서 삶을 영위하던 고대 그리스인들은, 이질적인 풍습과 사고양식을 지닌 사람들과 교섭하는 과정에서 자연스럽게 다른 사람과 경쟁적이고 대립적인 관계에 있는 독립적인 자기 자신과 그만의 독특한 내적 속성(능력·성격·기호·욕구·감정 들)에 주의를 기울이고, 개인 존재를 주변 맥락이나 환경과 분리하여 받아들이게 되었다. 곧 이들은 개인을 독립적이고 독특한 존재로 인식하는 특징을 갖게 되었던 것이다. 지속적으로 그리스 문화와 철학의 영향을 받아온 서구인들은 결국 사회 구성의 기본 단위를 이러한 개체적 존재인 개인에게서 찾는 개인주의의 특징을 그대로 이어받게 되었다. 그 결과, 서구인들은 자신의 내적 속성에서 스스로의 행동이나 사회 운용의 원동력을 찾는 '개인중심적 인간관'과 스스로를 타인과 분리된 자율적인 존재로 인식하는 '독립적인 자기관'을 갖게 된 것이다.

이와는 대조적으로, 넓고 비옥한 평야에서 대단위의 집단과 함께 하는 협동적인 농경에 의존해서 삶을 영위하던 고대 중국인들은, 자연스럽게 다른 사람과 조화로운 통합을 이루는 일에 주의를 기울이게 되고, 따라서 개인 존재를 그가 소속된 내집단과 맺는 관계 속에서 파악하게 되었다. 곧 이들은 인간의 존재 의의는 내집단 속에서 차지하는 위치나 책임 또는 의무에 따라 드러난다고 보아, 개인을 그의 독특성이나 독립성보다는 가족과 같은

---

20 Nisbett, 2003, pp. 1-28, 29-39.

집단 속의 존재로 인식하는 특징을 갖게 되었던 것이다. 지속적으로 중국 문화의 영향을 받아온 동아시아인들은 결국 사회 구성의 단위를 개체적 존재인 개인보다는 그가 속한 집단 또는 그러한 내집단과 맺는 관계에서 찾는 특징을 그대로 이어받게 되었다. 그 결과, 동아시아인들은 인간 존재를 이렇게 집단과 맺는 관계 속에서 파악하는 '관계중심적 인간관'과 스스로를 타인과 맺는 연계성과 상호의존성 속에서 인식하는 '상호의존적 자기관'을 갖게 된 것이다.

두 문화 유형에 따른 이러한 인간관과 자기관의 차이를 집중적으로 분석하고 있는 학자들은 마커스(Markus)와 기타야마(Kitayama)[21] 및 커챠바샤(Kagitcibasi)[22]이다. 마커스와 기타야마는, 개인주의 사회에서는 "독립적 자기관(independent self-construal)"을 갖게 되고 집단주의 사회에서는 "상호의존적 자기관(interdependent self-construal)"을 갖게 된다는 사실을, 이 두 사회에서 나타나는 인지·정서·동기의 여러 가지 차이를 통해 제시하고 있다. 그들은 지금까지 심리학은 "근본적으로 행동의 원천이 되는 독특한 내적 속성들(예: 성격 특성·능력·동기·가치)로 구성되는 독립적, 자기완비적(self-contained), 자율적 실체(entity)로서 개인을 보는 이른바 서구식 개인관"[23]에 지배되고 있었다고 보면서, 이러한 독립적 자기관은 서구의 개인주의 문화권에서 받아들여지는 것일 뿐 동양의 집단주의 문화권에서도 수용되는 자기 인식은 아니라고 보았다. 따라서 자기에 대한 보편적인 이론은 이 두 문화권의 서로 다른 자기관을 포괄하는 것이어야 한다고 주장했다.[24]

---

21 Markus & Kitayama, 1991a, b.

22 Kagitcibasi, 1990, 1994, 1996, 1997.

23 Markus & Kitayama, 1991a, p. 224.

24 Greenfield(2000)는 기존 심리학의 서구중심성에 대한 도전은 Markus와 Kitayama(1991a)의 독립적 자기-상호의존적 자기 이론에 의해 정점에 이르렀다고 평가하면서, 다음과 같이 진술하고 있다: "사회심리학에 대한 그들의 도전은 기존 심리학이 보편적인 자기의 기능에 대해 연구해 온 것이 아니라, 독립적 자기라는 문화 특수적인 자기의 기능에 대해서만 연구해 왔다는 주장이었다. 그들 연구의 이론적 공헌은 자기이론이 보편적인 것이 되기 위해서는 독립적 자기와 상호의존적 자기를 모두 포괄해야 한다는 사실을 보여

그들에 따르면, "독립적 자기관의 본질적 요소는 자기를 자율적이고 독립적인 사람으로 파악한다는 것이다. …… 이와 유사한 다른 명칭들은 '개인주의적, 자기중심적, 분리적, 자율적, 개별적, 자기완비적' 들을 포괄한다."[25] 그들은 이러한 독립적 자기관의 보유자들은 내적 속성, 자기와 타인을 구분 짓는 명확한 경계, 자기 충족과 선택의 자유 및 탈맥락적이고 추상화된 자기관을 강조하는 존재로 제시하고 있다.[26] "독립적 자기관과는 달리, 상호의존적 자기의 중요한 측면은 자기의 상호의존적이며, 따라서 더욱 공적인 요소들 속에서 찾아진다. …… 이와 유사한 개념이, 내포된 의미는 약간씩 다르지만 '사회중심적, 총체적, 집단적, 타인중심적, 조화적, 통합적, 맥락적, 연계적, 관계적' 들로 다양하게 불리어왔다."[27] 그들은 이러한 상호의존적 자기관의 보유자들은 맥락과 상황, 지위와 역할, 내적 제약, 타인중심적 지향 및 사회적 조화와 집단의 복지를 중시하는 참조 기준을 가지고 있다고 주장한다.[28] 여기서 마커스와 기타야마를 따라 이 두 자기관의 핵심적인 차이를 표로 제시하면 다음의 표 2-1과 같다.

커챠바샤는 개인주의와 집단주의 사회의 자기관을 각각 "분리적 자기(separated self)"와 "관계적 자기(relational self)"라고 개념화하여, 마커스 및 기타야마와 같은 이론을 제시하고 있다. 그녀에 따르면, 이 두 문화 유형은 내집단 성원들과 분리되려는 지향을 갖는지(개인주의) 아니면 내집단 성원들과 결합하려는 지향을 갖는지(집단주의) 하는 점에서 근본적인 차이가 있다. 그러므로 개인주의 사회에서는 고립되고 독립적인 분리적 자기관을 가

주었다는 점에 있다. 또한 그들 연구의 실제적 공헌은 심리학이 지금까지 독립적 자기의 연구에 쏟아온 만큼의 노력을 상호의존적 자기의 발달, 사회화, 기능, 변이 들에 쏟아야 한다는 사실을 인식시켰다는 점에 있다. 간단히 말해서, 그들은 기존의 자기에 관한 서구의 연구와 이론적 가정이 서구 문화에 특수한 토착심리학이었을 뿐임을 입증했던 것이다"(p. 6).

25 Markus와 Kitayama, 1991a, p. 226.

26 Kim, U., 1995, pp. 19-24.

27 Markus & Kitayama, 1991a, p. 227.

28 Kim, U., 1995. pp. 25-29.

표 2-1. 독립적 자기와 상호의존적 자기의 핵심적 차이

대비 측면	독립적 자기관	상호의존적 자기관
정 의	사회 맥락에서 분리	사회 맥락과 연계
구 조	경계적, 단위적, 안정적	신축적, 가변적
주요 특성	내적, 사적 (능력·사고·감정)	외적, 공적 (지위·역할·관계)
과 제	- 독특성 - 자기 표현 - 내적 속성 실현 - 자기 목표 촉진 - 직접적 의사소통	- 소속·조화 - 합당한 자리 찾기 - 적합한 행위에 참여하는 일 - 타인 목표 촉진 - 간접적 의사소통
타인의 역 할	자기 평가: 타인은 사회비교 대상으로 중요	자기 규정: 특정 맥락에서 타인과의 관계를 통해 자기를 규정
자존심의 근 거	- 자기 표현 능력 - 내적 속성 타당화 능력	- 자기 조절 및 억제 능력 - 사회 맥락과 조화를 유지하는 능력

출처: Markus와 Kitayama(1991a), p. 230, 표 1.

지는 반면, 집단주의 사회에서는 상호의존적이고 조화 추구적인 관계적 자기관을 가지게 된다는 것이다.[29]

커챠바샤에 따르면, "관계적 자기는 …… 집단주의 사회에 전형적인 '(정서적이고 물질적인 측면을 포함하는) 전체적인 상호의존성의 가족 모형' 속에서 발달하고 …… 분리적 자기는 서구의 도시와 같은 개인주의 사회에 전형적인 '독립성의 가족 모형' 속에서 발달한다."[30] 개인주의 사회에 특징적인 분리적 자기는 자기와 타인 및 집단의 경계를 명확하게 설정하여, 개인과 집단의 분리와 개인의 독립성을 과도하게 강조하지만, 집단주의 사회에 특징적인 관계적 자기는 타인 및 집단과 불명확하고 유동적인 경계를 설

---

29 Kagitcibaci, 1994, p. 62.

30 Kagitcibaci, 1997, p. 20.

정하여, 개인과 집단 사이의 연계성과 상호의존성을 지나치게 추구한다. 이러한 관계적-분리적 자기관과 맺는 관련성을 염두에 두고, 그녀는 집단주의-개인주의 문화를 각각 "연계성 문화(culture of relatedness)"와 "분리성 문화(culture of separatedness)"라고 부를 것을 제안하기도 했다.[31]

이상에서 고찰해 본 바와 같이, 문화 유형에 따라 사회 구성의 기본 단위에 대한 인식이 달라지면, 이는 필연적으로 해당 문화에서 지배적인 사고 양식과 인간 일반 및 자기에 대한 인식의 차이를 가져오게 된다. 곧 사회의 근본적인 구성 요소를 사회 관계와 이의 원형인 가족과 같은 일차집단이라고 보는 집단주의 사회에서는 상황 의존적이고 '관계중심적인 인간관'을 지니게 되어, 결과적으로 '상호의존적 자기' 또는 '관계적 자기'의 개념이 우세해짐으로써, 강한 사회적 정체감(social identity)을 갖게 된다. 이와는 달리, 개인적 목표와 선호를 추구하는 자기 본위의 독립적이고 자율적인 개인이 사회의 근본적인 구성 요소라고 보는 개인주의 사회에서는 상황 유리적이고 '개인중심적인 인간관'을 지니게 되어, 결과적으로 '독립적 자기' 또는 '분리적 자기'의 개념이 우세해짐으로써, 강한 개인적 정체감(personal identity)을 갖게 되는 것이다.[32]

---

31 Kagitcibaci, 1997, p. 61-65.

32 Greenwald와 Pratkanis(1984)는, 자기 개념은 스스로가 보는 자신의 독특한 특성·상태·행동의 인식에 근거한 사적 자기(private self), 일반적 타인이 보는 나에 대한 견해의 인식에 근거한 공적 자기(public self), 그리고 특정 내집단 성원들이 보는 나에 대한 견해의 인식에 근거한 집단적 자기(collective self)의 세 가지로 나뉠 수 있다는 이론을 제시하고 있는데, Triandis(1989)는 집단주의 사회에서는 이 가운데 공적 자기와 집단적 자기 개념이 우세하고, 개인주의 사회에서는 사적 자기의 개념이 우세함을 밝히고 있다. 또한 Tajfel(1981)은 사회정체감이론(social identity theory)을 통해 개인은 스스로의 특성이나 능력에 바탕을 둔 개인적 정체감과 집단과의 동일시에서 느끼는 사회적 정체감을 갖는다고 보고 있는데, Weldon(1984)과 Triandis(1990)는 집단주의 사회에서는 사회적 정체감의 형성이 일차적인 과제로 등장하지만, 개인주의 사회에서는 개인적 정체감의 형성이 일차적인 과제가 된다는 점을 지적하고 있다.

3) 집단주의-개인주의 문화차 개관의 기본틀

지금까지 보았듯이, 집단주의 사회에서는 사회 구성의 기본 단위를 사람들 사이의 관계와 이러한 관계의 원형인 가족과 같은 일차집단이라고 보기 때문에, 인간 일반과 자기 자신을 이러한 관계 속의 존재로 받아들여, 관계나 집단을 떠나서는 인간의 존재 의의를 찾을 수 없다고 생각한다.[33] 그러므로 집단주의 사회에서는 '관계중심적 인간관'과 함께 '상호의존적 자기관' 또는 '관계적 자기관'이 지배적인 인간관과 자기관으로 떠오른다. 반면 개인주의 사회에서는 사회 구성의 기본 단위를 독립적이고 자기 완비적인 개인 존재에서 찾기 때문에, 인간 일반과 자기 자신을 타인과 명확하게 구별되는 개별적인 존재로 받아들여, 이러한 자기를 드러내고 자기 독특성을 실현하는 데서 삶의 의의를 찾을 수 있다고 본다.[34] 그러므로 개인주의 사회에서는 '개인중심적 인간관'과 함께 '독립적 자기관' 또는 '분리적 자기관'이 지배적인 인간관과 자기관으로 떠오른다.

집단주의와 개인주의 사회에서 지배적인 인간관과 자기관의 이러한 차이는 행위 원동력의 소재, 행위 주체인 자기를 드러내는 양식, 그리고 자기의 상황 간 또는 시계열에 따른 변이가능성(變移可能性)이라는 세 차원에서 근본적인 차이를 낳는다. 곧 문화 유형에 따른 인간관과 자기관의 특징적인 차이는 이 세 차원의 강조점의 차이로 수렴해서 이해할 수 있는데,[35] 말하자면 이 세 차원은 인간의 존재 양식에 대한 세 가지 핵심적인 인식의 양식을 반영하는 것이다.

행위 원동력의 소재 차원은 개인으로서 자기가 타인과 어떤 관계에 있으

---

[33] 집단주의 사회에서 인간의 존재 의의를 다른 사람 및 집단과 맺는 관계 속에서 파악한다는 사실은 졸저(조긍호, 2006, pp. 480-496) 참조.

[34] 개인주의 사회에서 그리는 이상적 삶의 모습이 이렇게 '자기실현'으로 집약된다는 사실은 졸저(조긍호, 2006, pp. 196-222) 참조.

[35] 필자는 졸고(조긍호, 1993, 1996a, 1997a, 1999a, 2000, 2003a, 2006)에서 집단주의-개인주의 문화차를 이러한 세 차원의 강조점의 차이를 통해 정리할 수 있음을 입증하고 있다.

며 어떤 독특성을 보유하고 있느냐 하는 사회성의 문제와 직결된다. 이에 따라 모든 행위의 원동력을 스스로 완비하고 있는 개인 존재에 주의를 기울이게 되는지(개인주의), 아니면 행위 원천의 출처가 되는 상황 조건이나 다른 사람과 맺는 관계에 주의를 기울이게 되는지(집단주의)의 여부가 달라지게 된다.

행위 주체인 자기를 드러내야 하느냐 아니면 감추어야 하느냐 하는 자기표현의 양식 차원은 인간 활동의 지향처 문제와 직결된다. 이에 따라 스스로의 활동을 통해 환경 세계를 나에게 맞추어 변화시키고 결과적으로 이 과정에서 적극적으로 자기를 드러내는 것이 바람직한지(개인주의), 아니면 자신을 환경이나 타인과 맺는 관계에 맞추어 변화시켜 결과적으로 자신 속으로 침잠하는 것이 바람직한지(집단주의)의 여부가 달라지게 된다.

시·공간적인 변이가능성의 차원은 개인 존재의 안정성의 문제와 직결된다. 이에 따라 개인 존재를 고정적이고 안정적인 특성을 지닌 실체적 존재로 파악하는지(개인주의), 아니면 상황이나 타인과 맺는 관계의 변화에 따라 달라지는 과정적 존재로 파악하는지(집단주의)의 여부가 달라지게 된다. 이러한 인간 존재의 사회성, 활동성, 안정성의 문제는 지금까지 인간의 문제를 다루는 많은 이론들이 추구해 왔던 핵심적인 주제들이었던 것이다.[36]

(1) 행위 원동력의 소재

이 차원은 사회 행위의 근본적인 추진력이, 사회관계에서 나타나는 역할·의무·기대·규범과 같은 관계적 속성에서 나오는 것인지, 아니면 개인이 독특하게 가지고 있는 성격·능력·가치·욕구·감정 따위의 내적 속성에서 나오는 것인지에 관한 문제이다. 이는 행위자들 사이의 관계와 상호의존성이 주의의 초점인지, 아니면 독립적인 개체로서 지닌 개별성이 주의의 초점인지 하는 '주의 지향처(注意指向處)'에 대한 인식의 차이를 드러낸다.

---

36 이에 관해서는 졸저(조긍호, 2003a, pp. 477-484) 참조.

이러한 행위 원동력의 소재는 사회적 실체이면서 동시에 개별적 실체이기도 한 인간 존재의 이중성을 드러내는 차원으로서, 인간의 사회적 존재 특성을 중시하는지(집단주의) 아니면 개별적 존재 특성을 중시하는지(개인주의) 하는 주의의 초점에서 차이를 드러내는 것이다. 사실 이 두 가지 중 어느 것을 중시하느냐 하는 문제는 인류 역사에서 끊임없이 부침되어 온 중심적 주제였다.[37] 사회성을 중시하느냐 아니면 개별성을 중시하느냐에 따라 사회체제나 사회구조의 근본적인 차이가 드러나는 것이며,[38] 이는 앞 장에서 논의되었듯이 집단주의와 개인주의의 근본적인 차이를 보여주는 차원이다.

관계중심적 인간관이 지배적인 집단주의 사회에서는 인간을 기본적으로 타인과 연계되어 있는 관계 속의 존재로 보기 때문에, 사회 행위의 원동력을 관계 속에 내포된 역할과 규범, 그리고 타인에 대한 관심과 배려에서 찾는다. 따라서 이 사회에서는 이러한 개인 외적 관계와 상황의 특성 또는 관계를 맺고 있는 타인이 주의의 초점으로 떠오른다. 그리하여 이러한 관계 속에서 조화를 추구하는 일이 사회 행위의 근본적인 목표라는 관점을 갖게 되고, 결과적으로 사람들 사이의 연계성과 조화성의 추구를 강조하게 된다(연계성·조화성 강조).

이와는 달리, 개인중심적 인간관이 지배적인 개인주의 사회에서는 독립적이고 자기 완비적인 개인이 가진 성격·능력·동기·정서·태도·가치 같은 내적 속성에서 사회 행위의 원동력을 찾는다. 따라서 이 사회에서는 행위 원동력의 출처인 개인과 그가 지닌 내적 속성이 주의의 초점으로 떠오른다. 그리하여 개인의 자율성과 독특성을 신장하는 일이 사회 행위의 근본적인 목표라는 관점을 갖게 되고, 결과적으로 자율성과 독특성의 추구를 강조하게 된다(자율성·독특성 강조).

---

37 Allport, G. W., 1968; Dülmen, 1997/2005; Fiske, A. P. et al., 1998; Greenfield, 2000; Kagitcibasi, 1997; Kim, U., 1995; Laurent, 1993/2001; Lukes, 1973; Nisbett, 2003; Triandis, 1995.

38 Nisbett, 2003, pp. 29-39; Ross, L., & Nisbett, 1991, pp. 177-200.

(2) 자기 표현의 양식

자기를 드러내는 양식의 차이는 인간의 활동성이 자기 내부로 침잠하는 것이 바람직한지, 아니면 자기 외부로 발산되는 것이 바람직한지에 대한 인식의 차이를 드러낸다. 이 차원은 통제의 대상을 무엇으로 잡느냐에 대한 관점의 차이에서 비롯하는 것으로 볼 수 있다. 상황이나 타인과 맺는 관계가 모든 일의 중심이 되면, 자기 자신이 활동의 지향처로 부각되어 자기 내부로 침잠하게 된다. 따라서 자기와 타인 또는 상황 조건의 요구나 목표 사이에 불일치가 있게 되면, 변화시켜야 할 통제의 대상을 자신에게서 찾게 된다. 곧 자기를 억제하고 변화시켜서 상황 조건의 요구에 맞추려 하는 것이다. 반면에, 자기 자신이 모든 일의 중심이 되면, 자기 밖의 상황 조건이나 다른 사람이 활동의 지향처로 부각되어 자기 외부로 발양하게 된다. 따라서 자기와 타인 또는 상황 조건의 요구나 목표 사이에 불일치가 있게 되면, 변화시켜야 할 통제의 대상을 자기 이외의 상황 조건이나 타인에게서 찾게 된다. 곧 자기 밖의 것을 변화시켜서 자기에게 맞추려 하는 것이다.[39]

이렇게 자기를 드러내는 양식의 차원은 인간 활동성의 지향처에 대한 인식의 차이를 드러내는 것이다. 융(Jung)[40] 이후 사람의 성격 유형을 분류하는 대표적인 체계가 되어 온 '내향성(introversion)'과 '외향성(extraversion)'의 차원은 바로 이러한 능동성과 활동성의 지향처가 드러내는 차이를 문제 삼아온 것이다. 융은 사람들이 가지고 있는 삶에 대한 일반적 태도를 외향과 내향의 상반되는 두 가지 지향성으로 나누어 개념화한다. 여기서 "외향성은 바깥 세계에 대하여 관심을 갖는 삶의 태도를 가리키고, 반대로 내향성은 자신의 내부 세계(사고·감정·경험 등)에 몰두하는 삶의 태도를 가리킨다."[41] 곧 "외향성은 개인의 주의가 외부 세계로 지향되어 있고, 내향성은 자신의

---

39 Markus & Kitayama, 1991a, pp. 228-229.

40 Jung, 1923/1971.

41 민경환, 2002, p. 68.

내부로 지향되어 있다."[42] 이러한 성격 유형의 외향성-내향성 분류체계는 아이젱크(Eysenck), 로터(Rotter)를 비롯한 많은 성격심리학자의 이론과 현대의 '오대 요인 모형(Big Five model)' 들로 계속 이어져,[43] 전반적으로 인간의 외계 적응양식의 체계인 성격의 개인차를 분석하는 가장 기본적이고도 상식적인 틀 가운데 하나로 받아들여지고 있다.[44]

관계중심적 인간관이 지배적인 집단주의 사회에서는 개인적인 욕구나 목표의 추구는 사회관계에서 갈등을 일으키고 조화를 해치기 쉬우므로, 가능하면 자신의 내적 욕구나 목표를 통제하고, 자기를 억제하여 양보하고 협동할 것을 강조한다. 또한 이 사회에서는 가능하면 자기를 드러내지 않고 집단 속에 은폐시키는 것이 집단의 조화를 유지하는 방편이라 여겨 자연스럽게 받아들인다(자기 억제 강조).

그러나 개인중심적 인간관이 지배적인 개인주의 사회에서는 자기의 내적 욕구나 목표의 추구는 인간의 자연스러운 권리라고 받아들여, 자기의 이익과 목표, 그리고 욕구를 추구하기 위해 환경이나 타인을 나에게 맞도록 통제하는 것이 당연하다고 여긴다. 그리하여 이 사회에서는 자기의 독특성을 드러내는 적극적인 자기 주장과, 비록 그것이 집단의 조화를 해칠지라도 솔직하게 자기의 욕구나 목표 또는 감정을 드러내는 자기 표현을 강조하게 된다(자기 주장 강조).

---

42 McAdams, 2001, p. 309.

43 홍숙기, 2004, pp. 190-192; Hall, C. S., & Lindzey, 1978/1987, pp. 154-159; McAdams, 2001, pp. 368-311.

44 C. S. Hall과 Lindzey(1978/1987)는 "융의 성격이론은 현대 사상에서 가장 괄목할 만한 업적 중의 하나가 되고 있다. 융 사상의 독창성과 대담성은 최근의 과학사에서 그 유례를 찾기 어려우며, 프로이트(Freud)를 제외한 그 누구도 융이 '인간의 영혼'이라 부르고자 한 것을 들여다보는 개념적 창을 더 많이 열지는 못했다"(p. 159)고 진술하여, 외향성-내향성에 관한 융의 이론체계를 높이 평가하고 있다. 이렇게 융의 이론은 "심리학자들이 받아들이기 힘들어하는 것과는 대조적으로, 심리학 밖에서는 그의 영향력이 상당"(홍숙기, 2004, p. 192)한 것이 사실이다. 융에 대한 이러한 호의적인 평가들은 능동성과 활동 지향성의 차원이 인간 이해를 위한 핵심 차원 가운데 하나임을 단적으로 드러내는 것이라 볼 수 있다.

(3) 변이가능성

인간 존재와 행위의 변이가능성 차원은 사회 속에 존재하는 행위자인 개인이 시간(과거·현재·미래의 시계열)과 공간(다양한 관계와 상황)의 측면에서 열린 존재인지 아니면 고정된 존재인지에 대한 인식의 차이를 드러낸다. 곧 인간이 삶의 과정에서 겪는 상황과 관계가 달라지는 데 따라 변화할 수 있는 과정적인 존재인지, 아니면 불변적이고 안정적인 속성을 가진 실체적인 존재인지 하는 문제에 대한 인식의 차이를 드러내는 것이다.

변화가능성의 측면에서 인간 존재를 가변적이라고 보느냐 아니면 불변적으로 보느냐 하는 생각도 뿌리가 아주 깊어서, 성격이론들을 이 차원에서 대비해 볼 수도 있다. 이러한 가변성-불변성의 차원은 "개인의 기본 성격구조가 시간에 따라 상당한 정도로 변화될 수 있는가 하는 문제이다. 한 걸음 더 나아가 성격 진보 또는 성격 발달에 있어서 기본 변화는 꼭 필요한 요소인가? 아니면 우리가 타인에게서 관찰할 수 있는 표면적 변화란 기본적 성격구조는 변화하지 않고 영향 받지 않은 채 나타나는 행동의 변화에 불과한 것인가? …… 이 가정에 대해서는 이론가들 사이에 많은 차이가 있어서, 그들 이론의 강조점이 각각 다르게"[45] 되는 것이다. 예를 들면, 에릭슨(Erikson)의 이론은 시간상에서 인간의 부단한 변화가능성을 전제하고 있지만, 프로이트(Freud)의 이론은 유아기에 경험되어 내재된 성격의 기본 구조가 일생을 통해 불변한다고 보는 점에 두 이론의 근본적인 차이가 있는 것이다.[46]

---

45 Hjelle & Ziegler, 1981/1983, p. 35.

46 Hjelle와 Ziegler(1981/1983)에 따르면, Freud(pp. 35-36, 83) 말고도 강한 불변론의 관점을 보유하고 있는 학자는 Adler(pp. 130-131)와 Murray(p. 211)를 들 수 있고, Erikson(pp. 35, 170-171) 말고도 강한 가변론의 관점을 피력하고 있는 학자는 Skinner(p. 257), Bandura(pp. 302-303), Kelly(pp. 394-395), Maslow(pp. 431-432), Rogers(pp. 475-476)를 들 수 있으며, Allport, G. W.(pp. 351-352)는 이 문제에 관해 중간적인 입장을 제시하고 있는 것으로 분석할 수 있다. 동·서 문화를 이 차원에서 대비하는 관점의 문제점에 관해서는 졸저(조긍호, 2003a, pp. 479-480, 주 1) 참조.

관계중심적 인간관이 지배적인 집단주의 사회에서는 사회의 안정은 그 구성 요소인 관계의 안정을 바탕으로 삼는다고 본다. 이 사회에서는 다양한 상황과 관계에 따른 역할의 변이에 맞추어 스스로의 행위를 적합하게 조정하는 데서 안정이 이루어질 수 있다고 전제함으로써, 결국 상황에 따른 행위의 변이가능성을 인정하고 강조한다. 또한 집단주의 사회에서는 인간의 성격과 능력도 상황과 시간에 따라 변화할 수 있다고 보아, 자기의 단점을 수용하여 개선하는 일이 사회관계의 조화를 이루고 발전을 꾀할 수 있는 일이라 여겨 중히 여긴다(가변성·단점 개선 강조).

이와는 대조적으로, 개인중심적 인간관이 지배적인 개인주의 사회에서는 사회의 안정은 그 구성 요소인 개인의 안정을 바탕으로 한다고 본다. 따라서 각 개인은 지속적이고 일관된 안정성을 가졌다고 보아, 상황과 관계가 달라지는 데 따른 변이를 받아들이지 않으며, 이러한 변이 또는 비일관성은 개인에게 심각한 위협이 된다고 여긴다. 또한 이 사회에서는 자기 단점의 수용과 개선보다는 본래부터 자기에게 갖추어져 있는 장점을 찾아내어 이를 확충하는 일에 관심을 쏟아, 이를 자기 향상의 방안으로 중시한다(안정성·장점 확충 강조).

(4) 문화차 개관의 틀 대비

문화 유형에 따른 인간 이해 양식의 차이에서 도출되는 이러한 세 차원의 강조점 차이는 각 사회에서 중시하고 추구하는 문화적 명제(cultural imperative)가 된다. 곧 사람들 사이의 관계를 사회 구성의 궁극적 단위로 보는 집단주의 사회에서는 연계성과 조화성의 추구, 자기 억제, 상황가변성의 추구와 자기 단점의 개선이 문화적인 명제가 된다. 이와는 달리, 자기 완비적이고 독립적으로 존재하는 개체를 사회 구성의 궁극적 단위로 보는 개인주의 사회에서는 자율성과 독특성의 추구, 자기 주장, 안정성의 추구와 자기 장점의 확충이 문화적인 명제가 되는 것이다. 사회구성주의(social constructionism)의 입장에 따르면, 이러한 문화적 명제는 곧바로 인지·동기·정

표 2-2. 문화 유형에 따른 인간 이해 양식과 강조점의 차이

차 원	집단주의 (관계중심적 인간관)	개인주의 (개인중심적 인간관)
사회 행위의 원동력과 목표 (주의의 초점)	연계성·조화성 강조	자율성·독특성 강조
자기 표현의 양식 (통제의 대상)	자기 억제 강조	자기 주장 강조
행위의 변이가능성 (시·공간적 변화가능성)	가변성·단점 개선 강조	안정성·장점 확충 강조

서와 같은 인간의 제반 심리적 경향으로 조형된다.[47]

　이러한 맥락에서 다음 장부터는 두 문화권에서 드러나는 세 차원의 강조점 차이를 기본틀로 하여, 집단주의와 개인주의 사회에 살고 있는 사람들의 특징적인 인지·정서·동기의 차이를 개관해 보기로 하겠다. 지금까지 분명해졌듯이, 이 세 차원은 인간의 존재양식에 대한 핵심적인 차원의 인식, 곧 개인으로서 자기는 타인과 어떠한 관계에 있느냐(사회성), 자기를 감추어야 하느냐 아니면 드러내야 하느냐(활동성), 그리고 자기는 변화하는 것이냐 아니면 고정된 것이냐(변화가능성)를 나타낸다고 볼 수 있다. 그러므로 집단주의와 개인주의 문화권에서 드러나는 여러 가지 심성과 행동의 차이를 이 세 차원의 인식과 강조점의 차이로 수렴하여 이해하고자 하는 이 책에서의 문화차 개관의 기본틀은 그 자체로 타당한 논리적인 정합성을 갖는다 할 수 있을 것이다. 이러한 문화차 개관의 기본틀을 정리하면, 표 2-2와 같다.

---

47 Gergen & Davis, K. E., 1985; Markus & Kitayama, 1991a, b, 1994a, b; Nisbett, 2003; Sedikides & Brewer, 2001.

2. 자유주의의 인간관과 개인주의 문화

서구 사회에서 개인주의가 지배적인 삶의 태도로 굳어지게 된 데는, 르네상스와 종교개혁을 통해 거세진 개인화의 흐름이 17세기에 무르익은 자유주의 사상에 힘입어 절정을 맞게 되었다는 배경이 놓여 있다. 이러한 자유주의의 물결은 뒤이은 계몽주의운동과 산업혁명을 통해 정치 분야와 경제 분야에 확산됨으로써, 서구인의 의식과 삶의 기본적인 자세로 자리 잡게 되었다. "자유주의의 인간관과 사회관은 …… 개인주의적인 인간관과 사회관"이고, "따라서 자유주의의 철학적 핵심은 개인주의"[1]이다. 곧 자유주의의 정체성을 인식하게 해주는 특성 가운데 첫 번째 특성은 "집단성에 반대해 개인의 도덕적 우선성을 주장한다는 점에서 개인주의적"[2] 요소인 것이다.

이렇게 자유주의는 서구 사회에 개인주의적인 삶의 양식이 꽃피게 한 사상적 배경이었다. 그렇다면 앞 절에서 살펴본 현대 개인주의 사회의 지배적인 인간관과 자기관, 그리고 이로부터 도출되는 세 차원의 강조점(자율성과 독립성, 자기 주장, 안정성과 장점 확충)은 바로 그 역사적 배경인 자유주의가 추구하는 가치나 인간관과 밀접한 논리적 연관성을 가지고 있을 것이다. 여기에서는 이러한 사실을 간단히 살펴보기로 하겠다.[3]

---

1 노명식, 1991, p. 27.

2 Gray, 1995/2007, p. 155.

3 이 절은 졸저(조긍호, 2006, pp. 90-143, 167-173, 196-222, 427-441)의 내용에 새로운 내용을 첨가하여 보완하고 재조직함. 이 책의 주제는 '동아시아 집단주의와 유학사상의 관계'에 있으므로, 여기에서 '서구 개인주의와 자유주의의 관계'에 대해서는 비교적 간단하게 언급하기로 하겠다. 그 자세한 내용은 노명식(1991), Dülmen(1991/2005), Gray(1995/2007),

1) 자유주의가 추구하는 가치

자유주의는 "개인을 사회제도 및 사회구조에 앞서는 것으로 보아, 사회보다 더 현실적이고 보다 더 기본적인 것"[4]으로 여기는 신념체계이다. 곧 자유주의는 사회의 존재론적 구성 단위를 서로 독립된 개체로 살아가는 개인이라고 보는 신념체계이며, 이렇게 "개인이 사회에 우선하고, 개인이 사회보다 더 절실하다"고 여김으로써, "논리상 사회는 개인들의 산술적 총계에 불과한 하나의 허구"[5]라고 인식한다. 사회보다 개인의 우선성을 주장하는 개인주의적 요소가 자유주의적 정체성의 가장 큰 특성이다.[6] 이와 같이 자유주의의 세계관에서는 움직일 수 없는 중심점을 개인에게 두고 있고, 그렇기 때문에 자유주의는 개인보다 사회를 앞세우는 어떤 종류의 사회이론에 대해서도 한결같이 대항해 왔던 것이다.

이렇게 자유주의는 '개인 존재의 총합체가 곧 사회'라는 관념, 곧 사회의 존재론적 구성 단위는 개인이라고 보는 관념을 전제로 하고 있으며, 그런 점에서 개인주의를 그 자체 속에 내포하고 있는 사상체계이다. 앞 절에서 보았듯이, 사회의 궁극적 구성 요소에 대한 인식은 곧바로 그에 일관되는 특징적인 인간관을 낳는다. 자유주의와 개인주의는 사회의 궁극적 구성 단위를 개인이라고 본다는 점에서 기본 입장이 동일하다. 그러므로 자유주의적 인간관과 사회관은 개인주의적인 인간관과 사회관이다. 곧 자유주의의 기본적인 인간관도 개인주의와 마찬가지로 '개인중심적 인간관'인 것이다.

자유주의의 이러한 개인중심적 인간관은 자유주의가 추구하는 여러 가치들에서 그 구체적 내용이 확인될 수 있다. "자유주의는 일관성과 포괄성을 가지고 있는 하나의 세계관"으로서, 자유주의가 추구하고 있는 여러 가

Laurent(1993/2001), Lukes(1973), 졸저(조긍호, 2006, pp. 89-193, 196-222, 427-441) 참조.

4 노명식, 1991, p. 31.

5 같은 곳, p. 43.

6 Gray, 1885/2007, pp. 16, 155-156.

치들은 그것이 개념화하는 인간관과 사회관 속에서 통합적인 의미를 갖추기 때문이다. 곧 "자유주의적 가치들은 자유주의의 인간관과 사회관에 결부"[7]되어 있는 것이다. 그렇다면 자유주의는 어떠한 가치들을 추구하는 이념체계인가?

노명식은 개인적 자유, 관용과 이성, 입헌주의와 민주주의, 자본주의를 자유주의가 추구하는 기본 가치라고 보았다. 개인적 자유는 "개인이 강요당하지 않고, 제약받지 않고, 간섭받지 않고, 압력받지 않는 조건으로서의 소극적 자유", 그리고 양심·신앙·표현·결사·정치·경제적인 여러 가지 자유와 자기실현의 자유 같은 적극적 자유를 포괄한다. "개인들의 행동과 사상의 다양성을 긍정"하는 것이 관용의 가치이고 "개인과 사회를 합리적으로 설계할 수 있게 하고, 사람들에게 어떤 목표를 선택할 수 있게 하는 적극적이고, 낙관적이고, 보편적인 힘"이 이성인데, 자유주의의 진보 이념을 대표하는 것이 바로 관용과 이성의 가치이다. "법에 의한 정부의 통치"와 선거에 의한 대표 합의체로 대변되는 인간 평등과 자기 결정성의 신념에 바탕을 두고 있는 것이 합헌주의와 민주주의의 가치이다. 마지막으로, 사유재산권과 자기 이익 추구권 및 합리적 선택에 따른 자유 경쟁 이념에 근거를 두고 있는 것이 자본주의의 가치이다.[8]

그레이(Gray)는 자유주의의 정체성을 구성하는 요소를 개인주의적, 평등주의적, 보편주의적, 사회개량주의적 요소의 네 가지로 제시하고 있다. "자유주의는 집단성에 반대해 개인의 도덕적 우선성을 주장한다는 점에서 '개인주의적'이고, 모든 인간 존재에게 동일한 기본적인 도덕적 지위를 부여한다는 점에서 '평등주의적'이며, 인류의 도덕적 단일성을 주장한다는 점에서 '보편주의적'이고, 비판적 이성을 사용함으로써 인간의 삶을 무제한적으로 개선시킬 수 있다고 주장한 점에서 '사회개량주의적'이다." 이렇게 그는 개인의 자유, 평등, 자율성[9] 및 이성과 진보의 가치를 자유주의의 정체성을 이

---

7 노명식, 1991, p. 30.

8 같은 곳, pp. 53-84: 직접 인용은 순서대로 pp. 58, 64, 67, 71임.

루는 네 가지 기본 가치로 보고 있는 것이다.[10]

이들 말고도 뒬멘(Dülmen), 로랑(Laurent) 및 루크스(Lukes) 같은 학자들은 서구 개인주의 성립의 과정을 역사적으로 고찰하면서, 개인주의가 추구하는 자유주의적 가치를 제시하고 있다. 뒬멘은, 개인주의의 싹은 중세시대부터 움트기 시작하여 자유주의와 계몽주의 시대에 꽃피우게 되었는데, 이 시기의 개인은 "스스로 생각하라(자기 생각)", "스스로를 교육하라(자기 교육)", "스스로 결정하라(자기 결정)", 그리고 "개인권을 보호하라(인권 투쟁)"는 시대적 요구를 따르는 삶을 추구하였다고 보아, 이 네 가지가 개인주의와 그 배경인 자유주의의 핵심 가치 또는 요소라고 주장했다. 여기서 '자기 생각'은 개인의 합리적 이성을, '자기 교육'은 자기 독특성과 자기 개발을, '자기 결정성'은 자율성과 독립성을, 그리고 '인권 투쟁'은 사생활 자유의 옹호라는 가치를 담고 있는 것으로 볼 수 있다.[11]

개인주의의 역사를 포괄적으로 제시하여 이미 이 분야의 고전이 되어 있는 《개인주의(*Individualism*)》라는 저서를 펴낸 루크스는 존엄성, 자율성, 사생활의 자유, 자기 개발 및 추상적 개인이라는 다섯 가지를 자유주의 대두 이후 확산된 개인주의의 기본적인 단위 관념(unit-ideas)으로 제시했다. 여기서 '존엄성'은 개인 존재의 유일성 또는 최종 목적성을, '자율성'은 독립적인 자기 결정성을, '사생활의 자유'는 개인적 자유와 자기 소유성을, '자기 개발'은 개체다운 독특성과 자기실현을, 그리고 '추상적 개인'은 원인행위자(原因行爲者, causal agent)로서 개인이 가지는 자족성(自足性)과 자기 완비성을 나타낸다. 그는 이 다섯 가지 기본 관념을 날줄과 씨줄로 하여, 종

---

9 Gray(1997/2005)는 "자율성의 가치를 인간 선의 보편적 구성 요소로 만듦으로써 자율성의 가치를 지지하는 논증을 강화"(p. 166)할 필요가 있음을 역설하면서, "자유주의적 도덕성의 주요 관심사는 자율적 행동을 보여주는 생활양식들을 증진시키는 데 있다"(p. 157)고 진술함으로써, 개인의 자율성과 자기 결정성이 자유주의의 보편적 요소임을 분명히 하고 있다.

10 Gray, 1995/2007, pp. 15-18, 153-174: 직접 인용은 pp. 155-156임.

11 Dülmen, 1997/2005, pp. 249-286.

교·정치·경제·윤리 및 방법론적 측면에서 개인주의를 분석하고 있다.[12]

이와 견주어, 로랑은 "종교개혁과 르네상스가 끝나갈 무렵, 개인주의적 가치체계는 문화적 차원에서 형태를 갖추기 시작했다"고 보아, 17~18세기를 "개인의 코페르니쿠스적 혁명"이 일어난 시기로 규정하고 있다. 그는 "개인주의가 확산되는 결정적 순간은 스스로 생각할 수 있는 권리(비판적 합리주의)와 자신을 위해 살 수 있는 권리(사적 이익에 대한 관심)가 결합하는 시기이다. 내적인 자기 결정 능력과 대외적인 주권 행사의 욕망 사이에 이루어지는 연금술적인 과정에 의해, 개인은 인간성을 충분히 표현할 수 있는 유일한 존재로 인정받게 된다"면서, 이렇게 자유주의와 계몽주의 시대에 주도적 위치를 차지하게 되는 이 새로운 범주의 개인은 세 가지 모습으로 구체화될 수 있다고 주장한다. "세 가지 모습이란 '분리된 자의식과 이성을 지닌 주체', '자신을 소유하는 자유주의 시장의 주체', '민주주의적 인본주의를 신봉하는 평등한 시민'의 모습이다." 이러한 세 가지 주체인 개인의 가치는 각각 합리적 이성을 지닌 역동적 자족성과 자율성, 자기 소유권과 독립성, 그리고 사회 구성 단위로서 지니는 다른 개체에 대한 평등성으로 정리할 수 있다.[13]

이상에서 보듯이, 학자에 따라 자유주의와 근대 개인주의가 추구하는 핵심 가치와 거기에 담긴 내용 사이의 관련성을 개념화하는 양식에는 서로 차이가 있다. 그러나 이들이 제시하는 내용을 단순히 훑어보기만 해도, 서로 유사한 가치들이 중복되고 있음을 알 수 있다. 이러한 자유주의가 추구하는 가치들은 '자유와 자유의지', '이성과 진보', 그리고 '평등과 존엄성'의 세 가지 묶음으로 정리해 볼 수 있다.

'자유와 자유의지' 차원의 가치에는 노명식의 개인적 자유와 자본주의의 가치, 그레이의 개인주의적 요소와 보편주의적 요소, 뒬멘의 자기 결정과 인권 투쟁의 태도, 루크스의 자율성과 사생활의 자유 가치, 그리고 로랑의 자유시장 주체인 개인의 관념 들이 묶일 수 있을 것이다. '이성과 진보' 차

---

12 Lukes, 1973, pp. 45-78.

13 Laurent, 1993/2001, pp. 41-61: 직접 인용은 pp. 48, 41, 41-42, 42임.

원의 가치에는 노명식의 관용과 이성 및 자본주의의 가치, 그레이의 사회개량주의적 요소, 뒬멘의 자기 생각과 자기 교육의 태도, 루크스의 자기 완비성과 자기 개발의 가치, 그리고 로랑의 이성 주체인 개인의 관념 들이 묶일 수 있을 것이다. 마지막으로 '평등과 존엄성' 차원에는 노명식의 입헌주의와 민주주의 가치, 그레이의 평등주의적 요소, 뒬멘의 인권 투쟁의 태도, 루크스의 존엄성과 자기 완비성의 가치, 그리고 로랑의 평등한 시민인 개인의 관념 들이 묶일 수 있을 것이다.

2) 자유주의의 개인관

자유주의가 추구하는 이러한 세 차원의 가치(자유와 자유의지, 이성과 진보, 평등과 존엄성)에서 자유주의 체계가 사회 구성의 기본 단위인 개인 존재를 파악하는 관점을 직접 끌어낼 수 있다. '자유와 자유의지'의 가치에서는 개인을 '자유의 보유자'로 파악하는 입장이 나오고, '이성과 진보'의 가치에서는 개인을 '이성의 주체'로 여기는 입장이 나오며, '평등과 존엄성'의 가치에서는 개인을 언제 어디에서나 일관적인 '불변적이고 안정적인 실체'로 개념화하는 입장이 나오게 되는 것이다.

(1) 자유의 보유자

"개인주의의 핵심적 가치는 개인의 자유이다."[14] 자유주의에서는 그 어느 가치보다도 자유가 최고의 위치를 차지하며, 자유주의가 추구하는 모든 다른 가치들은 개인적 자유와 밀접하게 관련되어 있다. 자유라는 것이 그렇게 고귀한 가치이고 또 자유라는 말은 누구나 쉽게 쓰는 말이지만, 자유란 무엇인가를 따져보면 그렇게 단순한 개념은 아니다. 자유라는 개념이 서구에

---

14 노명식, 1991, p. 53.

서 그 나름의 자리를 차지하게 된 것은 17세기에 들어서서 자유주의 사상이 나타난 다음이다.

르네상스를 거치며 개성의 적극적이고도 자율적인 발휘를 인정하고 존중하게 되어, 본격적으로 개인화의 물결이 굽이치기 시작하면서 근대적인 자유의 개념이 싹트게 되었다. 이러한 근대적인 개인적 자유의 개념은 개인의 권리라는 개념과 동전의 앞뒷면처럼 대등한 관계에 있다. 개인의 자유는 개인의 권리 수호를 목표로 하는 것이고, 개인의 권리는 개인의 자유의 확보를 그 바탕으로 한다. 이러한 맥락에서 개인적 자유의 관념이 확산되는 데 중요한 기여를 한 것은 종교개혁이었다고 볼 수 있다. "자유의 주체로서의 개인의 권리를 강조하게 되는 데 있어 가장 중요한 사건은 종교개혁"15이었던 것이다.

종교개혁은 '신앙의 자유'와 '양심의 자유'라는 관념을 탄생시킨 획기적인 사건이었다. 종교개혁과 맞물리면서 정치·사회질서이던 봉건제도가 붕괴되고 절대왕권이 군림하게 되자, 보편적 합리성을 지닌 국가이성(raison d'état)의 개념이 대두되고, 그 연장으로 '정치적 자유'라는 추상적 보편 개념이 탄생하게 되었다. 같은 시기에 인쇄기가 발명되고, 이로 말미암아 인쇄술이 놀랍게 발전하면서 지식과 정보가 급속하게 보급되기 시작하자, 민주주의 이념에 대한 민중의 자각과 함께 '표현의 자유'라는 관념이 뿌리내리게 되었다. 그리고 조선술과 항해술이 발달함으로써 이른바 지리상의 발견이 이루어지고, 그 결과 항해시대가 닥쳐옴으로써 상업자본주의가 급속히 성장하여 '경제적 자유주의'의 개념이 보급되었다. "이렇게 하여 홉스(Hobbes)와 로크(Locke) 시대에 이르면, 어떤 권위도 침범할 수 없는 자연적 초시간적 천부의 권리의 구체적 실체로서의 개인이라는 관념"이 자연권 사상과 함께 다양한 삶의 기반으로 굳어지게 되었으며, "여기서 시민적 제 자유(civic liberties)가 당연한 권리로서 주장되기에 이른 것이다. 이토록 16세기 이래 서구 세계에서는 양심의 자유, 신앙의 자유, 정치적 자유, 표현의

---

15 노명식, 1991, p. 57.

자유, 경제적 자유 및 시민적 제 자유의 기본적 관념들이 성장하여, 근대적 의미의 개인적 자유의 관념이 수립되었다."16

자유주의가 추구해 온 최고의 이념은 이와 같이 개인적 자유의 확보에 있었다. 자유주의의 이념에 비추어 볼 때, 개인은 자율적으로 신앙과 양심 및 도덕 표준을 누구의 간섭이나 제재도 받지 않고 스스로 선택하고 준수할 자유를 가진 존재이다. 개인은 이렇게 자기가 자율적으로 선택한 신앙·양심·사상 및 도덕 표준을 누구의 간섭이나 제재도 받지 않고 말이나 글 또는 행동으로 표현할 수 있는 자유를 가지고 있다. 뿐만 아니라, 개인은 스스로가 본래부터 갖추고 있는 여러 가지 권리를 보호하고 또 이를 신장시켜 줄 수 있는 정치체제와 그 대표자들을 자율적으로 선정할 수 있는 자유를 지니고 있으며, 자기의 사적 소유권과 사적 이익을 어떠한 부당한 간섭이나 제재도 받지 않고 적극적으로 추구할 수 있는 자유를 갖추고 있다. 또한 개인은 사적 공간과 영역을 확보하여 진실로 자기 혼자만의 사생활을 즐기고, 자기만이 갖추고 있는 독특한 개성을 신장시킬 수 있는 자유도 가지고 있다. 자유주의의 이념에 따르면, 이러한 모든 자유는 개인에게 천부의 권리이기도 한 것이다.

이상에서 보듯이, 개인 존재가 '자유의 보유자'로서 지니는 가장 기본적인 특징은 자율적인 선택의 가능성이 그에게 주어져 있다는 사실이다. 개인은 스스로의 판단과 원망(願望)에 따라 자율적으로 자기에게 가장 유리하거나 가장 적합하거나 또는 가장 타당한 신앙·양심·사상·도덕률·정치체제 및 경제체제를 선택할 권리를 갖추고 있으며, 이것이 바로 개인적 자유의 내용인 것이다. 따라서 개인적 자유의 핵심은 바로 이러한 개인의 자율성에서 찾을 수 있다. 또한 자유주의 이념에서는, 개인은 자유의 보유자로서 이러한 자율성을 최대로 행사할 수 있는 자기만의 공간과 영역을 지니고, 그러한 사적 영역에서 자기 독특성의 발전을 최대한 꾀할 수 있다고 전제한다. 곧 누구의 간섭과 제재도 받지 않는 사적 영역의 확보는 자율성 행사의

---

16 노명식, 1991, pp. 57-58.

전제 조건인 것이다.

　개인주의의 기본 요소인 자율성은 "개인이 독자적이고 합리적인 가치 판단의 주체임을 의미"[17]하는 것으로, 개인이 타인이나 사회 또는 여러 사회적 장치와는 분리된 존재라는 독립성의 개념을 전제로 한다. 곧 개인의 사고와 행동은 독립적인 존재인 개인의 것이며, 그의 통제 밖에 있는 작인(作因)이나 원인에 지배되지 않고, 순전히 그 자신의 의지와 의사에 따라 결정된다는 자발적 방향 설정 또는 자기결정성이 곧 자율성의 내용이다. 따라서 개인은 자기가 직면하는 압력과 규범을 의식적 비판적으로 평가하여 자기의 의도를 형성하고, 또 독립적이고 합리적인 숙고를 거쳐 실제적 결정을 할 수 있는 한에서 자율적이다. 말하자면, 자율성은 개인의 독립성과 자기결정성을 통해 드러나는 가치인 것이다.

　이렇게 개인의 독립성을 전제로 하여 자율성이 표출된다면, 독립성이 최대로 보장되는 곳인 사적 영역, 곧 사생활의 장면에서 자율성이 최대로 발휘된다고 볼 수 있다. 말하자면 사생활의 자유는 자율성이 발휘되는 바탕이 된다. 이러한 사생활의 자유는 개인주의를 철학적 기반으로 하는 자유주의의 기본 이념이다. "공공의 간섭을 전혀 받지 않으면서 생각하고 행동하는 개인 고유의 생활 영역, 즉 현대적 의미의 사생활의 자유라는 관념이야말로 자유주의의 중심 사상을 구성하고"[18] 있는 것이다. 이러한 사생활의 자유가 현대 자유주의자들에게 매우 중요한 이유는 개인의 최대의 행복과 성취를 기대할 수 있는 곳이 사적 영역이기 때문이다. 이렇게 사생활의 자유는 개인의 삶을 내재화하는 기능을 하고, 이 때문에 스스로에 대한 성찰을 강화하는 배경이 된다. 바로 이러한 사생활의 사유화와 내재화 및 그에 따른 자기 성찰은, 외부의 영향이 닿을 수 없는 사적인 영역에서 개인의 '독립성·자율성' 성향이 최대로 발휘될 수 있기 때문에 가능한 것이다.

---

17 김영한, 1975, p. 111.

18 노명식, 1991, p. 46.

(2) 이성의 주체

"자유주의의 철학적 기반으로서의 개인주의에는 무엇이든지 자기의 것이라는 소유의 개념이 깊이 스며 있다. 개인주의의 독립·자족의 관념과 소유의 관념은 매우 가까운 관계"[19]에 있는 것이다. 이렇게 무엇이라도 나와 관계된 것은 내 것이라는 생각은 17세기 이래 자유주의 철학에 깊이 침투하여, 자신의 생명뿐만 아니라 육체적이거나 정신적인 노동의 산물인 재산과 여러 결과물, 심지어는 인격까지도 자기의 소유라는 철저한 '소유의 개인주의'를 낳았다. 그렇다면, 그러한 소유와 재산은 어떻게 얻을 수 있는가? 이 문제에 대해 자유주의적 개인주의가 제시하는 주장에는 두 가지가 있는데, "하나는 인간은 욕망에 의해 움직인다는 자유주의적 인간관이고, 또 하나는 그 욕망 충족을 추구하는 데는 이성의 엄격한 지시를 받는다는 이성관이다."[20]

이기적인 욕망이 인간 행동의 근본적인 동기라는 인간관은 자유주의의 가장 큰 특색이다. 자유주의적 인간관에 따르면, 개인을 움직이게 하는 욕망은 매우 적극적인 것으로서 개인은 자기 자신의 행복과 쾌락과 만족을 추구하는, 기본적으로 이기적인 정열과 욕망에 따라 활동하고 행동하는 존재이다. 바로 이러한 사실을 전제로 하여 자유주의적 인간관이 성립하는 것이다. 이렇게 개인 행동의 첫째 동인(動因)은 자기 자신의 이익과 행복, 곧 이기적인 쾌락의 추구에 있다고 자유주의자들은 보며, 이러한 쾌락 추구를 위해 적극적으로 노력할 권리가 모든 개인에게 천부적으로 주어져 있을 뿐만 아니라, 아무런 외적인 간섭과 제재만 없다면 최대한의 쾌락 추구라는 자기 본위적 목표가 달성될 수 있다고 보는 것이 자유주의의 기본 관념이다. 말하자면 "자유주의는 인간의 욕망은 저절로 있는 것이고, 인간의 기본적 성품의 일부이며, 외적 압력을 전혀 받지 않고 형성되는 것"이라고 본

---

19 노명식, 1991, p. 37.

20 같은 곳, p. 38.

다. 그리하여 "자유주의는 …… 사람들은 자기들이 원하는 바가 무엇이며, 자기들의 이해 관계가 무엇인지를 다 알고 있고, 표현할 수 있다고 강조"[21] 하는 것이다.

여기에서 자유주의의 욕망관과 이성관이 만나게 된다. 자유주의에서는, 인간은 이기적인 쾌락 추구의 욕망과 함께 이성의 주체로서 자기가 가지고 있는 욕망의 내용을 인식함은 물론, 자기에게 유리하게 충족시킬 수 있는 방식을 합리적으로 선택할 수 있는 존재라고 보는 것이다. 이렇게 자유주의 에서는 욕구의 인식과 그 실현 방법의 선택이 전적으로 개인이 가지고 있는 이성의 결과라고 보아, 욕망에 대한 이성의 우월성을 가정한다.

자유주의의 욕망관과 이성관이 만나게 되는 또 하나의 접점은 개인 사이 의 욕망 충돌의 가능성에서 찾을 수 있다. 누구든지 천부의 재산권과 소유 권에 따라 자기의 이기적 욕구를 채우려 하다 보면 반드시 욕구의 충돌이 빚어질 수밖에 없고, 그렇게 되면 사회는 혼란에 빠져 서로 간에 공멸하는 상태에 이를 수밖에 없을 것이다. 이러한 충돌을 피하기 위해 개인들이 동 의하여 욕구 조정의 체제를 만들기로 합의하게 되고, 그 결과 나타나는 것 이 국가체제라고 자유주의자들은 주장한다. 이것이 유명한 사회계약설(社 會契約說)의 요지인데, 이러한 계약설의 근저에는 개인 존재가 가지고 있 는 이성 혹은 합리성에 대한 믿음이 놓여 있다. 이렇게 개인들의 욕망이 충돌하여 낳게 될 파괴적 혼란을 방지해 주는 장치가 바로 개인이 본래부 터 갖추고 있는 이성 혹은 합리성이라고 보는 것이 개인주의의 기본 이념 이다.

욕망이 있고 그것을 추구하는 동력이 있는 것만으로는 그 욕망의 충족이 보장되지 않는다. 이를 자기에게 가장 적절하고 유리한 방법을 선택하여 행 동으로 옮겨야 욕망의 충족 여부가 결정된다. 이성은 이러한 선택의 기능을 수행하는 인간의 본성이다. 이성은 개인이 가진 서로 다른 욕망들이 경쟁할 때, 그리고 나의 욕구와 타인의 욕구가 충돌할 때 "가장 경제적인 방법으로

---

21 노명식, 1991, p. 39.

최대의 만족을 얻는 방법을 가르친다." 따라서 "이성은 본질적으로 자기 이익을 가장 효과적으로 추구할 수 있는 계산 능력"[22]을 본질로 한다. 이렇게 욕망이 이성보다 선행하는 것일지는 모르지만, 그 충족 여부는 오로지 그 충족 방법에 대한 합리적인 계산과 선택에 달려 있게 마련이고, 이러한 관점에서 보면 인간의 삶에서 이성은 욕망보다 우월한 것이다.

자유주의는 계몽사상으로 이어지면서 인간의 이성에 대해 초기보다 더 적극적이고도 낙관적인 관점을 밝히고 있다. "이 흐름의 자유주의자들에게 있어서 이성은 계산 능력보다 더 높은 차원의 것으로서, 개인생활과 사회생활을 그 이성의 이상(理想) 위에 수립할 수 있다고 믿는다."[23] 그들은 개인이나 사회는, 이러한 합리적인 이성의 기능에 힘입어 불합리하거나 비합리적인 정열·욕망·증오·편견·습관·전통의 굴레에서 벗어나, 인류의 진보와 행복에 보편적으로 적용할 수 있는, 또 가장 많이 공헌할 수 있는 일반적 보편적 원리들을 자연과 인간성에 대한 합리적 이해를 바탕으로 체계적으로 끌어낸다고 믿는다. 이렇게 이성은 인간과 자연 및 인류 사회를 지배하는 보편적 원리를 발견해 낼 수 있는 과학적 탐구의 근거이며, 결과적으로 인류 사회의 진보는 바로 이성이 인간에게 본래부터 갖추어져 있다는 사실 때문에 가능해진다고 자유주의자들은 보고 있는 것이다.

이상에서 보듯이, '이성의 주체'로서 개인은 그 자체 속에 모든 행위의 원천을 갖추고 있을 뿐만 아니라, 자기의 독특한 개성을 확인하여 이를 실생활에서 실현할 수 있는 최선의 방책을 강구함으로써 자기 발전을 꾀할 수 있는 존재이기도 하다. 또한 이성은 합리적 선택의 근거이고, 앞에서 살펴본 자율성은 자유로운 선택을 의미하는 것이었다는 점에서, 이성의 주체로 개인 존재를 파악하는 자유주의의 입장은 개인의 '자율성'이라는 요소와도 관련을 맺고 있다고 할 수 있다. 이성 주체인 개인은 스스로의 이성에 따른 합리적 선택을 적극적으로 추구할 수 있는 권리를 지니고 있고, 이러

---

22 노명식, 1991, p. 41.

23 같은 곳, p. 42.

한 과정에서 자기 이익이 최대로 보장된다고 여긴다. 그러므로 이성의 주체인 개인들은 있는 그대로 자기를 드러내고, 자기 이익의 확보를 위해 적극적으로 '자기 주장'을 하는 일을 자연스럽게 받아들여 강조하게 되는 것이다.

(3) 불변적이고 안정적인 실체

서구 사회에서는 일찍부터 모든 사물이 고정적이고 안정적이며 일관적인 특성을 가지고 있다고 믿고, 이를 사물의 본질이라 여겼다. 이러한 고정적이고도 안정적이며 일관된 특성을 가지고 있는 것은 자연 사물뿐만 아니라 동·식물과 같은 생물들, 그리고 심지어는 사람도 마찬가지라 여겼으며, 안정적인 실체로서 지닌 각각의 본질을 파악하게 되면, 세상의 모든 삼라만상을 이해할 수 있다고 생각했다. 니스벳에[24] 따르면, 이렇게 사물의 본질을 불변적이고 안정적인 실체로 이해하려는 경향은 서구 문화 발상의 원천인 그리스 문명에서 비롯된 전통이었다.

그리스인들은 해안까지 이어지는 산으로 둘러싸인 좁은 평지와 비교적 긴 해안가에서 살아야 했다. 따라서 그들은 사냥·목축·수렵 그리고 무역에 의존해서 생계를 꾸려갈 수밖에 없었다. 이런 일들은 농업에 비해 다른 사람과 협동할 필요성이 덜하며, 무역을 제외하고는 구태여 안정적인 공동체가 필요없다고 할 수 있다. 그리하여 그리스에서는 중앙집권화된 강력한 통일국가가 지배하는 대신, 산과 해안선으로 둘러싸인 좁은 지역을 지배하는 도시국가들이 난립할 수밖에 없었다. 이런 상황에서 점차 인구가 늘어나면서 수렵·채취물과 제한된 농업생산물만을 가지고는 삶을 영위하는 데 한계가 있었기 때문에, 그리스인들은 일찍부터 무역과 해외 식민지 개척에 열을 올렸다. 그 결과, 도시 간의 이주와 교역이 활발해짐으로써 서로 생각과 의견 및 삶의 관습이 다른 사람들과 접촉할 일이 늘어나고, 따라서 사람들 사

---

24 Nisbett, 2003, pp. 1-28, 29-39.

이의 차이에 관심을 기울이게 되어, 시장과 정치집회에서 벌어지는 대립과 논쟁이 삶의 중요한 부분으로 등장했다.

그리하여 그리스인들은 나와 나 아닌 것, 인간과 자연, 하나의 사물과 다른 사물을 엄격히 구별하여 그들 사이의 차이를 찾아 범주화하고, 저마다 지닌 불변하면서도 안정된 고정적 본질을 추상화하여 그들을 지배하는 법칙을 찾아내려 노력했다. 그 결과, 그들에게는 맥락과 분리된 독립적인 대상이 주의의 초점으로 부각되어 분리된 대상의 안정적, 불변적, 고정적 속성을 인식하는 데 힘을 쏟았다. 플라톤(Platon)은 사물들이 가지는 이러한 고정적, 불변적, 안정적 속성은 그 사물들로부터 얻는 감각을 뛰어넘는 것으로, 논리적 범주화와 접근에 따라 파악되는 이데아(idea), 곧 형상(形相, form)만이 사물의 참된 실재라고 가르쳤다. "아리스토텔레스(Aristoteles)는 형상의 실재성을 인정하지는 않았지만, 그 역시 어떤 사물의 속성이란 그 사물의 감각적 속성과는 무관하게 존재한다고 생각하였다."[25]

그리스인들은 더 나아가 사물들이 가지는 이러한 불변하는 본질적 속성이 그 사물의 운동과 여러 상태의 원천이라고 보았다. 예를 들면, 아리스토텔레스는 나무 조각이 가지고 있는 '가벼움' 또는 '부성(浮性)'이라는 불변적 속성이 나무를 물에 뜨게 만든다고 생각했다. 이러한 맥락에서 그리스인들은 사물뿐만 아니라 사람들도 역시 독립적이고 개별적인 실체라고 보았으며, 각 개인이 가지고 있는 고정적, 불변적, 안정적 속성을 파악하는 것이 개인의 행동과 심성의 상태를 이해하는 지름길이라 여겼다. 곧 개인은 그의 심성과 행동의 원천이 되는 성격 특성, 능력, 욕구 같은 내적 성향을 갖추고 있는데 이들은 불변적, 고정적, 안정적인 개인의 본질을 이룬다고 보았던 것이다.

이와 같이 모든 존재를 '고정적이고 불변적이며 안정적인 실체'로 인식하는 경향은 고대 그리스 이후 서구 문화의 전통이 되어왔다. "이렇게 고정적이고 불변적인 심리적 속성이 개인에게 원천적으로 부여되어 있다는 사

---

25 Nisbett, 2003, p. 9.

실은 개인을 단순히 그러한 속성들의 담지자로서 파악하는 개인에 대한 추상적 관념을 산출한다.”[26] 루크스에 따르면, 스스로의 행동과 여러 심리적 경향의 원천이 되는 내적 성향을 본래부터 갖추고 있는 고정적, 불변적, 안정적인 실체로 개인 존재를 인식하는 추상적 관념은 개인주의의 기본 요소의 하나로서, 이러한 관념은 17~18세기 자유주의 사상의 모태로 작용하였다. 곧 자유주의의 핵심인 자연권 사상과 사회계약설은 개인 존재에게 고정적이고 안정적이며 불변적인 기본권과 내적 성향이 본래부터 갖추어져 있다는 사실을 전제로 하여 성립되고 있는 것이다.

자연법 이론가들은, 개인은 그의 행위와 심성의 모든 본질적 원천을 본래부터 갖추고 있는데 이는 고정적이고 불변적이며 안정적인 것으로서, 결코 남에게 양도할 수도 없고 또 그 어떤 것으로부터 침해받아서도 안 되며, 이것이 바로 국가 형성 이전의 자연 상태의 모습이라고 본다. 자연 상태에서 개인이 가지는 스스로에 대한 원천적인 주권(sovereignty)은 바로 이러한 고정적이고 불변적인 속성의 본유적인 소여성(所與性, givenness)에 근거를 두고 있으며, “이러한 개인적 주권이 집단 권위(Group-authority)의 유일한 원천으로서, 사회는 개인의 의지와 권력의 집합체(aggregate)일 뿐”[27]이라고 자유주의자들은 인식하고 있는 것이다.

이렇게 개인은 모든 행위와 심리적 경향의 원천이 되는 내적 성향(성격 특성·능력·동기 들)을 본래부터 갖추고 있으며, 이러한 내적 성향은 시간과 상황에 따라 거의 달라지지 않는 고정적인 경향을 띤다고 인식하여, 개인 존재를 안정적인 실체로 파악하는 입장은 고대 그리스 시대부터 서구 사회의 전통이 되어왔다. 이러한 생각은 특히 자유주의 이론가들의 자연법 사상과 사회계약설의 기초가 되어 있는 관념이다.

이와 같이 개인은 누구나가 고정적 불변적인 성향을 갖춘 안정적 실체이기 때문에 스스로에 대한 주권을 갖추고 있고, 이러한 점에서 누구나 평등하

---

26 Lukes, 1973, p. 73.

27 같은 곳, p. 74.

고 존엄한 존재이다. "자유주의의 철학적 핵심은 개인주의이고, 개인주의에 있어서의 개인의 개념은 본질적으로 보편적이고 평등주의적이다."[28] 비록 그 내용은 서로 다를지라도 누구든지 똑같이 고정적이고 불변적인 성향을 갖추고 있는 안정적 실체이고, 이러한 점에서 누구나 똑같은 주권적 실체라는 사실에서 인간 존엄성의 근거를 찾을 수 있는 것이다. 이러한 맥락에서 보면, 인간의 '자기 완비성'과 '존엄성' 및 '평등성'의 요소는 '고정적이고 불변적이며 안정적인 실체'로 개인 존재를 이해하는 자유주의의 이념에서 직접적으로 유도된다고 추정할 수 있다. 또한 이렇게 안정적 실체로 개인 존재를 파악하게 되면, 자기가 미리부터 갖추고 있는 '장점을 찾아내어 확충'하는 일을 자기 향상의 방법으로 중시하게 될 것이다.

3) 자유주의의 개인관과 개인주의 문화의 특징

이상에서 보았듯이, 자유주의는 개인의 자유와 자유의지, 이성과 진보, 그리고 평등과 존엄의 가치를 추구하는 이념체계이다. 이러한 세 가지 가치로부터 자유주의에서 인간을 파악하는 관점이 직접적으로 연역되어 나온다. 이는 각각 '자유의 보유자', '이성의 주체', 그리고 '불변적이고 안정적인 실체'로 개인 존재를 개념화하는 것이다.

앞 절에서는 주의의 초점, 통제 대상, 인간의 변이가능성이라는 세 차원에 따라 연계성·조화성, 자기 억제, 가변성과 단점 개선을 강조하는 집단주의 사회와는 달리, 개인주의 사회에서는 자율성·독특성, 자기 주장, 안정성과 장점 확충을 강조함을 살펴보았다(표 2-2 참조). 개인주의 사회의 이러한 특징들은 위에서 제시한 대로 자유주의의 이념에서 도출되는 인간 존재를 파악하는 세 입장과 깊게 관련이 되어 있다.

---

28 노명식, 1991, p. 82.

(1) 자유의 보유자라는 존재 인식과 주의의 초점

자유주의 이념이 성립하는 이론적 근거는, 개인이 스스로의 생명·재산·이익·사상·종교·신념을 자율적으로 선택하고 추구할 자유를 가지고 있으며, 이러한 자유권은 인간이 태어날 때부터 갖추고 있는 천부의 권리와 결합한다는 관념이다. 개인은 이러한 자유를 어느 누구의 부당한 간섭이나 제재도 받지 않고 향유할 권리를 가지고 있을 뿐만 아니라, 자기가 자유롭게 선택한 일과 스스로가 본래 갖추고 있는 능력을 적극적으로 추구하여 자기개발을 꾀할 수 있는 권리도 갖추고 있다는 것이 자유주의의 가장 기본적인 이념인 것이다. 자유주의가 추구하는 이러한 자유의 가치에서 개인 존재를 '자유의 보유자'로 인식하는 인간 파악의 관점이 나오게 된다.

이렇게 개인 존재를 자유의 보유자로 보는 관점이 전제하고 있는 것은 개인의 독립성과 자율성의 가치이다. 개인은 다른 개인 또는 집단과 분명한 경계를 가지고 있는 독립적인 실체이며, 스스로 현재와 미래를 선택하여 설계할 수 있는 자율적인 존재라고 보는 것이 자유주의에서 전제하는 자유의 가치인 것이다. 이러한 맥락에서 보면, 자유의 보유자인 개인의 가치는 그가 향유하는 '독립성'과 '자율성'에서 최대로 드러나게 된다.

자유의 보유자로 개인 존재를 파악하는 자유주의의 이념에서 이렇게 개인의 자율성과 독립성을 중시하는 경향은, 곧바로 이를 그 사상적 배경으로 하고 있는 현대 서구 개인주의 사회인의 심성과 행동의 특징으로 나타난다. 개인중심적인 인간관을 바탕으로 사람을 그가 처해 있는 상황과 관련짓지 않고 독립적인 존재로 파악하는 개인주의 사회에서는 개인의 자율성을 강조하게 되며, 결과적으로 개별적이고 평등한 개체로서 추구하는 독립성과 독특성이 이 사회에 살고 있는 사람들의 주의의 초점으로 부각되게 마련이다. 따라서 개인주의 사회에서는 개인의 '자율성·독립성·독특성'을 중심으로 사람을 평가하고, 그가 하는 다양한 행동의 원인을 우선 개인의 독특하고 독립적인 '자율적 선택'에서 찾으려 하며, 이러한 개인의 자율성과 독립성 및 독특성을 드러내는 정서가 권장되고, 또한 이러한 여러 특성을 드러내려는 욕구가 강하게 나타나는 것이다.

이렇게 보면, 자유주의 이념에서 도출되는 인간 파악의 첫 번째 관점(자유의 보유자)은 개인주의 문화와 집단주의 문화를 대비하는 제1의 비교틀(행위 원동력과 목표에 따른 주의의 초점 차원) 가운데 개인주의 문화의 기본틀(주의의 초점 = 자기 자신; 사회 행위의 원동력 = 개인의 내적 속성; 대인평가·귀인·정서·동기 과정에서 추구하는 강조점 = 자율성·독특성)과 상응하고, 이러한 점에서 자유주의가 지닌 개인주의적 특징 가운데 하나를 이끌어낼 수 있는 것이다.

(2) 이성의 주체라는 존재 인식과 통제 대상

자유주의 이념에서는 인간 존재를 욕망과 이성의 복합체로 개념화한다. 인간은 자기가 가지고 있는 욕망을 추구하여 자기 이익을 최대화하려는 존재라는 것이다. 그러나 이러한 욕망을 추구하는 과정에서 필연적으로 타인과 충돌하여 갈등을 빚게 되고, 그 결과 욕구 조정과 합리적 선택이 필요하게 된다. 여기에서 이성의 힘이 빛을 발휘하게 된다고 자유주의자들을 본다. 곧 이성을 통해 합리적이고도 효과적으로 욕구를 추구할 수 있는 방안을 모색함으로써, 욕망 충돌에서 나오는 파국을 피할 수 있다는 것이다. 이렇게 합리적 이성이 맹목적 욕망보다 우선권을 가진다고 보는 것이 자유주의의 기본 전제이다. 자유주의자들은 합리적 이성이 인간 삶의 과정을 지배하게 되면, 개인은 물론 인간 사회가 진보하게 된다고 여긴다.

이것이 바로 자유주의 이념이 추구하는 이성과 진보의 가치이며, 따라서 자유주의 이념에서 인간을 파악하는 또 하나의 관점은 개인은 '이성의 주체'라는 시각이다. 개인이 보유하고 있는 이러한 이성의 가장 기본적인 기능은 합리적인 계산을 통해 여러 가지 가능성 가운데서 자기에게 가장 유리하고 바람직한 선택지를 고르도록 한다는 것이다. 말하자면, 합리적 이성 안에는 모든 행위와 선택의 원천이 되는 속성들이 갖추어져 있는 셈이다. 곧 모든 행위의 원천이 되는 내적 속성을 스스로 갖추고 있는 개인은 이성의 힘을 통하여 자기에게 유리한 선택지를 합리적 자율적으로 추구하는 존재인 것이다. 이러한 합리적 자율적 선택의 과정에서 개인은 대체로 자신의 욕구를 변화시켜 외부 환경에 맞추기보다는, 외부 환경을 변화시켜 자기에게 맞추려 노력하게 된다. 그것이 바로 자율성의 발현이고, 또 스스로에게 유리한 합리성의 표출이라고 여기기 때문이다. 이렇게 외부 환경을 인간에게 맞추어 변화시키는 것이 곧 자유주의자들이 추구하는 진보의 이념이다. 여기에서 이성 주체로 개인 존재를 파악하는 입장과 자유의 보유자로 개인을 보는 시각이 만나게 된다.

이성의 주체로 개인의 존재를 파악하는 자유주의의 이념에서 이렇게 개인의 합리성과 자율성을 중시하는 경향은 곧바로 자유주의 이념의 결과물인 현대 서구 개인주의 사회인의 심성과 행동의 특징으로 이어진다. 개인주의 사회에서는 이성의 주체인 개인이 합리적인 선택에 따라 자기의 개성을 확인하고, 이를 최대로 발전시킬 수 있는 능력을 보유하고 있는 존재로 파악한다. 그 결과, 개인주의 사회에서는 이러한 이성의 힘을 통해 자신의 독특성과 개성 및 이의 개발을 위한 최선의 방책을 스스로 찾아내어, 이를 실현시키려 노력하는 사람을 높이 평가한다. 그리하여 이 사회에 살고 있는 사람들은 스스로의 독특성을 사실 이상으로 과장되게 인식하는 경향이 높아지고, 이러한 경향은 자기의 장점은 과다하게 인지하고 추구하지만 자기의 단점은 무시하거나 왜곡하여 인식하는 행동으로 이어지게 된다. 이러한 과정에서 개인주의 사회인들은 자기가 합리적으로 선택한 것에 대해 과도한 자신감을 가지고 이를 적극 추구하는 '자기 주장'의 경향을 강하게 보인다. 그리고 자기의 욕구와 같은 내적 속성을 있는 그대로 드러내는 일을 자연스러운 일이라고 여기게 되는 것이다.

이렇게 보면, 자유주의 이념에서 도출되는 인간 파악의 두 번째 관점(이성 주체)은 개인주의와 집단주의 문화를 대비하는 제2의 비교틀(자기 표현의 양식에 따른 통제 대상의 차원) 가운데 개인주의 문화의 기본틀(통제 대상 = 외부 환경; 자기 표현의 양식 = 자기 주장)과 상응함을 볼 수 있고, 이러한 점에서도 자유주의가 개인주의적 특징을 지니고 있다는 사실을 추론할 수 있다.

(3) 불변적이고 안정적인 실체라는 존재 인식과 변이가능성

세계를 이루고 있는 개별적인 대상들은 그 자체로 고정적이고 불변적인 속성을 지니고 있으며, 따라서 그 세계에 살고 있는 사람들도 역시 저마다 고정적, 불변적, 안정적 속성을 갖춘 존재라고 보는 것은 고대 그리스 시대 이래 서구 문명의 전통이었다.[29] 이러한 태도는 서구에서 과학이 발달하는 데 크게 영향을 미쳤는데, 17세기의 자유주의 시대에 이러한 전통은 더욱 확고해져서 과학혁명을 낳는 계기가 되었다.[30] 자유주의 사상가들은 사람은 누구나 스스로의 행동을 주도할 수 있는 불변적이고 안정적인 내적 속성을 갖추고 있으며 또한 이를 개발하여 자기실현을 이룰 수 있는 자율성을 갖추고 있다는 점에서 인간은 평등하고, 그러한 내적 속성들은 각 개인에게 특유하다는 점에서 인간은 존엄하다고 보았다. 곧 안정적이고 불변하는 내적 속성을 갖추고 있다는 사실은 누구나 마찬가지고(평등성), 또 이러한 내적 속성은 안정적일 뿐만 아니라 불변적이기 때문에 그 특유성과 유일성을 갖는다는 점(존엄성)에서 인간의 평등성과 존엄성의 근거가 생겨난다는 것이다.[31] 이렇게 자유주의 이념이 추구하는 평등성과 존엄성의 가치에서는 개인 존재를 '안정적이고 불변적인 실체'로 파악하는 관점이 나오게 된다.

드웩(Dweck)과 그 동료들[32]은 성격과 능력 같은 개인의 내적 속성들에 대해 사람들이 가지고 있는 내현적 이론(implicit theory)은 '실체설(entity theory)'과 '증가설(incremental theory)'의 두 가지로 나눌 수 있는데, 이러한 내현적 이론체계는 대인평가, 자기 지각, 상호작용, 성취 귀인 같은 장면에서 서로 다른 목표를 갖게 하여, 사회 상황에서 여러 가지 행동적 차이를 낳는다는 견해를 제시하였다. 여기서 실체설은 개인의 성격과 능력 같은 내

---

29 Nisbett, 2003, pp. 1-28, 29-45.

30 Russell, 1959/2003, pp. 312-321; 민석홍, 1984, pp. 453-455; 조긍호, 2006, pp. 167-173.

31 Lukes, 1973, pp. 45-51, 73-78, 125-137; 조긍호, 2006, pp. 119-143.

32 Chiu, C., Hong, & Dweck, 1997; Dweck, 1991; Dweck, Hong, & Chiu, C., 1993; Dweck & Leggett, 1988.

적 특성은 상황이나 시간이 변화하더라도 비교적 고정적이고 안정되어 있으며 불변한다고 보는 신념체계이고, 증가설은 개인의 성격이나 능력은 시간과 상황에 따라 체계적으로 변하기 때문에 역동적이고 가변적이라고 보는 신념체계이다. 실체설 신념자들은 사회 상황에서 자기에 대한 긍정적 평가를 추구하고, 부정적 평가를 회피하는 판단을 하려는 수행 목표(performance goal)에 따라 동기화된다. 반면 증가설 신념자들은 자기의 능력이나 특성을 개선하려는 학습 목표(learning goal)에 따라 동기화된다. 그 결과, 전자는 성공과 자기의 장점 및 긍정적 특성을 추구하고, 실패와 단점 및 부정적 특성을 회피하려 하며, 성취 장면에서 장애를 만났을 때 쉽게 포기하는 경향이 높고, 하향적인 사회비교를 함으로써 자기를 끌어 올리려는 경향이 높아진다. 이와는 반대로, 후자는 자기의 부정적 특성이나 단점도 비교적 무난히 수용하며, 성취 장면에서 실패하거나 장애를 경험해도 포기하지 않고 재도전하는 자기 비판과 자기개선의 경향을 보인다.

많은 문화비교연구들에서[33] 개인주의 사회에 사는 사람들은 '실체설적 신념체계'에 따라 자기를 파악하는 경향이 강하다는 사실이 밝혀지고 있다. 그 결과, 이들은 개인의 성격 특성은 상황이나 시간에 따라 변화하지 않는 고정적인 것이라고 보는 경향이 강하고,[34] 능력도 선천적이고 고정적인 안정된 특성이어서 시간이나 노력에 따라 변화할 수 없다고 본다.[35] 이들은 성취가 노력보다는 고정적인 능력의 결과라 인식하고,[36] 따라서 성취 결과와 노력의 정도 사이에 높은 역상관(r = -0.91)을 보인다.[37] 동아시아인들은 이 둘 사이

---

33 Cousins, 1989; Chiu, C., Hong, & Dweck, 1997; Dweck et al., 1993; Heine, Kitayama, Lehman, Takata, Ide, Leung, C., & Matsumoto, H., 2001; Hong, Chiu, C., & Kung, 1997; Lee, F., Hallahan, & Herzog, T., 1996; Markus & Kitayama, 1991a, b, 1994a; Miller, 1984 등.

34 Choi, I., & Nisbett, 1998, 2000; Choi, I., Nisbett, & Norenzayan, 1999; Nisbett, 2003; Norenzayan, Choi, I., & Nisbett, 2002.

35 Markus & Kitayama, 1991a; Weiner, 1979.

36 Holloway, 1988; Stevenson & Stigler, 1992.

37 Heine et al., 2001.

에 매우 높은 정상관(r = 0.64)을 보여, 성취는 노력의 산물이라고 보는 증가설적 신념체계를 보유하고 있는 데 반해, 북미인들은 성취는 노력보다는 능력의 산물이라고 보는 실체설적 신념체계를 보유하고 있는 것이다.

이렇게 보면, 자유주의 사상에서 도출되는 인간 파악의 세 번째 관점(불변적이고 안정적인 실체)은 집단주의와 개인주의 문화를 비교하는 제3의 비교틀(행위의 변이가능성에 따른 변화가능성 차원) 가운데 개인주의 문화의 기본틀(변화가능성 = 안정성; 자기 향상의 방안 = 장점 확충)과 상응하고, 이러한 점에서도 개인주의 문화의 배경에 자유주의 이념이 놓여 있다는 사실이 확실해지는 것이다.

3. 유학사상의 인간관과 집단주의 문화

동아시아인의 삶의 기반이 되어온 유학사상은 인간 존재의 사회적 도덕적 특성〔人性論〕을 전제로 하여, 이러한 존재 특성을 지닌 인간이 지향해야 할 이상적 상태〔君子論·聖人論〕를 정립한 다음, 이러한 이상적 인간의 사회적인 삶의 모습〔道德實踐論〕과 이상적 인간의 상태에 도달하기 위해 개인적으로 노력해야 할 바〔修養論〕를 제시한 이론체계라고 정리할 수 있다.[1] 이러한 네 체계 가운데 유학사상의 기초는 역시 인성론이다.[2] 유학의 인성론은 도덕적 바탕〔仁義禮智〕을 인간이 본래부터 갖추고 있다는 인간 존재의 사회성·도덕성을 근거로 삼는 점에 그 특징이 있으며, 뒤이은 군자론·도덕실천론·수양론에서 인간관계의 사회성이 강조되는 배경에는 이러한 인성론의 특징이 그대로 자리 잡고 있는 것이다. 여기에서 바로 유학사상이 동아시아 집단주의의 사상적 바탕이 되는 근거가 나온다.

어떻게 보면, 유학사상의 핵심은 바로 '인간의 존재 확대'라고 요약할 수 있다.[3] 유학자들은 인간이 인간된 까닭에 관한 관점〔人性論〕을 통해 존재 확대의 가능성을 따져보고, 존재 확대의 이상적 모형〔君子論·聖人論〕을 제시하여 삶의 목표로 설정한 다음, 그 목표를 이루기 위한 방법〔道德實踐論·修養論〕을 제시하고 있는 것이다.

유학사상에서 제시하는 인간의 존재 확대의 길은, 타인에 대한 관심을 가

---

1 조긍호, 1998a, 1999b, 2003a, 2006.

2 김충렬, 1982, pp. 170, 172-175; 馮友蘭, 1948/1977, pp. 105-107; Needham, 1969/1986, Vol. Ⅱ, pp. 21-29.

3 이에 관해서는 졸저(조긍호, 2003a, pp. 149-150, 주 31) 참조.

지고 그들을 배려하여 자기 자신뿐만 아니라 다른 사람들도 군자(君子)와 성인(聖人)의 경지에 이르도록 도와줌으로써, 인간이 추구해야 할 도(道) 안에서 다른 사람과 자신의 일체화를 이루는 일이다. 이렇게 타인에 대한 관심과 배려를 인간 삶의 기본적 동인으로 삼는 유학사상은 역사적으로 이를 기본 철학으로 삼고 살아왔던 동아시아 사회에 집단주의적인 삶의 양식이 꽃피게 한 사상적 배경이었다. 이러한 맥락에서 보면, 앞에서 살펴본 현대 집단주의 사회의 지배적인 인간관과 자기관, 그리고 이로부터 도출되는 세 차원의 강조점(연계성과 상호의존성, 자기 억제, 가변성과 자기개선)은 바로 그 역사적 배경인 유학사상에서 도출되는 인간관 및 개인관과 밀접한 논리적 연관성을 갖고 있을 것임은 분명한 사실이다. 여기서는 이러한 사실에 대해 살펴보기로 하겠다.[4]

1) 유학사상의 인간관

유학자들이 이렇게 인간의 존재 확대를 부르짖게 되는 근거는 그들의 인간 파악의 기본틀에 놓여 있다. 유학 특히 그 원형이 되는 선진유학 경전 전체를 꿰뚫고 있는 인간 파악의 기본 입장은 대체로 세 가지 정도로 요약해 볼 수 있다.[5] 곧 유학사상에서는 인간을 가능체(可能體)인 존재, 사회적 관계체(關係體)인 존재, 그리고 능동적 주체자(主體者)인 존재로 파악하고 있다. 말하자면, 인간은 개체로서 지닌 존재 가치를 뛰어넘어, 사회에 대한 책임을 스스로 짊어지고 실천해야 하는 존재[社會的關係體]로서, 능동적 주체적으로[能動的主體者] 존재 확대를 이루어낼 수 있는 가능성[可能體]을 보유하고 있다는 것이다.

유학자들이 인간을 이러한 세 가지 관점에서 파악하고 있다는 사실은, 유

---

4 이 절의 내용은 졸저(조긍호, 2006, pp. 297-320, 441-458)의 내용 가운데 해당 부분을 따오고 재조직함.

5 조긍호, 1998a, 1999b, 2003a, 2006.

학의 창시자인 공자의 《논어》 첫 머리 〈학이(學而)〉편 1장에 제시되어 있는 삼호(三乎)에 관한 언급에서 잘 드러난다.

> 공자께서 말씀하셨다. 배우고 그것을 항상 익히면, 또한 기쁘지 아니하겠는가? 벗이 있어 먼 곳으로부터 찾아오면, 또한 즐겁지 아니하겠는가? 남이 알아주지 않는다고 하더라도 노여워하지 않는다면, 또한 군자답지 아니하겠는가?[6]

여기서 1호(學而時習之 不亦說乎)는 무한한 가능체(배움을 통해 군자와 성인까지도 될 수 있는 존재)인 인간 존재의 특성을, 2호(有朋自遠方來 不亦樂乎)는 사회적 관계체(다른 사람과 맺는 관계 속에서 다른 사람들과 함께 어울리면서 살아가야 하는 존재)인 인간 존재의 특성을, 그리고 3호(人不知而不慍 不亦君子乎)는 능동적 주체자(자기가 모든 일의 주체로서, 스스로에게서 모든 원인을 찾고, 스스로 모든 책임을 져야 하는 존재)인 인간 존재의 특성을 드러내고 있는 것이다.

(1) 사회적 관계체

《논어》에서 공자는 자기 사상의 핵심인 인(仁)을 "무릇 인이란 자기가 서고자 하면 남을 먼저 세워주고, 자기가 이루고자 하면 남이 먼저 이루게 해주는 일"[7]이라거나, "자기가 하려 하지 않는 것을 남에게 베풀지 않는 일"[8] 또는 "남을 사랑하는 일"[9]로서, "자기의 사욕을 이기고 예(禮)로 돌아가는 것이 인을 행하는 일"[10]이라 제시하여, 타인에 대한 관심과 배려가 인

6　子曰 學而時習之 不亦說乎 有朋自遠方來 不亦樂乎 人不知而不慍 不亦君子乎(《論語》, 學而 1).

7　夫仁者 己欲立而立人 己欲達而達人(雍也 28).

8　仲弓問仁 子曰 …… 己所不欲 勿施於人(顏淵 2); 子貢問曰 有一言而可以終身行之者乎 子曰 其恕乎 己所不欲 勿施於人(衛靈公 23).

9　樊遲問仁 子曰 愛人(顏淵 22).

의 핵심이라 보고 있다. 이러한 사실은 공자가 인간의 사회성을 인간 존재의 중핵으로 규정하고 있음을 드러내는 것이다.

공자가 인간의 사회적 존재 특성을 무엇보다도 강조하고 있다는 사실은 그의 정명론(正名論)에서도 확인된다. 그는 사회관계 속에서 각자에게 주어진 역할을 충실히 수행하는 것이 사회질서와 조화 유지의 핵심이라고 보았다. 곧 "군주는 군주의 역할을 다하고, 신하는 신하의 역할을 다하며, 부모는 부모의 역할을 다하고, 자식은 자식의 역할을 다하는 것"[11]이 사회에 질서와 조화를 가져오는 정사(政事)의 근본이기 때문에, 자기에게 정사를 맡겨준다면 반드시 이름을 바로 잡는 일〔正名: 각자에게 주어진 역할을 충실히 수행하도록 하는 일〕부터 하겠다고[12] 공자는 말하고 있는 것이다.

이렇게 유학의 창시자인 공자부터 이미 인간을 기본적으로 타인에 대한 관심과 배려를 지닌 존재로 보기 시작했으며, 모든 사회 행위의 원동력을 사회관계 속에 주어진 쌍무적인 역할에서 찾음으로써, 인간 존재의 사회성을 강조하고 있다. 바로 이렇게 인간을 사회적 관계체인 존재로 파악하는 것이 유학사상에서 인간을 파악하는 가장 기본적인 관점이다.

이러한 공자의 관점은 맹자와 순자 같은 초창기 유학자들에게 그대로 이어지고 있다. 맹자는 인간이 선천적 인지능력〔良知〕과 선천적 도덕 행위능력〔良能〕을 갖추고 있다고 보는데, 이러한 사실은 누구나 어려서부터 배우지 않고도 자기 어버이를 사랑할 줄 알고 자기 형을 공경할 줄 안다는 사실에서 드러난다. 맹자가 말하는 인의(仁義)는 다른 것이 아니라, 어버이를 친애하고〔親親〕, 어른을 공경함〔敬長〕에서 비롯하는 것이다.[13] 곧 맹자는

---

10 顏淵問仁 子曰 克己復禮爲仁(顏淵 1).

11 齊景公問政於孔子 孔子對曰 君君 臣臣 父父 子子(顏淵 11).

12 子路曰 衛君待子而爲政 子將奚先 子曰 必也正名乎(子路 3).

13 孟子曰 人之所不學而能者 其良能也 所不慮而知者 其良知也 孩提之童 無不知愛其親也 及其長也 無不知敬其兄也 親親 仁也 敬長 義也 無他 達之天下也(《孟子》, 盡心上 15: 이는 朱熹의 《孟子集註》의 편차에 따른 《孟子》 盡心上篇 15장을 가리킨다. 이하 《孟子》의 인용은 이 예에 따른다).

"인(仁)의 핵심은 어버이를 모시는 것이고, 의(義)의 핵심은 형을 따르는 것이며, 지(智)의 핵심은 이 두 가지를 깨달아 이를 버리지 않는 것이고, 예(禮)의 핵심은 이 두 가지를 조절하고 아름답게 꾸미는 것"[14]이라고 본다. 이렇게 맹자는 인간 행위의 당위적 규범인 인의예지(仁義禮智)의 핵심을 바로 친친(親親)과 경장(敬長)에서 구하고 있는 것이다.

이는 인간 존재의 기초를 부모-자식과 형-아우의 관계에서 구하고 있는 것이라 해석할 수 있다. 그리하여 여기에서 체득한 인의의 도를, 백성을 친애하고 사물을 아끼고 사랑하는[親親而仁民 仁民而愛物][15] 단계까지 확장하여 실천하기에 이르러야 한다는 것이 바로 맹자 사상의 핵심이다. 이를 맹자는 "도는 가까이에 있는데 이를 멀리에서 구하고, 할 일은 쉬운 데 있는데 이를 어려운 데서 구하려 한다. 사람마다 자기 어버이를 친애하고 자기 어른을 공경한다면, 천하가 화평하게 될 것"[16]이라고 지적했다. 이러한 점에서 맹자가 군자의 세 가지 즐거움 가운데 첫 번째를 "부모가 모두 생존해 계시고 형제들에게 아무 탈이 없는 것"[17]으로 잡고 있는 까닭을 이해할 수 있는데, 이는 바로 이러한 인의(仁義) 체득과 실천의 객관적 대상이 존재하고 있기 때문에 즐겁다는 의미라고 풀이할 수 있다.

---

14 孟子曰 仁之實 事親是也 義之實 從兄是也 智之實 知斯二者弗去是也 禮之實 節文斯二者是也 (離婁上 27).

15 孟子曰 君子之於物也 愛之而不仁 於民也 仁之而不親 親親而仁民 仁民而愛物(盡心上 45).

16 孟子曰 道在爾而求諸遠 事在易而求諸難 人人親其親 長其長 而天下平(離婁上 11).

17 孟子曰 君子有三樂 而王天下不與存焉 父母俱存 兄弟無故 一樂也 仰不愧於天 俯不怍於人 二樂也 得天下英才而敎育之 三樂也 君子有三樂 而王天下不與存焉(盡心上 20). 여기서 맹자가 말하는 군자의 세 가지 즐거움이 모두 인간의 사회성을 강하게 함축하고 있다는 사실을 주목할 필요가 있다. 一樂은 인의 체득과 실천의 대상(부모와 형제)이 존재하고 있기 때문에 느끼는 즐거움이고, 二樂은 실제로 인의를 체득하여 일상생활의 대인관계에서 실천함으로써 느끼는 즐거움이며, 三樂은 다른 사람들에게 스스로가 체득한 인의의 도를 가르쳐주는 즐거움인 것이다. 이렇게 군자의 즐거움은 모두 사람들 사이의 관계에서 설정되는 것으로 맹자는 보고 있으며, 사회 속에서 사회적 존재로서 성덕(成德)을 지향하는 데 즐거움의 근거가 있으므로 "천하를 지배하고 다스리는 것은 군자의 즐거움에 들지 못한다(王天下不與存焉)"는 당당함이 나오는 것이라 하겠다.

이러한 관점에서 보면, 맹자는 인간 존재의 의미를 사람과 사람 사이의 관계에서 찾고 있다. 곧 부자·군신·부부·장유·붕우 사이의 관계에서 인간의 존재 특성이 부각되므로, 개별적인 존재에서는 인간 존재의 의미를 찾을 수 없다는 것이 맹자의 주장이다. 부자·군신·부부·장유·붕우 사이의 관계에서 각각 친(親)·의(義)·별(別)·서(序)·신(信)이 있도록 하는 것이 바로 사람이 지켜야 할 다섯 가지 도리〔五倫〕인데, "사람이 편안히 살고 가르침이 없으면 금수와 같아질 수밖에 없으므로, 성인이 이를 걱정하여 이 다섯 가지 사람의 도리를 가르치게 하였다"[18]는 지적은 이러한 입장을 단적으로 드러내는 것이다. 이를 보면, 사람의 도리는 바로 사람들 사이의 관계에서 찾을 수 있고, 따라서 인간은 개별적인 존재로 태어나고 살아가는 것이 아니라, 이러한 관계 속에서 태어나고 살아가는 존재, 곧 사회적 관계체인 존재라는 것이 맹자의 인간 파악의 기본 관점이라 하겠다.

순자도 인간의 사회성을 강조하며, 따라서 사회관계가 인간의 존재 특성을 규정하는 것으로 파악하고 있다. 순자는 다른 생물체에 견주어 인간 존재는 생득적인 허약함과 무력함 탓에 단결이 필요하고,[19] 개인적인 능력과 기술의 한계로 말미암아 협동과 상부상조가 필요하기[20] 때문에, 사람은 필연적으로 모여서 사회생활을 할 수밖에 없다〔人生不能無群〕고[21] 본다. 이러한 점은 그의 명분사군(明分使群)의 예론을 통해 쉽게 이해될 수 있다. 곧 사람은 군신·부자·형제·부부 같은 사회윤리 관계나 사·농·공·상 따위의 사

---

18 人之有道也 飽食暖衣 逸居而無敎 則近於禽獸 聖人有憂之 使契爲司徒 敎以人倫 父子有親 君臣有義 夫婦有別 長幼有序 朋友有信(滕文公上 4).

19 力不若牛 走不若馬 而牛馬爲用 何也 曰 人能群 彼不能群也 人何以能群 曰 分 分何以能行 曰 以義 故義以分則和 和則一 一則多力 多力則彊 彊則勝物(《荀子》, 王制 20-21: 이는 富山房本 漢文大系 卷十五 《荀子集解》의 王制篇 pp. 20-21을 기리킨다. 이하 《荀子》 본문의 인용은 이 예에 따른다).

20 故百技所成 所以養一人也 而能不能兼技 人不能兼官 離居不相待則窮 群而無分則爭 窮者患也 爭者禍也 救患除禍 則莫若明分使群矣(富國 2-3).

21 故人生不能無群 群而無分則爭 爭則亂 亂則離 離則弱 弱則不能勝物(王制 21); 人之生不能無群 群而無分則爭 爭則亂 亂則窮矣 故無分者人之大害也 有分者天下之本利也(富國 6-7).

회직분 관계 속의 존재로서, 이러한 관계 안에서 예에 따라 규정되는 각자의 역할[分]을 충실히 수행함으로써 사회생활[群]을 영위해야 하는 존재라는 것이다.22 이러한 관점은 인간을 상호 독립적이고 분리된 존재가 아니라, 사회관계에 따라 본질적으로 연관을 맺고 있는 상호의존적인 존재로 파악하는 시각을 잘 드러내는 것이다. 이러한 시각은 《순자》의 〈왕제(王制)〉 편에 나오는 다음의 지적에서 잘 드러난다.

> 군신·부자·형제·부부의 관계는 처음이자 마지막이고, 마지막이자 처음으로서, 천지와 더불어 이치를 같이 하고, 만세를 통하여 영구히 지속되는 것으로, 무릇 이를 일러 '위대한 근본[大本]'이라 한다.23

이는 군신·부자·형제·부부 같은 사회관계가 지니는 보편성을 지적한 것으로서, 이러한 사람들 사이의 관계가 사회의 가장 궁극적인 단위임을 표현하는 것이라 볼 수 있다. 바로 이러한 사실에서도 인간을 사회적인 관계체로 보는 순자의 관점을 확인해 볼 수 있는 것이다.

이렇게 공자, 맹자와 순자를 비롯한 유학사상가들은 인간 존재의 기본 특성을 사람과 사람 사이의 관계라는 사회성에서 찾고 있다. 곧 '사회적 관계체'로 인간의 존재 특성을 규정하는 것이 유학사상에서 도출되는 인간 파악의 가장 기본적인 관점이다. 말하자면, 인간이 본래부터 지닌 도덕적 바탕[仁義禮智]은 바로 이러한 인간 존재의 사회성에서 나온다는 관점이 유학사상의 핵심인 것이다.

---

22 夫貴爲天子 富有天下 是人情之所同欲也 然則從人之欲 則勢不能容 物不能贍也 故先王案爲之 制禮義以分之 使有貴賤之等 長幼之差 知賢愚能不能之分 皆使人載其事 而各得其宜 然後慤祿多 少厚薄之稱 是夫群居和一之道也(榮辱 39-40: 王先謙의 《荀子集解》에서는 知賢愚에서 知는 智로 읽어야 하고, 賢은 원문에서 삭제되어야 하며, 慤祿은 穀祿이 되어야 한다고 본다).

23 君臣父子兄弟夫婦 始則終 終則始 與天地同理 與萬歲同久 夫是之謂大本(王制 19-20).

(2) 능동적 주체자

인간을 파악하는 유학자들의 관점 가운데 두 번째 특징은 도덕 주체(道德主體)로서 인간이 지닌 능동성과 주체성을 강조하는 데 있다고 볼 수 있다. 그들은 도덕의 근거를 인간의 주체적 인식에서 구하고 도덕적 책임을 스스로에게서 찾고 있다. 공자는 "인(仁)의 실천은 오로지 자신에게 달린 일이지, 남에게 달린 것이 아니다"[24]라고 하여, 이러한 관점을 드러내고 있다. 곧 군자는 스스로가 도덕 주체라는 사실을 확고히 인식하고 있기 때문에, "남에게 모든 책임을 돌리는 소인(小人)과는 달리, 모든 일의 책임을 자기 자신에게서 찾으려 한다."[25] 따라서 군자는 "남이 알아주지 않는다고 해도 노여워하지 않는데",[26] 이는 그 원인을 바로 자기의 무능함에서 찾기 때문이다.[27]

이러한 인간의 능동성과 주체성의 근거를 맹자는 인의예지 같은 도덕의 뿌리가 인간에게 본래부터 내재하고 있다는 사실에서 구하고 있다. 여기서 한 걸음 더 나아가, 맹자는 인간이 본래 갖추고 있는 선단(善端)을 잃지 않고 그대로 간직[存心]하기 위해서는, 우선 스스로가 도덕 주체라는 사실을 주체적으로 인식하여 이를 확충해야 한다고 보아, 〈공손추상(公孫丑上)〉 편 6장에서 다음과 같이 진술하고 있다.

사람은 누구나 남에게 차마 모질게 하지 못하는 마음을 가지고 있다. …… 사람이 누구나 남에게 차마 모질게 하지 못하는 마음을 가지고 있다는 사실은, 이제 어떤 사람이 어떤 어린아이가 우물에 빠지는 것을 문득 보았다면, 누구나 깜짝 놀라 불쌍하게 여기는 마음을 가지게 된다는 데서 드러난다. …… 이로 보건

---

24 爲仁由己 而由人乎哉(《論語》, 顏淵 1).

25 君子求諸己 小人求諸人(衛靈公 20).

26 學而 1.

27 子曰 不患無位 患所以立 不患莫己知 求爲可知也(里仁 14); 子曰 不患人之不己知 患其不能也(憲問 32); 子曰 君子病無能焉 不病人之不己知也(衛靈公 18).

대, 불쌍히 여기는 마음〔惻隱之心〕이 없으면 사람이 아니요, 자기의 옳지 않음을 부끄러워하고 남의 옳지 않음을 미워하는 마음〔羞惡之心〕이 없으면 사람이 아니요, 사양하는 마음〔辭讓之心〕이 없으면 사람이 아니요, 옳고 그름을 가리려는 마음〔是非之心〕이 없으면 사람이 아니다. 불쌍히 여기는 마음은 인의 시초〔仁之端〕요, 부끄러워하고 미워하는 마음은 의의 시초〔義之端〕요, 사양하는 마음은 예의 시초〔禮之端〕요, 옳고 그름을 가리려는 마음은 지의 시초〔智之端〕이다. 사람이 이 네 가지 시초〔四端〕를 갖추고 있다는 사실은 마치 사람에게 사지(四肢)가 갖추어져 있는 것과 마찬가지다. …… 무릇 나에게 갖추어져 있는 네 가지 시초를 모두 넓혀서 채울 줄 알게 되면, 마치 불이 처음 타오르고 샘물이 처음 흘러내리듯 할 것이니, 진실로 이를 채울 수 있으면 사해(四海)를 보전하고도 남음이 있을 것이지만, 진실로 이를 채우지 못하면 부모를 섬기기에도 부족할 것이다.[28]

맹자는 이렇게 사람에게는 인의예지 같은 도덕의 근거가 되는 측은지심·수오지심·사양지심·시비지심의 사단이 갖추어져 있고, 그렇기 때문에 인간의 본성은 착하다고 본다. 이것이 이른바 성선설(性善說)인데, 이를 통해 맹자가 제시하려고 한 것은 인의예지의 바탕이 인간 본성 속에 주체적으로 내재되어 있는 자연적인 것이지, 외부에서 주어지는 인위적인 것은 아니라는 사실이다.[29] 이는 마치 사람이 팔·다리를 가지고 태어나는 것처럼 본래부터 갖추어져 있는 인간의 본성이라는 것이다.

맹자의 성선설에서 도덕의 본유성보다 중요한 것은 이러한 사실의 주체적 자각이 더욱 강조되고 있다는 점이다. 맹자는 인의예지를 비롯한 모든 인간

---

28 人皆有不忍人之心 …… 所以謂人皆有不忍人之心者 今人乍見孺子將入於井 皆有怵惕惻隱之心 …… 由是觀之 無惻隱之心 非人也 無羞惡之心 非人也 無辭讓之心 非人也 無是非之心 非人也 惻隱之心 仁之端也 羞惡之心 義之端也 辭讓之心 禮之端也 是非之心 智之端也 人之有是四端也 猶其有四體也 …… 凡有四端於我者 知皆擴而充之矣 若火之始然 泉之始達 苟能充之 足以保四海 苟不充之 不足以事父母(《孟子》, 公孫丑上 6).

29 仁義禮智 非由外鑠我也 我固有之也 弗思耳矣(告子上 6).

행위의 근거를 주체적 인식에서 구하고 있고, 따라서 인간의 능동성과 주체
성을 강조했던 것이다. 이러한 사실은 인간이 본래 갖추고 태어난 선단을 잃
지 않고 그대로 간직[存心]하려면 우선 주체적으로 도를 인식해야[明道] 하
고, 이러한 도의 주체적 인식을 위해서는 "모든 일의 책임을 스스로에게 돌
이켜 찾아야 한다[反求諸己]"[30]는 주장에서도 잘 드러나고 있다. "만물의 이
치는 모두 나에게 구비되어 있으므로"[31] 내가 모든 일의 주체이고, 따라서
모든 일이 나에게서 비롯하는 것이다. 그리하여 "화(禍)와 복(福)이 모두 자
기 스스로가 초래하지 않은 것이 없고,"[32] "무릇 사람들은 스스로가 먼저 모
멸한 다음에 남이 그를 모멸하는 것"[33]이기에, 능동적 주체자인 자기에게서
모든 책임과 근거를 찾아야 한다는 것이 바로 맹자의 주장이다. 이렇게 능동
적 주체적 존재로 인간을 파악하는 것이 맹자의 인간 이해의 핵심이다.

　순자도 인간을 능동적이고 주체적인 존재로 파악하고 있다. 이는 천인지
분(天人之分)과 참어천지(參於天地)에 관한 그의 이론체계로부터 쉽게 추
론해 볼 수 있는 사실이다. 곧 하늘은 인간사와 무관한 자연현상일 뿐이므
로,[34] 하늘·땅·사람은 저마다 독특한 직분을 가지고 있다는 것이 천인지분
의 논리이며, 순자는 바로 여기서 하늘에 종속되지 않은 독립적인 인간의
능동성과 주체성의 근원을 찾고 있다.[35]

---

30 行有不得者 皆反求諸己(離婁上 4).

31 萬物皆備於我矣(盡心上 4).

32 禍福無不自己求之者(公孫丑上 4).

33 夫人必自侮 然後人侮之(離婁上 8).

34 이러한 논지는 《荀子》 天論篇의 핵심 주장으로서, 예를 들면, 天論 30(夫星之隊 木之鳴
　　是天地之變 陰陽之化 物之罕至者也 怪之可也 而畏之非也)과 33(雩而雨 何也 曰 無何也 猶不
　　雩而雨也 日月食而救之 天旱而雩 卜筮然後決大事 非以爲得求也 以文之也 …… 以爲文則吉
　　以爲神則凶也) 같은 데 잘 드러나고 있다.

35 天行有常 不爲堯存 不爲桀亡 應之以治則吉 應之以亂則凶 彊本而節用 則天不能貧 養備而動時
　　則天不能病 修道而不貳 則天不能禍 …… 本荒而用侈 則天不能使之富 養略而動罕 則天不能使
　　之全 倍道而妄行 則天不能使之吉 …… 受時與治世同 而殃禍與治世異 不可以怨天 其道然也
　　故明於天人之分 則可謂至人矣(天論 21-23).

이러한 천인지분의 논리는 천(天)·지(地)·인(人)이 각각 따르는 바가 서로 다르다는 점을 전제로 하여 성립한다. 곧 "하늘은 한결같은 도[常道]를 지니고 있고, 땅은 한결같은 법칙[常數]을 가지고 있으며, 군자는 한결같이 행해야 할 바[常體]가 있다"[36]는 것이다. 그렇다면, 천·지·인이 한결같이 따르는 각각의 직분은 무엇인가? 순자는 이를 "하늘은 그 때[時]를 가지고 있고, 땅은 그 재원[財]을 가지고 있으며, 사람은 그 다스림[治]을 가지고 있다. 이를 일러 '사람이 천지와 나란히 참여할 수 있음[能參]'이라 한다"[37]고 논술하고 있다. 말하자면, 하늘과 땅은 각각 그 때와 재원을 가지고 사람을 포함한 만물을 만들어내는 직분을 지니고 있고, 사람은 이를 이치에 맞게 조화시키고 다스리는 직분을 지닌다는 것이다.

이렇게 사람은 천지와 직분을 달리하는 존재로서, 스스로의 능동적이고 주체적인 노력에 힘입어 천지에 질서를 부여하고 만물을 부림으로써, 천지의 화육에 동참할 수 있는 존재이다.[38] 바로 여기에 "도(道)는 하늘의 도도 아니고, 땅의 도도 아니며, 사람이 행해야 할 바로서, 군자가 따르는 것"[39]이라는 인도론(人道論)이 나오는 근거가 있다. 이러한 생각은 인간을 외부 환경 조건의 영향을 받기만 하거나, 환경 조건에 따라 수동적으로 규정되기만 하는 존재가 아니라, 능동적 주체적으로 스스로를 규정하는 존재로 파악하는 시각을 명백히 드러내는 것이다.

이러한 인간의 능동성과 주체성은 인간의 사회성과 도덕성에 대한 인식을 바탕으로 하는 것이다. 곧 스스로에게 본래부터 모든 도덕성의 근거가

---

36 天有常道矣 地有常數矣 君子有常體矣(天論 28: 여기서는 군자가 사람을 대표하고 있다. 순자는 대체로 사람의 道를 체득하고 이룬 사람인 군자나 성인을 천지와 마주하는 사람의 대표로 기술하고 있다).

37 天有其時 地有其財 人有其治 夫是之謂能參(天論 23).

38 天能生物 不能辨物也 地能載人 不能治人也 宇中萬物生人之屬 待聖人然後分也(禮論 24-25); 天地生之 聖人成之(富國 11).

39 道者非天之道 非地之道 人之所以道也 君子之所道也(儒效 9-10: 楊倞은 《荀子注》에서 人之所以道也를 人之所行之道也로 풀고 있으며, 王先謙도 《荀子集解》에서 人之所以道也의 道를 行의 誤字로 보고 있다).

갖추어져 있으므로, 이를 잃지 말고 잘 간직하고[存心] 길러서[養性·養心], 일상생활에서 실천하는 일이 능동적이고 주체적인 삶의 자세라는 주장, 이 것이 바로 유학사상의 기본 관점이다. 따라서 '능동적 주체자'로 인간 존재를 파악하는 관점은 사회적 관계체로 인간을 보는 태도에서 연역되어 나오는 관점이라 할 수 있을 것이다.

(3) 무한한 가능체

유학사상만큼 교육의 중요성을 인식하고, 이를 강조한 사상체계도 드물 것이다. 이는 선진유학 이래로 내려오는 유학의 전통이라고 볼 수 있다. 선진유학자들이 배움[學]과 가르침[敎]을 얼마나 크게 여겼는지 하는 점은 《논어》, 《맹자》, 《순자》에서 학(學)과 교(敎)라는 글자가 각각 64회와 7회, 32회와 35회, 81회와 42회나 쓰이고 있다는 사실에서도 잘 드러난다.[40] 유학사상에서 이렇게 배움과 가르침을 중시한다는 것은 유학자들이 대인평가에서 자기 성찰과 자기개선의 노력을 강조한다는 사실을 의미한다. 이는 무한한 가능체로 인간을 파악하는 유학사상의 입장에서 나오는 대인평가의 차원이라고 볼 수 있다.

공자는 스스로를 "배우기를 좋아하는 사람[好學]"[41] 및 "가르치기를 게을리 하지 않는 사람[誨人不倦]"[42]이라고 하여, 가르치고 배우는 일을 강조하였다. 배우고 가르치는 일, 그리고 배운 내용을 강구하고 실천함으로써 자기를 개선하는 일은 공자와 제자들이 자기를 성찰하는 핵심 내용이었던 것이다.[43] 공자는 가르침을 베풀면 누구나 착하게 된다고 보고 사람을 가리지 않

---

40 Harvard-Yenching Institute, 《論語引得》(1940), 《孟子引得》(1941), 《荀子引得》(1950) 참조.

41 子曰 十室之邑 必有忠信如丘者焉 不如丘之好學也(《論語》, 公冶長 27).

42 子曰 若聖與仁 則吾豈敢 抑爲之不厭 誨人不倦 則可謂云爾已矣(述而 33).

43 子曰 默而識之 學而不厭 誨人不倦 何有於我哉(述而 2); 子曰 德之不修 學之不講 聞義不能徙 不善不能改 是吾憂也(述而 3); 曾子曰 吾日三省吾身 爲人謀而不忠乎 與朋友交而不信乎 傳不習乎(學而 4).

아,[44] 예의를 갖추고 찾아오는 사람이면 누구에게나 가르침을 베풀었다.[45]

공자는 스스로를 호학(好學)이라고 자평했지만, 제자 가운데는 안회(顔回)만이 "배우기를 좋아하는 사람"이라고 하면서, 호학의 조건으로 "같은 잘못을 두 번 저지르지 않는 일[不貳過]"을 들고 있다.[46] 그는 "잘못을 하고도 고치지 않는 것이 바로 잘못"[47]이라고 보고, "잘못이 있으면 고치기를 꺼리지 말아야 한다"[48]고 강조한다. 이렇게 자기를 성찰하여 잘못을 고침으로써 항상 자기개선을 이루려 노력하는 자세,[49] 이것이 《논어》에서 도출되는 또 다른 대인평가의 기준으로, 이는 인간을 무한한 가능체로 인식하는 공자의 시각을 잘 드러내는 것이다.

이러한 공자의 입장은 맹자와 순자에게도 그대로 이어지고 있는데, 그 가운데 맹자의 관점은 자못 독특한 데가 있다. 맹자는 인간의 능동성과 주체성의 근거를 인간이 생각하는 기관인 '마음[心]'을 갖추고 있다는 데서 찾고 있다. 그의 성선설에 담긴 핵심 주장은 동물과는 다른 인간만의 독특한 특성에서 인간의 본성을 찾는다는 것이다. 그에 따르면, 인간도 동물과 마찬가지로 생물적 감각적 욕구체계를 가지고 있다.[50] 그러나 인간은 이 밖에도 다른 동물이 갖추지 못한 '마음'을 갖추고 있고, 마음의 기능은 바로 생각하는 것이다. 이는 감각기관의 작용과 대비하여 제시한 다음과 같은 말에서 잘 드러나고 있다.

---

44 子曰 有教無類(衛靈公 38).

45 子曰 自行束脩以上 吾未嘗無誨焉(述而 7).

46 哀公問 弟子孰爲好學 孔子對曰 有顔回者好學 不遷怒 不貳過 不幸短命死矣 今也則亡 未聞好學者也(雍也 2).

47 子曰 過而不改 是謂過矣(衛靈公 29).

48 過則勿憚改(學而 8; 子罕 24).

49 子曰 見賢思齊焉 見不賢而內自省也(里仁 17); 子曰 三人行 必有我師焉 擇其善者而從之 其不善者而改之(述而 21); 子曰 內省不疚 夫何憂何懼(顔淵 4).

50 이에 관해서는 졸저(조긍호, 1998a, pp. 76-82; 2003a, pp. 321-323; 2006, pp. 355-364) 참조.

눈과 귀 같은 감각기관은 생각하지 못하고, (외부의) 물체에 가려진다. 감각기관[物]이 외부의 사물[物]과 교접하면, 거기에 이끌려버릴 뿐이다. 이와는 달리, 마음은 생각을 한다. 생각하면 스스로가 갖추고 있는 사람의 도리를 깨달아 얻고, 생각하지 않으면 그것을 깨달아 얻지 못한다. 이는 하늘이 나에게 준 것이다.[51]

이 글에서 드러나듯이 감각 경험은 어떤 조건 아래서 성립하는 것이어서, 사상(事象)의 관계만을 표시할 뿐이다. 그러므로 "감각기관이 외부의 사물과 교접하면[物交物], 거기에 이끌릴 뿐"이라고 한 것이다. 그러나 마음은 생각하는 작용을 한다. 여기서 생각하는 작용은 가치의식의 자각을 말하는 것이다. 곧 가치의식의 자각이 마음의 작용인 것이다.[52]

이렇게 인간은 스스로를 반성하고 자각할 수 있는 능력을 갖추고 있으며, 배우지 않고도 인의를 알 수 있고, 배우지 않고도 인의를 행할 수 있는 양지(良知)·양능(良能)을 구비하고 있으므로,[53] 스스로에게 갖추어져 있는 선단을 깨달아 이를 넓혀서 채우면 "누구나 다 요(堯)·순(舜)같이 될 수 있는"[54] 가능성을 지닌 존재인 것이다.

순자도 인간을 무한한 가능성을 지닌 존재로 파악한다는 점에서는 맹자와 마찬가지다. 이러한 사실은 성위지분(性僞之分)과 성위지합(性僞之合)의 인성론에 바탕을 두고 있는 그의 수양론에서 쉽게 추론해 낼 수 있다. 곧 사람은 인식능력[知]과 도덕적 행위능력[能]을 본유적으로 갖추고 있는 존재로서,[55] 이러한 본유적 능력을 발휘하여 도의 최고 규범인 예를 배우고

---

51 耳目之官 不思而蔽於物 物交物 則引之而已矣 心之官則思 思則得之 不思則不得也 此天之所與我者(《孟子》, 告子上 15).

52 心之官則思의 내용을 마음의 작용은 가치의식을 자각하는 것이라고 보는 것은 《孟子》를 연구하는 여러 학자들(예: 김충렬, 1982; 勞思光, 1967; 배종호, 1982; 양승무, 1986; 이강수, 1982; 이상은, 1976; 馮友蘭, 1948 등)의 공통된 견해이다.

53 盡心上 15.

54 人皆可以爲堯舜(告子下 2).

55 所以知之在人者 謂之知 知有所合 謂之智 所以能之在人者 謂之能 能有所合 謂之能(《荀子》, 正名 3: 《荀子集解》에서는 謂之智의 智를 知의 誤字로 보고 있다).

익혀 일상생활에서 실행함으로써 이상적 인간형인 성인의 상태에 도달할 수 있는 존재라는 것이다.[56] 이는 인간을 과거나 현재에 의해서만 규정되는 존재가 아니라, 무한한 미래의 가능성에 따라 규정되는 존재로 파악하는 관점을 분명히 드러내는 것이다.

순자는 지(知)와 능(能)의 한 글자씩을 가지고 가능태(可能態, potentiality)인 인간 본성 또는 능력과, 현실태(現實態, actuality)인 작용 결과를 모두 나타내는 개념으로 설명하여, 인간 파악의 이중성을 드러내고 있다.[57] 그런데 "여기서 중요한 것은 순자가 가능태보다도 현실태를 중시하여서, 가능태로서의 인간의 인식 능력이나 행위 능력에 대해서는 직접적인 언급이 별로 없는 대신에, 사려와 선택을 통해 이루어지는 위(僞), 곧 인간의 도덕적 행위 및 인격 형성에는 지대한 관심을 표명했다는 것이다."[58] 이러한 가능태가 현실태로 바뀌는 것이 바로 성위지합(性僞之合)이라 볼 수 있다. 그리고 이러한 성위지합의 논리야말로 인간을 무한한 가능성의 존재로 보는 순자의 관점을 가장 잘 드러내는 것이다.

이상에서 드러나듯이, 유학사상에서는 본래부터 갖추고 있는 반성적 사유능력[良知]과 도덕적 행위능력[良能]을 능동적 주체적으로 발휘하여, 도덕성과 사회성이라는 존재 특성을 일상생활에서 실현하고 이루어낼 수 있는 '무한한 가능성을 가진 존재'로 인간을 파악하고 있다. 이렇게 보면, 가능체인 존재로 인간을 파악하는 시각도 인간 존재의 사회성과 도덕성에 뿌리를 두고 생겨난 관점이라 볼 수 있을 것이다.

---

56 이는 《荀子》전체에서 산견되는 순자의 인성론과 수양론의 핵심이다. 예를 들면, 榮辱 31-32(可以爲堯禹 …… 在注錯習俗之所積耳), 儒效 36(故聖人者 人之所積也 …… 故人知謹 注錯 愼習俗 大積靡 則爲君子矣), 性惡 2-3(今之人化師法 積文學 道禮義者 爲君子), 性惡 13-14(塗之人可以爲禹 …… 今使塗之人伏術爲學 專心一志 思索孰察 加日縣久 積善而不息 則 通於神明 參於天地矣 故聖人者 人之所積而致也) 등에서 이러한 논지가 구체적으로 드러나고 있다.

57 正名 3.

58 김승혜, 1990, p. 237.

2) 유학사상의 개인관

유학의 인성론에서는 인간의 본성을 이루는 기본적인 요소를 덕(德)·지·정·의 네 가지로 보고, 이 가운데 덕(도덕성)이 가장 중심적인 것으로서 나머지 지(인지)·정(정서)·의(동기)는 모두 덕에 의해 제어되고 통합되어야 한다고 본다. 이렇게 덕의 요소를 중심으로 인간의 본성을 파악하는 관점은 유학자들이 가지고 있는 기본적인 인간관에서 나오는 것으로 볼 수 있다. 앞에서 보았듯이, 유학사상에서는 인간 존재를 사회적 관계체, 능동적 주체자, 무한한 가능체라고 보는 인간관을 제시하고 있다. 이러한 세 가지 인간 파악의 관점에 나타나는 공통된 특징은 모두가 인간의 사회성에 대한 강조를 바탕에 깔고 있다는 사실이다.

유학은 인간 존재의 기본 특성을 사람과 사람 사이의 관계라는 사회성에서 찾으려 하는 사상체계이다. 사람은 부모와 자식, 군주와 신하, 남편과 아내, 어른과 아이, 친구와 친구 사이의 관계 속에서 태어나서 이러한 관계 속에서 살다가 죽어가는 존재이므로, 관계를 떠나서는 인간의 존재 의의를 찾을 수 없다고 보는 것이 유학사상이다. 그러므로 유학사상에서는 그러한 관계 속의 역할과 의무 및 관계 상대방에 대한 배려와 관심이 인간의 삶과 모든 행위의 일차적인 원천이 된다고 생각한다. 이것이 인간 존재를 '사회적 관계체'로 보는 관점의 근거이다.

이렇게 타인 및 그들과 함께 삶을 영위하는 터전인 사회에 대한 관심과 배려가 곧 덕의 근원이다. 인간을 능동적 주체자로 파악하는 관점은, 덕의 바탕이 인간에게 본래부터 갖추어져 있으므로 사람은 스스로가 도덕의 주체라는 사실을 깨달아, 이를 능동적 주체적으로 삶의 장면에서 실천함으로써 나머지 인성 요소들, 곧 지·정·의가 덕에 맞추어 통제되도록 하는 것이 바른 삶의 자세라는 전제에서 나오는 것이다. 따라서 '능동적 주체자'로 인간 존재를 파악하는 인간관도 결국은 인간의 사회성을 강조하는 데서 생겨나는 관점이다.

이러한 이상적인 삶의 목표를 이룰 수 있는 가능성이 인간에게 갖추어져 있다고 보는 것이 인간 존재를 '무한한 가능체'로 파악하는 관점이다. 곧 인간은 누구나 도덕적인 완성을 이루고 이를 사회생활에 실천하는 군자나 성인이 될 수 있는 가변적인 존재라고 유학자들은 보고 있으며, 사람을 이러한 가능체로 파악하는 인간관도 역시 인간의 사회성을 강조하는 데서 나오는 관점인 것이다.

이상에서 보듯이, 유학사상의 인간관은 이에 바탕을 두고 있는 집단주의와 마찬가지로 '관계중심적 인간관'이고, 그 사회관은 '사람들 사이의 관계가 곧 사회 구성의 기본 단위'라는 관념이다. 이러한 맥락에 따르면, 서구 자유주의와 대비되는 동아시아 유학사상의 특징이 무엇이냐 하는 문제는, 곧 유학사상에서 사회의 존재론적 구성 단위인 관계와 그 구성 요소인 개인을 어떻게 개념화하고 있느냐 하는 문제와 직결되는 것으로 볼 수 있을 것이다. 유학사상에서 개인을 파악하는 배경에는 그 인간관이 깔려 있는데, 유학사상의 세 가지 인간관으로부터 각각 '의무·역할 및 타인에 대한 배려의 복합체', '덕성 주체' 그리고 '가변적이고 과정적인 존재'로 개인을 파악하는 관점이 도출된다고 볼 수 있다.

(1) 의무·역할·배려의 복합체

유학사상에서는 사회 구성의 기본 단위를 사람들 사이의 관계라고 파악함으로써, 인간을 '사회적 관계체'로 파악하는 인간관을 드러내고 있다. 이러한 관점을 가장 집약적으로 드러내고 있는 사람은 순자인데, 그는 유명한 대본설(大本說)을 통해 "군주와 신하, 부모와 자식, 형과 동생 및 남편과 아내 사이의 관계는 처음이자 마지막이고, 마지막이자 처음으로서, 천지와 더불어 이치를 같이 하고, 만세를 통하여 영구히 지속되는 위대한 근본"[59]이라고 진술하여, 사회적 관계체로 인간을 보는 견해를 선언하고 있다. 이 대본설에서 순자가 주장하려고 했던 것은 군신·부자·형제·부부 같은 인간관계는, 우주

---

59 《荀子》, 王制 19-20.

[天地]의 기본 질서와 마찬가지로서, 아무리 시간이 지나더라도 변화하지 않는 인간 삶의 핵심적이고도 보편적인 원리가 된다는 사실이다. 곧 인간은 천지를 떠나서 살 수 없듯이 사람들 사이의 관계를 떠나서는 살 수 없으므로, 이러한 관계는 인간의 삶이 이루어지는 기본 터전이며, 이러한 사실은 아무리 시간이 지나더라도 달라지지 않는다고 순자는 보고 있는 것이다.

맹자는 오륜설(五倫說)을 통해 이러한 입장에서 한 걸음 더 나아간 주장을 펴고 있다. 그는 "부모와 자식 사이에는 친애함[親]이 있어야 하고, 군주와 신하 사이에는 의로움[義]이 있어야 하며, 남편과 아내 사이에는 직분의 나눔[別]이 있어야 하고, 어른과 아이 사이에는 차례[序]가 있어야 하며, 벗들 사이에는 믿음[信]이 있어야 한다"[60]고 주장하여, 각 관계에는 필연적으로 이루어야 할 질서가 있으며, 이러한 질서가 달성될 때에야 비로소 조화롭고 평화로운 사회가 이룩될 수 있다고 주장했다.

그렇다면, 각 관계의 조화로운 질서는 어떻게 해야 달성될 수 있는가? 이에 대한 해답은 공자의 유명한 정명론(正名論)에서 찾을 수 있다. 공자는 사회관계 속에서 각자에게 주어진 역할과 의무를 충실히 수행하는 것이 사회질서와 조화 유지의 핵심이라 보고, 이를 정명론 체계로 제시하고 있다. 곧 "군주는 군주의 역할과 의무를 다하고, 신하는 신하의 역할과 의무를 다하며, 부모는 부모의 역할과 의무를 다하고, 자식은 자식의 역할과 의무를 다하는 것"[61]이 사회에 질서와 조화를 가져오는 정사(政事)의 근본이기 때문에, 자기에게 정사를 맡겨준다면 "반드시 이름을 바로 잡는 일[正名]부터 하겠다"[62]고 말하고 있는 것이다.

맹자와 순자도 이러한 공자의 정명론의 체계를 이어 받아, 각 관계 속에서 이루어지는 역할과 의무 수행이 각 관계의 질서를 유지하는 핵심 요건이라 보고 있다. 맹자는 이러한 견해를 "군주다운 군주가 되려면 군주의 역할

---

60 《孟子》, 滕文公上 4.

61 《論語》, 顏淵 11.

62 子路 3.

과 도리를 다해야 하고, 신하다운 신하가 되려면 신하의 역할과 도리를 다해야 한다"[63]는 관계융합론(關係融合論)으로 제시하고 있다.[64] 순자는 이러한 견해를 좀더 자세히 분석하여, 조화로운 사회관계를 이루기 위해서는 우선 사회관계에서 각자가 해야 할 역할과 의무를 명백히 하고[明分] 실생활에서 이를 실행해야 한다[守分]고 보고, 이를 명분사군론(明分使群論)[65] 또는 군거화일론(群居和一論)으로[66] 제시하고 있다.[67]

이렇게 유학사상에서는 인간의 사회생활과 사회 행위의 원동력을 사회관계 속의 역할과 의무에서 찾음으로써, 개인 존재를 '역할·의무·배려의 복합체'로 간주하며, 결과적으로 이러한 역할과 의무의 근거인 관계 당사자들 사이의 연계성이나 그들에 대한 관심과 배려를 강조하게 된다. 여기서 타인에 대한 관심과 배려는 유학적 덕목의 핵심인 인(仁)의 기본 내용이라는 점에 주목해야 한다. 공자는 인은 "자기가 하려 하지 않는 것을 남에게 베풀지 않는 일"[68]이라거나 "자기가 서고자 하면 남을 먼저 세워주고, 자기가 이루고자 하면 남이 먼저 이루게 해주는 일",[69] 또는 "남을 사랑하는 일"[70]이라고 하여, 타인에 대한 관심과 배려가 사람이 이루어야 할 덕행의 밑바탕이라 보고 있다.

맹자는 이러한 타인에 대한 관심과 배려가 "자기를 미루어 다른 사람에게 미쳐가는 일[推己及人]"[71]과 "다른 사람들과 즐거움과 괴로움을 함께하

---

63 欲爲君 盡君道 欲爲臣 盡臣道(《孟子》, 離婁上 2)

64 맹자의 關係融合論과 그 심리학적 시사점에 대해서는 졸저(조긍호, 1998a, pp. 163-178) 참조.

65 《荀子》, 富國 2-3.

66 榮辱 39-40.

67 순자의 明分使群論 또는 群居和一論과 그 심리학적 시사점에 대해서는 졸저(조긍호, 1998a, pp. 272-291) 참조.

68 《論語》, 顏淵 2; 衛靈公 23.

69 雍也 28.

70 顏淵 22.

71 得天下有道 得其民斯得天下矣 得其民有道 得其心斯得民矣 得其心有道 所欲與之聚之 所惡勿施爾也(《孟子》, 離婁上 9); 老吾老 以及人之老 幼吾幼 以及人之幼 天下可運於掌 …… 故推恩

는 일〔與民同之〕"[72]로 드러난다고 보고 있다.[73] 순자는 타인에 대한 관심과 배려는 다른 사람을 너그럽게 포용하는 일로 드러난다는 겸술론(兼術論)을 제시하고 있다.[74] 그에 따르면, "다른 사람을 너그럽게 두루 포용하는 일〔兼術〕"은 군자와 성인의 특징인데, 이들은 "자기를 기준으로 하여 남을 헤아리는 사람〔以己度者〕"[75]이기 때문에, "현명하면서도 능히 노둔한 사람을 포용할 수 있고, 지혜로우면서도 능히 어리석은 사람을 포용할 수 있으며, 견문이 넓으면서도 능히 견문이 얕은 사람을 포용할 수 있고, 순수하면서도 능히 혼잡한 사람을 포용할 수 있다"[76]는 것이다. 《대학(大學)》에서는 맹자가 제시하는 추기급인(推記及人)과 여민동지(與民同之), 그리고 순자가 제시하는 겸술의 요체는 "자기를 기준으로 하여 남을 헤아리는 혈구지도(絜矩之道)"를 통해 달성된다고 보아, 다음과 같이 진술하고 있다.

足以保四海 不推恩 無以保妻子 古之人 所以大過人者無他焉 善推其所爲而已矣(梁惠王上 7).

72 이러한 생각은 《孟子》의 첫 편인 梁惠王篇의 중심이 되고 있다. 예를 들면, 梁惠王上 2(古之人 與民偕樂 故能樂也), 梁惠王下 1(今王與百姓同樂則王矣), 梁惠王下 2(文王之囿 方七十里 …… 與民同之 民以爲小 不亦宜乎), 梁惠王下 4(爲民上而不與民同樂者 亦非也 樂民之樂者 民亦樂其樂 憂民之憂者 民亦憂其憂 樂以天下 憂以天下 然而不王者未之有也), 梁惠王下 5 (王如好貨 與百姓同之 於王何有 …… 王如好色 與百姓同之 於王何有) 등에서 이러한 견해를 직접 표출하고 있다.

73 맹자의 推己及人과 與民同之의 이론과 그 심리학적 시사점에 대해서는 졸저(조긍호, 1998a, pp. 154-163) 참조.

74 순자의 兼術論과 그 심리학적 시사점에 대해서는 졸저(조긍호, 1998a, pp. 333-346) 참조.

75 聖人者以己度者也(《荀子》, 非相 13). 이렇게 "자기를 기준으로 하여 남을 헤아리는 것"은 공자에게서 비롯된 태도로, 유학사상에서 바람직한 대인관계를 형성하는 기본 원리로 제시하는 것이다. 《論語》에서 공자는 "자기가 바라지 않는 것을 남에게 베풀지 말라(己所不欲 勿施於人)"(顏淵 2)거나 "자기가 서고자 하는 곳에 남을 먼저 세우고, 자기가 도달하고자 하는 곳에 남이 먼저 도달하게 하라(己欲立而立人 己欲達而達人)"(雍也 28)고 권하고 있는데, 《大學》에서는 이를 '자기를 척도로 하여 남을 헤아리는 태도〔絜矩之道〕'라 부르고 있다(所惡於上 毋以使下 所惡於下 毋以事上 所惡於前 毋以先後 所惡於後 毋以從前 所惡於右 毋以交於左 所惡於左 毋以交於右 此之謂絜矩之道, 傳 10). 이는 현대심리학에서 共感(empathy)으로 탐구되는 현상과 유사하다 하겠다. 이에 대해서는 졸고(조긍호, 1991, pp. 96-103) 참조.

76 故君子賢而能容罷 知而能容愚 博而能容淺 粹而能容雜 夫是之謂兼術(非相 17).

윗사람을 미워하게 만드는 그러한 태도로 아랫사람을 부리지 말아야 하며, 아랫사람을 미워하게 만드는 그러한 태도로 윗사람을 섬기지 말아야 한다. 앞사람을 미워하게 만드는 그러한 태도로 뒷사람에게 먼저 하지 말아야 하며, 뒷사람을 미워하게 만드는 그러한 태도로 앞사람과 상종하지 말아야 한다. 그리고 오른쪽 사람을 미워하게 만드는 그러한 태도로 왼쪽 사람과 사귀지 말아야 하며, 왼쪽 사람을 미워하게 만드는 그러한 태도로 오른쪽 사람과 사귀지 말아야 한다. 이런 것을 자기를 척도로 하여 남을 헤아리는 '혈구지도(絜矩之道)'라 하는 것이다.[77]

여기서 상·하와 전·후의 관계는 단지 시·공간적인 인간관계만을 나타내는 것이 아니라 부자·군신·장유의 관계를 포괄하는 것으로 이해해야 할 것이고, 좌·우의 관계는 횡적인 관계, 곧 부부·붕우의 관계를 가리키는 것으로 이해해야 할 것이다. 이러한 혈구지도는 '다른 사람의 처지에 서서 생각해 보는 역지사지(易地思之)', 곧 '공감(共感, empathy)'의 능력을 뜻하는 것으로, 공자·맹자·순자가 계속 강조하고 있는 대인관계의 연계성과 조화성을 이루는 바탕인 타인에 대한 관심과 배려는 바로 혈구지도에서 단적으로 드러난다는 것이 《대학》의 관점이다.

인간을 '사회적 관계체'로 보는 관점에 따라 개인 존재를 '의무·역할·배려의 복합체'로 파악하는 유학사상의 견해는, 이를 그 사상적 배경으로 하고 있는 집단주의 사회에 살고 있는 현대 동아시아인의 심성과 행동의 특징으로 그대로 연결된다. 관계중심적인 인간관을 바탕으로, 타인과 맺고 있는 관계와 자기 및 관계 당사자가 처해 있는 상황과 관련하여 사람을 파악하는 집단주의 사회에서는, 개인의 사회 행위의 일차적인 원천을 개인이 속해 있는 관계 속의 의무와 역할 및 타인에 대한 관심과 배려에서 찾게 되고, 사회 행위의 목표를 관계 상대방과 연계성을 확립하고 조화를 이루는 데 둔다. 그 결과, 집단주의 사회에 살고 있는 사람들에게는 자기 자신보다는 관계를

---

77 所惡於上 毋以使下 所惡於下 毋以事上 所惡於前 毋以先後 所惡於後 毋以從前 所惡於右 毋以交於左 所惡於左 毋以交於右 此之謂絜矩之道(《大學》, 傳 10: 이는 朱熹의 《大學章句》 중 傳 10장을 가리킨다. 앞으로 《大學》의 인용은 이 예에 따른다).

맺고 있는 다른 사람과 집단이, 그리고 자기의 내적 성향(성격·능력·의도·욕구·정서)보다는 외적 행위 규범(역할·의무·배려)과 상황적 요구가 주의의 초점으로 떠오르게 되는 것이다.

(2) 덕성 주체

유학사상에서는 인의예지 같은 모든 도덕의 바탕이 사람에게 본래부터 갖추어져 있고, 인간은 이를 주체적으로 인식하여 일상생활에서 실천할 수 있는 능동적 주체적 존재라고 인식한다. 이렇게 인간을 '능동적 주체자'로 파악하는 관점은 개체로서 존재하는 개인이 '덕성의 주체'라는 사실에 대한 자각을 전제로 하고 있는 것이다. 인의예지의 바탕이 되는 측은지심·수오지심·사양지심·수오지심의 사단이 사람에게 본래부터 갖추어져 있다는 사단설을[78] 통해 맹자는 "인의예지 같은 도덕의 근거는 인간의 본성 속에 본래부터 내재되어 있는 자연적인 것이지, 외부에서 주어지는 인위적인 것은 아니다"[79]라는 도덕의 본유설을 주장한다. 맹자는 한 걸음 더 나아가, 인간은 스스로가 덕성의 주체라는 사실을 능동적으로 인식하고 주체적으로 실천할 수 있는 능동적 주체적 존재라는 사실을 고자(告子)의 인내의외설(仁內義外說)에 대한 비판을 통해 분명히 하고 있다.[80] 이 논쟁에서 맹자는 객관적 사물 존재 자체에서 도덕적 행위의 근거를 찾으려는 고자에 비해, 사물 존재 자체가 아니라 이에 대한 개인의 주관적 인식에서 도덕적 행위의 근거를 찾으려는 입장을 전개했고, 따라서 도덕의 본유성 그 자체보다는 이에 대한 개인의 주체적 자각에서 도덕성의 근거를 찾음으로써, 인간의 능동성과 주체성을 강조하는 관점을 드러내고 있다.

이렇게 덕성 주체인 인간의 자각을 도덕성의 바탕으로 강조하는 시각은

---

78 《孟子》, 公孫丑上 6.

79 告子上 6.

80 告子上 4장에서 맹자가 고자와 가진 유명한 仁內義外說에 관한 논쟁에 관해서는 졸저(조긍호, 1998a, pp. 413-414; 2003a, pp. 155-156; 2006, pp. 305-306) 참조.

공자로부터 이어지는 유학사상의 전통이다. 공자는 "내가 인(仁)을 행하고자 하면, 곧바로 인이 이르게 된다"[81]고 보아, 도덕성이란 자기 몸에 그 근거가 갖추어져 있는 것이긴 하지만, 이를 자각하는 일이 무엇보다 중요함을 역설하고 있다. 그리하여 그는 "인을 행하는 것은 자기에게 달려 있는 일이지 남에게 달린 것이 아니므로"[82], "능히 가까이 자기 몸에서 취해서 남에게 비유할 수 있으면, 인을 행하는 방도라고 이를 만하다"[83]고 보고 있는 것이다. 이와 같이 공자는 덕성 주체인 스스로에 대한 자각이 일상생활에서 도덕성을 실천하는 바탕임을 강조하고 있다.

순자도 또한 그의 독특한 인도론(人道論)을 통해 같은 입장을 제시한다. 그는 "도(道)는 하늘의 도도 아니고, 땅의 도도 아니며, 사람으로서 행해야 할 바로서 군자가 따르는 것"[84]이라는 인도론의 근거에 따라, "군자는 자기에게 달려 있는 일〔在己者〕을 삼가 행할 뿐, 하늘에 달린 일〔在天者〕을 사모하지 않으며 …… 그렇기 때문에 날로 발전한다"[85]는 천인지분(天人之分)의 논리를 전개한다. 그에게 "자기에게 달린 일이란 마음과 뜻을 닦고, 덕행에 힘쓰며, 인식과 판단을 명확히 하고, 오늘날에 태어났지만 옛 사람의 도에 뜻을 두는 것,"[86] 곧 스스로가 도덕의 주체임을 자각하고, 이를 일상생활에서 실천하려 노력하는 일인 것이다.

유학사상에서 인간을 '능동적 주체적 존재'로 파악하는 입장은 이렇게 스스로가 도덕 주체라는 사실에 대한 자각으로부터 연유한다. 스스로가 '덕성의 주체'라는 사실에 대한 자각은 곧바로 모든 일의 책임을 스스로에게서 찾는 삶의 태도로 이어지게 되는데, 이렇게 보면 인간 존재의 능동성과 주체성은 모든 책임을 스스로에게서 구하는 태도와 직접 연결된다고 볼 수 있다.

---

81 子曰 仁遠乎哉 我欲仁 斯仁至矣(《論語》, 述而 29).

82 顔淵 1.

83 夫仁者 己欲立而立人 己欲達而達人 能近取譬 可謂仁之方也已(雍也 28).

84 《荀子》, 儒效 9-10.

85 故君子敬其在己者 而不慕其在天者 …… 是以日進也(天論 28-29).

86 若夫心意修 德行厚 知慮明 生於今而志乎古 則是其在我者也(天論 28).

공자는 "인의 실천은 남에게 달려 있는 일이 아니라 자기에게 달린 일"[87] 임을 분명하게 인식하고 있기 때문에, "군자는 모든 책임을 남에게 돌리는 소인과는 달리, 모든 일의 책임을 스스로에게서 찾으려 한다"[88]고 본다. 곧 "군자는 남이 자기를 알아주지 않는다고 해도 성내거나"[89] "걱정하지 않고, 다만 자기의 무능함을 걱정할 뿐"[90]인데, 모든 책임이 덕성 주체인 자기에게 달려 있다는 사실을 확고하게 자각하고 있기 때문이다.

맹자도 "만물의 이치는 모두 나에게 구비되어 있으므로"[91] "화와 복이 모두 자기 스스로가 초래하지 않은 것이 없고,"[92] 행동에 알맞는 결과를 얻지 못하면 돌이켜 자기에게서 책임을 구하는[反求諸己] 태도가 필요하다고 본다. 따라서 "내가 남을 사랑하는데도 그가 나를 친애하지 않으면 나의 인(仁)이 부족하지 않은지 돌이켜 반성해 보고, 남을 다스리는데도 잘 다스려지지 않으면 나의 지혜가 부족하지 않은지 돌이켜 반성해 보며, 남에게 예로 대했는데도 그가 예로 답해 오지 않으면 나의 공경함이 부족하지 않은지 돌이켜 반성해 보아야"[93] 한다는 것이다.

순자도 같은 입장을 견지하고 있다. 그는 인간의 능동성과 이의 주체적 자각을 강조하면서, "같이 놀면서 사랑받지 못하는 것은 반드시 내가 먼저 어질지 못한 점이 있었기 때문이고, 서로 사귀면서 공경받지 못하는 것은 반드시 내가 먼저 공손하지 않은 점이 있었기 때문인데 …… 도대체 자기가 잘못해 놓고서 남에게 책임을 미루는 일은 사정에 아주 어두운 일"[94]이라

---

87 《論語》, 顔淵 1.

88 衛靈公 20.

89 學而 1.

90 里仁 14; 憲問 32; 衛靈公 18.

91 《孟子》, 盡心上 4.

92 公孫丑上 4.

93 孟子曰 愛人不親 反其仁 治人不治 反其智 禮人不答 反其敬 行有不得者 皆反求諸己 其身正 而天下歸之(離婁上 4).

94 同遊而不見愛者 吾必不仁也 交而不見敬者 吾必不長也 …… 失之己 而反諸人 豈不亦迂哉

진술하고 있다.

이와 같이 공자·맹자·순자 같은 유학의 선구자들은 모두, 스스로가 덕성 주체라는 사실에 대한 자각에서 모든 일이 자기결정적이라는 확고한 인식이 나오게 된다고 보아, 결과적으로 일상생활에서 모든 일의 책임을 스스로가 지려 하는 삶의 태도〔反求諸己〕를 갖는 일이 중요함을 강조하고 있는 것이다.

개인 존재를 '덕성 주체'로 파악하는 유학사상에서 도출되는 책임의 자기 귀인과 자기 억제를 강조하는 삶의 태도는, 이를 그 사상적 배경으로 하고 있는 집단주의 사회에 살고 있는 현대 동아시아인의 심성과 행동의 특징으로 그대로 이어지고 있다. '관계중심적인 인간관'을 바탕으로 내집단과 사회의 조화를 최대의 명제로 삼고 있는 집단주의 사회인에게 중요한 것은 조화로운 집단 속에서 유용한 성원으로 받아들여지는 일이다. 그러므로 이들은 집단 내에 불화를 일으키지 않고, 그들과 원만한 관계를 유지하는 일을 바람직하게 여긴다. 따라서 이들에게는 '양보와 협동 및 겸손' 그리고 '자기 억제'가 미덕으로 등장하게 된다.

이는 감정이나 욕구 표출의 경우에도 마찬가지다. 자기 감정과 욕구를 있는 그대로 표출하는 것은 결국 집단 내에 갈등을 불러오기 쉬우므로, 감정과 욕구의 표출을 억제할 것이 권장된다. 집단의 목표와 개인의 목표가 갈등을 일으킬 때는 집단의 목표가 우선권을 갖는 것으로 받아들여지며, 억제해야 할 것은 집단의 목표가 아니라 개인의 목표이다. 이들에게 통제란 외부 환경을 나에게 맞도록 변화시키는 것이 아니라, 도덕 주체인 나를 외부 환경에 맞추어 변화시키는 일이다. 곧 통제의 대상은 외부 환경 조건이 아니라 자기 자신인 것이다.

(3) 가변적이고 과정적인 존재

유학은 성덕(成德)을 지향하는 체계로서, 유학만큼 교육의 중요성을 강

(《荀子》, 法行 21-22).

조하고 있는 사상체계도 드물다. 유학사상은 인간이란 가르침[敎]과 배움[學]을 통해 누구나 덕을 이룰 수 있는 '무한한 가능성'을 지닌 존재라고 파악하는 입장을 바탕으로 성립한다. 인간은 선인(先人)들이나 도를 이룬 사람들의 가르침을 따라 배움으로써 자기 성찰과 자기개선을 이루어내고, 그럼으로써 현재의 불완전한 소인의 상태에서 장차 이상적인 군자·성인의 상태로 변화될 수 있는 가변적인 존재이며, 인간의 삶은 이러한 궁극적인 성덕의 상태를 지향해 가는 과정이라고 유학자들은 본다. 곧 개인은 '가변적이고 과정적인 존재'이지, 절대로 불변적이거나 고정적인 존재로 볼 수 없다고 유학자들은 간주하는 것이다.

교육의 중요성에 대한 강조 역시 공자로부터 이어지는 유학사상의 전통이다. 공자의 가르침과 언행을 기록한 《논어》는 '배움[學]'이란 글자로 시작하고 있으며, 공자는 스스로를 "배우기를 좋아하는 사람"[95]과 "가르치기를 게을리 하지 않는 사람"[96]이라고 하여, 배우고 가르치는 일을 중요하게 여기고 있다.

맹자도 교육을 중시하여,[97] "천하의 영재를 얻어서 이들을 교육하는 일은 군자의 세 가지 즐거움 가운데 하나로서, 천하를 지배하고 다스리는 일은 군자의 즐거움에 들지 못한다"[98]라고 진술함으로써 교육을 그 무엇보다 중요한 일로 내세우고 있다. 그는 한 걸음 더 나아가 교육을 선각자 또는 군자의 의무라고까지 격상시켜,[99] "중정(中正)의 도를 얻은 사람은 그렇지 못한 사람을 교육하고, 재능 있는 사람은 재능 없는 사람을 교육해야 한다. ······

---

95 《論語》, 公冶長 27.

96 述而 33.

97 오늘날 쓰이는 "敎育"이란 용어는 맹자가 유명한 君子三樂說(《孟子》, 盡心上 20)에서 처음 사용한 말이다.

98 《孟子》, 盡心上 20.

99 天之生此民也 使先知覺後知 使先覺覺後覺也 予天民之先覺者也 予將以斯道覺斯民也 非予覺之而誰也(萬章上 7). 萬章下 1장에서 伯夷·伊尹·柳下惠·孔子와 비교하여 聖人의 품격을 논하면서 伊尹을 기술하는 데에도 같은 말이 나오고 있어, 맹자가 교육의 책임을 얼마나 통감하고 있는지 알 수 있게 한다.

만일 중정의 도를 얻은 사람이 그렇지 못한 사람을 버리고, 재능 있는 사람이 그렇지 못한 사람을 버려 교육하지 않는다면, 현명한 사람과 어리석은 사람의 차이는 거의 없을 것이다"[100]라는 입장을 밝히고 있다. 따라서 맹자도 "가르침을 베푸는 데 있어 가는 사람은 좇지 않고, 오는 사람은 거절하는 법이 없었으며, 진실로 도를 배우겠다는 마음으로 오면, 이를 모두 받아들일 뿐이었다."[101] 공·맹의 이런 태도는 순자에게도 이어져,《순자》 32편 가운데 제1편인 〈권학(勸學)〉 편이 "배움이란 멈출 수 없는 것〔學不可已〕"이란 말로 시작하고 있는 것이다.

이러한 배움의 목표는 도덕의 근거가 자신 속에 본래부터 갖추어져 있다는 사실을 자각하고, 이를 실생활에서 실현함으로써 인간의 존재 의의를 완성하는 일이다. 공자는 이를 "군자는 배움으로써 그 도를 이룩한다"[102]고 표현하고 있으며, 맹자는 "배움의 도란 다른 것이 아니라, 그 놓쳐버린 마음을 찾는 데 있을 뿐이다"[103]라고 하여, 도덕적 자각을 중요하게 여기고 있다. 맹자는 교육의 요체가 자신이 도덕 주체라는 점에 대한 자각에 있다는 사실을 다음과 같이 강조하고 있다.

군자가 올바른 방법으로 깊이 탐구하여 나아가는 까닭은 스스로 깨달아 얻고자 하는 데 있다. 스스로 깨달아 도를 얻으면 이에 처하는 것이 안정되고, 그렇게 되면 도를 활용하는 데 더욱 깊이가 있게 된다. 이렇게 도를 활용하는 데 깊이가 있게 되면, 자기의 좌우 가까이에서 항상 그 근원을 파악하게 된다. 그러므로 군자는 도를 깨달아 스스로 얻고자 하는 것이다.[104]

---

100 中也養不中 才也養不才 …… 如中也棄不中 才也棄不才 則賢不肖之相去 其間不能以寸(離婁下 7).

101 夫子之設科也 往者不追 來者不拒 苟以是心至 斯受之而已矣(盡心下 30).

102 君子學以致其道(《論語》, 子張 7).

103 學問之道無他 求其放心而已矣(《孟子》, 告子上 11).

104 君子深造之以道 欲其自得之也 自得之 則居之安 居之安 則資之深 資之深 則取之左右逢其原 故君子欲其自得之也(離婁下 14).

이 인용문에서 강조하듯이, 맹자는 스스로에게 본유적으로 갖추어져 있는 인의(仁義)의 도를 스스로 자각하여 체득하도록 하는 것이 교육의 기본적인 목표라고 보고 있다. 이렇게 인의를 자각하여 체득하게 되면 도에 처하는 것이 더욱 안정되고, 도를 활용하는 데 더욱 깊이가 있게 되며, 좌우 가까이에서 항상 도의 근원을 파악하는 사람, 곧 이상적 인간이 될 수 있다는 것이다.

순자는 배움의 목표가 이렇게 도의 자각을 통해 소인의 상태에서 이상적 인간의 상태로 변화하는 일에 있다는 사실을 직접 지적하여, "배움의 궁극적인 목표는 사(士)가 되는 데서 시작하여 성인(聖人)이 되는 데서 끝난다"[105]라거나 "배우는 사람은 본디 성인이 되기 위해 배우는 것"[106]이라고 진술하고 있다. 순자는 성인은 태어나면서부터 성인이 아니라, 사람이 할 일을 배우고 닦음으로써 보통 사람에서 변화하여 이르는 상태임을 강조한다.[107] 이렇게 배움의 목표가 인간의 존재 의의를 완성한 성인의 상태에 도달하는 일이고, 따라서 성인은 배움을 통해서 이루어진다는 관점은 유학자들에게 공통적인 것이다.

이러한 배움에 대한 예찬은 인간의 무한한 가변성에 대한 믿음에 근거를 두고 있다. 유학자들은 사람에게 본래부터 인지능력과 도덕적 행위능력이 갖추어져 있음을 전제하고 있다. 맹자는 "생각하지 않고도 알 수 있는 인식능력"인 양지(良知)와 "배우지 않고도 행할 수 있는 도덕적 행위능력"인 양능(良能)의 본유설을 주장하고 있고,[108] 순자도 역시 인지능력〔知〕과 도덕적 행위능력〔能〕의 본유설을 인정하고 있다.[109] 바로 이러한 선천적 인식능

---

105 學惡乎始 惡乎終 …… 其義則始乎爲士 終乎爲聖人(《荀子》, 勸學 12).

106 聖人者道之極也 故學者固學爲聖人也(禮論 14).

107 涂之人百姓 積善而全盡 謂之聖人 彼求之而後得 爲之而後成 積之而後高 盡之而後聖 故聖人也者 人之所積也(儒效 36); 今使塗之人伏術爲學 專心一志 思索孰察 加日縣久 積善而不息 則通於神明 參於天地矣 故聖人者 人之所積而致也(性惡 14).

108 《孟子》, 盡心上 15.

109 《荀子》, 正名 3.

력과 도덕적 행위능력을 통해 사람은 스스로가 도덕 주체라는 사실을 자각하여 배울 수 있고, 이러한 배움을 실생활에서 실행함으로써 성인의 상태로 변화될 수 있다는 것이 유학자들의 한결같은 주장이다. 이러한 인식능력과 행위능력의 본유성에 대한 입장은 바로 인간의 무한한 가변성에 대한 확신의 배경이 되어, 자기 성찰과 자기개선을 통해 성인의 상태로 변모될 수 있는 근거를 이룬다.

유학자들에게 자기개선은 성인이나 군자가 되기 위한 전제이다.[110] 공자는 거듭거듭 개과(改過)를 통한 자기개선을 강조하고 있으며,[111] 이러한 태도는 맹자와[112] 순자에게도[113] 그대로 이어지고 있다. 이러한 자기개선을 통해 인간은 소인의 상태에서 벗어나 군자와 성인의 상태에 이르게 된다고 유학자들은 보며, 따라서 자기개선은 교육의 목표(성인이 되는 일)를 이루는 핵심 과정인 것이다. 이렇게 가능체인 존재로 인간을 파악하는 유학사상의 입장에서는 인간의 가변성에 대한 강조와 자기개선을 위한 노력을 중시하는 태도가 나오게 되는 것이다.

개인을 '가변적이고 과정적인 존재'로 파악하는 유학사상에서 도출되는 개인의 '가변성'과 '자기개선의 노력'을 중시하는 삶의 태도는, 이를 그 사상적 배경으로 하고 있는 집단주의 사회에 살고 있는 현대 동아시아인의 심성과 행동의 특징으로 그대로 이어지고 있다. 집단주의 사회인들은 인간의 가변성에 대한 믿음에 바탕을 두고, 스스로의 부적 특성과 단점을 확인하고 이를 수정함으로써 자기 향상을 꾀하려는 경향이 강하다. 이들은 개인의 성격이나 능력은 시간과 상황에 따라 체계적으로 변화하는 역동적이고 가변적인 것이라고 보는 '증가설적 신념체계'를 강하게 보유하고 있다.[114] 그 결

---

110 이에 대해서는 졸저(조긍호, 2003a, pp. 379-389; 2006, pp. 339-348) 참조.

111 《論語》, 學而 8; 里仁 17; 雍也 2; 述而 21, 30; 子罕 24; 顔淵 4; 衛靈公 29; 子張 21.

112 《孟子》, 公孫丑下 9; 告子下 15.

113 《荀子》, 勸學 2.

114 Cousins, 1989; Chiu, C. et al., 1997; Dweck et al., 1993; Heine et al., 2001; Hong et al., 1997; Lee, F. et al., 1996; Markus & Kitayama, 1991a, b, 1994a; Miller, J. G., 1984 등.

과, 이들은 개인의 성격이란 살아가는 동안 계속 변화하는 가변적인 것이라고 인식하며,[115] 지능 같은 능력도 고정적인 것이 아니라 개인의 노력에 따라 얼마든지 변화할 수 있다고 본다.[116] 이러한 사실은 동아시아인들이, 인간이란 상황의 영향과 개인의 노력에 따라 달라질 수 있는 가변적인 존재라고 인식하는 경향이 강함을 드러내주는 증거이다.

3) 유학사상의 인간관·개인관과 집단주의 문화의 특징

이상에서 보았듯이, 유학자들은 인간 존재의 기본 특성을 사람과 사람 사이의 관계라는 사회성에서 찾고 있다. 곧 사회적 관계체로 인간의 존재 특성을 규정하는 것이 유학사상에서 도출되는 인간 파악의 가장 기본적인 입장인 것이다. 말하자면, 인간이 보유하고 있는 도덕적 기초는 바로 이러한 인간 존재의 사회성에서 비롯하는 것이다.

유학사상에서 강조하는 인간의 능동성과 주체성, 그리고 가변성과 가능성도 인간의 사회성과 도덕성에 대한 인식을 바탕으로 하는 것이다. 곧 스스로 본래부터 모든 도덕성의 근거를 갖추고 있으므로, 이를 잃지〔放心·失心〕 말고, 잘 간직하고〔存心〕 길러서〔養性〕, 일상생활에서 실천하는 것이 능동적 주체적인 삶의 자세라는 데 유학사상의 근본 주장이 담겨 있다. 따라서 능동적, 주체적, 가능체적 존재로 인간 존재를 파악하는 관점은 사회적 관계체로 인간을 바라보는 태도에서 연역되어 나오는 입장이라 할 수 있을 것이다. 이렇게 유학사상이 지니고 있는 여러 가지 특징의 배경에는 인간 존재의 사회성을 강조한다는 사실이 놓여 있으며, 바로 이 점이 유학사상의 전통을 지닌 동아시아 사회에 집단주의 문화가 생성된 바탕인 것이다.

---

115 Choi, I., & Nisbett, 1998, 2000; Choi, I. et al., 1999; Nisbett, 2003; Norenzayan et al., 2002.

116 Markus & Kitayama, 1991a.

유학사상에서 이렇게 사회적 관계체, 능동적 주체자, 그리고 무한한 가능체로 인간 존재를 개념화하는 관점은, 곧바로 개인을 의무·역할·배려의 복합체, 덕성 주체, 그리고 가변적이고 과정적인 존재라고 보는 시각으로 이어진다. 주의의 초점, 통제 대상, 인간의 변화가능성의 세 차원에서 자율성·독립성, 자기 주장, 안정성을 강조하는 개인주의 사회와는 달리, 집단주의 사회에서는 연계성·조화성, 자기 억제, 가변성을 강조함을 앞에서 살펴보았다(표 2-2 참조). 집단주의 사회의 이러한 특징들은 위에서 제시된 바처럼 유학사상에서 도출되는 인간 일반과 개인 존재를 파악하는 세 입장과 깊게 관련되어 있다.

(1) 사회적 관계체(의무·역할의 복합체)라는 존재 인식과 주의의 초점

유학사상에서 '사회적 관계체' 및 '의무·역할의 복합체'로 인간을 파악하는 관점은 사회 구성의 기본 단위를 사람들 사이의 관계에서 찾는 견해로부터 나온다. 이는 맹자의 오륜설(五倫說)과 순자의 대본설(大本說)에서 직접 끌어낼 수 있는 사실이다.

사람이 배불리 먹고, 따뜻하게 입고, 편안히 거처하면서 배움이 없으면, 새나 짐승과 다를 바가 없게 된다. 성인(여기서는 순임금을 가리킴)이 이를 걱정하여, 신하인 설(契)에게 사도(司徒: 주로 백성의 교화를 맡아 보았던 관리)를 시켜, 인륜(人倫)을 가르치게 하였다: 이는 부모와 자식 사이에는 친애함이 있어야 하고〔父子有親〕, 군주와 신하 사이에는 올바름이 있어야 하며〔君臣有義〕, 남편과 아내 사이에는 직분의 나뉨이 있어야 하고〔夫婦有別〕, 어른과 아이 사이에는 순서가 있어야 하며〔長幼有序〕, 벗들 사이에는 믿음이 있어야 한다〔朋友有信〕는 다섯 가지다.[117]

---

117 《孟子》, 滕文公上 4.

유명한 이 오륜설을 통해 맹자가 주장하려고 했던 바의 핵심은 '인간 사회는 개별적인 개체로 존재하는 개인으로 구성되는 것이 아니라, 부모-자식, 군주-신하, 남편-아내, 어른-아이, 벗-벗의 관계로 구성되며, 이들 관계에는 필연적으로 친애함·올바름·분별·순서·믿음의 질서가 이루어져야 하고, 그래야 조화롭고 평화로운 사회가 만들어 질 수 있다'는 사실이다. 이렇게 사람들 사이의 관계가 사회 구성의 궁극적 단위라는 사실을 순자는 "군주와 신하, 부모와 자식, 형과 동생 및 남편과 아내 사이의 관계는 처음이자 마지막이고, 마지막이자 처음으로서, 천지와 더불어 이치를 같이 하고, 만세를 통하여 영구히 지속되는 위대한 근본[大本]"[118]이라고 표현하고 있다.

이러한 관점에서는, 모든 사회 행위는 관계 속에 내포된 질서와 조화의 달성을 목표로 하게 되고, 이러한 질서와 조화는 각 관계 속에 본래부터 갖추어져 있는 역할의 쌍무적인 수행을 통해 달성된다고 본다. 이것이 "군주는 군주의 역할을 다하고, 신하는 신하의 역할을 다하며, 부모는 부모의 역할을 다하고, 자식은 자식의 역할을 다하는"[119] 정명론의 체계이다. 맹자와 순자도 이러한 공자의 정명론의 체계를 받아들여, 사회관계 속에서 각자의 역할을 정확히 인식하고[明分], 이를 충실히 수행하는 것[守分]이 사회의 조화와 평화를 이루는 핵심이라고 보고 있다.

따라서 유학사상에서는 사회적 관계체인 인간이 하는 모든 행위의 원동력을 사회관계 속의 역할과 의무에서 찾는 태도가 나오게 되며, 결과적으로 이러한 역할과 의무의 근거인 관계 당사자들 사이의 '연계성'이나 그들에 대한 '관심과 배려'를 강조하게 된다. 이러한 관점은 사회 행위의 원동력과 목표(주의의 초점) 차원에서 자율성을 강조하는 개인주의 문화와는 달리, 사람들 사이의 연계성을 강조하는 집단주의 문화의 관점과 같은 것이다.

---

118 《荀子》, 王制 19-20.

119 《論語》, 顔淵 11.

이렇게 보면, 유학사상에서 도출되는 인간 파악의 첫 번째 관점(사회적 관계체, 의무·역할의 복합체)은 집단주의 문화와 개인주의 문화를 대비하는 제1의 비교틀(행위 원동력과 목표에 따른 주의의 초점 차원) 가운데 집단주의 문화의 기본틀(주의의 초점 = 타인과 사회; 사회 행위의 원동력 = 역할과 의무; 대인평가·귀인·정서·동기 과정에서 추구하는 강조점 = 연계성·조화성)과 상응하고, 이러한 점에서 유학사상이 지닌 집단주의적 특징 가운데 하나를 이끌어낼 수 있는 것이다.

(2) 능동적 주체자(덕성 주체)라는 존재 인식과 통제 대상

유학사상에서 '능동적 주체자'로 인간을 파악하는 관점은 인의예지를 비롯한 모든 도덕적 바탕이 사람에게 본래부터 갖추어져 있다는 사실과 이에 대한 주체적 인식에서 연유한다. 유학사상사에서 선의 근거가 인간에게 본래부터 내재하고 있다는 사실은 맹자의 성선설에서 비롯된다.

사실 초기 유학의 핵심은 인(仁)의 체득과 그 실천을 강조한 데 있다. 이는 공자가 그 제자인 증자(曾子)에게 "나의 도(道)는 하나로써 관통되고 있다"라고 한 데 대해, 증자가 이를 "선생님의 도는 충서(忠恕)일 뿐"이라고 해석한[120] 점에서 잘 드러난다. 주희는 《논어집주(論語集註)》에서 "자기를 다하는 것이 충〔盡己之謂忠〕"이고, "자기를 미루어 남에게까지 미치는 것이 서〔推己之謂恕〕"라고 풀이했다. 곧 '충'은 인의 체득을 말하는 것이고, '서'는 인의 실천을 말하는 것이라는 의미이다. 그러나 "공자는 인을 주장하였지만, 어째서 인간이 인을 실천해야 하는가에 대한 이유를 설명하지 아니하였다. 맹자는 바로 이러한 질문에 해답을 주려 하였으며, 이것이 바로 성선설이다."[121]

이러한 맹자의 성선설은 유학사에서 획기적인 의의를 갖는 것이다. "왜냐

---

120 子曰 參乎 吾道一以貫之 曾子曰 唯 子出 門人問曰 何謂也 曾子曰 夫子之道 忠恕而已矣(《論語》, 里仁 15).

121 馮友蘭, 1948/1977, p. 106.

하면, 맹자의 성선설이 나옴으로 해서 유가는 비로소 인간을 만물과 구별하고 도덕의 총부로 보는 천지지성(天地之性) 또는 천명(天命)과 연결시킬 수 있는 근본이 섰기 때문이다."[122] 실로 맹자 사상의 핵심은 성선설에 있으며, 다른 문제에 대한 입장들은 모두 성선설에 뿌리를 대고 있다고 볼 수 있다.

곤경에 빠진 사람을 불쌍히 여기는 마음[惻隱之心], 나의 옳지 않음을 부끄러워하고 남의 옳지 않음을 미워하는 마음[羞惡之心], 사양하는 마음[辭讓之心], 옳고 그름을 가리려는 마음[是非之心] 같은 인의예지의 근거[四端]가 인간에게 본래부터 갖추어져 있다는 성선설에서, 도덕 근거의 본유성보다 맹자가 더욱 강조하고 있는 것은 이에 대한 주체적 자각의 문제이다. 이러한 사실은 공자로부터 이어지는 유학의 가장 핵심적인 시각의 하나이다.

이러한 관점에서는 모든 사회 행위의 원인과 결과를 '덕성 주체'인 자신의 내부로 귀환시켜, 자신 속에 침잠할 것을 강조하게 된다. 곧 스스로가 능동적이고 주체적인 행위 원천이므로, 통제의 대상은 바로 자기 자신에게 있다고 보게 되고, 따라서 모든 결과의 책임을 스스로가 떠맡음으로써, 자기 주장 대신 '자기를 억제'하는 태도를 중시하게 된다.

이렇게 보면, 유학사상에서 도출되는 인간 파악의 두 번째 관점(능동적 주체자, 덕성 주체)은 집단주의 문화와 개인주의 문화를 대비하는 제2의 비교 틀(자기 표현의 양식에 따른 통제 대상의 차원) 가운데 집단주의 문화의 기본틀(통제 대상 = 자기 자신; 자기 표현의 양식 = 자기 억제)과 상응함을 볼 수 있고, 이러한 점에서도 유학사상이 집단주의적 특징을 지니고 있음을 추론할 수 있는 것이다.

(3) 무한한 가능체(가변적 과정적 존재)라는 존재 인식과 행위 가변성

인간을 '무한한 가능체'로 파악하는 유학사상에서 강조하는 배움의 목표

---

122 김충렬, 1982, pp. 173-174.

는 도덕적 주체인 인간 존재의 완성에 있다. 공자는 이를 "군자는 배움으로써 그 도를 이룩한다"[123]고 완곡하게 표현하고 있는데, 순자는 배움의 목표에 대해 다음과 같이 직접적으로 진술하고 있다.

> 배움이란 진실로 멈출 곳을 배우는 것이다. 어디에서 멈출 것인가? 지극히 만족할 만한 곳에서 멈추어야 한다. 무엇을 지극히 만족할 만한 곳이라고 말하는가? 그것은 성인의 상태이다. 성인이란 사람의 도리를 다한 사람인 것이다.[124]

이렇게 순자는 성인은 태어나면서부터 성인이 아니라, 사람이 할 일을 배우고 닦아서 이루어지는 것임을 강조한다.[125] 그러므로 "배우는 사람은 본래 성인이 되기 위해 배우는 것"[126]이며, 이렇게 배운 내용을 실행하여 밝게 된 사람이 바로 성인이다.[127] 배움의 목표가 인간 존재의 완성을 이룬 성인의 상태에 이르는 것이고, 따라서 성인이란 배움을 통해 이루어진다는 이러한 관점은 유학자들에게 공통적이다.

그런데 이러한 배움에 대한 예찬은 사람이 본래부터 도덕적 인식과 행위의 능력을 갖추고 있는 존재라는 사실을 전제로 한다. 맹자는 이를 "생각하지 않고도 알 수 있는" 선천적 인지능력[良知]과 "배우지 않고도 할 수 있는" 선천적 도덕 행위능력[良能]이라 표현하고 있고,[128] 순자는 본래부터 갖추고 있는 인지능력[知]과 도덕적 행위능력[能]이라 부르고 있다.[129] 바로 이렇게 선천적 인식능력과 도덕적 행위능력을 가지고 있기 때문에 사람

---

123 《論語》, 子張 7.

124 《荀子》, 解蔽 26.

125 儒效 36; 性惡 13, 14.

126 禮論 14.

127 不聞不若聞之 聞之不若見之 見之不若知之 知之不若行之 學至於行之而止矣 行之明也 明之爲聖人 聖人也者 …… 無他道焉 已乎行之矣(儒效 33).

128 《孟子》, 盡心上 15.

129 《荀子》, 正名 3.

은 배울 수 있고, 이러한 배움을 통해 결과적으로 요(堯)·순(舜)·우(禹) 같
은 성인이 될 수 있다는[130] 것이 유학자들의 한결같은 주장이다.

이러한 본유적인 인식능력과 행위능력에 대한 확신은 인간의 가소성(可
塑性), 곧 인간은 관계에 따른 역할의 연쇄망 속에서 상대방과 맺는 관계가
달라짐에 따라 변화하는 역할을 충분히 인식하여 수행할 수 있을 뿐만 아니
라, 자기 잘못을 적극적으로 찾아 고침으로써 자기개선을 이룰 수 있는 존
재라는 믿음의 근거이기도 하다.

유학자들에게 자기개선은 성인이나 군자가 되기 위한 바탕이다.[131] 《논어》
에서 공자는 "군자의 허물은 일식·월식과 같아서 사람들이 모두 알아보고,
잘못을 고치게 되면 사람들이 모두 우러러본다"[132]거나, 심지어 "내게 잘못이
있으면 사람들이 알려주니, 나는 참 다행이다"[133]라고 진술하여, 개과를 통한
자기개선을 거듭 강조하고 있다.[134] 맹자도 공자와 마찬가지로 잘못을 고쳐
자기개선을 이루는 일을[135] 중시하고 있으며, 순자도 널리 배우고 날로 자기
에게 참험하여 잘못을 고치는 일의[136] 중요성을 강조하고 있다.

따라서 이러한 '가능체'로 인간을 파악하여 개인을 '가변적이고 과정적
인 존재'로 인식하는 관점에서는 인간의 '가변성'에 대한 강조와 '자기개선'
을 위한 노력을 중시하는 태도가 나오게 된다. 이러한 점은 행위의 변이가
능성 차원에서 일관적인 안정성을 강조하는 개인주의 문화와는 달리, 상황

---

130 《孟子》 告子上篇 5장(人皆可以爲堯舜)에서 이러한 사실이 집약적으로 논술되고 있으며,
　　《荀子》에서는 이러한 주장이 전편에 산견되나, 특히 性惡篇 13(凡禹之所以爲禹者 以其
　　爲仁義法正也 然則仁義法正 有可知可能之理 然而塗之人也 皆有可以知仁義法正之質 皆有可
　　以能仁義法正之具 然則其可以爲禹明矣)에서 명확히 진술되고 있다.

131 이에 대해서는 졸저(조긍호, 2003a, pp. 379-389; 2006, pp. 482-487) 참조.

132 君子之過也 如日月之食焉 過也 人皆見之 更也 人皆仰之(《論語》, 子張 21).

133 子曰 丘也幸 苟有過 人必知之(述而 30).

134 學而 8; 里仁 17; 雍也 2; 述而 21; 子罕 24; 顔淵 4; 衛靈公 29 등.

135 且古之君子 過則改之 今之君子 過則順之 古之君子 其過也 如日月之食 民皆見之 及其更也 民
　　皆仰之 今之君子 豈徒順之 又從而爲之辭(《孟子》, 公孫丑下 9); 人恒過然後能改(告子下 15).

136 君子博學 而日參省乎己 則智明而行無過矣(《荀子》, 勸學 2).

에 따른 가변성을 강조하는 집단주의 문화의 입장과 같은 것이다.

이렇게 보면, 유학사상에서 도출되는 인간 파악의 세 번째 관점(무한한 가능체, 가변적 과정적 존재)은 집단주의와 개인주의 문화를 고찰하는 제3의 비교틀(행위의 변이가능성에 따른 변화가능성 차원) 가운데 집단주의 문화의 기본틀(변화가능성 = 가변성; 자기 향상의 방안 = 자기개선)과 상응하고, 이러한 점에서도 집단주의 문화의 유학사상적 배경 가운데 하나를 확인해 볼 수 있는 것이다.

4. 자유주의와 유학사상의 개인관 대비

이상에서 서구 개인주의와 동아시아 집단주의의 사상적 배경이 되어온 자유주의 이념과 유학사상에서 개인 존재를 파악하는 관점을 살펴보고, 이어서 이러한 개인관이 현대 서구인과 동아시아인의 심성과 행동의 특징을 개관하기 위한 개념틀(표 2-2 참조)과 어떻게 연결되고 있는지 고찰해 보았다. 이러한 논의를 통해 개인주의와 집단주의 사회인들이 주의의 초점, 통제의 대상 및 행위의 변이가능성의 세 차원에서 드러내는 강조점의 차이들은, 대체로 이 두 사회의 사상적 배경인 자유주의 이념과 유학사상에서 개인 존재를 파악하는 입장의 차이로부터 직접 도출된다는 사실을 확인할 수 있었다.[1]

1) 자유의 보유자 – 의무·역할·배려의 복합체

자유주의 이념에서 개인 존재를 파악하는 관점은 무엇보다도 개인을 '자유의 보유자'로 인식하는 것이다. 17세기 이래 서구 사회에서는 개인이 신앙의 자유, 양심의 자유, 표현의 자유, 정치적 자유, 경제적 자유 및 사생활의 자유 같은 여러 자유를 보유하고 있다는 개인적 자유의 관념이 지배해 왔으며, 이러한 생각이 자유주의 이념의 토대가 되고 있다. 자유주의가 추구해 온 최고의 이념은 이와 같이 개인적 자유의 확보에 있었는데, 이러한

---

1 이 절의 내용은 졸저(조긍호, 2006, pp. 459-464)의 내용을 정리하고 재조직함.

관념의 배후에는 자연권 사상이 놓여 있다. 곧 개인은 생명·재산·행복 추구에 대한 기본권을 천부적으로 부여받고 있으며, 이러한 기본권을 행사하거나 보호하기 위한 필수적인 장치가 바로 개인적 자유라는 것이다. 이러한 자유의 관념에는 개인이 그 어느 누구의 부당한 간섭이나 제재도 받지 않고, 자기에게 가장 유리하거나 적합하거나 또는 타당한 신앙·양심·사상·도덕률·정치 및 경제 체제를 자율적으로 선택할 수 있다는 독립성과 자율성에 대한 신념이 바탕에 깔려 있다.

자유의 보유자로 개인을 파악하는 관점은 곧 개인의 '독립성'과 '자율성'을 중시하는 삶의 태도를 낳게 되며, 결국 독립성과 자율성을 높이 평가하고, 이를 일상생활에서 추구하는 심리적 행동적 경향을 촉발하게 된다. 이러한 개인 존재의 독립성과 자율성에 대한 강조는 개인의 사회 행위의 원동력을 자유의 보유자인 개인이 갖추고 있는 독특한 내적 속성(성격·능력·욕구·감정 따위)에서 찾는 입장을 낳게 된다. 따라서 개인주의 사회에서는 주의의 초점이 개인 존재 및 그의 내적 속성에 쏠리게 마련인 만큼, 결과적으로 개인주의 사회인이 보이는 자기 중심적인 심리와 행동의 특징이 유발되는 것이다.

자유의 보유자로 개인 존재를 인식하는 자유주의 이념과는 대조적으로, 유학사상은 인간을 '사회적 관계체'로 보는 입장에서, 개인 존재를 사회관계 속에 내포된 '역할·의무 및 타인에 대한 관심과 배려의 복합체'로 간주하는 관점을 굳게 지니고 있다. 유학사상에서는 사회를 이루는 기본 단위는 부자·군신·부부·장유·붕우 같은 사람들 사이의 관계라고 본다. 이러한 관점을 바탕으로 각 관계에서 관계 당사자들에게 요구되는 쌍무적인 역할과 의무의 수행을 통해 관계의 조화와 질서가 달성되고, 그렇게 되면 조화롭고 평화로운 이상 사회가 이루진다고 여긴다. 유학사상에서는 사회 행위의 원동력을 개인이 처한 사회관계 속의 역할과 의무에서 찾게 되며, 결과적으로 이러한 역할과 의무의 근거인 관계 당사자들 사이의 상호연계성이나 상대방에 대한 관심과 배려를 중시하게 된다.

이렇게 개인 존재를 역할·의무·배려의 복합체로 간주하는 관점은 관계 당사자들 사이의 '연계성'과 '조화성'을 중시하는 삶의 태도를 낳으며, 결국 상호연계성과 조화성을 높이 평가하고, 이를 일상생활에서 추구하는 심리적 행동적 경향을 낳는다. 이러한 관계 당사자들 사이의 연계성과 조화성의 강조는 자기 자신보다는 관계를 맺고 있는 상대방이나 집단이, 그리고 자기의 내적 속성보다는 공적 규범과 상황적 요구가 주의의 초점으로 부각되게 할 것이고, 결과적으로 집단주의 사회인이 보이는 타인 또는 집단 중심적인 심리와 행동의 특징으로 연결되는 것이다.

이상에서 보듯이, 표 2-2에서 제시된 바와 같은 주의의 초점 차원에서 나타나는 개인주의와 집단주의 사회의 문화차를 개관하기 위한 개념틀의 특징적인 차이는, 이 두 사회에서 개인 존재를 각각 '자유의 보유자'와 '역할·의무·배려의 복합체'로 보는 차이에서 연유하는 것이다.

2) 이성 주체 - 덕성 주체

자유의 주체로 개인을 파악하는 입장에 이어 자유주의의 이념은 개인을 자신의 행복과 만족을 추구하는 존재, 곧 이기적인 정열과 욕망에 따라 활동하고 행동하는 존재라고 보는 전제 위에 성립하고 있다. 이렇게 사람들 모두가 이기적인 욕망을 추구하다 보면, 필연적으로 욕구 충돌이 빚어질 수밖에 없다. 개인이 본래부터 지닌 이성의 힘이 빛을 발휘하게 되는 것은 이 지점에서라고 자유주의자들은 본다. 곧 '이성의 주체'로서 개인들은 욕구 충돌에서 오는 파국을 피하고, 그러면서도 최대한 각자의 이익을 보장하는 선에서 욕구를 조정하는 체제를 만들기로 합의하게 되고, 그 결과 나타난 것이 사회계약에 따른 국가체제라는 것이다. 이렇게 국가와 사회는 개인의 이성의 산물이라는 것이 자유주의자들의 생각이다. 이러한 이성은 자신에게 유익한 것을 합리적으로 계산하고 선택하는 능력으로 드러난다.

그러므로 이성 주체로 개인 존재를 파악하는 자유주의 입장에서는 인간의 '합리성'을 강조하게 되며, 이성의 힘에 대한 강한 신뢰가 삶의 신조로 부각된다. 그 결과, 이성의 주체인 인간이 외부 환경 세계를 통제할 수 있다고 믿고, 결국 '외부 환경을 통제의 대상으로 보는 태도'를 갖게 된다. 그리하여 이들은 이성 주체인 자기를 적극적으로 표출하고, 자기에게 이익을 가져올 수 있는 요인(자기의 장점이나 긍정적 특성·능력·감정 들)을 확장시키려 노력하며, 자기의 현재와 미래를 과도하게 낙관적으로 인식하는 경향을 띤다. 따라서 자유주의자들에게는 개인주의 사회인이 보이는 바와 같은 적극적인 '자기 주장'을 높이 평가하는 심리와 행동의 특징이 두드러지게 되는 것이다.

이성 주체로 개인 존재를 인식하는 자유주의 이념과는 대조적으로, 유학사상에서는 인간의 능동성과 주체성이 타인에 대한 관심과 배려라는 덕성에서 최대로 드러난다고 본다. 유학사상에서는 인간을 '능동적이고 주체적인 존재'로 파악하는 관점을 가지고 있는데, 이들에게 능동성과 주체성이란 인의예지 같은 도덕의 근거가 개인에게 본래부터 갖추어져 있다는 사실을 자각하고, 이를 실생활에서 실행하는 일을 뜻한다.

그러므로 유학자들에게 인간의 능동성과 주체성은 모든 일의 책임을 도덕 주체인 자기에게서 구하는 태도와 직접 연결되고 있으며, 따라서 자기의 이기적이고 사적인 욕구와 감정을 억제하는 일이 인간의 능동성과 주체성을 발휘함으로써 삶의 목표인 도덕적 완성을 이루는 지름길이 된다고 본다. 그 결과, 유학사상에서는 통제의 대상을 '덕성 주체'인 자기 자신에게서 찾음으로써, '책임의 자기 귀인'과 '자기 억제'를 강조하게 되며, 이러한 경향은 결과적으로 집단주의 사회인이 보이는 자기 은폐적인 심리와 행동의 특징을 낳는 배경이 되고 있는 것이다.

위에서 분명해졌듯이, 표 2-2에서 제시된 바와 같은 통제의 대상 차원에서 나타나는 개인주의와 집단주의 사회의 문화차를 개관하기 위한 개념틀의 특징적인 차이는, 이 두 사회에서 개인 존재를 각각 '이성 주체'와 '덕성 주체'로 보는 차이에서 연유하고 있는 것이다.

3) 불변적이고 안정적인 실체 – 가변적이고 과정적인 존재

자유주의의 이념에서 개인 존재를 파악하는 세 번째 관점은 개인을 안정적이고 고정적이며 불변하는 실체로 인식하는 것이다. 모든 사물이 고정적 속성을 갖추고 있으며, 이러한 속성은 안정적이어서 시간이나 상황에 따라 변화하지 않는다고 생각하는 것은 고대 그리스 시대부터 이어온 서구 문화의 전통이었다. 이러한 세상사에 대한 인식은 사람에 대한 이해에도 그대로 이어져왔는데, 특히 자유주의자들은 모든 개인은 자기만의 독특한 내적 성향(성격·능력·동기 들)을 완비하고 있으며, 이는 다른 사물들과 마찬가지로 '고정적이고 안정적이며 불변적인 실체'라고 본다. 곧 개인은 고정적인 성격 특성과 능력 및 동기 들을 갖추고 있으며, 이러한 고정적 속성들은 시간과 상황에 따라 달라지지 않는 안정성과 불변성을 띤다는 것이다.

이렇게 개인 존재를 고정적, 안정적, 불변적 실체로 파악하는 입장은 현대 서구인들에게 그대로 이어져서, 개인의 성격과 능력은 시간과 상황이 달라져도 변화하지 않는다는 '실체설적 신념체계'를 강하게 드러낸다. 따라서 개인의 내적 성향들 사이, 외적 행동들 사이, 그리고 내적 성향과 외적 행동 사이에는 어떠한 경우에도 안정적이고 불변적인 일관성이 존재하는 것으로 파악하는 경향을 보인다. 그 결과 이들에게는 '안정성'과 '일관성'을 추구하는 심리와 행동의 특징이 강하게 나타나는 것이다.

고정적이고 안정적이며 불변적인 실체로 개인 존재를 인식하는 자유주의 이념과는 대조적으로, 유학사상에서는 인간을 '무한한 가능체'로 보는 관점에 따라 개인을 '가변적이고 과정적인 존재'로 간주하게 된다. 성덕을 지향하는 체계인 유학사상은 일상생활에서 가르침과 배움을 통해 누구나 덕을 이룰 수 있는 가능성을 갖추고 있다고 여긴다. 배움을 통해 사람은 불완전한 소인의 상태에서 덕을 이룬 군자와 성인의 상태로 변화될 수 있다는 관점에 따라, 개인을 가변적이고 과정적인 존재로 파악하는 것이 유학사상의 특징인 것이다. 인간을 관계 속의 존재로 파악하는 유학사상에서는 맺고 있는 관계의 양상에 따라 달라지는 역할과 의무에 맞추어 스스로를 변화시키는 가변성을 강조하기도 한다.

이렇게 인간을 고정적이고 불변적인 존재가 아니라 과정적이고 가변적인 존재라고 보는 유학사상의 관점에서는 자기의 단점을 확인하고 수용하며, 배움을 통해 이를 개선함으로써 자기 향상을 이룰 수 있다고 보아, 인간의 '가변성'과 '자기개선'을 강조한다. 개인 존재의 가변성과 자기개선을 강조하는 이러한 유학사상의 입장은 현대 동아시아인들에게도 그대로 이어져서, 개인의 성격과 능력은 시간과 상황에 따라 역동적으로 변화될 수 있다는 '증가설적 신념체계'를 강하게 드러낸다. 따라서 자기의 부정적 요인(단점과 부정적 특성·감정 들)도 무난히 수용하고, 이를 개선하는 일을 가치롭게 여기며, 성취 장면에서 능력보다는 노력을 높이 평가하는 경향을 낳게 된다. 그 결과, 이들에게서는 상황에 따른 행위가변성을 중시하고 자기의 단점을 수용하고 고치려는 심리와 행동의 특징이 강하게 나타나는 것이다.

앞의 논의에서 확실하게 드러나듯이, 표 2-2에서 제시된 바와 같은 변화가능성 차원에서 나타나는 개인주의와 집단주의 사회의 문화차를 개관하기 위한 개념틀의 특징적인 차이는, 이 두 사회에서 개인 존재를 각각 '고정적이고 안정적이며 불변적인 실체'와 '가변적이고 과정적인 존재'로 보는 차이에서 비롯하는 것이다.

4) 개인관과 문화차 개관의 틀 대비

이상에서 분명해졌듯이, 표 2-2에서 제시된 개인주의와 집단주의 사회의 문화차를 개관하기 위한 세 차원(주의의 초점, 통제의 대상, 변화가능성)에서 나타나는 특징적인 여러 차이는, 모두 두 사회의 사상적 배경인 자유주의 이념과 유학사상에서 개인 존재를 파악하는 입장과 그로부터 도출되는 강조점의 차이에서 비롯하고 있다. 이러한 사실을 표로 대비해 보면 표 2-3과 같은데, 이와 표 2-2를 대조해 보면, 개인주의는 자유주의 이념, 그리고 집단주의는 유학사상을 배경으로 하여 태동된 삶의 태도임을 쉽게 확인할 수 있다.

표 2-3. 자유주의 이념과 유학사상에서 개인 존재를 파악하는 입장 대비

차 원	유학사상	자유주의
주의의 초점	역할·의무·배려의 복합체: 연계성·조화성·배려성 강조	자유의 보유자: 독립성·독특성·자율성 강조
통제의 대상	덕성 주체: 자기억제·책임의 자기귀인 강조	이성 주체: 자기주장·자기고양 강조
변화가능성	가변적 과정적 존재: 가변성·자기개선 강조	고정적, 안정적, 불변적 실체: 안정성·일관성 강조

이상에서 보았듯이, 유학사상에서 개인을 '역할·의무·배려의 복합체'로 보는 관점은 자유주의에서 개인을 '자유의 보유자'로 인식하는 관점과 대를 이루어, 전자는 주의의 초점 차원에서 동아시아 집단주의 사회가 '연계성·조화성·배려성'을 강조하게 만드는 배경으로 작용하고, 후자는 서구 개인주의 사회가 '독립성·독특성·자율성'을 강조하게 만드는 배경으로 작용하고 있다.

또한 유학사상에서 개인을 '덕성 주체'로 인식하는 관점은 자유주의에서 개인을 '이성 주체'로 간주하는 관점과 대를 이루어, 동아시아 집단주의 사회와 서구 개인주의 사회가 각각 통제의 대상 차원에서 '자기 억제와 책임의 자기 귀인', '자기 주장과 자기 고양'을 강조하는 태도를 유발하는 배경으로 작용하고 있다.

그리고 유학사상에서 개인을 '가변적이고 과정적인 존재'로 파악하는 관점과 자유주의에서 개인을 '고정적이고 안정적이며 불변적인 실체'로 보는 관점이 또 하나의 대를 이루어, 인간이 갖추고 있는 여러 가지 능력과 특성들의 변화가능성 차원에서 동아시아 집단주의 사회에서는 '가변성과 자기개선'을 강조하도록 하고, 서구 개인주의 사회에서는 '안정성과 일관성'을 강조하도록 유도하고 있는 것이다.

이러한 사실들은 모두 동아시아 사회에 집단주의 문화가 생성되도록 만든 배경에는 오랫동안 이 사회를 지배해 왔던 유학사상이 놓여 있고, 이와는 대조적으로 서구 사회에 강한 개인주의 문화가 태동되도록 유도한 배경

에는 오랜 세월에 걸쳐 진행되다가 17~18세기에 절정에 이른 자유주의의 이념체계가 놓여 있음을 확인해 주고 있는 것이다.

제3장
동아시아인의 사회인지와 유학사상

인간의 심리구성체를 지·정·의 삼분체계로 보는 것은 현대심리학이 받아들인 서양 철학의 전통이었다.[1] 이 가운데 정(情)은 현대심리학에서 정서(情緒)로, 의(意)는 동기(動機)로 탐구되어, 인간 행동의 열소적(熱素的) 압력체계 또는 행동동원체계에 대한 연구의 맥을 구성하였다.[2] 이와는 달리, 지(知)는 감각·지각·학습·문제해결·기억 같은 넓은 의미의 인지(認知)의 차원에서 탐구되었다.[3] 이는 인간이 자신과 타인 및 외부 대상 세계를 인식하고, 그 결과로서 지식을 획득하고 축적하여 활용하는 인간 행동의 냉소적(冷素的) 측면에 대한 연구의 맥을 이루었다. 전통적으로 현대심리학은, 특히 1960년대 후반의 인지혁명(cognitive revolution)[4] 이후에는 인지우월주의에 지배되어, 열소적 요인인 정서와 동기는 인간 행동을 설명하는 데 단지 부차적인 가치를 지닌 체계라고 보아, 인지의 부속체계로 간주하는 관점이 주류를 이루었다.[5]

서구에서 인간 심성의 구성 요소를 이렇게 지·정·의 세 요소로 보는 관점은 플라톤에서 시작되어 줄곧 이어오는 전통이었다. 플라톤은 인간의 영혼(psyche)은 이성(logikon)·감정(thumikon)·욕구(epithumetikon)로 구성되어 있다고 주장했다.[6] 그는 이러한 영혼의 세 요소 가운데 이성이 핵심이어서, "정서와 충동은 이성의 다스림을 통해서만 전체로서의 영혼이 일종의 내적 조화를 달성"[7]할 수 있다고 보았다. 1960년대 이후 현대심리학의 핵심 조류인 인지우월주의의 싹은 이미 플라톤이 뿌려놓고 있었던 것이다. 이러한 점

---

1 Geen, 1995a, p. 17; Hilgard, 1980.

2 Parkinson & Colman, 1995, p. xi.

3 Hilgard, 1980, p. 107.

4 1960년대 중반에 실험심리학계에 "인지혁명"의 바람이 몰아친 배경, 과정 및 그 결과에 대해서는 Mandler(2007) 참조.

5 Markus & Zajonc, 1985, pp. 139-141, 213-214.

6 박전규, 1985, p. 44; Bordt, 1999/2003, p. 108; Dickinson, 1967/1989, p. 148; Guthrie, 1960/2003, pp. 148-150.

7 Bordt, 1999/2003, pp. 109-110.

에서 서구인들이 인간을 이성의 주체로 부각시켜 이해해 온 까닭을 이해할 수 있다.

이러한 배경에서 보면, 현대심리학에서 탐구되는 다양한 연구 분야 가운데 가장 많은 주목을 받아온 분야가 인지심리학임은 자명한 사실이다. 인지심리학은 외부 자극의 탐색과 수용, 이를 통한 지식의 획득과 축적, 그리고 이러한 지식을 새로운 문제 사태에 적용하는 일련의 과정을 다루는 영역이다. 이 중에서 사회인지(social cognition)는 사회적 자극인 자신과 타인 및 사회적 사건에 대한 인식과 판단 및 평가 과정을 다루는, 사회심리학의 가장 핵심적인 문제 영역이다. 곧 자기와 타인, 그리고 이들과 관련된 사회적 사건을 어떻게 인식하고 판단하고 평가하는지, 자신과 타인의 행동 또는 사회적 사건을 보고 그 원인을 어디에서 찾으려고 하는지, 그리고 이러한 과정에서 어떠한 요인들이 어떻게 영향을 미치는지 하는 과정을 탐구하는 분야가 사회인지 영역인 것이다.

이 장에서는 동아시아 집단주의 사회인들이 보이는 사회인지의 내용과 그 과정의 특징들이 유학사상에서 도출되는 사회인지에 관한 이론체계와 맥을 같이 하고 있다는 사실을 확인함으로써, 동아시아 집단주의의 배경에 유학사상이 놓여 있다는 추론의 이론적 타당성을 검증해 보고자 한다. 이를 위해 우선 사회인지 분야에서 이루어진 문화비교연구의 결과들을 문화차 개관의 틀(표 2-2)을 바탕으로 종합하여, 동아시아 집단주의 사회인들이 보이는 특징적인 사회인지의 과정과 내용들을 서구 개인주의 사회인들의 그것과 비교해 정리하도록 하겠다. 이어서 유학사상의 원형인 선진유학의 경전들에서 사회인지와 관련된 내용들을 추출하여, 유학자들이 제시하는 사회인지의 이론체계를 정립해 보기로 하겠다. 마지막으로 이 두 작업의 결과를 종합하여, 현대 동아시아인들이 보이는 사회인지 과정의 특징들이 유학사상에서 도출되는 사회인지 이론체계와 논리적인 정합 관계를 맺고 있는지 검토하도록 하겠다.

1. 문화 유형에 따른 사회인지의 차이

전통적 심리학이 추구해 온 보편성 추구 경향은 사회심리학의 핵심 연구 분야인 사회인지 영역의 연구에도 그대로 이어져왔다. 이러한 사실은 대상 인물에 대한 지각을 낳는 정보 특성이나 내용보다는, 대상 인물에 대한 지각이 이루어지는 과정을 중시하는 경향이 이 분야의 연구를 주도해 왔다는 점에서 단적으로 드러나고 있다.[1] 이렇게 지각 내용보다는 그 과정에 대한 연구를 중요하게 여기게 된 것은, 인지 내용은 상황의존적이고 일시적인 것이지만 인지 과정은 일관적이고 동일한 처리 절차가 다양한 내용에 보편적으로 적용될 것이라는 가정, 인지 내용은 인지 과정의 결과물일 뿐이라는 전제, 그리고 인지 내용의 연구보다 인지 과정의 분석에서 더 엄격한 방법론적인 정확성을 확보할 수 있을 것이라는 고려에 그 까닭이 있었다.[2]

이러한 맥락에서 비교적 최근까지 사회인지를 비롯한 인지 일반에 관한 연구자들은, 어느 사회에 살고 있든 "사람들은 누구나 동일한 인지 과정을 가지고 있어서 …… 어떤 문화권의 사람들이 타 문화권의 사람들과 서로 다른 신념체계를 지니고 있다면, 그것은 그들이 세상의 다른 측면을 보거나, 아니면 다른 내용을 교육받았기 때문이지, 서로 다른 인지 과정을 보유하고 있기 때문은 아니며 …… 이렇게 인지 과정은 인지의 내용과는 별개

---

1 조긍호, 1986, 1993; Fiske, S. T., & Taylor, 1984; Jones, 1985; Markus & Zajonc, 1985; McArthur & Baron, R. M., 1983; Nisbett, 2003; Schneider, Hastorf, & Ellsworth, 1979; Wyer & Carlston, 1979; Zebrowitz, 1990.

2 Fiske, S. T., & Taylor, 1984, pp. 286-287.

의 문제"[3]라는 관점에서 연구를 진행해 왔다. 그러나 앞에서 살펴본 바와 같이 오랫동안 보편심리학으로 받아들여져 왔던 서구심리학의 허구성이 밝혀지고,[4] 또한 사회 상황에서 이루어지는 사고 과정은 그 내용과 분리할 수 없다는 사실과[5] 함께, 많은 연구들을 통해 인지 과정에 미치는 자극 정보 특성의 영향이 밝혀졌다.[6] 그 결과, 인지 과정의 보편성을 전제하고 있는 기존의 과정 중심의 연구 경향은 새로운 전기를 맞게 되었다.

연구의 새로운 방향은 인지 내용과 그 과정의 문화차에 관한 연구들이 선도하였다. 이러한 연구들을 통해 인지의 내용뿐만 아니라 그 과정, 심지어는 세상에 대한 인식의 양식(cognitive style)까지도 문화권에 따라 달라진다는 사실이 밝혀지게 되었다. 그리하여 "서로 다른 문화권의 사람들이 보이는 태도·신념·기호·가치관(인지 내용)의 차이는 단순히 인지 과정에서 받아들이는 자극의 차이나 과거 경험을 통해 받아온 인지적 훈련의 내용이 다르기 때문만이 아니라, 그들이 가지고 있는 세계를 이해하는 생각의 도구가 서로 다른 데서 나오는 필연적인 결과"[7]라는 사실을 인식하기에 이른 것이다.

이렇게 문화 유형이 달라지면 세상사를 받아들이는 인식의 양식이 달라지고, 그 결과 서로 다른 자극 정보에 선택적으로 민감해짐으로써 대인평가와 행동의 원인 귀속[歸因, attribution] 같은 사회인지의 과정과 그 내용이 달라지게 된다. 앞에서 집단주의 문화와 개인주의 문화에서는, 각각 상황 의존적이고 관계중심적인 인간관 및 상호의존적 자기관과 상황 유리적이고 개인중심적인 인간관 및 독립적 자기관을 가지게 됨을 지적했다. 문화 유형에 따른 이러한 인간관과 자기관의 차이는 사람에게서 중요하게 고려되는

---

3 Nisbett, 2003, p. xiv.

4 제1장 1절(p. 21)의 주 3 참조

5 Nisbett, 2003, p. xvii; Markus & Kitayama, 1991a, p. 231; Pepitone, 1987; Shweder, 1990; Shweder & Bourne, 1984.

6 Markus & Zajonc, 1985; McArthur & Baron, R. M., 1993.

7 Nisbett, 2003, p. xvii

특성을 다르게 하여, 서로 다른 특성에 선택적으로 민감하게 만듦으로써, 표 2-2에서 제시한 바와 같은 주의의 초점, 통제의 대상, 행위의 변이가능성의 차원에서 서로 다른 조망을 낳는 것이다. 곧 개인주의 사회에서는 독립적인 개인이 갖추고 있는 독특하고 안정적인 내적 특성에 선택적으로 민감하게 되어, 결과적으로 자율성·자기주장·안정성을 강조하게 된다. 이와는 대조적으로, 집단주의 사회에서는 상호의존적인 사람들 사이의 관계와 상황적 특성에 선택적으로 민감하게 되어, 결국 연계성·자기억제·가변성을 강조하게 되는 것이다.

이 절에서는 이러한 사실을, 자신 및 타인에 대한 평가(대인평가)와 행동의 원인 귀속(귀인) 분야에서 이루어진 연구들을 개관하여 확인해 보도록 하겠다. 이를 위해 여기에서는 우선 집단주의와 개인주의 사회에서 특징적으로 나타나는 전반적인 인식양식의 차이부터 정리해 보기로 하겠다. 이러한 전반적 인식양식의 차이에서 구체적으로 대인평가와 귀인 영역에서 나타나는 문화차들이 통합적으로 정리될 수 있을 것이기 때문이다. 이 책의 근본적인 목표는 동아시아 집단주의는 유학사상을 배경으로 하고 있다는 사실을 논리적으로 밝히는 데 있다. 따라서 이러한 문화차 분석도 동아시아 집단주의 사회인이 보이는 사회인지의 특징을 중심으로 정리하기로 하겠다.

1) 문화 유형에 따른 전반적인 사회인지 양식의 차이

앞에서 보았듯이, 고대 그리스와 중국의 생태 조건의 차이에서 세상사를 인식하는 사고양식의 차이가 나오게 되고, 이러한 차이는 현대 서구인과 동아시아인이 인간과 세상사를 인식하는 양식의 차이를 낳게 되었다.

니스벳에 따르면, 고대 그리스인들은 좁고 긴 해안가에서 다른 도시국가와 교역을 하면서 삶을 이어갈 수밖에 없었고, 따라서 일찍부터 생활풍습과 사고방식이 다른 사람들과 맞부딪치면서 살아갈 수밖에 없었다. 따라서 그들은 일찍부터 나와 나 아닌 것, 인간과 자연, 하나의 사물과 다른 사물의 차이에 눈을 뜨게 되었으며, 개별적인 사물과 개인이 저마다 지닌 고유하고 독특한 속성을 각각의 본질로 보고 중시하였다. 그리스인들은 각 사물이나 개인이 지닌 이러한 고유하고 독특한 본질이 각 사물 또는 개인의 행동이나 변화의 원천이라고 여겨, 다른 사물 또는 상황 조건과는 분리된 각 개체의 속성을 파악하고, 이들을 분류하여 범주화하고 분석하는 데 힘을 쏟았다.

이와 같은 특징은 '사물 자체'를 분석과 주의의 대상으로 삼는 그리스의 철학을 낳았다. 그리스인들은 사물뿐만 아니라 사람들 각자도 역시 서로 독립적이고 개별적인 실체로 간주했다. 이렇게 그들은 사물 자체를 분석의 출발점으로 삼았기 때문에, 자연스럽게 "사물의 속성 자체에 주의를 기울이고, 그 속성에 근거하여 범주화하고, 그 범주들을 사용해 어떤 규칙을 만들며, 사물들의 움직임을 그 규칙에 따라 이해하려 했던 것이다." 물론 여기서 말하는 '사물'에는 자연 사물뿐만 아니라 인간까지도 포함된다.

그리스인들은 이렇게 개별적인 사물과 개인들이 갖추고 있는 속성은 안정되고 불변하는 것으로 보았다. 그러므로 이러한 고정되고 안정된 속성을 갖추고 있는 사물과 개인들로 구성되는 세계는 그 자체로 쉽게 변화되지 않는 고정된 곳이라고 그들은 생각했다. 그들은 또한 이렇게 고정되고 안정된 속성을 지니고 있는 각 사물, 특히 사람들에게는 각자의 고유하고 독특한 속성을 적극적으로 드러내는 것이 자연스러운 삶의 양식이라고 보았다. 그리하여 그리스인들은 정치집회나 시장 또는 여러 토론의 장에서 자기의 주장을 적극적으로 펼치는 논쟁을 즐겨 했던 것이다.[8]

그리스인들의 이러한 분석적(analytical)이고 범주적(categorical)인 사고양식은 현대 서구인에게도 그대로 이어져, 그들의 개인중심적 인간관 및 세상사 인식의 양식을 낳았다. 그리하여 현대 서구인들도 고대 그리스인들과 마찬가지로, 각 개체가 지닌 고유하고 독특한 특성은 고정되고 불변적이라고 간주하며, 각 개체의 변화나 행위의 원천은 각 개체가 간직하고 있는 이러한 내적 속성에서 찾아야 한다고 보게 되었다. 또한 서구인들에게는 각 개

---

8 Nisbett, 2003, pp. 1-4, 8-12, 17-20. 직접 인용문은 p. 10임.

인이 스스로의 고유성과 독특성을 적극적으로 드러내고 표출하는 일을 인정하고 받아들이는 삶의 태도가 자연스럽게 형성되었다.[9] 이와 같이, 표 2-2에서 제시되어 있는 서구 개인주의 사회의 강조점(독립성·자율성, 자기 주장, 안정성)은 바로 고대 그리스인들의 '분석적이고 범주적인 사고양식'에서 비롯되는 것으로 볼 수 있다.

고대 그리스인들과는 달리, 고대 중국인들은 넓고 비옥한 평야 지역에서 농경에 종사하면서, 몇 세대에 걸쳐 대가족을 이루며 모여 살았다. 그들은 관개와 성 쌓기 및 경작과 수확 같은 많은 사람의 협동이 필요한 일에 종사하면서, 한 지역에서 오랫동안 다른 지역이나 부족 집단과는 거의 교류가 없이 자기들끼리만 집단을 이루어 삶을 영위했던 것이다. 협동과 집단 속에서 조화를 유지하는 것이 그들의 삶의 핵심 양식이었으므로, 고대 중국인들은 인간과 자연, 개인과 집단, 나와 남을 구태여 구별하지 않고, 서로서로가 깊은 연관을 맺고 있는 상호의존적인 존재들로 받아들였다.

니스벳에 따르면, 개인의 주도성과 자율성 대신, 고대 중국에서는 조화로운 인간관계가 중요했다. 중국인들은 어려서부터 스스로를 친족이나 마을, 특히 가족 같은 집합체의 구성원이라고 인식하도록 교육받았다. 그리스인들에게 개인이 특정 상황에 구속되어 있지 않은 독립적인 존재였다면, 중국인들에게 개인은 특정 집단의 구성원이었으며, 따라서 그리스인들에게 개인의 독자적인 정체성이 중요한 것과는 달리, 중국인들에게는 집단의 정체성이 중요했다.[10] 말하자면, "초기 유학자들에게 '나'란 특정한 타인들과 맺는 관계 속에서 부여되는 역할들의 총체일 뿐, 결코 고립된 존재가 아니었다. 결국 개인의 정체성이란 타인과 맺는 관계 속의 역할에 따라 결정되므로, 역할이 바뀌면 정체성도 당연히 바뀐다. 곧 완전히 '다른 나'가 되는 것이다."[11]

이렇게 중국인들은 자신을 다른 사람과 맺는 관계 속에서 파악했고, 이러

---

9 Nisbett, 2003, pp. 29-45.

10 같은 곳, pp. 5-8, 12-20.

11 Rosemont, 1991, p. 90.

한 사고양식은 인간과 주변 환경 사이의 관계에서도 마찬가지였다. 곧 인간은 환경 속에서, 환경과 관련을 맺으면서 조화를 이루며 살아야 하는 존재였다. 따라서 중국인들은 주변 환경을 자신에 맞추어 바꾸기보다는, 자신을 주변 환경에 맞추어 변화시키는 일을 중시하였다. 그들은 끊임없이 자기를 수양하고 억제함으로써, 자기를 둘러싸고 있는 집단 속에서 조화를 이루려 노력했던 것이다. "그리스인들에게 이상적인 행복이란 자신의 독특한 자질을 자유롭게 발휘하는 생활을 하는 것이었지만, 중국인들에게 행복이란 조화로운 사회적 연계망 속에서 평범한 만족을 다른 사람들과 나누며 살아가는 것이었다."[12]

　고대 중국인들의 이러한 종합적(synthetic)이고 총체적(holistic)인 사고양식은 현대 동아시아인들에게도 그대로 이어져, 그들의 상황 의존적이고 관계중심적인 인간관 및 세상사 인식의 양식을 낳았다. 그리하여 현대 동아시아인들도 고대 중국인들과 마찬가지로, 사물이든 인간이든 각 개체는 다른 사물 또는 사람과 맺는 관계 속에서 주어지는 역할과 의무를 지닌 존재라고 간주했으며, 각 개체의 변화나 행위의 원천은 바로 이러한 관계 속의 역할과 의무에서 찾아야 한다고 보게 되었다. 이렇게 동아시아인들에게 각각의 사물 자체나 개인은 다른 사물이나 사람들과 맺는 관련성 속에서만 그 의미를 찾을 수 있는 존재들이므로, 항상 개체를 둘러싸고 있는 상황이나 관계에 주의를 기울이는 삶의 태도가 형성되었다. 곧 그들은 자기를 적극적으로 드러내기보다는 자기를 드러내지 않고 감춤으로써, 관계 속의 조화를 유지하는 일을 중요하게 여긴다. 또한 그들은 스스로의 정체성을 상황 및 관계 속의 역할들에서 찾음으로써, 상황과 관계가 달라지면 자기의 정체성도 변화되는 것으로 여긴다.[13] 이와 같이, 표 2-2에서 제시되어 있는 동아시아 집단주의 사회의 강조점(연계성·조화성, 자기 억제, 가변성)은 바로 고대 중국인들의 '종합적이고 총체적인 사고양식'에서 비롯되는 것으로 볼 수 있다.

---

12 Nisbett, 2003, pp. 5-6.

13 같은 곳, pp. 29-45.

　문화 유형에 따른 이러한 사고양식의 차이는, 대인지각의 장면에서 집단주의자들은 상황이나 관계 맥락적으로 사람을 지각하게 하고, 개인주의자들은 성향(性向, disposition)을 중심으로 사람을 지각하게 만든다.[14] 이러한 사실은 미국과 중국의 아동들에게 사람, 탈것, 가구, 도구, 음식의 그림 중 각각 세 장씩(예: 성인 남자, 성인 여자, 아이)을 제시해 준 다음, 이 가운데 유사한 두 가지를 묶고[유목화(類目化)] 그 까닭을 설명하도록 한 고전적인 실험 연구에서 잘 드러나고 있다.[15] 그 결과, 중국 아동들은 자극들을 관계적이고 맥락적인 양식(relational-contextual style)에 따라 묶어낸 반면(성인 여자와 아이를 묶고, "엄마가 아이를 보살피니까"라고 설명), 미국 아동들은 추론적이고 범주적인 양식(inferential-categorical style)에 따라 묶어냈다(성인 남자와 성인 여자를 묶고, "둘 다 성인이니까"라고 설명). 이러한 차이는 유목화와 그 설명의 영역에서 뿐만 아니라, 개인적으로 잘 알고 있는 타인에 대한 진술,[16] 자기에 관한 기술[17] 및 사람이 아닌 대상(예: 물고기)의 움직임에 대한 진술에서[18] 일관되게 나타나는 경향이다.

　서구 사회의 개인주의자들이 성향 중심적으로 사람을 인식하는 데 반해, 비서구 사회의 집단주의자들은 관계 맥락적으로 사람을 인식하는 이러한 경향에 대해 초기의 연구자들은, 비서구인들은 구체적 행동에서 성향을 추론해 낼 수 있는 능력, 곧 추상적 사고능력이 부족하기 때문이라는 "사고능

---

14 L. Ross와 Nisbett(1991, pp. 2-3, 139-143)은 개인주의 사회에서 이렇게 성향을 중심으로 사람을 파악하는 경향은 역사적 철학적 배경이 깊어서, Mischel(1968)에 의해 개인의 지각된 성향과 실제 행동 사이의 상관이 기껏해야 r = 0.30을 넘지 않아 그 경험적 근거가 희박하다는 사실이 밝혀지고, 또한 Lewin 이후 사회심리학에서 행동에 미치는 상황적 요인의 영향이 개인적 요인의 영향보다 크다는 사실이 밝혀지고 있음에도, 개인주의 사회에서 일반적으로 받아들여지는 신념체계의 일부가 되어 있음을 지적하면서, 이를 "성향주의(dispositionism)"라 부르고 있다.

15 Chiu, L. H., 1972; Ji & Nisbett, 1999.

16 Korten, 1974; Miller, J. G., 1987; Shweder & Bourne, 1984; Zebrowitz, 1990 등.

17 Markus & Kitayama, 1991a, b; Triandis, 1989 등.

18 Masuda & Nisbett, 2001; Nisbett et al., 2001 등.

력 차이 가설"을 통해 설명하려 했다.[19]

그러나 집단주의자들에게서 상황적이고 관계적인 지각 양상이 두드러진다고 해서, 이들의 추상화 능력이 부족한 것은 아니다. 이러한 점은 구체적인 몇 개의 행동으로 대상 인물을 기술해 주고 그의 성격을 나타낼 수 있는 성향을 추론하게 하면, 인도인 피험자들도 미국인 피험자들과 같은 수준의 성향 추론을 해낸다는 사실과[20] 성격 특성어들 간의 유사성 차원 분석에서 중국인·필리핀인·일본인 피험자들도 미국인 피험자들과 똑같은 결과를 보인다는 사실들에서[21] 드러난다. 또한 미국과 일본인 피험자들에게 전형적인 "자기 기술 검사(Twenty Statement Test)"를 실시하면, 미국인 피험자들의 성향 기술 비율(약 60%)이 일본인 피험자들의 그것(약 20%)보다 높지만, 여러 상황 속에서 자기 기술을 하도록 한 수정판 검사를[22] 실시하면, 일본인 피험자들의 성향 기술 비율(약 40%)이 미국인 피험자들의 그것(약 25%)보다 높다는[23] 결과에서도 집단주의자들이 개인주의자들보다 추상화 능력이 부족한 것이 아니라는 점이 잘 드러나고 있다. 이러한 사실은 집단주의자들이 성향 추론의 능력이 부족한 것이 아니라, 그들은 기본적으로 상황 또는 관계 맥락적으로 자기와 타인을 지각함을 뜻하는 것이다.

이러한 결과는, 집단주의 사회에서는 깊이(depth) 차원에서 사람을 지각하고, 개인주의 사회에서는 기술(descriptiveness) 차원에서 사람을 지각하기 때문인지도 모른다.[24] 따라서 이러한 차이는 두 문화인들이 보유하고 있는

---

19 Livesley & Bromley, 1973, pp. 278-282.

20 Miller, J. G., 1987.

21 Bond, 1979.

22 Kuhn과 McPartland(1954)의 자기 기술 검사는 "나는 …… "이라는 문항을 20개 제시하고, 자기에 대해 생각나는 것을 자유롭게 기술하도록 한 것이다. 이에 반해, 수정판 검사는 "집에서의 나는 …… ", "친구들과의 나는 …… ", "학교에서의 나는 …… "과 같이 특정 상황 속의 자기에 대해 자유롭게 기술하도록 한 것이다.

23 Cousins, 1989.

24 Peevers & Secord, 1973: 여기서 깊이 차원은 행동을 상황·시간에 따라 조건적으로 인지하는 정도이며, 기술 차원은 구체적 행동을 추상적 전반적인 성향의 반영으로 인식하는 정

추상화 능력의 차이 때문이 아니라, 두 문화에서 요구되는 적응 가치의 반영일 뿐이다.[25] 곧 집단주의자들은 구체적인 행동이 상황에 따라 변화한다고 여기므로 상황 범주에 민감하게 되고, 결과적으로 깊이 차원에서 정교화가 이루어지지만, 개인주의자들은 구체적인 행동이 행위자의 성향에 따라 변화한다고 여기므로 성향 범주에 민감하게 되고, 결과적으로 기술 차원에서 정교화가 이루어진 결과일 뿐인 것이다.

개인주의자들은 성향 중심으로 사람을 인식하고, 집단주의자들은 상황 중심으로 사람을 인식한다는 이러한 사실은, 우리나라 학생들과 미국 백인 학생들의 자기 진술 결과의 비교에서도 드러나고 있다. 최근에 수행된 어떤 연구에서는 한국의 대학생과 미국 대학생들에게 "자기 기술 검사"를 실시한 결과, 미국 백인들은 추상적인 성향으로 자기를 기술(예: '나는 정직하다')한 비율이 29~35%인 데 비해, 한국 학생들은 이 비율이 12~17%에 불과했음을 발견하였다.[26] 그러나 이 연구에서 자기를 사회적 소속(예: '나는 ○○대학의 학생이다')이나 특정 상황(예: '나는 일요일마다 등산 가기를 좋아한다')과 관련시켜 진술하는 비율은 한국 학생은 16~26%이었지만, 미국 학생들은 9~21%에 불과했다. 곧 개인주의 문화권의 성원들은 자신을 비롯한 사람 일반을 그가 보유하고 있는 개인적 성향을 바탕으로 인식하지만, 집단주의 문화권의 성원들은 자신과 사람 일반을 상황과 소속 집단에 따라 인식하는 것이다.

이상에서 본 바와 같이, 동아시아와 서구 사회에 특징적인 '종합적이고 총체적인 사고양식'과 '분석적이고 범주적인 사고양식'의 차이는 두 사회에서 나타나는 대인평가와 귀인 같은 사회인지의 문화차에 그대로 연결되게 마련이다. 곧 동아시아 집단주의 사회에서는 사람들 사이의 상호의존성과 연계

도이다. Zebrowitz(1990, pp. 11-14)는 대인 기술 장면에서 개인주의자들은 기술 차원이 증가하는 발달 경향을 보이지만, 집단주의자들은 깊이 차원이 증가하는 발달 경향을 보일 가능성이 있음을 지적하고 있다.

25 Zebrowitz, 1990, pp. 11-15.

26 Rhee, Uleman, Lee, H. K., & Roman, 1995.

성 확립이 분석의 목표로 부각되는 설화적(narrative) 평가양식을 낳게 되고, 서구 개인주의 사회에서는 개인이 보유하고 있는 특성들 사이의 공통양상 분석과 이에 바탕을 둔 추상화가 분석 목표로 부각되는 범례적(paradigmatic) 평가양식을 낳게 된다.[27] 다시 말하면, 집단주의 사회에서는 상호의존성과 관계에 따라 사물을 분류하는 종합적 사고가 사회인지의 주요 양식이지만, 개인주의 사회에서는 자극의 요소들을 추출해서 공통적인 측면을 추론하여 범주화하는 분석적 사고가 사회인지의 주요 양식으로 떠오르는 것이다.[28]

2) 문화 유형에 따른 대인평가 양식의 차이

이렇게 두 문화권에서 나타나는 타인 이해의 일반적인 차이는 두 문화에서 요구되는 적응 가치를 반영하는 것이고, 결과적으로 각 문화권의 사람들이 대인평가의 장면에서 구체적으로 중요하게 고려하고 강조하는 특성이 다르기 때문에 유발되는 것이다. 여기에서는 두 문화권에서 지배적으로 드러나고 있는 인간 이해의 기본 조망이 달라짐에 따라 세 차원에서 드러나는 강조점의 차이(연계성-자율성 강조; 자기 억제-자기 주장 강조; 가변성-안정성 강조)를 바탕으로 해서, 이러한 강조점의 차이에서 나오는 두 문화 유형의 특징적인 대인평가 양상의 차이를 끌어내고자 한다.[29]

(1) 주의의 초점: 연계성 강조 - 자율성 강조

관계중심적 인간관이 지배적인 집단주의 사회에서는 사람을 상황 의존적인 관계 속의 존재로 파악한다. 따라서 이러한 관계 속에 내포된 역할과

---

27 Bruner, 1986.

28 Yang, K. S., 1986, pp. 146-148.

29 이 소절과 다음 소절의 내용은 졸저(조긍호, 2003a, pp. 184-214)의 내용에 새로운 자료를 첨가하여 보완하고 재조직함.

의무를 행위의 원동력으로 봄으로써, 개인 사이의 연계성을 강조하게 되고, 결과적으로 타인에 대한 관심과 배려 같은 조화성의 추구를 중요한 대인평가의 기준으로 삼게 된다. 그러나 개인중심적 인간관이 지배하는 개인주의 사회에서는 사람을 상황 유리적인 독립적인 존재로 파악한다. 따라서 이러한 독립적인 개인의 속성(욕구·목표·감정·성향)을 행위의 원동력으로 봄으로써, 개인의 자율성을 강조하게 되며, 결과적으로 개별적인 독특성의 추구를 중요한 대인평가의 기준으로 삼게 된다.

① 참조 기준의 차이

이렇게 집단주의 사회에서는 개인 사이의 연계성을 강조하고 개인주의 사회에서는 개인의 자율성을 강조할 것이라는 추론은, 집단주의 사회에서는 상호의존적 자기의 개념을 갖게 되지만 개인주의 사회에서는 독립적 자기의 개념을 갖게 된다는 사실,[30] 집단주의 사회에서는 도덕 판단의 근거를 사회관계에서 타인과 맺는 연계성에서 찾지만 개인주의 사회에서는 자율적 개인의 권리에서 찾는다는 사실,[31] 그리고 집단주의 사회에서는 공적 집단적 자기가 규범적인 자기 개념이 되지만 개인주의 사회에서는 사적 자기가 규범적인 자기 개념이 된다는 사실[32] 들을 통해 확인되고 있다.

우리나라의 고등학생과 대학생들을 집단중심성향자(집단중심성향은 높고 개인중심성향은 낮은 집단)와 개인중심성향자(개인중심성향은 높고 집단중심성향은 낮은 집단)로 나누어 비교해 보면, 전자는 후자보다 공적 자의식(public self-consciousness) 수준은 높고 사적 자의식(private self-consciousness) 수준은 낮다.[33] 또한 상호의존성의 경향은 집단중심성향자가 개인중심성향자보다 높은 반면, 자율성의 경향은 후자가 전자보다 높은 것으로 확인되고 있기도 하

---

30 Markus & Kitayama, 1991a, b.

31 Miller, J. G., 1984, 1986, 1991; Miller, J. G., & Bersoff, 1992; Miller, J. G., Bersoff, & Harwood, 1990; Miller, J. G., & Luthar, 1989.

32 Triandis, 1989, 1990.

33 조긍호·명정완, 2001.

다.[34] 곧 집단중심성향자들은 개인중심성향자보다 사회적 대상으로 존재하는 자기의 외적 측면과 사회관계에 주목하는 경향은 높은 반면, 개인적 특성·사고·감정·가치·동기 같은 자기의 내적 측면에 주의를 기울이는 경향은 낮았던 것이다. 이러한 사실은 두 문화권에서 지배적인 정체감의 차이는 두 문화권의 성원들이 보이는 주의의 차이 때문에 나타나는 것임을 뜻한다.

두 문화권 성원들이 보이는 이러한 주의의 차이는 몇 가지 흥미로운 연구들을 통해 확인된다. 트버스키(Tversky)는[35] 마드리드가 뉴욕과 비슷한 정도에 대한 판단은 뉴욕이 마드리드와 비슷한 정도에 대한 판단보다 높으며, 재칼이 개와 비슷한 정도에 대한 판단은 개가 재칼과 비슷한 정도에 대한 판단보다 높다는 결과를 근거로, 판단 대상 사이의 "유사성 판단의 비대칭성(asymmetry in similarity judgment)" 현상을 밝혔다. 그는 이러한 현상은, 판단자에게 더 특출하고, 중요하며, 인지적으로 풍부한 대상을 내현적 참조(implicit reference) 또는 비교의 표준(standard of comparison)으로 삼는 경향 때문이라고 설명했다. 따라서 덜 특출하고, 덜 전형적이며, 중요하지 않은 대상(비교의 대상: 이 경우에는 마드리드와 재칼)은 더 특출하고, 전형적이며, 중요한 대상(비교의 표준: 이 경우에는 뉴욕과 개)과 매우 유사한 것으로 지각되지만, 역의 경우에는 그렇지 않다는 것이다.

이러한 관점에서 보면, 개인주의 사회에서는 타인보다 자기에 대한 지식이 더 정교하고 풍부하며, 자기가 타인보다 더 특출한 인지의 초점이 되기 때문에[36] 이들은 자기를 비교의 표준으로 삼아서 자기와 타인 사이의 유사성을 판단하게 될 것이다. 이러한 사실은 미국 학생들은 자기가 다른 사람과 유사한 정도보다는 다른 사람이 자기와 유사한 정도가 더 높다고 생각한다는[37] 결과에서 드러난다. 그러나 미국의 학생들에게서도 이러한

---

34 조긍호·김지용·홍미화·김지현, 2002, 연구 3.

35 Tversky, 1977.

36 조긍호, 1993, 1996a; 조긍호·김은진, 2001; Kunda, 2000; Markus & Kitayama, 1991a, b.

37 Holyoak & Gordon, 1983; Srull & Gaelick, 1983.

경향은, 사적 자의식이 높아서 자기가 일상생활에서 여러 가지에 대한 판단의 기준으로 작용하는 사람들의 경우에만 나타나지, 사적 자의식이 낮은 사람들의 경우에는 나타나지 않는다.[38] 따라서 전술한 바와 같은 유사성 판단의 비대칭성은 개인주의 사회에서 자기를 참조점(reference point)으로 하여, 자기와 타인 사이의 유사성을 판단하기 때문에 나타나는 결과라고 볼 수 있다.

그러나 미국에 유학하고 있는 인도 학생들에게서는 이와는 달리, 다른 사람이 자기와 유사한 정도보다는 자기가 다른 사람과 더 유사하다고 판단하는 경향이 높게 나타난다.[39] 이는 집단주의 사회에서는 "자기에 대한 지식보다는 다른 사람에 대한 지식이 비교적 더 정교하고 특출하므로," 유사성 판단에서 다른 사람을 기준점으로 삼기 때문에 나타난 결과라고 해석할 수 있다.[40] 곧 개인주의 사회에서는 자기에 대한 표상이 타인에 대한 표상보다 더 정교하고 풍부하지만, 집단주의 사회에서는 타인에 대한 표상이 자기에 대한 표상보다 더 정교하거나 "타인이 최소한 자기만큼 풍부하게 표상되기"[41] 때문인 것이다.

이러한 사실은 우리나라 대학생들을 집단중심성향자와 개인중심성향자로 나눈 연구에서도 확인되고 있다. 필자에[42] 따르면, 집단중심성향자들은 친구가 자기에게 유사한 정도(53.3%)보다는 자기가 친구에게 유사한 정도(59.7%)가 크다고 보는 반면, 개인중심성향자들은 자기가 친구에게 유사한 정도(38.2%)보다는 친구가 자기에게 유사한 정도(45.6%)가 더 크다고 보고 있다. 이는 집단주의자들에게는 타인(친구)이 참조의 기준이지만, 개인주의자들에게는 자기가 참조의 기준으로 작용함을 시사하는 것이다.

---

38 Srull & Gaelick, 1983, 실험 3.

39 Kitayama, Markus, Tummala, Kurokawa, & Kato, 1990(Markus & Kitayama, 1991a, pp. 231-232 에서 재인용).

40 Markus & Kitayama, 1991a. p. 23.

41 Kunda, 2000, p. 522.

42 조긍호, 2005, 연구 2.

이렇게 집단중심성향자가 타인을 참조 기준으로 삼아 자신을 평가하는 경향이 높다는 사실은 필자의 최근 연구에서[43] 거듭 검증되고 있다. 이 연구에서 대학생들을 집단중심성향자와 개인중심성향자로 나누었을 때, 자기의 경험을 타인의 관점에서 관찰하는 경향은 전자(평균 6.07)가 후자(평균 5.46)보다 유의미하게 높으며, 또한 전자(평균 5.71)는 후자(평균 4.57)보다 여러 가지 결정을 할 때 자신의 의견이나 감정보다 내집단원인 타인(친구)의 의견이나 감정을 더 고려하는 경향도 높은 것으로 검출되고 있는 것이다. 이러한 경향은 집단중심성향자들 사이에 동질화를 유발하여, 그들 사이의 유사성을 증가시키는 원천으로 작용하게 된다.

이러한 차이는 개인주의 사회에서 일반적으로 나타나는 내집단 이질성-외집단 동질성 지각 경향이[44] 집단주의 사회에서는 내집단 동질성-외집단 이질성 지각 경향으로 나타나게 하는 원인이 되는 것이다.[45] 트리안디스 등은[46] 미국 백인은 외집단원들(5.5~6.2)이 내집단원들(5.1~5.8)보다 서로 간에 더욱 유사한 것으로 지각하는 반면, 중국인들은 내집단원들(6.5~6.7) 사이가 외집단원들(4.8~5.8) 사이보다 서로 간에 더욱 유사한 것으로 지각함을 확인했다.

이러한 결과들은 집단주의 사회에서는 타인을 참조로 하여 자기와 타인의 관계를 인식함으로써, 결과적으로 자기를 타인과 유사하게 지각하지만, 개인주의 사회에서는 자기를 참조로 하여 자기와 타인의 관계를 지각함으로써, 결과적으로 자기의 독특성을 과장하여 지각하게 됨을 뜻하는 것이다. 실제로 우리나라 고등학생과 대학생을 집단중심성향자와 개인중심성향자로 나누고, 이들에게 여러 사회적인 문제에 대해서 자기와 내집단 성원(같은 학교 학생들)이 가지고 있는 의견이나 태도 사이의 합치도를 평정하게 했을 때, 집

---

43 조긍호, 2003b, 연구 2.

44 Quattrone, 1986.

45 Triandis, 1990, pp. 96-100.

46 Triandis et al., 1990.

단중심성향자(53.7%~56.4%)가 개인중심성향자(48.0%~50.0%)보다 내집단 성원과의 합치도를 높게 추정하고 있다.[47] 이러한 사실들은 모두 문화 유형에 따라 자기와 타인을 인식하는 참조 기준이 다름을 나타내주는 것이다.

② 조화성 중시 - 독특성 중시

이러한 강조점의 차이는 두 문화권의 사람들이 중시하고 추구하는 특성의 차이를 낳게 된다. 곧 집단주의 사회에서는 사람들 사이의 연계성을 강조하므로, 일반적으로 사람들은 집단에 대한 동조에 가치를 두게 된다.[48] 따라서 이들은 타인들에게 자신이 단결심과 겸양, 그리고 조화의 특성을 갖고 있음을 보이려고 노력하게 되고, 그 결과 집단의 규범을 내면화하게 되어[49]

---

47 조긍호·김은진, 2001; 조긍호·명정완, 2001.

48 Bond & Hwang, 1986; Bontempo, Lobel, & Triandis, 1990; Chung, 1994.

49 Bond와 Hwang(1986)은, 집단주의 사회에서는 집단 성원과의 조화를 중시하므로 공개적 신념과 개인적 신념이 대립할 때, 개인적 신념을 포기하고 공개적 신념을 수용하는 경향이 두드러지고 따라서 동조 행동이 많아지므로, 공개적인 의견이나 태도는 진실한 내면적인 의견이나 태도가 아닐 가능성이 높다는 '괴리 가설'의 전제에서 동조 행동의 문화 간 차이에 관한 연구들이 진행되어 왔다고 비판하면서, 이에 대비되는 '내면화 가설'을 제시하고 있다. 곧 집단주의 사회에서는 집단을 개인보다 우선시키고, 개인 존재는 집단 속에서만 그 존재 의미를 찾을 수 있다고 봄으로써, 집단 규범을 개인적 규범으로 받아들여 내면화하게 되고, 따라서 공개적인 의견이나 태도는 바로 개인에게 내면화된 가치의 반영이므로 진실한 내면적인 의견이나 태도라고 볼 수 있다는 것이다(Bond & Smith, P. B., 1996; Markus & Kitayama, 1991a, b, 1994b). 이러한 사실은 Bontempo, Lobel과 Triandis(1990)에 의해 직접 밝혀지고 있다. 그들은 브라질(집단주의 문화)과 미국(개인주의 문화)의 피험자들에게 "자기에게 피해가 되는 행동을 내집단의 규범이 요구할 때" 이러한 행동을 하겠는지(당위성)와 이러한 행동이 얼마나 즐겁겠는지(유쾌도)의 두 차원에서 응답하도록 했는데, 이때 응답은 공개 조건과 익명 조건에서 하도록 되어 있었다. 그 결과, 브라질 피험자들의 반응은 공개 조건과 익명 조건에 차이 없이 당위성과 유쾌도에서 모두 높았음에 비해, 미국의 피험자들은 공개 조건에서는 당위성과 유쾌도를 모두 높게 평정했으나, 익명 조건에서는 모두 낮게 평정하여, 두 조건의 반응에 차이가 있었다. 이는 브라질인들은 내집단의 규범을 내면화 하여, 남들에게 알려지지 않을 경우에도 이에 기꺼이 따르는 태도를 보여주고 있는 것으로, 내면화 가설을 직접 지지해 주고 있는 결과이다. 이러한 사실은 일본인들의 경우 내집단 성원에 대한 동조량은 미국인보다 크지만, 낯선 사람들에 대한 동조량은 미국인보다 작다는 결과(Frager, 1970; Matsuda, 1985)에 의

공적 자기(일반적 타인의 '나'에 대한 견해의 인식)는 집단적 자기의 연장선 상에서 이해할 수 있게 된다. 그러나 개인주의 사회에서는 자율성을 강조하므로, 일반적으로 사람들은 자립성(self-reliance)에 가치를 두게 된다. 따라서 이들은 타인들에게 자기가 다른 사람과는 다른 독특성을 가지고 있음을 보이기 위해 노력하게 되고, 그 결과 공적 자기는 사적 자기의 연장이 되는 것이다.[50]

곧 집단주의 사회에서는 "내가 누구인가?"의 학습(집단 내에서의 위치 확인 및 내집단과의 동일성 추구)에 사회화의 강조점이 주어지고, 따라서 집단과의 관계에 따라 정체감이 정의되므로 사회적 정체감의 형성이 일차적인 과제가 되지만, 개인주의 사회에서는 "내가 무엇을 할 수 있나?"의 학습(능력 확인 및 독특성 추구)에 사회화의 강조점이 주어지고, 따라서 개인적인 소유(능력·경험·업적)에 따라 정체감이 정의되므로 개인적 정체감의 형성이 일차적인 과제가 되는 것이다.[51] 이러한 배경에서 보면, 개인주의 사회에서의 정적(正的) 자기 평가는 자기 독특성의 확인 및 인식과 깊은 관련을 맺을 것이라 추론할 수 있다. 따라서 개인주의자들은 정적인 자기관을 갖기 위해서 자기의 능력과 정적인 성향의 독특성을 사실 이상으로 과장하여 지각하는 "허구적 독특성 지각(false uniqueness perception)"의 경향을[52] 강하게 보일 것이다.

마이어스(Myers)는[53] 미국 대학생들 가운데 자기의 지도력이 평균 이상이라고 생각하는 학생은 70%에 이르고, 60%의 학생들은 남들과 잘 어울리는 능력이 상위 10% 안에 든다고 보고 있으며, 심지어 자기의 사교성이 상위 1% 안에 든다고 생각하는 학생도 25%에 이른다는 사실을 보고하여, 이러한 허구적 독특성 지각 경향이 개인주의 사회의 전형적인 특징임을 밝혀내고

해서도 거듭 입증되고 있는 것이다.

50 Triandis, 1989.

51 Kitayama, Markus, Matsumoto, H., & Norasakkunkit, 1997; Triandis, 1990, pp. 72-77; Weldon, 1984.

52 Marks, 1984; Mullen & Riordan, 1988; Snyder, C. R., & Fromkin, 1980; Tesser, 1988.

53 Myers, 1987.

있다. 이러한 '허구적 독특성 지각 경향'은 비현실적인 정적 자기 평가의 경향을 드러내는 것으로서, '과장된 통제력 착각' 및 '비현실적인 낙관주의'와 함께 서구 사회에서 나타나는 "정적 착각(positive illusion)"의 일종이라[54] 볼 수 있다.

이러한 허구적 독특성 지각 경향은 개인주의 사회의 특징인 것으로 밝혀져왔다. 마커스와 기타야마는[55] 일본과 미국의 대학생들에게 능력(지적 능력, 기억력, 운동 능력), 독립적 성향(독립성, 자기 의견 고수 성향) 및 상호의존적 성향(동정심, 따뜻한 마음씨)의 특성들을 제시하고, "같은 대학의 학생들 중 이 각각의 특성에서 자기보다 우수한 학생의 비율"을 추정해 보도록 하였다. 그 결과, 미국의 학생들은 세 특성 모두에서 강한 허구적 독특성 효과를 보이지만(각각 41.5%, 33.5%, 28.0%), 일본의 학생들은 세 특성 모두에서 평균적인 판단 경향(각각 53.5%, 50.0%, 44.5%)을 보임을 발견했다.[56]

또한 하이네(Heine)와 레만(Lehman)은[57] 일본과 캐나다 대학생들(아시아계 캐나다인과 유럽계 캐나다인)에게 독립적 성향(매력적이다, 재미있다, 독립적이다, 자신감있다, 지적이다)과 상호의존적 성향(협조적이다, 헌신적이다, 배려심이 깊다, 열심히 노력한다, 믿음직하다)을 제시해 주고, "같은 연령층의 동성들

---

54 Taylor & Brown, 1988.

55 Markus와 Kitayama, 1991b.

56 이러한 연구들에서는 같은 배경을 가진 집단의 학생들 중에서 무선적으로 선별하여 여러 특성에서 자기의 상대적 위치를 추정하도록 했을 때, 이론적으로 기대되는 추정치는 50%일 것이므로, 이보다 낮은 추정치를 보일수록 자기를 허구적으로 독특하게 지각함을 나타내는 것이라고 전제한다. 물론 각 응답자 개개인에게, 특히 우수한 능력이나 특성의 소유자에게 이러한 독특성 과대 지각 경향은 주관적으로 또는 경험적으로 사실을 있는 그대로 반영하는 것일 수도 있다. 그러나 같은 배경의 많은 학생들(예: 우리 학교 학생들)과 비교하여 자기의 상대적 위치를 추정하게 하는 것이므로, 무선적으로 선발된 응답자 집단의 이론적으로 기대되는 추정치는 50%일 것이라는 점에서, 자기의 상대적 위치에 대한 추정치가 50%보다 낮아질수록 허구적 독특성 지각 경향이 높아지는 것이라 볼 수 있는 것이다(Heine & Lehman, 1997; Kunda, 2000; Markus & Kitayama, 1991b; Matsumoto, D., 2000).

57 Heine & Lehman, 1997.

중 이 각각의 특성에서 자기보다 나은 사람의 비율"을 추정해 보도록 하였다. 그 결과, 유럽계 캐나다인은 강한 허구적 독특성 효과(각각 27.5%와 23.7%)를 보이지만, 일본 학생들은 평균적인 반응 경향(각각 47.3%와 43.9%)을 보이며, 아시아계 캐나다인은 그 중간(각각 36.3%와 27.4%)에 위치하고 있음을 발견했다.

이러한 결과들은 자기의 독특성을 과장하여 지각하는 허구적 독특성 지각 경향은 개인주의 사회의 특징일 뿐 집단주의 사회에서는 나타나지 않는다는 사실을 시사하는 것으로 보인다.[58] 이렇게 개인주의 사회에서 독특성을 중시한다는 사실은 주요 국가별 고교생 수학 성취도와 "수학에 자신 있

---

58 그러나 이러한 결과들에서 주목할 것은, 비록 미국이나(Markus & Kitayama, 1991b) 캐나다 대학생들(Heine & Lehman, 1997)보다 크게 약하기는 하지만, 일본의 학생들도 소속 문화의 집단주의적 가치를 반영하는 상호의존적 성향의 평가에서는 이론적 기대치인 50%에 못미치는(44.5%와 43.9%) 어느 정도의 허구적 독특성 지각 경향을 보이고 있다는 점이다.

이러한 결과는 허구적 독특성 지각 경향은 개인주의 사회만의 특징이 아니라, 집단주의 사회에서도 나타날 가능성이 있음을 시사한다. 즉 각 사회의 문화적 명제(개인주의 =개체성·유능성 추구; 집단주의 = 배려성·조화성 추구)에 일치하는 특성에 대해서는 자기의 독특성을 과장하여 지각할 가능성이 있는 것이다(Nisbett, 2003).

이는 필자(조긍호, 2002)의 연구에서 확인되고 있다. 필자는 우리나라 고등학생과 대학생들을 개인중심성향자와 집단중심성향자로 나누고, 이들에게 세 개씩의 능력(지적 능력, 기억력, 운동 능력)·개체성 특성(독립성, 자립성, 자기주장성)·배려성 특성(동정심, 따뜻한 마음씨, 타인 사정 이해성)을 제시해 준 다음, "같은 학교 학생들 중 이들 각각의 특성에서 자기보다 우수하다고 생각되는 비율"을 추정하게 했다. 그 결과, 개인주의 사회에서 중시하는 능력과 개체성 특성에서는 개인중심성향자(능력: 34%~35%; 개체성 특성: 29%~31%)가 집단중심성향자(능력: 39%~47%; 개체성 특성: 44%~45%)보다 스스로의 독특성을 과대 평가했으나, 집단주의 사회에서 중시하는 배려성 특성에서는 집단중심성향자(24%~31%)가 개인중심성향자(36%~39%)보다 스스로의 독특성을 과대 평가함이 확인되었다.

물론 이 연구에서도 전반적으로 개인중심성향자(모두 34%)가 집단중심성향자(36%~41%)보다 독특성 지각 경향이 큰 것으로 검출되어, 허구적 독특성 지각 경향이 개인주의 사회의 특징임이 드러나고 있기는 하다. 그러나 해당 사회의 문화적 명제와 일치하는 특성의 경우에 독특성 지각 경향이 높아진다는 이러한 결과들은 문화에 따라 자기 평가 기준에 차이가 있음을 시사하는 것이다(조긍호, 2002; Fiske, A. P., et al., 1998; Heine, Lehman, Markus, & Kitayama, 1999; Kitayama, Markus, & Lieberman, 1995; Kitayama et al., 1997; Kunda, 2000; Markus & Kitayama, 1991a, b; Matsumoto, D., 2000 등).

표 3-1. 세계 고교생 수학 성취도

국 가	수학 평균 점수 (1000점)	"수학에 자신 있다"는 학생 비율(%)
한 국	702	6
일 본	669	4
홍 콩	643	5
미 국	534	34
영 국	538	24
뉴질랜드	559	22

출처: 《중앙일보》, 1998년 10월 29일자, 9면

다"는 학생들의 비율을 제시한 위의 표 3-1에서도 잘 드러난다.

이 표에서 보면, 한국·일본·홍콩 같은 동아시아 집단주의 사회의 학생들은 수학 성적이 미국·영국·뉴질랜드 같은 서구 개인주의 사회의 학생들보다 훨씬 높지만, "수학에 자신 있다"는 학생의 비율은 후자가 전자보다 5배 이상 높다. 이는 개인주의자들이 자기의 독특성을 허구적으로 과장하여 인식하는 경향이 강함을 웅변적으로 드러내고 있는 현상이다.

바로 이러한 두 문화권에 따른 조화성 추구와 독특성 추구 경향은 대인 평가에서 중요하게 고려되는 특성의 차이를 유발한다. 미국인들은 자기를 진술할 때 독특한 개인적 특성에 따라 진술하지만, 한국·중국·일본 같은 동아시아인들은 자기를 진술할 때 관계적이고 조화 추구적인 특성(예: '나는 부모님을 기쁘게 해드리기 위해 노력한다')으로 기술하는 비율이 50%를 넘는다(미국인은 24%)는 사실이 확인되었으며,[59] 이러한 차이는 미국인과 한국인의 비교에서도 거듭 밝혀진 바 있다.[60]

이러한 사실은 학생들에게 친한 친구의 성격 특성을 기술하도록 한 연구들에서, 중국의 학생들은 친절함, 타인 배려, 상냥함, 겸손함, 이타적임, 정

---

59 Markus, Mullally, & Kitayama, 1997.

60 Rhee et al., 1995.

직함, 노력형임, 관대함 등을 제시하고 있는 반면,[61] 미국 학생들은 유쾌함, 열성적임, 인기 있음, 친절함, 사교적임, 지도력 있음, 농담을 잘함, 잘 생김 등을 제시하고 있다는[62] 점에서도 거듭 드러나고 있다. 매력적인 성격 특성에 관한 이러한 문화 간 차이는 두 문화에서 지배적인 '관계 관리(relationship management)'의 역동의 차이를 반영하는 것이다. 곧 "집단주의 사회에서는 대인관계의 조화로운 유지와 위계적 사회 상황에서의 위치에 적합하게 행동할 것을 강조하지만, 개인주의 사회에서 주요 관심은 농담, 주도성 및 자기의 능력과 기술의 표현을 통해 사회관계를 형성하고, 사회적 지위를 획득하는 데 쏠리게 되는 것이다."[63]

이렇게 집단주의 사회에서 조화성 추구를 중시하고, 개인주의 사회에서 독특성 추구를 중시하는 경향은 두 사회에서 선호되는 광고의 유형에도 차이를 가져온다. 곧 미국의 잡지 광고는 개인 이익과 선호, 개인적 성공, 독립성, 독특성 들을 강조하고, 한국의 잡지 광고는 내집단 이익, 조화, 가족 통합 들을 강조하는 경향이 높으며, 한국의 학생들은 후자의 광고가 전자보다 더욱 설득적이라고 평가하지만, 미국 학생들은 전자의 광고가 후자보다 더욱 설득적이라고 받아들인다.[64] 또한 미국 광고 가운데에는 독특성 가치를 주제로 하는 것(89%)이 동조 가치를 주제로 하는 것(65%)보다 많지만, 한국 광고 중에는 전자(49%)보다 후자(95%)가 훨씬 많다. 개인주의 사회는 이렇게 독특성을 강조하므로 미국인들은 두드러지고 독특한 그림이나 색깔을 선호하는 반면, 집단주의 사회는 조화성을 중시하므로 한국인이나 중국인은 두드러지지 않고 평범한 그림이나 색깔을 선호하는 경향을 띠게 되는 것이다.[65]

---

61 Chang, W. J., 1983; Chien, 1977.

62 Kuhlen & Lee, R. J., 1943.

63 Bond & Hwang, 1986, p. 243.

64 Han, S. P., & Shavitt, 1994.

65 Kim, H., & Markus, 1999.

(2) 통제 대상: 자기 억제 강조 - 자기 주장 강조

집단주의 사회에서는 개인적 원망(願望)이나 목표의 추구는 집단 내에 갈등을 일으키고 조화를 해치는 원인이라고 본다. 따라서 개인적인 목표를 집단 목표에 복속시켜 개인적인 원망이나 욕구를 억제할 것을 강조하며, 그 결과 양보와 협동을 높이 평가한다. 이와는 반대로, 개인주의 사회에서는 개인적 원망이나 목표의 추구는 자율적 인간의 당연한 권리라고 보아, 개인 목표를 집단 목표에 앞세운다. 따라서 자기 주장을 강조하며, 결과적으로 적극성과 솔직성 및 공정한 경쟁을 높이 평가한다.

① 갈등 해결 양식의 차이

두 문화권에서 나타나는 자기 표현의 강조점에 대한 이러한 차이는 갈등 장면에서 이를 해결하는 양식의 차이를 통해 드러난다. 집단주의 사회에서는 갈등 장면에서 양보와 중재를 통해 해결하기를 좋아하며, 갈등에 직면하기보다는 이를 회피하는 책략을 선호하는 반면, 개인주의 사회에서는 이에 직면하여 경쟁과 대결을 통해 갈등을 해결하기를 좋아한다.[66] 한국과 미국의 은행원들을 비교한 연구에 따르면, 한국의 은행원들은 갈등 상황에서 타협과 화해에 의한 해결 양식을 선호하지만, 미국의 은행원들은 직접 대결하는 해결 양식을 선호하는 것으로 드러났다.[67]

이렇게 집단주의 사회에서 화해와 중재에 의한 해결을 선호하고, 개인주의 사회에서 대결과 경쟁을 선호한다는 사실은 엔지니어에 대한 변호사 선호 비율의 미국과 일본 간 비교에서도 잘 드러난다. 이는 한 사회 내의 변호사의 수를 엔지니어의 수로 나눈 값인데, 미국의 변호사 선호 비율은 일본의 그것의 무려 41배에 이르고 있다.[68] 미국의 변호사 선호 비율이 그렇게

---

66 Triandis, 1989, 1990.

67 Lee, H. O., & Rogan, 1991.

68 Nisbett, 2003, pp. 193-194.

높다는 것은 개인주의 사회의 성원들이 갈등에 직면하여 항상 선·악, 승·패를 명확하게 가르려 하는 경향이 있음을 드러낸다. 그러나 집단주의 사회에서는 법률 전문가인 변호사보다는 갈등 당사자들을 잘 아는 친지나 친구의 중재에 따른 화해와 타협이 갈등 해결의 방법으로 선호된다. 따라서 집단주의 사회에서는 승자와 패자가 없이 서로의 주장을 절충하여, 양자가 조금씩 양보하는 식으로 갈등이 해결되는 경우가 다반사인 것이다.

이러한 사실은, 중국과 미국의 대학생들에게 갈등 상황(예: 어머니와 대학생이 된 딸의 갈등)을 진술해 주고, 그 해결 방안을 제시해 보도록 요구한 실험에서,[69] 미국 학생들은 어느 한 쪽을 두둔하는 해결(예: 어머니는 나이 찬 딸의 의견을 존중해야 한다)을 선호한 사람이 74%에 이르고 있음에 비해, 중국 학생들은 양 쪽을 다 비난하거나 양 쪽이 다 일리가 있다고 보아, 두 쪽을 모두 두둔하는 해결을 선호한 사람이 72%에 이르고 있다는 결과에서도 잘 드러나고 있다. 이 연구에서는[70] 또한 중국어 속담에는 영어 속담보다 모순을 포함하는 것(예: 過恭非禮. Too humble is half proud)이 더 많을 뿐만 아니라, 중국 학생들은 미국 학생들보다 이러한 종류의 속담을 더 선호하는 것으로 밝혀지고 있다. 이러한 결과는 집단주의 사회에서는 타협과 화해에 의한 갈등 해결 양식을 선호하며, 일상적 삶의 장면에서도 이러한 화해와 타협이 장려되고 있음을 뜻하는 것이다.

체면 관련 행동(face behavior)의 문화차 결과에서도 문화 유형에 따른 갈등 해결 양식의 차이가 드러난다. 중국인들의 체면 관련 행동은 자기 체면 고양, 타인 체면 고양, 자기 체면 손상, 타인 체면 손상, 자기 체면 유지, 타인 체면 유지의 여섯 가지 유형에 따라, 자기의 체면뿐만 아니라 타인 체면의 유지와 고양에도 초점을 맞추고 있는 것으로 드러난다.[71] 그러나 개인주의 사회에서 제시된 자기제시이론들(self-presentation theories)은[72] 모두 자기

---

69 Peng & Nisbett, 1999, 연구 3.

70 같은 곳, 연구 1·2.

71 Bond & Hwang, 1986.

체면의 유지에만 초점을 맞추고 있다. 이는 집단주의 사회에서는 통합적 타협적 갈등 해결 유형을 선호하는 반면, 개인주의 사회에서는 대결을 통한 자기 이익 보호가 갈등 해결의 기본 양식임을 시사하는 것이다.[73]

② 양보 · 협동 중시 – 적극성 · 솔직성 중시

두 문화권에서 지배적인 이러한 갈등 해결 양식의 차이는 의사소통양식의 차이에도 그대로 반영되고 있다. 곧 일본인들은 표현의 보류, 공식성, 침묵, 신중함, 우회적 표현 같은 요인을 의사소통에서 중요한 특징으로 보고 있는데 비해, 미국인들은 자기 주장, 솔직성, 비공식성, 자발성, 다변 같은 요인을 중요한 특징으로 보고 있다.[74] 말하자면, 집단주의 사회에서는 자기 노출을 억제하는 경향을 보이고 있지만, 개인주의 사회에서는 자기 노출을 권장하는 경향을 보이고 있는 것이다.

문화 유형에 따른 이러한 자기 노출에 대한 태도의 차이는 두 문화에서 말의 속도에 대한 시각의 차이를 가져오게 한다. 한국인과 미국인의 말의 속도와 이에 대한 그들의 평가의 차이를 비교해 보면, 미국인들은 말을 빨리 하는 대상이 더 유능하다고 평가하며, 말을 빨리 하는 것은 진실성과 솔직성의 반영이라고 인식하여 그 내용을 더 신뢰한다. 이에 견주어 한국인들은 말을 느리게 하는 대상이 더 유능하다고 평가하며, 말을 느리게 하는 것은 대화 상대방과 맥락을 신중하게 고려하는 것으로 인식하여 그 내용을 더 신뢰한다.[75] 이는 다변(多辯)을 경계하고 눌변(訥辯)을 권장한 유학사상의[76] 영향으로 볼 수 있는데, 집단주의 사회에서 자기 표현의 억제를 강조하

---

72 이러한 이론들로는 Goffman(1955)의 연출이론(dramaturgical theory of self-presentation), Alexander 등(Alexander & Knight, 1971; Alexander & Lauderdale, 1977)의 상황적 정체감이론(theory of situated identity) 및 Jones(1990)의 책략적 자기제시이론(theory of strategic self-presentation) 등이 있다.

73 Ting-Toomey, 1994.

74 Barnlund, 1975.

75 Lee, H. O., & Boster, 1992.

는 전통으로 이어지는 배경은 바로 이러한 유학사상에서 찾아볼 수 있을 것
이다.

자기 표현에 대한 이러한 입장의 차이는 결국 두 문화권에서 중요한 것
으로 추구하는 특성의 차이를 유발한다. 곧 집단주의 사회에서는 대인관계
의 조화를 이룰 수 있는 양보와 협동을 추구하고, 개인주의 사회에서는 개
인적인 독특성과 수월성을 가능하게 하는 적극성, 솔직성 및 경쟁을[77] 추구
하는 것이다.

앞에서 집단주의 사회에서는 타협과 화해를 통한 갈등 해결 양식을 선호
하고, 개인주의 사회에서는 대결을 통한 해결 양식을 선호함을 보았다. 이
러한 사실들도 집단주의 사회에서는 양보와 협동을 통한 조화의 유지가 일
상생활의 기본이지만, 개인주의 사회에서는 적극적인 경쟁을 통한 자기 이
익 추구가 삶의 기본임을 의미하는 것으로, 두 사회에서 강조하는 대인평가
특성의 차이를 그대로 드러내는 것이라 하겠다.

그리고 자원 분배의 장면에서 집단주의 사회에서는 양보와 협동 및 타인
에 대한 관심과 배려를 전제로 하는 "균등규범(equality norm)"이나 "필요규
범(need norm)"에 따른 분배를 선호하지만, 개인주의 사회에서는 경쟁과 공
정한 계산을 전제로 하는 "형평규범(equity norm)"에 따른 분배를 선호한다
는 결과에서도[78] 두 문화권에서 중요하게 추구하는 특성의 차이가 드러나

---

76 《論語》에서는 "말을 잘하고 얼굴 빛을 잘 꾸미는 사람 중에 어진 사람이 적다"(巧言令色
鮮矣仁, 學而 3; 陽貨 17), "군자가 …… 일에 민첩하고 말을 삼가면 …… 배우기를 좋아한
다고 이를 만하다"(君子 …… 敏於事而愼於言 …… 可謂好學也已, 學而 14), "군자는 말은
어눌하게 하고, 실행에는 민첩하고자 한다"(君子欲訥於言而敏於行, 里仁 24), "어질다는
것은 그 말을 함에 참아서 하는 것이다"(仁者其言也訒, 顏淵 3)와 같이 자기 표현을 삼가
는 것을 중요한 덕목으로 강조하고 있다.

77 Triandis 등(1988)은 대학생을 대상으로 한 개인주의 성향의 요인 분석적 연구에서 미국
인들의 개인주의의 제1요인은 전체 변량의 35.2%를 차지하는 "경쟁을 동반하는 자립
(self-reliance with competition)"임을 밝혀, 경쟁이 개인주의 성향을 구성하는 중요한 특성
이라는 사실을 제시하고 있다.

78 장성수·이수원·정진곤, 1990; Bond, Leung, & Wan, 1982; Hui, Triandis, & Yee, 1991; Leung
& Bond, 1984; Triandis, 1990; Triandis et. el., 1985.

고 있는 것이다.

(3) 변이가능성: 가변성 강조 – 안정성 강조

집단주의 사회에서는 개인이 다양한 상황과 관계에 따라 규정된다고 본다. 따라서 이러한 다양한 상황과 관계에 맞추어 스스로의 행위를 적합하게 조정할 것이 요구되므로, 상황과 관계에 따른 행위의 가변성을 인정하고 강조할 수밖에 없으며, 결과적으로 이에 맞추어 적합성을 유지하는 개인의 노력을 중시하게 된다. 그러나 개인주의 사회에서는 개인의 지속적이고 안정된 성향이 사회 행위의 원동력이라고 본다. 따라서 상황과 관계가 달라지더라도 일관된 안정성을 유지할 것을 강조하고, 결과적으로 안정된 능력을 중시하게 된다. 특히 이렇게 각각 가변적인 노력과 안정적인 능력을 중시하는 경향은 성취 관련 장면에서 두드러지게 나타난다.

① 부적 특성 수용도의 차이

이러한 강조점의 차이는 개인주의 사회에서 중요하게 받아들여지는 "일관성 추구의 동기(consistency-seeking motive)"가 집단주의 사회에서는 작용하지 않는 원인이 된다. 곧 집단주의 사회에서 중요한 것은 상황과 관계에 내재한 역할·지위 및 책임이고 개인의 행위는 이러한 역할·지위 및 책임에 따른 것이므로, 개인의 특성과 행위의 불일치는 문제되지 않고, 따라서 일관성 추구의 동기가 별로 작용하지 않는다. 그러나 개인주의 사회에서 중요한 것은 안정된 내적 속성이고 개인의 행동은 이러한 내적 속성의 발현이므로, 내적 속성과 행위의 불일치 또는 상황 간 행위의 불일치는 개인의 정체감에 심한 혼란을 일으키는 만큼, 결과적으로 일관성 추구의 동기가 강할 수밖에 없는 것이다.[79]

이러한 사실은 집단주의 사회에서는 공적 자기와 사적 자기가 일치하지

---

79 Markus & Kitayama, 1991a, b.

않지만, 개인주의 사회에서는 이 둘이 일치한다는 결과들에서 입증되고 있다.[80] 또한 집단주의 사회에서는 내집단 성원과 외집단 성원에 대한 여러 가지 행동 사이에 차이가 크지만, 개인주의 사회에서는 내집단 성원과 외집단 성원에 대한 행동이 달라지지 않는다는 연구들도[81] 집단주의 사회에서 일관성 추구의 동기가 별로 작용하지 않는다는 사실을 드러내는 것으로 볼 수 있을 것이다.

니스벳은 개인주의자들은 세계를 서로 구별되는 독특한 내적 특성을 보유한 대상들로 구성되는 고정되고 안정된 곳이라고 보지만, 집단주의자들은 세계를 수시로 변화하는 관계에 따라 조직화되는 가변적인 곳으로 인식한다고 주장한다. 그는 이러한 세계 인식의 차이는 아동 사회화에도 그대로 이어져, 개인주의 사회에서는 아동들에게 고정되고 안정된 특성을 지닌 대상들 사이의 차이에 주목하도록 요구하고, 집단주의 사회에서는 아동들에게 대상들 사이의 관계와 유사성에 주목하도록 요구하게 된다고 본다. 그에 따르면, 이러한 사회화 강조점의 차이가 그대로 언어 습득 과정에 영향을 미쳐, 미국의 아동들은 동사보다 명사를 먼저 습득하는 "명사 편향(noun bias)"을 보이지만,[82] 중국이나[83] 한국의[84] 아동들은 명사보다 동사를 먼저

---

80 이 중에서 Iwao(1988: Triandis, 1989, p. 514에서 재인용)의 연구는 특히 흥미를 끈다. 그녀는 일본인과 미국인 피험자들에게 여러 가상적인 상황에서 가능한 몇 가지 행위를 제시해 주고, 이 가운데서 최선의 반응과 최악의 반응이라고 생각하는 것을 선택하게 했다. 예를 들면, "자기 딸이 다른 인종의 남자를 결혼 상대자로 데리고 왔을 때"와 같은 상황에 대해 "속으로는 절대 허락하지 않을 것이라고 생각하지만, 그들 앞에서는 결혼을 찬성하겠다고 말한다"와 같은 선택지를 제시해 주었다. 그 결과, 이 행위를 최선이라고 응답한 피험자는 일본에서는 44%, 미국에서는 2%였고, 최악이라고 응답한 피험자는 일본에서는 7%였으나 미국에서는 48%였다. 이는 일본인들은 내적 의견(사적 자기의 내용)과 공개적 행동(공적 자기의 표출)의 불일치를 미국인들과는 달리 심각하게 생각하지 않음을 나타내는 결과이다.

81 Gudykunst, Yoon, & Nishida, 1987; Triandis, 1990 등.

82 Nisbett, 2003, pp. 148-152.

83 Tardif, 1996.

84 Choi, S. H., & Gopnik, 1995.

습득하는 "동사 편향(verb bias)"을 보이게 된다는 것이다. 명사는 고정되고 독특한 특성을 가진 대상에 대한 명명(命名)이고, 동사는 대상들 사이의 유동적인 관계를 진술하는 것이기 때문이다.

이러한 세계 인식의 차이는 두 사회의 인간에 대한 인식에 그대로 반영된다. 성격의 가변성에 관한 비교 연구에 따르면, 한국 학생들은 미국 학생들보다 사람의 성격이 시간과 상황에 따라 변화될 수 있다는 가변성에 대한 인식의 정도가 더 컸으며, 인간의 행동은 순전히 성격 같은 내적 특성으로만 촉발되는 것이 아니라, 상황과 맺는 상호작용으로 촉발된다고 생각하는 경향이 더 강했다.[85]

이상의 결과에서 보면, 집단주의자들은 스스로가 정적(正的) 특성과 부적(負的) 특성을 공유하고 있다고 받아들이는 "바넘 효과(Barnum effect)"가 개인주의자들보다 더 클 것이라고 추론할 수 있다. 최인철은[86] 한국과 미국의 대학생들에게 서로 반대되는 특성(예: '무례하다'와 '예의바르다')을 포괄하는 여러 성격 특성들을 제시하고, 자기의 성격과 일치하는 정도를 평정하게 했다. 그는 이때 서로 반대되는 특성에 대한 일치도 평정치의 합이 논리적으로 100이 되도록 해놓았다. 평정 결과, 미국 학생들은 서로 반대되는 특성에 대한 일치도 평정치의 합이 대략 100에 근접하였으나, 한국 학생들의 평정치의 합은 100보다 훨씬 컸다. 이러한 결과는, 한국 학생들은 스스로가 정적 특성과 부적 특성을 공유하고 있다고 인식한다는 사실을 나타낸다.

집단주의 사회에서 이렇게 정·부 특성을 공유하고 있는 것으로 인식한다는 사실은, 여러 나라 성인들의 자기 개념을 구성하는 특성을 정·부 특성으로 나누어 보았을 때, 미국인의 경우는 정적 특성이 부적 특성보다 4~5배나 많았지만,[87] 한국인[88]·중국인[89]·일본인[90]에게서는 두 특성의 비율이 같거

---

85 Norenzayan, Choi, I., & Nisbett, 2002.

86 Choi, I., 2002; Choi, I., & Choi, Y., 2002.

87 Holmberg, Markus, Herzog, A. R., & Franks, 1997.

88 Ryff, Lee, L. Y., & Na, 1995; Schmutte, Lee, L. Y., & Ryff, 1995.

89 Bond & Cheung, T. S., 1983; Bond & Smith, P. B., 1995; Stigler, Smith, S., & Mao, 1985.

나 또는 부적 특성의 비율이 더 높은 경우도 있다는 연구들에서 입증되고 있다. 그 결과, 미국인과 캐나다인의 자기 평가의 평균치는 정적으로 편포되어 있으나, 동아시아인의 자기 평가의 평균치는 부적으로 치우쳐 있으며, 이들 동아시아인들은 스스로를 긍정적으로 진술한 문항에 대한 찬성도도 낮고, 또 자기가 부적 특성을 보유하고 있다고 주장하는 강도도 강하다.[91] 이러한 경향은 자기 반응이 공개되는 조건에서나 공개되지 않는 익명 조건에서나 마찬가지였다는 점에서, 단순한 겸양이 아니라 집단주의자들의 진실한 태도의 반영이라고 보아야 할 것이다. 곧 집단주의 사회에서는 부적 특성의 수용도가 개인주의 사회보다 큰 것이다.

② 노력 중시 – 능력 중시

문화권에 따른 행위가변성과 안정성에 대한 이러한 강조점의 차이는 결과적으로 집단주의 사회에서는 가변적인 특성인 노력을 중시하게 하고, 개인주의 사회에서는 비교적 고정된 특성인 능력을 중시하게 한다. 이렇게 개인주의 사회에서 노력보다 능력을 강조하는 경향은, 대인평가에서 미국인들은 능력과 지식을 매우 강조한다는 결과나[92] 미국인들에게 자기가 "좋아하는 사람", "싫어하는 사람"과 "좋아하지도 싫어하지도 않는 그저 그런 사람"들을 뽑아 그들의 성격 특성을 기술하게 한 연구에서도 여실히 드러난다. 곧 빈도 10 이상인 특성 110개 중 가장 빈도가 높은 특성 세 개는 '지적이다', '친절하다', '노력형이다'로 각각 빈도가 143, 80, 54인데, 이 가운데 두 개(지적이다, 노력형이다)가 과제 수행과 관련된 특성이지만, 그 중에서 '지적이다'의 빈도는 '노력형이다'의 빈도보다 3배 가까이 된다는 결과가[93] 나타난 것이다. 이러한 경향은, 개인주의 사회에서는 집단주의 사회와는 달

---

90 Kitayama, 1993; Kitayama et al., 1995; Markus et al., 1997.

91 Kitayama et al., 1995.

92 Korten, 1974.

93 Rosenberg, S., & Sedlak, 1972.

리 "내가 무엇을 할 수 있나?" 하는 능력 확인과 독특성의 추구가 사회화의 가장 중요한 내용으로서, 그 결과 개인적 소유(능력이나 업적)에 따라 정체감이 규정된다는 사실에서도[94] 그 근거를 찾을 수 있을 것이다.

이와는 달리, 집단주의 사회에서는 노력을 능력보다 더 중시하고, 따라서 노력이 능력보다 대인관계에서 더 큰 영향력을 발휘하는 특성으로 작용한다. 김혜숙과 유주란에[95] 따르면, 우리나라의 대학생들은 자기의 성공을 자신의 능력에 귀인하는 사람보다는 노력에 귀인하는 사람이 더욱 따뜻하고 겸손하다고 생각하며, 또한 집단의 성공을 자신과 동료의 능력에 귀인하는 사람보다는 노력에 귀인하는 사람이 더욱 따뜻하고 겸손하며 유능하기까지 한 것으로 지각하고 있다. 따라서 이들은 노력귀인자를 능력귀인자보다 더 좋아한다.

필자의[96] 연구에서도 같은 결과가 얻어지고 있다. 곧 대학생뿐만 아니라, 우리나라의 직장인들도 자신의 성공이나 실패를 능력보다 노력에 귀인하는 사람이 더 겸손하고 신뢰로우며 유능하다고 본다. 따라서 그들은 능력귀인자보다 노력귀인자에게 더 호감을 느끼며, 후자를 작업 동료나 친구로서 더 선호하는 것이다. 이러한 결과는 집단주의 사회에서는 가변적인 특성인 노력을 고정된 특성인 능력보다 중시함을 여실히 드러내는 것으로서, 실천적 노력을 강조하는 유교 문화의 특징을[97] 그대로 반영한다고 볼 수 있다.

이러한 사실들은 집단주의 사회에서는 [능력 + 노력]이라는 "가산모형(加算模型)"으로 성취 결과를 인식하지만, 개인주의 사회에서는 [능력 × 노력]이라는 "승산모형(乘算模型)"으로 성취 결과를 인식함을[98] 시사하는 것이다. 집단주의 사회에서는 이렇게 가산모형으로 성취 결과를 인식하고, 또

---

94 Triandis, 1990, pp. 72-77.

95 김혜숙·유주란, 1995.

96 조긍호·김소연, 1998.

97 조긍호, 1990, 1991, 1994, 1995, 1997b, 1998a, b, 1999b; Bond & Hwang, 1986; Kim, U., 1995; Stevenson & Lee, S. Y., 1996; Yu, A. B., & Yang, K. S., 1994.

98 Singh, 1981; Triandis, 1995, p. 73.

한 능력 그 자체도 노력에 따라 증가된다고[99] 보므로, 선천적으로 결정되는 능력보다 후천적인 노력을 더 중시한다. 일본 성인 가운데 능력이 성공의 요인이라고 믿는 사람은 1%일 뿐이지만, 70% 이상의 사람들은 근면·참을성·노력을 성공의 요인이라고 본다는[100] 사실은 이러한 추론을 경험적으로 뒷받침하는 결과이다. 이에 견주어, 개인주의 사회에서는 승산모형으로 성취 결과를 인식하고, 능력은 선천적으로 결정되는 고정적이고 안정적인 내적 특성인[101] 만큼, 능력이 성취의 제일 결정 요인이 되므로, 능력을 노력보다 중시하게 되는 것이다.

3) 문화 유형에 따른 귀인 양식의 차이

귀인에 관한 연구는 1960년대에 시작되어,[102] 1970년대에 주로 켈리 (Kelley)에[103] 힘입어 본격적으로 이루어졌다. "켈리에 의한 이러한 귀인 연구의 공식화는 인과 추론의 연구를 사회심리학의 중심 무대에 올려놓는 계기가 되었다."[104] 전통적으로 이러한 귀인에 관한 연구들은 귀인 과정과 원리 및 그 내용의 범문화적 보편성을 전제하는 접근에 따라 이루어졌다.[105]

그러나 인류학자들은 오래 전부터 귀인의 문화 간 차이에 대해 주목해 왔으며,[106] 문화 관련 심리학자들의 연구는 점차 귀인의 문화차에 대한 확

---

99 Markus & Kitayama, 1991a; Norenzayan et al., 2002.

100 Lebra, 1976.

101 Markus & Kitayama, 1991a,; Norenzayan et al., 2002.

102 Bem, 1965; Jones & Davis, 1965; Kelley, 1967.

103 Kelley, 1967, 1972a, b.

104 Nisbett & Ross, L., 1980, p. 5.

105 Jones & Nisbett, 1972; Morris, 1993; Morris, Nisbett, & Peng, 1995; Morris & Peng, 1994; Pettigrew, 1979; Premack, 1990.

106 Douglas, 1975; Horton, 1970; Levy-Bruhl, 1926.

고한 결과를 제시하고 있다.[107] 이러한 배경에서 모스코비치(Moscovici)는 "모든 인과적 설명은 해당 사건에 대한 사회적 표상의 맥락 내에서 이루어지며, 이에 따라 결정된다"[108]고 주장하여 귀인의 문화구속성을 분명히 하고 있으며, 휴스턴(Hewstone)은 한 걸음 더 나아가 "사고하는 사회(thinking society)"라는 명제는 "귀인하는 사회(attributing society)"를 의미하는 것으로 이해해야 한다고 보고 있다.[109] 곧 각 문화 집단의 공유 신념체계에 따라 인간과 그의 행동 목표 및 원인에 대한 사유체계가 달라지므로, 문화의 차이는 곧 귀인의 차이를 유발한다는 것이다.

앞에서 집단주의와 개인주의 문화권에서 나타나는 대인평가의 차이를 고찰하였다. 이러한 차이는 앞서 기술한 대로, 두 문화권의 지배적인 인간관에 따라 사회 행위의 원동력과 목표(연계성-자율성 강조), 자기 표현의 양식(자기 억제-자기 주장 강조) 및 행위의 변이가능성(가변성-안정성 강조)의 측면에서 서로 다른 조망(강조점)을 갖는 데서 나오는 것임을 논의했다. 여기서는 두 문화권에서 나타나는 귀인 양상의 차이를 이러한 세 측면의 강조점의 차이를 중심으로 고찰하도록 하겠다.

(1) 주의의 초점: 연계성 강조 - 자율성 강조

관계중심적인 인간관이 지배적인 집단주의 사회에서는 내적 성향보다는 외적 상황적 요인과의 관계에 중심을 두고 인간을 파악한다. 따라서 이러한 관계 속에 내포된 역할과 사회적 압력을 행위의 원동력으로 봄으로써, 결과적으로 행동의 상황의존성을 강조한다. 그러므로 집단주의 사회에서는 "상황 중심적인 사회이론(situation-centered social theories)"을 소유하게 되어, 행동의 원인을 개인의 내적 성향보다는 상황적 요인에서 찾는 "상황주의 편

---

107 Kagitcibasi & Berry, 1989; Semin, 1980.

108 Moscovici, 1981, p. 207.

109 Hewstone, 1989, p. 211.

향(situationalist bias)"이 특징적인 귀인 양식으로 드러나게 된다. 이와는 반대로, 개인중심적인 인간관이 지배적인 개인주의 사회에서는 사람을 상황 유리적인 독립적인 존재로 파악하며, 내적 안정적 성향의 보유자로 본다. 따라서 이러한 독립적인 개인의 속성(성향)을 행위의 원동력으로 보게 됨으로써, 결과적으로 행동의 자율성을 강조한다. 그러므로 개인주의 사회에서는 "사람 중심적인 사회이론(person-centered social theories)"을 소유하게 되어, 행동의 원인을 상황적 요인보다는 개인의 내적 성향에서 찾는 "성향주의 편향(dispositionalist bias)"이 특징적인 귀인 양식으로 드러나게 된다.[110]

두 문화권에서 나타나는 이러한 귀인 양상의 차이는 타인의 행동 원인의 추론에 관한 연구 결과들에서 잘 드러나고 있다. 밀러(Miller)는 인도인과 미국인 피험자들에게 잘 아는 사람의 "친사회적 행동"과 "일탈 행동"을 각각 두 개씩 기술하고 그 원인을 설명하도록 한 결과, 인도인에게서는 성향 기술과 상황 기술의 비율이 친사회적 행동의 경우 0.45(각각 22% : 49%), 일탈 행동의 경우 0.47(각각 15% : 32%)이었으나, 미국인에게서는 이 비율이 친사회적 행동의 경우 1.59(각각 35% : 22%), 일탈 행동의 경우 3.21(각각 45% : 14%)이었다. 이는 타인의 행동 원인을 인도인은 주로 상황에 귀인하고, 미국인은 성향에 귀인함을 뜻하는 결과이다.[111] 이러한 사실은 많은 다른 연구들에서도 그대로 입증되고 있다.[112]

이러한 두 문화권의 귀인 양상의 차이는 사람의 행동뿐만 아니라 동물의 사회적 행동의 귀인에서도 나타나며, 실험실 상황에서뿐만 아니라 실생활 상황에서 벌어진 살인 사건에 대한 신문 보도에서, 그리고 타인이 기술한 행동 원인의 평가와 "반사실적 모사(counterfactual simulation)" 상황에서도 나타난다. 또한 이러한 경향은 사건이나 행동이 일어난 뒤의 언어적 설명에서 뿐만 아니라 실제 자극의 지각 과정에서도 나타나고 있다. 모리스

---

110 Fiske, A. P. et al., 1998; Markus & Kitayama, 1991a, b; Morris, 1993; Morris et al., 1994; Morris & Peng, 1994; Nisbett, 2003; Nisbett et al., 2001; Zebrowitz, 1990 등.

111 Miller, 1984.

112 Hamilton & Sanders, 1983; Miller, J. G., 1986, 1991; Miller, J. G. et. al., 1989, 1990, 1992.

(Morris)에 따르면, 이러한 모든 경우에서 중국인은 상황주의 편향을 보이고 미국인은 성향주의 편향을 보이고 있다.[113] 또한 스포츠 경기에서 벌어진 여러 사건의 보도에서도 미국 신문은 홍콩 신문보다 더 성향주의 편향을 보임이 밝혀지고 있다.[114]

여기서 서구 개인주의 사회에서 특징적으로 나타나는 성향주의 편향은 "귀인자가 행동 통제 과정에서 작용하는 상황 요인의 영향은 과소평가하고, 그 대신 성향 요인의 역할은 과대평가하는 경향,"[115] 곧 로스(Ross, L.)의 이른바 "근본적 귀인 오류(fundamental attribution error)"와 같은 것임을 주목할 필요가 있다. 앞에서도 지적했듯이, 개인적으로 잘 알고 있는 타인에 대한 기술에서나[116] 자신에 관한 기술에서[117] 집단주의자들(인도인 및 일본인)은 상황주의 편향을 보이지만, 개인주의자들(미국인)은 성향주의 편향을 보인다는 사실들은 개인주의 문화권에서 보편적으로 밝혀진 근본적 귀인 오류가[118] 집단주의 문화권에서는 나타나지 않음을 의미하는 것이다.

이러한 추론은 최인철과 니스벳에[119] 의해 사실로 밝혀지고 있다. 그들은 한국과 미국의 대학생들에게, 다른 학생이 실험자가 지정해 준 여러 조건에서 쓴 소론을 읽고 그의 태도를 추정하게 하거나(조건 1), 피험자들에게 여러 조건을 지정해 주고 소론을 쓰게 한 다음, 다른 학생이 같은 조건에서 쓴 소론을 읽게 한 뒤 그의 태도를 추정하게 했다(조건 2). 여기서 조건 2는 피험자들로 하여금 강제로 지정된 조건에서 실험자가 부여한 방향의 소론을 써보게 함으로써, 자기가 읽게 된 다른 학생의 소론도 그의 진실한 태도의 반영이 아닐 가능성이 높음을 인식하게 하려는 조치였다. 그런데도 미국

---

113 Morris, 1993; Morris et al., 1994; Morris & Peng, 1994.

114 Lee, F. et al., 1996.

115 Ross, L., 1977, p. 183.

116 Shweder & Bourne, 1984.

117 Cousins, 1989; Miller, J. G., 1987.

118 Ross, L., 1977; Nisbett & Ross, L.,1980.

119 Choi, I., & Nisbett, 1998.

학생들은 조건 1이나 조건 2에서 모두 근본적 귀인 오류를 보여, 강한 성향주의 편향을 나타냈다. 그러나 한국 학생들은 조건 1에서는 근본적 귀인 오류를 보였으나, 조건 2에서는 이를 보이지 않고 상황 귀인 경향을 보였다.

이러한 사실은 한국인들이 미국인들보다 상황 단서에 더 민감하고, 따라서 이러한 상황 단서가 두드러지는 조건에서는 한국인들에게서 상황주의 편향이 커짐을 뜻하는 것이다.[120] 최인철 등은[121] 몇 년 전 발생했던 유명한 살인 사건에 관한 간단한 진술과 함께, 그 원인이라고 여겨질 수 있는 97개의 정보를 제시하고, 이 가운데 사건의 원인이라고 생각할 수 없는 정보를 제거하도록 피험자들에게 요구했다. 그 결과, 미국 학생들은 54%의 정보를 제거했음에 비해, 한국 학생들은 37%의 정보만을 제거했다. 이 연구에서는 또한 교통사고 피해자를 도와주는 친사회적 행동의 원인이라고 여겨질 수 있는 105개의 정보를 제시하고, 이 가운데 그 원인이 될 수 없다고 판단되는 정보를 제거하도록 요구한 조건에서도, 미국 학생들은 62%의 정보를 제거했지만, 한국 학생들은 41%의 정보만을 제거함이 밝혀졌다. 이는 한국 학생들이 더 많은 정보들을 포괄적으로 고려하여 사건의 원인을 지각하는 경향이 있음을 보여주는 것이다. 바로 이러한 경향이 집단주의 사회에서 상황주의 편향이 나타나게 하는 원천이 된다고 볼 수 있을 것이다.

(2) 통제 대상: 자기 억제 강조-자기 주장 강조

집단주의 사회에서는 개인적 욕구나 목표의 추구는 집단 내에 갈등을 일으키고 조화를 해치는 원인이 된다고 본다. 따라서 집단주의 사회에서는 사회관계에서 자기 억제를 강조하게 되고, 결과적으로 겸양과 조화 및 양보와 협동을 중시하게 된다. 그러므로 귀인 장면에서 자기 은폐(self-effacing)나 자기 비하(self-derogation) 같은 "겸양 편향(modesty bias)"의 양상이 나타날 것

---

120 Norenzayan et al., 2002.

121 Choi, I., Dalal, & Kim-Prieto, 2003.

이다. 이와는 반대로, 개인주의 사회에서는 개인적 욕구나 목표의 추구는 자율적 인간의 당연한 권리라고 본다. 따라서 개인주의 사회에서는 자기 주장을 강조하게 됨으로써, 결과적으로 대인관계에서 자기 존대를 추구하고 독특성과 적극성을 중시하게 된다. 그러므로 귀인 장면에서 "자기 고양 편향(self-enhancing bias)" 또는 "자기 증진 편향(self-serving bias)"이 나타날 것이다.[122]

자존감(self-esteem)은 개인이 해당 사회의 문화적 명제를 충족시키고 있다고 지각할 때 증가하는 것이다.[123] 앞에서 보았듯이, 집단주의 사회의 문화적 명제는 조화성과 연계성의 확립이다. 따라서 이 문화에서는 자기의 정적 측면은 그렇게 강조하지 않는 대신, 부적 측면은 확인하고 수정해 감으로써 집단의 조화를 도모하는 데서 자존감이 증가하게 된다. 그러므로 필연적으로 자기 은폐나 자기 비하의 경향이 도출되는 것이다. 이와는 대조적으로, 개인주의 사회의 문화적 명제는 독립성과 자율성이다. 따라서 이 문화에서는 자기의 부적 측면은 회피하고 감추는 대신, 정적 측면은 확인하고 드러내는 데서 자존감이 증가하게 된다. 그러므로 필연적으로 자기 고양 경향이 나온다.[124]

바로 이러한 배경에서 개인주의 사회인 미국의 대학생에게서는 전형적인 자기 고양 편향(자기의 성공에 대해서는 능력 같은 내적 성향에 귀인, 실패에 대해서는 운이나 과제 곤란도 같은 외적 상황에 귀인)이,[125] 그리고 집단주의 사회에서는 반대의 경향, 곧 자기 성공은 과제 용이도나 운으로, 자기 실패는 노력 부족이나 능력 부족으로 귀인하는 겸양 편향이 나타나게 되는[126] 것이

---

122 Diener, E., & Diener, M., 1995; Heine & Lehman, 1995; Kitayama et. al., 1997.

123 Kitayama et. al., 1997.

124 Diener, E., & Diener, M., 1995; Heine & Lehman, 1995; Kitayama & Markus, 1995; Kitayama et. al., 1997; Taylor, 1983; Taylor & Brown, 1988.

125 Davis, M. H., & Stephan, 1989; Greenberg, J., Pyszczynski, & Solomon, S., 1982; Weiner, 1979, 1986.

126 Bond & Hwang, 1986; Shikanai, 1978; Takata, 1987; Yamauchi, 1988, 1990 등.

다. 다카타(Takata)는 일본인 대학생들에게 글자 맞추기 검사를 실시한 후, 자기 점수와 경쟁 상대의 점수를 귀환 정보로 제시해 줌으로써 성공(자기 점수가 상대방보다 높은 조건)과 실패(자기 점수가 상대방보다 낮은 조건)를 조작한 실험에서, 자기 성공에 대해서는 과제의 용이도에 귀인하고 실패에 대해서는 능력 부족에 귀인하는 경향을 발견했다.[127] 또한 이 실험의 실패 조건에서는 성공 조건에서보다 검사 결과에 대한 확신도가 더 컸으며, 관련되는 문제 상황에 대해 추가적인 정보를 요구하는 경향은 더 작았다. 흥미롭게도, 상대방과 이후의 상호작용이 없을 것으로 믿게 한 비공개 상황과 경쟁 상대를 사람이 아닌 컴퓨터로 대체한 상황에서도 똑같은 결과가 나타났다. 이러한 결과는 타인과의 비교에서 자기가 열등한 것으로 밝혀지면, 제시된 정보에 대한 신뢰도가 저하하고, 또한 추가적인 정보를 요구하는 경향이 높아지는 것으로 나타난 미국 대학생들의 결과와는[128] 반대되는 것이다. 이러한 사실은 일본에서는 자기 고양 편향 대신 자기 은폐 편향 또는 자기 비하 편향이 일반적인 사회 비교의 양식임을 의미한다.[129]

집단주의 사회에서 나타나는 이러한 겸양 편향은 자기 성취에 대한 귀인에서만 나타나는 것은 아니다. 미국의 대학생들은 자기의 성취에 대해서는 전술한 대로 자기 고양 편향을 보이지만, 직접적인 경쟁 상대의 성공에 대해서는 외부(운) 귀인, 실패에 대해서는 내부(기술과 노력) 귀인하는 타인 비하 편향(other-derogation bias)을 보인다.[130] 그러나 일본인은 자기 성공에 대해서는 운, 실패에 대해서는 능력과 노력 부족에 귀인하는 겸양 편향을 보이지만, 경쟁 상대의 성공에 대해서는 능력과 노력에 귀인하고(타인 고양 편향, other-enhancing bias), 실패에 대해서는 운에 귀인하는 타인 보호 편향(other-protection bias) 또는 타인 증진 편향(other-serving bias)을 보인다.[131] 이

---

127 Takata, 1987.

128 Schwartz, J. M., & Smith, W. P., 1976.

129 Markus & Kitayama, 1991a, b.

130 Snyder, M., Stephan, & Rosenfield, 1976.

131 Yamauchi, 1988, 1990.

러한 경향은 같은 집단주의 문화권인 중국인에게서도 똑같이 나타나고 있다.[132] 이렇게 집단주의 사회에서 자기 귀인을 할 때는 겸양 편향이 나타나고 타인 귀인을 할 때는 타인 증진 편향이 나타난다는 결과들은, 이 문화권에서 조화와 양보 같은 관계지향적 행동을 추구하는 경향이 강함을 잘 드러내준다고 볼 수 있을 것이다.

집단주의 사회에서 이러한 자기 비하와 타인 증진 편향은 개인적인 성취 귀인의 장면에서뿐만 아니라, 집단작업 결과에 대한 귀인에서도 나타남이 밝혀지고 있다. 김혜숙은[133] 우리나라의 대학생들은 집단의 작업 결과에 대해 귀인할 때, 집단 성공에 대해서는 자신의 능력이나 노력보다는 동료의 능력이나 노력이 우수하거나 많았기 때문이라 귀인하고, 집단 실패에 대해서는 자신의 능력이나 노력이 동료의 능력이나 노력보다 못했기 때문이라 귀인하는 결과를 밝혀냈다. 이러한 경향은 귀인 결과가 공개되는 장면에서뿐만 아니라 공개되지 않는 익명의 상황에서도 마찬가지였다. 이러한 결과는 집단주의 문화권에서 사회 행위의 근본 원리로서 겸양이 가지는 가치를 잘 드러내주는 것이다.

이러한 추론은 집단주의자들이 이러한 겸양 편향적 귀인을 하는 사람을 자기 고양 편향적 귀인을 하는 사람보다 더 좋아하는 경향이 있다는 사실에서 입증된다. 일본의 학생들은 겸양 편향적 귀인을 하는 동료들이 자기 고양 편향적 귀인을 하는 동료들보다 성격 특성도 더 좋은데다가 능력도 더 뛰어난 것으로 생각하는 경향을 띰으로써, 겸양의 특성이 조화를 추구하는 집단주의 사회에서 일반적으로 선호되는 것임을 드러내 보이고 있다.[134] 그 결과, 이들은 자기 수행에 대해서는 자기 은폐 편향적 귀인자를 자기 고양 편향적 귀인자보다 더 좋아하고,[135] 집단 수행에 대해서는 타인 증진 편향

---

132 Bond, Hewstone, Wan, & Chiu, C. K., 1985; Hewstone, Bond, & Wan, 1983.

133 김혜숙, 1995, 1997.

134 Yoshida, Kojo & Kaku, 1982; Markus & Kitayama, 1991a, pp. 242-243에서 재인용.

135 Bond et al., 1982.

적 귀인자를 더 좋아하는 것이다.[136] 이러한 현상은 우리나라 대학생과 일반인에게서도 사실로 확인되고 있다.[137]

이러한 겸양 편향은 개인주의자들이 보기에는 남에게 좋은 인상을 심어주기 위한 일종의 자기 증진의 한 책략이라 생각할 수도 있다.[138] 그러나 집단주의자들에게 "이러한 타인 고양 편향은 심리적으로 진실한 자기 지각을 반영하거나 또는 이에 수반되는 것이다."[139] 이러한 사실은 앞서 제시한 다카타의 실험에서 일본인들에게 겸양 편향은 비공개 상황이나 컴퓨터 대체 상황에서도 나타난다는 결과와, 집단 규범의 내면화에 관한 결과에서[140] 확인할 수 있다. 곧 개인주의자들에게는 능력의 탁월성이 자존심의 근거이기 때문에 자연스럽게 자기 고양 행동이 유발되지만, 집단주의자들에게는 사회관계 속에서 조화를 유지하는 일이 자존심의 근거이기 때문에 겸양을 통한 자기 조절과 억제 행동이 자연스럽게 유발된다고 볼 수 있는 것이다.[141]

(3) 변이가능성: 가변성 강조 - 안정성 강조

집단주의 사회에서는 개인을 다양한 상황과 맺는 관계에 따라 규정하게 되고, 따라서 이러한 다양성에 비추어 스스로의 행위를 적합하게 조절하는 가변성을 강조하게 된다. 그러므로 다양한 상황에 맞추어가는 개인의 노력을 중시하게 되고, 결과적으로 개인의 성취를 가변적인 노력의 산물로 귀인하는 경향을 낳는다. 이와는 대조적으로, 개인주의 사회에서는 개인의 지속적이고 안정된 속성이 모든 행위의 원동력이라고 봄으로써, 상황이 달

---

136 Bond, Chiu, C. K., & Wan, 1984.

137 김혜숙·유주란, 1995; 조긍호·김소연, 1998.

138 Cialdini & De, Nicholas, 1989; Markus & Kitayama, 1991a.

139 Markus & Kitayama, 1991a, p. 244.

140 이 절(p. 160)의 주 49 참조.

141 Heine & Lehman, 1995; Kitayama et. al., 1997; Markus & Kitayama, 1991a.

라지더라도 일관된 안정성을 유지할 것을 강조하게 된다. 따라서 결국 개인의 성취를 안정적이고 내적인 속성인 능력의 산물로 귀인하는 경향이 높아진다.

이러한 사실은, 집단주의 사회에서는 학생이나 학부모 모두 학업 성취는 노력의 결과라고 보아, 성공이나 실패를 모두 노력에 귀인하지만(성공의 경우에는 열성적 노력, 실패의 경우에는 노력 부족), 개인주의 사회에서는 학업 성취를 선천적인 능력의 반영이라고 보아, 성공이나 실패를 모두 능력에 귀인한다(성공의 경우에는 탁월한 능력, 실패의 경우에는 능력 부족)는 연구 결과들에서 입증되고 있다. 이러한 결과는 중국인과 미국인의 비교,[142] 일본인과 미국인의 비교,[143] 중국인, 일본인과 미국인의 비교에서뿐만[144] 아니라, 미국에 이민 간 아시아계인(한국인, 필리핀인, 중국인, 일본인, 베트남인 및 기타 동남아시아인)과 미국인의 비교에서[145] 한결같이 나타나고 있다.

집단주의 사회에서 이렇게 성취를 노력 귀인하는 경향은 적응적 가치를 갖는 것이다. 곧 노력은 가변적이고 통제 가능한 요인으로서, 성취 결과를 이에 귀인하면 실패를 했을 때 더욱 분발하게 하는 효과를 가져와 지속적인 실패를 피할 수 있지만, 비교적 고정적이고 통제 불가능한 요인인 능력에 귀인하면 실패를 했을 때 쉽게 포기하게 될 것이기 때문이다. 말하자면, 개인주의자들의 성취 실패에 대한 '반사실적 추론(counterfactual inference)'은 "이 학생이 좀더 좋은 유전자를 가지고 태어났더라면, 이 수학 시험에서 실패하지 않았을 텐데 ……"라는 것이 되어 문제 해결(상황 개선)의 여지가 없지만, 집단주의자들의 성취 실패에 대한 반사실적 추론은 "이 학생과 선생님들이 좀더 열심히 노력했더라면, 이 수학 시험에서 실패하지 않았을 텐데 ……"라는 것이 되어 문제 해결의 방법을 끌어낼 수 있는 것이다.[146]

---

142 Hess, Chang, & McDevitt, 1987.

143 Holloway, Kashiwagi, Hess, & Azuma, 1986.

144 Stevenson, Lee, S. Y., & Stigler, 1986; Stevenson & Stigler, 1992.

145 Mizokawa & Ryckman, 1990.

146 Morris & Peng, 1994, p. 966.

이는 한 마디로 노력을 더 많이 하는 것이다.

　이러한 맥락에서 중국인들은 미국인들보다 학교에서는 학생들에게 숙제를 더 많이 내주고, 가정에서는 아이들이 숙제하는 것을 더 많이 도와주며, 아이들은 숙제를 하는 데 더 많은 시간을 소비한다.[147] 그 결과, 동아시아 학생들의 학업 성취도는 동일한 과제에 대한 미국 학생들의 학업 성취도보다 전반적으로 매우 높아진다.[148] 곧 성취 행동에 대한 귀인 양식의 차이가 바로 이러한 학업 성취도의 차이를 유발하고 있는 것이다.

4) 문화 유형에 따른 사회인지의 특징 대비

　지금까지의 논의에서 분명해진 것은 집단주의 사회에서는 '상호의존성·자기억제·행위가변성'의 측면을 강조함으로써, 타인에 대한 관심과 배려, 내집단에 대한 동조, 겸양, 호감성(선량함, 온화함), 신뢰성(믿음직함, 건실함, 참을성 있음), 양보, 협동, 과묵함, 노력 같은 특성을 상대적으로 높이 평가하는 반면, 개인주의 사회에서는 '자율성·자기주장·안정성'의 측면을 강조함으로써, 수월성, 전문성, 외향성(다변, 솔직함, 모험적임, 사교적임), 정서적 안정성(침착함, 냉정함), 솔직성, 적극성, 자발성, 유능함, 세련됨, 창의성 같은 특성을 높이 평가한다는 사실이다.

　이러한 대인평가의 차이는 필연적으로 사회 행위의 원인을 추론하는 귀인 양상의 차이를 가져오는 것으로 드러나고 있다. 집단주의 사회에서는 사회 행위의 원인을 행위자의 내적 성향에서 찾지 않고 그의 사회관계, 역할, 상황적 압력 같은 상황 요인에서 찾는 경향이 높아서, 개인주의 사회에서 보편적으로 관찰되는 근본적 귀인 오류의 현상이 나타나지 않는다. 또한 집단주의 사회에서는 자기 은폐나 자기 비하 및 타인 고양이나 타인 보호 같

---

147 Chen & Stevenson, 1989.

148 Stevenson & Stigler, 1992.

표 3-2. 문화 유형에 따라 중시되는 대인평가 특성(1)과 귀인 양상(2)의 차이

차 원	집단주의 (관계중심적 인간관)	개인주의 (개인중심적 인간관)
사회 행위의 원동력과 목표	연계성 강조 1) 타인 및 관계 참조, 조화성 중시 2) 상황 귀인 우세	자율성 강조 1) 자기 참조, 독특성 중시 2) 성향 귀인 우세

자기 표현의
양식
	자기 억제 강조
	1) 타협과 화해 선호,
	   양보와 협동 중시
	2) 겸양 편향 우세
		자기 주장 강조
		1) 대결과 경쟁 선호,
		   적극성과 솔직성 중시
		2) 자기 고양 편향 우세

행위의 변이가능성	가변성 강조 1) 부적 특성 수용, 노력 중시 2) 성취 결과의 노력 귀인 우세	안정성 강조 1) 부적 특성 배척, 능력 중시 2) 성취 결과의 능력 귀인 우세

은 겸양 편향이 두드러지게 나타나며, 성취 장면에서는 가변적이고 통제 가
능한 노력에 귀인하는 현상이 특징적으로 나타난다. 이와는 대조적으로, 개
인주의 사회에서는 사회 행위의 원인을 상황적 요인보다는 행위자의 내적
속성인 성향으로 귀인하는 근본적 귀인 오류의 현상이 두드러지고, 자기 고
양과 타인 비하를 통한 자기 증진 편향이 나타나며, 성취 장면에서는 선천
적이고 비교적 고정적인 능력에 귀인하는 현상이 특징적으로 드러난다. 이
러한 차이를 표 3-2와 같이 정리할 수 있다.

　두 문화권에서 관찰되는 이러한 현상적 차이는 두 문화권에서 형성되고
경험되며 전수되는, 세상사와 사람을 보는 관점이 서로 다른 데서 비롯되
는 것이다. 문화는 한 사회의 성원들이 공유하고 있는 세상사에 대한 경험
과 표상을 구조화하는 의미체계이기[149] 때문에, 문화의 차이는 곧바로 세계
관과 인간관의 차이로 연결된다. 바로 이러한 조망의 차이로 말미암아, 사람

---

149 D'Andrade, 1981, 1984; Miller, J. G., 1984.

들이 제공하는 소여 특성(affordance)에 대한 서로 다른 지각적 조율(perceptual attunement)이 이루어져 서로 다른 특성에 민감하게 되고,[150] 결과적으로 위에서 살펴본 바와 같은 문화권에 따른 대인평가와 사회적 행위에 대한 해석 양식의 차이가 유발되는 것이다.

---

150 McArthur와 R. M. Baron(1983)은 대인지각의 생태학적 모형에서 이러한 관점을 제안하고 있다. 이에 관해서는 졸저(조긍호, 2003a, pp. 177-179) 참조.

2. 유학사상과 사회인지

　인간의 심성을 지·정·의 삼분체계로 인식하는 서구의 철학사상과는 달리, 유학사상에서는 덕·지·정·의 사분체계로 인간의 심성을 이해한다. 이러한 유학사상의 심리구성체론은 인성론으로 구체화되고 있는데, 인성론의 초석을 놓고 완성한 유학자는 맹자와 그에 이은 순자이다.[1] 맹자는 도덕의 근거인 사단(四端), 생물적 감각적 욕구[欲], 인식능력[良知], 그리고 도덕적 행위능력[良能]을 사람이 갖추고 있다고 본다. 순자는 감각적 생물적 욕구[欲], 인식능력[知], 그리고 도덕적 행위능력[能]을 사람이 갖추고 있다고 본다. 이 가운데 생물적 감각적 욕구체계인 욕(欲)에는 동기 말고도 외부 대상에 대한 감정체계인 정(情)도 포괄된다고 보는 것이 유학자들의 기본 관점이다. 이렇게 보면, 유학 사상에서는 도덕성과 도덕 의지(도덕적 행위능력), 인식능력, 그리고 동기와 정서체계인 욕의 체계로 인간의 심리구성체를 파악하고 있다고 볼 수 있다. 곧 덕·지·정·의 사분체계로 인간의 심성을 보는 것이 유학사상에서 제시하는 심리구성체론의 특징인 것이다.

　유학사상은 이 네 체계 가운데 덕에 의해 나머지 체계들이 통합될 것을 강조하는 덕성우월론(德性優越論)의 관점을 굳게 지니고 있다. 이는 유학의 체계가 성덕(成德)을 지향하는 체계라는 점에서 당연한 논리적인 귀결이다. 곧 유학사상에서는 인간이 지니고 있는 생물적 욕구와 감정체계를 지양하고, 스스로가 도덕 주체임을 깨달아, 이것을 일상생활에서 실천하는 것을 인간 삶의 이상이라고 보는 것이다. 이렇게 스스로에게 갖추어져 있는

---

1 김충렬, 1982, pp. 172-175; 馮友蘭, 1948/1977, pp. 105-107.

도덕성에 대한 인식과 이의 실천이 유학적 삶의 모습이고, 이러한 삶의 이상적 표본이 바로 군자(君子) 또는 성인(聖人)인 것이다.

이렇게 보면, 유학사상에서 도덕성의 인식과 실천은 결국 하나로 통합되는 것이다. 따라서 도덕적 인식과 실천의 근거인 지〔良知·知〕와 능〔良能·能〕은 통합적으로 고찰해야지, 따로 떼어놓고 살펴볼 수 없는 심리구성체임이 분명하다. 유학에서 지행합일(知行合一)을 그토록 강조하는 것은 바로 이러한 점에 그 근거가 있다. 이러한 맥락에서 보면, 유학자들이 제시하는 사회인지이론은 도덕성의 인식과 실천의 통합을 이룬 사람, 곧 군자와 성인의 대인평가와 귀인의 모습에서 찾아보는 것이 옳을 것이다. 그들의 삶이 곧 지행합일을 이룬 경지로 지와 능이 통합을 이룬 전형이기 때문이다. 이러한 배경에서 이 절에서는 우선 맹자와 순자의 인성론을 통해 유학사상에서 파악하는 심리구성체론의 특징, 특히 인간 심성에서 차지하는 도덕적 인식과 실천 능력의 위상에 대해 간단히 살펴본 다음, 군자와 성인의 대인평가와 귀인 양상의 특징을 고찰하고자 한다.[2]

1) 유학의 인성론과 덕성우월론

유학의 체계는 인성론을 바탕으로 해서 성립한다고 생각할 수 있는데, 이러한 인성론은 맹자와 순자가 본격적으로 전개하고 있을 뿐, 공자는 이에 대해 뚜렷한 입장을 표명하고 있지 않다. 이는 본래 갖추고 태어나는 인간의 본성을 지칭하는 성(性)이 《맹자》에서는 35회,[3] 《순자》에서는 92회나[4] 쓰이고 있지만, 《논어》에서는 오직 2회만[5] 쓰이고 있을 뿐이라는 사실에서

---

2 이 절은 내용은 졸저(조긍호, 2003a, pp. 317-391)의 내용을 보완하고 재조직함.

3 《孟子引得》(Harvard-Yenching Institute, Sinological Index Series, Supplement 17, 1941) 참조.

4 《荀子引得》(Harvard-Yenching Institute, Sinological Index Series, Supplement 22, 1950) 참조.

5 《論語引得》(Harvard-Yenching Institute, Sinological Index Series, Supplement 16, 1940) 참조.

잘 드러난다. 공자가 직접 성에 대해 말한 것은 "사람의 본성[性]은 대체로 비슷하지만, 익히는 바[習]에 따라 서로 달라진다"[6]는 것뿐이고, 제자들과의 대화에서 그는 이에 대해 거의 언급하지 않았던 것이다.[7] 이러한 맥락에서 여기에서는 맹자와 순자의 인성론을 바탕으로 유학의 심리구성체론을 간단히 살펴봄으로써, 유학사상의 덕성우월론이 가지는 의의에 대해 검토해 보기로 하겠다.[8]

(1) 맹자의 인성론

맹자는 자주 인간 본성의 착함을 말하곤 했는데,[9] 그의 성선설은 유명한 사단설을[10] 근거로 한다. 그렇다면, 맹자는 인간에게 본래부터 내재한 본성이 모두 선하다고 보는 것인가? 그렇지는 않다. 맹자는 동물과 구별하여 인간만이 가진 특성의 측면에서 성선을 말하고 있다. 곧 맹자가 말하는 성(性)은 인간이 다른 동물과 구별되는 까닭, 다시 말하면 사람만이 독특하게 가지고 있는 특성을 말하는 것이며, 그런 점에서 사람의 본성은 착하다는 것이다. 이렇게 맹자는 인간의 본성은 모든 동물이 공통으로 갖춘 특성에서가 아니라, 인간만이 독특하게 갖추고 있는 특성에서 찾아야 한다고 보았을 뿐이다. 그렇다면, 동물들과 공통적인 것이든 아니면 인간에게 고유한 것이든 간에, 맹자가 인간이 본래 갖추고 있는 본성이라고 보고 있는 요소들에는 무엇이 있는가?

측은지심을 사람이면 누구나 가지고 있고, 수오지심을 사람이면 누구나 가

---

6 子曰 性相近也 習相遠也(《論語》, 陽貨 2).

7 子貢曰 夫子之文章 可得而聞也 夫子之言性與天道 不可得而聞也(公冶長 12).

8 이 소절에 대한 더 자세한 내용은 졸저(조긍호, 1998a, pp. 75-102, 309-252; 2006, pp. 355-377) 참조.

9 孟子道性善 言必稱堯舜(《孟子》, 滕文公上 1).

10 公孫丑上 6.

지고 있으며, 공경지심(恭敬之心: 여기서는 사양지심을 공경지심이라 표현하고 있다)을 사람이면 누구나 가지고 있고, 또 시비지심을 사람이면 누구나 가지고 있다. 측은지심은 인이고, 수오지심은 의이며, 공경지심은 예이고, 시비지심은 지이다. 이렇게 인의예지는 외부에서 나에게 스며들어 온 것이 아니라, 나에게 본래부터 갖추어져 있는 것이다.[11]

사람에게는 배우지 않고서도 할 수 있는 바[所不學而能者]가 있으니 그것이 바로 본유적인 양능(良能)이며, 또한 생각하지 않고서도 알 수 있는 바[所不慮而知者]가 있으니 그것이 바로 본유적인 양지(良知)이다. 어린아이는 누구나 다 자기 어버이를 사랑할 줄 알게 마련이고, 점차 자라나면 누구나 다 자기 형을 공경할 줄 알게 마련이다. 어버이를 친애하는 것[親親]이 바로 인(仁)이고, 윗사람을 공경하는 것[敬長]이 바로 의(義)이다. 인의는 다른 것이 아니라, 바로 이러한 친친·경장의 마음을 천하의 다른 사람에게까지 넓혀가는 일이다.[12]

그러므로 무릇 같은 종류끼리는 모두 서로 비슷한 법이다. 어찌 홀로 사람에게서만 그렇지 않다고 의심하겠는가? 성인도 나와 같은 종류의 인간이다. ……

---

11 惻隱之心 人皆有之 羞惡之心 人皆有之 恭敬之心 人皆有之 是非之心 人皆有之 惻隱之心仁也 羞惡之心義也 恭敬之心禮也 是非之心智也 仁義禮智非由外鑠我也 我固有之也(告子上 6). 朱熹는《孟子集註》에서 이 구절을 해석하여, "公孫丑上 6장에서는 이 네 가지 마음을 넓혀서 채우게 하기 위해서 네 가지 단서[四端]라 한 것이고, 여기에서는 다만 그 쓰임[用]을 기초로 하여 그 本體를 드러내고자 했을 뿐(彼欲其擴而充之 此直因用以著其本體)"으로 둘 사이에 근본적인 차이가 있는 것은 아니라 보고 있다.

12 人之所不學而能者 其良能也 所不慮而知者 其良知也 孩提之童 無不知愛其親也 及其長也 無不知敬其兄也 親親 仁也 敬長 義也 無他 達之天下也(盡心上 15). 이 인용문의 해석에서 맨 마지막 구절(無他 達之天下也)은 趙岐의《孟子章句》에 따른 해석이다. 朱熹의《孟子集註》에 따르면, 이 구절은 "어버이를 친애함을 仁이라 하고, 어른을 공경함을 義라 하는 것은 다름이 아니라, 이를 천하에 통달하여도 다름이 없기 때문이다"라고 해석된다. 즉 趙岐는 이를 推己及人의 의미로 풀고 있는 데 비해, 朱熹는 "친친·경장은 비록 한 사람의 사사로운 것일지라도, 이를 천하에 통달하여도 다름이 없는 것은 바로 인의(仁義)인 때문이다(親親敬長 雖一人之私 然達之天下無不同者 所以爲仁義也)"라는 뜻, 즉 親親이 仁이고, 敬長이 義라는 것은 개인에게뿐만 아니라, 천하에 통용되는 이치라는 말로 풀고 있다.

그러므로 맛에서는 누구나 입으로 똑같이 맛있는 음식을 즐기고자 하는 욕구
가 있고, 소리에서는 누구나 똑같이 귀로 아름다운 소리를 즐기고자 하는 욕구
가 있으며, 색깔에서는 누구나 눈으로 똑같이 아름다운 것을 즐기고자 하는 욕
구가 있는 것이다.[13]

맨 처음 인용문에서는 도덕성과 타인지향 정서의 본유성을 말하고 있고,
두 번째 인용문에서는 인식능력〔良知〕과 도덕적 실천능력〔良能〕의 본유성
을 제시하고 있다. 이들은 맹자가 동물과는 달리 인간에게만 고유하다고 보
는 특성들이다. 그러나 마지막 인용문에서 맹자는 감각적 생물적 욕구의 본
유성에 대해 언급하고 있다. 이러한 욕구에는 외부 사물에 따라 유발되는
호(好)·오(惡) 같은 감정도 포괄되는 것이다.

이렇게 맹자는 인간에게 도덕성 및 그 실천능력의 체계, 인식능력의 체
계, 욕구체계, 그리고 정서체계가 갖추어져 있다고 본다. 그런데 맹자에게는
욕구체계나 정서체계뿐만 아니라, 인식체계나 행위능력의 체계까지도 모두
도덕성을 근거로 하여 이의 실천을 지향하는 체계로 통합되고 있으며, 이것
이 바로 그의 성선설의 요지이다. 맹자는 이러한 통합 기능을 생각의 기관
인 '마음〔心〕'에 부여하고 있다.[14]

이러한 마음의 생각하는 작용을 통해 맹자는 '도덕 주체'인 인간의 존재
특성을 해명하고 있다고 볼 수 있다. 이렇게 보면 맹자가 말하는 성선은, 곧
가치 의식의 자각 주체가 개인 자신이며, 이러한 가치 의식을 깨닫는 마음
이 본래 인간에게 갖추어져 있다는 점에서 인간 본성은 착하다는 의미라고
추론할 수 있다. 말하자면, 마음의 생각하는 기능을 통해 인간에게 본유적
인 도덕성을 인식하고, 동물적 욕구와 감정체계를 제어하며, 자각된 도덕성
을 일상생활에서 실천하는 것이 성선한 존재로서 인간이 추구하는 삶의 이
상이라는 주장이 맹자 성선설의 요체인 것이다.

---

13 故凡同類者擧相似也 何獨至於人而疑之 聖人與我同類者 …… 故曰 口之於味也 有同耆焉 目之
　　於聲也 有同聽焉 目之於色也 有同美焉(告子上 7).

14 告子上 15.

(2) 순자의 인성론

순자에게 인성론은 천인지분(天人之分)을 통해서 하늘로부터 독립된 사람이 할 수 있고 또 해야 할 일〔所爲〕을 찾아내는 근거가 된다는 점에서 중요성을 갖는다. 순자는 이를 우주 만물과는 다른 사람의 독특성에서 찾고 있다. 그는 사람에게 있는 것을 태어나면서부터 가지고 있는 자연적인 것과 후천적으로 갖추게 된 인위적인 것으로 나누고, 전자를 성(性), 후자를 위(僞)라[15] 부르고 있다. 이러한 성위지분(性僞之分)은 천인관계론에서 말하는 천인지분의 인성론적 전개인 셈이다.

순자는 사람이 자연적으로 태어나면서부터 갖추고 있는 질박한 재질인 성에는[16] 감각적 생리적 욕구〔欲〕, 인식능력〔知〕, 도덕적 행위능력〔能〕의

---

15 이는 '거짓'이나 '꾸밈'의 뜻이 아니라 '人爲'의 뜻이다. 王先謙의 《荀子集解》에서는 《荀子》에 나오는 僞는 대체로 爲로 보아야 한다고 논술하고 있는데(《荀子》, 正名 2의 心慮而能 爲之動 謂之僞의 해설에서 王은 荀書多以僞爲爲라 기술하고 있다), 특히 性과 대립되어 僞가 쓰일 때는 항상 爲를 가리키는 것이다.

　　Dubs(1927, pp. 82-83)는 송대에 朱熹 등에 의해 순자의 인성론이 이단으로 배척된 데에는 두 가지 요인이 있는데, 그 중 하나가 순자의 본의와는 달리 僞를 '거짓'이나 '꾸밈'의 뜻으로 해석한 것이라고 본다. 즉 人之性惡 其善者僞也(性惡 1)를 "사람의 본성은 악하다. 그 착한 것은 인위적인 노력의 소산이다(The nature of man is evil; his goodness is acquired training. p. 83)"로 해석하지 않고, "(사람의 본성이기도 한) 자연은 악하다. 그 (겉보기에) 착한 것은 사악한 것이다〔Nature (which is also man's nature) is evil; its (apparent) goodness is evil. p. 83. 괄호 안은 원문 그대로임〕"라고 해석한 때문이라는 것이다. Dubs가 순자 배척의 또 하나의 요인으로 제시하고 있는 것은, 맹자와 순자가 "인간본성(human nature)"을 지칭하는 용어로 사용하고 있는 性이란 글자를 朱熹는 "우주의 자연(the Nature of the Universe)"으로 해석하여, 우주론적 개념(cosmological concept)으로 만들었다는 점이다. 이러한 맥락에서 朱熹는 性惡이란 말을 "자연은 악하다(Nature is evil. p. 82)" 또는 "우주는 악하다(the Universe is evil. p. 82)"로 해석했고, 만유의 생성 근거인 '자연'을 악하다고 보는 입장을 받아들일 수 없었다는 것이다. 이러한 두 가지 배경에서 朱熹와 그의 추종자들이 "순자를 비난하고 배척한 것은 그야말로 자연스러운 결과였다"(p. 83)는 것이다. 이러한 논의가 맞는다면, 신유학자들의 순자 폄하론은 이승환(1998b)이 제시하는 바의 "해석의 5단계" 중 제1단계인 "어원학적 이해(philological understanding)"의 장벽을 넘지 못한 데에 그 원천이 있다고 볼 수 있을 것이다.

세 가지가 있다고 보아,[17] 이를 다음과 같이 표현하고 있다.

> 사람의 성은 태어나면서부터 이익을 좋아함이 있고 …… 태어나면서부터 미
> 워하고 싫어함이 있으며 …… 태어나면서부터 감각기관의 욕구가 있어서, 아
> 름다운 소리와 색깔을 좋아함이 있다.[18]

> 알 수 있는 근거〔所以知〕가 사람에게 갖추어져 있는 것을 지(知)라 하고 ……
> 행할 수 있는 근거〔所以能〕가 사람에게 갖추어져 있는 것을 능(能)이라 한다.[19]

여기서 첫 번째 인용문은 사람에게 감각적 생리적 욕구〔欲〕가 갖추어져
있음을[20] 말하고 있으며, 두 번째 인용문은 인식 능력〔知〕과 도덕적 행위 능
력〔能〕이 사람에게 갖추어져 있음을[21] 말하고 있다. 이렇게 순자는 사람이
욕(欲)·지(知)·능(能)의 세 측면의 구조로 이루어져 있다고 보며, 이 세 가
지가 바로 성(性)의 내용이 되는 것이라 할 수 있다. 성의 이러한 세 측면

---

16 生之所以然者 謂之性 性之和所生 精合感應 不事而自然 謂之性(正名 2: 《荀子集註》에서는
　　性之和所生을 生之和所生으로 보아, 여기서의 生之를 앞의 生之所以然者의 生之와 같은 뜻
　　으로 보고 있다); 凡性者 天之就也 不可學 不可事 …… 不可學 不可事 而在人者 謂之性(性
　　惡 3); 性者 本始材朴也(禮論 24). 蔡仁厚(1984)는 이 세 인용문에서 "性은 각각 自然義,
　　生就義, 質樸義를 나타낸다"(p. 387)고 보고 있다. 따라서 이에 대립되는 僞는 각각 積習
　　義, 人爲義, 隆文義를 가지는 것으로 볼 수 있다.

17 김승혜, 1990, pp. 233-235; 陳大齊, 1954, pp. 62-63; 蔡仁厚, 1984, pp. 392-398.

18 今人之性 生而有好利焉 …… 生而有疾惡焉 …… 生而有耳目之欲 有好聲色焉(性惡 1).

19 所以知之在人者 謂之知 …… 所以能之在人者 謂之能(正名 3).

20 사람에게 이렇게 감각적 생리적 욕구가 갖추어져 있으며, 이것이 人性을 악으로 향하게
　　하는〔向惡〕 근원이 된다는 것은 性惡篇의 주된 논지이다. 감각적 생리적 욕구가 사람의
　　본유적인 특성의 하나라는 사실은 性惡篇 말고도 榮辱 31(凡人有所一同 飢而欲食 寒而欲煖
　　勞而欲息 好利而惡害 是人之所生而有也 是無待而然者也) 등 《荀子》 전 편에서 산견된다.

21 사람에게 인식능력과 도덕적 행위능력이 본유하고 있다는 주장은 이 밖에도 榮辱 28(材
　　性知能 君子小人一也), 解蔽 25(凡以知 人之性也 可以知 物之理也), 性惡 13(塗之人也 皆有
　　可以知仁義法正之質 皆有可以能仁義法正之具 然則其可以爲禹明矣) 등 《荀子》 전 편에서 산
　　견된다.

중에서 지와 능은 위(僞)를 이룰 수 있는 바탕이 된다. 위란 사려를 쌓고〔知〕능력을 익힌〔能〕다음에 이루어지는 것이기[22] 때문이다. 그리고 이러한 지와 능은 각각 인간이 인간된 까닭인 변(辨)과[23] 인간이 천하에서 가장 귀한 존재가 되는 까닭인 의(義)의[24] 근거이기도 하다.

그렇다면, 성과 위 사이에는 어떠한 관계가 있는가? 이 둘 사이의 관계는 기본적으로 상호보완적이다. 이를 순자는 다음과 같이 표현하고 있다.

> 성이 없으면 위가 더해질 데가 없고, 위가 없으면 성은 스스로 아름답게 될 수가 없다. 성과 위가 합해진 연후에야 성인의 이름이 이루어지고, 천하를 통일시키는 공이 이루어지는 것이다. 그러므로 천지가 합하여 만물이 생기고, 음양이 접하여 변화가 일어나듯이, 성위(性僞)가 결합되어야 천하가 다스려진다.[25]

그러나 이러한 상보적 관계에서 성위지합(性僞之合)이 이루어지는 데는 인위적인 노력, 곧 위가 더 중추적인 역할을 한다. 이러한 점은 "성이란 사람이 일삼아 할 수는 없는 것이지만, 변화시킬 수는 있는 것"[26]이므로, 성인이 지와 능을 통해 성을 변화시키고 위를 일으켜서〔化性起僞〕위의 핵심인 예의를 만들었으며,[27] 근본적으로 사람은 이 예의를 통해서 성위지합을 이루게 된다는[28] 사실을 통해 알 수 있다. 순자는 천인관계론에서 천인지분을 나누고, 이 중에서 사람의 직분을 수행함으로써 참어천지(參於天地)할 수

---

22 心慮而能爲之動 謂之僞 慮積焉 能習焉 而後成 謂之僞(正名 2).

23 故人之所以爲人者 非特以其二足而無毛也 以其有辨也(非相 9-10).

24 水火有氣而無生 草木有生而無知 禽獸有知而無義 人有氣有生有知 亦且有義 故最爲天下貴也(王制 20).

25 無性則僞之無所加 無僞則性不能自美 性僞合 然後成聖人之名 一天下之功 於是就也 故曰 天地合而萬物生 陰陽接而變化起 性僞合而天下治(禮論 24).

26 性也者 吾所不能爲也 然而可化也(儒效 35).

27 聖人積思慮 習僞故 以生禮義 而起法度 …… 故聖人化性而起僞 僞起而生禮義 禮義生而制法度 然則禮義法度者 是聖人之所生也(性惡 6-7).

28 禮者所以正身也 …… 無禮何以正身(修身 36); 禮及身而行修(致士 16).

있다고 보고 있는데, 인성론에서도 인간의 주체적인 노력인 위를 통해 성위지분의 상태에서 성위지합을 이룰 수 있다고 보는 것이다.

(3) 유학적 심리구성체론

이렇게 맹자와 순자의 인성론은 사람에게 본래 갖추어져 있는 인간 본성의 구성체들과 그들 각각의 기능 및 그들 사이의 관계에 관한 이론체계이다. 이로부터는 심리학에서 다루어야 할 문제 영역을 확인하는 작업, 곧 심리구성체론(心理構成體論)의 문제에 대한 시사를 얻어낼 수 있다.

여러 번 언급했듯이, 현대 서구심리학은 전통적으로 인간의 심성을 지·정·의 구조로 파악하는 입장에 근거하여 성립하고 있다. 현대심리학에서는 이들 각각을 인지·정서·동기의 문제로 다루며 연구해 오고 있는데, 이들 세 체계 사이의 관계를 놓고도 인지우월론의 관점에서 지적 체계를 중심으로 보는 관점이 현대심리학을 지배해 왔던 것이다.

그러나 선진유학자들이 보는 심리구성체론은 이와는 다르다. 맹자는 도덕의 근거인 사단(四端), 생물적 감각적 욕구[欲], 인식능력[良知]과 도덕적 행위능력[良能]을 사람이 갖추고 태어난다고 본다. 순자는 감각적 생리적 욕구체계[欲], 인식능력[知] 그리고 도덕적 행위능력[能]을 사람이 갖추고 있다고 본다. 이렇게 보면, 선진유학자들은 도덕성과 도덕 의지(도덕적 행위능력), 인식능력, 그리고 생물적 감각적 욕구체계로 인간의 심리구성체를 파악하고 있다고 볼 수 있다.

그렇다면, 이들은 정서의 측면은 인간 이해에서 제외하였는가? 그렇지는 않다. 《맹자》에서는 정(情)이란 말이 네 번 등장하나,[29] 이들은 모두 사물이나 인간의 본성의 의미로 쓰이고 있다. 그러나 그의 사단은 타인지향적 정서로 개념화되고 있을 만큼,[30] 정서적인 내포가 강하다. 또한 맹자가 말하

---

29 《孟子》, 滕文公上 4; 離婁下 18; 告子上 6, 8(《孟子引得》 참조).

30 정양은, 1970; 한덕웅, 1994.

는 욕은 감각적 생물적 욕구만을 지칭하는 것이 아니라, 정서적 측면도 포괄한다는 사실을 주목할 필요가 있다.

이러한 사실은 순자에게서도 마찬가지다. 이는 《순자》에서는 정성(情性)이라고 연용하는 경우가 17회, 성정(性情)이라고 연용하는 경우가 2회로써[31] 모두 19회나 성과[32] 정을 연용하고 있다는 점에서 드러나고 있다. 순자는 다음과 같이 진술함으로써, 이 같은 자신의 관점을 분명히 드러내고 있다.

> 성(性)이란 하늘이 이루어 낸 것〔性者天之就〕이다. 정(情)은 성의 바탕〔情者性之質〕이다. 그리고 욕(欲)은 외부 사물에 대한 정의 반응〔欲者情之應〕이다.[33]

여기서 "성자천지취(性者天之就)란 성은 선천적으로 타고나는 것으로, 태어나면서부터 갖추어져 있음을 말한다. 정자성지질(情者性之質)이란 성은 정을 그 바탕〔本質〕으로 하는 것으로, 정 말고는 성이 없으므로, 정이 곧 성으로서 성과 정은 동질적이고 동위적(同位的)임을 말한다. …… 그리고 욕자정지응(欲者情之應)이란 욕은 정에 대한 반응으로 생겨나는 것임을 가리킨다. 말하자면, 귀와 눈이 아름다운 소리와 색깔을 좋아하는 것은 욕인데, 이러한 욕은 사랑하고 좋아하는 감정(愛好之情)에 대한 반응으로 생겨나는 것"[34]임을 나타내고 있다. 이렇게 보면, 순자가 보는 좁은 의미의 성은 정과 욕을 의미하는 것으로, 이러한 "정(情)·욕(欲)은 이성적인 것이 아니라 감성적인"[35] 인간 구조의 측면을 나타내는 것이다.

---

31 《荀子引得》 참조.

32 이는 좁은 의미의 性으로, 欲을 가리킨다(蔡仁厚, 1984, pp. 389-392; 黃公偉, 1974, pp. 465-466).

33 性者天之就也 情者性之質也 欲者情之應也(《荀子》, 正名 22).

34 蔡仁厚, 1984, p. 390.

35 黃公偉, 1974, p. 465.

　이러한 심리구성체 가운데 유학자들이 가장 중시한 것은 인지능력과 도덕적 행위능력이다. 맹자에게 양지와 양능은 "아주 어린 아이라도 태어나면서부터 누구나 자기 어버이를 친애할 줄 알고, 자라나서는 누구나 자기 형을 공경할 줄 아는 것"[36]이다. 어버이를 친애하는〔親親〕인(仁)의 시초와 어른을 공경하는〔敬長〕의(義)의 시초를 깨달아 알고, 이를 실천할 수 있는 능력이 양지와 양능, 곧 인지능력과 행위능력인 것이다. 이렇게 맹자가 말하는 인지능력과 행위능력은 스스로가 도덕 주체임을 인식할 수 있는 능력〔良知〕과 이를 일상생활에서 실천할 수 있는 도덕적 행위능력〔良能〕을 가리키는 것이다. 말하자면, 맹자에게 양지와 양능은 도덕성이라는 하나의 체계를 구성하는 동전의 앞면과 뒷면 같아서, 서로 뗄레야 뗄 수 없는 능력들인 것이다. 여기에 인간의 인지, 특히 사회인지의 중핵을 도덕성에서 찾는 맹자 인성론의 관건이 놓여 있다.

　순자의 지와 능도 같은 맥락에서 이해할 수 있다. 여기서 지는 외부의 사물을 받아들여서 종합하고, 분별하고, 판단하는 지성적인 인식능력이다. "무릇 알 수 있는 것은 사람의 성(性)이고, 이를 통해 알게 되는 것은 사물의 이치이다"[37]라는 순자 자신의 진술에서도 분명히 드러나듯이, "인식할 수 있는 근거가 사람에게 갖추어져 있는 것〔所以知之在人者〕"이 바로 지인 것이다.[38] 이어서 능은 옳은 것으로 판단된 도리를 행하고 지킴으로써 의(義)에 이를 수 있는 행위능력이다. 곧 "도를 알기만 하는 것은 이를 행하는 것만 못하다. 배움이란 배운 것을 실제로 행하는 데서 끝나는 것이다. 이렇게 배운 것을 행하면 밝게 통하게 되고, 밝게 통하면 성인이 된다"[39]는 진술에서 순자가 말하는 바의, 알게 된 도를 실제로 "행할 수 있는 근거가 사람에게 갖추어져 있는 것〔所以能之在人者〕"이 바로 능인 것이다.[40]

---

36 《孟子》, 盡心上 15.

37 凡以知 人之性也 可以知 物之理也(《荀子》, 解蔽 25).

38 正名 3.

39 知之不若行之 學至於行之而止矣 行之明也 明之爲聖人(儒效 33).

40 正名 3.

이렇게 순자에게도 지와 능은 도덕적 인식과 도덕적 행위의 근거가 되는 심리구성체이다. 이는 "무릇 우(禹) 임금이 우 임금이 된 까닭은 인의(仁義)와 바른 규범〔法正〕을 실행했기 때문이다. 그러므로 인의와 바른 규범에는 알 수 있고 실행할 수 있는 이치가 갖추어져 있다. 따라서 길거리의 보통 사람들도 누구나 인의와 바른 규범을 알 수 있는 바탕〔知〕을 가지고 있고, 인의와 바른 규범을 실행할 수 있는 근거〔能〕를 갖추고 있는 것이다"[41]라는 순자의 진술에서 분명히 드러나고 있다.

이렇게 보면, 선진유학에서는 심리구성체가 도덕성·지성·욕구 및 정서의 체계로 이루어져 있다고 보는 셈이다. 이러한 관점에서는 덕성(德性)이 종래의 심리학에서 추구했던 인지·동기·정서와 별도로 연구되어야 할 필연성이 도출되며, 여기에 바로 동양심리학이 성립될 수 있는 밑바탕이 놓여 있다고 볼 수 있을 것이다. 이러한 인간 심성의 구조론에서 중요한 심리학적 문제는 각 구성 요소 사이의 관계의 문제이다. 전술한 바대로 현대심리학에서는 인지우월론이 대세를 이루어왔다. 그러나 맹자와 순자는 덕성의 우월성을 주장하는 것이다. 이는 유학이 기본적으로 성덕을 지향하는 체계라는 점에서 당연한 논리적 귀결이라 할 수 있다.

(4) 지와 능의 통합

유학의 심리구성체론에서 특별히 주의해서 생각해 보아야 할 것은, 이 체계에서 인지능력〔良知·知〕과 도덕적 행위능력〔良能·能〕을 별개의 심리구성체로 상정하기는 하지만, 이 양자의 기능은 유학의 근본 목적인 성덕이라는 한 가지 목표로 통합되는 것이어서, 따로 떼어 고찰할 수가 없다는 사실이다. 스스로에게 갖추어져 있는 도덕성과 스스로가 도덕 주체라는 사실에 대한 인식〔知〕은 일상생활에서 도덕을 실천할 것〔能〕을 목표로 하는 것

---

41 凡禹之所以爲禹者 以其爲仁義法正也 然則仁義法正 有可知可能之理 然而塗之人也 皆有可以
    知仁義法正之質 皆有可以能仁義法正之具(性惡 13).

이고, 또 후자(도덕 실천)는 전자(도덕 인식)를 근거로 하기 때문이다.

이렇게 도덕적 인식과 이의 일상적 구현은 도덕 주체로서 인간이 이루어야 하는, 서로 분리할 수 없는 양 측면이라는 것이 유학사상의 특징이다. 유학자들은 인식 없는 실행이나 실행을 전제로 하지 않는 인식은 모두 공허한 것으로 보고 배격하는 입장을 취하며, 도덕 주체인 인간에게서 이 두 측면(인식과 실행)이 통합되는 것이 바로 덕을 이루어 군자가 되는 길이라고 보는 것이다.[42]

도덕적 인식과 그 실행이 통합되어야 한다는 것은 공자로부터 이어지는 유학의 전통이다. 유학의 가장 핵심적 경전인 《논어》는 공자의 "배우고(知에 의한 인식) 그것을 때에 맞추어 익히면(能에 의한 실행) 또한 기쁘지 아니하겠는가?"[43]라는 말씀에서 시작하여, 도덕적 인식과 그 실행의 통합을 강조하는 유학의 전통을 열고 있다. 이러한 입장을 공자는 "도(道)를 깨달아 알기만 하는 사람은 그것을 실천해 보아서 좋아하는 사람만 못하고, 그것을 좋아하기만 하는 사람은 그것을 체현하여 즐기는 사람만 못하다"[44]고 표현하기도 하여, 사람이 해야 할 일〔道〕의 인식과 실행이 통합되어야 함을 역설하고 있는 것이다.

맹자도 공자의 입장을 이어받아, 도덕적 인식과 실행의 통합이 중요함을 다음과 같이 진술하고 있다.

군자가 올바른 방법으로 깊이 탐구하여 나아가는 까닭은 스스로 깨달아 얻고자 하기 때문이다(도덕 인식). 스스로 깨달아 도를 얻으면 이에 처하는 것이 안정되고, 그렇게 되면 도를 활용하는 데 더욱 깊이가 있게 된다(도덕 실천). 이렇게 도를 활용하는 데 깊이가 있게 되면, 자기의 좌우 가까이에서 항상 그 근원을 파악하게 된다. 그러므로 군자는 스스로 도를 깨달아 얻고자 하는 것이다.[45]

---

42 김승혜, 1990; 勞思光, 1967; 蔡仁厚, 1984; Nisbett, 2003; Tu, Wei-Ming, 1985.

43 子曰 學而時習之 不亦說乎(《論語》, 學而 1).

44 子曰 知之者不如好之者 好之者不如樂之者(雍也 18).

45 《孟子》, 離婁下 14.

맹자는 이렇게 도를 깨달아 인식하는 일〔明道〕과 이를 일상생활에서 실행하는 일〔集義〕의 조화〔配義與道〕, 곧 도덕 인식과 실행의 통합을 군자가 되는 핵심이라고 본다. 이는 그가 유명한 호연지기론(浩然之氣論)에서 밝히고 있는 입장이다.[46]

도덕적 인식과 실천의 통합에 대해서 공자·맹자보다 더 집중적으로 논의하고 있는 사람은 순자이다. 앞에서도 지적하였듯이, 순자에게 도는 곧 인도(人道)이고,[47] 이는 곧 예의(禮義)이다.[48] 예의는 일상생활, 개인 감정, 자연질서, 사회질서 같은 인간 생활 전반의 규범이므로, 이는 실생활의 실천을 전제로 하는 것이다.[49] 그렇다면, 이러한 예의에 대한 인식은 이의 실천과 불가분의 관계에 있을 수밖에 없다. 양자 사이의 관계에 대한 순자의 입장은 다음의 진술에 잘 드러나 있다.

> 마음이 도를 인식한〔知道〕 다음에야 도를 옳은 것으로 받아들이게 되고〔可道〕, 도를 옳은 것으로 받아들인 다음에야 비로소 도를 지키고〔守道〕, 그럼으로써 도가 아닌 것을 금할 수〔禁非道〕 있게 된다. …… 도를 인식하여 밝게 깨닫고〔知道察〕, 인식한 도를 실행하면〔知道行〕, 도와 일체를 이룬 사람〔體道者〕이 되는 것이다.[50]

이 인용문에서 "도를 인식하고 옳은 것으로 받아들이는 일〔知道·可道〕"은 "도를 인식하여 밝게 깨달은 상태〔知道察〕"에 해당하고, "도를 지키고,

---

46 敢問浩然之氣 曰 難言也 …… 其爲氣也 配義與道 無是 餒也(公孫丑上 2).

47 《荀子》, 儒效 9-10.

48 禮者人道之極也(禮論 13).

49 唐君毅, 1986; 牟宗三, 1979; 柳熙星, 1993; 張其昀, 1984; 蔡錦昌, 1989; 蔡仁厚, 1984; 馮友蘭, 1948; 黃公偉, 1974; Cua, 1985; Dubs, 1927.

50 心知道 然後可道 可道然後能守道 以禁非道 …… 知道察 知道行 體道者也(解蔽 11-13). 여기서 道는 사람이 행해야 할 바의 人道를 말하는 것이다. 이는 "道는 하늘의 도도 아니고, 땅의 도도 아니며, 사람이 행해야 할 바로서, 군자가 따르는 것"(儒效 9-10)이라는 人道論에서 분명히 드러나는 순자의 입장이다.

도 아닌 것을 금하는 일〔守道·禁非道〕”은 “인식한 도를 실행하는 상태〔知道行〕”에 해당하는 것이다. 그러니까 도의 인식〔察道〕은 도를 인식하여 옳은 것으로 받아들이는 일을 말하고, 도의 실행〔行道〕은 도를 지키고 도 아닌 것을 금하는 일을 말하는 셈이다. 이렇게 “지도찰(知道察)·지도행(知道行)의 구절에 근거하여 마음이 능히 지도(知道)·가도(可道)·수도(守道)·금비도(禁非道)할 수 있다는 말을 살펴보면, 순자가 주장하는 인지심(認知心)은 실제로 지(知)·행(行)의 두 방면을 아울러 포괄하는 것으로, 다만 인지의(認知義)뿐만 아니라, 실천의(實踐義)도 포함하는 것임을 알 수 있다.”[51]

이상의 논의들에서 분명히 드러나듯이, 유학사상에서는 도덕적 인식과 실행은 서로 분리하여 생각할 수 없으며, 양자의 통합이 이상적 인간이 되는 지름길이라고 본다. 따라서 유학사상에서 보는 인지의 문제, 특히 사회인지의 문제를 고찰하기 위해서는 도덕적 인식만이 아니라, 그 실천의 문제를 함께 고려할 필요가 있다. 이렇게 인식과 실천의 통합을 이룬 사람들이 바로 군자나 성인이므로, 유학사상에서 제시되는 사회인지의 특징은 군자와 성인의 특징에서 잘 드러나게 되는 것이다.

2) 군자·성인의 사회인지의 특징

이상에서 보았듯이, 유학의 인성론에서 도출되는 심리구성체론은 덕·지·정·의 사분체계이고, 덕성에 의해 나머지 심리구성체들이 모두 통합되고 제어되어야 한다는 덕성우월론을 근간으로 하고 있다. 스스로 본유하고 있는 도덕성을 주체적으로 자각하고, 이를 일상생활에서 실천하는 사람이 군자와 성인으로, 이들은 곧 유학적 삶의 이상을 이룬 사람들이다. 그러므로 이들에게서 유학사상이 제시하는 대인평가와 귀인 양상의 전형적인 모습을

---

51 蔡仁厚, 1984, p. 416.

찾아볼 수 있을 것이다.

공자는 "군자는 …… 자기만 못한 사람을 벗 삼으려 해서는 안 된다"[52]고 하여, 대인평가의 이상적 기준을 군자의 특성에서 찾고 있다. 그가 대인평가의 기준을 군자의 특성에서 찾는 것은 어진 군자를 사귀는 일이 바로 인(仁)을 돕고 행하는[53] 선행 조건이라고 보기 때문이다. 이러한 사실을 그는 다음과 같이 진술하고 있다.

> 자공이 인(仁)을 행하는 일에 대해 여쭙자, 공자께서 "장인(匠人)이 자기 맡은 일을 잘 하고자 하면, 반드시 먼저 그 연장을 예리하게 벼리는 법이다. 이와 마찬가지로, 이 고을에 살면서 인을 행하려면, 먼저 그 대부 가운데 어진 사람을 섬기고, 그 선비 가운데 어진 사람을 벗 삼아야 한다"고 말씀하셨다.[54]

맹자도 "벗이란 그 덕을 벗 삼는 것"[55]이기 때문에, "한 고을의 좋은 선비는 한 고을의 좋은 선비와 벗 삼고, 한 나라의 좋은 선비는 한 나라의 좋은 선비와 벗 삼고, 천하의 좋은 선비는 천하의 좋은 선비와 벗 삼는다"[56]고 하여, 덕을 이룬 군자가 벗 삼는 사람, 곧 군자의 특성에서 대인평가의 기준을 찾아야 함을 역설하고 있다.

이러한 입장은 순자에게도 그대로 이어져 유학사상의 특징이 되고 있다. 그는 "벗이란 서로를 잘 간직할 수 있게 해주는 존재이다. 도가 같지 않으면, 어떻게 서로 잘 간직하여 벗이 될 수 있겠는가?"[57]라고 하여, 서로 이룩

52　子曰 君子 …… 無友不如己者(《論語》, 學而 8; 子罕 24에도 毋友不如己者라고 하여, 無가 毋로 글자만 바뀌었을 뿐, 같은 말이 보인다).

53　君子 …… 以友輔仁(顏淵 24).

54　子貢問仁 子曰 工欲善其事 必先利其器 居是邦也 事其大夫之賢者 友其士之仁者(衛靈公 9).

55　友也者 友其德也(《孟子》, 萬章下 3).

56　一鄕之善士 斯友一鄕之善士 一國之善士 斯友一國之善士 天下之善士 斯友天下之善士(萬章下 8).

57　友者所以相有也 道不同 何以相有也(《荀子》, 大略 34: 楊倞의 《荀子注》와 王先謙의 《荀子集解》에서는 모두 有를 友와 통하는 것으로 풀이하고 있다).

한 덕이 같은 군자끼리 친구가 됨을 역설하고 있다. 이렇게 군자와 교유하게 되면, 스스로 상대방을 닮아, 자기도 모르는 사이에 군자가 된다는 것이 순자의 생각이다. 이러한 견해는 다음 진술문에 잘 드러나 있다.

> 무릇 사람은 비록 본성적 바탕의 아름다움과 마음의 변별·인식 기능을 갖추고 있다고 하더라도 …… 반드시 좋은 벗을 택하여 그를 벗 삼아야 한다. …… 좋은 벗을 얻어 그를 벗 삼으면, 보는 것마다 모두 자기를 다하고[忠], 신실하며[信], 남을 공경하고[敬], 사양하는[讓] 행동뿐일 것이다. 그리하여 자기 몸이 날로 인의의 도로 향상되어도 스스로 이를 자각하지 못하게 되는데, 이는 점차 감화를 받기 때문이다.[58]

이러한 관점에 비추어 보면, 유학사상에서 바람직한 것으로 강조하고 권장하는 대인평가와 귀인의 특징은 서로 간에 벗 삼으려 하는 군자들의 특성에서 잘 드러나게 된다고 추론할 수 있을 것이다. 이러한 배경에서 여기에서는 군자론·성인론을 바탕으로 유학사상에서 도출되는 사회인지(대인평가·귀인)의 특징에 대해 살펴보려 한다. 유학 사상사에서 이러한 군자론·성인론은 공자·맹자·순자 같은 초기 유학자들에 힘입어 확립된 이론체계이므로, 여기에서는 《논어》·《맹자》·《순자》를 중심으로 하여 논의를 진행하기로 하겠다.

(1) 타인과 사회에 대한 관심과 배려

선진유학 사상에서 제시하는 이상적 인간형론의 특징은, 자기 완성에만 머무르지 않고 타인에 대한 배려와 사회적 책무의 자임, 곧 관계 완성과 사회 완성을 지향해 나가는 일을 군자나 성인의 기본적인 자세라고 본다는 데

---

58 夫人雖性質美 而心辨知 必將 …… 擇良友而友之 …… 得良友而友之 則所見者忠信敬讓之行也 身日進於仁義而不自知也者 靡使然也(性惡 20-21).

있다. 말하자면, 군자나 성인은 수기(修己)를 통해 개체로서 존재하는 자기 인격을 완성함과 더불어, 타인과 사회에 대해 관심을 가지고, 이를 우선적으로 배려하는 특징을 지닌 사람들인 것이다. 따라서 타인과 사회에 대한 관심과 배려의 특성이 대인평가에서 강조되고 권장되는 특성으로 부각된다. 이는 인간을 '사회적 관계체'로 파악하는 유학사상의 관점에서 도출되는 대인평가의 차원이라고 볼 수 있다.

① 《논어》

공자는 인(仁)이란 "자기가 바라지 않는 것을 남에게 베풀지 않는 일"[59] 또는 "자기가 서고자 하면 남을 먼저 세워주고, 자기가 이루고자 하면 남이 먼저 이루도록 해주는 일"[60]이라고 보아, 인의 핵심이 타인에 대한 배려에 있음을 강조하고 있다. 그렇기 때문에 그는 다른 곳에서 인이란 "다른 사람을 아끼고 사랑하는 일"[61]이라고 표현하고 있는 것이다. 이러한 공자의 입장은 다음의 진술에 잘 드러나 있다.

> 공자께서 "삼(參)아! 내 도는 하나의 이치로 관통되어 있다"고 말씀하시자, 증자(曾子)가 "예"라고 대답하였다. 그러고 나서 공자께서 방에서 나가시자, 제자들이 "무슨 말씀입니까?"라고 증자에게 물었다. 이에 대해 증자는 "선생님의 도는 '자기를 다하는 일〔忠〕'과 '자기를 미루어 남에게 미치게 하는 일〔恕〕'일 뿐이다"라고 대답하였다.[62]

인의 본질을 이렇게 자기를 다하고 또 자기를 남에게까지 미루어가는 충(忠)과 서(恕)로 보는 관점은 공자 자신이 "인이란 자기를 극복하고〔克己〕

---

59 《論語》, 顔淵 2.

60 雍也 28.

61 顔淵 22.

62 里仁 15.

예로 돌아가는 것〔復禮〕"63이라고 한 설명에서 뚜렷이 드러난다. 여기서 극기(克己)는 자기의 인격을 닦는 일로서, 자기를 다하는 '충'과 같은 것으로, 군자의 세 가지 특징 가운데 "수기이경(修己以敬)"의 상태에 해당한다. 이에 견주어, 복례(復禮)는 사람들과 맺는 관계 안에서 예에 맞는 바를 실천하는 일로서, 자기를 미루어 남에게까지 미치는 '서'와 같은 것으로, 군자의 세 특징 가운데 "수기이안인(修己以安人)" 및 "수기이안백성(修己以安百姓)"의 상태에 해당한다.64 그러므로 "극기복례란 자기에게서 시작되어 남에게로 확대되는 인의 사회적 성격을 드러낸다"65고 볼 수 있다.

이렇게 공자가 제시하는 유학의 핵심 덕목인 인은 자기 완성〔修己以敬〕과 함께 대인관계에서 조화의 달성〔修己以安人〕 및 사회적 책무의 자임과 완수〔修己以安百姓〕를 포괄하는 것이다. 그러므로 이러한 인을 체득하고 실천하는 군자는 "널리 배우고, 예로써 몸을 단속하여"66 근본적인 도리에만 힘을 쏟고,67 이를 일상생활에서 달성하려고 노력하기 때문에,68 이기적 욕구를 억제하게 되고69 정서적 안정을 취하게 된다.70 그 결과 항상 덕에만 마음을 쓰고,71 의(義)에 밝을 뿐만 아니라,72 형식과 본질이 잘 융합되어

---

63 顔淵 1.

64 子路問君子 子曰 修己以敬 曰 如斯而已乎 曰 修己以安人 曰 如斯而已乎 曰 修己以安百姓 修己以安百姓 堯舜其猶病諸(憲問 45).

65 김승혜, 1990, p. 113.

66 子曰 君子博學於文 約之以禮 亦可以弗畔矣夫(雍也 25; 顔淵 15에는 君子라는 주체만 빠졌을 뿐, 같은 내용이 보인다).

67 君子務本 本立而道生(學而 2).

68 君子 …… 就有道而正焉(學而 14); 君子學以致其道(子張 7).

69 子曰 君子食無求飽 居無求安 敏於事而愼於言 就有道而正焉 可謂好學也已(學而 14); 君子憂道不憂貧(衛靈公 31); 子曰 賢哉回也 一簞食 一瓢飮 在陋巷 人不堪其憂 回也 不改其樂 賢哉回也(雍也 9).

70 子曰 君子坦蕩蕩(述而 36); 子曰 君子不憂不懼(顔淵 4); 子曰 君子道者三 我無能焉 仁者不憂 知者不惑 勇者不懼(憲問 30).

71 子曰 君子懷德 小人懷土(里仁 11).

〔文質彬彬〕,[73] 항상 말과 행동이 일치하는[74] 도덕적 완성인이 되는 것이다.

이상에서 보듯이, 군자는 자기를 닦음으로써 삼가게 되어〔修己以敬〕, 항상 "자기를 다하고 신실함을 위주로 하기"[75] 때문에, "태연하여 교만하지 않으므로,"[76] "삼가 실수가 없고, 다른 사람들에게는 공손하고 예를 갖추어 대한다. 곧 그는 온 천하의 사람들을 모두 형제로 여기는 것이다."[77] 이렇게 다른 사람들을 모두 형제같이 아끼고 사랑하므로,[78] "군자는 사람들을 두루 사랑하여 편당을 만들지 않으며,"[79] "사람들과 널리 조화를 추구하여 사사로운 이익을 붙좇지 않는다."[80] 곧 "군자는 어진 사람을 존중하고, 많은 사람들을 포용하며, 착한 사람을 아름답게 여기고, 무능한 사람을 불쌍히 여겨 도와줌으로써,"[81] "사람들이 가진 본래의 아름다움을 완성하도록 해주는 것이다."[82]

이와 같이 군자는 교만하지 않고 공손하게〔修己以敬〕 널리 사람들을 포용하여, 그들과 조화를 추구할 뿐만 아니라〔修己以安人〕, 그들이 안락한 생활을 할 수 있도록 적극적으로 나서서 도와주는〔修己以安百姓〕 사람이다. 이러한 사실은 다음 진술에 잘 드러나 있다.

공자께서 자산(子産)에 대하여 다음과 같이 말씀하셨다: "그는 군자의 네

72　子曰　君子喩於義　小人喩於利(里仁 16).

73　子曰 …… 文質彬彬　然後君子也(雍也 16).

74　子曰　君子恥其言之過其行也(憲問 29); 子貢問君子　子曰　先行　其言而後從之(爲政 13: 何晏의 《論語集解》에서는 이렇게 끊어 읽고 있으나, 朱熹의 《論語集註》에서는 先行其言　而後從之라 끊어 읽고, 같은 해석을 하고 있다).

75　君子 …… 主忠信(學而 8; 子罕 24에는 주체인 君子만 빠졌을 뿐, 같은 내용이 보인다).

76　子曰　君子泰而不驕　小人驕而不泰(子路 26).

77　君子敬而無失　與人恭而有禮　四海之內　皆兄弟也　君子何患乎無兄弟也(顔淵 5).

78　樊遲問仁　子曰　愛人(顔淵 22); 君子學道則愛人(陽貨 4).

79　子曰　君子周而不比　小人比而不周(爲政 14); 子曰　君子矜而不爭　群而不黨(衛靈公 21).

80　子曰　君子和而不同　小人同而不和(子路 23).

81　君子尊賢而容衆　嘉善而矜不能(子張 3).

82　君子成人之美　不成人之惡　小人反是(顔淵 16).

가지 도를 갖춘 사람이다. 그의 몸가짐은 공손하였으며, 그가 웃어른을 섬기는 태도는 공경스러웠다. 또한 그는 백성들을 기름에 은혜롭게 이익을 베풀었고, 그들에게 일을 시킬 때는 공정하게 하였다.”[83]

이 인용문에 나타나 있듯이, 군자는 자기 수양을 통해 인격의 완성을 이룰 뿐만 아니라, 사회적인 책무를 자임하여 이를 올바르게 완수하려는 태세를 갖추고, 이를 실천하는 사람인 것이다. 이는 전적으로 자기를 다하고, 이를 다른 사람에게 미루어 나가는 서(恕)에 충실한 데서 나오는 군자의 특징이다. 이는 군자에게 요청되는 기본적인 삶의 자세로서, 제자인 자공(子貢)과 가진 다음과 같은 문답에 잘 드러나 있다.

자공이 “한 마디 말로써 평생토록 행해야 할 만한 것이 있습니까?”라고 여쭙자, 공자께서 “그것은 자기를 남에게까지 미루어가는 일〔恕〕일 것이다. 이는 자기가 바라지 않는 일을 남에게 베풀지 않는 일이다”라고 대답하셨다.[84]

이렇게, “군자는 의로써 바탕을 삼고, 예로써 그것을 행하며〔修己以敬〕, 겸손함으로써 그것을 드러내고〔修己以安人〕, 신실함으로써 그것을 이루나니〔修己以安百姓〕, 이러한 특징을 겸비하고 있는 사람이 바로 군자이다.”[85] 말하자면, 자기 인격의 도덕적 수양뿐만 아니라, 타인과 사회에 대한 관심과 배려를 대인평가의 가장 기본적인 특성으로 강조하고 권장하는 것이 《논어》에 드러난 공자의 대인평가 기준의 기본 특징인 것이다.

② 《맹자》
대인평가의 기준을 타인과 사회에 대한 관심과 배려에서 구하는 것은 맹

---

83 子謂子産 有君子之道四焉 其行已也恭 其事上也敬 其養民也惠 其使民也義(公冶長 15).
84 衛靈公 23.
85 子曰 君子義以爲質 禮以行之 孫以出之 信以成之 君子哉(衛靈公 17).

자도 마찬가지다. 이러한 점은 성인론에서 도출되는 그의 도덕실천론에 잘 드러나 있다. 유학은 기본적으로 성덕을 지향하는 체계이고, 이러한 성덕은 수기를 통하여 체득한 인의의 도를 일상생활에서 실천함으로써 완성된다. 이렇게 일상생활에서 인의의 도를 실천하는 것을 맹자는 집의(集義)라 표현하고 있다.[86] 이러한 집의를 통하여 사람은 스스로 체득한 도를 일상생활에서 실천하게 되고, 그렇게 함으로써 다른 사람들과 함께 인을 이룰 수 있게 되는 것이다. 곧 이러한 일상적 도덕 실천을 통하여 사회적 관계망 속에서 생존하고 있는 사람들이 그들의 사회적 존재 의미를 달성하여 사회적 책임을 다하게 되는 것이며, 바로 여기에 맹자의 도덕실천론의 의의가 있다고 볼 수 있다.

맹자는 인간을 사회적 관계망 속에서 파악하며, 이러한 사회적 관계가 인간의 존재 의의를 규정한다고 본다. 공자와 마찬가지로 맹자도 이상적 인간의 가장 중요한 특징 가운데 하나를 사회적 책임의 완수라고 보고 있다.[87] 따라서 그는 사람은 스스로가 체득한 인의의 도를 일상생활에서 실천함으로써 다른 사람들과 함께 선을 이루도록〔與人爲善〕 노력해야 하며, 이것이 바른 삶의 태도라고 여긴다. 이러한 점에서 집의의 궁극적인 목적은 바로 "여인위선(與人爲善)"에 있다고 볼 수 있다. 이러한 입장은 다음과 같은 진술에서 잘 표현되고 있다.

순 임금은 역시 큰 덕을 지녔다. 그는 착한 일을 남들과 함께 했으며, 남이 옳을 때는 언제나 자기를 버리고 남을 따랐고, 또 자진해서 남의 장점을 취해 착한 일 하기를 즐겁게 여겼다. 그는 일찍이 미천하여 농사짓고, 질그릇 굽고, 물고기를 잡았을 때부터 나중에 임금 자리에 올랐을 때까지 언제나 다른 사람

---

86 맹자는 유명한 浩然之氣論에서 호연지기에 대해 설명하면서, 이는 "하루 아침에 義를 갑자기 엄습함으로써 얻어지는 것이 아니라〔非義襲而取之也〕" "義를 오랫동안 쌓아서 생겨나는 것〔集義所生者〕"이라 표현함으로써, 이러한 입장을 구체화하고 있다(敢問夫子惡乎長 曰 我知言 我善養吾浩然之氣 敢問何謂浩然之氣 曰 難言也 其爲氣也 至大至剛 以直養而無害 則塞于天地之間 其爲氣也 配義與道 無是餒也 是集義所生者 非義襲而取之也 行有不慊於心 則餒矣:《孟子》, 公孫丑上 2).

87 伯夷聖之淸者也 伊尹聖之任者也 柳下惠聖之和者也 孔子聖之時者也 孔子之謂集大成(萬章下 1).

의 선을 취했던 것이다. 남의 착한 점을 취하여 선을 행한다는 것은 남과 더불어 선을 이루는 것이다. 그러므로 군자에게 '다른 사람과 더불어 선을 이루는 일〔與人爲善〕'보다 더 큰 일은 없는 것이다.[88]

이러한 도덕 실천의 요체인 집의는 모두 가치 자각을 전제로 하는 것이다. 이렇게 집의를 위해서는 우선 해야 할 일〔所爲〕과 해서는 안 될 일〔所不爲〕, 바랄 일〔所欲〕과 바라서는 안 될 일〔所不欲〕을 분별해야 한다. 그래야만 해야 할 일만을 행하고, 바라야 할 일만을 바라는 인의를 실행할 수 있기 때문이다. 맹자는 이러한 사실을 지적하여 "사람은 해서는 안 될 일이 있고 난 뒤에야 할 일을 이룰 수 있다"[89]거나 "해서는 안 될 일은 하지 않고, 바라서는 안 될 일은 바라지 않도록 할 뿐이다"[90]라고 표현하고 있다.

이렇게 집의는 소위(所爲)와 소불위(所不爲), 소욕(所欲)과 소불욕(所不欲)의 분별을 바탕으로 일상생활에서 인의를 실행함으로써, 다른 사람들과 함께 선을 이루는 일을 궁극적인 목적으로 한다. 그렇다면, 이러한 집의의 궁극적인 목적은 어떻게 이룰 수 있는가? 맹자가 제시하고 있는 집의의 요체는 바로 "자기를 미루어 남에게까지 미쳐가는 일〔推己及人〕"과 "남과 더불어 즐거움과 걱정을 함께하는 일〔與民同之〕"이다.

공자는 인이란 "자기가 바라지 않는 일을 남에게 베풀지 않는 일"[91] 또는 "자기가 서고자 하는 곳에 남을 서도록 하고, 자기가 이르고자 하는 곳에 남이 이르도록 하는 일"[92]이라고 보고 있다. 맹자도 바로 이러한 입장을 이어받아 "어진 사람은 자기가 사랑하는 것을 그 사랑하지 않는 것에까지 미루어가고, 어질지 못한 사람은 자기가 사랑하지 않는 것을 그 사랑하는 것

---

88 大舜有大焉 善與人同 舍己從人 樂取於人以爲善 自耕稼陶漁 以至爲帝 無非取於人者 取諸人以爲善 是與人爲善者也 故君子莫大乎與人爲善(公孫丑上 8).

89 人有不爲也 而後可以有爲(離婁下 8).

90 無爲其所不爲 無欲其所不欲 如此而已矣(盡心上 17).

91 《論語》, 顔淵 2.

92 雍也 28.

에까지 미루어간다"[93]고 본다. 곧 "자기가 바라는 일을 남과 더불어 모으고, 자기가 싫어하는 일을 남에게 베풀지 않으면 백성들의 마음을 얻게 된다"[94]고 생각함으로써, "추기급인(推己及人)"이 백성들의 마음을 얻고 나아가 천하를 얻는 바탕이 된다고까지 표현하여, 이에 적극적인 의미를 부여하고 있다. 이렇게 자기가 하려는 바를 남들에게까지 미치도록 미루어가고, 또한 자기가 바라는 바를 남들에게까지 미치도록 미루어가는 것, 이것이 바로 사람들과 더불어 함께 선을 이루는 하나의 요체라고 맹자는 보고 있는 것이다.

추기급인 말고 집의의 또 하나의 요체로 맹자가 제시하고 있는 것은 남과 더불어 즐거움과 걱정을 함께하는 일이다. 이러한 "여민동지(與民同之)"의 태도는 특히 군주에게 요청되는 것이다.[95] 그러나 여민동지는 단순히 선심(善心)만을 갖는다거나 또는 올바른 법도만을 갖추고 있다고 해서 이루어지는 것은 아니다.[96] "천하에 물에 빠진 사람이 있으면, 마치 자기가 빠뜨린 것처럼 생각하는 우(禹)나, 천하에 굶주리는 사람이 있으면, 마치 자기가 굶주리게 한 것처럼 생각하는 후직(后稷)"[97]처럼, 천하의 중책을 자임하여[98] 남에게 인의를 베푸는 것이 바로 남들과 더불어 즐거움과 걱정을 함께하는 여민동지의 길이며, 이것이 바로 추기급인과 함께 집의의 또 한 가지 요체라고 맹자는 보고 있는 것이다.

이상에서 본 바와 같이, 자기를 미루어 남에게까지 미쳐가고, 남들과 더

---

93 仁者 以其所愛 及其所不愛 不仁者 以其所不愛 及其所愛(《孟子》, 盡心下 1).

94 得天下有道 得其民斯得天下矣 得其民有道 得其心斯得民矣 得其心有道 所欲與之聚之 所惡勿施爾也(離婁上 9).

95 제2장 3절(p. 117)의 주 72 참조.

96 堯舜之道 不以仁政 不能平治天下 …… 故曰徒善不足以爲政 徒法不能以自行 …… 聖人 …… 旣竭心思焉 繼之以不忍人之政 而仁覆天下矣(離婁上 1).

97 禹思天下有溺者 由己溺之也 稷思天下有飢者 由己飢之也(離婁下 29).

98 伊尹曰 何事非君 何使非民 治亦進 亂亦進 曰 天之生民也 使先知覺後知 使先覺覺後覺 予天民之先覺者也 予將以此道覺此民也 思天下之民匹夫匹婦有不與被堯舜之澤者 若己推而內之溝中 其自任以天下之重也(萬章下 1).

불어 즐거움과 걱정을 함께함으로써, 일상생활에서 인의를 실행하는 것이 바로 집의의 요체이다. 여기서 인은 곧 사랑이고, 의는 인을 실행하는 일에서 취해야 하는 마땅함이다.[99] 그렇다면, 이러한 사랑의 실행은 처음부터 누구나 똑같이 사랑하는 것이 마땅하다고 맹자는 생각하는가? 그렇지는 않다. 사랑의 실행에는 마땅히 그 차등 또는 단계가 있다는 차등애설(差等愛說) 또는 단계설(段階說)을 주장하는 것이 바로 맹자의 입장이다.

그는 인의는 곧 어버이를 친애하고〔親親〕 어른을 공경하는 것〔敬長〕에서 출발한다고 본다. 곧 친친(親親)과 경장(敬長)이 인의의 근본이며 출발점이라는 것이다.[100] 바로 이렇게 내 가까이에서 출발하는 친친과 경장의 인의지도(仁義之道)를, 백성을 인애하고 사물을 아끼는 데까지 확장해야 한다는 것이 맹자의 단계설 또는 점진적 확장주의의 핵심이다. 이를 맹자는 다음과 같이 표현하고 있다.

군자가 사물을 대할 때는 이를 아끼고 사랑하기는 하지만, 사람을 대하듯이 인애하지는 않는다. 군자가 사람들을 대할 때는 그들을 인애하기는 하지만, 어

---

99 朱熹는 《孟子集註》에서 "인은 마음의 덕으로 사랑의 이치이고, 의는 마음을 다잡는 것으로 일의 마땅함이다"(仁者心之德 愛之理 義者心之制 事之宜也: 梁惠王上 1)라고 봄으로써, 인은 곧 사랑이고, 의는 곧 이를 실행하는 일에서의 마땅함이라고 보고 있다.

100 이러한 논지는 《孟子》 전체에서 널리 산견된다. 예를 들면, 離婁上 27장에는 "仁의 핵심은 어버이를 모시는 것이고, 義의 핵심은 형을 따르는 것이며, 智의 핵심은 이 두 가지를 깨달아 이를 버리지 않는 것이고, 禮의 핵심은 이 두 가지를 조절하고 아름답게 꾸미는 것이다(仁之實 事親是也 義之實 從兄是也 智之實 知斯二者弗去是也 禮之實 節文斯二者是也)"라는 기술이 보인다. 또한 盡心上 15장에서는 "사람이 배우지 않고서도 할 수 있는 바가 있으니 그것이 바로 본래의 良能이며, 또한 배우지 않고서도 알 수 있는 바가 있으니 그것이 바로 본래의 良知이다. 어린아이는 누구나 다 자기 어버이를 사랑할 줄 알게 마련이고, 점차 자라면 누구나 다 자기 형을 공경할 줄 알게 마련이다. 어버이를 친애하는 것이 바로 仁이고, 윗사람을 공경하는 것이 바로 義이다. 仁義는 다른 것이 아니라 바로 이를 넓혀서 천하에 달통하게 하는 것일 뿐이다(人之所不學而能者 其良能也 所不慮而知者 其良知也 孩提之童 無不知愛其親也 及其長也 無不知敬其兄也 親親 仁也 敬長 義也 無他 達之天下也)"라고 하여, 親親과 敬長은 바로 良知·良能의 소산이며, 仁義는 바로 여기에서 비롯되는 것임을 밝히고 있다.

버이를 대하듯이 친애하지는 않는다. 군자는 어버이를 친애하고 나서 사람들을 인애하고〔親親而仁民〕, 사람들을 인애하고 나서 사물을 아끼고 사랑하는〔仁民而愛物〕 것이다.101

여기서 볼 수 있는 바와 같이, 다른 사람을 인애하는 것은 어버이를 친애한 다음의 일이며, 사물을 아끼고 사랑하는 것은 다른 사람을 인애한 다음의 일이라는 것이 맹자의 생각이다. 이렇게 친친과 경장을 인민(仁民)과 애물(愛物)로까지 확장하는 것이 바로 인의 실행 단계이다. 이러한 확장을 통하여 "나의 집 어른을 공경하는 마음을 미루어 남의 어른을 공경하는 데까지 미쳐가고, 나의 집 어린이를 보살피는 마음을 미루어 남의 어린이를 보살피는 데까지 미쳐가는"102 추기급인을 이룰 수 있게 되며, 결국 여인위선으로까지 발전할 수 있는 것이다. 맹자는 이러한 인의의 점진적 확장을 강조하면서, 이를 "도는 가까이 있는데 이를 멀리에서 구하려 하며, 해야 할 일은 쉬운 데 있는데 이를 어려운 데서 찾으려 한다. 사람마다 자기 어버이를 친애하고 자기 어른을 공경한다면, 천하가 화평하게 될 것"103이라고 표현하기도 한다. 공자 또한 이러한 점을 지적하여 "가까운 데서 취하여 미루어 깨우치는 것이 바로 인을 실행하는 방법"104이라고 기술하고 있다.

이렇게 맹자는 도덕적 수양을 쌓은 상태〔聖之淸〕 위에서, 어버이를 친애하고〔親親〕 어른을 공경하는〔敬長〕 마음을 뭇 사람들을 인애하고〔仁民〕 사물을 아끼고 사랑하는〔愛物〕 상태로까지 확장해 나가는 것〔聖之和〕, 그리하여 결과적으로 다른 사람들과 함께 선을 이루는 것〔聖之任〕이 인간 삶의 이상이라고 본다. 그러므로 타인과 사회에 대한 관심과 배려가 삶의 이상을 이루는 기본 요건이고, 결국 사람을 평가하는 가장 핵심적인 특성이라고 보

---

101 君子之於物也 愛之而不仁 於民也 仁之而弗親 親親而仁民 仁民而愛物(盡心上 45).

102 老吾老 以及人之老 幼吾幼 以及人之幼 天下可運於掌 …… 故推恩 足以保四海 不推恩 無以
保妻子 古之人 所以大過人者無他焉 善推其所爲而已矣(梁惠王上 7).

103 離婁上 11.

104 《論語》, 雍也 28.

는 것이 《맹자》에 드러난 대인평가의 기준인 것이다.

③ 《순자》

순자는 사람은 기본적으로 사회 조직을 떠나서는 살 수 없는 존재라고 본다. 곧 사람은 필연적으로 서로 모여 살[群] 수밖에 없는 존재라는 것이다.[105] 이렇게 사회생활을 할 수밖에 없는 까닭은 두 가지이다.[106] 첫째, 인간은 태어날 때부터 허약하고 무력한 존재이기 때문에, 다른 생물과 벌이는 생존경쟁에서 살아남기 위해서 단결할 필요가 생긴다는 것이다.[107] 둘째, 인간 개개인은 능력과 기술에 한계가 있기 때문에, 삶을 영위하기 위하여 협동하고 상부상조할 필요가 생긴다는 것이다.[108]

이렇게 인간은 태어날 때부터 허약하고 무력하며 또한 한 개인의 능력에는 한계가 있기 때문에, 필연적으로 더불어 모여 살 수밖에 없는 존재이면서도 이렇게 모여 살면 다툼이 있게 되는데, 이러한 다툼을 제거할 수 있는 원칙이 필요해진다고 순자는 보고 있다. 이러한 "모여 사는 도리[群道]가 올바르면, 만물이 모두 마땅함[宜]을 얻게 되고, 가축들이 모두 잘 자라게 되며, 뭇 생물들이 모두 그 명(命)을 보존하게 되는데"[109] 이러한 올바른 군도(群道)가 바로 인도의 표준인 예의라는 것이 순자의 논리이다.[110]

순자의 군자론·성인론은 이러한 그의 예론(禮論)의 입장에서 이해할 수 있다. 곧 예의 제정자가 바로 성인이고,[111] 성인은 이 예의 도를 밝게 깨달아 일상생활에서 실천하는 사람이기 때문이다.[112] 이러한 배경에서 순자가 제

---

105 《荀子》, 王制 21; 富國 6-7.

106 馮友蘭, 1948/1977, pp. 202-203.

107 王制 20-21.

108 富國 2-3.

109 群道當 則萬物皆得其宜 六畜皆得其長 群生皆得其命(王制 21).

110 禮論 13.

111 凡禮義者 是生於聖人之僞 非故生於人之性也 …… 聖人積思慮 習僞故 以生禮義 而起法度 …… 故聖人化性而起僞 僞起而生禮義 禮義生而制法度 然則禮義法度者 是聖人之所生也(性惡 5-7).

시하는 대인평가의 기준은 예의 인식과 실천에서 찾아야 할 것이다.

순자에 따르면 군자나 성인은 도, 곧 예와 일체를 이룬 사람〔體道者〕으로서, 도에 한결같기 때문에 항상 올바르고,[113] 따라서 당당함을 견지하게 된다. 곧 "이들은 예에 밝기 때문에 천하에 어디를 가더라도 항상 당당하며,"[114] 또한 어디를 가더라도 누구에게서나 귀하게 여김을 받는 것이다.[115] 이렇게 "뜻이 닦인 사람은 부귀를 우습게 알고, 도의가 무거운 사람은 왕과 제후도 가볍게 보는 법이므로"[116] "군자는 빈궁해도 그 뜻이 넓고, 부귀 속에서도 체모가 공손한"[117] 당당함을 견지할 수 있는 것이다.

군자가 일상생활에서 이렇게 밝게 인식한 예를 실천하는 데 가장 중요한 것은 넓은 포용력이라고 순자는 보고 있다. 군자나 성인은 예의에 따라 서로 사귀고, 다른 사람을 너그럽게 포용하는 사람이라는 것이다. 이렇게 사람을 널리 포용할 수 있는 것은 이들이 "자기를 기준으로 하여 남을 헤아리는 사람"[118]이기 때문이다. 이러한 사실을 순자는 다음과 같이 진술하고 있다.

그러므로 군자가 자기를 바로잡을 때는 먹줄을 대듯이 엄격히 하고, 남을 접할 때에는 도지개로 이끌어 바로잡아 주듯이 한다. 이렇게 먹줄을 대듯이 자

---

112 好法而行士也 篤志而體君子也 齊明而不竭聖人也(修身 36: 《荀子集解》에서는 첫 구절의 法을 禮로, 둘째 구절의 篤을 固, 體를 履道로 풀고 있다). 이러한 논지는 儒效 13-14(彼學者 行之曰士也 敦慕焉君子也 知之聖人也: 《荀子集解》에서는 敦慕를 둘 다 勉으로 보아, 이 구절을 行而加勉 則爲君子라 풀고 있다.) 및 解蔽 26(故學者以聖王爲師 案以聖王之制爲法 法其法以求其統類 以務象效其人 嚮是而務士也 類是而幾君子也 知之聖人也) 등에 거듭 제시되고 있다.

113 故君子壹於道 而以贊稽物 壹於道則正 以贊稽物則察 以正志行察論 則萬物官矣(解蔽 17).

114 古者先王審禮 以方皇周浹於天下 動無不當也(君道 5-6).

115 體恭敬而心忠信 術禮義而情愛人 橫行天下 雖困四夷 人莫不貴(修身 30: 荀子注에서는 術은 法으로 보고 있으며, 荀子集解에서는 情愛人의 人은 仁의 誤字로 보고 있다).

116 志意修則驕富貴矣 道義重則輕王公矣(修身 29).

117 君子貧窮而志廣 富貴而體恭(修身 39); 故君子 …… 貧窮而不約 富貴而不驕(君道 6).

118 非相 13.

기를 바로잡으므로 천하의 법칙이 되기에 족하며, 도지개로 바로잡아 주듯이 남을 접하므로 능히 널리 포용할 수 있는 것이다. 이렇게 되면 많은 사람이 모이게 되고, 그 결과 천하의 큰 일을 이루어낼 수 있는 것이다. 그러므로 군자는 현명하면서도 능히 노둔한 사람을 포용할 수 있고, 지혜로우면서도 능히 어리석은 사람을 포용할 수 있으며, 지식이 많으면서도 능히 지식이 얕은 사람을 포용할 수 있고, 순수하면서도 능히 혼잡한 사람을 포용할 수 있는데, 이를 일러 '두루 포용하는 법도〔兼術〕'라 한다.[119]

군자나 성인은 이러한 겸술(兼術)로써 대인관계를 맺기 때문에 "군자는 유능해도 좋고 또 유능하지 못해도 좋다. 군자는 스스로가 유능하면 널리 사람들을 포용하고 솔직하여 남을 열어 이끌어주고, 스스로가 유능하지 못하면 공손하게 삼가고 굽혀서 남을 두려워하며 섬기기 때문이다."[120] 이와 같은 넓은 포용력〔兼術〕이 이상적 인간형의 대인관계에서 나타나는 특징인 것이다.

또한 순자는 군자와 성인 같은 이상적 인간은 사회에 대한 책임을 지고 이를 완수해야 한다는 점을 역설하고 있다. 이러한 사회적 책임의 측면에서 군자나 성인은 예의로써 위아랫 사람을 잘 섬기거나 부리며, 그들과 경쟁하려 하지 않고 오로지 자기의 책임을 다하고 또 그들도 그들의 책임을 다하도록 도와주는 사람이다. 그들은 "공의(公義)로써 사적인 욕구를 제어하여 공과 사가 분명한 사람"[121]이므로, "의가 있는 곳에서는 권세에 기울어지지 않고, 개인적인 이익을 돌아보지 않으며, 온 나라를 다 준다 해도 눈도 깜짝하지 않는 …… 진정한 용기"[122]를 갖추고 있는 사람이다. 그리하여 그들은

---

119 故君子度己以繩 接人則用抴 度己以繩 故足以爲天下法則矣 接人用抴 故能寬容 因求以成天下之大事矣 故君子賢而能容罷 知而能容愚 博而能容淺 粹而能容雜 夫是之謂兼術(非相 17: 王先謙은 《荀子集解》에서 接人用抴의 抴를 緤로 보아 繫의 뜻으로 풀고, 因求以成天下之大事矣의 求는 衆의 誤字로 보고 있다).

120 君子能亦好 不能亦好 …… 君子能則寬容易直 以開道人 不能則恭敬繜絀 以畏事人(不苟 4).

121 此言君子之能以公義勝私欲也(修身 40).

122 義之所在 不傾於權 不顧其利 擧國而與之 不爲改視 …… 是士君子之勇也(榮辱 24).

"인이 있는 곳이라면 가난한 것도 마다 않고, 인이 없는 곳이라면 부귀도 과감히 버린다. 천하가 자기를 알아주면 고통과 즐거움을 천하와 함께하려 하지만, 천하가 자기를 알아주지 않으면 고독하게 천지 사이에 홀로 서 있어도 두려워하지 않는 것이다."[123]

이렇게 순자가 보는 군자나 성인은 "그 도를 닦고, 그 의를 행하여 천하 사람들이 함께 바라는 이익을 일으켜주고, 그들 모두에게 해가 되는 일을 제거해 주는 사람인 까닭에 천하의 모든 사람이 믿고 따르게 되는 것이다."[124] 이러한 맥락에서 보면, 순자 또한 대인평가의 기준을 타인과 사회에 대한 관심과 배려에서 찾고 있음이 분명해지는 것이다.

(2) 자기 억제와 책임의 자기 귀인

선진유학 사상에서 제시하는 이상적 인간은 이상에서 본 바와 같이 타인과 사회에 대한 관심과 배려가 깊은 사람들이다. 이들은 다른 사람과의 사이에, 그리고 사회 속에서 항상 조화와 질서를 추구한다. 이렇게 질서와 조화를 유지하려면 자기의 개인적 욕구나 정서 상태를 억제하고, 될 수 있는 대로 자기 표현을 삼가며, 모든 일의 책임을 자기에게서 찾는 자세가 요구된다. 그 결과, 자기 억제와 책임의 자기 귀인이 군자와 성인에게서 중시되는 대인평가와 귀인의 특징으로 부각되는 것이다. 여기에서는 이러한 자기 억제와 책임의 자기 귀인이라는 측면에서 강조되는 군자와 성인의 사회인지의 특징을 살펴보려 한다. 이 중에서 생물적 이기적 욕구와 자기지향적 정서의 억제에 관해서는 다음 장들에서 다룰 것이므로 제외하고, 이 장에서는 자기 표현의 억제와 자기 반성을 통한 책임 귀인의 측면만을 고찰해 보기로 하겠다. 이는 인간을 '능동적이고 주체적인 존재'로 파악하는 유학사상의 관점에서 나오는 대인평가의 차원이다.

---

123 仁之所在無貧窮 仁之所亡無富貴 天下知之 則與天下同苦樂之 天下不知之 則傀然獨立天地之間而不畏(性惡 18).

124 修其道 行其義 興天下之同理 除天下之同害 而天下歸之也(正論 5).

① 《논어》

공자는 "말을 잘 하고, 얼굴 빛을 잘 꾸미는 사람은 인이 부족"[125]하게 마련이어서, "말을 삼가는 것은 인에 가까워지는 한 가지 조건이 된다"[126]고 보아, 자기 표현의 억제를 강조하고 있다.[127] 자기 표현의 억제를 강조하는 이러한 입장은 다음의 진술들에서 잘 드러나고 있다.

> 사마우(司馬牛)가 인(仁)에 대해 여쭙자, 공자께서 "어진 사람은 그 말을 참고 조심한다〔訒〕"고 말씀하셨다. 사마우가 다시 "그 말을 참고 조심하면, 이를 어질다고 이를 수 있습니까?"라고 여쭙자, 공자께서는 "그렇게 하기는 매우 어려운 일이니, 말을 참고 조심하지 않을 수 있겠느냐?" 라고 대답하셨다.[128]

> 공자께서 "나는 말을 하지 않으려고 한다"고 말씀하시자, 제자인 자공이 "선생님께서 말씀을 하시지 않는다면, 저희들이 어떻게 도(道)를 전술하겠습니까?" 하고 여쭈었다. 그러자 공자께서는 "하늘이 무슨 말씀을 하시더냐? 그래도 사시(四時)가 운행되고, 온갖 사물이 생장하지 않더냐? 하늘이 무슨 말씀을 하시더냐?" 하고 대답하셨다.[129]

두 번째 인용문에서 공자는 자기 표현을 삼가는 것은 하늘의 도라고까지 표현하여, 자기 억제를 매우 강조하고 있다. 이러한 자기 표현의 억제에 대하여 그는 말을 참고 조심하는 것〔訒·訥〕 말고도, "말에는 믿음이 있도록 해야 한다,"[130] "일에는 민첩하고, 말은 신중히 해야 한다,"[131] "말보다 행동

---

125 子曰 巧言令色 鮮矣仁(《論語》, 學而 3; 陽貨 17).

126 子曰 剛毅木訥近仁(子路 27).

127 《論語》에는 言이란 말이 124회 출현하는데, 이 가운데 자기 표현의 억제와 관련된 내용이 대략 3분의 1 정도(40여 회)에 이른다는 사실이 이를 입증하고 있다(《論語引得》 참조).

128 司馬牛問仁 子曰 仁者其言也訒 曰 其言也訒 斯謂之仁矣乎 子曰 爲之難 言之得無訒乎(顏淵 3).

129 子曰 予欲無言 子貢曰 子如不言 則小子何述焉 子曰 天何言哉 四時行焉 百物生焉 天何言哉 (陽貨 19).

이 앞서야 한다"132라거나 "예가 아니면 말하지 말라"133는 식으로 구체적인 주문을 하고 있기도 하다.

군자가 이렇게 자기를 드러내지 않으려 하는 것은 도덕 실천, 곧 "인의 실천이 오로지 자신에게 달린 일이지, 남에게 달린 것이 아니기"134 때문이다. 군자는 스스로가 도덕 주체라는 사실을 확고히 인식하고 있기 때문에, "남에게 모든 책임을 돌리는 소인과는 달리, 모든 일의 책임을 자기 자신에게서 찾으려 한다."135 따라서 군자는 "남이 알아주지 않는다고 해도 성내지 않는데,"136 이는 그 원인을 바로 자기의 무능함에서 찾기 때문이다.137

이렇게 자기를 드러내려 하지 않고 될 수 있는 대로 억제하며, 또 모든 일의 원인을 자신에게서 찾아, 그 책임을 스스로가 떠맡는 자세가 군자에게 요구되는 특성이라고 보아 공자는 중시하고 있으며, 이 점이 바로 《논어》에서 드러나는 대인평가와 귀인의 또 한 가지 특징인 것이다.

② 《맹자》

자기 표현의 적극적인 억제를 주장한 공자와는 달리, 맹자는 이에 대해 직접 언급하지는 않았다. 그는 제자백가와 벌이는 경쟁에서 유학을 수호하는 일을 자기의 임무로 삼고 있었다. 그가 살았던 시대는 그에게 논변가의 사명을 부여하고 있었던 것이다. 그 결과, 맹자는 "말하기를 좋아하는 사람"이라는 세평을 감수해야 했다. 그러나 그는 "스스로가 말하기를 좋아하는

---

130 與朋友交 言而有信 雖曰未學 吾必謂之學矣(學而 7).

131 子曰 君子 …… 敏於事而愼於言 …… 可謂好學也已(學而 14); 子曰 君子欲訥於言而敏於行(里仁 24).

132 子貢問君子 子曰 先行 其言而後從之(爲政 13); 子曰 古者言之不出 恥躬之不逮也(里仁 22).

133 子曰 非禮勿視 非禮勿聽 非禮勿言 非禮勿行(顏淵 1).

134 顏淵 1.

135 衛靈公 20.

136 學而 1.

137 里仁 14; 憲問 32; 衛靈公 18.

것이 아니라, 유학을 보전하고 옹호하기 위해 어쩔 수 없이 변론을 한다"고
주장했다.[138] 따라서 그는 적극적인 자기 표현을 권장한 것이 아니라, "실체
에 가까우면서도 뜻이 큰 좋은 말"[139]을 가려서 해야 하며, 말은 꼭 필요한
곳에서 해야지 쓸 데 없는 곳에서 하거나, 또 말해야 할 때 말하지 않는 것
도 옳지 않다고 보았다.[140] 또한 그는 말과 행동이 일치해야 함을 역설하여,
이 두 가지가 일치하지 않으면 덕을 해치게 된다고[141] 보아, 대체로 적극적
인 자기 표현보다는 자기 억제에 가까운 입장을 표출하고 있다.

  자기 표현의 억제에 대해서는 별로 언급하지 않는 대신, 맹자는 모든 일
의 책임을 스스로에게서 구하는 책임 귀인에 관해서는 자주 언급하고 있다.
맹자는 모든 인간사의 통제 소재를 두 가지 요인에서 찾고 있다. 곧 행위자
자신의 요인과 상황 조건 또는 태어난 조건 같은 외적 요인이다. 이러한 점
은 현대심리학의 입장과 일치하는 것으로, 맹자는 이를 다음과 같이 지적하
고 있다.

  사람에게는 구하면 얻어지고, 놓아버리면 잃게 되는 것이 있다. 이러한 것은
  나에게 갖추어져 있는 것〔在我者〕을 구하는 것이기 때문에, 노력하면 반드시
  얻어지게 될 것이다. 그러나 헛되이 구할 수도 없고, 구한다고 해서 반드시 얻
  어지지 않는 것도 있다. 이러한 것은 나의 밖에 있는 것〔在外者〕을 구하는 것
  이기 때문에, 아무리 노력한다고 해도 소용이 없을 것이다.[142]

---

138 公都子曰 外人皆稱夫子好辯 敢問何也 孟子曰 予豈好辯哉 予不得已也 …… 我亦欲正人心 息
   邪說 距詖行 放淫辭 以承三聖者 予豈好辯哉 予不得已也(《孟子》, 滕文公下 9).

139 孟子曰 言近而指遠者 善言也(盡心下 32).

140 士未可以言而言 是以言餂之也 可以言而不言 是以不言餂之也 是皆穿踰之類也(盡心下 31).

141 鄕原德之賊也 曰 何如斯可謂之鄕原矣 曰 何以是嘐嘐也 言不顧行 行不顧言 …… 是鄕原也
   (盡心下 37).

142 求則得之 舍則失之 是求有益於得也 求在我者也 求之有道 得之有命 是求有益於得也 求在外
   者也(盡心上 3).

주희는 재아자(在我者)를 인의예지(仁義禮智)로 보고 재외자(在外者)를 부귀이달(富貴利達)이라고 보아, 전자는 인간의 본성 속에 본래 갖추어져 있는 것이고, 후자는 모든 인간 외적인 사물로 해석하고 있다.[143] 이러한 부귀이달 말고도 맹자가 재외자라고 보는 것에는 인간의 수명과[144] 생물적 감각적 욕구의 충족[145] 같은 것들이 있다. 이렇게 맹자는 인의예지의 덕을 이루는 일은 전적으로 행위자 자신의 통제 아래 있는 일이지만, 부귀이달이나 수명 및 생물적 감각적 욕구의 충족 같은 것은 오로지 외적 조건의 통제 아래 있는 일이라 보고 있는 것이다.

이렇게 외적 조건에 의해 통제되는 일에 대해 개인은 아무런 책임이 없다. 그러나 행위자 자신에 의해 통제되는 일에 대한 책임은 전적으로 행위자 자신에게 있는 것이다. 이러한 사실을 맹자는 "하늘의 잘못은 오히려 그 책임을 피할 수 있지만, 스스로 초래한 잘못에 대한 책임은 어찌할 수가 없다"[146]라고 표현하고 있다. 곧 전자의 경우에는 통제 불가능한 외적 조건에 그 원인이 있는 것이므로 행위 당사자에게 책임이 없지만, 후자의 경우에는 통제 가능한 내적 요인에 그 원인이 있으므로 행위 당사자에게 그 책임이 있다는 것이다. 이는 원인의 통제 가능성과 책임 귀인에 관한 와이너(Weiner)의[147] 입장과 유사한 바가 있다. 여기서 맹자는 전자의 경우를 불능(不能)이라 하여, 후자의 불위(不爲)와 구별하고 있다. 이러한 불능과 불위의 차이를 맹자는 다음과 같이 지적하고 있다.

> 제(齊)나라 선왕이 "하지 않는 것〔不爲〕과 하지 못하는 것〔不能〕의 형상이 어떻게 틀립니까?"라고 묻자, 맹자는 "태산을 팔에 끼고 북해를 뛰어넘는 일을

---

143 在我者 謂仁義禮智 凡性之所有者 …… 在外者 謂富貴利達 凡外物皆是(《孟子集註》).

144 夭壽不貳 修身以俟之 所以立命也(盡心上 1).

145 口之於味也 目之於色也 耳之於聲也 鼻之於臭也 四肢之於安佚也 性也 有命焉 君子不謂性也(盡心下 24).

146 天作孽 猶可違 自作孽 不可活(公孫丑上 4; 離婁上 8).

147 Weiner, 1982.

두고 ‘나는 못 하겠다’고 하면, 이는 정말로 못 하는 것입니다. 그러나 어른에게 나뭇가지를 꺾어드리는 일을 두고 ‘나는 못 하겠다’고 하면, 이는 하지 않는 것이지 못 하는 것이 아닙니다. 임금 노릇을 하는 일은 태산을 팔에 끼고 북해를 뛰어넘는 것과 같은 불능(不能)한 일이 아니라, 나뭇가지를 꺾는 것과 같은 불위(不爲)의 일로서, 임금이 임금답지 못한 것은 이를 하지 않기 때문인 것입니다”라고 대답하였다.[148]

여기서 임금 노릇 하는 일은 인의(仁義)의 도를 백성들에게 베푸는 일이다. 이렇게 인의의 도를 베푸는 일은 행위자 스스로 통제할 수 있는 일이고, 따라서 그에 대한 책임은 행위자 스스로에게 있는 것이다. 이를 맹자는 어른 공경하는 일을 예로 들어, “천천히 연장자의 뒤를 좇는 일을 공경스럽다〔弟〕고 하고, 연장자의 앞에서 빨리 가는 일을 공경스럽지 못하다〔不弟〕고 한다. 무릇 천천히 가는 일이 어찌 사람이 할 수 없는〔不能〕 일이겠는가? 이는 하지 않을〔不爲〕 뿐이다. 요·순의 도는 이와 같이 불능이 아니라, 불위의 종류인 효제(孝悌)인 것이다”[149]라고 지적하고 있다.

이렇게 인의를 실천하는 일은 불능이 아니라 불위에 속하는 일이므로, 불능에 속하는 부귀나 수명 및 감각적 욕구의 충족과 관련된 일을 제외하고는, 모든 일이 행위 당사자의 책임이라고 보는 것이 맹자의 생각이다. 이를 그는 “화와 복이 모두 자기 스스로가 초래하지 않는 것이 없고,”[150] 따라서 “무릇 사람들은 스스로가 먼저 스스로를 모멸한 다음에 남이 그를 모멸하게 되는 법”[151]이라고 표현하고 있다. 곧 “만물의 이치는 모두 나에게 구비

---

148 曰 不爲者與不能者之形 何以異 曰 挾太山以超北海 語人曰 我不能 是誠不能也 爲長者折枝 語人曰 我不能 是不爲也 非不能也 故王之不王 非挾太山以超北海之類也 王之不王 是折枝之類也(梁惠王上 7).

149 徐行後長者謂之弟 疾行先長者謂之不弟 夫徐行者豈所不能哉 所不爲也 堯舜之道孝弟而已矣(告子下 2).

150 公孫丑上 4.

151 離婁上 8.

되어 있으므로,"[152] 행위자 자신이 모든 일의 주체이고, 따라서 모든 일이 스스로의 책임이 된다고 보는 것이다.[153]

이렇게 모든 책임을 스스로에게 돌이켜 찾음으로써, "군자는 인과 예로써 마음을 간직하여 …… 어떤 사람이 있어 나에게 포악무도한 태도로써 대한다면, 스스로가 불인하고 무례하고 불충한 점이 없었는지를 반드시 반성하게 된다"[154]는 것이다. 이렇게 "자기를 반성해 보아 스스로가 참되다면〔反身而誠〕, 즐거움이 이보다 더 클 수가 없기"[155] 때문이다. 이렇게 "모든 일의 원인을 스스로에게서 찾는 자세〔反求諸己〕"가 《맹자》에서 드러나는 대인평가와 귀인의 또 하나의 중요한 특징인 것이다.

③ 《순자》

맹자와 마찬가지로 순자도 "오늘날 성왕이 사라지고 천하가 혼란하여, 간사스러운 말들이 성행하나, 군자가 세력을 얻어 이에 임하지 못하고, 또 형벌로써 이들을 금하지 못하니, 내가 변설을 하는 것이다"[156]라고 하여, 유학을 가지고 제자백가를 비판하는 자신의 입장을 변호하고 있다. 그는 자기 표현을 권장하는 편이다. 그러나 이러한 자기 표현이 자기의 모든 욕구나 정서 또는 의견 들을 자유롭게 표출해도 되는 것이 아니라, 도덕적으로 합당한 것에 국한되어야 한다는 한계를 가진다는 점은 맹자와 같다. 이러한 사실은 다음의 진술에서 잘 드러나고 있다.

군자는 반드시 변론을 한다. 무릇 사람은 누구나 자기가 좋다고 여기는 것을 말하기 좋아하는 법인데, 군자는 특히 더욱 그렇다. 이러므로 소인이 변론

---

152 盡心上 4.

153 離婁上 4.

154 君子以仁存心 以禮存心 …… 有人於此 其待我以橫逆 則君子必自反也 我必不仁也 必無禮也 …… 我必不忠(離婁下 28).

155 反身而誠 樂莫大焉(盡心上 4).

156 今聖王沒 天下亂 姦言起 君子無勢而臨之 無刑而禁之 故辯說也(《荀子》, 正名 14).

하면 사악한 일을 말하지만, 군자가 변론하면 어진 덕[仁]을 말한다. 말이 어진 덕을 떠나 있다면, 그 말은 침묵만 못하고, 그 변론은 눌변(訥辯)만 못한 것이다.[157]

이렇게 순자의 입장도 공자와 같이 자기 표현의 적극적인 억제를 강조하는 것은 아니지만, 그렇다고 해서 자기 표현을 권장하는 것도 아니고, 대체로 억제하는 쪽에 가까웠다고 볼 수 있을 것이다.

공·맹과 마찬가지로 순자도 인간의 능동적 주도성과 책임의 자기 귀인에 대해서는 매우 강조하고 있다. 서구심리학의 전통적인 환경우세론에[158] 비해, 순자는 인간의 행위 주도 능력과 반성적 능력을 강조하는 입장을 보이고 있는 것이다. 물론 순자도 환경이 인간에게 미치는 커다란 영향을 인정한다.[159] 그러나 "몸과 마음을 두기를 삼가고[謹注錯], 익히는 바를 신중히 하며[愼習俗], 쌓고 따르기를 크게 하면[大積靡] 군자가 되는 법"으로, 이렇게 "누구든지 선(善)을 쌓아서 온전하게 다 이루면[積善而全盡] 성인이 된다"[160]고 순자는 본다. 곧 사람의 삶의 목표인 성덕의 여부는 스스로 하기에 달려 있다는 것이다. 말하자면, 순자는 사람의 모든 일이 자기결정적이라고 보는 것이다. 이를 순자는 다음과 같이 진술하고 있다.

지향하는 바를 닦고, 덕행에 힘쓰며, 인식과 판단을 명확히 하고, 오늘날에 태어났지만 옛날에 뜻을 두는 것, 이들은 모두 자신이 하기에 달린 것이다. 그러므로 군자는 자기에게 달려 있는 것[在我者]을 삼가 행할 뿐, 하늘에 달린 것[在

---

157 君子必辯 凡人莫不好言其所善 而君子爲甚焉 是以小人辯言險 而君子辯言仁也 言而非仁之中也 則其言不若其默也 其辯不若其吶也(非相 18-19).

158 Ross, L., & Nisbett, 1991, pp. 8-11, 27-58.

159 蓬生麻中 不扶而直 …… 故君子居必擇鄕 遊必就士 所以防邪僻而近中正也(勸學 6-7); 居楚而楚 居越而越 居夏而夏 是非天性也 積靡使然也(儒效 36); 夫人雖有性質美 而心辨知 必將求 賢師而事之 擇賢友而友之 得賢師而事之 則所聞者 堯舜禹湯之道也 得良友而友之 則所見者 忠信敬讓之行也 身日進於仁義而不自知也者 靡使然也(性惡 20-21).

160 儒效 36.

天者]을 사모하지 않는다. …… 그런 까닭에 군자는 날로 발전하는 것이다.161

이렇게 모든 일이 자기결정적이기 때문에, 사람들은 스스로를 먼저 닦도록 해야 하며,162 또한 나라를 다스리는 사람도 역시 마찬가지라는 것이다.163 그에 따르면, "자신을 아는 사람은 남을 원망하지 않고, 천명을 아는 사람은 하늘을 원망하지 않는다."164 곧 사람의 모든 행위는 자기결정적이므로, 모든 원인을 반드시 스스로에게서 찾아야 하며, 따라서 스스로를 항상 반성해 보아야 한다는 것이다. 이는 다음 진술문에서 자세히 언급되고 있다.

> 군자는 스스로 귀하게 될 수는 있어도, 남들로 하여금 반드시 자신을 귀하게 여기도록 만들 수는 없다. 군자는 신뢰로운 사람이 될 수는 있어도, 남들로 하여금 반드시 자신을 신임하도록 만들 수는 없다. 군자는 쓸모있는 사람이 될 수는 있어도, 남들로 하여금 반드시 자신을 등용하여 쓰도록 만들 수는 없다. 그러므로 군자는 스스로 닦이지 못한 것을 부끄러워할 뿐, 남들에게 더럽힘 당하는 것을 부끄러워하지 않고, 스스로 신뢰롭지 못한 것을 부끄러워할 뿐, 남들에게 신임받지 못하는 것을 부끄러워하지 않으며, 스스로 능력이 없음을 부끄러워할 뿐, 등용되지 못하는 것을 부끄러워하지 않는다.165

따라서 순자에 따르면, 무엇이든지 남에게 탓을 돌릴 것은 아무것도 없고, 모든 것은 자기 책임이라는 것이다. 곧 "같이 놀면서 사랑받지 못하는

---

161 若夫心意修 德行厚 知慮明 生於今而志乎古 則是其在我者也 故君子敬其在己者 而不慕其在天者 …… 是以日進也(天論 28-29: 《荀子集解》에서는 心意修를 志意修의 誤字로 보고 있다).

162 故君子務修其內 …… 務積德於身 …… 如是則貴名起之如日月 天下應之如雷霆(儒效 16-17).

163 請問爲國 曰 聞修身 未嘗聞爲國也(君道 7); 故君國長民者 欲趣時遂功 …… 必先修正其在我者 然後徐責其在人者 威乎刑罰(富國 20-21).

164 自知者不怨人 知命者不怨天(榮辱 25).

165 君子能爲可貴 不能使人必貴己 能爲可信 不能使人必信己 能爲可用 不能使人必用己 故君子恥不修 不恥見汚 恥不信 不恥不見信 恥不能 不恥不見用(非十二子 36).

것은 반드시 내가 먼저 어질지 못하기 때문이고, 서로 사귀면서 공경을 받지 못하는 것은 반드시 내가 먼저 어른을 공경하지 않기 때문인데 …… 도대체 자기가 잘못해 놓고서 도리어 남에게 책임을 미루는 것은 아주 사정에 어두운 일"166이라는 것이다. 그러므로 모든 일이 자기결정적이라는 사실을 잘 깨달아, 항상 스스로를 반성하여 모든 책임을 스스로에게서 찾는 일, 이것이 자기 통제의 핵심이라고 순자는 본다. 이렇게 《순자》에서도 책임의 자기 귀인이 대인평가와 귀인의 또 한 가지 기준으로 부각되는 것이다.

(3) 자기 성찰과 자기개선

유학사상에서는 인간이 능동적이고도 주체적인 가능체로서 존재한다고 본다. 따라서 유학사상만큼 교육의 중요성을 인식하고, 이를 강조한 사상체계도 드물 것이다. 이는 선진유학에서부터 내려오는 유학의 전통이라고 볼 수 있다. 선진유학자들이 배움[學]과 가르침[敎]을 얼마나 중시했는가 하는 점은 학(學)과 교(敎)라는 글자가 《논어》·《맹자》·《순자》에 각각 64회와 7회, 32회와 35회, 그리고 81회와 42회나 쓰이고 있다는 사실에서도 잘 드러난다.167 유학사상에서 이렇게 배움과 가르침을 중시한다는 것은 유학자들이 대인평가에서 자기 성찰과 자기개선의 노력을 강조한다는 사실을 의미한다. 이는 '무한한 가능체'로 인간을 파악하는 유학사상의 관점에서 도출되는 대인평가의 차원이라고 볼 수 있다.

① 《논어》

공자는 스스로를 "배우기를 좋아하는 사람[好學]"168 및 "가르치기를 게을리 하지 않는 사람[誨人不倦]"169이라고 하여, 가르치고 배우는 일을 중

---

166 法行 21-22.

167 《論語引得》·《孟子引得》·《荀子引得》 참조.

168 《論語》, 公冶長 27.

시하고 있다.170 배우고 가르치는 일, 그리고 배운 내용을 강구하고 실천함으로써 자기를 개선하는 일은 공자와 제자들이 자기를 성찰하는 핵심 내용이었다.171 제자인 안연(顏淵)은 "선생님께서는 차근차근히 사람을 잘 이끌고 가르치시어, 글로써 나의 지식을 넓혀주시고, 예로써 나의 행동을 단속해 주셨다"172고 진술하여, 공자의 교육자적인 풍모를 전해주고 있다. 공자는 가르침을 베풀면 누구나 착하게 된다고 보아, 사람을 가리지 않았다.173

공자는 스스로를 호학(好學)이라고 자평했지만, 제자 중에서는 안회만이 "배우기를 좋아하는 사람"이라고 하면서, 호학의 조건 가운데 하나로 "같은 잘못을 두 번 저지르지 않는 일[不貳過]"174을 들고 있다. 그는 "잘못을 하고도 고치지 않는 것이 바로 잘못"175이라고 보고, "잘못이 있으면 고치기를 꺼리지 말아야 한다"176고 강조한다. 그는 "내게 잘못이 있으면 사람들이 반드시 알려주니, 나는 참 다행이다"177라고까지 표현하여, 잘못을 고치는 일이 바로 스스로를 개선하는 지름길임을 역설하고 있다. 이러한 태도는 그의

---

169 述而 33.

170 《論語》의 제일 첫 머리가 學而時習之 不亦說乎(學而 1)라고 하여, 배움[學]이란 말로 시작한다는 사실은 공자와 그 제자들이 '가르치고 배우는 일'을 얼마나 중시했는가 하는 단적인 증거가 된다. 《論語》에는 好學이란 말이 16회 출현하여(《論語引得》 참조), 배움의 중요성을 역설하고 있다.

171 學而 4; 述而 2, 3.

172 顏淵喟然歎曰 …… 夫子循循然善誘人 博我以文 約我以禮(子罕 10). 여기 나오는 顏淵은 顏回와 동일 인물임.

173 子曰 有敎無類(衛靈公 38). 何晏 등의 古注의 전통에서는 이를 "가르치는 데에는 그 대상을 가리지 않는다(人在見敎 無有種類)"고 보아, 가르침을 베풀기 이전의 그 대상 측면에서 해석하고 있으나, 朱憙의 新注에서는 "가르침을 받으면 모두가 선해져서, 선악의 차이가 없어진다(故君子有敎 則人皆可以復於善 而不當復論其類之惡矣)"고 보아, 가르침을 베푼 이후의 효과 측면에서 해석하고 있다.

174 雍也 2.

175 衛靈公 29.

176 學而 8; 子罕 24.

177 述而 30.

제자인 자공의 다음과 같은 진술에서 잘 드러나고 있다

> 자공이 "군자의 허물은 일식·월식과 같아서, 잘못이 있으면 사람들이 모두 알아보고, 잘못을 고치게 되면 사람들이 모두 우러러본다"고 말하였다.[178]

그러나 이렇게 잘못을 고치는 일은 매우 어려운 일이어서,[179] 군자와 소인의 구별은 잘못을 고치느냐 아니면 이를 고치지 않고 꾸미느냐에 달려 있다.[180] 이렇게 자기를 성찰하여 잘못을 고침으로써 항상 자기개선을 이루려 노력하는 자세,[181] 이것이 《논어》에서 도출되는 또 다른 대인평가의 기준인 것이다.

② 《맹자》

오늘날 쓰이는 교육이란 말은 《맹자》〈진심상(盡心上)〉편 20장〔得天下英才而敎育之 三樂也〕에 처음 나올 정도로 맹자는 교육을 중시했다. 그의 사단설에 따르면, 인간이란 결코 완선(完善) 상태로 태어나는 것이 아니라, 단지 착하게 될 수 있는 싹을 지니고 있을 뿐이며, 이러한 점을 자각하여 착하게 될 수 있는 가능성을 갖춘 존재일 따름이다.[182] 이렇게 착하게 될 수 있는 싹을 지니고 있을 뿐이란 생각은 〈공손추상(公孫丑上)〉편 6장에서 사단을 언급하면서 이어지는, "무릇 나에게 갖추어져 있는 사단을 모두 넓혀서 채울 줄 알게 되면, 마치 불이 처음 타오르고 샘물이 처음 흘러내리듯 할 것이니, 진실로 이를 채울 수 있으면 온 천하를 보전할 수 있지만, 진실로 이를 채우지 못하면 부모를 섬기기에도 부족할 것이다"라는 진술에 잘

---

178 子張 21.

179 子曰 已矣乎 吾未見能見其過而內自訟者也(公冶長 26).

180 子曰 人之過也 各於其黨 觀過 斯知仁矣(里仁 7); 子路有聞 未之能行 唯恐有聞(公冶長 13); 子夏曰 小人之過也 必文(子張 8).

181 里仁 17; 述而 21; 顔淵 4.

182 乃若其情 則可以爲善矣 乃所謂善也 若夫爲不善 非才之罪也(《孟子》, 告子上 6).

드러나 있다. 곧 사람에게 갖추어져 있는 사단은 처음 타오르는 불씨나 처음 흘러내리는 샘물의 원천같이 착하게 될 수 있는 가능성을 갖춘 싹에 불과하다는 것이다.

이러한 싹은 아주 약하기 때문에 이를 잘 간직하고 기르기가 어렵다. 여기에서 바로 인간이 본래 선성(善性)을 갖추고 있음에도 교육이 필요하게 되는 까닭을 만날 수 있다. 곧 "진실로 잘 기르게 되면 어떠한 것도 자라지 않는 것이 없고, 진실로 잘 기르지 못하면 어떠한 것도 소멸되지 않는 것이 없기"[183] 때문에, 사람에게 본래 갖추어져 있는 착한 성품의 싹이 환경 조건이나 물욕에 가려져서 소멸되지 않도록 해야 한다는 데서 교육의 필요성이 나오는 것이다.

이러한 교육의 필요성에 관한 논의에 따라 유추해 보면, 사람은 누구나 교육을 통해 착한 본성을 회복하거나 간직할 수 있는 가능성을 갖춘 존재라고 볼 수 있다. 이를 맹자는 "비록 아무리 못생긴 사람일지라도 목욕재계하여 몸과 마음을 단정히 가다듬으면, 하늘을 모시는 제사를 지내게 할 수도 있다"[184]고 우회적으로 표현하고 있다.

이러한 교육의 가능성을 맹자는 동류사성관(同類似性觀)과 사람이 본유적으로 갖추고 있는 양지·양능에서 찾고 있다. 즉 맹자는 "무릇 같은 종류끼리는 대체로 거의 비슷한 법인데 …… 성인이나 나나 같은 인류로서 ……성인은 단지 그러한 이치를 먼저 깨달아 얻은 사람"[185]일 뿐이므로, 성인이 도를 깨우쳤다면 나 역시 도를 깨우칠 수 있다고 본다. 이는 사람이라면 누구나 "배우지 않고서도 할 수 있는 양능과 생각하지 않고서도 알 수 있는 양지"[186]를 본래 갖추고 있기 때문이다. 그러므로 "사람은 누구나 요·순같이 될 수 있는 존재"[187]이며, 이러한 교육의 가능성에 맹자의 교육론의 근거가 있는 것이다.

---

183 苟得其養 無物不長 苟失其養 無物不消(告子上 8).

184 雖有惡人 齋戒沐浴 則可以祀上帝(離婁下 25).

185 故凡同類者擧相似也 …… 聖人與我同類者 …… 聖人先得我心之所同然耳(告子上 7).

186 盡心上 15.

187 告子下 2.

이렇게 누구나 교육의 가능성을 갖추고 있으므로, 교육의 대상에는 차별이 있을 수 없다. 이는 "가르침을 베푸는 데에는 그 종류가 따로 없다"[188]는 공자의 말을 이어받은 유학의 공통된 입장이라 할 수 있다. 이러한 태도는 맹자도 역시 마찬가지였다. 이는 어떤 사람이 맹자를 평하기를 "선생님께서 가르침을 베푸심에 가는 사람은 좇지 않고, 오는 사람은 거절하지 않으셨다. 진실로 도를 배우겠다는 마음으로 오면, 이를 모두 받아들이실 뿐이었다"[189]고 한 데서 잘 드러나고 있다.

그렇다면, 이러한 교육을 담당할 주체는 누구인가? 맹자는 이를 도(道)를 먼저 깨달은 사람들의 책임이라고 본다. 맹자는 이렇게 도를 자각하여 실현하는 사람을 대장부(大丈夫)·대인(大人)·군자(君子)·현자(賢者)·성인(聖人) 같은 말로 부르고 있는데, 이들에게는 아직 도를 깨닫지 못한 사람들을 깨우쳐줄 책임이 있다는 것이다. 이는 제자인 만장(萬章)과 가진 문답에서 맹자가 은(殷)나라 초기의 현인인 이윤(伊尹)의 말을 인용해 제시한 다음 구절에 잘 드러나 있다.

> 하늘이 이 백성을 양생(養生)하심에 선지자(先知者)로 하여금 후지자(後知者)를 깨우쳐주고, 또 선각자(先覺者)로 하여금 후각자(後覺者)를 깨우쳐주도록 하였다. 나는 하늘이 낳은 백성 가운데 선각자이다. 따라서 나는 응당 내가 먼저 터득한 도를 가지고 세상 백성들을 깨우쳐주려 한다. 만약 내가 그들을 깨우쳐주지 않는다면, 다른 누가 하겠는가?[190]

그러므로 "중정(中正)의 도를 얻은 사람은 그렇지 못한 사람을 교육하고, 재능 있는 사람은 재능 없는 사람을 교육해야 한다. …… 만일 중정의 도를 얻은 사람이 그렇지 못한 사람을 버리고, 재능 있는 사람이 재능 없는 사람

---

188 《論語》, 衛靈公 38.

189 《孟子》, 盡心下 30.

190 萬章上 7.

을 버려 교육하지 않는다면, 현명한 사람과 어리석은 사람 사이의 차이는 거의 없을 것이기 때문이다."191

　이렇게 교육은 군자의 지고한 의무이자 책임으로서, 이를 다하였을 때 느끼는 즐거움〔三樂〕은, 인의 체득과 실천의 대상이 존재하기 때문에 느끼는 즐거움〔一樂〕 및 실제로 인의를 체득한 데서 느끼는 즐거움〔二樂〕과 함께 성덕을 지향하는 군자의 진정한 즐거움이 되는 것이며, 그렇기 때문에 "천하를 지배하고 다스리는 것은 군자의 즐거움에 들지 못한다〔天天下不與存焉〕"는 당당함이192 나오는 것이라 하겠다.

　이렇게 가르침과 배움을 통하여 사람은 누구나 태어날 때부터 갖추고 있는 착한 본성을 회복하여 자기개선을 이루어야 한다는 것이 맹자의 교육론의 요체이다. 맹자도 공자와 마찬가지로 잘못을 고쳐 자기개선을 이루는 일을 중시하고 있으며,193 이러한 자기개선의 방법 가운데 가장 중요한 일이 교육과 배움이라는 것이다. 이렇게 잘못의 수정과 자기개선은 《맹자》에서도 강조되는 자기 평가의 또 다른 기준인 것이다.

　③ 《순자》

　사람에게 있는 특성을, 본유적으로 갖추고 있는 자연적인 성과 후천적으로 배우고 익히는 위로 나누고〔性僞之分〕, 이러한 근거 위에서 양자의 보완적인 통합을 통해 사회관계에서는 조화와 질서를 이루고, 개인적으로는 완성된 인격체〔君子·聖人〕를 지향해야 한다〔性僞之合〕는 것이 순자의 인성론의 핵심이다. 순자에게 "분(分) 개념은 합(合)을 위한 예비적 성격을 띠고 있다." 따라서 그의 "성위지분(性僞之分)은 성위지합(性僞之合)을 위한 것"194으로, 순자의 인간론은 성위지합을 그 핵심으로 하고 있다. 여기서 성

191　離婁下 7.

192　盡心上 20.

193　公孫丑下 9; 告子下 15.

194　김승혜, 1990, p. 297.

위지합이란, 사람에게 본유한 자연적이고 질박한 재질〔性〕과 후천적이고 인위적인 노력과 그 결과〔僞〕가 분명히 나누어진〔性僞之分〕 바탕 위에서 이 둘의 통합을 이루어냄으로써, 인간이 인간된 근거를 완성시키는 것을 말한다. 따라서 '무한한 가능체'로서 가지는 인간의 존재 특성은 이러한 성위지합의 체계에서 최대로 드러난다고 볼 수 있다.

《순자》에서는 성과 위가 하나의 글자로 두 가지 의미를 나타낸다. 이는 가능태(可能態, potentiality)인 인간 본성 또는 능력과, 현실태(現實態, actuality)인 작용 결과를 한 가지 용어를 가지고 파악하는 순자의 인간 파악의 이중성을[195] 잘 드러내는 것이다. 이는 다음의 진술에서 잘 드러나고 있다.

> 태어난 그대로를 성(性)이라 한다. 나면서부터 타고난 바와 조화를 이루어, 미묘하게 합하여 감응을 일으키나, 노력함이 없이도 그대로 그러한 상태를 일러 또한 성이라 한다. …… 마음〔心〕이 사려하고, 행위능력〔能〕이 그를 위해 움직이는 것을 위(僞)라 한다. 사려를 쌓고, 행위능력을 익힌 다음에 이루어지는 것을 일러 또한 위라 한다.[196]

여기서 "태어난 그대로를 성이라 한다"와 "마음이 사려하고 행위능력이 그를 위해 움직이는 것을 위라 한다"는 것은 각각 성과 위의 본연적 상태〔可能態〕를 가리키는 것이다. 이에 반해, 이들 구절 각각에 이어지는 "나면서부터 타고난 바와 조화를 이루어 미묘하게 합하여 감응을 일으키나, 노력함이 없이도 그대로 그와 같은 상태를 일러 또한 성이라 한다"와 "사려를 쌓고 행위 능력을 익힌 다음에 이루어지는 것을 일러 또한 위라 한다"는 것은 이러한 본연적 상태인 성과 위의 현실적 결과〔現實態〕를 나타내는 것이다.[197]

---

195 김승혜, 1990, pp. 236-239; 정인재, 1981; 蔡仁厚, 1984, pp. 392-398.

196 生之所以然者 謂之性 性之和所生 精合感應 不事而自然 謂之性……心慮而能爲之動 謂之僞 慮積焉 能習焉 而後成 謂之僞(《荀子》, 正名 2).

197 蔡仁厚, 1984, pp. 387-388, 393-394.

그런데 "여기서 중요한 것은 순자가 가능태보다도 현실태를 중시하여서, 가능태로서의 인간의 인식능력이나 행위능력에 대해서는 직접적인 언급이 별로 없는 대신에, 사려와 선택을 통해 이루어지는 위, 곧 인간의 도덕적 행위 및 인격 형성에는 지대한 관심을 표명했다는 사실이다."[198] 이러한 가능태가 현실태로 변화되는 것이 바로 성위지합이라 볼 수 있다.

그렇다면, 이렇게 가능태를 현실태로 변화시켜 성위지합을 이룬다는 것은 실제로 무엇을 의미하는가? 이는 다음과 같은 진술에서 잘 드러나고 있다.

> 무릇 눈은 아름다운 색을 좋아하고, 귀는 아름다운 소리를 좋아하며, 입은 맛있는 것을 좋아한다. …… 이는 모두 사람의 정(情)과 성(性)에서 생겨난 것으로, 외부 사물에 감응하여서 스스로 그러한 것이지, 반드시 노력함을 기다려서 얻어진 것은 아니다. 그러나 무릇 외부 사물에 감응하여서 스스로 그러하지 못하고, 반드시 노력함을 기다린 다음에야 그렇게 되는 것이 있는데, 이를 위라고 한다. …… 그러므로 성인이 성을 변화시켜서 위를 일으켰다[化性而起僞]. 위를 일으키어 예의가 생겨났고, 예의가 생겨나니 법도가 제정되었다. 그러므로 예의와 법도는 성인이 만들어낸 것이다.[199]

이 인용문에서 보듯이 성위지합의 궁극적인 의미는 화성기위(化性起僞) 하여 인도(人道)의 표준인 예의를[200] 생성하는 것이라 볼 수 있다. 화성기위가 곧 성위지합인 것이다. 이러한 "화성기위야말로 순자가 정면으로 주장하려고 한 바로서"[201] 순자 사상의 중심이다.

---

198 김승혜, 1990, p. 237.

199 若夫目好色 耳好聲 口好味 …… 是皆生於人之情性者也 感而自然 不待事而後生之者也 夫感而不能然 必且待事而後然者 謂之生於僞 …… 故聖人化性而起僞 僞起而生禮義 禮義生而制法度 然則禮義法度者 是聖人之所生也(性惡 6-7: 《荀子集解》에서는 謂之生於僞에서 生於를 衍文으로 보아, 이를 謂之僞라 해설하고 있다).

200 禮論 13.

201 蔡仁厚, 1984, p. 392,

그런데 위 인용문에서도 드러나듯이, 이렇게 화성기위하여 성위지합이
이루어지는 데는 후천적인 노력인 위가 더욱 중요하다. 곧 성과 위의 관계
가 상보적이기는 하지만, 이러한 상보적 관계에서 성위지합이 이루어지는
데는 인위적인 노력인 위가 더 중추적인 역할을 하는 것이다. 이를 순자는
다음과 같이 단적으로 표현하고 있다.

> 성이란 사람이 일삼아 할 수 없는 것이지만, 변화시킬 수는 있는 것이다. 적
> (積: 여기서는 積이 곧 僞를 가리킨다)이란 사람이 본래 갖추고 있는 것은 아니지
> 만, 노력해서 이룰 수 있는 것이다. 몸과 마음을 올바르게 두고, 옳은 바를 익
> 히는 것〔注錯習俗: 이것은 積의 핵심 내용이다〕, 이것이 바로 화성(化性)의 방법이
> 다.202

이렇게 후천적인 주조습속(注錯習俗)의 적(積)이 본성을 변화시켜 성위
지합을 이루는 방법인 것이다. 곧 성인이 지와 능을 통해 성을 변화시키고
위를 일으켜서 위의 핵심인 예의를 만들었으므로, 근본적으로 사람은 이 예
의에 몸과 마음을 두고 이를 익혀서 쌓음으로써 성위지합을 이루어야 한다
는 것이 순자의 입장인 것이다.

순자는 천인관계론에서 천인지분을 나누고 이 중에서 사람에게 고유한
직분의 충실한 수행을 통해 참어천지(參於天地)할 수 있다고 보고 있는데,
인성론에서도 인간의 주체적인 노력인 위를 통해 성위지분의 상태에서 성
위지합을 이룰 수 있다고 본다. 이를테면, 주체적이고도 능동적인 노력을
통해 스스로 본유적으로 갖추고 있는 가능태를 현실태로 전화시키는 것, 이
것이 바로 화성기위, 곧 성위지합의 요체라고 보는 것이 순자 인성론의 핵
심인 것이다.

이렇게 화성기위하는 인위적인 노력의 핵심은 바로 배움과 수신이다. 이

---

202 性也者 吾所不能爲也 然而可化也 情也者 非吾所有也 然而可爲也 注錯習俗 所以化性也(儒
效 35: 《荀子注》에서는 情也者의 情을 積의 誤字로 보고 있다).

러한 사실은 《순자》의 첫 머리가 〈권학(勸學)〉 편과 〈수신(修身)〉 편이라
는 점에서 단적으로 드러난다. 배움과 수신을 통해 악으로 흐르기 쉬운〔向
惡〕 본성을 교정하고 순화함으로써 자기 본성을 이루는 일, 그렇게 하여 지
혜가 밝아지고 행실에 잘못이 없게 하는 것이[203] 바로 삶의 이상적 자세라
는 주장이 바로 순자의 인성론 및 성인론의 요지인 것이다. 이렇게 잘못을
고쳐 자기개선을 이루는 일은 《순자》에서도 역시 대인평가의 또 다른 중요
한 기준으로 대두되는 것이다.

3) 선진유학의 사회인지론 종합

지금까지 《논어》·《맹자》·《순자》 같은 유학 경전에 드러나 있는 공자·
맹자·순자의 인성론과 이상적 인간형론을 중심으로, 유학사상에서 중시하
는 대인평가와 귀인 차원에 대해 살펴보았다. 이들은 크게 타인과 사회에
대한 관심과 배려, 자기 억제와 책임의 자기 귀인, 자기 성찰과 자기개선의
세 측면으로 정리될 수 있었다.

앞에서 보았듯이, 유학사상에서 중시하는 이러한 세 차원의 강조점은 각각
유학사상에서 인간을 파악하는 세 관점으로부터 직접 도출되는 것들이다. 곧
인간을 '사회적 관계체'로 파악하는 관점에서는 대인평가 과정에서 '타인과
사회에 대한 관심과 배려'를 중시하는 특징이 도출된다. 그리고 인간을 '능동
적 주체자'로 파악하는 관점에서는 '자기 표현의 억제'와 '모든 일의 책임을
스스로에게서 찾는 자세'를 중시하는 특징이 도출된다. 마지막으로 인간을
'무한한 가능성'을 가진 존재로 파악하는 입장에서는 '자기 성찰'을 통한 잘
못의 발견과 '자기개선'을 중시하는 특징이 자동적으로 도출되는 것이다.

유학사상에서 인간을 파악하는 세 가지 관점에서 도출되는 이러한 세 측면
의 대인평가 및 귀인의 강조점은 제2장에서 제시된(표 2-2 참조) "문화 유형에

---

203 勸學 2.

표 3-3. 유학사상에서 강조하는 대인평가·귀인의 특징

차 원	유학사상의 강조점
사회 행위의 원동력과 목표	타인과 사회에 대한 관심 및 배려
자기 표현의 양식	자기 표현의 억제와 책임의 자기 귀인
행위의 변이가능성	자기 성찰과 자기개선

따른 인간 이해의 양식 및 강조점의 차이"와 밀접하게 연관되어 있다. 이러한 사실은 유학사상에서 도출되는 대인평가와 귀인의 특징을 정리한 표 3-3에서 잘 드러난다.

이 표에서 보면, 유학사상에서 도출되는 대인평가와 귀인의 세 차원의 강조점은 이 책에서 문화 유형에 따른 심리적 특성의 차이를 개관하기 위한 세 차원의 기본틀과 일대일의 상응 관계를 맺고 있음을 알 수 있다. 이러한 사실은 유학의 체계가 집단주의 사회의 심리적 특징을 낳는 사상적 배경이 되어왔음을 뜻하는 것이다. 곧 이 두 연구의 내용(집단주의 사회의 심리적 특징과 유학사상의 인간 심성에 대한 이해)을 결합해 보면, 현대 동아시아인의 집단주의적인 심성과 행동의 배경에 유학사상이 놓여 있다는 사실을 분명히 알 수 있는 것이다.

3. 유학적 사회인지론의 집단주의적 특징
― 군자론·성인론의 관점

중국·한국·일본 같은 동아시아 국가의 역사에서 유학사상은 최근까지도 오랫동안 관학의 위치를 차지하고 있었다. 한국인들의 경우, 현재 유교를 자기의 종교라고 응답하는 사람은 0.5%에 지나지 않았으나, 전체 인구의 91.7%가 그 신념이나 행동 습관으로 보아 유교인이라고 볼 수 있을 정도로, 유학적 사고와 행동 양식이 현대 한국인의 삶을 실제로 지배하고 있음이 드러나고 있다.[1] 이러한 사실은 유교의 기본 가치를 드러내는 문항 40개로 "중국적 가치 검사"를 마련하여 22개국 대학생에게 실시했을 때, 중국·홍콩·대만·일본·한국 같은 동아시아 국가의 대학생들은 매우 강한 유교적 역동성의 가치체계를 보인다는 연구 결과와[2] 일맥 상통하는 것이다.

이와 같이 유교적 가치체계는 현재까지도 동아시아 사회의 가장 중심적인 삶의 가치로 받아들여지고 있다. 이러한 사실은 유학의 체계 속에 동아시아 사회의 집단주의 가치가 그대로 담겨 있음을 뜻하는 것이다. 제2장에서 살펴보았듯이, 집단주의와 개인주의 문화의 차이를 개관하는 세 차원 가운데 집단주의 사회의 강조점(연계성·조화성, 자기 억제, 가변성·자기개선)은, 유학사상에서 끌어낼 수 있는 세 측면의 인간관(사회적 관계체, 능동적 주체자, 무한한 가능체)에 따라 직접 연역되어 나오는 것이었다. 뿐만 아니라, 지금까지 보아왔듯이 유학사상에서 끌어낼 수 있는 사회인지론의 특징들과 현대 동아시아 집단주의 사회인이 보이는 대인평가와 귀인 행동의 특징들

---

1 고병익, 1996, p. 294-295; 윤이흠 외, 1985.

2 Hofstede, 1991/1995, pp. 233-253.

사이에 일치도가 매우 높음을 확인할 수 있었다. 이러한 사실들은 동아시아 집단주의의 배경에 유학사상이 놓여 있음을 시사하는 것이다.

이러한 맥락에서, 유학사상이 제시하는 이상적 인간상인 군자와 성인이 곧 동아시아 집단주의 사회에서 그리는 이상적 인간상이 된다는 사실을 쉽게 추론할 수 있다. 따라서 군자와 성인의 사람됨이 곧 유학사상에서 제시하고 있는 대인평가와 귀인 양식의 전형이라고 볼 수 있으며, 결과적으로 유학사상에서 도출되는 사회인지론은 곧 군자론과 성인론에서 그 바탕을 찾을 수 있는 것이다.[3]

《논어》에서 공자는 군자의 모습을 수기이경(修己以敬)·수기이안인(修己以安人)·수기이안백성(修己以安百姓)의 세 가지로 제시하고 있다.[4] 《맹자》에서는 성인의 모습이 성지청(聖之淸)·성지화(聖之和)·성지임(聖之任)의 세 가지로 제시되고 있다.[5] 《순자》에서는 군자와 성인의 모습을 자기 수양, 일 또는 사물과 맺는 관계, 대인관계, 사회에 대한 책임의 네 측면에서 살피고 있다.[6] 《대학》에서는 지어지선(止於至善)·친민(親民)·명명덕(明明德)을 삼강령으로 제시하여 배움의 최고 목표로 삼음으로써, 이상적 인간을 세 측면에서 살피는 관점을 드러내고 있다.[7]

여기서 수기이경, 성지청, 자기 수양과 일 또는 사물과 맺는 관계, 그리고 지어지선은 자기 수련을 통한 도덕적 개체의 자기 완성이라는 측면에서 나타나는 군자와 성인의 특징을 의미하는 것이다. 수기이안인, 성지화, 대인관계, 그리고 친민은 인간관계에서 인화를 꾀하는 측면에서 드러나는 군자와 성인의 특징을 말하는 것이다. 그리고 수기이안백성, 성지임, 사회에 대한 책임 및 명명덕은 사회적 책임의 자임과 완수라는 측면에서 나타나는 군자

---

3 유학사상에서 제시하는 군자론과 성인론에 대해서는 졸저(조긍호, 2006, pp. 379-420) 참조.

4 《論語》, 憲問 45.

5 《孟子》, 萬章下 1.

6 《荀子》, 君道 6-7.

7 《大學》, 經.

와 성인의 특징을 드러내는 것이다. 이렇게 유학사상에서는 자기 수련을 통한 자기 완성, 대인관계의 인화 도모, 그리고 사회적 책임의 자임과 완수라는 세 가지 측면에서 이상적 인간상을 그려내고 있다.

1) 사회적 책무의 자임과 연계성·조화성 강조

수기를 통해 인격적 수양을 이룬 군자는 가족·친척·친구 같은 주위 사람들만 포용하고, 그들과만 조화를 이루려 하는 것은 아니다. 군자는 사회적 존재인 인간의 존재 의의가 사회적 책무를 자임하여 이를 완수하는 데 있다고 보고, 온 천하의 사람들에게 인의의 도를 가르쳐서 그들로 하여금 인의의 길을 따르도록 이끄는 일, 그리하여 온 천하의 사람들을 편안하게 해주는 일을 자기에게 주어진 천명으로 알고, 이 일을 기꺼이 떠맡아 실행하려 한다. 공자는 이러한 군자의 특징을 "수기이안백성"이라 표현하는데, 여기서의 백성은 온 천하의 사람이라는 의미이다. 곧 수기를 통해 도덕적 수양을 이룬 군자는 자기 수양[修己]과 주위 사람에 대한 배려[安人]에 머물지 않고, 사회 전체에 대해 관심을 가지고 모든 사람들을 도덕적 자각의 상태로 이끌어, 그들을 편안하게 해주는 특징을 갖는다고 공자는 보고 있다.[8] 말하자면, 자신이 모든 다른 사람들과 연계되어 있다는 의식과 책임감을 가지고, 그들과 조화로운 삶을 영위하는 것이 군자의 기본적인 특징인 것이다.

맹자는 이러한 특징을 "성지임"이라 부르는데, 그 전형은 이윤(伊尹)으로서, "그는 천하에 대한 무거운 짐을 스스로 지고자 함으로써,"[9] 혼란한 사회를 구제하여 함께 살고 있는 사람들을 보호하려는 군자의 책임을 스스로 떠맡고 이를 완수하려는 태도를 굳게 지닌 사람이었다.[10] 순자도 군자와 성

---

8 《論語》, 公冶長 15; 顔淵 1, 16; 衛靈公 17; 子張 3.

9 思天下之民 匹夫匹婦有不與被堯舜之澤者 若己推而內之溝中 其自任以天下之重也(《孟子》, 萬章 下 1; 萬章上 7장에도 한두 글자 덧붙이거나 빼거나 했을 뿐, 똑같은 말이 나오고 있다).

10 公孫丑上 2; 公孫丑下 2; 萬章上 6, 7; 萬章下 1; 告子下 6; 盡心上 31; 盡心下 38.

인은 예(禮)로써 위아랫 사람을 잘 섬기거나 부리며, 그들과 경쟁하려 하지 않고, 오로지 자기의 사회적인 책임을 다하고, 또 그들도 그들의 책임을 다 하도록 도와주는 사람이라고 보아, 사회에 대한 책임을 떠맡고 이를 완수함으로써, 사람들 사이에 연계성과 조화성을 이루는 일을 군자의 중요한 특징으로 제시하였다. 《대학》에서는 이러한 군자의 특징을 "명명덕"이라고 하여, 자기가 깨달은 밝은 덕을 천하에 드러내어 비춤으로써, 사람들과 함께 어울려 살아가고 있는 천하를 조화롭고 평화롭게 하는 일이 군자의 가장 큰 지향처라고 보고 있다.

이상에서 보듯이, 군자와 성인은 도덕적 인격을 이루어 주위 사람들을 편안하게 이끈 다음에, 이를 넓혀 온 천하의 사람들과 연대 의식을 가지고, 그들을 편안하게 이끌어주어야 할 사회적인 중책을 떠맡고, 이를 일상생활에서 실행하려는 삶의 태도를 지니고 살아가는 사람들이다. 이들은 다른 사람들과 강한 연대감을 지니고 살며, 그들과 삶의 과정에서 조화를 이루는 일을 중시하고, 이를 사회적인 책무로 자임하고 있는 것이다.

이렇게 군자와 성인의 사람됨의 핵심적 특징인 사회적 책무의 자임은, 인간 존재를 '사회적 관계체'로 파악하여, 사람을 다른 사람들과 맺는 연대성 속에서 이해하고, 남들과 조화를 이룩하는 삶의 태도에서 비롯되는 것이다. 군자와 성인은 인간의 존재 의의가 사람들 사이의 관계 속에서 드러난다고 보아, 살아가는 과정에서 사회성을 강조하고 있다. 따라서 사람들은 항상 남들과 조화로운 연계성을 확보하고 이를 유지하는 삶을 살아야 하며, 이러한 과정에서 부과되는 사회적 책무를 회피하지 말고 수용해야 한다고 유학자들은 주장하는 것이다. 이러한 맥락에서 보면, '사회적 책무의 자임과 완수'라는 군자의 특징은 동아시아 집단주의 사회인이 주의의 초점 차원에서 강조하는 '연계성'과 '조화성'을 유발함이 확실하며, 여기에서 동아시아 집단주의의 사상적 배경에 유학의 체계가 놓여 있다는 하나의 논거를 확인할 수 있는 것이다.

2) 대인관계의 인화와 자기 억제 강조

공자는 자기를 닦음으로써 삼가게 된[修己以敬], 군자는 "자기를 닦음으로써 다른 사람들을 편안하게 이끌어주는 사람[修己以安人]"이라 보아, 일상생활에서 주위 사람들과 조화를 이루며 살아가는 자세를 중시하고 있다.11 이렇게 도덕적 수양을 이룬 군자는 자기 수련에만 머물지 않고, 주위 사람들과 조화롭고 편안한 관계를 맺음으로써, 그들을 도덕적 자각 상태로 이끄는 특징을 지닌다고 공자는 보고 있다. 맹자는 이러한 특징을 "인화를 도모한 성인[聖之和]"이라 보았는데, 그 전형은 유하혜(柳下惠)로서, 주위의 모든 사람을 인화로써 품어 안은 사람으로 제시되고 있다.12 순자는 대인관계에서 널리 사람들을 포용함으로써 사람들을 의롭게 이끌고 혼란하지 않게 하여, 사람들 사이에 조화가 이루어지게 하는 것이 군자의 특징 가운데 하나라고 보고 있다.《대학》에서는 이러한 군자의 특징을 "친민"이라고 표현하여, 도덕적 완성을 이룬 뒤에 이를 주위 사람들에게 확대하고 베풂으로써, 그들 사이에 조화를 이루어 사람들을 친애하는 일을 배움의 두 번째 목표로 삼고 있다. 이처럼 유학의 고전들에서는 공자의 "수기이안인"의 논의를 뒤이어, 대인관계에서 조화를 꾀하는 일을 군자와 성인의 또 하나의 특징으로 제시하고 있는 것이다.

군자와 성인이 이렇게 대인관계에서 조화를 이룰 수 있는 것은, 이들이 다른 사람과의 관계에서 그들에 대한 관심을 가지고 우선 배려함으로써, 그들을 널리 포용하고 자기를 억제하기 때문이다. 공자는 인(仁)이란 "남을 사랑하는 일"13이므로, "자기가 하고 싶지 않은 일을 남에게 베풀지 말고,"14 "자기가 서고자 하면 남을 먼저 세워주고, 자기가 이루고자 하면 남이 먼저 이

---

11 《論語》, 爲政 14; 顔淵 5; 子路 23; 衛靈公 21; 陽貨 4, 24.

12 《孟子》, 公孫丑上 2; 萬章下 1; 告子下 6; 盡心上 22; 盡心下 15.

13 《論語》, 顔淵 22.

14 顔淵 2; 衛靈公 23.

루게 해주는"[15] 식으로, 타인을 앞서 배려하고 자기를 억제하는 일이 덕을 이루고 다른 사람과 조화를 꾀하는 지름길이라 보았다. 맹자에게는 이러한 다른 사람에 대한 관심과 배려 및 자기 억제가 자기를 미루어 다른 사람에게 미치게 하는 "추기급인(推己及人)"[16]과, 다른 사람들과 즐거움과 괴로움을 함께하는 "여민동지(與民同之)"[17]의 태도로 드러난다. 순자는 타인에 대한 관심과 배려 및 자기 억제는 다른 사람을 너그럽게 포용하는 일로 드러난다는 "겸술론(兼術論)"을 제시하고 있다. 그에 따르면, 다른 사람을 널리 포용하는 겸술은 군자와 성인의 특징으로서, 군자와 성인은 "자기를 기준으로 하여 남을 헤아리기"[18] 때문에 자기를 억제하고, 노둔하거나 어리석거나 지식이 얕거나 순수하지 않은 사람을 포함하여 다른 사람을 능히 포용할 수 있다는 것이다.[19] 이렇게 "자기를 기준으로 하여 남을 헤아리는 일"을 《대학》에서는 "혈구지도(絜矩之道)"[20]라 하여, 인간관계에서 조화를 이루는 핵심으로 제시하고 있다. 이렇게 군자와 성인은 처지를 바꾸어서 남의 상태를 헤아려 보는 '역지사지(易地思之)'의 태도로 다른 사람을 두루 포용함으로써, 타인에 대해 관심을 갖고 그들을 먼저 배려하여 자기를 억제하는 태도를 견지하고 있고, 그럼으로써 조화로운 대인관계를 맺을 수 있는 것이다.

이렇게 군자와 성인의 사람됨의 또 한 가지 특징인 조화로운 대인관계는, 인간 존재를 '능동적 주체자'로 파악하여, 모든 도덕적 바탕이 사람에게 본래 갖추어져 있다는 사실을 주체적으로 인식하는 태도에서 비롯되는 것이다. 군자와 성인은 다른 사람들도 자기 자신과 똑같은 도덕성과 욕구 및 기호와 감정을 가지고 있다는 사실을 잘 깨닫고 있기 때문에, 다른 사람들과의 관계에서 자기를 억제하고 남들을 먼저 배려할 수 있다. 이러한 맥락에

---

15 雍也 28.

16 《孟子》, 梁惠王上 7.

17 梁惠王下 4.

18 《荀子》, 非相 13.

19 非相 17.

20 《大學》, 傳 10.

서 보면, '조화로운 대인관계의 형성과 유지'라는 군자의 특징은 동아시아 집단주의 사회인이 통제 대상 차원에서 강조하는 '자기 억제'를 유발함이 명백하며, 여기에서 동아시아 집단주의의 사상적 배경에 유학의 체계가 놓여 있다는 또 하나의 논거를 확인할 수 있는 것이다.

3) 자기 수련과 가변성·자기개선 강조

공자는 군자를 "자기를 닦음으로써 삼가게 된 사람〔修己以敬〕"이라 보아, 도덕적 가치의 자각과 이의 일상적 실천을 군자의 가장 중요한 특징으로 보고 있다. 이렇게 군자는 인의를 바탕으로 자기 수양을 이룬 사람이기 때문에 자기에게 잘못이 있을 때 이를 고치기를 꺼리지 않으며,[21] 어진 사람을 보면 그와 같아지려 하고, 어질지 못한 사람을 보면 안으로 스스로를 반성하여 자기를 개선하려 한다.[22] 군자가 이렇게 잘못을 고쳐 자기개선을 할 수 있는 것은 모든 일의 책임을 도덕 주체인 자신에게서 찾기 때문이다.[23] 군자는 이렇게 항상 자기 잘못을 개선하고 모든 책임을 자기에게서 찾기 때문에, 정서적으로 안정되어 있으며[24] 자기의 이기적 욕구를 억제할 수 있다.[25] 이와 같이 군자가 이루는 자기 수련의 핵심 특징을 공자는 인간의 가변성과 자기개선에서 찾고 있는 것이다.

이상에서 보듯이 공자가 말하는 군자의 첫 번째 특징으로서 "수기이경"은 자기 수련을 이루어 도덕적 자기 완성에 이르는 일을 말한다. 이러한 수기이경의 상태를 맹자는 "깨끗하게 자기를 지키고 완성한 성인〔聖之淸〕"이라 보았다. 맹자가 말하는 "성지청"의 전형은 백이(伯夷)로서, 그는 자기 수련을

---

21 《論語》, 學而 8.

22 里仁 17.

23 學而 16; 里仁 14; 憲問 32; 衛靈公 18, 20.

24 顔淵 4.

25 學而 14.

통해 평생 도(道)의 실천을 깨끗하게 견지한 사람이어서,[26] 인에 머물고 의를 따름으로써[27] 자기 완성을 이룬 성인으로 제시되고 있다. 순자는 자기 수련을 이룬 군자의 특징을 "자기 수양"과 "일 또는 사물과 맺는 관계"의 측면에서 살피고 있는데, 이러한 군자의 특징은 공자의 "수기이경"과 맹자의 "성지청"의 상태와 마찬가지로 자기개선을 통한 도덕적 자기 완성에 있다. 《대학》에서 삼강령으로 제시하고 있는 대학의 도 가운데 지극한 선에 머무르는 "지어지선"도 자기개선과 자기 수련을 통한 도덕적 자기 완성의 상태를 말한다. 이러한 맥락에서 보면, 유학의 고전들에서 제시하는 군자와 성인의 기본적인 특징은 자기 수련을 통한 도덕적 자기 완성을 이루는 일이다.

이러한 자기 수련의 기본 전제는 도덕 주체인 자기에게 모든 도덕의 바탕이 본래부터 갖추어져 있다는 사실을 자각하는 데 있다.[28] 군자와 성인은 이렇게 도덕 주체라는 자각에 충실하기 때문에, 모든 일의 책임을 스스로에게서 찾으려 하는 반구저기(反求諸己)의 태도를 굳게 지니고 있다.[29] 군자와 성인은 이렇게 책임의 자기 귀인 경향 강하기 때문에, 자기에게 잘못한 일이 있을 때 이를 고침으로써 자기개선을 이루기를 주저하지 않는다.[30]

이상에서 보듯이, 군자와 성인은 도덕의 근거가 자신에게 본유한다는 자각을 이루고, 이러한 바탕 위에서 모든 책임을 자기에게서 구함으로써, 항상 자기 잘못을 고치려 노력하는 태도를 굳게 지닌 사람들이다. 그들은 자기들이 해야 할 일과 해서는 안 될 일이 있음을 잘 분별하여,[31] 실생활에서 도덕적 가치에 맞는 일처리를 할 수 있다.[32] 그리하여 그들은 도덕 주체로서

---

26 《孟子》, 公孫丑上 2, 9; 離婁上 13; 萬章下 1; 告子下 6; 盡心上 22; 盡心下 15.

27 盡心上 15.

28 《論語》, 雍也 28; 顔淵 1; 《孟子》, 離婁下 14; 告子下 6; 《荀子》, 天論 28-29.

29 《論語》, 學而 16; 里仁 14; 憲問 32; 衛靈公 18, 20; 《孟子》, 離婁上 4; 盡心上 4; 《荀子》, 法行 21-22.

30 《論語》, 學而 8; 里仁 17; 子張, 21; 《孟子》, 公孫丑上 9; 滕文公下 8; 《荀子》, 勸學 2.

31 《論語》, 顔淵 1; 《孟子》, 離婁下 8; 盡心上 17, 44; 《荀子》, 天論 25.

32 《荀子》, 解蔽 17.

자기가 해야 할 일은, 외적 상황적 조건에 따라 유발되거나 충족되는 이기적 생물적 정서나 욕구를 적극 억제하고, 그 대신 타인지향적이고 도덕적인 정서와 욕구는 굳게 간직하고 키워나가는 일이라고 보아, 이러한 자기개선의 삶의 태도를 지향함으로써 도덕적 자기 완성을 이루려 하는 것이다.

이렇게 군자와 성인의 사람됨의 기본적 특징인 자기 수련은 인간의 '무한한 가능성'에 대한 유학자들의 믿음을 그대로 반영하는 것이다. 이러한 자기 수련은 노력에 따른 인간의 가소성에 대한 신념을 바탕에 깔고 있다. 이러한 맥락에서 보면, '자기 수련을 통한 자기 완성'이라는 군자의 특징은 동아시아 집단주의 사회인이 인간의 변화가능성 차원에서 강조하는 '가변성'과 '자기개선'을 유발함이 분명하며, 여기에서 유학의 체계가 동아시아 집단주의의 사상적 배경으로 작용하고 있다는 또 다른 논거를 확인할 수 있는 것이다.

제4장
동아시아인의 정서와 유학사상

상식적으로 정서는 합리적인 사고의 반대쪽에 있는 것으로 간주된다. "정서 상태에 있을 때, 사람들은 최선의 행위 과정을 계산하는 대신, 그 순간의 열기에 따라 충동적으로 행동하며, 이때는 머리보다는 가슴이 인간의 행위를 통제하는 핵심 기관이라고 비유된다."[1] 이렇게 인지와 독립된 영역으로서 정서에 관한 연구는 일찍이 다윈(Darwin)·제임스(James)·프로이트 같은 생물학·심리학·정신의학의 거장들에 의해 기초가 닦인 아주 오래된 관심사였다.[2]

그러나 1960년대 후반에 심리학계에 불어닥친 인지혁명으로 말미암아 정서를 비합리적으로 보는 관점이 확산되면서 이에 대한 관심이 쇠퇴하여, 1970년대 이후에는 정서를 인지의 부속 체계로 보려는 시도들이 이어졌다.[3] 하지만 인지 과정에 미치는 정서와 동기의 영향이 밝혀지고, 인간의 합리성에 대한 신념을 절하시키는 여러 발견들이 이어지면서,[4] 정서를 인지의 부속 체계로 보려는 시도에 대한 강력한 반발이 대두되었다.[5]

이러한 반발의 가장 대표적인 것은 제이욘스(Zajonc)와[6] 라자루스(Lazarus)[7] 사이의 정서와 인지의 관계에 대한 논쟁이다. 제이욘스는 정서와 인지의 개별성과 정서의 인지에 대한 우선성(primacy)을 주장하고 있고, 라자루스는 정서는 인지의 결과로 나타나는 것으로 보아 인지의 우선성을 주장했다. 라자루스의 관점은 정서를 인지의 부속 체계로 보는 인지론자들의 대표적인 이론이고, 이에 견주어 제이욘스의 견해는 인지와 정서가 각기 개별적인 설명력을 갖는 심리구성체라는 관점을 대표하는 이론이다. 어쨌든 이러한 논쟁은 정서의 연구를 "제2급의 연구 영역"[8]에서 다시 고유의 연구 영역으로

---

1 Parkinson, 1995, pp. 17-18.

2 Oatley, Keltner, & Jenkins, J. M., 2006, pp. 4-10.

3 Reeve, 2005, pp. 34-35; Tomkins, 1981, p. 328.

4 이에 관해서는 졸저(조긍호, 2006, pp. 28-29, 주 3, 4) 참조.

5 Petri, 1996, pp. 354-355.

6 Zajonc, 1980, 1984.

7 Lazarus, R. S., 1984.

끌어올리는 계기가 되었다.

기능적으로 정서는 인간의 건강과 생존에 중요한 역할을 한다. 정서 상태에 있을 때 사람을 포함한 모든 살아 있는 유기체는 그 유발 상황이나 자극에 대한 대처와 준비를 하게 되므로, 정서는 궁극적으로 유기체를 보호하는 역할을 한다.[9] "희망·기쁨·열정·환희 등의 정적 정서는 우리의 삶에 활력을 불어넣고, 우리를 유지시키고 회복시켜 준다. 공포·분노·혐오 등의 부적 정서는 우리를 환경의 위험으로부터 보호해주기 때문에 더욱 중요하다."[10]

인간의 삶의 과정에서 정서가 가지는 이러한 적응적 가치를 염두에 두면, 정서 경험이 인간의 삶의 장(場)인 환경 세계와 밀접하게 연결될 수밖에 없을 것이라는 사실은 자명한 일이다. 문화는 인간이 삶을 영위하는 장인 환경 세계와 그 속에서 일어나는 여러 가지 사건들을 이해하고 조직화하는 의미체계이다.[11] 이렇게 보면, 인간의 정서 경험은 필연적으로 문화와 관계를 맺지 않을 수 없다.

이 장에서는 동아시아 집단주의 사회인들이 보이는 정서 체험과 표출 양상의 특징들이 유학사상에서 도출되는 정서에 관한 이론체계와 맥을 같이 하고 있다는 사실을 확인해 봄으로써, 동아시아 집단주의의 배경에 유학사상이 놓여 있다는 추론의 이론적 타당성을 정서 경험의 분야에서 검증해 보고자 한다. 이를 위해 우선 정서 분야에서 이루어진 문화비교연구의 결과들을 문화차 개관의 틀(표 2-2)을 바탕으로 종합하여, 동아시아 집단주의 사회인들이 경험하는 특징적인 정서의 내용과 그 표출 양식을 서구 개인주의 사회인들의 그것과 비교하여 정리하도록 하겠다. 이어서 유학사상의 원형인 선진유학의 경전과 신유학에 와서 전개된 사단칠정(四端七情)에 관한 논의들을 근거로 유학자들의 정서이론을 정리해 보기로 하겠다. 마지막으로, 이

---

8 Reeve, 1992, p. 23.

9 Lazarus, R. S., 1991; Lazarus, R. S., & Lazarus, B. N., 1994; Oatley et al., 2006.

10 조은경, 1995, pp. 25-26.

11 Berry et al., 1992, p. 1; Fiske, A. P. et al., 1998, pp. 916-919; Miller, J. G., 1984, p. 973; Rohner, 1984, p. 119; Segall et al., 1999, p. 23.

두 작업의 결과를 통합하여, 현대 동아시아인들이 보이는 특징적인 정서 체험의 내용과 그 표출 양식이 유학사상에서 도출되는 정서에 관한 이론체계와 논리적인 정합성을 지니고 있는지 검토해 볼 것이다.

1. 문화 유형에 따른 정서의 차이

서구 사회에서는 정서를 원시적이고 파괴적이며 의지적 통제가 되지 않는 유아적인 것으로 보고, 이를 이성의 적으로서 경시하거나 불신하는 전통이 있었다. 이러한 태도는 정서란 인간 심성의 하위 체계로부터 발생하여 이성을 오도하는 것이기 때문에 믿을 수 없다고 본 플라톤에게서 그 연원을 찾을 수 있는 것으로, 합리적 과학적 우주관 및 세련된 이성을 이상화하여 받아들인 18세기 초의 계몽주의 시대에 이르러 그 절정에 달하였다.[1] 또한 다윈은 정서란 절대로 자발적 통제가 되지 않는 생리적이고 신체적인 반응의 일부로서, 인간 종의 진화의 잔재이며, 따라서 동물적이고 유아적인 기원을 가지고 있다고 보았다. 그리하여 그는 동물과의 연속선 상에서 인간 종의 진화 과정을 드러내는 한 증거로서 정서를 연구함으로써,[2] 정서를 불신하는 전통적인 태도를 더욱 강화하게 되었다.

물론 서구에서 정서를 긍정적으로 보는 견해가 전혀 없었던 것은 아니다. 18세기 말엽에 대두된 낭만주의 사조는 정서를 개인의 진실한 내면의 발현으로 보고, 이를 개인의 자유의 관념과 결합시켜, 자유로운 정서의 표출을 강조하는 관점을 낳았다. 이러한 시각은 오늘날까지도 남아서, 정서에 대한 불신과 함께 서구인들의 정서에 대한 태도의 한 축을 형성하고 있는 것으로 보인다.[3] 그러나 이러한 두 가지 태도 가운데 정서에 대한 서구인들의 전통

---

1 Harré, 1986; Lazarus, R. S., & Lazarus, B. N., 1994; Levy, 1990; Oatley, 1993; Oatley et al., 2006 등.

2 Darwin, 1872/1955.

3 Lazarus, R. S., & Lazarus, B. N., 1994; Oatley et al., 2006.

적인 믿음의 핵심을 이룬 것은 역시 전자의 태도였다. 이러한 사실은 물론 예외가 있기는 했지만,[4] 정서에 대한 인지의 우위설이 이 분야 연구의 주류를 차지하고 있었다는 점에서 잘 드러난다.[5]

이렇게 정서를 불신하는 태도는 유학의 전통이 강한 동아시아 문화권에서도 공통적이다. 유학에서는 사단(四端)의 정서는 보존하고 키워야 하지만, 칠정(七情)을 비롯한 대부분의 정서는 기본적으로 고요한 마음을 흩뜨려놓는 작용의 원천이므로, 철저히 통제되고 예(禮)에 맞게 조절되어야 한다고 본다. 특히 성리학자들이 주장하는 수양의 핵심 방법인 거경(居敬)은, 대체로 칠정과 같은 외부 사물에 따라 유발되는 정서를 억제하고, 마음을 고요하게 하여 도(道)의 인식이라는 한 가지에 집중하는 일〔主一無適〕을 말하는 것이다.[6]

이렇게 서구나 동아시아에서 모두 정서를 부정적이거나 부차적인 관점에서 이해하는 전통이 강했다. 서구에서 이러한 태도는 데카르트(Descartes) 이후 마음-몸, 인지-정서, 사고-감정, 이성-감성, 합리성-비합리성, 의식-무의식, 수의-불수의, 통제가능성-통제불능성의 이분법으로 인간을 이해하는 양식과 맞물리면서 더욱 강화되었다고 볼 수 있다.[7] 동아시아에서는 주희(朱熹) 이래 사단과 칠정의 정서가 각각 이(理) 및 기(氣)와 연결되는 것으로 개념화되면서, 기에 따라 주도되는 칠정을 억제해야 한다는 이론으로 발전했다.[8] 이러한 이분법적 대비에서는 전통적으로 합리적 인지(서구) 또는 도덕적 선(동아시아)에 우선권을 두었으며, 이렇게 합리적 인지와 도덕적 선을 중시하는 태도는 정서의 연구에도 그대로 이어졌다. 특히 1960년

---

4 예: Zajonc, 1980, 1984, 1998.

5 조은경, 1994, 1995; Harré, 1986; Lazarus, R. S., 1991; Levy, 1984, 1990; White, G. M., 1993, 1994 등.

6 김성태, 1989; 이수원, 1984; 정양은, 1970; 조긍호, 1990, 1991, 1994, 1995, 1997a, b, 1998a, b, 1999a, b, 2003a, 2006; 한덕웅, 1994, 1999, 2000, 2003.

7 White, G. M., 1993, pp. 31.

8 윤사순, 1992, pp. 7-8; 1997, pp. 192-202.

대의 인지혁명 이후 이러한 경향은 더욱 심해져서, 결국 정서에 대한 연구
는 부차적인 영역으로 밀려나게 되었던 것이다.

그러나 심리학계 자체 안에서 이러한 경향에 반발하여 정서의 우선성을
내세우는 주장들이 제기되고,[9] 또한 비서구 사회인의 정서 체험에 대한 인
류학자들의 참여관찰의 결과들이 제시되어[10] 심리학자들의 관심을 끌기 시
작하면서, 정서에 대한 연구는 인지의 굴레에서 벗어나 다시 고유의 영역으
로 떠오르게 되었다.[11] 비서구 사회인이 체험하는 정서의 내용과 그 표출
양식이 서구인의 그것과는 다르다는 인류학자들의 관찰 결과들은 심리학계
안에서도 큰 반향을 불러일으켜, 마침 연구의 열풍이 한창 조성되던 문화심
리학 연구의 장과 맥이 닿았다. 그리하여 '문화와 정서의 관계'라는 현대 정
서 연구의 핵심적인 흐름을 형성하게 되었던 것이다.[12] 이는 '사회성의 회복
운동'[13]이라는 현대 사회심리학의 핵심 화두에 비추어 볼 때 당연한 논리적
귀결이었다고 생각할 수 있다.

이러한 연구들에서는 문화 유형에 따라 특정 상황에서 강조되거나 표출
되는 정서가 다를 뿐만 아니라, 그 표현 강도와 이러한 정서가 해당 문화권
의 사람들에게 미치는 영향이 다르다는 사실들이 광범위하게 밝혀지고 있
다.[14] 이 절에서는 정서의 문화구속성에 관한 일반적인 논의에서 시작하여,
서구 개인주의 사회인과는 다른 동아시아 집단주의 사회인의 특징적인 정
서 체험과 그 표출 양식에 대해 고찰해 보기로 하겠다.[15]

---

9 Frijda, 1986, 1988; Tomkins, 1981; Zajonc, 1980, 1984 등.

10 예: Briggs, 1970; Chagnon, 1968; Eible-Eibesfeldt, 1979; Heelas, 1986; Howell, 1981; Levy,
  1973, 1984; Lutz, 1982, 1988 등.

11 Reeve, 1992, p. 23; Tomkins, 1981, p. 306.

12 Frijda & Mesquita, 1994; Kitayama & Markus, 1994; Markus & Kitayama, 1994b.

13 Burr, 2002, pp. 133-151: 현대 사회심리학에서 전개되고 있는 이러한 흐름에 대해서는 졸
  저(조긍호, 1998a, pp. 50-54) 참조.

14 Markus & Kitayama, 1991a, 1994b.

15 이 절의 내용은 졸저(조긍호, 2003a, pp. 225-261)의 내용에 새로운 자료를 첨가하여 보완
  하고 재조직함.

1) 정서의 보편성과 문화구속성

인간의 정서 경험과 문화 사이의 관계를 살피는 이론들에서는 보편주의자(universalist)와 문화구성주의자(cultural constructivist)의 입장이 대립하고 있다. 전자는 인간이 경험하는 정서의 내용은, 특히 기본 정서에 관한 한 보편적이고 범문화적이며 생물학적으로 미리 결정된 자기 유지와 자기 규제의 과정이어서, 같은 정서 상황에서는 누구나 동일한 신체·생리적 변화를 겪게 되고, 결과적으로 동일한 정서 체험을 하게 된다고 본다.[16] 이는 정서의 생물학적 결정설과[17] 말초이론(peripheral theory)을[18] 근간으로 하는 이론이다.

그러나 후자는 정서를 순전히 자연적이거나 생물학적인 산물로 보지 않고, 사회문화적 과정에 따라 영향을 받고 조형되는 것으로 본다.[19] 곧 정서 체험은 전적으로 문화적 명제에 따라 조형되고 구성되는 것으로, 정서는 철저히 문화의 산물이지 절대로 자연적인 것이 아니라는 것이다. 말하자면 "감정이란 사람의 피 속에서 찾아지는 실체가 아니라 우리가 행동하고 말하는 실생활사에 의해 조직화되는 사회적인 관습이다. 이들은 우리의 이해의 형식에 따라 구조화되는 것이다."[20] 이렇게 "정서는 상호관계 속의 사람들이 명명하고 정당화하며 설득하는 문화적이고 대인적인 산물로 볼 수 있으며, 따라서 정서적 의미는 개인적 성취라기보다는 사회생활의 결과로서 출현되는 산물"[21]이라는 것이 문화구성주의자들의 주장이다. 이는 정서에 관한 인지이론을[22] 근간으로 하고 있다.

---

16 예: Buck, 1988; Ekman, 1972; LeDoux, 1987; Tomkins, 1984 등.

17 Darwin, 1872/1955.

18 James, 1890/1950.

19 예: Armon-Jones, 1986; Averill, 1985; Frijda, 1986; Harré, 1986; Heelas, 1986; Hochschild, 1983; Kitayama & Markus, 1994; Levy, 1984; Lutz, 1988; Markus & Kitayama, 1991a, b, 1994b; Oatley, 1993; Rosaldo, 1984; Russel, 1991; Scherer & Wallbott, 1994; Shweder, 1993; Solomon, R. C., 1984 등.

20 Rosaldo, 1984, p. 143.

21 Lutz, 1988, p. 5.

이러한 극단적인 두 입장은 문화와 정서의 관계를 파악하는 데 한계가 있다.[23] 분명히 정서란 개인이 부딪치는 현 상황의 본성을 평가하는 과정에서 나오는 것으로,[24] 이러한 평가 차원 중에는 보편적인 것(예: 상황의 신기함과 즐거움)도 있고, 또 전적으로 문화특수적인 것(예: 책임, 통제 및 자기관)도 있기 때문이다. 이 두 경우에 모두 개인은 자발적으로 이러한 평가 차원을 근거로 현행 사건의 본성을 분석하고, 결과적으로 그에 따르는 모든 신체적, 심리적, 행동적 경험(정서 경험)을 하게 되는 것이다. 그러나 개인이 자기가 부딪친 현행 사건의 본성을 분석하는 데 적용하는 이러한 평가 차원들은 기본적으로 문화에 의해 제공된다는 점에 문제의 복잡성이 있다.[25] 예를 들면, '신기함'과 '즐거움'이라는 평가 차원은 현행 사건을 분석하는 데 보편적으로 사용되는 차원이기는 하지만, 무엇이 신기하고 즐거운 자극이냐 하는 것은 문화적이고 사회적인 문제인 것이다.

분명히 문화 사이에는 유사점도 있고 차이점도 있다. 그 유사점은 대체로 인간의 생물학적 특성의 보편성에서 연유하는 것이다. 그러나 그 차이점은 환경 세계와 그 속에서 이루어지는 삶의 양식에 대한 서로 다른 의미체계에서 연유한다. 앞에서 본대로, 정서가 개인을 둘러싼 상황 평가의 결과라면, 이는 보편적인 생물적 특성보다는 상황에 대한 의미체계에 의해 더 크게 영향을 받을 것이다. 사람은 태어나면서부터 문화적 조건 형성(cultural conditioning)에서 완전히 자유로울 수는 없으며,[26] 정서는 어려서부터 해당 문화의 도덕적 규범(moral code)으로 작용하기 때문이다.[27]

이렇게 "여러 문화들은 사회구성론의 정통론자들이 허용하는 것보다는 훨씬 많은 것을 공유하고 있지만 …… 또한 실증과학의 강요적이고 자족적

---

22 예: Roseman, 1984; Scherer, 1984.

23 Mesquita & Frijda, 1992; Miller, W. I., 1993; Oatley et al., 2006.

24 Lazarus, R. S., 1991; Lazarus, R. S., & Lazarus, B. N., 1994.

25 Ellsworth, 1994.

26 Campos & Miyake, 1992.

27 White, G. M., 1993, 1994.

인 보편론자들이 의심할 바 없는 것으로 가정하고 있는 것보다는 훨씬 적은 것을 공유하고 있다."[28] 따라서 "정서를 완전한 문화보편설이나 문화구성론에 기초하여 전반적으로 기술하는 것은 적절치 못한 것이다."[29] 그러므로 적어도 현재로서는 문화구성론과 보편론은 경쟁적인 두 이론이 아니라, 보완적인 두 접근으로 간주하는 것이 최선인 것처럼 보인다. 일찍이 이러한 절충론은 많은 학자들이 제시해 왔으며,[30] 이러한 두 입장의 보완적 통합론은 대단히 광범위하게 유포되어 있기 때문에 "표준적인 견해"[31]라고 불리기까지 한다. 이렇게 정서는 범문화적인 보편성과 문화특수적인 문화구속성을 동시에 갖고 있는 것이다.

이렇게 정서가 사회 문화의 산물이라는 사실은 정서에 관한 상식적인 개념(folk notions)을 분석해 보아도 쉽게 도출된다.[32] 정서에 관한 상식적 개념은 특정 정서에 대한 공통적인 선행 조건의 인식,[33] 쾌락적 색조 같은 내적 핵심 속성의 인식[34] 및 이와 연결된 행동 경향(예: 접근 또는 회피)의 인식이라는[35] 세 가지의 집합으로 구성된다. 특정 정서에 관한 "이러한 상식적 개념은 개인의 기억 속에 도식(schema)이나 전형(prototype)의 형태로 저장되어 있다가, 기쁨·분노·슬픔과 같은 보편적인 것이든 아니면 비교적 문화특수적인 토착적인 것이든, 특정 정서를 주관적으로 체험하는 근거로 작용한다."[36] 이때 문화에 따른 자기 해석의 차이에 따라 개인으로 존재하는 자기

---

28 Miller, W. I., 1993, p. 196.

29 Mesquita & Frijda, 1992, p. 198.

30 Armon-Jones, 1986; Berkowitz, 1993; Boucher, 1979; Ekman, 1992; Ellsworth, 1994; Fridlund, 1994; Lazarus, R. S., 1991; Lazarus, R. S., & Lazarus, B. N., 1994; Oatley et al., 2006; Scherer & Wallbot, 1994 등.

31 Russel, 1991, p. 438.

32 Markus & Kitayama, 1991b, pp. 28-35.

33 Smith, C., & Ellsworth, 1987.

34 Shaver, Schwartz, J. M., Kirson, & O'Connor, 1987.

35 Frijda, Kuipers, & ter Schure, 1989.

36 Markus & Kitayama, 1991b, p. 29.

가 주의의 초점이 되느냐(개인주의 문화) 아니면 타인이 주의의 초점이 되느냐(집단주의 문화)가 달라지게 되고, 그 결과 정서의 선행 조건과 그 속성 및 이와 연결된 행동과 같은 정서에 대한 세 가지 측면의 상식적 개념이 달라진다. 그러므로 결국 문화 유형, 특히 각 문화에서 지배적인 자기의 해석체계에 따라 정서의 체험 조건, 체험되는 정서의 종류와 빈도 및 강도가 달라지는 것이다.[37]

2) 문화 유형에 따른 정서 행동의 차이

지금까지 보았듯이, 문화구성주의자들은 문화 유형에 따라 개인의 심리 과정에서 나타나는 여러 가지 차이의 원인은 각 사회에서 문화적 명제로 강조하는 자기상과 인간관의 차이에서 그 근거를 찾을 수 있다고 본다. 앞 장에서는 집단주의와 개인주의의 사고양식·인간관·자기관의 차이에서 비롯되는 세 차원 강조점의 차이에 따라, 표 2-2의 기본틀에서 예측하는 바와 같은 문화차가 대인평가 및 귀인의 양상에서 드러남이 밝혀졌다. 여기에서는 앞에서 살펴본 문화구성주의의 논지에 따라, 두 문화 유형에서 각각 강조되는 정서의 내용과 그 표출 양식의 차이를 이러한 세 차원의 강조점을 중심으로 고찰해 보기로 하겠다.

(1) 주의의 초점: 연계성 강조 - 자율성 강조

관계중심적 인간관이 지배하는 집단주의 사회에서는 사람을 상황 의존적인 관계 속의 존재로 파악한다. 따라서 개인 사이의 상호의존성을 강조하게 되며, 결과적으로 타인에 대한 관심과 배려 및 조화의 추구가 주의의 초점으로 부각된다. 그러나 개인중심적 인간관이 지배하는 개인주의 사회에

---

37 Markus & Kitayama, 1991a, pp. 235-239.

서는 사람을 상황 유리적인 독립적 존재로 파악한다. 따라서 개인의 자율성을 강조하게 되며, 결과적으로 개별적인 독특성의 추구가 주의의 초점으로 부각된다.

① 정서사회화의 차이

두 문화 유형에서 나타나는 이러한 주의의 초점의 차이는 결과적으로 정서사회화(emotion socialization)의 차이를 유발한다. 정서에 관한 문화구성주의자들의 견해에 따르면, 어느 사회에서나 부모들은 자녀들에게 감정의 종류에 따라 서로 다르게 보상을 주거나 처벌을 함으로써, 특정 정서의 체험과 그 표현 양식을 사회화한다.[38] 이러한 과정을 통해 아동들은 특정 정서의 경험을 정적으로 평가하게 되어, 결과적으로 이러한 정서는 공개적으로 표현하지만, 이와 다른 정서의 경험과 표현은 억압하게 된다. 이와 같은 "집단에 따른 특정 정서에 대한 상이한 보상과 처벌로 말미암아 정서의 조성과 정서적 안녕의 문화차가 드러나게 되는 것이다."[39]

이렇게 보면, 집단주의 사회에서는 타인에 대한 배려와 관계의 조화 달성에 도움이 되는 정서가 사회적으로 높은 평가를 받고, 결과적으로 이 사회의 성원들은 이러한 정서에 민감하고, 또 이를 많이 경험하게 될 것이다. 곧 집단주의 사회에서는 사람들 사이의 관계를 이어주는 이러한 '통합적 정서(integrating emotion)'가 과다인지된 정서(hypercognized emotion)가[40] 될 것이다. 이와는 대조적으로, 개인주의 사회에서는 자기 개인의 자율성과 독특성의 추구에 도움이 되는 정서가 사회적으로 높은 평가를 받고, 결과적으로 이 사회의 성원들은 이러한 정서에 민감하게 될 것이다. 곧 개인주의 사회에서는 개인 사이의 분화와 독립을 촉진하는 '분화적 정서(differentiating emotion)'가 과다인지된 정서가 될 것이다.[41]

---

38 Saarni, 1993, pp. 435-436, 438-442.

39 Diener, E., & Larsen, 1993, p. 411.

40 Levy, 1984; Heelas, 1986.

이러한 사실은 집단주의 문화 유형에 속하는 터키와 수리남인들은 개인주의 문화에 속하는 네덜란드인들보다 똑같은 정서 상황을 대인관계적인 사회적 특성에 초점을 맞추어 평가하는 경향이 유의미하게 높았다는 결과[42]나, 집단주의자는 타인중심적 정서(예: 공감)에 더 많이 주의를 기울이지만, 개인주의자는 자기중심적 정서(예: 분노)에 더 많은 주의를 기울인다는 결과들에서[43] 확인되고 있다.

필자와 그 동료들은[44] 우리나라 고등학생들을 집단중심성향자와 개인중심성향자로 나누고, 이들에게 여러 가지 "공감 측정 척도"를 실시하여, 이 두 집단의 공감 수준을 비교해 보았다. 그 결과, 집단중심성향자들의 공감 수준이 개인중심성향자들의 공감 수준보다 유의미하게 높았다. 특히 재미있는 결과는, 공감을 타인의 관점에서 생각해 보는 '인지적 공감'과 타인의 감정을 함께 느끼는 '정서적 공감'으로 나누었을 때, 인지적 공감 수준은 두 문화성향 집단 사이에 별 차이가 없었으나, 정서적 공감 수준은 집단중심성향자들이 개인중심성향자들보다 훨씬 높은 것으로 나타났다는 것이다. 이는 두 문화성향 집단 사이의 주의의 초점의 차이(개인중심성향자 = 자기; 집단중심성향자 = 타인·관계)는 인지적 차원의 공감 능력에는 아무런 영향을 미치지 못하고, 정서적 차원의 공감 능력에만 영향을 미침을 의미하는 것이다. 곧 상대방의 관점에서 생각해 보거나, 상상 속의 인물의 처지를 그려보는 것(인지적 공감)은 인지적 능력의 문제일 뿐, 상대방에게 실제로 온정을 느끼거나 상대방의 고통을 함께 체험하는 실제적인 공감(정서적 공감)과는 직접 관련이 없는 문제일 가능성이 있다.

집단중심성향자들은 사람들 사이의 상호의존성을 강조하고, 결과적으로 타인에 대한 관심과 배려 및 타인과 맺은 관계의 조화를 추구하게 되기 때

---

41 Kemper, 1984.

42 Frijda & Mesquita, 1994.

43 Triandis, 1994c.

44 조긍호·김지용·홍미화·김지현, 2002.

문에, 상대방의 감정을 상대방의 입장에서 함께 느끼는 경험을 많이 함으로써, 정서적 공감 능력이 발달하게 되었을 것이라 추론해 볼 수 있다. 이와는 대조적으로, 개인중심성향자들은 자기의 독특성과 자율성을 강조하게 되므로, 비교적 타인에 대한 관심이나 배려가 적고, 따라서 상대방의 감정을 공유하는 능력이 개발되지 못했을 것이라 추론해 볼 수 있는 것이다. 이렇게 두 문화에서 나타나는 정서사회화의 차이는 곧바로 정서 경험 내용과 그 능력의 차이를 유발하게 된다.

② 타인중심적 정서 – 자아중심적 정서

두 문화 유형에서 나타나는 지배적인 정서 내용의 차이를 대조적으로 보여준 대표적인 사람은 마커스와 기타야마이다.[45] 그들은 인간이 체험하는 정서를 분노·좌절·자부심같이 개인의 내적 속성(개인의 욕구·목표·원망·능력 등)을 1차적인 참조 대상으로 하는 '자아중심적 정서(ego-focused emotion)'와, 동정·조화감·수치심같이 타인을 1차적인 참조 대상으로 하는 '타인중심적 정서(other-focused emotion)'로 나누고, 이들은 각각 개인주의와 집단주의 문화에서 주로 체험되고 표현되는 정서라고 주장하였다.

자아중심적 정서는 개인의 내적 속성의 확인과 충족 또는 봉쇄로 말미암아 유발되는 것이다. "이러한 정서를 체험하고 표현하는 것은 자기구성적인 내적 속성을 두드러지게 하여, 공적으로는 이들을 적극적으로 주장하고, 사적으로는 이들을 확증하려는 부가적인 노력을 낳게 된다. 그 결과, 독립적 자기관의 소유자가 효율적으로 개인주의 사회에 적응하기 위해서는 이러한 정서의 체험과 표현의 '명수'가 되어야 한다. 그러므로 그들은 자율적 실체(autonomous entity)로서 자기 해석체계를 유지·확인 및 지원하기 위해서, 이러한 정서의 체험과 표현을 잘 관리하게 되는 것이다."[46]

이와는 대조적으로, 타인중심적 정서는 타인에 대한 민감성, 타인 관점

---

45 Markus & Kitayama, 1991a.

46 Markus & Kitayama, 1991a. p. 235.

의 수용 및 상호의존성의 증진을 위한 노력의 결과로 유발되는 것이다. "이러한 정서를 체험하는 것은 서로 간의 상호의존성을 강조하고, 호의적인 행위의 교호적인 교환을 촉진하며, 앞으로의 협동적 사회 행동을 유도함으로써, 상호의존적 자기관을 정당화하는 중요한 형식으로 작용하게 된다. 그 결과, 상호의존적 자기관의 소유자가 효율적으로 집단주의 사회에 적응하기 위해서는 이러한 정서의 체험과 표현의 '명수'가 되어야 한다. 그러므로 이들은 상호의존적 실체(interdependent entity)로서 자기 해석체계를 유지·확인 및 강화하기 위해서, 이러한 정서의 체험과 표현을 잘 관리하게 되는 것이다."[47]

상호의존적 자기관의 소유자들에게는 강한 자아중심적 정서, 특히 분노와 같은 부적인 자아중심적 정서를 경험하는 것은 상호의존적 자기에게 심각한 위협이 되기 때문에 고도로 역기능적이다. 이러한 점에서, 인류학자들은 모든 사람이 똑같이 부적인 정서를 경험할 것이라는 보편주의자들의 견해를 반박하고 있다. 그들은 남태평양과 동아시아 같은 관계의 화목함을 중시하는 집단주의 문화권에서는, 내집단의 화목을 깨뜨리거나 불협화음을 초래할 수 있는 정서(분노·적개심 등)의 표현은 매우 통제될 뿐만 아니라,[48] 심지어는 아예 체험하지 못하거나, 서로 이에 대한 이야기도 하지 않는다는[49] 결과를 제시하고 있다. 이러한 결과들은 문화 유형에 따라 체험되는 정서에 차이가 있다는 사실을 극명하게 보여주고 있다.

문화에 따라 정서 분류체계가 달라진다는 사실도 정서 체험의 문화차를 잘 드러내고 있다. 러셀(Russel)은[50] 다차원 척도의 방법으로 일반인들의 정서 분류체계는 두 차원, 곧 '활동성(activation 또는 excitement)' 차원과 '유쾌성(pleasantness)' 차원으로 구조화되어 있음을 밝혔다. 그러나 기타야마와

---

47 Markus & Kitayama, 1991a. p. 235.

48 Levy, 1984; Solomon, R. C., 1984.

49 Briggs, 1970.

50 Russel, 1980, 1983.

마커스는[51] 이러한 결과가, 영어권의 사람들에게 익숙한 정서를 자극어로 제시하여 그들 간의 유사성을 평정하게 한 연구에서 얻어진 것이어서, 보편적이라고는 볼 수 없다고 추론했다. 그들은 일본 학생들에게 영어권에서 익숙한 정서어와 일본인에게 고유한 정서어를 반씩 섞어서 함께 제시해 주고, 그들 간의 유사성을 평정하게 했다. 그 결과, 일본인들의 정서 분류체계에는 활동성과 유쾌성 차원 말고도, '대인간 연대-비연대(interpersonal engagement-disengagement)' 차원이 제3의 차원으로 추가됨이 밝혀졌다. 이 차원의 대인간 연대의 극단에는 수치와 같은 타인중심적 정서가 있고, 반대쪽 비연대의 극단에는 자부심·분노와 같은 자기중심적 정서가 있다. 이러한 사실은 일본인들은 대인관계에 매우 민감하여, 정서 체험을 범주화할 때도 서양인들이 단순히 활동성과 유쾌성 차원에서만 분류함에 비해, 대인간 연대성을 고려하여 분류하고 있음을 의미하는 것이다. 이는 바로 체험 정서의 차이를 그대로 반영하는 것이라 할 수 있다.[52]

또한 여러 학자들은[53] 기쁨·슬픔·분노·죄책감·공포·수치심·혐오 같은 정서에 대한 체험 강도는 미국인의 경우가 일본인의 경우보다 훨씬 강하고 또 지속적임을 발견했다. 이들 가운데 수치심과 죄책감을 제외한 다른 정서가 대체로 자아중심적임을 감안하면, 미국인들은 그 같은 정서에 더욱 민감하고 강하게 반응하는 것으로, 이들 정서가 바로 미국의 개인주의 문화에서 중요하기 때문임을 나타낸다고 하겠다. 마쓰모토(Matsumoto)는[54] 15개 국의 사람들에게 분노·슬픔·공포의 표정을 짓고 있는 인물의 사진을 보여주고, 자극 인물이 체험하고 있는 정서의 강도를 추정해서 판단하게 했다. 그 결과는 개인주의 문화권의 성원일수록 이러한 정서의 강도를 높게 판단해 낸다는 것이었다. 더욱 흥미 있는 것은 집단주의 문화권의 성원들은 얼굴 표

---

51 Kitayama & Markus, 1990.

52 Markus & Kitayama, 1991a, b, 1994b.

53 Matsumoto, D., Kudoh, Scherer, & Wallbott, 1988.

54 Matsumoto, D., 1989.

정을 보고서 그 사람이 내면적으로 행복한지 아닌지를 판단하는 데 훨씬 정확도가 떨어진다는 결과였다. 이것은 집단주의 문화권에서 "정적 정서 표현은 대인관계의 조화를 유지하기 위한 공적인 행위로서 이용되는 것이지, 행위자의 행복감 또는 내적 감정을 나타내는 것으로는 간주되지 않음"[55]을 뜻하는 것이다.

이러한 결과들은 모두 분노·공포·좌절·자부심 같은 자아중심적 정서는 집단주의 문화보다 개인주의 문화에서 더욱 자주, 그리고 강하게 체험되고 표현되며, 이와는 대조적으로 동정·조화감·수치심·공감 같은 타인중심적 정서는 개인주의 문화보다 집단주의 문화에서 더욱 자주, 그리고 강하게 체험되고 표현된다는 사실을 나타내고 있는 것이다.

(2) 통제 대상: 자기 억제 강조 - 자기 주장 강조

집단주의 사회에서는 개인적 원망이나 목표의 추구 및 내적 감정의 표현은 집단 내에 갈등을 불러오고 조화를 해치는 원인이라고 본다. 따라서 개인적인 욕구와 감정 표현, 특히 부적인 자아중심적 정서의 표현을 억제할 것을 강조하게 된다. 이와는 반대로, 개인주의 사회에서는 개인적 원망이나 목표의 추구 및 내적 감정의 표현은 자율적 인간의 당연한 권리라고 보아, 적극적이고도 솔직한 자기 주장을 강조하게 된다.

① 정서 표출 규칙의 차이

문화에 따른 이러한 자기 표현에 대한 강조점의 차이는 사회화 과정에 그대로 반영된다. 곧 집단주의 사회에서는 사회화 과정에서 충동의 억제와 집단지향적인 성취를 강조하는 반면, 개인주의 사회에서는 독립성과 자율성을 신장시킬 수 있는 자기 주장을 적극 권장한다.[56] 이러한 강조점의 차이

---

55 Markus & Kitayama, 1991a, p. 236.

56 Triandis, 1995, pp. 71-72.

로부터 '통제(control)'의 의미와 '자존감(self-esteem)'의 근거에 대한 문화 간 차이가 유발된다.[57] 곧 집단주의 사회에서는 자기 억제, 그리고 대인 상황에 맞게 자기를 효율적으로 조정하는 대인간 주도성(interpersonal agency)을 강조하므로, 통제란 결국 내적 욕구나 개인적 목표 및 사적 감정 같은 내적 특성을 억제하는 것을 의미하게 되며, 이러한 자기 통제와 상황적응성 및 대인관계에서 조화를 유지하는 일이 자존감의 근거가 되는 것이다. 이와는 반대로, 개인주의 사회에서는 내적 속성의 주장과 성취를 강조하므로, 통제란 결과적으로 사회 상황이나 외적 제약을 변화시키는 것을 의미하게 되고, 따라서 독특성과 수월성이 자존감의 근거가 되는 것이다.

이러한 경향은 정서의 표출 규칙(display rule)에도 그대로 이어져서, 집단주의 사회에서는 동정이나 공감과 같은 타인중심적 정서의 표현은 권장하지만, 자부심이나 분노와 같은 자아중심적 정서의 표현은 적극적으로 억제한다. 그러나 개인주의 사회에서는 정서 표현을 솔직성과 진실성의 반영이라고 보아, 분노나 자부심 같은 정서도 거리낌없이 표현하도록 권장한다.[58] 이러한 사실은 정서 표현에 대한 문화비교연구들을 통해 확인되고 있다.

미국 성인들을 대상으로 한 어떤 조사에 따르면, 미국인들은 주 1회 정도 가까운 사람들에게 분노를 표출한다.[59] 서구인(개인주의자)들에게서 이러한 분노의 표출은 두 사람 사이의 관계 조정의 기능을 한다. 곧 개인주의자들은 자기의 권리나 독립성이 침해받았을 때 분노를 경험하므로,[60] 자기의 권위나 독립성 또는 자기상의 증진이 분노 표출의 목적이라는 것이다. 이 조사에 따르면, 미국인들은 화난 사람의 62%와 그 화풀이의 대상이 되었던 사람의 70%가 분노 표출이 두 사람 사이의 관계의 조정에 유익한 결과를

---

57 Markus & Kitayama, 1991a, pp. 228-229.

58 Gudykunst, 1993, p. 153; Markus & Kitayama, 1991a, b, 1994b.

59 Averill, 1982.

60 Lewis, 1993.

가져왔다고 보고하고 있는 것이다. 이와는 대조적으로, 집단주의 사회에 속하는 북극지방 우트쿠 이누이트(Utku Inuit)족이나[61] 남태평양의 산호초섬인 이팔루크(Ifaluk)의 원주민들은[62] 분노를 전혀 경험하지 않거나, 또는 전혀 표출하지 않는 것으로 밝혀지고 있다.

또한 트리안디스는[63] 일반적으로 집단주의자들은 개인주의자들보다 침묵을 높이 평가하고 잘 견디지만, 개인주의자들은 사람들이 모인 자리에서 서로 말하지 않고 있는 것을 못 견뎌 하는 경향이 있음을 제시하고 있다. 이는 개인주의자들이 집단주의자들보다 정서 표현을 더 자유롭게 자발적으로 많이 함을 시사하는 결과이다.

② 정서 표출 억제 – 정서 표출 장려

마쓰모토는 일본의 대학생들은, 미국 같은 서구 문화권의 대학생들에 비해 분노·슬픔·기쁨·공포 같은 자아중심적 정서의 체험 시간이 짧고, 그 표현 강도가 낮으며, 내집단 성원같이 가까운 사람들과 함께 있을 때는 이 중에서도 특히 분노의 표출을 가능한 한 회피하려는 경향이 있음을 밝혀내고 있다.[64] 이렇게 보면, 집단주의 사회에서는 어려서부터 스스로 분노를 공개적으로 표현하거나, 타인에게서 분노의 표출을 목격하는 것이 비교적 희귀한 사건이 된다고 생각할 수 있다.

이러한 사실은 미국과 일본의 유아들이 어머니가 보이는 여러 정서에 대해 반응하는 시간을 측정한 연구에서 입증되고 있다.[65] 이 연구에서는 11개월짜리 유아들의 어머니가 기쁨·공포 및 분노의 정서를 언어로 표현하면서 유아들이 좋아하는 장난감을 제시해 주었을 때, 이에 접근하려는 동작을 취하기까지 걸린 시간을 측정해 보았다. 그 결과 기쁨과 공포 조건에서는 문

---

61 Briggs, 1970.

62 Lutz, 1988; Oatley et al., 2006, pp. 70-72.

63 Triandis, 1994c, p. 293; 1995, pp. 76-77.

64 Matsumoto, D., 1989; Matsumoto, D., & Ekman, 1989; Matsumoto, D. et al., 1988.

65 Miyake, Campos, Kagan, & Bradshaw, 1986.

화권에 따른 차이가 없었으나, 유독 분노 조건에서만 차이가 있었다. 곧 어머니가 화난 소리를 내면서 장난감을 제시했을 때, 미국의 유아들은 18초 만에 접근 동작을 취했으나, 일본의 유아들은 48초가 지나서야 접근 동작을 시작했다. 이러한 결과는 일본에서는 분노의 표출이 아주 희귀한 사건이므로, 일본의 유아들은 어머니의 분노 표현에 상대적으로 충격을 많이 받았던 때문으로 해석해 볼 수 있다.

이렇게 집단주의자들이 정서 표출을 억제하는 경향은 타인의 안면 표정을 보고 정서를 정확하게 재인하는 정확재인율(correct recognition rates)을 떨어뜨린다. 일본인의 안면 표정에 따른 정서재인율은 미국인이나 유럽인보다 10~20% 정도 낮다는 사실이 보고되고 있다.[66] 이러한 결과는 "일본인들의 정서 표출 및 해독 규칙(decoding rule)이, 그들로 하여금 딱히 부적 정서만이 아니라 모든 정서를 제대로 표현하지 못하게 하고, 따라서 제대로 지각하지 못하게 한다는 사실과 관계가 깊다"[67]는 점을 뜻하는 것이다.

정서 상태를 표현하는 표출 규칙은 개인이 어릴 때부터 사회화되어, 어떤 사람이 어떤 상황에서 어떤 조절 기법을 사용하여 정서를 억제 또는 표현해야 하는지를 구체적으로 결정해 준다.[68] 이러한 표출 규칙들은 사회적 맥락 안에서 정서의 표현을 조절하고 규제하기 위한 것이어서, 이는 사람들이 정서 상황에 적응할 때 사용하는 통제의 유형과 양을 결정해 준다. 일반적으로 "혼자 있을 때보다 많은 사람들과 함께 있는 상황에서 언어적 행동의 통제를 많이 한다. 기쁨·슬픔·두려움에 대해서는 많은 사람들이 있을 때 가장 많은 통제를 하려 하고, 분노의 경우에는 내집단 성원들과의 소집단 상황에서 가장 많이 통제된다. 기쁨은 낯선 사람에 대해서 더 많이 통제되고, 슬픔과 분노는 친숙한 사람에 대한 표현에서 더 많이 통제된다. 통제되지 못한 비애나 분노의 표현은 사회적으로 부정적인 결과를 초래할 수 있기 때

---

66 Izard, 1971, 1977.

67 Matsumoto, D., & Ekman, 1989, p. 155.

68 Ekman, 1972, 1982.

문이다."[69]

이상의 논의들은 정서의 통제와 조절 양상의 문화차를 드러내주고 있다. "일반적으로 사회생활에서는 부정적 결과를 회피하기 위해서 정서 표현을 조절한다."[70] 지금까지 보았듯이, 분노와 슬픔 같은 부정적 정서의 표현은 대인관계에 민감하므로, 가장 많이 조절되는 정서이다. 이러한 정서의 조절은 개인주의 사회보다는 집단주의 사회에서 더 핵심적인 문제로 등장한다고 볼 수 있다. 집단주의 사회에서 "정서의 표현은 개인의 사적인 감정과는 직접적인 관계가 없이, 다만 대인관계의 조화와 화목을 도모하기 위한 공적인 도구적 행위(public instrumental action)로서 간주되는 경우가 더 많기 때문이다."[71]

(3) 변이가능성: 가변성 강조 – 안정성 강조

정서란 사람들에게 그들이 추구하는 목표나 욕구와 관련해서 자기들의 현상태가 어떠한지를 알려주는 기능을 한다.[72] 목표 달성이나 이를 기대하게 하는 사건 또는 일은 정적 감정을 유발하고, 그렇지 못한 것은 부적 감정을 유발한다.[73] 집단주의 사회에서는 사람들 사이의 연계성의 확립이 문화적 명제이다. 따라서 여기에서는 타인에 대한 배려와 조화의 유지를 강조하게 되고, 결과적으로 자기 억제와 자기의 부적 측면의 발견 및 이의 개선에 초점이 맞추어진다. 그 결과, 정적인 자기상이나 정적 감정보다는 자기의 부적인 측면과 부적 감정에 더 민감하고, 또 이의 경험에 대해 더 수용적이 될 가능성이 높다. 이와는 대조적으로, 개인주의 사회에서는 독립성이 문화적 명제이다. 따라서 개인주의 문화에서는 자기의 독특성을 강조하게 되고, 결과적

---

69 조은경, 1995, p. 36.

70 같은 곳, p. 35.

71 Markus & Kitayama, 1991a, p. 236.

72 Epstein, 1984.

73 Diener, E., & Larsen, 1993.

으로 적극적인 자기 주장과 자기 현시를 정당한 것으로 받아들이게 되므로, 정적인 자기상과 정적인 감정의 추구를 지향하게 된다. 그러므로 정적 감정을 드러내는 것은 사회적으로 적절하고 또 바람직한 것으로 받아들여진다.[74]

① 부적 정서 수용도의 차이

집단주의 사회에서는 자기 비판의 방향으로 문화적 압력이 존재하게 되어, 자기의 부정적 측면에 주의를 기울이고 이를 정교화하게 된다. 그 결과, 집단주의 사회에서 자기화(self-making)는 중요한 타인(예: 부모·친구)의 희망과 기대에 비추어 보아 자기에게 결여된 것이 무엇인가를 찾아내어, 이를 수정하는 자기개선이 주축이 된다. 이와는 대조적으로, 개인주의 사회에서는 자기 고양의 방향으로 문화적 압력이 존재하게 되어, 자기의 긍정적 측면에 주의를 기울이고, 이를 정교화하게 된다. 그 결과, 개인주의 사회에서 자기화는 자기 속에 갖추어져 있는 안정적이고 일관적인 정적(正的) 특성(성격·능력 등)을 확인하는 일이 주축이 된다.

집단주의 사회에서는 자기를 상황에 계속 조화롭게 변화시켜 개선할 수 있는 과정(process)으로서 보는 반면, 개인주의 사회에서는 자기를 안정적이고 고정된 실체(entity)로서 파악한다. 그리하여 집단주의 사회에서는 자기의 부적(負的) 측면이나 부적 정서가 자기개선의 과정에서 필연적으로 요구되는 것으로 보아 무난히 수용되지만, 개인주의 사회에서 이는 부적인 자기 개념의 원천이 되므로 적극적으로 회피하고, 그 대신 정적 측면과 정적 정서가 적극적으로 탐색되는 것이다.[75]

이러한 사실은 인도인은 '수치'를 공손함·겸양·사회질서의 유지를 위해 자기의 파괴적 힘을 억제할 수 있는 능력과 연결된 덕이라 보아 정적으로 받아들이는 데 반해, 미국인은 이를 자기 위신의 실추와 관련되는 것으로 보아 부적으로 받아들인다[76]는 데서도 잘 드러나고 있다. 또한 서양인에게

---

74 Diener, E., & Diener, M., 1995; Diener, E., & Larsen, 1993; Heine & Lehman, 1995; Kitayama & Markus, 1994, 1995; Kitayama et. al., 1997; Markus & Kitayama, 1994b.

75 Kitayama et. al., 1997.

는 '고통'의 회피가 보편적인 반응이지만, 중국인이나 인도인은 고통을 인간이 되는 과정의 한 부분으로서 사람을 고상하게 만드는 것으로 보아, 이를 "좋은 느낌(good feeling)"과 연합된 것으로 받아들인다[77]는 사실도 위의 논의를 지지해 주는 결과이다.

집단주의 사회는 개인주의 사회보다 부적 정서에 대해 매우 수용적이라는 사실은 "주관적 안녕(subjective well-being)"의 문화차에 관한 연구들에서 분명하게 밝혀져왔다. 이러한 연구의 과정에서[78] 미국의 학생들은 정적 감정을 더욱 규범적이라고 믿는 반면, 한국과 중국 같은 동아시아의 학생들은 부적 감정 경험에 대해 더 수용적임이 발견되었다. "이러한 결과에 근거해서 보면, 개인주의 사회에서 삶의 만족도는 자기에 대한 정적인 느낌에 더 많이 근거하게 되지만, 이와는 대조적으로 집단주의 사회에서 삶의 만족도는 이 사회에서 더욱 지배적인 부적인 초점의 영향을 받으므로, 개인이 당면하는 문제와 사회적 갈등이 얼마나 많은가 하는 점에 더욱 의존하게 될 것이다."[79]

이러한 추론은 한국·일본·미국의 대학생을 대상으로 한 연구에서 그대로 드러나고 있다.[80] 이 연구에 따르면, 실제로 부적 감정 경험의 빈도에서는 국가 간에 차이가 없으나, 정적 감정은 미국 학생들이 한국이나 일본 학생들보다 더 자주 경험하는 것으로 나타나고 있다. 감정 경험의 이상적 수준에 대한 평정에서도 미국 학생들이 한국이나 일본 학생들보다 이상적인 정적 감정의 빈도를 더 높게 보고 있으나, 이상적인 부적 감정의 빈도 평정에서는 한국이나 일본의 학생들이 미국 학생들보다 높게 평정하고 있다. 또한 감정 경험의 적절성과 사회선망도를 기준으로 할 때, 정적 감정의 사회선망도는 문화 간에 차이가 없는 것으로 나타나고 있으나, 부적 감정의 적

---

76 Shweder, 1993.

77 Das, 1992; Kleinman, 1988.

78 Diener, E., Suh, Smith, H., & Shao, 1995.

79 Diener, E., & Diener, M., 1995, p. 662.

80 차경호, 1995.

절성과 선망도는 한국과 일본 학생들이 미국 학생들보다 훨씬 높게 지각하고 있다. 이러한 결과들은 개인주의 사회에서는 정적 감정을 비교적 많이 경험하는 것이 사회 규범으로 되어 있음에 반해, 집단주의 사회에서는 부적 경험에 대한 사회적 용인도가 높아서 정적 정서의 경험에 대한 사회 규범은 상대적으로 낮음을 의미하는 것이다.

이러한 사실은 한국·중국·미국의 대학생을 비교한 연구에서도 드러나고 있다.[81] 이 연구에서도 정적 감정의 실제 경험 빈도는 미국 학생들이 한국이나 중국 학생들보다 높은 것으로 드러나고 있다. 또한 이러한 정적 감정 경험의 적절성과 사회선망도 및 그 표현의 적절성과 사회선망도는 미국 학생들이 한국이나 중국의 학생들보다 훨씬 높게 인식하고 있다. 이러한 결과도 개인주의 문화에서는 정적 감정의 경험과 표현이 사회 규범으로 작용하고 있음을 시사하는 것이다. 또한 이 연구에서는 한국 학생들의 부적 감정 경험의 빈도가 가장 높은 것으로 드러나고 있다.

이렇게 집단주의자들, 특히 한국인들은 일상생활에서 정적 감정보다 부적 감정의 지배를 더 많이 받는다는 사실은 한국을 포함한 18개 국(주로 미국·캐나다·영국·불란서·독일 같은 서구의 선진국들)의 비교 연구[82]에서도 나타나고 있다. 1981년에 실시된 이 조사에서 한국인들은 가장 두드러지는 일상적 경험을 '눈코 뜰 새 없이 바쁨'(52%), '지겨움'(47%), '우울함'(40%), '흥분됨'(38%)의 순으로 보고하여, 일상생활에서 가장 자주 경험하는 감정 가운데 상위의 세 가지 또는 네 가지가 모두 부적인 것으로 나타났다. 그러나 서구 선진국들에서는 '흥미로움', '자랑스러움', '성취감', '희열감' 같은 정적 감정을 많이 경험하는 것으로 드러나고 있는 것이다.

또한 미국·한국·중국의 성인들에게 보통 때 느끼는 정서 경험과 현재 느끼고 있는 정서 경험에 대해 조사한 또 다른 연구에서,[83] 미국인들은 정적

---

81 Suh & Diener, E., 1995.

82 한국갤럽조사연구소, 1990.

83 Bagozzi, Wong, N., & Yi, 1999.

정서 경험의 빈도가 부적 정서 경험의 빈도보다 유의미하게 높으며 이 양자 사이에는 강한 역상관이 있지만, 한국인과 중국인의 경우 정적 정서 경험과 부적 정서 경험의 빈도 사이에 아무런 차이가 없으며 두 정서 경험 사이에도 아무런 상관이 없는 것으로 검출된다는 사실이 밝혀졌다. 이러한 사실은 개인주의 사회에서는 정적 정서가 전형적으로 추구되는 정서여서 부적 정서를 회피하려는 경향이 강하지만, 집단주의 사회에서는 부적 정서에 대한 거부감이 적어 이를 무난히 수용함을 드러내는 것이다.

② 부적 정서에 대한 인지구조의 차이

이렇게 집단주의 사회에서 부적 정서에 대해 훨씬 수용적이라는 사실은, 집단주의 사회는 이러한 부적 정서에 대해 과인지화(hypercognized)되어 있음을[84] 의미하는 것이다. 이러한 사실은, 우리나라 대학생들에게 최근 2~3일 동안의 자신의 기분 상태를 72개 정서어를 놓고 평가하게 하여, 이를 요인분석과 군집분석으로 처리한 결과, '유쾌' 정서보다는 '불쾌' 정서가 훨씬 세분되어 나타난다는[85] 점에서 드러나고 있다. 이러한 결과는 한국어 정서어들의 인지구조를 분석한 연구에서[86] 정적 정서는 하나의 군집으로 묶이지만, 부적 정서는 하나로 묶이지 않고 다양한 종류로 분류되는 것으로 나타난 결과에서도 거듭 확인되고 있다. 이 연구에서는 우리나라 대학생들에게 "재미있고, 장면에 따라 다양한 정서 유발이 가능한 영화"를 보여주는 중간의 휴지 시간과 영화가 끝난 뒤에 "지금 이 순간의 감정"을 평정하도록 하여, 이를 요인 분석하였다. 그 결과, 제1요인이 불안·공포·놀람·애태움 같은 '부적 감정' 요인이었고, 제2요인은 '쾌(快) 감정' 요인(기쁨·유쾌함·행복 등), 제3요인은 '권태 혹은 가라앉은 감정' 요인(지겨움·후회·지루함 등), 제4요인은 '연민 혹은 슬픈 감정' 요인(슬픔·애처로움·안타까움 등)이었다. 이

---

84 Heelas, 1986; Levy, 1984.

85 이만영·이홍철, 1990.

86 안신호·이승혜·권오식, 1993.

결과에서는 서구의 연구 결과[87]와는 달리, 부적 감정이 제1요인으로 부각되었다는 점과, 제2요인(쾌 감정)을 제외한 나머지 제3요인(가라앉은 감정)과 제4요인(슬픔)도 부적 정서임에 주의를 기울일 필요가 있다. 이러한 결과들은 모두 우리나라 대학생들의 정서어의 인지구조와 정서 체험의 구조가 부적 정서에 과도하게 민감하도록 구성되어 있음을 시사하는 것이라 하겠다.

이러한 결과들은 문화 유형에 따른 정서사회화의 차이 가설이 사실임을 입증해 주는 것이다. 이러한 정서사회화의 차이 가설의 입장에서 보면, 앞서 언급한 주관적 안녕의 연구들에서 집단주의 사회의 주관적 안녕 수준이 개인주의 사회의 그것보다 전반적으로 낮게 검출된 것은,[88] 집단주의자들이 개인의 '행복'에 대한 낮은 규범적 기대에 순응했기 때문이라 볼 수 있다. 같은 집단주의 문화권에 속하면서도, 어려서부터 다양한 불쾌 감정을 억제하거나 억압하도록 사회화시키는 남미 국가들의 전반적인 행복감 수준이, 부적 감정의 경험을 용인하고 바람직한 것으로 받아들이는 아시아 국가들의 행복감 수준보다 높다는[89] 사실은 이러한 추론을 직접적으로 지지해 주는 것이다. 특히 한국·중국·일본 같은 동아시아 집단주의 사회를 지배해 온 유학 정신은 개인의 정서적 느낌보다는 대인간 조화와 의무의 중요성을 강조해 왔다. 따라서 이들 사회에서 전형적으로 정적 감정 규범이 낮다는 사실은 개인적 행복과 같은 자기중심적 감정을 권장하지 않는 집단주의 문화의 특징을 그대로 반영하고 있는 것이라 하겠다.[90]

이와는 대조적으로, 개인주의 사회는 개인의 이익과 쾌락의 추구를 기본으로 하는 사회이다.[91] 사실 현대 서구의 심리학에서 인간의 사회 행동을 설명하는 "단순하면서도 최고의 이론체계(simple and sovereign theories)"[92]로 제

---

87 Watson & Tellegan, 1985.

88 예: Diener, E., & Diener, M., 1995; Suh & Diener, E., 1995 등.

89 Diener, E., & Larsen, 1993.

90 조긍호, 1996b, 1997c; Markus & Kitayama, 1991a, b.

91 Hofstede, 1980, 1983, 1991.

시된 것은 "쾌락주의(hedonism)"와 "이기주의(egoism)"였다. 여기서 쾌락주의는 사람은 고통을 피하고 쾌락을 중시한다는 견해이고, 이기주의는 사람은 자기의 쾌락과 이익을 무엇보다도 중시한다는 관점이다. 현대심리학에서는 "강화의 원리" 또는 "효과의 법칙"이 쾌락주의를 대신하게 되었으며,[93] 이는 개인주의 사조에 힘입어 이기주의와 연합하게 되었던 것이다. 이러한 관점에서 보면, 개인주의 사회에서는 집단주의 사회와는 달리 일상생활의 정서 추구에서도 정서의 쾌락적 색조에 크게 영향을 받는다고 볼 수 있다. 따라서 그들은 부적 정서를 배척하고 정적 정서를 추구하는 경향이 강한 것이다.

3) 문화 유형에 따른 정서의 차이 대비

이상에서 보았듯이, 집단주의 사회에서는 동정·조화감·수치·공감 같은 타인중심적 정서를 많이 경험하고 표출하며, 대부분의 정서 특히 사람들 사이의 조화를 해칠 가능성이 있는 분노와 같은 자아중심적 정서의 표출은 극히 억제하고, 자신에 대한 부적 정서를 수용하는데다가 경우에 따라서는 강조하는 경향이 강하다. 이와는 대조적으로, 개인주의 사회에서는 분노·공포·좌절·자부심·기쁨 같은 자아중심적 정서를 많이 경험하고, 어떤 정서라도 거리낌 없이 표출할 것을 장려하며, 부적 정서를 배척하고 정적 정서를 선호하는 경향이 강하다.

이러한 정서 경험 및 표출의 문화차는 집단주의와 개인주의 문화차에 관하여 제2장(표 2-2 참조)에서 제시한 기본틀에서 이론적으로 예측하는 대로이며, 이를 요약하여 제시하면 다음 표 4-1과 같다.

두 문화권에서 관찰되는 정서 경험과 그 표출 양식의 이러한 차이는 앞

---

92 Allport, G. W., 1968, p. 10.

93 Dollard & Miller, N. E., 1950.

표 4-1. 문화 유형에 따라 중시하는 정서 및 표출 양식의 차이

차 원	집단주의 (관계중심적 인간관)	개인주의 (개인중심적 인간관)
사회 행위의 원동력과 목표	연계성 강조 타인중심적 정서 권장	자율성 강조 자기중심적 정서 권장
자기 표현의 양식	자기 억제 강조 정서 표출 억제(분노는 대인 관계를 파괴하므로 적극 회피)	자기 주장 강조 정서 표출 권장(정서 표출은 정신 건강에 유익하므로 적극 장려)
행위의 변이가능성	가변성 강조 부적 정서 수용(자기 비판은 자기개선의 조건)	안정성 강조 부적 정서 배척(정적 정서 추구)

에서 여러 번 지적했듯이, 두 문화권에서 세상사와 자기 및 인간 일반을 보는 관점이 서로 다른 데서 비롯할 뿐만 아니라, 정서의 기능에 대한 견해가 다르다는 사실을 반영하는 것이기도 하다. 곧 개인주의 사회에서는 정서가 개인의 진실한 내면의 반영이라고 보아, 이의 억제가 정신 건강에 미치는 역기능에 초점을 맞추어 정서 문제를 보는 관점이 지배적이지만, 집단주의 사회에서는 정서를 사회 조정의 도구로 보아, 이의 표출이 사회관계에 끼치는 악영향에 초점을 맞추어 정서 문제를 보는 관점이 지배적이라고 생각할 수 있는 것이다.

2. 유학사상과 정서

    지·정·의 삼분체계로 인간의 심성을 이해하는 서구와는 달리, 유학사상에서는 인간의 심성을 덕·지·정·의 사분체계로 인식한다. 이 가운데서 정은 현대심리학에서 탐구하는 정서에 해당하는 것이다. 따라서 유학사상에서 정서의 문제를 어떻게 이해하였는지 파악하기 위해서는 유학의 경전에 드러나 있는 정(情)에 대한 언술을 살펴보아야 할 것이다.

    그러나 정이 오늘날과 같이 정서의 의미로 쓰이기 시작한 것은 《순자》와 《예기(禮記)》에서부터이고, 《논어》와 《맹자》에서는 진심·진실·본질·실정·본성의 뜻으로 쓰이고 있다. 따라서 선진유학의 경전에서 정서의 문제가 어떻게 다루어지고 있는지를 파악하기 위해서는 호(好)·오(惡)·원(怨)·외(畏)·치(恥) 같은 구체적으로 정서 상태를 가리키는 용어들이 어떻게 쓰이고 있는지를 고찰해야 한다. 또한 《맹자》에는 사회지향 정서인[1] 사단이 최초로 언급되어, 《예기》에 처음 언급되는 칠정과 함께 유학적 정서이론의 핵심인 사단칠정설의 바탕이 되고 있으므로, 이들에 관한 논의도 고찰해 보아야 할 것이다.

    유학에서 정서이론을 체계화시킨 대표적인 학자들은 조선조의 성리학자들이었다. 이들이 약 300여 년 동안 지속한 사단과 칠정 사이의 관계에 관한 논쟁인 사칠논변(四七論辯)은 "16세기 중엽부터 논변의 형식으로 연구되기 시작하여 조선조 말(한 말)까지 계속된 탐구 성과"[2]이다. 이는 탐구 기간의 장구함에서뿐만 아니라, 당시 유학자들 거의 모두가 이 논변에 참여

---

1 정양은, 1970, pp. 86-90; 한덕웅, 1994, pp. 108-134, 221-222.

2 윤사순, 1997, p. 6.

했다는 점에서 조선조의 성리학을 대표하는 문제였다. 이러한 맥락에서 여기서는 선진유학과 조선조 성리학에서 전개된 정서 이해의 문제를 고찰해 봄으로써, 동아시아 집단주의 사회인에게서 특징적으로 나타나는 정서 행동들이 유학사상을 배경으로 하여 나온 것임을 확인해 보고자 한다.[3]

1) 선진유학 경전에서 제시되는 정서의 종류

선진유학의 경전은 《논어》·《맹자》·《순자》가 핵심인데, 여기에서는 《예기》도 그 안에 넣어, 이들 경전 속에서 정서의 문제가 어떻게 이해되고 있는지를 살펴보기로 하겠다. 여기에서 진(秦) 통일(B.C. 221) 이후의 저술임이 분명한 《예기》를 포함시키는 것은, 첫째 《예기》가 이미 기원전 1세기 중엽 대성(戴聖)에 의해 완성된 것으로, 여기에는 공자·맹자·순자, 특히 순자의 영향이 짙게 나타났을 뿐만 아니라, 공·맹·순의 사상이 종합적으로 전개된 몇 안 되는 초기 저작이라는[4] 점과, 둘째 주희가 제시한 유학의 사서(四書)에 포함되는 《중용(中庸)》과 《대학(大學)》은 각각 예기의 제31편과 제42편에 해당하는 것으로, 초기 유학의 사상을 살피는 데 필수적으로 중요한 저술이라는 점, 그리고 셋째 《예기》 속에 칠정이 처음으로 언급되어 이후 유학적 정서이론의 기초가 되고 있다는 점에 그 까닭이 있다.

선진유학의 경전들 가운데 정(情)이 유개념(類槪念)으로서 정서의 의미로 쓰이는 것은 《순자》에서가 처음이고, 《예기》에서는 칠정이 처음으로 언급되고 있다. 그러므로 유학의 경전들에서 정서에 관한 이론체계를 끌어내기 위해서는 이들 경전들에서 호(好)·오(惡) 같은 개별 정서에 관한 논의들을 살펴보아야 한다.

---

3 이 절과 다음 절의 내용은 졸저(조긍호, 2003a, pp. 393-422)의 내용에 자료를 보완하여 재조직함.

4 김승혜, 1990, pp. 320-328.

(1) 《논어》

정(情)이란 글자는 《논어》에 모두 두 번 나오는데,[5] 모두 진심이나 진실의 뜻으로 쓰이고 있어,[6] 오늘날과 같은 정서 또는 감정의 뜻은 없다. 그렇다고 해서 《논어》에 정서에 관한 논의가 없는 것은 아니다. 《논어》는 배우고 익히는 기쁨[說]과 친구가 찾아오는 즐거움[樂] 및 남이 나를 알아주지 않아도 성내지 않음[慍] 같은 정서에 관한 논의에서 시작하고 있는 것이다.[7] 《논어》에는 우리가 보통 칠정(七情)이라고 알고 있는 "기쁨[喜]·성냄[怒]·슬픔[哀]·두려움[懼]·사랑함[愛]·미워함[惡]·하고 싶어함[欲]"이 각각 5회,[8] 1회,[9] 7회,[10] 7회,[11] 7회,[12] 23회,[13] 및 42회[14] 제시되고 있다.

이 밖에 《논어》에는 "마음속으로부터 우러나오는 기쁨[說·悅]"이 17회,[15] "마음속으로부터 좋아함[好]"이 51회,[16] "마음속으로부터 즐거워함[樂]"이 15회,[17] "부끄러워함[恥]"이 17회,[18] "불쌍히 여김[矜]"이 5회,[19] "좋아함[樂·

---

5 《論語引得》참조.

6 上好信 則莫敢不用情(《論語》, 子路 4); 曾子曰 上失其道 民散久矣 如得其情 則哀矜而勿喜(子張 19).

7 子曰 學而時習之 不亦說乎 有朋自遠方來 不亦樂乎 人不知而不慍 不亦君子乎(學而 1).

8 里仁 21; 公冶長 6, 18; 季氏 13; 子張 19.

9 雍也 2.

10 八佾 20, 26; 泰伯 4; 子張 1, 14, 19, 25.

11 里仁 21; 述而 10; 子罕 28; 顔淵 4; 憲問 30.

12 學而 5, 6; 顔淵 10, 22; 憲問 8; 陽貨 4, 21.

13 里仁 3, 5, 6; 先進 24; 顔淵 10; 子路 24; 衛靈公 27; 陽貨 24, 26; 子張 20.

14 爲政 4; 八佾 3, 17; 里仁 5, 24; 公冶長 11; 雍也 4, 28; 述而 29; 子罕 10, 13; 先進 10; 顔淵 2, 10, 18, 19; 子路 17; 憲問 2, 13, 26, 47; 衛靈公 9, 23; 季氏 1; 陽貨 1, 5, 7, 19, 20; 微子 5, 7; 子張 24; 堯曰 2.

15 學而 1; 公冶長 5; 雍也 10, 26; 子罕 23; 先進 3; 子路 16, 25; 陽貨 5; 堯曰 1.

16 學而 2, 14, 15; 里仁 3, 6; 公冶長 6, 14, 27; 雍也 2, 18; 述而 1, 10, 11, 19; 泰伯 10, 13; 子罕 17; 先進 6; 顔淵 20; 子路 4, 24; 憲問 44; 衛靈公 12, 16, 27; 陽貨 1, 8; 子張 5.

17 學而 1, 15; 八佾 20; 里仁 2; 雍也 9, 18, 21; 述而 15, 18; 先進 12; 子路 15; 憲問 14; 季氏 5;

喜好]”이 10회[20] 제시되고 있다. 앞의 칠정 가운데 애(哀)와 애(愛)를 포함하여, 열(說)·호(好)·락(樂)·치(恥)·긍(矜)·요(樂) 들은 《논어》에서 긍정적으로 평가되어 권장되고 있는 정서들이다. 이들은 인의를 체득한 군자의 마음속으로부터 우러나오는 정서로서, 대체로 참조 대상을 타인으로 하는 ‘타인중심적 정서(other-focused emotion)’라고 볼 수 있는 것들이다.

이 밖에 《논어》에는 “성내고 원망함〔慍〕”이 3회,[21] “걱정하고 근심함〔患〕”이 17회,[22] “근심하고 괴로워함〔憂〕”이 15회,[23] “원망함〔怨〕”이 20회,[24] “두려워함〔畏〕”이 10회,[25] “겁내고 무서워함〔恐〕”이 4회,[26] “싫어함〔疾〕”이 5회,[27] “분하게 여겨 화냄〔忿〕”이 3회,[28] “슬프게 여기고 걱정함〔戚〕”이 2회,[29] 및 “자기를 내세우고 자랑함〔伐〕”이 3회[30] 제시되고 있다. 앞의 칠정 가운데 희(喜)·노(怒)·구(懼)·오(惡)를 포함하여, 이들 온(慍)·환(患)·우(憂)·원(怨)·외(畏)·공(恐)·질(疾)·분(忿)·척(戚)·벌(伐) 들은 《논어》에서 부정적으로 평가되어, 대체로 내적으로 통제하고 조절해야 할 정서로 제시되고 있다. 이들은 인의를 체득하지 못한 소인들의 특징적인 정서로서,

---

陽貨 21.

18 學而 13; 爲政 3; 里仁 9, 22; 公冶長 14, 24; 泰伯 13; 子罕 26; 子路 20; 憲問 1, 29.

19 衛靈公 21; 陽貨 16; 子張 3, 19.

20 雍也 21; 季氏 5.

21 學而 1; 公冶長 18; 衛靈公 1.

22 學而 16; 八佾 24; 里仁 14; 顏淵 5, 18; 憲問 32; 季氏 1; 陽貨 15.

23 爲政 2; 雍也 9; 述而 3, 18; 子罕 28; 顏淵 4, 5; 憲問 30; 衛靈公 11, 31; 季氏 1.

24 里仁 12, 18; 公冶長 22, 24; 述而 14; 顏淵 2; 憲問 2, 10, 11, 36, 37; 衛靈公 14; 陽貨 9, 25; 微子 10; 堯曰 2.

25 子罕 5, 22; 先進 22; 季氏 8; 堯曰 2.

26 公冶長 13; 泰伯 17; 季氏 1; 子張 4.

27 泰伯 10; 憲問 34; 衛靈公 19; 季氏 1.

28 顏淵 21; 季氏 10; 陽貨 16.

29 述而 36; 八佾 4.

30 公冶長 25; 雍也 13; 憲問 2.

대체로 자기 자신을 참조 대상으로 하여 외부 대상이나 조건에 의해 촉발되는 '자아중심적 정서(ego-focused emotion)'라고 볼 수 있는 것들이다.

(2) 《맹자》

정(情)이란 글자가 《맹자》에는 네 번 나오는데[31] 여기서도 본질·실정·본성의 뜻으로 쓰일 뿐,[32] 정서나 감정의 뜻은 없다. 그러나 《맹자》에도 칠정에 해당되는 "기쁨〔喜〕·성냄〔怒〕·슬픔〔哀〕·두려움〔懼〕·사랑함〔愛〕·미워함〔惡〕·하고 싶어함〔欲〕"이 각각 13회,[33] 10회,[34] 6회,[35] 5회,[36] 35회,[37] 37회,[38] 및 96회[39] 제시되고 있다.

이 밖에 《맹자》에는 "마음속으로부터 우러나오는 기쁨〔悅〕"이 53회,[40] "마음속으로부터 좋아함〔好〕"이 53회,[41] "마음 속으로부터 즐거워함〔樂〕"이

---

31 《孟子引得》참조.

32 夫物之不齊 物之情也(《孟子》, 滕文公上 4); 聲聞過情 君子恥之(離婁下 18); 乃若其情則可以 爲善矣 乃所謂善也(告子上 6); 是豈人之情也哉(告子上 8).

33 梁惠王下 1, 9; 公孫丑上 8; 公孫丑下 10; 萬章上 2; 告子下 5, 13.

34 梁惠王下 3, 9; 公孫丑下 12; 滕文公下 2; 離婁上 18; 萬章上 3.

35 梁惠王下 5; 滕文公上 2; 離婁上 10; 告子上 11; 盡心下 33.

36 公孫丑上 2; 滕文公下 2, 9.

37 梁惠王下 5; 滕文公上 5; 滕文公下 9; 離婁上 4; 離婁下 28; 萬章上 1, 2, 3; 告子上 4, 13, 14; 盡心上 14, 15, 26, 37, 45, 46; 盡心下 1.

38 梁惠王上 4; 公孫丑上 4, 6, 9; 滕文公下 3, 5, 7; 離婁下 20, 26; 萬章上 1; 萬章下 2; 告子上 6, 8, 10, 12; 告子下 6, 11; 盡心上 26; 盡心下 37.

39 梁惠王上 2, 7; 梁惠王下 4, 5, 9, 15; 公孫丑下 2, 10, 11, 12, 13, 14; 滕文公上 2, 4; 滕文公下 3, 5, 6, 7, 9; 離婁上 2, 7, 9, 17; 離婁下 14, 27, 30; 萬章上 1, 3; 萬章下 6, 7; 告子上 10, 13, 17; 告子下 6, 8, 10, 13; 盡心上 17, 21, 25, 39; 盡心下 4, 25, 31, 35, 37.

40 梁惠王下 10, 11; 公孫丑上 1, 3, 5; 公孫丑下 7, 8, 11, 12; 滕文公上 2, 4; 滕文公下 5, 9; 離婁上 12, 28; 離婁下 2, 27; 萬章上 1, 8; 萬章下 6, 7; 告子上 4, 7; 告子下 4, 5, 8; 盡心上 19, 31; 盡心下 23, 37.

41 梁惠王上 3; 梁惠王下 1, 3, 4, 5; 公孫丑上 2; 公孫丑下 2; 滕文公上 2; 滕文公下 9; 離婁上

55회,[42] 및 "부끄러워함[恥]"이 19회[43] 제시되고 있다. 맹자도 공자와 마찬가지로 앞의 칠정 가운데 애(哀)와 애(愛)를 포함하여, 열(悅)·호(好)·낙(樂)·치(恥) 및 측은·수오·사양(공경)·시비의 사단과[44] 같이 마음속에서 우러나오는 '타인중심적 정서'는 권장하고 있다.

이상의 정서 말고도 《맹자》에서는 "걱정하고 근심함[患]"이 14회,[45] "근심하고 괴로워함[憂]"이 30회,[46] "원망함[怨]"이 25회,[47] "두려워함[畏]"이 15회,[48] "겁내고 무서워함[恐]"이 14회[49] 제시되고 있다. 앞의 칠정 가운데 희(喜)·노(怒)·구(懼)를 포함하여,[50] 이들 환(患)·우(憂)·원(怨)·외(畏)·공(恐) 들은 《맹자》에서 대체로 부적으로 평가되어, 억제되고 조절되어야 할 정서로 제시되고 있다.

7, 9, 22; 離婁下 20, 30; 萬章上 1, 8, 9; 告子上 6, 8; 告子下 13; 盡心上 8, 9; 盡心下 4, 11.

42 梁惠王上 2; 梁惠王下 1, 3, 4; 公孫丑上 4, 8; 公孫丑下 2; 離婁上 3, 8, 27; 離婁下 7, 29; 萬章上 7; 告子上 16; 告子下 4, 15; 盡心上 4, 8, 9, 20, 21, 35; 盡心下 34.

43 梁惠王上 5; 梁惠王下 3; 公孫丑上 7; 離婁上 7; 離婁下 18; 萬章下 5; 告子上 14; 盡心上 6, 7.

44 公孫丑上 6; 告子上 6.

45 梁惠王下 15; 公孫丑下 9; 離婁上 23; 離婁下 9, 28; 告子上 10; 告子下 2, 15; 盡心上 18.

46 梁惠王下 4; 公孫丑下 2; 滕文公上 4; 離婁上 9; 離婁下 28, 29; 萬章上 1, 2; 告子下 15; 盡心上 27; 盡心下 19.

47 梁惠王上 7; 梁惠王下 5, 11; 公孫丑上 7, 9; 公孫丑下 13; 滕文公下 5; 萬章上 1, 3, 6; 萬章下 1; 告子下 3; 盡心上 12, 13; 盡心下 4.

48 梁惠王上 6; 梁惠王下 3, 11; 公孫丑上 1, 2, 4; 滕文公上 1; 滕文公下 5; 萬章下 4; 盡心上 14; 盡心下 4, 34.

49 梁惠王上 7; 梁惠王下 3, 14; 公孫丑上 7; 滕文公上 2; 離婁上 16; 盡心下 1, 27.

50 惡는 《論語》에서는 대체로 부적인 정서로서 억제해야 할 대상으로 인식되고 있으나, 《孟子》에서는 羞惡와 연결되어 대체로 "타인이나 외적 대상의 옳지 않음을 미워하는 감정"으로 인식될 경우에는 정적인 정서라고 이해되고 있다. 물론 《孟子》에서도 惡 단독으로 쓰여, 외적 대상에 대한 단순한 "미워함"의 감정으로 이해될 때에는 부적인 정서로서 통제의 대상이 된다.

(3) 《순자》

정(情)이란 글자가 《순자》에는 모두 118회나 나오고 있는데, 이 가운데 대부분(91회)은 정 한 글자만으로 의미를 가지는 것이고, 성정(性情, 2회)·정성(情性, 18회)·정욕(情欲, 4회)·천정(天情, 3회)과 같이 두 글자가 연합해서 쓰임으로써 의미를 갖게 되는 경우가 27회나 된다.[51] 《순자》에서 쓰이는 정도 대부분은 《논어》나 《맹자》에서와 마찬가지로 진실·진정·진실된 마음 등의 뜻을 가진다. 그러나 《순자》에서 정은 인간이 태어나면서부터 갖추고 있는 생물적 욕구와 정서적인 측면을 포괄하는 용어로 쓰이는 경우가 많다는 점이 특이한 사실이다. 대체로 성정·정성·정욕이라고 연용되어 쓰일 때는 생물적 욕구 체계를 가리키는 의미를 갖지만, 천정(天情)으로 연용되어 쓰일 때와[52] 정(情) 한 글자로만 쓰이는 몇몇의 경우에는[53] 개별적인 감정 반응을 포괄하는 유개념으로서 정서를 가리키는 의미로 사용되고 있다. 다음은 《순자》에서 정이 정서라는 유개념의 의미로 쓰이고 있는 예들이다.

> 사람의 육체가 갖추어지고 정신이 생겨나면, 여기에는 좋아함〔好〕·미워함〔惡〕·기쁨〔喜〕·성냄〔怒〕·슬픔〔哀〕·즐거움〔樂〕이 갖추어져 있는데, 이를 '자연적 정서〔天情〕'라고 한다.[54]
>
> 사람의 본성에 갖추어져 있는 좋아함〔好〕·미워함〔惡〕·기쁨〔喜〕·성냄〔怒〕·슬픔〔哀〕·즐거움〔樂〕을 일러 정(情)이라 한다.[55]

이러한 예들에서 보면, 순자는 정(情)에 정서의 의미를 부여하고 있으며, 따라서 선진유학자들 가운데 정을 정서의 유개념으로 사용하는 것은 순자

---

51 《荀子引得》참조.

52 《荀子》, 天論 24, 25.

53 正名 2, 22.

54 形具而神生 好惡喜怒哀樂臧焉 夫是之謂天情(天論 24).

55 性之好惡喜怒哀樂 謂之情(正名 2).

가 효시를 이룬다고 하겠다.

이러한 정은 순자에게 욕(欲)과 함께 사람이 태어날 때부터 갖추고 있는 성(性)을 구성하는 한 가지 요소이다. 《순자》에서 성은 그의 인간구조론이 제시하는 인간의 모든 생득적 특성인 생물적 감각적 욕구와 정서[欲·情], 인지능력[知], 도덕적 행위능력[能]을 포괄하는 넓은 의미로 쓰이기도 하고, 또 생물적 감각적 욕구와 정서[欲·情]만을 지칭하는 좁은 의미로 쓰이기도 한다.[56] 이렇게 좁은 의미에서 정과 욕만을 의미할 때 성은 악하게 될 가능성이 많다고 순자는 개념화하고 있다. 이 점이 바로 순자의 이론이 성악설(性惡說)로 알려진 근거인데, 따라서 정과 욕은 인간의 삶과 행위의 최고 규범인 예(禮)에 의해 조절되고 통제되어야 한다고 순자는 보고 있는 것이다.[57]

《순자》에서도 다양한 개별 정서가 언급되고 있다. 우선 칠정에 해당되는 "기쁨[喜]·성냄[怒]·슬픔[哀]·두려움[懼]·사랑함[愛]·미워함[惡]·하고 싶어함[欲]"이 각각 20회,[58] 28회,[59] 29회,[60] 16회,[61] 69회,[62] 100회,[63] 249회[64]

---

56 김승혜, 1990; 조긍호, 1994, 1995 참조.

57 조긍호, 1997a, b.

58 修身 39, 40; 不苟 7, 8; 臣道 9; 議兵 16, 19, 20; 天論 24; 禮論 11, 38; 樂論 3, 5; 正名 2, 8; 賦 26, 33; 堯問 35.

59 修身 39, 40; 不苟 12; 榮辱 20, 21; 仲尼 41; 儒效 16; 臣道 9, 10, 12; 議兵 16; 天論 24; 禮論 11; 樂論 3, 5; 正名 2, 8; 成相 4; 大略 12; 哀公 33.

60 修身 23; 王覇 12, 14, 22, 23; 天論 24; 禮論 20, 21, 28, 30, 31, 38, 39; 樂論 8; 解蔽 2, 24; 正名 2, 8; 君子 25; 大略 7, 31; 宥坐 6; 哀公 29, 30.

61 修身 33, 39; 不苟 4; 仲尼 45; 儒效 25; 富國 3; 王覇 10; 君道 5; 臣道 4, 8; 禮論 19; 宥坐 7; 哀公 29, 31.

62 修身 30; 不苟 15; 非相 7; 非十二子 33; 仲尼 45, 49; 儒效 8; 王制 7, 33, 34; 富國 13, 20, 22, 23, 25, 30; 王覇 25, 31; 君道 5, 8, 10, 21, 22, 25; 臣道 2; 議兵 8, 19, 25, 27; 彊國 2, 4, 12; 天論 34; 禮論 20, 32, 37; 正名 8, 12; 成相 4, 9; 賦 29; 大略 1, 7, 16, 39; 子道 13, 17, 18; 法行 21.

63 修身 23, 40; 不苟 17; 榮辱 21, 27, 28, 29, 31; 非相 9; 仲尼 41; 儒效 1, 3, 13, 29, 36; 王制 6, 9, 32; 富國 2, 3, 27; 王覇 32; 君道 16; 議兵 6, 16, 19; 彊國 10; 天論 24, 27, 37; 正論 3, 10, 26, 27, 31; 禮論 1, 11, 38; 樂論 1, 5, 7; 解蔽 3, 10, 21; 正名 2, 8, 19, 21, 23, 24;

제시되고 있다.

이 밖에 《순자》에는 "마음속으로부터 좋아함〔好〕"이 165회,[65] "마음속으로부터 즐거워함〔樂〕"이 93회,[66] "부끄러워함〔恥〕"이 19회,[67] "성내고 원망함〔怨〕"이 32회,[68] "겁내고 무서워함〔恐〕"이 26회,[69] "걱정하고 근심함〔患〕"이 38회,[70] "근심하고 괴로워함〔憂〕"이 51회[71] 제시되고 있다.

(4) 《예기》

현재 전하는 《예기》는 모두 49편으로 이루어져 있는데, 이 가운데 사서(四書)로 편입되어 있는 《중용》(제31편)과 《대학》(제42편)이 포함되어 있다. 제7편인 〈예운(禮運)〉 편에는 칠정(七情)에 대한 언급이 유학의 문헌 가운데 최초로 제시되어 있어 관심을 끈다.

> 무엇을 사람의 감정〔人情〕이라고 부르는가? 이는 기쁨〔喜〕·성냄〔怒〕·슬픔〔哀〕·두려움〔懼〕·사랑함〔愛〕·미워함〔惡〕 및 가지고 싶어함〔欲〕이다. 이 일곱 가지는 배우지 않고도 능한 것이다. …… 그리하여 성인은 사람의 칠정

性惡 1; 君子 23; 成相 5, 11, 12, 13; 賦 26; 大略 36, 38; 宥坐 2; 子道 13; 哀公 29.

64 欲은 《荀子》 32편 중 臣道(제13편)·天論(제17편)·子道(제29편)에만 나오지 않을 뿐, 나머지 29편에서 산견되고 있다.

65 好는 《荀子》에서 致仕(제14편)·宥坐(제28편)·子道(제29편)·法行(제30편)에만 나오지 않고, 나머지 28편에서 산견되고 있다.

66 樂은 勸學(제1편)·臣道(제13편)·致仕(제14편)·君子(제24편)·成相(제25편)·賦(제26편)·宥坐(제28편)·法行(제30편)·哀公(제31편)·堯問(제32편)에 나오지 않고, 나머지 22편에서 산견되고 있다.

67 非十二子 36, 38, 39; 儒效 11; 彊國 6; 禮論 20; 大略 21, 22; 宥坐 8; 法行 20.

68 勸學 7 등.

69 榮辱 37 등.

70 不苟 4 등.

71 不苟 7 등.

(七情)을 다스리려, 열 가지 올바른 길을 열어 주고, 신뢰와 친목을 닦으며, 사랑과 예양을 숭상하고, 투쟁과 약탈을 종식시키나니, 예(禮)가 아니고서는 어떻게 그렇게 할 수 있겠는가? 마시고 먹는 것과 남녀의 관계는 사람이 크게 하고 싶어 하는 것이고, 죽고 망하고 가난하고 고통 받는 것은 사람이 크게 싫어하는 것이다. 그러므로 하고 싶어 하는 것[欲]과 싫어하는 것[惡]은 사람 마음의 근본적인 실마리[心之大端]가 되는 것이지만, 사람이 그 마음을 숨기고 있으면 알아낼 도리가 없다. 이렇게 사람의 행위의 선악은 모두 그 마음에서 일어나는 것이지만, 이는 즉시 외부로 나타나지는 않는다. 따라서 무언가 한 가지 방법으로 이를 알아내려 한다면, 예를 버리고 또 무슨 방법이 있을 수 있겠는가?72

이 인용문에서 보면, 인간의 칠정은 배우지 않고도 할 수 있는 선천적인 자연스러운 것으로 제시되어 있다. 그리고 이에 따라 사람 행위의 선과 악이 달라질 수 있으므로, 성인이 제정한 예로써 그것을 다스려 절도에 맞게 하는 것이 수양의 시작이라고 《예기》에서는 보고 있다.

"여기서 주목해야 할 것은 칠정은 결국 인간의 마음에 뿌리박힌 근본적 실마리[心之大端], 곧 삶을 원하고 죽음을 싫어하는 상반되는 두 가지 뿌리에서 나오는 것이라고 주장한다는 사실이다. 심성에 대한 〈예운〉 편의 이러한 설명은 맹자의 사단론과는 상당한 차이를 가진 것으로, 순자의 인성론에 오히려 가깝다고 해야 할 것이다."73 그러므로 《예기》에서도 칠정으로 대표되는 사람의 정서는 인위적 노력인 배움을 통해 조절되고 통제되어야 한다고 보는데, 이 점은 오히려 당연한 논리적 귀결이라 볼 수 있을 것이다.

---

72 何謂人情 喜怒哀懼愛惡欲 七者弗學而能 …… 故聖人之所以治人七情 脩十義 講信脩睦 尙辭讓 去爭奪 舍禮何以治之 飮食男女 人之大欲存焉 死亡貧苦 人之大惡存焉 故欲惡者 心之大端也 人藏其心 不可測度也 美惡皆在其心 不見其色也 欲一以窮之 舍禮何以哉〔《禮記》, 禮運 301: 이는 王夢鷗 註譯(1969) 《禮記今註今譯》(臺北: 臺灣商務印書舘)의 p. 301을 가리킨다. 앞으로 《禮記》의 인용은 이 예에 따른다〕.

73 김승혜, 1990, p. 326.

2) 선진유학의 정서이론

이상에서 보았듯이, 《논어》·《맹자》·《순자》 같은 선진유학의 경전들과 《예기》에서는 현대심리학에서 다루는 거의 모든 정서들이 언급되고 있다. 이러한 다양한 정서들은 크게 타인을 1차적인 참조 대상으로 하는 부류와 자기를 1차적인 참조 대상으로 하는 부류로 나눌 수 있다. 전자를 '타인지향적 정서', 후자를 '자기지향적 정서'라 부를 수 있는데, 전자의 대표적인 것은 '사단'이고, 후자의 대표적인 것은 '칠정'이다. 물론 타인지향적 정서에는 사단 말고도 '마음속으로부터 우러나오는 감정〔說·好·樂·恥〕'과 '타인에 대한 배려와 걱정에서 우러나오는 감정〔矜·哀·愛〕' 들이 포괄된다. 다만 이러한 타인지향적 정서 가운데 가장 기본적이고 전형적인 것이 사단일 뿐이다. 자기지향적 정서에는 칠정 말고도[74] '자기의 욕구나 기대 또는 포부의 충족 또는 봉쇄로 말미암아 유발되는 감정〔慍·患·憂·怨·怒·畏·恐〕' 들이 포괄된다. 이와 같이 사단과 칠정은 각각 다양한 타인지향적 정서와 자기지향적 정서 가운데 가장 기본적인 정서들이라고 볼 수 있다. 유학의 경전에서는, 이러한 다양한 정서들 가운데는 개인의 도덕적 완성과 사회의 통합에 순기능으로 작용하는 정서도 있고, 이와는 대조적으로 개인의 도덕적 수련에 방해가 되는 정서도 있다고 본다.

현대심리학에서 정서에 관한 연구들은 핵심적인 세 가지 주제들에 대한 관심으로 이어져왔다. 이는 개별 정서의 유발 조건의 문제, 다양한 감정들 가운데 더 기본적이고 기초적인 정서가 있는지의 문제, 그리고 정서가 인간 삶의 과정에서 수행하는 기능과 역할의 문제 들이다.[75] 이러한 맥락에서 보면, 선진유학의 경전들에서 도출되는 정서에 관한 이론체계에는 오늘날 심

---

74 칠정 가운데 哀와 愛는 자기지향성이 강한 정서라고 볼 수도 있지만, 타인지향성이 강한 정서라고 볼 수도 있다. 그 구분은 이러한 정서가 자기의 욕구나 원망(願望) 같은 자기를 일차적인 참조 대상으로 하여 유발되느냐, 아니면 다른 사람을 일차적인 참조 대상으로 하여 유발되느냐에 따라 달라질 것이다.

75 Reeve, 2005, pp. 292-321.

리학자들이 관심을 갖는 핵심 주제들이 모두 포괄되어 있다고 볼 수 있다.

유학은 현실적인 인간 삶의 양식과 관련된 문제를 다루는 사상체계이다. 유학의 배경을 가지고 있는 동아시아인들은 "과학적 이론화나 탐구에 대한 열정보다는 일상생활의 실용성이라는 측면에서 매우 큰 천재성을 발휘하였다."[76] 그들에게는 실생활의 삶에 도움이 되지 않는 것은 탐구할 가치가 없었다. 결국 "유학의 체계에서는 구체적인 행위에 대해 아무런 지침도 되지 않는 지식은 그 자체 지식으로 성립할 수 없었던 것이다."[77]

이러한 배경에서 보면, 선진유학의 경전에서 도출되는 정서이론이 현대 심리학에서 핵심적으로 탐구하는 세 주제를 모두 다루고 있기는 하지만, 그 가운데서도 삶의 과정에서 작용하는 정서의 기능의 문제에 중점을 둔다는 사실은 우연이 아니라고 할 수 있다. 곧 인간의 도덕적 완성에 도움이 되므로 권장해야 할 정서는 어떤 것들인지, 이에 방해를 미치므로 억제해야 할 정서는 어떤 것들인지, 그리고 이러한 정서의 조절과 통제를 위해서는 어떻게 해야 하고, 또 그것이 인간 삶에 미치는 영향은 어떠한 것인지 하는 문제들이 유학적 정서이론의 핵심 주제들인 것이다.

(1) 타인지향적 정서의 권장

공자·맹자·순자는 모두 칠정 가운데 애(哀)·애(愛)를 포함하여, 열(說)·호(好)·낙(樂)·치(恥)·긍(矜)·요(樂)(《논어》) 측은·수오·사양·시비의 사단과 열(悅)·호(好)·낙(樂)·치(恥)(《맹자》), 그리고 호(好)·낙(樂)·치(恥)(《순자》) 같은 일상생활에서 다른 사람을 지향 대상으로 하여 유발되는 정서, 곧 타인지향적 정서를 도덕적인 정서라고 보아 권장하고 있다.

---

76 Nisbett, 2003, p. 8.

77 Munro, D. J., 1969, p. 55.

① 《논어》

공자는 칠정 가운데 "상(喪)을 당해 슬퍼함[哀]"과 "사람을 아끼고 사랑함[愛]", 그 밖에 "다른 사람을 불쌍히 여김[矜]"과 "자기의 잘못에 대해 부끄러워함[恥]", 그리고 "마음속으로부터 우러나오는 기쁨[說]", "마음속으로부터 즐거워함[樂]", "마음속으로부터 좋아함[好]"과 같이, 타인에 대한 관심과 배려에서 나오는 정서[哀·愛·矜], 도덕적 관심에서 나오는 정서[恥] 및 인의를 체득한 군자의 마음속으로부터 우러나오는 정서[說·樂·好]를 타인을 일차적인 참조 대상으로 삼는 '타인지향적 정서'로 보아 권장하고 있다.

이 가운데 애(哀)는 상(喪)을 당해 죽은 사람을 위해 슬퍼하거나,[78] 죽음 그 자체를 아쉬워하거나,[79] 곤경에 빠진 사람을 불쌍히 여기는 것과[80] 같이 다른 사람을 지향 대상으로 하여 유발되는 정서로 그려지고 있다. 그러나 이렇게 타인을 대상으로 하는 선한 정서일지라도 "그 슬픔은 조화를 해칠 정도여서는 안 된다"[81]고 공자는 생각하고 있다. 애(愛)는 다른 사람을 아끼고 사랑하는 감정[愛人·愛衆]으로[82] 그려지고 있어, 다른 사람을 지향 대상으로 하는 전형적인 정서로 표현되고 있다. 다음으로 긍(矜)은 대체로 능력이 모자라거나 곤경에 빠진 사람을 불쌍히 여기는 감정으로 그려지고 있다.[83] 이러한 세 가지 정서[哀·愛·矜]는 모두 '타인에 대한 관심과 배려에서 나오는 정서'라는 공통점을 가지고 있다.

---

78 《論語》, 八佾 26; 子張 1, 14.

79 泰伯 4; 子張 25.

80 子張 19.

81 哀而不傷(八佾 20).

82 學而 5, 6; 顔淵 10, 22; 憲問 8; 陽貨 4, 21.

83 《論語》에서 矜은 3개 편에서 나오고 있는데, 子張篇(3, 9장)에서는 이렇게 "불쌍히 여김"의 뜻으로 쓰이지만, 衛靈公篇(21장)과 陽貨篇(16장)에서는 "자부심 또는 자존심이 강함"의 뜻으로 쓰이고 있다. 이 두 가지 쓰임새 가운데 공자가 권장하는 정서의 의미로 쓰이는 것은 전자의 경우이다.

낙(樂)은 대체로 인의를 체득한 군자의 마음속에서 우러나오는 즐거움을 가리키는 정서이다.[84] 이러한 즐거움 가운데는 특히 가난하고 어려운 처지에서도 인의의 도를 지키는 데서 나오는 것이 가장 크다고 보아, 공자는 이를 자주 강조하고 있다.[85] 그러나 그 즐거움도 정도를 지나쳐서는 안 된다.[86] 열(說)은 대체로 도를 배워 깨우치는 데서 오는 기쁨[87] 또는 다른 사람이 도를 이룬 것을 보거나 도가 실행되고 있는 것을 보고 느끼는 기쁨과[88] 같이 도의 인식과 실천 때문에 마음속에서 우러나오는 기쁨을 가리키는 정서이다. 이어서 호(好)는 도 그 자체를 대상으로 하여 이를 진정으로 좋아하는 감정을 가리킨다. 이렇게 마음속으로부터 좋아하는 대상에는 "배움[好學]",[89] "예[好禮]",[90] "인[好仁]",[91] "덕[好德]",[92] "용기[好勇]",[93] "의로움[好義]",[94] "믿음직함[好信]",[95] "옛사람의 도[好古]" 또는 "도 그 자체[好之·所好]",[96] "일[好謀·好從事]"[97] 및 "지식[好知]",[98] "정직함[好直]",[99] "강

---

84 學而 1, 15; 雍也 9, 18, 21; 述而 15, 18; 憲問 14.

85 子貢曰 貧而無諂 富而無驕 何如 子曰 未若貧而樂 富而好禮者也(學而 15); 子曰 賢哉回也 一簞食 一瓢飲 在陋巷 人不堪其憂 回也 不改其樂 賢哉回也(雍也 9); 子曰 飯疏食飲水 曲肱而枕之 樂亦在其中矣 不義而富且貴 於我如浮雲(述而 15).

86 樂而不淫(八佾 20).

87 學而 1; 雍也 10; 先進 3.

88 公冶長 5; 子罕 23; 子路 16, 25; 堯曰 1.

89 學而 2; 公冶長 14, 27; 雍也 2; 泰伯 13; 先進 6; 陽貨 8; 子張 5.

90 學而 15; 子路 4; 憲問 44.

91 里仁 6; 陽貨 8.

92 子罕 17; 衛靈公 12.

93 公冶長 6; 泰伯 10; 陽貨 8.

94 顏淵 20; 子路 4.

95 子路 4; 陽貨 8.

96 雍也 18; 述而 1, 11, 19.

97 述而 10; 陽貨 1.

98 陽貨 8.

직함[好剛]"100과 같이 유학에서 권장하는 도덕적 가치들이 대부분 포괄되고 있다. 이러한 세 가지 정서[樂·說·好]는 모두 '인의를 체득한 군자의 마음속에서 우러나오는 정서'라는 공통점을 가지고 있다.

공자가 권장하는 또 다른 정서는 치(恥)이다. 부끄러움은 도의 체득과 관련된 상황101 및 도의 일상적 실천과 관련된 상황에서102 느껴지는 감정이다. 특히 공자는 행동이 말을 따르지 못할 때, 곧 언행일치가 이루어지지 않을 때 부끄러워해야 한다는 점을 강조하여, 도의 체득과 실천을 강조하고 있다.103 이렇게 부끄러워함은 '도덕적 관심에서 나오는 정서'이다.

이상에서 보듯이, 공자는 타인에 대한 관심과 배려에서 나오는 '슬퍼하고 아쉬워함', '사랑하고 아낌', '불쌍히 여김', 인의를 체득한 군자의 마음속에서 우러나오는 '즐거움', '기쁨', '좋아함', 그리고 도의 체득과 실천 과정에서 느끼는 '부끄러워함'과 같이 다른 사람과 도를 그 일차적인 참조 대상으로 하는 '타인지향적 정서' 또는 '규범지향적 정서'를 일상적 삶의 과정에서 중시하고 권장하는 것이다. 이러한 정서들은 모두 그 유발 조건이 자기의 수양 여부에 달려 있다는 공통점을 갖고 있다.

② 《맹자》

"곤경에 빠진 사람을 불쌍히 여김[惻隱]", "자기의 옳지 않음을 부끄러워하고 남의 옳지 않음을 미워함[羞惡]", "어른에게 사양하고 공경함[辭讓]", "옳고 그름을 가리려 함[是非]"의 사단은104 맹자 정서이론의 핵심으로서, 유학에서 극히 중요하게 권장되고 있는 정서이다. "사단 가운데 측은·수오는 정서로 분류하는 데 쉽게 동의를 얻을 수" 있지만, "사양은 주관적 느낌

---

99 陽貨 8.

100 위와 같음.

101 里仁 9; 公冶長 14; 子罕 26; 子路 20.

102 學而 13; 爲政 3; 公冶長 24; 泰伯 13; 憲問 1.

103 子曰 古者言之不出 恥躬之不逮也(里仁 22); 子曰 君子恥其言之過其行也(憲問 29).

104 《孟子》, 公孫丑上 6; 告子上 6.

을 나타내는 감정이라기보다, 어른에 대한 공경이나 양보에서 보는 바와 같이 행동적 측면이 강하며," 또한 "시비는 진위를 가리려는 마음과 시비하는 정서를 모두 나타내는 의미의 개념이어서, 어떤 조건에서 주관적 느낌을 나타낼 수 있는 정서로서의 자격이 획득될 수 있는지 의문을 제기할 수 있다."[105] 그러나 주희는 이미 "인의예지는 마음속에 갖추어져 있는 원리인 성(性)이고, 측은·수오·사양·시비는 그러한 마음의 원리가 작용하여 발동된 정(情)"[106]이라고 보아, 사단을 정서로 해석할 수 있는 계기를 제공했다. 또한 조선조의 이이(李珥, 호 栗谷, 1535~1584)는 사단은 칠정에 포함되지만, 그 중 착한 정서만을 따로 떼어 말하는 것이라고 보아,[107] 사단이 칠정과 마찬가지로 정서라는 점을 분명히 하고 있다. 심리학자인 정양은도 "사단은 인간관계에서 일어나는 정"[108]이라고 하여, 사단이 정서의 체계에 속하는 심성의 내용임을 논의하고 있다.

이렇게 사단이 모두 정서의 내용을 가리키는 것이라면, 이는 타인을 일차적인 참조 대상으로 하거나(측은·사양) 도덕적 표준을 참조 대상으로 하는 (수오·시비) 정서, 곧 '타인지향적 정서' 또는 '규범지향적 정서'이다. 맹자는 이러한 정서에서 도덕성의 바탕을 찾고 있다. 곧 그는 도덕의 근거가 인간에게 본유적으로 내재해 있는 타인에 대한 관심과 배려라는 자연스러운 정감(情感)에 있다고 보는 것이다.[109] 이 점은 도덕성의 근거를 인지능력 발달의 후천적 결과라고 보는 인지발달론자의[110] 관점이나, 이를 5~6세 경 이

---

105 한덕웅, 1994, pp. 226-227.

106 惻隱羞惡辭讓是非 情也 仁義禮智 性也 …… 因其情之發 而本然之性可得而見(《孟子集註》, 公孫丑上 6).

107 情有喜怒哀懼愛惡欲七者而已 七者之外無他情 四端只是善情之別名言 七情則四端在其中矣 …… 七情之外更無四端矣 然則四端專言道心 七情合人心道心而言之也〔《栗谷全書》, 書 答成浩原 199: 이는 成均館大學敎 大東文化研究院刊(1958) 栗谷全書 p. 199의 書 중 答成浩原을 가리킨다. 앞으로 栗谷의 인용은 이 예에 따른다〕.

108 정양은, 1970, p. 88.

109 蒙培元, 1990/1995, p. 67.

110 Kohlberg, 1963, 1964; Piaget, 1932.

후에 나타나는 동성 부모에 대한 동일시의 결과 형성되는 초자아(超自我, super-ego)에서 찾는 정신역동론자의[111] 관점, 또는 보상과 처벌이라는 강화(强化, reinforcement)의 원리에 따라 획득된 구체적 행동양식이 있을 뿐이라는 학습이론가들의[112] 관점과는 매우 다른 것이다.[113]

이렇게 맹자는 도덕성의 근거가 되는 사단의 정서를 적극적으로 권장하여, 이를 일상생활에서 잘 길러야 한다는 관점을 제시하고 있다. 사단 이외에 그가 또 중시하여 권장하는 정서는 "부끄러워함[恥]"이다. 이러한 사실은 맹자 자신의 다음과 같은 진술에 드러나 있다.

> 사람은 부끄러움을 느끼지 않을 수 없다. 스스로 부끄러워하지 않음을 부끄러워하게 되면, 부끄러운 일이 없어질 것이다.[114]

> 부끄러워하는 것은 사람에게 매우 큰 일이다. 임기응변의 공교로운 짓을 하는 사람은 부끄러워할 줄 모른다. 자기가 남보다 못하다는 사실을 부끄러워하지 않는다면, 남보다 나은 일이 무엇이 있겠는가?[115]

이렇게 자기가 남보다 못하다거나 자기의 행위가 도덕 원칙에 어긋남을 부끄러워하는 일을 강조하고 권장함으로써, 맹자는 도덕적 수양의 근거를 인간의 자연스러운 타인지향적 정서에서 찾는 관점을 드러내고 있는 것이다.

이러한 사단과 부끄러워함 말고도, 맹자는 공자와 마찬가지로, "상을 당

---

111 Freud, 1933.

112 Skinner, 1971/1982.

113 이 문제에 관해서는 졸저(조긍호, 2006, pp. 513-535) 참조.

114 孟子曰 人不可以無恥 無恥之恥 無恥矣(《孟子》, 盡心上 6).

115 孟子曰 恥之於人大矣 爲機變之巧者 無所用恥焉 不恥不若人 何若人有(盡心上 7: 이는 趙岐의 《孟子章句》등 古注에 따른 해석이고, 朱熹의 《孟子集註》등 新注에서는 不恥不若人을 但無恥一事不如人 則事事不如人矣라 해석하여, "부끄러워함이 없는 한 가지 일이 남만 못하다면, 일마다 남보다 못할 것이다"라고 풀이하고 있다. 여기서는 古注의 풀이가 더 자연스럽다고 보아 이를 택하였다).

해 슬퍼함[哀]"과 "사람을 아끼고 사랑함[愛]"과 같이 다른 사람을 지향 대상으로 하는 '타인지향적 정서'와 "마음속으로부터 즐거워함[樂]", "마음속으로부터 좋아함[好]", "마음속으로부터 우러나오는 기쁨[說]"과 같이 인의를 지향 대상으로 하는 '규범지향적 정서'를 권장하고 있다. 이는 이들 정서가 인의예지 같은 도덕성에 그 근거를 두고 있어서,116 마음속 깊은 곳에서 우러나오는 자연스러운 것이기117 때문이다

맹자는 이렇게 도덕성의 근거가 인간에게 본래부터 갖추어져 있는 자연스러운 심리적 정감에 있다고 보고, 이를 함양하여 기름으로써 도덕적 자각을 이루고, 이를 일상생활에서 실천하는 것이 바른 삶의 태도라고 보고 있다. 곧 다른 사람에 대한 관심과 배려에 근거를 두고 있는 '타인지향적 정서'와 바른 삶을 지향하는 '규범지향적 정서'는 모든 도덕성의 연원으로서, 적극 보호하고 권장되어야 한다는 관점이 맹자가 제시하는 정서이론의 핵심인 것이다.

③ 《순자》

공자나 맹자와 같이, 순자도 애(哀)·애(愛)·호(好)·낙(樂)·치(恥) 같은 도덕적 수양에 긍정적인 영향을 미치는 정서는 적극적으로 권장하고 있다. 이러한 대표적인 정서가 "부끄러워함[恥]"이다. 순자는 부끄러워하는 일이 도덕적 수양의 원동력이 될 수 있음을 다음과 같이 지적하고 있다.

군자는 스스로 귀하게 될 수는 있어도, 남이 반드시 자기를 귀하게 여기도록 만들 수는 없으며, 스스로 유용한 사람이 될 수는 있어도 남이 반드시 자기를 기용하도록 만들 수는 없다. 그러므로 군자는 자기 덕이 닦이지 않은 것을

---

116 故理義之說我心 猶芻豢之悅我口(告子上 7); 仁 人心也 義 人路也 舍其路而不由 放其心而不知求 哀哉(告子上 10); 先生以仁義說秦楚之王 秦楚之王悅於仁義 而罷三軍之師 是三軍之師 樂罷而悅於仁義也(告子下 4) 등.

117 以德服人者 中心悅而誠服也(公孫丑上 3); 孩提之童無不知愛其親(盡心上 15); 仁者無不愛也 急親賢之爲務 …… 堯舜之仁 不徧愛人 急親賢也(盡心上 46) 등.

부끄러워하지, 남에게 오욕을 받는 것을 부끄러워하지 않으며, 스스로 신임이
부족한 것을 부끄러워하지, 남이 자기를 믿어주지 않는 것을 부끄러워하지 않
으며, 스스로가 능력이 부족함을 부끄러워하지, 남에게 기용되지 못하는 것을
부끄러워하지 않는다. 그러므로 군자는 명예에 유혹되지 않고, 남의 비방을 두
려워하지 않으며, 도에 따라 실천하고, 단정하게 자기 몸을 닦음으로써, 외부
사물에 미혹당하지 않게 된다. 이런 사람이야말로 진정한 군자인 것이다.[118]

이 인용문에서 제시하듯이, 순자는 "부끄러워함"은 자기의 덕이 닦이지
않은 것, 스스로가 신임이 부족한 것, 스스로 능력이 부족한 것 때문에 유발
되는 감정이라고 보고 있다. 이러한 점을 순자는 또한 "어려서 열심히 공부
하지 않아서 늙어서도 아무런 가르칠 것이 없는 것, 이것이 바로 부끄러
움"[119]이라고 표현하고 있다. 이렇게 순자는 부끄러워한다는 감정은 스스로
가 열심히 노력하지 않거나 도덕적 수련을 게을리 함으로써, 인간적 수양을
이루지 못한 데서 유발된다는 사실을 분명히 하고 있다. 곧 호(好)·낙(樂)·
치(恥) 같은 마음속에서 우러나오는 감정들은 스스로의 수양 수준에 따라
유발되는 정서[在己者·在我者]이기 때문에, 인격 수양의 바탕으로 작용하
여 자기개선을 이루는 근거가 되고,[120] 따라서 적극 권장해야 한다고 순자
는 주장하는 것이다.

순자는 자신이 하기에 달린 도덕적 수양에서 오는 즐거움을 "마음속으로
부터 나오는 도의적 즐거움[義榮]", 이기적이고 사적인 욕구의 충족에서 오
는 즐거움을 "밖으로부터 주어지는 조건적 즐거움[勢榮]", 도덕적 수양이
미흡하여 사람의 도리를 못하기 때문에 받게 되는 치욕스러움을 "마음속으

---

118 《荀子》, 非十二子 36.

119 幼不能彊學 老無以教之 吾恥之(宥坐 8).

120 天論 28-29. 이 점이 바로 개인 존재를 덕성 주체로 파악하여, 모든 책임을 스스로가
지려 하는 삶의 태도를 낳게 되는 배경이다. 이에 관해서는 졸저(조긍호, 2006, pp.
449-453; 2003a, pp. 369-379) 및 본서의 제2장 3절("덕성 주체" 항목, pp. 132-136)과 제3
장 2절("자기 억제와 책임의 자기 귀인" 항목, pp. 235-245) 참조.

로부터 나오는 도의적 치욕〔義辱〕”, 다른 사람의 근거 없는 모욕이나 업신여김 때문에 받게 되는 치욕스러움을 “밖으로부터 주어지는 조건적 치욕〔勢辱〕”이라 부르고, 이들 사이의 관계를 다음과 같이 진술하고 있다.

> 그러므로 군자는 조건적 치욕을 받을 수는 있어도 도의적 치욕은 받지 않는다. 소인은 조건적 즐거움은 누릴 수 있어도 도의적 즐거움은 누리지 못한다. 조건적 치욕을 받는다고 해도 요(堯)임금 같은 성인이 될 수 있고, 조건적 즐거움을 아무리 많이 누린다고 해도 걸(桀) 같은 폭군이 될 수 있는 것이다.[121]

애(哀) · 애(愛) · 호(好) · 낙(樂) · 치(恥) 같은 정서는 도의적 즐거움인 의영(義榮)이나 도의적 치욕인 의욕(義辱)을 가져오는 정서들이다. 여기서 도의적 즐거움과 도의적 치욕은 개인의 도덕적 수양에 달린 재기자(在己者)이고, 조건적 즐거움과 조건적 치욕은 외적 조건에 따라 유발 여부가 결정되는 재천자(在天者)이다. 따라서 인간은 의영과 의욕을 가져오는 자기 수양에 힘써야 하고, 결국 이러한 의영과 의욕에 따라 유발되는 ‘타인지향적 정서’ 또는 ‘규범지향적 정서’를 권장하는 것이 순자의 정서이론의 요체인 것이다.

(2) 자기중심적 정서의 억제

유학자들은 인의 체득 및 실천과 관련된 사단과 같은 타인 · 규범 중심적 정서는 적극 권장하는 대신, 외적 조건이나 상황에 따라 유발되는 칠정과 같은 자기중심적 정서는 적극 억제해야 한다는 태도를 보이고 있다. 곧 전자는 모두 개인의 도덕적 수양에 근거를 둔 재기자에 속하는 정서들이어서, 스스로 하는 노력에 따라 함양 · 계발되므로 권장해야 마땅하지만, 후자는 외적 조건과 자신의 현 상태가 일치 또는 불일치하는 데서 유발되는 재외자

---

121 是榮之由中出者也 夫是之謂義榮 …… 是榮之從外至者也 夫是之謂勢榮 …… 是辱之由中出者也 夫是之謂義辱 …… 是辱之由外至者也 夫是之謂勢辱 …… 故君子可以有勢辱 而不可以有義辱 小人可以有勢榮 而不可以有義榮 有勢辱無害爲堯 有勢榮無害爲桀(正論 29-30).

에 속하는 정서들이어서, 스스로가 어찌할 수 있는 것이 아니므로 내적으로 통제하고 조절해야 마땅하다는 것이다.

① 《논어》

공자는 칠정 가운데 외적 조건에 따라 유발되는 성격이 강한 "기쁨[喜]", "성냄[怒]", "두려움[懼]", "미워함[惡]", "하고 싶어함[欲]" 같은 정서와 그 밖에 이들과 유사한 "성내고 원망함[慍]", "걱정하고 근심함[患]", "근심하고 괴로워함[憂]", "원망함[怨]", "두려워함[畏]", "겁내고 무서워함[恐]", "싫어함[疾]", "분하게 여겨 화냄[忿]", "슬프게 여기고 걱정함[戚]", "자기를 내세우고 자랑함[伐]" 같은 정서를 억제하고 배척한다.

공자는 앞에서 제시된 타인·규범 중심적 정서는 군자가 느끼는 것이고, 자기중심적 정서는 소인이 느끼는 것이라고 표현하여, 이러한 관점을 밝히고 있다. 이를 그는 "군자는 마음이 넓고 편안하되, 소인은 항상 걱정이 많다"[122]거나 "군자는 태연하되 교만하지 않지만, 소인은 교만하고 태연하지 못하다"[123]라고 표현하고 있다.

공자는 이러한 자기중심적 정서는 외적 조건에 따라, 또는 외적 조건이 자신의 포부나 바램 및 욕구와 일치하거나[喜·欲·伐] 불일치하기[怒·懼·惡·慍·患·憂·怨·畏·恐·疾·忿·戚] 때문에 나타나는 것이라 보고 있다. 이러한 사실은 다음 진술에서 잘 드러나고 있다.

> 군자는 도(道)를 도모하지 먹을 것을 도모하지 않는다. …… 군자는 도를 걱정하지 가난함을 걱정하지 않는다.[124]

> 사람들이 나를 알아주지 않더라도 성내고 원망하지 않는다면, 또한 군자답지 아니하겠는가?[125]

---

122 君子坦蕩蕩 小人長戚戚(《論語》, 述而 36).

123 君子泰而不驕 小人驕而不泰(子路 26); 君子 …… 泰而不驕(堯曰 2).

124 子曰 君子謀道 不謀食……君子憂道 不憂貧(衛靈公 31).

125 學而 1.

첫 번째 인용문은 군자의 걱정거리는 도를 이루는 일이지 외적 조건인 가난이나 호구지책에 있지 않음을 말하여, 도덕적 수양을 이루지 못한 사람들의 특징인 자기중심적 정서가 외적 조건에 의해 유발됨을 말하고 있다. 또한 두 번째 인용문에서는 외적 조건과 자신의 포부가 일치하지 않는 것(사람들이 나의 가치를 제대로 인정해 주지 않는 것)이 자기중심적 정서의 유발 조건이 될 수 있음을 말하고 있다.

이렇게 '자기중심적 정서'들은 외적 조건 그 자체나 외적 조건과 자신의 현 상태(포부·욕구·원망)의 일치 여부에 따라 유발되는 재외자에 속하는 정서들이어서, 스스로의 노력에 따라 유발될 수 없을 뿐만이 아니라, 도덕적 수양에 방해가 되거나 집단의 조화를 해칠 수 있기 때문에,[126] 통제하고 억제해야 한다고 공자는 보고 있는 것이다.

② 《맹자》

맹자에게서도 칠정 가운데 희(喜)·노(怒)·구(懼)·오(惡)를 비롯하여, "걱정하고 근심함〔患〕", "근심하고 괴로워함〔憂〕", "원망함〔怨〕", "두려워함〔畏〕", "겁내고 무서워함〔恐〕"과 같이 자기 자신을 참조 대상으로 하는 자기중심적 정서들은 대체로 부정적으로 평가되어, 통제하고 억제해야 할 정서로 인식되고 있다. 이러한 자기중심적 정서들을 억제하고 통제해야 하는 까닭은 이들이 외부 대상이나 조건에 의해 유발되는 재외자에[127] 속하는 정서들이기 때문이다. 이들이 재외자에 속하는 정서들이라는 사실은 다음과 같은 진술들에서 드러난다.

> 손가락이 남보다 못하면 이를 싫어할 줄 알지만, 마음이 남보다 못하면 이는 싫어할 줄 모른다.[128]

---

126 子曰 放於利而行 多怨(里仁 12); 顔淵曰 願無伐善 無施勞(公冶長 25).

127 《孟子》, 盡心上 3.

128 指不若人 則知惡之 心不若人 則不知惡(告子上 12).

공손연(公孫衍)과 장의(張儀)가 어찌 진정한 대장부가 아니겠습니까? 그들
이 한번 노하니까, 제후들이 두려워하였습니다.[129]

가르치는 사람은 반드시 올바른 길로써 하는데, 올바른 길로써 가르치는데
도 행해지지 않으면, 이어서 성을 내게 된다.[130]

여기서 첫 번째 인용문에서는 싫어하는 감정이 남보다 못한 손가락이라
는 외부 대상에 의해 유발되고 있다. 두 번째 인용문에서는 제후들이 느끼
는 두려운 감정이 공손연과 장의가 노했다는 외적 조건에 의해 유발되고 있
다. 그리고 세 번째 인용문에서는 자기가 올바른 길로 가르치는데도 상대방
이 이를 받아들이지 않으므로, 외적 조건과 자기의 기대가 일치하지 않기
때문에 성을 내는 감정이 유발되고 있다. 이와 같이 '자기중심적 정서'들은
외부 대상이나 조건 자체 또는 외부 대상에 대해 개인이 가지고 있는 기대
가 일치하느냐의 여부에 따라 유발되는 정서들이다. 따라서 이러한 정서의
유발에는 도덕 주체로서 개인의 능동성이나 주도성이 전혀 개입되지 못하
여, 도덕적 수양에 도움이 되지 않으므로 통제되거나 억제되어야 한다고 맹
자는 주장하는 것이다.

③ 《순자》

공자·맹자와 마찬가지로, 순자도 대부분의 칠정과 원(怨)·공(恐)·환
(患)·우(憂) 같은 외적 조건에 의해 유발되는 자기중심적 정서의 억제를
강조한다. 그는 유발 조건이 외적 대상이나 상황에 달려 있는 이런 재천자
(在天者)인 정서는 조건적 즐거움[勢榮]이나 조건적 치욕[勢辱]을[131] 가져
오게 된다고 본다. 따라서 그 유발 조건이 밖에서 주어지는 이러한 자기중

---

129 公孫衍張儀 豈不誠大丈夫哉 一怒而諸侯懼(滕文公下 2).

130 敎者必以正 以正不行 繼之以怒(離婁上 18).

131 《荀子》, 正論 29-30.

심적 정서들은 대체로 사람의 마음을 가리워 도를 올바로 인식하지 못하게 하고, 결과적으로 사람을 악으로 인도하는 원천이 된다는 것이 순자의 생각이다.

> 무엇이 사람의 마음을 가리워지게 만드는가? 좋아서 하고 싶은 것〔欲〕이 가리워지게 만들고, 싫어하는 것〔惡〕이 가리워지게 만든다. …… 무릇 모든 사물을 변별하게 되면, 서로 가리워지지 않는 것은 아무것도 없다. 이것이 '마음 씀의 공통적인 걱정거리〔心術之公患〕'인 것이다.132

여기서 "욕오(欲惡)는 말하자면 호오(好惡)와 같은 것으로,"133 이에 가리워진다는 것은 좋아서 하고자 하는 것과 싫어서 피하고자 하는 것, 곧 욕구와 감정 때문에 바른 것을 보지 못하는 폐단을 말한다. 이렇게 정서와 욕구는 인식능력〔知〕과 도덕적 행위능력〔能〕이 제대로 기능을 발휘하지 못하도록 가리는 역할을 한다고 순자는 파악하고 있는 것이다.

그렇기 때문에, 순자는 대부분의 정서는 통제되고 조절되어야 한다고 본다. 이러한 사실을 《순자》에서는 《서경(書經)》을 인용하여, 다음과 같이 제시하고 있다.

> 《서경》에 이르기를 "자기대로의 좋아하는 감정을 억누르고 오직 옛 성왕이 정하신 법을 따르며, 또 자기대로의 싫어하는 감정을 나타내지 말고 반드시 옛 성왕의 법을 따르라"고 하였으니, 이것은 군자가 공의(公義)로써 사욕(私欲)을 이겨야 함을 말한 것이다.134

---

132 故爲蔽 欲爲蔽 惡爲蔽 …… 凡萬物異 則莫不相爲蔽 此心術之公患也(解蔽 3: 《荀子集解》에서는 첫 구의 故를 胡의 誤字로 보아, 何의 뜻으로 풀고 있다).

133 蔡仁厚, 1984, p. 420.

134 書曰 無有作好 遵王之道 無有作惡 遵王之路 此言君子之能以公義勝私欲也(修身 40: 天論 37에는 끝 절만 此之謂也라 바뀌었을 뿐, 같은 내용이 보인다).

이렇게 좋아함과 싫어함 같은 대부분의 개인적인 감정은 철저히 통제되고 억제되어야 한다는 것이 바로 순자의 생각이다. 선진유학자 가운데 이와 같이 '자기중심적 정서'의 폐단을 밝혀서 정서의 통제와 억제의 근거를 분명히 제시하고 있는 것은 순자가 처음으로, 이는 그의 정서이론의 근간을 이루는 논리체계가 되고 있다.

(3) 정서의 조절과 통제: 도덕적 수양과 자기개선

지금까지 보았듯이, 유학사상에서는 사단과 같이 재기자에 속하는 타인과 규범 중심의 정서는 적극 권장하는 대신, 칠정과 같은 재천자·재외자에 속하는 자기중심적 정서는 적극 억제해야 한다는 태도를 굳게 지니고 있다. 이렇게 정서를 통제하고 조절함으로써 평온한 마음 상태를 간직하는 일은 도덕적 수양과 자기개선을 이루는 전제 조건이다. 따라서 정서의 통제와 조절은 군자의 경지에 나아갈 수 있는 지름길이라고 유학자들은 보는 것이다.

① 《논어》

공자는 외적 조건이나 상황에 의해 유발되는 자기중심적 정서는 적극 억제해야 하지만, 인의의 체득 및 실천과 관련된 타인·규범 중심의 정서는 적극 권장해야 한다는 견해를 가지고 있다. 곧 전자는 모두 재외자·재천자에 속하는 정서들이어서 개인 스스로가 관장할 수 있는 것이 아니므로 내적으로 통제하고 조절해야 하지만, 후자는 개인의 도덕적 수양 여부에 따라 유발되는 정서, 곧 재기자들이어서 개인의 노력 여하에 의존해서 달라지게 되므로 이를 일상생활에서 잘 지키고 키워나가도록 권장해야 한다는 것이다.

군자는 이러한 정서의 조절과 통제를 이룬 사람이기 때문에 "걱정하지도 않고, 두려워 하지도 않으며,"[135] "항상 착한 사람을 기리고, 능력이 없는 사

---

135 《論語》, 顔淵 4.

람을 불쌍히 여기며,"136 "남과 경쟁하지 않고,"137 "도를 걱정할 뿐, 부귀나 빈천에 대해 걱정하지 않는다."138 그렇기 때문에 "군자는 태연하되 교만하지 않지만, 소인은 교만하고 태연하지 못하며,"139 군자는 마음이 넓고 편안하되, 소인은 항상 걱정이 많은 것이다."140 이렇게 자기의 감정을 조절하여 평온한 마음을 가져야 군자의 경지에 나아갈 수 있다고 공자는 보고 있는 것이다.

이러한 감정의 통제와 조절은 군자가 언행을 일치시키거나141 자기 잘못을 고쳐,142 자기개선을 이루는 근본이 된다.143 이는 공자의 다음과 같은 진술에서 잘 드러난다.

> 사마우(司馬牛)가 군자에 대해 여쭙자, 공자께서 "군자는 걱정하거나 두려워하지 않는다"고 대답하셨다. 사마우가 다시 "걱정하지도 않고 두려워하지도 않으면, 그런 사람을 군자라 부를 수 있단 말씀입니까?"라고 여쭙자, 공자께서는 "안으로 살펴보아 잘못이 없는데, 무엇을 걱정하며, 또 무엇을 두려워하겠느냐?"라고 대답하셨다.144

이렇게 자기 잘못을 고쳐 자기개선을 이루면, 마음이 평온해져서 정서적 안정이 이루어지므로, 걱정할 것도 없고 두려워할 것도 없게 된다고 공자는

---

136 子張 3.

137 君子矜而不爭(衛靈公 21).

138 衛靈公 31.

139 子路 26; 堯曰 2.

140 述而 36.

141 爲政 13; 里仁 22; 憲問 29.

142 述而 3.

143 里仁 14; 憲問 32; 衛靈公 18.

144 司馬牛問君子 子曰 君子不憂不懼 曰 不憂不懼 斯謂之君子矣乎 子曰 內省不疚 夫何憂何懼 (顔淵 4).

보고 있는 것이다.

이상에서 보듯이, 그 유발의 조건이 자기의 수양에 달려 있는 타인중심적 정서를 권장하고, 유발 조건이 상황이나 타인에게 달려 있는 자기중심적 정서의 억제를 강조하며, 이러한 정서의 조절과 통제를 통해 자기개선을 이루고, 결과적으로 정서적 안정을 취하는 일이 군자가 되는 지름길이라고 보는 것이 바로 공자가 제시하는 정서이론의 핵심인 것이다.

② 《맹자》

유학자들 중에서 처음으로 사단설을 제시한 맹자는 자기가 남보다 못함을 부끄러워하는 일을 강조하고 권장함으로써,[145] 도덕적 수양의 근거를 인간의 자연스러운 정서에서 찾는 관점을 택하고 있다. 이는 그의 사단설 말미에 제시되고 있는 다음의 진술에서 잘 드러나고 있다.

> 무릇 나에게 갖추어져 있는 사단을 모두 넓혀서 채울 줄 알면, 마치 불이 처음 타오르고 샘물이 처음 넘쳐 흐르듯 할 것이니, 진실로 이를 채울 수 있으면 온 천하를 보전하고도 남음이 있을 것이지만, 진실로 이를 채우지 못하면 부모를 섬기기에도 부족할 것이다.[146]

이렇게 인·의·예·지라는 덕성의 근거인 측은·수오·사양·시비의 네 가지 시초가 사람에게 갖추어져 있고, 그렇기 때문에 인간의 본성은 착하다는 것이 맹자의 성선설이다. 이러한 사단은 기본적으로 대인관계에서 타인을 지향 대상으로 하는 사회적 정서라고 볼 수 있는데,[147] 사람은 자기에게 본래부터 갖추어져 있는 이러한 선의 기초를 확충하도록 노력해야 한다는 것이 바로 맹자의 생각이다. 곧 그는 이러한 사단을 비롯한 타인·규범 중심의 정

---

145 《孟子》, 盡心上 7.

146 公孫丑上 6.

147 정양은, 1970, pp. 86-90; 한덕웅, 1994, pp. 108-134, 221-222.

서를 함양할 것을 적극적으로 권장하는 입장을 취하는 것이다.

맹자가 사단과 같은 타인·규범 중심적 정서가 아닌 자기중심적 정서를 통제해야 한다고 보는 까닭은, 이들이 모두 감각기관[耳目之官]의 욕구에 이끌려 발생하는 외적 근원에서[148] 온다고 보기 때문이다.

> 눈과 귀 같은 감각기관은 생각하지 못하고, 외부 사물에 가리운다. 감각기관이 외부의 사물과 교접하면, 거기에 이끌릴 뿐이다.[149]

그러므로 사람은 본성에 내재한 사단을 잘 확충하여 기르고, 이렇게 외적 근원을 갖는 자기중심적 욕구와 이로부터 발생하는 감정을 조절하고 통제하도록 노력해야 한다고 맹자는 보고 있다. 곧 "사람에게는 귀한 부분도 있고 천한 부분도 있으며, 작은 것도 있고 큰 것도 있는데[여기서 귀하고 큰 것은 생각의 기관인 심(心), 천하고 작은 것은 감각적 욕구와 자기중심적 정서의 기관인 이목지관(耳目之官)을 가리킴], 작은 것으로 큰 것에 해를 끼쳐서는 안 되며, 천한 것으로 귀한 것에 해를 끼쳐서도 안 된다. 그 작은 것을 기르는 사람은 소인(小人)이고, 그 큰 것을 기르는 사람은 대인(大人)"[150]이라는 것이다.

여기서 맹자가 말하는 정서의 통제가 무엇을 의미하는가를 생각해 볼 필요가 있다. 일상생활에서 정서의 통제는 대체로 인간관계 안에서의 통제를 의미하는 것이다. 그러므로 정서의 통제는 말하자면, 인간관계에서 칠정과 같은 자기중심적 정서의 작용을 억제하라는 뜻이라고 추론해 볼 수 있다. 그러나 칠정은 외부 사물에 감촉되자마자 발동되는 것이므로,[151] "자극에

---

148 盡心上 3.

149 告子上 15.

150 體有貴賤 有小大 無以小害大 無以賤害貴 養其小者爲小人 養其大者爲大人(告子上 14).

151 惻隱羞惡辭讓是非 何從而發乎 發於仁義禮智之性焉爾 喜怒哀懼愛惡欲 何從而發乎 外物觸其形而動於中 緣境而出焉爾[《退溪全書上》, 書 答奇明彦 406: 이는 成均館大學校 大東文化硏究院刊(1958) 退溪全書 上卷 p. 406의 書 中 答奇明彦을 가리킨다. 앞으로 退溪의 인용은

따라 통제할 사이도 없이 발로된다. 아무리 억제하더라도 그것은 육체의 자극에 대한 반응이므로 제지할 도리가 없다. 때로는 억제가 생명의 위협을 초래한다. 캐논(Cannon)이 정서는 위기 반응(emergency reaction)이라고 한 것은 이런 의미로 해석된다."[152]

이렇게 칠정과 자기중심적 정서들이 의식적으로 억제할 사이도 없이 나타나는 성질의 것이라면, 어떻게 이를 통제해야 할 것인가? 사회적 정인 사단이 중요한 역할을 하는 것은 이 지점에서라고 유학자들은 본다. 곧 인간관계에서 물리적 자극인 타인의 신체에 대한 반응으로 칠정이[153] 나타나더라도, 사단의 발로가 강하게 되면 칠정이 자연히 약화된다는 것이다. 말하자면, 타인의 물리적 존재에 반응(칠정)하지 말고, 심리적 속성에 반응(사단)함으로써, 자연스럽게 사단만 남고 칠정은 사라지도록 하자는 것이다. 후대의 유학, 특히 성리학에서는 이렇게 칠정보다 사단이 언제나 인간관계에서 주도적인 정서가 되도록 하는 방법을 중요하게 여긴다. 유학자들이 존양(存養)과 성찰(省察)을 통하여 부단히 연마하는 수양의 중핵은 바로 이것이라고 볼 수 있다.[154]

이렇게 마음에 내재한 사단은 잘 기르고 보존해야 하지만, 외적 근원을 갖는 자기중심적 욕구와 감정은 조절하고 통제함으로써, 도덕적 수양을 쌓아 자기개선을 이루고, 결과적으로 정서적 안정을 도모하도록 해야 한다는 것이《맹자》에서 도출되는 정서이론의 핵심 내용인 것이다.

이 예에 따른다].

152 정양은, 1970, p. 89.

153 정양은(1970, pp. 88-89)은 사단은 인간관계에서 사회적 자극인 타인의 심적 속성에 의해 유발되는 사회적 정서이지만, 칠정은 물리적 환경 세계 속의 물리적 자극에 의해 유발되는 비사회적 정서라고 보았다. 그는 인간관계에서도 칠정이 유발될 수 있지만, 이는 물리적 자극인 타인의 신체에 대한 반응일 뿐이지, 사회적 자극인 타인의 심적 속성에 대한 반응은 아니라고 주장한다.

154 정양은, 1970, p. 90.

③ 《순자》

순자도 또한 정서, 특히 인간을 악으로 향하게 할 가능성이 있는 자기중심적 정서의[155] 통제와 억제를 주장한다. 그러나 이러한 정서는 사람이 선천적으로 갖추고 있는 자연스러운 것[天情]으로서,[156] 이를 모두 멸식시킬 수는 없는 일이다. 그렇다면 어떻게 해야 하는가? 이러한 문제에 대해 순자는 다음과 같은 의견을 제시하고 있다.

> 성인은 '마음 씀의 걱정거리[心術之患]'와 그 '가리워지고 막히는 폐해[蔽塞之禍]'를 알고 계셨다. 그리하여 좋아서 하고 싶어 하는 감정도 없고, 싫어서 피하고자 하는 감정도 없이, 모든 사물을 함께 벌여 놓고 그 가운데에 기준을 드리움으로써, 모든 변별적 감정이 서로 가려 올바른 마음의 도리를 어지럽히지 못하도록 하셨다.[157]

> 좋아서 하고 싶어 함직한 것을 보거든 반드시 앞뒤로 그 싫어할 만한 점이 없는지 생각해 보고, 이로움직한 것을 보거든 반드시 앞뒤로 그 해로울 만한 점이 없는지 생각해 보아서, 양자를 함께 달아 보고[兼權], 잘 살펴본 다음에, 해야 할 것인지 아니면 피할 것인지를 정해야 한다.[158]

이 인용문에서 보듯이, 바람직하지 못한 정서의 폐해에서 벗어나는 일은 호·오(好·惡), 희·노(喜·怒) 같은 서로 반대되는 감정을 촉발하는 조건들을 함께 고려하여[兼權], 어느 한 쪽으로 치우치지 않고 중용을 취하는 일이다. 이렇게 중용을 취하는 일은 도덕적 인식과 행위의 담당 기관, 곧 심(心)이

---

155 《荀子》, 解蔽 3.

156 天論 24.

157 聖人知心術之患 見蔽塞之禍 故無欲無惡 …… 兼陳萬物 而中縣衡焉 是故衆異不得相蔽以亂其倫也(解蔽 10).

158 見其可欲也 則必前後慮其可惡也者 見其可利也 則必前後慮其可害也者 而兼權之 熟計之 然後定其欲惡取舍(不苟 17).

있기 때문에 가능한 일이다.[159] 이 심이 선천적인 주재자[天君]로서, 정(情)·욕(欲)의 담당 기관인 감각기관[天官]을 주도적으로 지배해야 겸권(兼權)이 가능하다는 것이다. 이러한 점을 순자는 다음과 같이 표현하고 있다.

귀·눈·코·입·몸(피부)은 각각 특유하게 외부 사물에 접하여 이를 받아들일 뿐 서로의 기능을 바꾸어 할 수는 없는데, 이를 일러 천관(天官)이라 한다. 심(心)은 사람의 한 가운데에 자리잡고 오관(五官)을 다스리는 것으로, 이를 일러 천군(天君)이라 한다.[160]

정서 통제의 문제와 관련하여 한 가지 지적해야 할 것은, 순자도 공자나 맹자와 마찬가지로, 모든 정서의 통제를 주장하는 것이 아니라, 도덕적 수양에 긍정적인 영향을 미치는 정서는 적극적으로 권장하고 있다는 사실이다. 이러한 대표적인 정서가 "부끄러워함[恥]"이다. 순자는 치(恥)가 도덕적 수양의 원동력이 될 수 있음을 지적하고 있다.

순자에 따르면, "부끄러워해야 할 것은 아직 자기 덕이 닦이지 않았거나, 스스로 아직 신임과 능력이 부족한 사람으로 남아 있는 것이지, 남에게 오욕을 받거나, 남이 믿어주지 않거나, 남에게 기용되지 않은 것이 아니다. 그러므로 군자는 스스로 도에 따라 실천하고, 단정하게 자기 수양을 함으로써, 외부 사물에 마음이 흔들리지 않도록 해야 한다."[161] 이와 같이 순자는 "부끄러워함"이라는 정서는 자기 수양의 계기를 제공해주는 정서이므로, 이를 통해 자기 덕을 닦음으로써 신임이 두텁고 능력이 뛰어난 사람이 되도록 노력해야 한다고 보았다. 곧 부끄러움 같은 타인·규범 지향의 정서는 자

---

159 心者形之君也 而神明之主也 出令而無所受令 自禁也 自使也 自奪也 自取也 自行也 自止也 故口可劫而使墨云 形可劫而使屈申 心不可劫而使易意 是之則受 非之則辭(解蔽 14-15).

160 耳目鼻口形能 各有接而不相能也 夫是之謂天官 心居中虛 以治五官 夫是之謂天君(天論 24-25: 《荀子集解》에서는 形能은 形態의 誤字로 보아, 신체의 피부라는 뜻으로 풀고 있다).

161 非十二子 36.

기 수양과 자기개선의 밑바탕이 되는 심적 경험이라는 것이다.

이렇게 순자도 도덕 수양에 도움이 되는 부끄러움 같은 정서는 적극 권장해야 하지만, 그 밖에 대부분의 정서들은 올바른 도의 인식과 실행을 방해하는 원천 가운데 하나여서, 적극적인 수양을 통해 조절하고 통제해야 한다고 보고 있다. 그렇게 함으로써만 도덕적 인식과 실천의 담당 기관인 심(心)이 제대로 기능을 발휘하게 되어, 자기개선을 이룰 수 있게 된다는 것이다. 순자도 이렇게 정서 통제를 통한 자기개선이 군자가 닦아야 할 수양의 핵심이라고 파악하고 있으며, 이는 유학자들의 공통적인 견해인 것이다.

④ 《예기》

앞 절에 인용된 〈예운〉 편에는 유학의 문헌 가운데 최초로 희·노·애(哀)·구·애(愛)·오·욕의 칠정이 언급되고 있다. 이 인용문에서 《예기》의 기자는, 이러한 칠정은 인간의 마음에 뿌리박고 있는 두 가지 근본적인 실마리〔心之大端〕, 곧 삶을 원하고 죽음을 싫어하는 상반되는 자기 보존 욕망에 근거를 둔 본유적인 것이라 보고 있다.[162] 칠정의 정서는 이렇게 자기 보존 욕망에 근거하고 있으므로, 그대로 내버려두면 인간 상호간에 투쟁을 유발함으로써 사회생활의 조화를 해치게 된다.[163] 그러므로 이를 억제하고 통제하여 다스릴 필요가 생기게 되는데, 이러한 욕구와 정서는 예(禮)를 통해서 통제할 수밖에 없다는 것이 《예기》의 기자의 주장이다. 이렇게 정서 통제의 기준과 내용 및 그 방법을 예에서 구하려 한 점이 《예기》에서 도출되는 정서이론의 특이점이다. 이러한 사실은 《예기》의 기자가 공자를 이어서, 맹자보다는 순자에 더 가까운 견해를 가지고 있음을 드러내는 것이다.[164]

---

162 김승혜, 1990, p. 326.

163 王夢鷗, 1969, pp. 301-302.

164 김승혜, 1990, pp. 320-328.

3) 선진유학의 정서이론 종합

지금까지 《논어》·《맹자》·《순자》·《예기》 같은 선진유학의 경전들에서 제시되고 있는 정서에 관한 논의들을 찾아보았다. 선진유학자들은 대체로 인간의 정서는 바람직한 적응을 해치는 부정적인 영향을 끼치므로, 적극적인 수양을 통해 조절하고 통제해야 할 대상이라고 보고 있다. 공자와 순자, 그리고 《예기》의 기자는 대체로 이러한 측면에서 정서의 문제를 고찰하고 있다. 그러나 이는 칠정으로 대표되는 외부 사물에 의해 유발되는 자기중심적 정서의 경우이다. 이들도 타인을 참조 대상으로 하거나 도덕적 수양에 도움이 되는 정서는 억제되기보다는 권장되어야 한다고 본다.

맹자는 외부 사물에 의해 유발되는 정서 이외에 인간에게 본유적으로 내재한 착한 정서인 사단의 존재를 인정하고, 이의 적극적인 확충을 주장함으로써, 선진유학의 정서 이해에서 특이한 위치를 차지하고 있다. 이러한 사단은 곤경에 빠진 사람을 불쌍히 여기는 측은, 자기와 남의 옳지 않음을 부끄러워하는 수오, 남에게 양보하고 공경하는 사양 및 옳고 그름을 가리려는 시비와 같이 타인 또는 삶의 원칙(규범)과 맺는 관계를 조건으로 하는 사회적인 정서라고 볼 수 있다.

칠정과 사단을 중심으로 한 선진유학자들의 이론체계에 따르면, 측은·수오·사양·시비의 사단은 타인 및 규범 중심적인 여러 정서 가운데 가장 대표적인 정서이다. 이에는 사단 말고도 "마음속으로부터 우러나오는 기쁨[說·悅]", "마음속으로부터 우러나오는 좋아함[好]", "마음속으로부터 즐거워함[樂]", "부끄러워함[恥]" 같은 정서가 포함된다. 이들은 그 유발 조건이 모두 자기 내적인 도덕 수양 또는 타인의 복지나 규범의 존중에 대한 관심과 배려에 달려 있는 자율적인 정서들이다. 따라서 이들은 각자가 하기에 따라 그 유발 또는 충족의 여부가 달라지는 정서[在我者·在己者]들이므로, 언제나 권장되고 강조된다. 곧 도덕적 수양은 이러한 사단 정서의 확충으로 이해될 수 있다는 것이 유학사상에서 도출되는 정서이론의 한 가지 특징인 것이다.

이와는 대조적으로, 칠정의 정서는 외적 조건에 의해 유발되는 타율적인 정서이다. 이들은 외적 조건과 자기 자신의 상태를 비추어 봄으로써 유발되는 자기중심적 정서들이다. 예를 들면, 외적 조건이 자기의 개인적 욕구나 기존 상태의 충족에 긍정적일 경우에는 "기쁨〔喜〕"의 정서가 유발되지만, 외적 조건이 자기의 개인적 욕구나 기존 상태의 충족에 부정적일 경우에는 "성냄〔怒〕"의 정서가 유발되는 것이다. 따라서 이들은 외적 조건에 의해 그 유발 또는 충족의 여부가 달려 있는 정서〔在人者·在天者〕들로서, 적극적으로 억제되고 조절되어야 한다는 점이 강조된다. 이러한 정서의 자유로운 표출은 대인관계와 사회의 조화를 해치게 되며, 또한 올바른 마음의 평정 상태를 해칠 가능성이 크기 때문이다. 이러한 정서들에는 칠정 말고도 "걱정하고 근심함〔患〕", "두려워함〔畏〕", "겁내고 무서워함〔恐〕", "자기를 내세우고 자랑함〔伐〕" 같은 것들이 포함된다. 이러한 자기중심적 정서의 억제와 조절을 강조하는 것이 유학사상에서 도출되는 정서이론의 또 다른 특징이다.

이러한 사단을 중심으로 하는 타인 및 규범 중심적 정서의 권장과 칠정을 중심으로 하는 자기중심적 정서의 억제는 유학적 수신의 핵심 과정 가운데 하나이다. 이러한 정서의 조절을 통해 개인적 욕구나 자기 집착으로부터 벗어나서, 사단이 정서 체험의 중심이 되는 정서의 승화와 자기개선을 이룰 수 있고, 따라서 도덕적 완성의 경지〔成德〕에까지 나아갈 수 있다는 것이 유학적 수양론의 핵심 논지라고 볼 수 있다. 이러한 자기 수양을 통한 정서의 조절과 승화의 강조가 유학사상에서 도출되는 정서이론의 또 한 가지 특징인 것이다.

유학사상의 정서이론으로부터 도출되는 이러한 세 측면의 강조점은 제2장에서 제시된(표 2-2 참조) "문화 유형에 따른 인간 이해의 양식과 강조점의 차이"와 밀접하게 연관되어 있다. 이러한 사실은 표 2-2에 따라 유학사상에서 도출되는 정서의 세 가지 특징을 정리한 표 4-2에 잘 드러나 있다.

이 표에서 보면, 유학사상에서 도출되는 정서의 세 차원의 강조점은 이 책에서 문화 유형에 따른 심리적 특성의 차이를 개관하기 위한 세 차원의

표 4-2. 유학사상에서 강조하는 정서의 특징

차　원	유학사상의 강조점
사회 행위의 원동력과 목표	타인·규범중심적 정서의 권장
자기 표현의 양식	자기중심적 정서의 억제·조절
행위의 변이가능성	정서의 승화를 통한 자기개선

기본틀과 일대일로 상응하고 있음을 알 수 있다. 이러한 사실은 유학의 체계가 이를 이데올로기적 배경으로 삼아왔던 집단주의 사회에 그 특유의 심리적 특징이 생겨나도록 하는 사상적 모태가 되어왔음을 의미하는 것이다.

　사실 유학사상에서 도출되는 이상에서 본 바와 같은 정서의 세 차원의 강조점은, 모두 유학사상에서 인간을 파악하는 관점에서 논리적으로 유추할 수 있는 것들이다. 곧 '타인 및 규범 중심적 정서를 권장'하는 태도는 인간을 개체적 존재가 아니라 '사회적 관계체'로 파악하는 관점에서 직접 도출되는 특징이다. 그리고 '자기중심적 정서의 억제'를 권장하는 태도는 '능동적이고 주체적인 존재'로 인간을 파악하는 관점에서 자연스럽게 도출되는 특징이다. 마지막으로, 정서의 조절을 통한 '정서의 승화'와 이를 통한 '자기개선'을 강조하는 태도는 인간을 '무한한 가능성을 지닌 존재'로 파악하는 관점에서 자동적으로 추론되는 특징인 것이다. 이렇게 유학사상의 정서이론도 대인평가·귀인의 이론과 마찬가지로, 유학적 인간 파악의 관점과 직접 연관되어 있다고 볼 수 있으며, 이 점 또한 현대 동아시아인의 심성과 행동의 이해를 위해 유학사상의 이해가 필수적이라는 주장의 근거를 제공해 주는 것이다.

3. 유학적 정서이론의 집단주의적 특징
— 사단칠정설의 관점

선진유학에서는 사단과 같이 사회 상황에서 유발되는 타인 또는 규범 중심적인 정서는 적극적으로 추구하고 확충해야 하지만, 칠정과 같이 외부 사물과 맺는 관계에서 유발되어 개인의 이기적인 욕구를 부추기는 자기중심적 정서는 적극적으로 조절하고 통제해야 한다고 보는 이중 기준으로 정서 문제에 접근해 왔다. 이렇게 사단을 확충하고 칠정을 조절하는 것이 바로 선진유학에서 제시하는 수양의 핵심이었다.

이러한 선진유학의 관점은 유학사상의 핵심으로 후대까지 면면히 지속되어 왔다. 이는 불교 및 도교와 갖는 이론적 경합 속에서 사변적 형이상학적 철학체계로 확립된 송대 이후의 신유학(新儒學)에도 그대로 이어져왔으며, 이러한 신유학의 한 갈래인 주희(朱熹) 계통의 성리학(性理學)을 받아들인 조선조의 성리학 체계에서는 더욱 교조적으로 이러한 이중 기준에 따른 정서 이해에 집착했다고 볼 수 있다.

조선조 성리학의 가장 큰 특징 가운데 하나는 사단과 칠정 사이의 관계에 관한 사칠논변(四七論辨)이다. 이는 "16세기 중엽부터 논변의 형식으로 연구되기 시작하여 조선조 말(한 말)까지 계속된 탐구 성과"[1]이다. 이는 탐구 기간의 장구함(약 300여 년)에서뿐만 아니라, 당시 유학자의 거의 모두가 이 논변에 참여했다는 점에서, 조선조의 성리학을 대표하는 문제였다고 볼 수 있다.

한국의 온 성리학계가 16세기 중엽부터 거의 3세기 동안 열정적으로 논

---

1 윤사순, 1997, p. 6.

구의 대상으로 삼은 사단칠정론은, 이황(李滉, 호 退溪, 1501~1570)과 기대승(奇大升, 호 高峯, 1527~1572) 사이에 8년 여의 왕복 서신으로 전개된 논변에서 비롯되었다. 이 논변은 사단과 칠정의 의미와 그 유래라는 두 가지 문제를 중심으로 치열하게 전개되었다. "사단과 칠정에 대한 당시 성리학자들의 해석은 그 의미·의도[所指]와 더불어 발동·발출의 유래[所從來]에 따라 해석하는 것인데, 이 두 가지 해석의 관점은 성격이 서로 판이한 것이다. 의미·의도로 하는 해석은 어디까지나 사단·칠정을 추상적 보편적인 차원에서 다분히 가치론(價値論)의 성격으로 이해하는 것이며, 유래로 내리는 해석은 구체적인 현상의 차원에서 사실론(事實論)의 성격으로 이해하는 것이다. 그러므로 판이한 두 성격의 해석을 하나로 합쳐서 내리려는 데 이 문제가 깨끗이 풀리지 않는 원인이 있다. 그 많은 학자들이 그렇게 오랫동안 머리를 짜냈는데도 문제 해결의 끝장을 보지 못한 원인이 바로 여기에 있다."[2] 이렇게 결론이 내려지지 않는 논변이었지만, "그와 같은 논구로 해서 마침내 사단칠정론 중심의 한국 성리학의 심성론은 세계적인 수준으로 향상되었으며, 이 문제에 기초한 학파[主理派와 主氣派]의 성립까지 보게 되었던 것이다."[3]

1) 사단의 권장과 연계성·조화성의 강조

조선조의 성리학자들이 그토록 집요하게 사단칠정을 해석하려 했던 의도는 "특히 사단이 선한 정인 점으로 짐작할 수 있듯이, 인간의 '착한 마음씨[善性]'를 믿는 데 있다. 이성에 해당하는 착한 본성이 우리에게 있음은 물론, 그것을 개발하여 실현하게 하려는 데 해석의 일차적인 목적이 있는 것이다. …… 착한 본성의 내재를 믿으면서, 그러한 본성에 의해 이상 정치

---

2 윤사순, 1992, p. 7-8.

3 윤사순, 1997, p. 192.

나 인륜을 실현할 수 있다는 사고는 또한 유학 전래의 인존(人尊)과 인본 (人本) 의식을 낳은 것이기도 하다. 그런 점에서 인존·인본 정신을 뒷받침 하는 보다 근본적인 인간학에 속하는 것이 바로 사단칠정 해석론이라고 해 도 과언이 아닐 것이다."[4]

사칠논변에서 중요한 논점 가운데 하나가 사단과 칠정이 어디에서 발동 하는가[所從來]의 문제이다. 이 문제에 대해 퇴계는 사단은 이(理)에 의해 발동되고, 칠정은 기(氣)에 의해 발동된다는 이원론을 제시하고 있다.

사단은 이(理)가 발하여 기(氣)가 따르는 것[理發而氣隨之]이어서, 스스로 온전한 선[純善]이고 악함이 없다. …… 칠정은 기가 발하여 이가 이에 얹히는 것[氣發而理乘之]으로서, 본래는 착하지 않음이 없다. 그러나 기의 발동이 중 도에 맞지 않아서 이를 멸식시키면, (선함이 내쫓겨나서) 결국 악하게 된다.[5]

퇴계의 이러한 입장은 사단과 칠정을 엄격히 구분하는 이원론에서 나오 는 당연한 논리적 귀결이다.

실제로 (사단은) 이에서 발하고, (칠정은) 기에서 발한다는 차이가 있기 때 문에, 사단과 칠정이라는 서로 다른 이름을 붙이게 된 것이다. 만약 처음부터 아무런 차이가 없다면, 어찌 서로 다른 이름을 붙였겠는가? …… 사단의 발동 이 이미 이에서 비롯되는 것이라면, 칠정의 발동이 기에서 비롯되지 않고 어디 에서 나오겠는가?[6]

이기호발설(理氣互發說)을 주장하는 이러한 이원론적인 주리파(主理派)

---

4 윤사순, 1992, p. 8.

5 四端之情 理發而氣隨之 自純善無惡 …… 七情之情 氣發而理乘之 亦無有不善 若氣發不中而滅 其理 則放而爲惡也(《退溪全書上》, 聖學十圖 心統性情圖說 205).

6 實有理發氣發之分 是以異名之耳 若本無所異 則安有異名乎 …… 四之所從來 旣是理 七之所從 來 非氣而何(《退溪全書上》, 書 答奇明彦 418-419).

에 대해, 율곡같은 주기파(主氣派)는 기일원론(氣一元論)의 입장을 편다.

퇴계 선생께서는 이기호발설에 입각하여 "사단은 이가 발하여 기가 따르는 것이고, 칠정은 기가 발하여 이가 얹히는 것"이라는 이론을 제시하셨다. 여기서 이른바 "기가 발하여 이가 얹힌다"는 것은 옳다. 그러나 이는 칠정만이 그러한 것은 아니고, 사단 또한 "기가 발하여 이가 얹히는 것"이다.[7]

이러한 일원론적인 관점은 율곡으로 하여금 다양한 정서 가운데서 칠정이 더 포괄적인 것으로서, 사단은 이에 포함된다는 견해〔七包四〕를 표명하도록 하였다. 그는 사단이 칠정 각각에 상호 연관되어 있는 정도가 다르다는 견해를 다음과 같이 제시했다.

무릇 사람의 정서에는 기쁜 일을 당하면 기뻐지고, 상(喪)을 당해서는 슬퍼지며, 친애하는 사람을 만나면 자애로워지고, 이치를 보면 궁구해 보고자 하며, 어진 사람을 만나면 똑같이 되고자 하는데(이상 기쁨·슬픔·사랑함·하고자 함〔喜·哀·愛·欲〕의 네 가지 정서), 이들은 인(仁)의 단서이다. 노할 일을 당하면 성내게 되고, 싫어할 일을 만나면 싫어하게 되는데(성냄·싫어함〔怒·惡〕의 정서), 이는 의(義)의 단서이며, 존귀한 사람을 보면 두려워하게 되는데(두려움〔懼〕의 정서), 이는 예(禮)의 단서이다. 기쁘고, 성나고, 슬프고, 두려운 일을 당했을 때, 마땅히 기뻐하고, 성내고, 슬퍼하고, 두려워할 경우를 아는 것(이는 옳음〔是〕에 속한다)과 또한 마땅히 기뻐해서는 안 되고, 성내서는 안 되고, 슬퍼해서는 안 되고, 두려워해서는 안 될 경우를 아는 것(이는 그름〔非〕에 속한다. 이는 모든 칠정의 경우에 그 옳고 그른 때를 아는 것이다)은 지(智)의 단서이다. 착한 감정이 발동하는 것을 이루 다 열거할 수는 없지만, 대개 이와 같다. 만약 사단을 칠정에 비추어 말한다면, 측은은 애(哀)에 속하고, 수오는 오(惡)에 속하고, 공경

---

7 退溪因此而立論 曰 四端理發而氣隨之 七情氣發而理乘之 所謂氣發而理乘之者可也 非特七情爲然 四端亦是氣發而理乘之也(《栗谷全書》, 書 答成浩原 198).

(사양)은 구(懼)에 속하고, 시비는 마땅히 기뻐하고 슬퍼해야 하는지의 여부에 속한다. 이와 같이 칠정 이외에 다시 사단이 있는 것은 아니다.[8]

이렇게 퇴계와 율곡을 비롯한 조선 중기의 유학자들은 사단과 칠정의 유래와 양자 사이의 관계에 대해 서로 다른 의견을 내세워 격렬히 논쟁하였지만, 양자 모두 사단은 착하기만 한 정서, 곧 순선자(純善者)라고 본다는 점에서는 일치하고 있다. 퇴계는 "사단은 마음속에 간직하고 있는 인의예지의 성에서 나오지만, 칠정은 바깥 사물이 감각기관을 자극하여 나오는 것, 곧 외부 사물에 의해 유발되는 것"[9]이기 때문에, "사단은 모두 선하기만 한 것"[10]이라 보고 있다. 또한 앞의 인용문에서 보았듯이, 율곡은 측은은 희·애(哀)·애(愛)·욕의 순선자, 수오는 노·오의 순선자, 사양은 구의 순선자, 그리고 시비는 이러한 칠정의 소당(所當)과 소부당(所不當)을 아는 순선자라고 보아, 같은 견해를 드러내고 있다.

이렇게 사단은 타인을 대상으로 하거나(측은·사양) 또는 도덕적 규범과 원칙에 비추어서(수오·시비) 유발되는 정서로서, 사람이 본래부터 갖추고 있는 본성에서 나오는 순수하고 착하기만 한 것이기 때문에 적극 권장해야 한다는 주장이 성리학자들의 공통된 관점이다. 이렇게 타인 및 규범 중심의 사단은 '사회적 관계체'로 인간을 보는 관점에서 직접 도출되는 정서 가운데 가장 대표적인 것이다.

사회적 관계체로 인간을 보는 관점은 사회 행위의 원동력을 사회관계 속의 역할 및 의무로 보고, 모든 사회 행위의 목표를 사회관계의 질서와 조화

---

8 夫人之情 當喜而喜 臨喪而哀 見所親而慈愛 見理而欲窮之 見賢而欲齊之者(已上 喜哀愛欲 四情) 仁之端也 當怒而怒 當惡而惡者(怒惡 二情) 義之端也 見尊貴而畏懼者(懼情) 禮之端也 當喜怒哀懼之際 知其所當喜 所當怒 所當哀 所當懼(此屬是) 又知其所不當喜 所不當怒 所不當哀 所不當懼者(此屬非 此合七情 而知其是非之情也) 智之端也 善情之發 不可枚擧 大槪如此 若以四端準于七情 惻隱屬哀 羞惡屬惡 恭敬屬懼 是非屬于其當喜怒與否之情也 七情之外更無四端矣(《栗谷全書》, 書 答成浩原 199).

9 《退溪全書上》, 書 答奇明彦 406.

10 四端皆善也(《退溪全書上》, 書 答奇明彦 406, 412).

의 추구에서 찾는 것으로, 사회 행위의 원동력과 목표 차원에서 '연계성'과 '조화성'을 강조하는 집단주의 문화의 관점과 일맥상통하는 것이다. 유학의 체계에서 이상적 인간으로 설정하고 있는 군자나 성인은 자기를 닦는 수기와 함께, 타인과 사회에 대한 관심을 가지고, 이를 우선적으로 배려하는 특징을 가진 사람들이다. 따라서 이들의 주의는 자기 자신보다는 관계를 맺고 있는 타인이나 사회에 쏠려 있으며, 결과적으로 대인평가의 기준을 '타인과 사회에 대한 관심과 배려'에서 찾게 된다. 이러한 경향은 곧바로 '사단'과 '부끄러워함' 같은 타인과 규범을 참조 대상으로 하는 '타인중심적 정서'를 중시하고 권장하는 태도를 낳게 된다.

이렇게 유학사상에서 사회적 관계체로 인간을 보는 관점에서는 행위 원동력과 목표에 바탕을 둔 주의의 초점 차원 가운데 집단주의 문화의 특징(사회 행위의 원동력 = 관계의 연쇄망에 따른 역할·의무; 사회 행위의 목표 =연계성·조화성; 주의의 초점 = 타인과 사회)과 일치하는 특징이 도출된다. 이와 같이 사회적 관계체로 인간을 파악하는 유학의 체계에서 도출되는 정서이론은, 타인·규범 중심적 정서의 함양을 극히 강조하고 있으며, 이러한 논리체계를 일상적 삶과 사상적 배경으로 삼아온 동아시아 사회에 집단주의 문화가 형성되는 기반이 되었던 것이다.

2) 칠정의 억제와 자기 억제의 강조

칠정의 유래에 대해서는 주리파나 주기파 모두 "기가 발하여 이가 얹히는 것〔氣發而理乘之〕"이라는 퇴계의 견해에 동의하고 있다. 다만 퇴계 계열의 이원론자들은 칠정이 사단과 별개의 정서라고 보고 있지만, 율곡 계열의 일원론자들은 인간의 정서란 칠정이 전부이고, 사단은 이에 포괄되는 선한 정서만을 가리킬 뿐이라고 본다는 점에서 차이가 있다.

그러나 이들 모두가 칠정은 선악이 혼재해 있는 정서로서, 악으로 흐르기 쉬운 것이라고 본다는 점에서는 일치된 견해를 보이고 있다. 퇴계는 "칠정은 외부 사물의 자극에 따라 발동"[11]되는 정서로서, "선악이 정해지지 않은 것"[12]이거나 "본래는 선하지만 악으로 흐르기 쉬운 것"[13]이라 보고 있다. 칠정의 발동이 중도에 맞지 않아 그 이(理)를 잃게 되면, 악하게 된다는 것이다. 곧 인간이 악하게 되는 원천 가운데 하나가 칠정이 그 이치를 잃는 것에 있다고 퇴계는 본다.

율곡도 사단은 순선이지만, 칠정에는 선·악이 혼재해 있다고 본다. 그는 "사단은 오로지 착한 마음[道心]만을 가리켜 말하지만, 칠정은 이기적인 마음[人心]과 착한 마음을 합하여 말하는 것이다"[14]라고 하여, 이러한 견해를 표명하고 있다. 이렇게 선·악이 혼재해 있는 칠정이 악으로 흐르게 되는 것은, 희·노·애(哀)·구·애(愛)·오·욕을 마땅히 느껴야 할 때[所當]와 느끼지 말아야 할 때[所不當]를 분명히 구분하지 못하고 혼동하기 때문이다.[15]

이렇게 성리학자들은 칠정이 사람을 악으로 흐르게 할 수 있는 가능성이 있기 때문에, 이는 될 수 있는 대로 억제되어야 한다고 본다. 이러한 칠정이 악으로 흐를 가능성이 높아지는 것은, 이것이 외부 대상에 의해 유발되는 타율적인 정서라는 점, 그리고 포부·기대·욕구 같은 자기의 현재 상태를 기준으로 하여 유발되는 자기중심적 정서인 만큼 이기적 욕구와 결합될 가능성이 높아진다는 점 때문이다. 그러므로 이러한 자기중심적인 타율적 정서는 성덕을 향하는 과정에서 방해가 되거나 부정적인 영향을 미치므로, 철저히 통제하고 조절해야 한다는 것이 성리학자들의 공통된 견해인 것이다.

이렇게 타율적이고 자기중심적인 칠정을 통제하고 조절할 수 있는 것은, 개인이 덕성 주체로서 갖추고 있는 인간의 존재 의의를 충분히 자각하여, 일상생활에서 도덕 실천을 이룰 수 있는 능동적 주체성을 갖추고 있기 때문이다. 말하자면, '능동적 주체자'로서 인간은 스스로를 통제하고 억제할 수

---

11 《退溪全書上》, 書 答奇明彦 406.

12 七情善惡未定也(《退溪全書上》, 書 答奇明彦 406).

13 七情本善而易流於惡(《退溪全書上》, 書 答奇明彦 412).

14 四端專言道心 七情合人心道心而言之也(《栗谷全書》, 書 答成浩原 199).

15 이 절의 주 8(p. 314) 참조.

있다는 점에서, 칠정과 같은 자기중심적 정서를 통제하고 조절할 수 있는 가능성이 나오는 것이다.

능동적 주체자로 인간을 보는 관점은, 도덕적 기초가 본유적으로 사람 속에 갖추어져 있는 만큼, 모든 사회 행위의 원인을 자기 내부로 귀환하여 자기 속에 침잠할 것을 강조하는 것으로, 자기 표현 양식의 차원에서 '자기 억제'를 강조하는 집단주의 문화의 관점과 통한다. 이러한 관점을 따르면, 모든 것이 도덕 주체인 자기 자신에게 달려 있다고 봄으로써, 항상 모든 일의 책임과 원인을 스스로에게 돌려서 찾게 된다. 그리고 사회와 대인관계에서 질서와 조화를 유지하는 것(모든 사회 행위의 목표)도 그 책임이 자기 자신에게 달려 있으므로, 통제해야 할 대상을 외부 환경 조건이 아니라 자기 자신에게서 찾게 되고, 결과적으로 항상 자기를 억제할 것을 강조한다. 이러한 자기 억제와 '자기 통제'를 중시하는 경향은 특히 정서의 측면에서 두드러진다. 곧 그 유발 조건이나 충족 조건이 외부 상황에 달려 있어서, 스스로의 도덕적 수양에 방해가 되는 '칠정'과 같은 '자기중심적 정서'는 적극적으로 억제하고 조절해야 한다고 유학사상에서는 보는 것이다.

이와 같이 유학사상에서 능동적 주체자로 인간을 보는 관점에서는 자기 표현의 양식에 따른 통제 대상의 차원 가운데 집단주의 문화의 특징(자기 표현의 양식 = 자기 억제; 통제 대상 = 자기 자신)과 일치하는 특징이 도출된다. 이렇게 능동적 주체자로 인간을 파악하는 유학의 체계에서도 동아시아 사회에 집단주의 문화가 형성된 배경의 일단을 찾아볼 수 있는 것이다.

3) 정서의 승화와 자기개선 강조

칠정을 비롯한 여러 자기중심적 정서를 억제하고, 사단을 비롯한 타인·규범 지향의 정서를 권장하는 것이 유학적 정서이론의 핵심이다. 이러한 정서의 통제와 조절을 통해 자기 수양을 하고, 그럼으로써 자기개선을 이룰 수 있게 된다. 성리학, 나아가서 유학의 근본 목적은 사람의 욕심을 버리고,

천리를 보존함으로써〔遏人欲 存天理〕 성인의 길을 배우는 데〔聖學〕 있다.[16] 곧 이기적인 욕구에 물든 마음〔人心〕을 버리고, 천리를 간직한 마음〔道心〕을 지향해 나아가는 것이 사람의 도리라고 보는 이론체계가 바로 성리학인 것이다. 여기서 사람의 욕심을 버리고, 천리를 보존하는 방법으로 제시되는 것이 바로 경 상태에 머무르는 거경(居敬)이다. 이는 "경(敬) 상태를 이루는 심적 조절 방법"[17]인데, 이러한 "경은 성학(聖學)의 처음이자 마지막이 되는 요체"[18]라고 퇴계와 율곡은 보고 있다. "경은 마음의 주재로서, 온갖 일의 근본이 되는 것"[19]이기 때문이다.

김성태는 여러 학자들의 거경에 관한 논의를 종합하여, "경 공부(敬工夫)로 얻어지는 상태 또는 경 공부라는 것은 마음의 안정성, 집중성 및 객관적 태도를 주된 요인으로 지니고 있는 주의 과정에 가까운 것이 아닌가 생각할 수 있다"[20]고 보고 있다. 이에 견주어, 한덕웅은 거경을 주의 집중과만 관련짓는 것은 이를 너무 좁게 개념화하는 것이라 보고, 이를 심적 자기 조절의 전 과정과 연관시키고 있다. 그에 따르면, "경 상태는 주의 분산 없는 주의 집중의 기능과 관련해서 사물 지각이나 판단에서의 주관적 오류를 극복토록 하는 인지적 기능도 지니지만, 인간의 목표 추구 활동을 활성화하고, 행동적 표출을 자신의 판단에 일치시키도록 방향지워주는 동기적 기능도 지닌다. 그리고 행동 결과를 목표 설정에서 마련된 기준과 비교함으로써 환류하는 기능도 지닌다. 따라서 경은 심적 자기 조절이 이루어지는 전 과정에서 영향을 미친다."[21]

이렇게 거경을 심적 자기 조절이 이루어지는 전 과정이라고 보면, 인간에

---

16 안병주, 1987.

17 한덕웅, 1994, p. 76.

18 敬爲聖學之始終 豈不信哉(《退溪全書上》, 聖學十圖 敬齋箴 210); 敬者 聖學之始終也(《栗谷全書》, 聖學輯要 修己上 收斂章 431).

19 敬者 一心之主宰 而萬物之根本也(《退溪全書上》, 聖學十圖 大學經 203).

20 김성태, 1989, p. 163.

21 한덕웅, 1994, p. 93.

게 정서의 조절과 통제는 거경을 통해 이루어진다고 볼 수 있을 것이다. 유학의 기본 논지에 따르면, 거경 상태에서 이루어지는 이러한 정서의 조절과 통제는, "선악 미정"[22]이거나 "본래는 선하지만 악으로 흐를 가능성이 있는"[23] 칠정에 대한 조절과 통제가 된다. 이는 곧 인간의 삶에서 칠정의 작용을 억제하여 선한 방향으로 이끌어감으로써, 정서를 승화시키는 것을 의미한다. 정양은은 이때 사회적 정인 사단의 역할이 중요하다고 보고 있다. 곧 인간관계에서 칠정이 생겨나더라도, 사단의 작용이 강하게 되면 칠정이 자연히 약화될 것이라는 주장이다. 다시 말하면, 타인의 물리적인 존재에 반응[七情]하지 말고, 사회적 자극인 심적 속성에 반응[四端]하도록 하는 것이다.[24] 이렇게 유학에서는 인간관계에서 언제나 칠정보다는 사단이 작용함으로써 정서의 승화가 이루어지는 것을 중요시 하는데, 그 방법이 바로 거경인 것이다.

이렇게 거경을 통해서 칠정을 억제하고, 사단의 작용을 강화함으로써 정서의 승화를 이루는 것은 자기 수양과 자기개선의 핵심이라는 것이 유학, 특히 성리학자들의 주장이다. 이러한 관점은 사칠논변을 벌였던 모든 성리학자들의 공통된 견해이다. 성리학자들이 거경을 통한 정서의 승화가 가능하다고 생각하는 것은 인간을 '무한한 가능체'로 파악하는 관점에서 직접 도출되는 것이다.

인간 존재를 무한한 가능체로 보는 관점은 관계에 따른 역할의 연쇄망 속에서 변화하는 역할을 충실히 수행할 수 있는 인간의 가소성을 강조하는 것으로, 행위의 변이가능성 차원에서 상황에 따른 '가변성'을 강조하는 집단주의 문화의 입장과 맥을 같이 하는 것이다. 이러한 관점에서 보면, 인간은 항상 자기를 돌아봄으로써 자기의 단점과 잘못을 찾아, 이를 고쳐 나가려는 '자기개선'의 노력을 부단히 해야 하는 존재이다. 따라서 자기 성찰과

---

22 《退溪全書上》, 書 答奇明彦 406.

23 같은 곳 412.

24 정양은, 1970, pp. 86-90.

자기개선이 대인평가의 중요한 기준으로 대두된다. 또한 사람은 끊임없는 자기개선의 과정에서 칠정과 같은 자기중심적 정서를 억제하고 통제하여, 사단과 같은 타인·규범 중심적 정서가 지배적인 정서가 되도록 노력함으로써, 자기개선을 통한 자기 향상이 이루어지도록 해야 한다고 유학사상에서는 본다.

이렇게 유학사상에서 무한한 가능체로 인간을 보는 관점에서는 행위의 변이가능성 및 자기 향상의 방안 차원 가운데 집단주의 문화의 특징(상황에 따른 변이가능성 = 가변성; 자기 향상의 방안 = 자기개선)과 일관되는 특징이 도출된다. 이와 같이 무한한 가능체로 인간을 파악하는 유학의 체계도 동아시아 사회에 집단주의 문화가 형성되도록 한 사상적 배경으로 작용했던 것이다.

제5장
동아시아인의 동기와 유학사상

동기는 어떤 목표를 향한 특정한 방향으로 행동을 활성화하고 지속하게 하는 힘이다.[1] 이러한 동기 행동의 가장 큰 특징은 목표지향성과 선택성이다. 동기 과정에는 목표의 가용성 평가, 이에 도달할 수 있는 전략의 고안과 선택 및 진전 정도의 평가와 같은 인지 과정과, 목표 달성 여부에 따른 쾌·불쾌 같은 정서 과정이 필연적으로 개재한다. 곧 이 세 과정(목표 설정, 전략 선택 및 성과 평가)은 분리할 수 없이 서로 연관된 체계이다.[2]

이러한 인간의 동기는 대부분 사회적 상황에서 발생한다. 인간은 타인이나 집단 속에서 생활하기 때문에, 행위와 동기의 맥락이 사회적일 수밖에 없고, 인간의 동기화된 행위는 대체로 사회적 환경 속에서 수행될 수밖에 없다는 사실이 인간을 사회적 동물로 만드는 것이다. 그러므로 동기 과정에서 추구하는 가용적인 목표의 종류와 이에 도달할 수 있는 전략 같은 것은 사회적 문화적 영향을 받지 않을 수 없고, 결과적으로 동기는 인지 및 정서 과정과 마찬가지로 문화의 유형에 따라 다양하게 변화될 수밖에 없는 것이다.[3]

유학사상에서 동기에 관한 탐구는 인심도심설(人心道心說)에 관한 논의로 집중되고 있다. 여기서 인심(人心)은 생물학적 기원을 갖는 이기적 동기체계를, 도심(道心)은 사회적 기원을 갖는 도덕적 동기체계를 가리킨다. 유학의 체계에서는 초기부터 전자를 억제하고, 후자를 권장하는 자세를 굳게 지키고 있다.

이 장에서는 동아시아 집단주의 사회인들이 보이는 동기 행동의 특징들이 유학사상에서 도출되는 동기에 관한 이론체계와 맥을 같이 하고 있다는 사실을 확인해 봄으로써, 동아시아 집단주의의 배경에 유학사상이 놓여 있

---

1 Petri, 1996, pp. 5-7; Reeve, 2005, pp. 6-7.

2 Geen, 1995a, pp. 2-6.

3 D'Andrade & Strauss, 1992; Fiske, A. P. et al., 1998; Geen, 1995a, b; Kitayama & Markus, 1994; Kitayama et al., 1997; Kornadt, Eckensberger, & Emminghaus, 1980; Markus & Kitayama, 1991a, b; Munro, D., Schumaker, & Carr, 1997; Nisbett & Cohen, 1996; Petri, 1996; Pittman, 1998; Reeve, 2005; Ross, L., & Nisbett, 1991; Triandis, 1989, 1990, 1994b, 1995 등.

다는 추론의 이론적 타당성을 동기 경험의 분야에서 검증하고자 한다. 이를 위해 우선 동기 분야에서 이루어진 문화비교연구의 결과들을 문화차 개관의 기본틀(표 2-2)을 바탕으로 종합하여, 동아시아 집단주의 사회인들이 경험하는 동기의 내용과 그 추구 대상 및 강도의 특징을 서구 개인주의 사회인들의 그것과 비교하여 정리하도록 하겠다. 이어서 유학사상의 원형인 선진유학의 경전과 신유학이 전개한 인심·도심에 관한 논의들에서 동기에 관한 논의를 추출하여, 유학자들의 동기이론을 정리해 보기로 하겠다. 마지막으로 이 두 작업의 결과를 종합하여, 현대 동아시아인들이 보이는 동기 행동의 특징들이 유학사상에서 도출되는 정서에 관한 이론체계와 논리적인 정합성을 지니고 있는지 검토해 보기로 하겠다.

1. 문화 유형에 따른 동기의 차이

동기의 문제는 기본적으로 유기체의 행동의 근본적인 추진력에 관한 물음에서 비롯되었다. 이러한 추진력에 관한 물음은 크게 두 방향으로 진행되었다고 볼 수 있다.[1] 그 하나는 인간의 생물체적 특성에서 그 추진력을 찾아보려는 견해, 곧 "유기체의 행동에 영향을 미치는 생물체적 요구(biological need)와 심리적 추동(psychological drive)"[2]에 대한 관심에서 촉발된 연구의 방향이다. 이는 인간과 동물의 연속성을 가정하는 진화론적 관점에 근거를 둔 견해였다. 또 하나는 인간과 동물의 차이에 근거하여, 그 가장 큰 차이인 인간 존재의 합리성에서 인간 행동의 추진력을 찾아보려는 견해이다. 이는 동기에 관한 인지이론에서 추구하는 연구의 방향이다.

이러한 동기에 관한 심리학적 연구들은 인간의 생물체적 특징을 강조하는 전자의 관점이 지배적일 때는 상당히 활발하게 진행되었으나, 역설적이게도 인간의 이성적 측면을 강조하는 후자의 관점이 강하게 대두하면서는 연구가 침체되었다. 그러나 최근에 인간 존재의 사회성이 부각됨으로써, 동기에 관한 연구는 새로운 전기를 맞고 있다. 동기가 심리학 연구의 전면으로 다시 복귀하고 있는 것이다.[3]

동기의 문제는 1960년대까지만 해도 심리학 일반과 사회심리학의 핵심적 연구 주제 가운데 하나였다. 그러다가 1960년대 후반에 귀인이론의 대두와

---

1 Strauss, 1992, pp. 1-9.

2 Bock, 1988, p. 12.

3 Pittman, 1998, p. 549; Reeve, 2005, pp. 40-41.

뒤이은 인지혁명으로 말미암아 관심이 쇠퇴하기 시작하다가, 1970년대와 1980년대에는 심리학 특히 사회심리학의 무대 전면에서 사라지게 되었다. 이렇게 1960년대 후반부터 시작하여 1970년대와 1980년대의 심리학을 지배해 온 인지주의자들이 심리학의 연구 영역에서 동기를 부차적인 또는 "제2급의 연구 영역"[4]으로 미뤄둔 원인은 1960년대까지 동기 연구의 배경이 되었던 "기계적 은유(machine metaphor)"에 있었다고 볼 수 있다.[5] 이는 동기가 생득적인 내장 기제(innate prewired mechanism)에 따라 작동되는 반사적인 힘으로서, 자발적인 통제가 되지 않으며, 따라서 이에 따른 행동은 의식적으로 인식되지 않고도 수행된다고 보는 관점으로, 1930년대부터 1960년대까지의 동기 연구를 지배해 왔던 은유체계이다. 이러한 관점은 이성적 존재인 인간의 합리성에 대한 믿음에 바탕을 두고, 자발적이고도 의식적인 선택 및 정보 처리 과정과 인간 행동의 목표지향성을 강조하는 인지

---

4 Reeve, 1992, p. 23.

5 Geen, 1995a, pp. 13-16; Petri, 1996, pp. 19-21; Weiner, 1991, pp. 921-930: 동기는 직접 관찰이나 측정이 불가능한 중개변인(intervening variable)으로서, 환경 조건(예: 음식물의 탈핍)이나 외현적 행동, 생리적 변화 및 자기 보고에 의해 간접적으로 추론할 수밖에 없는 가설적 구성개념(hypothetical construct)이다(Petri, 1996; Reeve, 1992). 심리학을 포함한 과학사에서는 간접적이거나 친숙하지 않은 현상 또는 과정을 설명할 때에는 대체로 은유(metaphore)를 사용해 왔는데(Geen, 1995a; Gentner & Grudin, 1985; Leary, D. E., 1990; Petri, 1996), Weiner(1991)는 가설적 구성개념인 동기에 관해서도 지금까지 두 가지 은유가 있어왔다고 보고 있다. 그 하나는 인간과 동물의 동기체계를 이원화하여 보는, 심신관계(mind-body relationship)에 관한 이원론 체계에 근거를 두고 있는 "신적 은유(Godlike metaphore, p. 921)"이고, 또 하나는 Darwin의 진화론 이후 인간과 동물의 진화적 연속성을 강조하는 일원론 체계에 근원을 두고 있는 "기계적 은유(machine metaphore, p. 922)"라는 것이다. 여기서 "신적 은유"는 인간은 신이 자기의 형상을 빌어 창조한 존재여서, 신의 속성인 영혼(soul)을 가지고 있는 이성적 존재라고 보는 입장이다. 이는 진화론 이전의 의지(will)로서의 동기관을 대표하는 은유체계로서, 동기에 관한 인지이론인 기대-가치이론(expectancy-value theory)과 귀인이론(attribution theory)의 배경이 되는 은유이다. 이와는 대조적으로 "기계적 은유"는 인간을 본능(instinct)·추동(drive) 및 흥분(arousal) 또는 생득적 기제에 따라 동물과의 연속선 상에서 기계체계로 이해하려는 입장으로, 정신분석이론(psychoanalytic theory), 추동이론(drive theory) 및 행동관찰학적 이론(ethological theory)의 배경이 되는 은유이다(Weiner, 1991).

이론가들의 관점과는 어긋나는 것이었기 때문에 제쳐둘 수밖에 없었던 것이다. 그리하여 1970년대와 1980년대에 동기에 대한 관심은 거의 사라졌거나[6] 또는 동기를 인지체계에 딸린 하위체계로 보려는 시도들이[7] 이어졌던 것이다.[8]

그러나 인지주의자들의 견해는 너무나 낙관적이었음이 곧 드러나게 되었다. 곧 합리적 귀인 모형의[9] 예측과는 어긋나는 비합리적인 귀인 편향(attributional bias)이 발견되고, 이들이 인지이론만으로는 설명하기 곤란하며 동기적 설명이 더 타당할 수도 있다는 사실과,[10] 인간의 정보 처리 능력의 고유한 한계와 결함으로 말미암아 비합리적인 사회추론(social inference)이 이루어진다는 사실들이[11] 밝혀지면서, "인간의 합리성에 대한 신념이 낮아지게 되었던 것이다."[12] 이러한 배경에서 목표 설정과 자기 개념 같은 인간 행동에 미치는 동기의 영향력과 중요성을 시사하는 연구들이 계속 이어지면서, 동기에 대한 관심이 서서히 회복되었다.[13] 이렇게 동기를 심리학의 연구 전면에서 몰아냈던 인지주의가 역설적이게도 동기를 다시 끌어들이는 계기를 제공했다고 볼 수 있으며,[14] 이리하여 오늘날 동기가 다시 핵심적인

---

6 Jones, 1998, pp. 11-14; Pittman, 1998, p. 549.

7 예: Weiner, 1974.

8 이러한 시도들은 진화론 이전의 "신적 은유"의 체계로 되돌아가서 동기를 보려 했던 것이라 생각할 수 있다. 곧 동기를 합리적 합목적적인 이성의 통제 아래 두고, 동기에 의한 행동도 의식적으로 인식될 수 있다고 보며, 동기의 자발적 선택 기능과 목표지향성을 강조하는 입장이다. 합리적 인지 과정에 기대어 합목적적인 선택과 통제를 강조하는 기대-가치이론과 귀인이론에 따른 동기의 파악 등이 이러한 입장을 대표하는 것이다(Franken, 1998; Petri, 1996; Weiner, 1991).

9 예: Jones & Davis, 1965; Kelley, 1967, 1972a, b.

10 Kuhl, 1986; Tetlock & Levi, 1982.

11 Kahneman, Slovic, & Tversky, 1982; Nisbett & Ross, L., 1980; Tversky & Kahneman, 1974

12 Petri, 1996, p. 21.

13 Geen, 1995a, pp. 16-19; Pittman, 1998, pp. 550, 573-577; Reeve, 2005, pp. 33-43.

14 Fiske, S. T., 1993; Geen, 1995a; Kunda, 1990; Reeve, 1992.

심리학의 연구 영역으로 떠오르게 되었던 것이다.[15]

이렇게 사회심리학의 무대 전면으로 동기가 복귀하게 된 것은[16] 인간의 동기가 대부분 사회적 상황에서 발생한다는 인식과 궤를 같이 하고 있다. 동기에 대한 관심은 인지 과정과 별개로서 존재하는 동기라는 심적 구성체에 관한 관심만이 아니라, 인간의 심성 전반에 미치는 문화의 영향에 관한 탐구, 곧 문화와 인간 심성의 상호구속성에 관한 탐구라는 시대정신과 함께[17] 부상했던 것이다. 말하자면, 동기는 "문화와 함께" 돌아온 것이다.[18]

심리학의 전면으로 동기가 복귀함과 함께 이루어진 동기의 문화차에 관한 연구들에서는 문화 유형에 따라 지배적인 동기의 내용이 달라질 뿐만 아니라, 같은 내용의 동기일지라도 그 추구 대상이나 강도에서 차이를 보인다는 사실이 광범위하게 확인되고 있다.[19] 이 절에서는 동기의 문화구속성에 관한 일반적 논의에서 시작하여, 서구 개인주의 사회인과는 다른 동아시아 집단주의 사회인의 특징적인 동기 행동에 대해 고찰하기로 하겠다.[20]

---

15 조은경, 1994; Franken, 1998; Geen, 1991, 1995a, b; Jones, 1998; Petri, 1996; Pittman, 1998; Reeve, 2005.

16 시대에 따른 동기에 대한 연구 관심의 이러한 부침(1960년대까지의 고조 → 1970~1980년대의 쇠퇴 → 1990년대의 고조)을 Pittman(1998, p. 549)은 《사회심리학 편람(*The handbook of social psychology*)》의 편집과 관련하여 상징적으로 제시하고 있다. 곧 이 편람의 제1판(Lindzey, 1954)과 제2판(Lindzey & Aronson, 1969)에는 각각 Murphy(1954)와 Berkowitz(1969)의 집필로 동기에 관한 장이 포함되어 있었으나, 제3판(Lindzey & Aronson, 1985)에는 빠졌다가, 다시 제4판(Gilbert, Fiske, S. T., & Lindzey, 1998)에는 들어 있다는 것이다.

17 Munro, D., 1997, p. 12-14.

18 Pittman(1998, p. 549)은 1980년대 말부터 심리학계에서 동기에 대한 관심이 부활되었다고 보면서, "동기가 돌아왔다"고 선언했다. 그러나 이러한 동기의 복귀는 같은 시기 사회심리학에 밀어닥친 문화 연구라는 화두와 연결되어 이루어졌던 것이다. 1980년대에 들어서면서 문화가 인간의 동기에 미치는 영향 또는 문화 유형에 따른 동기의 변화 등에 관한 연구들이 폭발적으로 이루어지고 있으며, 그 연구 성과가 1990년대에 들어서서 "동기와 문화"라는 표제를 붙인 편저들(예: D'Andrade & Strauss, 1992; Munro et al., 1997)로 종합되고 있음은 이러한 사실을 잘 드러내고 있다.

19 Markus & Kitayama, 1991a, b.

20 이 절의 내용은 졸저(조긍호, 2003a, pp. 263-314)의 내용에 새로운 자료를 첨가하여 보완

1) 동기의 문화구속성

지금까지 보아왔듯이, 집단주의 사회에서는 사람들 사이의 관계를 사회 구성의 궁극적 단위로 보기 때문에, 타인에 대한 배려 및 조화를 위한 상호의존적인 자기상의 추구가 문화적 명제로 부각된다. 이와는 대조적으로, 개인주의 사회에서는 개인을 자율적이며 독특한 독립적인 존재로 인식하여 사회 구성의 기본 단위로 여기므로, 타인 및 집단과 분리된 개별적인 자기상의 추구가 문화적인 명제가 된다. 문화구성주의의 입장에 따르면, 이러한 문화적 자기관은 곧바로 개인의 심리적 경향으로 조형된다.[21]

문화구성주의는 사회 전반의 문화체계와 개인의 심성체계가 상호구성적인 영향을 끼친다고 본다. 곧 모든 사회는 저마다 가지고 있는 문화적 자기관(개인을 상호독립적인 존재로 보느냐 아니면 상호의존적인 존재로 보느냐 하는 견해)에 일치하는 다양한 사회적 상황을 산출해 내고, 사회화 압력들을 통해 성원들이 이에 합치되는 자기관을 가지도록 유도한다. 이러한 사회화 과정을 거쳐 해당 문화의 자기관에 조율된 다양한 심리 내용과 경향을 갖추게 된 성원들은, 이러한 문화적 자기관에 부합하는 행동과 신념체계를 통해 해당 문화의 자기관에 합치하는 상황을 조성함으로써, 문화의 조형에 기여한다는 것이다.

이렇게 문화구성주의에서는 개인을 둘러 싸고 있는 사회적 상황의 특징과 개인의 심리 과정 사이에는 밀접한 상응관계가 있다고 봄으로써, 개인의 심리 기제의 문화적 근거를 밝히는 이론적 틀을 제공하고 있는 것이다. 이러한 입장을 따르면, 전술한 바와 같은 집단주의와 개인주의의 문화 유형에 따른 인간 이해 양식의 차이는 두 문화권에서 나타나는 인지와 정서 과정의 차이뿐만 아니라(표 3-2와 표 4-1 참조), 동기 과정의 차이로도 그대로 이어지게 될 것임은 자명한 사실이다.

하고 재조직함.

21 Fiske, A. P. et al., 1998; Gergen, K. J., & Davis, K. E., 1985; Gergen, K. J., & Gergen, M. M., 1988; Kitayama et al., 1995, 1997; Markus & Kitayama, 1994a, b.

　문화는 특정 집단의 사람들이 그럴 만한 이유와 목적을 가지고 반복하는 일관되고 통합적인 행위 및 의미체계이다. 그리고 동기 과정은 특정 목표를 지향하는 일관되고 통합적인 행위의 계열이다. 이렇게 보면, 문화와 동기는 일관되고 통합적인 목표지향성이라는 공통성을 가지고 있다고 볼 수 있고,[22] 따라서 동기는 전적으로 문화에 따라 구성된다고 생각할 수 있는 것이다.[23]

　문화는 "세계 속에서 대상과 사건들의 확인 및 설명을 가능하게 하는 개념구조인 도식들(schemas)"[24]의 거대한 집합체로서, 문화적으로 조성된 인지도식의 체계를 문화모형(cultual models)이라 한다.[25] 이러한 "문화모형은 세계를 명명하고 기술할 뿐만 아니라, (의식적 및 무의식적인) 목표를 설정하고, 이에 따른 욕구를 유발 또는 포괄하기 때문에 동기적인 힘(motivational force)을 가진다."[26] 곧 문화모형은 어떤 상황에서 어떻게 행동해야 할 것인지에 대한 개념구조인 도식으로 전수되는데, 이러한 도식은 "대상이 아닌 과정으로서", 다양한 사회 상황에서 "자율적인 목표(autonomous goals)의 기능을 수행"할 수 있기 때문에, "행위를 촉발하는 잠재력을 가지며",[27] 따라서 해당 문화모형이 요구하는 동기가 산출된다는 것이다. 이렇게 다양한 원망(願望)과 목표 획득의 전략체계인 동기는, 개인이 그 속에서 성장해 온 문화와 사회 집단을 통해서 사회적으로 구성되고 내면화된 심리 내용 및 과정이다.[28]

　이러한 동기의 문화구속성은 전적으로 각 문화에서 지배적인 인간관과 자기관의 차이에서 비롯된다.[29] 문화적 자기관은 한 사회에서 특징적인 자

---

22 Munro, D., 1997, pp. 12-14.

23 Kashima, Y., 1997, pp. 16-17.

24 D'Andrade, 1992, p. 28.

25 Quinn & Holland, 1987, p. 3.

26 Strauss, 1992, p. 3.

27 D'Andrade, 1992, p. 29.

28 같은 곳, p. 28-37; Munro, 1997, pp. 12-14; Strauss, 1992, pp. 4-9.

기체계(self-system)로서, 자기 자신 그리고 자기와 타인 및 집단 사이의 관계를 조감하고 해석하는 인지 도식이다. 따라서 이러한 문화적 자기관은 동기적 기능을 갖는다. 집단주의 사회의 상호의존적 자기관은 타인과 맺는 관련성이나 연계를 증진시키는 행위를 하도록 동기화하고, 개인주의 사회의 독립적 자기관은 개인의 자기 규정적인 내적 속성, 곧 능력이나 개인적 특성 및 욕구를 표출하는 행위를 하도록 동기화한다.[30] 이러한 과정을 거쳐 문화 유형에 따라 특유하거나 상대적으로 강도가 다른 동기적 경향이 갖추어지거나,[31] 또는 두 문화권에서 보편적으로 나타나는 동기적 성향일지라도 그 추구 대상 또는 추구 목표가 다른 양상을[32] 띠게 되는 것이다.

2) 문화 유형에 따른 동기 행동의 차이

지금까지 살펴보았듯이, 문화구성주의자들은 문화 유형에 따라 개인의 심리 과정에서 나타나는 여러 가지 차이의 원인은, 각 사회에서 문화적 명제로 강조하는 인간관과 자기관의 차이에서 그 근거를 찾을 수 있다고 본다. 이러한 인간관과 자기관은 인간 일반과 자기 자신에 대한 다양한 인지체계의 집합체로서, 사회 상황에서 사회적 사건에 대한 개인의 해석 양식을 낳을 뿐만 아니라, 앞으로의 행동을 위한 방향 설정의 기능을 할 수 있어서

---

29 Kitayama et al., 1997; Markus & Kitayama, 1994a, b.

30 Markus & Kitayama, 1991a, pp. 239-245.

31 예를 들면, 독립적 자기관을 가진 개인주의 문화권에서는 자기 실현과 관련된 동기가 상대적으로 강하게 나타나지만, 상호의존적 자기관을 가진 집단주의 문화권에서는 집단에의 소속과 관련된 동기가 상대적으로 강하게 나타난다(Fiske, A. P. et al., 1998; Geen, 1991, 1995a, b; Geen & Shea, 1997; Johnson, 1985; Markus & Kitayama, 1991a, b; Wilson, 1997 등).

32 예를 들면, 똑같은 성취동기를 가지고 좋은 대학에 입학하기 위해 열심히 노력하는 피상적인 행동은 같지만, 개인주의 문화권에서는 개인의 성공이 기본적인 목적이고, 집단주의 문화권에서는 가족의 명예가 기본적인 목적일 수 있다(Fiske, A. P. et al., 1998; Geen, 1995a; Maehr & Nicholls, 1980; Yang, K. S., 1986 등).

강력한 동기적 힘을 갖는다. 따라서 문화 유형에 따라 인간관·자기관이 달라지게 되면, 결과적으로 동기 행동에도 커다란 차이가 나타나게 된다. 앞 장들에서는, 집단주의와 개인주의의 사고양식·인간관·자기관의 차이에서 비롯되는 세 차원(주의의 초점, 통제 대상, 변이가능성) 강조점의 차이에 따라, 표 2-2에서 제시된 문화차 개관의 기본틀에서 예측하는 바와 같은 사회인지(제3장)와 정서(제4장)의 문화차가 나타남이 확인되었다. 여기에서는 문화 구성주의의 논지에 따라, 집단주의와 개인주의 두 문화 유형에서 각각 강조되는 동기의 내용과 강도 및 그 추구 대상의 차이를 이러한 세 차원의 강조점을 중심으로 고찰해 보기로 하겠다.

(1) 주의의 초점: 연계성 강조 – 자율성 강조

사람을 상황 의존적인 관계 속의 존재로 파악하는 집단주의 사회에서는 개인 사이의 상호의존성을 강조하게 되며, 결과적으로 타인에 대한 관심과 배려 및 조화의 추구가 주의의 초점으로 부각된다. 그러나 사람을 상황 유리적인 독립적인 존재로 파악하는 개인주의 사회에서는 독립적 개인의 자율성을 강조하게 되며, 결과적으로 개별적인 독특성의 추구가 주의의 초점으로 부각된다.

두 문화 유형에서 전형적인 강조점에 따른 이러한 주의의 초점의 차이는 추구하고 지향하는 목표의 차이를 유발하고, 그 결과 동기의 차이를 가져온다. 곧 집단주의 사회에서는 타인에 대한 관심과 배려를 축으로 하는 동기를 중시하고, 그 결과 집단지향적인 성취와 외집단과 내집단의 대비를 강조하게 된다. 이와는 대조적으로, 개인주의 사회에서는 개인적 목표를 축으로 하는 동기를 강조하고, 그 결과 개인지향적 성취와 개인 사이의 경쟁을 강조하게 된다.

① 관계지향 동기 – 개인지향 동기

머레이(Murray)를 비롯한 많은 학자들이 다양한 욕구 또는 동기의 목록을 제시하고 있는데, 이들은 크게 두 가지 종류로 나눌 수 있다.[33] 그 하나는 "개인을 타인과 밀접하게 이끌고, 개인과 사회 환경 사이의 공동체감을 촉진시키는 행동을 산출하는 동기"이고, 다른 하나는 "개인을 직접적인 공동체로부터 분리하고, 사회 환경 내의 타인과는 독립적으로 또는 타인의 희생을 통해서라도 개인적 이득을 확보하려는 행동과 관련된 동기"[34]이다. 베이칸(Bakan)은 이 두 종류의 동기는 인간 실존의 두 가지 근본적인 양식(two fundamental modalities of human existence)을 반영하는 것이라고 보고, 전자는 "각 개인을 구성 부분으로 하는 더 큰 유기체에 개인이 참여하는" 일체성(communion)의 동기라 부르고, 후자는 "개인으로서의 유기체의 존재"에 해당하는 주도성(agency)의 동기라 부르고 있다.[35] 일체성과 연결되는 동기는 친화*(affiliation)·굴종*(abasement)·비난회피*(defendance)·존경*(deference)·양육*(보호, nurturance)·수혜*(의존, succorance)·친밀(intimacy)·애착(attachment)·사회적 용인(approval)·공감(empathy)·이타성(altruism)의 동기들이고, 주체성과 연결되는 동기는 성취*(achievement)·자율*(autonomy)·극복*(counteraction)·지배*(dominance)·자기과시*(exhibition)·거부*(rejection)·자기주장(assertiveness)·독립(independance)·권력(power)의 동기들이다.[36]

이러한 두 종류의 동기는 집단주의와 개인주의 사이의 근본적인 차이에 상응하는 것이다. 곧 일체성 동기들은 개인보다 타인이나 집단에 대한 관심을 앞세우며, 집단에 대한 소속을 지향하는 동기라는 점에서 집단주의 문화에서 중시하는 동기들이고, 주도성 동기들은 개인을 타인이나 집단보다 앞세우며, 개인의 자율성과 독립성을 추구하는 동기라는 점에서 개인주의 문화에서 중

---

33 Bakan, 1966; Geen, 1995a; Hogan, 1983; Markus & Kitayama, 1991a, b; Murray, 1938; Wiggins, 1992 등.

34 Geen, 1995a, p. 249.

35 Bakan, 1966, p. 15.

36 * 표시는 Murray(1938)의 욕구 목록에 들어 있는 동기들이고, 나머지는 Geen(1995a, p. 249)이 제시하고 있는 동기들이다. 이중 친화·성취·지배 동기는 두 목록에 중복되고 있다.

시하는 동기이다.[37] 이렇게 관계지향의 일체성 동기와 개인지향의 주체성 동기가 각각 집단주의와 개인주의 사회의 지배적인 동기가 되는 까닭은, 이 두 동기가 각각 두 문화 유형의 문화적 명제와 일치하기 때문이다.

마커스와 기타야마에 따르면, 집단주의 사회의 문화적 명제는 연계성·사회통합·대인간 조화의 추구이기 때문에, 존경·모방·친화·양육·수혜·비난회피·굴종 같은 동기들은 이 사회의 성원들에게 전형적으로 긍정적이고도 바람직한 것으로 경험되며, 따라서 집단주의 사회의 성원들은 타인 및 집단과 맺는 '관계지향 동기'들을 강하게 갖게 된다. 이와는 대조적으로, 개인주의 사회의 문화적 명제는 독립성과 개별성의 유지에 있으므로, 이러한 관계지향의 동기를 강하게 갖게 되면, 이는 연약함이나 문제 성격으로 낙인찍히게 된다. 따라서 개인주의 사회에서는 개체적 존재 특성을 드러내는 동기를 바람직하고 긍정적인 것으로 경험하게 되고, 결국 강한 '개인지향 동기'를 갖게 된다.[38]

이러한 사실은 "에드워즈 개인적 선호 척도(Edwards Personal Preference Scale)"에 대한 반응을 비교해 보면, 중국 학생들은 미국 학생들보다 사회적 성취·질서·수혜·굴종·양육·인내의 척도에서 훨씬 강한 성향을 보이는 반면,[39] 미국 학생들은 중국 학생들보다 자기과시·지배·변화·성·공격의 척도에서 아주 강한 성향을 보이는 것으로 밝혀진 결과에서도 잘 드러나고 있다.[40] 이러한 경향은 인도 학생과 미국 학생의 비교에서도 대체로 비슷하게 드러나고 있다.[41]

집단주의 사회의 문화적 명제와 합치하는 이러한 관계지향 동기를 진(Geen)은 "사회 포괄 욕구(need for social inclusion)"라 부르고 있다. 그는 이 포괄 욕구가 타인 존재에 의해 유발되는 평가우려·사회불안·인상관리·사

---

37 Wiggins, 1992.

38 Markus & Kitayama, 1991a, p. 240.

39 Yang, K. S., 1986.

40 Edwards, 1959.

41 Yang, K. S., 1986, p. 110, 표 4.1 참조.

회촉진(social facilitation)과 사회태만(social loafing) 같은 여러 가지 사회 행동의 근거라고 보아, 이를 다양한 사회적 동기의 배경이 되는 근본 동기(meta-motivation)로 보고 있다.[42] 바우마이스터(Baumeister)와 리어리(Leary)는 이를 "소속 욕구(need to belong)"라 부르고 있는데, 그들도 이를 인간의 보편적인 근본 동기라고 본다.[43] 그들에 따르면, 소속 욕구는 강하고 안정된 대인관계를 형성하고 유지하려는 동기로서, 이는 타인의 이익과 성과에 대한 관심을 특징으로 띠는 상호 의존 관계를 추구하는 행동을 유발함으로써, 타인에 대한 배려 행동을 낳는다는 것이다.

이러한 소속 욕구에서 나오는 타인에 대한 배려는 개인의 정체감 수준을 개인적 자기(personal self)에서 관계적 자기(relational self)나 집단적 자기(collevtive self)로 이동시키는 배경이 된다.[44] 앞에서 보았듯이, 집단주의 사

---

42 Geen(1991, pp. 393-394; 1995a, pp. 249-251; 1995b, pp. 52-54; Geen & Shea, 1997, pp. 40-42)은 이러한 사회 포괄 욕구를 근본 동기로 보는 까닭을 Greenberg, J., Pyszczynski와 Solomon, S.(1986; Solomon, S., Greenberg, J., & Pyszczynski, 1991)의 공포관리이론(terror management theory)에서 찾고 있다. 이 이론에 따르면, 사회로 대표되는 인간의 문화는 개인의 취약성(vulnerability)과 죽음의 운명(personal mortality)에 직면하는 완충장치(buffer)를 제공한다는 것이다. 곧 사회는 각자가 자기에게 부여된 역할을 실연할 수 있는 배경 또는 문화적 연극(cultural drama)을 제공하는데, 이의 성공적 수행은 사회에의 통합과 사회적 자원의 확보·사회적 수용·자존감의 유지를 통해 삶에 의미를 부여하고, 개인이 경험하는 실존적 공포[죽음의 공포와 죽음 후의 無化 공포; Batson과 Ventis(1982)는 이를 인간의 가장 보편적이고도 심각한 심리적 문제라고 보았는데, Schumaker(1997)는 이러한 실존적 공포가 보편적인 종교 동기의 근거라 주장한다]를 제거해 준다는 것이다. 반면, 문화적 연극에 따른 역할 수행의 실패는 사회의 배척을 가져오고, 결과적으로 실존적 공포에 대한 사회적 완충장치가 상실되게 만든다. 따라서 사람은 실존적 공포를 관리하기 위해 문화적 연극 속에서 주어진 역할을 수행하려는 동기를 갖게 되고, 이 것이 사회 포괄 욕구로 나타난다는 것이다. 이러한 공포관리이론은 죽음의 공포를 강조하면, 자기 문화의 세계관과 동일시하고 이를 옹호하는 행동이 두드러지게 나타난다는 연구 결과들(예: Arndt, Greenberg, J., Solomon, S., Pyszczynski, & Simon, 1997; Greenberg, J., Pyszczynski, Solomon, S., Rosenblatt, Veeder, Kirkland, & Lyon, 1990)로 입증되고 있다.

43 Baumeister & Leary, M. R., 1995.

44 Brewer & Gardner, 1996.

회는 상호의존적 자기관이 특징인 사회이다. 상호의존적 자기관은 관계적 자기나 집단적 자기로 스스로를 동일시하는 것이다. 이렇게 보면, 소속 욕구가 바로 이러한 상호의존적 자기관을 갖게 하는 배경이라고 볼 수 있다. 그러므로 사회 포괄 욕구나 소속 욕구는 어느 문화권에서나 나타나는 보편적인 동기이기는 하지만,[45] 개인주의 문화권보다는 집단주의 문화권에서 더 두드러지는 동기라 할 수 있을 것이다.

이렇게 집단주의 사회에서 관계지향 동기가 특징이라면, 이 문화권에서 타인과 맺는 관계를 파악하는 입장은 개인주의 문화권과는 다를 것이다.[46] 곧 집단주의 사회에서는 대인관계 그 자체가 목적이지만, 개인주의 사회에서는 대인관계를 자기 이익 최대화의 도구로 받아들일 가능성이 있다. 말하자면, 집단주의 사회에서 특징적인 대인관계는 공동체적 관계(communal relationship)이지만, 개인주의 사회에서 특징적인 대인관계는 교환관계(exchange relationship)가 된다는 것이다.[47] 따라서 같은 대인관계에 대해 집단주의 사회에서는 개인주의 사회에서보다 더 진실되고 강제적이 아닌 것으로 받아들여 더 만족하게 된다. 이는 집단주의 사회에서는 내적 동기(intrinsic motivation)에 따라 대인관계를 맺지만, 개인주의 사회에서는 외적 동기(extrinsic motivation)에 따라 대인관계를 맺음을 의미하는 것이다.[48]

---

45 Baumeister & Leary, M. R., 1995.

46 Fiske, A. P. et al., 1998; Pittman, 1998; Pittman & Heller, 1987.

47 Clark, M. S., & Mills, 1993; Mills & Clark, M. S., 1982.

48 Deci & Ryan, 1990; Fiske, A. P. et al., 1998, pp. 936-937; Pittman, 1998, pp. 569-570; Pittman & Heller, 1987 pp. 466-467. 대인관계를 이러한 내·외 동기의 관점에서 접근할 수 있다는 사실은, 본래 흥미(내적 동기)를 가지고 있던 활동의 수행에 대해 외적 보상을 해주면, 이에 대한 흥미가 감소된다는, 외적 보상에 따른 내적 동기의 감소 현상(Lepper, Greene, & Nisbett, 1975)이 대인관계 장면에서도 나타난다는 연구 결과들(Pittman, Boggiano, & Main, 1992 참조)에서 확인되고 있다. 곧 대인관계에서 보상은 이후의 상호작용을 감소시키며(Pittman, 1982), 대인관계에서 보상 같은 외적 특징이 강조될수록 관계의 밀접성과 신뢰도가 떨어지는 것으로(Rempel, Holmes, & Zanna, 1985; Seligman, C., Fazio, & Zanna, 1980) 드러나는 것이다.

② 성취 목표의 차이

어떤 탁월성의 표준에 비추어 보람 있는 목표를 이루고자 하는 동기인 "성취동기"는 가장 많이 연구가 이루어진 동기이다.[49] 이 성취동기는 보편적인 동기여서, 미국과 같은 개인주의 사회뿐만 아니라 중국·일본·인도·파키스탄 같은 아시아의 집단주의 사회에서도 상대적으로 강한 동기임이 확인되고 있다.[50] 한 예로, 중국 어린이들의 동화를 분석한 어떤 연구에서는 성취 관련 주제가 가장 많고, 그 다음으로 이타성과 개인적 사회적 책임감 관련 주제가 이어짐을 밝혀내어, 성취동기가 범문화적인 보편성을 지님을 시사하고 있다.[51] 또한 우리나라의 아동용 교과서에서도 성취 관련 주제가 많이 나타나는 것으로 밝혀지고 있다.[52]

성취동기가 이렇게 범문화적인 보편 동기이기는 하지만, 그 성취 목표나 대상은 문화권에 따라 다르다.[53] 곧 집단주의 사회에서는 "사회지향 성취동기(socially oriented achievement motive)"의 형태를 띠어, 중요한 타인(특히 가족)의 기대에 부응하려는 노력의 배경이 되지만, 개인주의 사회에서는 "개인지향 성취동기(individually oriented achievement motive)"의 형태를 띠어, 성취 그 자체를 위한 노력의 배경이 된다는 것이다. 말하자면, 집단주의 사회에서 성취의 목적은 '집단'에 집중되지만, 개인주의 사회에서 성취의 목적은 '나'에 집중되는 것이다.[54]

문화 유형에 따른 이러한 성취 목표의 차이는 두 문화권에서 전형적인 사회화 과정과 자존감의 근거가 다른 데서 연유하는 것이다.[55] 집단주의 사

---

49 Hilgard, 1987; Ho, 1986; Markus & Kitayama, 1991a, b; Reeve, 2005; Yang, K. S., 1986.

50 Ho, 1986; McClelland, 1963; Yang, K. S., 1986.

51 Blumenthal, 1977.

52 안신호·김진·이상희, 1991.

53 한규석, 1991a, 2002; DeVos, 1973; Ho, 1986; Kubany, Gallimore, & Buell, 1970; Maehr, 1974; Maehr & Nicholls, 1980; Markus & Kitayama, 1991a, b; Yang, K. S., 1982, 1986; Yang, K. S., & Liang, 1973.

54 Maehr, 1974; Maehr & Nicholls, 1980.

회에서는 사회화 과정에서 의존성을 강조하게 되고, 관계를 바탕으로 정체성이 규정될 뿐만 아니라, 타인의 기대에 부응하여 인정을 받는 데서 느끼는 좋은 감정인 "사회적 존중감(social esteem)"[56]이 자부심의 근원이 된다.[57] 따라서 이 문화권에서는 성취 관련 행동, 탁월성의 표준 및 성과의 평가가 가족, 집단 또는 사회 전체와 같은 중요한 타인에 의해 규정되므로, 성취의 목표가 이들에게서 주어진다는 것이다. 이와는 대조적으로, 개인주의 사회에서는 사회화 과정에서 독립성을 강조하게 되고, 개인의 성취(소유물·경험·업적·능력 들)에 의해 정체성이 규정될 뿐만 아니라,[58] 스스로가 이상적 수준에 근접한 성취를 해서 느끼는 좋은 감정인 "자기존중감(self-esteem)"이 자부심의 근원이 된다.[59] 따라서 이 문화권에서는 성취 관련 행동, 탁월성의 표준 및 성과의 평가가 행위자 자신에 의해 규정되므로, 성취의 목표가 스스로에게서 나온다는 것이다.[60]

---

55 Yang, K. S., 1982, 1986; Yang K. S., & Liang, 1973.

56 Geen, 1995a, pp. 104-105.

57 Fiske, A. P. et al., 1998, p. 923; Heine & Lehman, 1995; Kitayama, Markus, & Kurokawa, 1994; Kitayama et al., 1995, 1997.

58 Triandis, 1988, 1989.

59 Fiske, A. P. et al., 1998, p. 923; Geen, 1995a, pp. 104-105; Heine & Lehman, 1995; Kitayama et al., 1994, 1995, 1997.

60 K. S. Yang(1982, 1986; Yang, K. S., & Liang, 1973)이 성취동기를 이렇게 두 가지로 구분하는 이론을 제시한 배경에는 중국인과 미국인에게서 측정한 성취동기의 수준을 비교한 결과의 비일관성이 놓여 있다. 곧 TAT 같은 투사검사로 성취동기를 측정한 연구들에서는 미국인의 성취동기가 중국인의 그것보다 높게 검출된 반면, CPI(California Psychological Inventory)나 EPPS 같은 자기보고검사로 성취동기를 측정한 연구들에서는 중국인의 성취동기가 미국인의 그것보다 높은 것으로 검출되었던 것이다(Yang, K. S., 1986, pp. 108-115 참조). K. S. Yang은 성취의 목표가 스스로에게서 나오는 개인지향 성취동기(개인주의 사회의 특징적 성취동기)는 기능적 자동화(functional autonomy)가 이루어져서 내면화되었으므로 무의식화되었을 것이고, 따라서 이는 TAT 같은 투사검사에서 잘 검출될 것이라고 본다. 이와는 대조적으로, 성취의 목표가 타인에 의해 주어지는 사회지향 성취동기(집단주의 사회의 특징적 성취동기)는 기능적 자동화가 이루어지지 않아, 타인·가족·집단 및 사회의 영향에 의식적으로 민감하게 되고, 따라서 이는 자기보고검사에 의해 효율

문화 유형에 따른 이러한 성취 목표의 차이는 그대로 이 두 사회에서 나타나는 "작업동기(work motive)"와 작업 관련 행동의 차이로 이어진다고 볼 수 있다. 집단주의 사회에서는 성취 관련 행동과 목표가 중요한 타인에 의해 규정되므로, 작업 장면에서 지도자나 동료 또는 회사에 대한 개인적 애착이나 의무감이 작업동기의 원천으로 작용하는 경향이 강할 것이다. 그러나 개인주의 사회에서는 개인적 성취나 이익의 획득이 작업동기의 원천으로 작용할 것이다.[61] 이러한 사실은, 일본인이나 중국인은 미국인이나 영국인들과는 달리, "과제중심적 지도자"보다는 규정된 과업보다 더 많이 요구하지만 개인적 배려도 많이 해주는 "가부장적 지도자"를 더 선호하며,[62] 비록 직업 만족도는 낮을지라도, 이러한 지도자 밑에서 작업동기도 높고 작업 수행 성과도 좋았다는[63] 결과들에서 입증되고 있다.

문화 유형에 따른 이러한 성취동기와 작업동기의 근원의 차이는 집단 상황에서 작업을 할 때의 작업 성과가 개인 혼자 작업할 때보다 더 높게 나타나거나(사회 촉진) 낮게 나타나는(사회 태만) 현상의 문화차를 유발하게 된다. 서구에서 이루어진 이러한 연구들에서는 대체로 아주 쉬운 작업의 경우에는 사회촉진 현상이 관찰되지만, 작업곤란도가 높은 경우에는 사회태만 현상이 관찰된다는 사실이 밝혀졌다.[64] 그러나 손뼉치기나 고함지르기 같은 아주 사소하고 쉬운 과제에서도 사회태만 현상이 나타난다는 사실이 드러남으로써,[65] 사회태만은 어려운 작업에서나 아주 사소한 과제에서나 광범위

적으로 측정될 것이라고 본다. E. S. H. Yu(1974)는 중국인의 가족주의와 효(孝)는 TAT로 측정한 성취동기와는 아무런 상관을 보이지 않지만, 자기보고검사로 측정한 성취동기와는 정적인 상관을 보임을 발견하여, 위의 추론의 타당성을 입증하고 있다. 그러나 이 두 가지 성취동기가 과연 기능적 자동화 여부에 따른 의식 수준의 차이를 갖는지에 대해서는 많은 연구가 뒤따라야 할 것이다.

61 조긍호, 1997b; Bond & Hwang, 1986; Hofstede, 1991; Markus & Kitayama, 1991a, b.

62 Bond & Hwang, 1986; Hayashi, 1988; Misumi, 1985; Redding & Wong, G. Y. Y., 1986.

63 Dore, 1973; Kao & Ng, 1997.

64 Geen, 1991, 1995a, b; Geen & Shea, 1997.

65 Latané, Williams, & Harkins, 1979 등. 사실 사회태만 현상은 이렇게 사소하고 쉬운 과제에

하게 관찰되는 일반적인 현상임이 밝혀지고 있다.[66]

그러나 이러한 사회태만 현상은 집단주의 문화권에서는 거의 나타나지 않고,[67] 경우에 따라서는 반대로 사회촉진 현상이 나타남이 밝혀지고 있다.[68] 사회태만에 관한 78개 연구의 사후종합분석(meta-analysis)에서는, 개인주의 사회에서는 사회태만 현상이 아주 강하지만(평균 가중 효과량: 0.46), 집단주의 사회에서는 거의 나타나지 않음(평균 가중 효과량: 0.19)을 보고함으로써, 사회태만이 다른 어떤 요인보다 문화의 함수로서 달라지는 현상임이 밝혀지고 있다.[69]

이러한 사실은, 집단주의 사회에서는 성취동기와 작업동기가 타인에 대한 관심과 주의 같은 사회적 지향에서 나오므로, 집단에서 작업을 할 때 이러한 타인지향이 동기 유발의 역할을 하기 때문이라고 해석할 수 있다.[70] 인도·태국·대만·일본·중국 같은 집단주의 사회에서도 소리지르기와 손뼉치기 같은 아주 사소한 작업에서는 사회태만 현상이 나타난다는[71] 사실이나, 이스라엘과 중국 같은 집단주의 사회에서는 유사한 내집단 성원과 하는 공동 작업에서는 사회촉진을 보이지만, 외집단 성원과 하는 공동 작업에서는 약하게나마 사회태만 현상을 보인다는[72] 사실들은 이러한 해석을 지지해 준다고 볼 수 있다. 과제가 중요하거나 집단 성원들이 중요할수록

서 발견된 것이다. 19세기 말엽 프랑스의 공학자인 Ringelmann이 학생들에게 줄다리기를 하게 했을 때, 개별적으로는 평균 85kg의 힘으로 당겼으나, 7명이 동시에 당길 때는 일인당 평균 65kg, 14명이 동시에 당길 때는 61kg의 힘으로 당기는 것을 발견한 데서 사회태만 현상에 관한 연구가 시작되었던 것이다(Kravitz & Martin, 1986).

66 한규석, 2002; Baron, R. A., & Byrne, 1997; Karau & Williams, K. D., 1993; Taylor, Peplau, & Sears, 2003.

67 Matsui, Kakuyama, & Onglatco, 1987; Yamagishi, 1988.

68 Early, 1989, 1993, 1994; Gabrenya, Wang, & Latané, 1985.

69 Karau & Williams, K. D., 1993.

70 Baron R. A., & Byrne, 1997; Geen & Shea, 1997; Karau & Williams, K. D., 1993.

71 Gabrenya, Latané, & Wang, 1983; Latané, Williams, K. D., & Harkins, 1979.

72 Early, 1989; Triandis, 1995, p. 79.

타인지향의 경향이 강해질 것이기 때문이다. 이와는 대조적으로, 개인주의 사회에서는 성취동기와 작업동기가 스스로에게서 주어지므로, 자기의 특출성이 드러나지 않는 집단 장면에서는 이러한 동기들이 유발되기 힘들기 때문에, 사회태만 현상이 나타난다고 볼 수 있다.[73] 개인주의 사회에서도 집단 작업을 할 때, 개인의 작업량이 확인될 수 있도록 하여 익명성의 장막을 걷어버림으로써 개인의 특출성을 부각시키면, 사회태만 현상이 나타나지 않는다는 사실들은[74] 이러한 해석을 지지해 주고 있다.

③ 사회비교 대상의 차이

"사회비교(social comparison)"는 스스로를 정확하게 이해하기 위한 객관적인 평가 기준이 없는 상황에서 유사한 타인을 비교 대상으로 삼아 자기를 평가하는 과정으로,[75] 이는 "유능감(competence)" 또는 "자기효능감(self-efficacy)"[76]의 추구에서 핵심적인 과정이다. 유능감이나 효능감은 모두 자기에 대한 정확한 평가에서 연유하는 것이기 때문이다.[77] 이러한 사회비교 과정은 정확한 자기 지식의 추구(자기 평가), 정적인 자기 지식의 추구(자기 고양) 및 진실한 자기 지식의 추구(자기 검증)의 세 가지 보편적인 인간의 동기를 배경으로 한다.[78]

이러한 사회비교의 동기가 보편적이기는 하지만, 그 참조 기준이나 비교 대상은 문화권에 따라 다를 수 있음이 드러나고 있다.[79] 집단주의 사회에서는 외집단과 겨루는 것이 기본적인 경쟁의 양상이므로 비교 대상은 주로 외

---

73 개인주의 사회인 미국에서는 내집단 성원과의 공동 작업이나 외집단 성원과의 공동 작업의 경우 모두 사회태만을 보인다(Early, 1993).

74 Geen, 1991, 1995a, b 참조.

75 Festinger, 1954.

76 Bandura, 1977, 1997.

77 Pittman, 1998, p. 568.

78 Sedikides, 1993.

79 Carr & MacLachlan, 1997.

집단 또는 그 성원이 되며, 비교의 기준은 중요한 타인 또는 내집단이 설정하는 규범이 될 것이다. 이에 견주어, 개인주의 사회에서는 개인 사이에서 겨루는 것이 기본적인 경쟁의 양상이므로, 비교 대상은 주로 자기와 유사한 타인이 되며, 비교의 기준은 스스로의 자율적이고 내면화된 가치체계가 될 것이다.[80]

또한 집단주의 사회에서는 자신의 단점 보완을 통한 자기개선이 긍정적 자기 인식의 통로가 되므로,[81] 자기의 단점을 확인하고 이를 수정하기 위해, 자기보다 나은 사람을 비교의 대상으로 삼는 "상향적 사회비교(upward social comparison)"가 비교의 주 양식이 될 것이다. 이와는 대조적으로 개인주의 사회에서는 자기의 독특성 인식을 통한 긍정적 자기상의 추구가 문화적 명제이므로, 긍정적 자기 평가를 통해 자존감을 높이는 방향으로 사회비교를 하게 될 것이며, 그 결과 자기보다 못한 사람을 비교의 대상으로 삼는 "하향적 사회비교(downward social comparison)"가 비교의 주 양식이 될 것이다.[82]

이러한 사실은 개인주의 사회에서는 자기의 독특성을 과대평가하지만, 집단주의 사회에서는 이를 과소평가한다는 "허구적 독특성 지각 경향"의 문화 차에 관한 연구에서[83] 잘 드러나며, 개인주의자들은 타인보다 자기 자신을 더 특출하고 중요한 주의 및 숙고의 대상으로 받아들이지만, 집단주의자들은 다른 사람을 자기보다 더 특출하고 중요한 주의 및 숙고의 대상으로 받아들인다는 "유사성 판단의 비대칭성"에 관한 연구에서도[84] 입증되고 있다.

---

80 Hsu, 1983; Triandis, 1989; Carr & MacLachlan, 1997; Geen, 1995a.

81 조긍호, 1996a, 1997a, 1999a; Diener, E., & Diener, M., 1995; Diener E., & Larsen, 1993; Heine & Lehman, 1995; Heine et al., 1999; Kitayama & Markus 1994, 1995; Kitayama et al., 1997; Markus & Kitayama, 1994a.

82 Carr & MacLachlan, 1997, pp. 142-147.

83 Brown, 1986; Lewinsohn, Mischel, Chaplin, & Barton, 1980; Markus & Kitayama, 1991b; Myers, 1987.

84 조긍호, 2005; Kitayama et al., 1990.

(2) 통제의 대상: 자기 억제 강조 - 자기 주장 강조

집단의 통합과 조화를 강조하는 집단주의 사회에서는 개인적 욕구나 목표의 추구 및 내적 감정의 표현은 집단 내에 갈등을 일으키고 조화를 해치는 원인이라고 본다. 따라서 집단 목표를 개인 목표보다 상위에 두고, 개인적 욕구를 억제할 것을 강조하며, 그 결과 양보·협동·겸양 및 자기중심적 정서 표현의 억제를 중시하게 된다. 이와는 대조적으로, 개인의 독립성과 자율성을 강조하는 개인주의 사회에서는 개인적 욕구의 추구 및 내적 감정의 표현은 자율적 인간의 당연한 권리라고 본다. 따라서 개인 목표를 집단 목표보다 우선시키고, 적극적인 자기 주장을 강조하며, 그 결과 적극성·경쟁·자기고양 및 솔직한 정서 표현을 중시하게 된다.

문화 유형에 따른 이러한 자기 표현에 대한 강조점의 차이는 사회화 과정에 그대로 반영된다. 곧 집단주의 사회에서는 사회화 과정에서 개인의 내적 욕구와 충동의 통제 및 집단 규범의 준수와 내면화를 강조하는 반면, 개인주의 사회에서는 개인의 내적 욕구와 충동을 자연스럽게 발휘하기 위한 외부 환경의 통제와 개인적인 가치체계의 고수를 강조하게 된다.

① 내적 욕구 통제 - 환경 통제

집단주의 사회에서는 충동의 억제와 집단지향적인 성취를 강조하는 반면, 개인주의 사회에서는 독립성과 자율성을 신장시킬 수 있는 자기 주장을 적극 권장한다. 이러한 강조점의 차이로부터 통제의 의미와 자존심의 근거에 대한 문화 간 차이가 유발된다.[85] 곧 집단주의 사회에서는 타인에 대한 민감성, 상황의 필요와 요구에 대한 적응 및 자기 억제와 조절의 노력을 통해 개인적 역량이 체험되므로, 통제란 결국 상호의존성과 연계성을 실현하기 위하여 개인적 욕구와 목표 및 사적 감정 같은 내적 속성을 억제하는 것을 뜻하게 된다. 따라서 이 사회에서는 이렇게 자기를 억제하고, 상황에 잘

---

85 Markus & Kitayama, 1991a, pp. 228-230.

적응해 가며, 대인관계에서 조화를 유지하는 일이 자존심의 근거가 된다. 이와는 반대로, 개인주의 사회에서는 자기의 내적 욕구와 권리 및 능력을 자유롭게 표출하고, 사회적 압력에 대해 저항하려는 노력을 통해 개인적 역량이 체험되므로, 통제란 결국 개별성과 자율성을 성취하기 위하여 사회 상황이나 외적 제약을 변화시키는 것을 뜻하게 된다. 따라서 이 사회에서는 독특성·수월성·자기표현의 유능성 및 외적 제약으로부터 자유로움이 자존심의 근거가 된다는 것이다.

지금까지 서구에서 제시된 통제에 관한 이론들은[86] 모두 통제를 "환경 세계를 개인의 욕구에 합치되도록 변화시킬 수 있는 능력"이라 보아왔다. 이러한 이론들에서는 "개인의 욕구에 부합하도록 외부 세계를 변화시키기 위한 노력"[87]을 강조하는 입장에서, 능동성·도전 및 저항과 극복 같은 "외부지향적 행동(outward behaviors)"을 중시하고, 수동성·후퇴 및 순종 같은 "내부지향적 행동(inward behaviors)"을 통제 불능의 상태에서 나오는 병리적 현상으로 간주해 왔던 것이다.

그러나 이러한 내부지향적 행동은 병리적 현상이 아니라, 자기의 제한된 능력과 운 같은 외적 제약의 작용 가능성을 인정하고 동료나 집단에 대한 의존과 연합을 형성함으로써, 무모한 개인적인 도전으로부터 오는 실패와 그로 인한 실망감과 무기력에서 개인을 보호하고, 심리적 안정을 얻게 하는 긍정적 기능을 갖는 적응 유형의 하나라고 볼 수 있다. 이러한 내부지향적 행동들은 "자기를 외부 세계에 합치되도록 만들고, '현실과 타협'하려는 노력"[88]에서 나오는 것이어서 전자의 "일차 통제(primary control)"와 대비하여 "이차 통제(secondary control)"라 부를 수 있다. 곧 일차 통제는 타인·대상 및 환경 조건 같은 외부의 현실을 자기에게 합치하도록 영향을 끼침으로써 보상을 얻으려 하지만, 이차 통제는 자기의 기대·목표·원망 같은 자기 내부의 속성을 외

---

86 예: Bandura, 1977, 1997; Seligman, M. E. P., 1975; White, R. W., 1959 등.

87 Rothbaum, Weisz, & Snyder, S. S., 1982, p. 8.

88 Rothbaum et al., 1982, p. 8.

부 현실에 맞게 변화시킴으로써 보상을 얻으려 하는 것이다.[89]

실제로 사람들은 일차 통제만을 추구하는 것이 아니고, 이차 통제를 추구하기도 한다. 곧 "사람들은 때때로 개인주의와 개인적 자율성을 제한하고, 타인·대상 또는 환경 세계의 조건들과의 연합 또는 합치를 높이는 행위를 통해서 기존 현실에 적응하려는 이차 통제를 추구"[90]하기도 한다. 실제로는 "일차 통제와 이차 통제의 정합이 최적의 적응"[91]이 된다.

이러한 일차 통제와 이차 통제의 비율은 문화에 따라 차이가 있음이 밝혀지고 있다. 일본인들은 미국인보다 외통제형이[92] 많고, 타인 및 집단과 맺는 연합을 선호하며, 아동 양육과 사회화 양식, 종교와 철학, 직업 및 심리 치료의 장면에서도 이차 통제를 추구하는 경향이 많음이 드러나고 있다.[93] 이는 집단주의 사회에서는 이차 통제가 선호되고 실제로 이러한 통제 유형이 많지만, 개인주의 사회에서는 일차 통제가 선호되고 실제로 이러한 통제 유형이 많음을 나타내주는 결과이다. 집단주의 사회에서 이차 통제가 보편적인 통제 양식임은 싱가포르인을 대상으로 한 연구 결과에서도 밝혀졌으며,[94] 최상진은 이러한 이차 통제가 한국인의 통제 유형의 특징이라는 관점을 제시하기도 했다.[95] 또한 중국인에게는 외통제형이 내통제형보다 많으며, 외적 통제의 신념이 내적 통제의 신념보다 강하다는 결과들[96]도 이차

---

89 Weisz, Rothbaum, & Blackburn, 1984, p. 956, 표 1 참조.

90 Weisz et al., 1984, p. 956.

91 Rothbaum et al., 1982, p. 8.

92 Rotter(1966, 1975)는 자기에게 주어지는 보상이나 처벌, 또는 자기에게 벌어지는 여러 가지 사건이나 결과들의 원천이 자기 자신이라고 생각하는지, 아니면 운·환경·타인 등 외적 조건이라고 생각하는지에 따라, 사람들을 내통제(internal locus of control) 유형과 외통제(external locus of control) 유형으로 나눌 수 있다고 보고, 이를 측정하는 척도(I-E Scale)를 제작하였다. 여기서 내통제형은 일차 통제가 특징적인 통제 유형의 사람이고, 외통제형은 이차 통제가 특징적인 통제 유형의 사람이라고 볼 수 있다.

93 Weisz et al., 1984.

94 Chang, W. C., Chua, & Toh, 1997.

95 최상진, 1995.

통제가 집단주의 문화권의 특징임을 드러내주고 있는 것이다.

개인주의 사회에서 일차 통제가 통제의 기본 양식인 것과 달리 집단주의 사회에서는 이차 통제가 통제의 기본 양식이 되는 까닭은, 두 문화권의 주의의 초점 차이 때문일 가능성이 검출되고 있다. 필자는 우리나라의 고등학생과 대학생을 집단중심성향자와 개인중심성향자로 나누고 이들이 선호하는 통제 양식을 측정해 본 결과, 일차 통제 양식의 선호도는 후자가 전자보다 높음에 비해, 이차 통제 양식의 선호도는 전자가 후자보다 높음을 밝혀, 문화성향과 통제 양식 선호도의 상호작용 효과가 유의미함을 검출해 내었다.[97] 그런데 이러한 상호작용 효과는, 두 문화성향자들이 "타인을 주의의 초점으로 삼는 경향"을 공변인(covariate)으로 하여 공변량 분석을 할 경우에는 그 효과가 사라지고 있다. 이는 집단중심성향자와 개인중심성향자의 기본적인 차이는 전자가 후자보다 타인을 주의의 초점으로 삼는 경향이 크기 때문으로, 이러한 주의의 초점 차이가 두 문화성향자들의 통제 양식 선호의 차이를 매개하는 요인임을 뜻하는 결과이다.

곧 집단중심성향자들은 자기보다 타인이나 상황 조건을 주의의 초점으로 삼는 경향이 크고, 따라서 세상사의 원인을 타인이나 상황 조건에서 찾음으로써 통제력의 원천을 상황 조건에 두게 되고,[98] 따라서 상황 조건이나 타인보다는 자기 자신을 통제의 대상으로 보는 이차 통제의 양식을 선호할 가능성이 커진다. 이와는 대조적으로, 개인중심성향자들은 세상사의 원인을 안정적인 성향을 보유하고 있는 행위자 자신에게서 찾으므로, 통제력의

---

96 Bond & Hwang, 1986; Cheung, F. M. C., 1986; Liu, 1986; Yang, K. S., 1986 등.

97 조긍호, 2003b.

98 지각의 장에서 특출성(salience)이 높은 자극은 지각자의 주의를 끌고, 지각자는 이렇게 자기의 주의를 끄는 자극을 상황 변화 또는 행동의 원인으로 인식하는 경향이 강하며(Taylor & Fiske, S. T., 1975, 1978), 따라서 사람들은 자기들의 주의의 초점이 되는 자극에 원인을 귀속하는 경향이 강하기 때문에, 지각적으로 주의의 초점이 되는 자극을 통제력의 원천으로 보게 되는 현상은 인간의 지각 경험에서 사실상 자동적으로 이루어지는 추론 과정인 것이다(Jones & Nisbett, 1972; McArthur & Baron, R. M., 1983; Nisbett, 2003; Zebrowitz, 1990; Taylor et al., 2003).

원천을 행위 당사자인 자기 자신에게 두게 되고, 따라서 자신보다는 상황 조건이나 타인을 통제 대상으로 볼 가능성이 커지는 것이다.

아시아인이나 아시아계 미국인(집단주의자)들은 내적인 개인적 조건에 대한 스스로의 통제력을 높게 지각하는 반면, 유럽계 미국인(개인주의자)들은 외부 사태에 대한 통제력을 높게 지각한다는 결과는,[99] 집단주의자들에게 통제는 내부지향적이지만, 개인주의자들에게 통제는 외부지향적임을 잘 드러내 주고 있다. 따라서 개인주의 사회에서 통제력 지각의 핵심은 스스로의 자유 선택 여부에 있지만, 집단주의 사회에서는 그렇지 않다고 볼 수 있다.

이러한 사실은 아동에게 글자 짜맞추기 과제를 자유롭게 선택하도록 하거나 어머니가 지정해 주고 수행하게 했을 때, 미국의 아동들은 자유 선택 조건의 수행율이 어머니 지정 조건의 수행율보다 높았으나, 중국과 일본의 아동들은 어머니 지정 조건의 수행율이 자유 선택 조건보다 훨씬 높았다는[100] 결과에서도 입증되고 있다. 이 결과는, 개인주의 사회에서는 아동기부터 중요한 타인인 어머니도 개인적 통제력을 저해하는 존재로 받아들여, 자유 선택이 통제력 지각의 가장 중요한 조건이 되지만, 집단주의 사회에서는 중요한 타인(어머니)이 결코 개인의 통제력을 저해하는 존재가 아니며, 오히려 이러한 중요한 타인과 맺는 연합 형성은 이차 통제를 증진함을 뜻하는 것이다. 이렇게 집단주의 사회에서 어머니와 연합을 형성하는 것이 아동의 자기 통제를 증진시켜 과제에 대한 몰입을 유도한다는 사실은, 우리나라의 아동을 대상으로 한 일련의 연구에서도[101] 밝혀지고 있다.

이상에서 보듯이, 개인주의 사회에서는 통제력의 근원을 타인이나 외적 조건과 분리된 개인에게서 찾으므로, 자기의 통제력을 사실보다 과장하여 지각하는 경향이 있다. 이들은 도박이나 주사위 던지기 또는 복권 당첨과

---

99 Morling, 1997; Morling, Kitayama, & Miyamoto, 2002; Sastry & Ross, C. E., 1998.

100 Iyengar & Lepper, 1999.

101 정영숙, 1994, 1995, 1996.

같은 순전히 운에 따라 결정되는 사건도 자신이 선택하여 스스로가 관련되어 있으면, 자기가 이를 통제하고 있다고 여기는 "통제력 착각(illusion of control)"의 경향이 강하다.[102] 또한 이들은 비슷한 타인들보다 자기 자신이 정적 사건은 더 많이 경험하고 부적 사건은 더 적게 경험할 것이라고 믿거나, 자기의 미래가 타인의 미래보다 더 나을 것이라고 기대하는 "비현실적인 낙관주의(unrealistic optimism)"의 경향도 강하다.[103] 개인주의 사회에서 이러한 "정적 착각(positive illusion)"은 정신 건강의 지표이며,[104] 정적 착각을 많이 느끼는 사람일수록 행복감도 더 많이 느끼는 것으로[105] 보고되고 있다.

그러나 이러한 통제력 착각이나 비현실적 낙관주의의 경향은 통제력의 근거를 개인 안에서 찾으려 하지 않는 집단주의 사회에서는 나타나지 않는다. 곧 일본인들은 캐나다인들과는 달리, 비현실적 낙관주의의 경향을 거의 보이지 않고 있는 것이다.[106] 따라서 정적 착각에 따른 통제력 과대 지각이 문화적인 요구로 작용하는 개인주의 사회에서는 이것이 적응 수준을 높여 지진과 같은 자연재해에도 잘 대처하게 하고 또 행복감을 유발하지만, 그렇지 않은 집단주의 사회에서는 정적 착각이 적응 수준이나 자연재해에 대한 대처 및 행복감의 증진에 아무런 상관이 없거나 오히려 역기능을 갖게 되는

---

102 Crocker, 1982; Langer, 1975; Langer & Roth, 1975; Taylor & Brown, 1988.

103 Brown, 1986; Taylor & Brown, 1988; Weinstein, 1980.

104 이 문제에 관해서는 아직 논쟁이 진행 중이다. 전통적으로 정확한 자기 인식이 정신 건강의 기초라는 고전적 입장(Jahoda, 1958; Jourard & Landsman, 1980)이 견지되어 왔으나, Taylor와 Brown(1988)이 정적 착각은 정상적인 인간의 사고 특징이므로 정신 건강의 촉진제가 된다는 이론을 제시함으로써, 이러한 고전적 입장은 도전을 받게 되었다. 그러나 이러한 Taylor와 Brown(1988)의 입장에 대해 Shedler, Mayman과 Manis(1993)가 고전적 입장에서 반박하고, 이어서 Colvin과 Block(1994; Block & Colvin, 1994)이 이에 힘을 보태 Taylor와 Brown(1994a, b)과 논전을 벌이고 있다. 그러나 어떤 입장에서든 이 책의 관점에서 보면, 통제력의 근거를 개인 안에 두고 있고, 이것이 정신 건강의 조건이라고 본다는 점은 모두 마찬가지인 것이다.

105 Brown & Taylor, 1986; Myers & Diener, E., 1995; Taylor & Brown, 1988, 1994a, b.

106 Heine & Lehman, 1995.

것이다.[107]

여기서 한 가지 고찰해 보아야 할 것은, 이상과 같은 논의를 따르자면 집단주의 사회에서는 효능감이 중요하지 않거나 경험되지 않을 것이라고 생각하기 쉬운데, 이는 그렇지 않다는 사실이다. 통제감의 주축인 효능감 신념의 기능적 가치는 문화보편적인 것이다. 하지만 "보편성이 탈문화적 관점(culture-free perspective)을 의미하는 것은 아니다. 자기가 바라는 효과를 산출할 수 있는 능력에 대한 신념은 어떤 문화권에서나 확립될 수 있는 것이다. 그러나 효능감 신념이 어떻게 발달되는지, 이것이 어떤 목적을 위해 쓰이는지, 그리고 특정 문화 환경 내에서 이것이 가장 잘 발휘될 수 있는 방법이 무엇인지는 문화적 가치와 실재가 결정하는 것이다. 따라서 효능감의 신념은 집단주의와 개인주의 사회에서 모두 생산성에 기여할 수 있는데, 다만 개인주의자들은 스스로가 사태를 관리할 수 있을 때 가장 효능감을 느끼고 생산적이지만, 집단주의자들은 타인들과 함께 사태를 관리할 때 가장 효능감을 느끼고 생산적일 뿐인 것이다."[108] 집단 작업이 개인주의 사회에서는 사회태만을 가져오지만, 집단주의 사회에서는 사회촉진을 가져온다는[109] 사실은 이를 입증해 주고 있다. 따라서 개인주의 사회에서는 "개인효능감(personal efficacy)"이 중요하지만, 집단주의 사회에서는 "집단효능감(collective efficacy)"이 중요하며,[110] 이들은 각각 개인주의와 집단주의 사회의 일차 통제와 이차 통제의 주축이 되는 신념체계라고 볼 수 있는 것이다.

② 동조 행동의 차이

선분의 크기 비교와 같은 정답이 아주 분명한 장면에서도 개인의 견해와

---

107 Diener, E., & Diener, M., 1995; Heine & Lehman, 1995; Kitayama et al., 1994; Kitayama, Palm, Masuda, & Carroll, 1998.

108 Bandura, 1997, p. 32.

109 Early, 1989, 1993, 1994; Gabrenya et al., 1983, 1985; Geen & Shea, 1997; Karau & Williams, K. D., 1993.

110 Bandura, 1997, pp. 31-33, 470-472.

집단의 견해가 서로 다를 때 집단의 의견에 따라간다는 애쉬(Asch)의[111] 시
원적인 연구 이래, 동조(conformity)에 관한 연구들은 이것이 집단 과정에서
나타나는 보편적이고도 근본적인 현상이라는[112] 전제 아래 진행되어 왔으며,
비교적 최근까지 이러한 현상의 문화차는 거의 무시되고 있었다.[113] 그러나
집단 규범에 대한 동조가 사회·문화적 진화를 촉진시키는 적응적 가치를 가
지는 행동임이 밝혀지고, 또한 동조 행동을 부정적으로 보고 자율성만을 강
조하는 서구 개인주의 문화권의 독립적 자기관이 지닌 문제점이 드러나자,
자기와 집단에 대한 대안적 견해의 필요성이 대두되었다.[114] 그리하여 문화
유형에 따른 동조 행동의 차이 문제가 다시 연구자들의 관심을 끌고 있다.[115]

집단주의 사회에서는 사람들 사이의 상호의존성 및 집단의 통합과 조화
를 강조하므로, 타인에게 단결심·공손함·배려성·소속감 등을 보이기 위해
노력한다. 이 사회에 사는 사람들은 내집단과 동일시된 자기관을 가지고 있
으므로, 동조를 집단 소속과 자기확대의 수단으로 보아 중시하게 된다. 이
와는 대조적으로, 개인주의 사회에서는 개인의 자율성·독립성·자립을 강조
하므로, 타인에게 스스로의 독특성을 보이기 위해 노력한다. 이 사회의 사
람들은 타인과 구획되고 분리된 개체로서의 자기관을 가지고 있으므로, 동
조를 비독립성이나 비자율성의 표출로 보거나 자기 이익을 보장하기 위한
수단으로 보기도 한다.[116]

그러므로 일반적으로 집단주의자들의 동조량이 개인주의자들의 동조량
보다 크다.[117] 지금까지 17개 국에서 이루어진 133개의 동조 행동에 관한 실

---

111 Asch, 1951, 1955, 1956.

112 Friend, Rafferty, & Bramel, 1990.

113 Moscovici, 1985.

114 Cialdini & Trost, 1998; Markus & Kitayama, 1994a, b; Triandis, 1994b,

115 Bond, 1988; Bond & Smith, P. B., 1996; Mann, 1988; Triandis et al., 1988.

116 Bond & Hwang, 1986; Bond & Smith, P. B., 1996; Chung, 1994; Markus & Kitayama, 1991a,
   b, 1994a, b; Triandis, 1989, 1990; Valentine, 1997.

117 조긍호·김은진, 2001; 한규석, 1991b; Bond, 1988; Mann, 1988; Triandis et al., 1988 등.

험 연구들을 사후종합분석해 본 결과, 각국의 개인주의 수준과 동조량 사이에 강력한 부적 회귀계수(β)를 보임이 밝혀졌다.[118] 곧 여러 개인주의 척도에[119] 따른 각국의 개인주의 점수와 동조량 사이에 강한 역상관이 있음이 밝혀져, 집단주의 사회일수록 동조 행동이 많고 개인주의 사회일수록 동조 행동이 적음을 보여주고 있는 것이다. 집단주의 사회의 동조 행동이 개인주의 사회보다 많은 것은 집단주의 사회일수록 개인주의 사회보다 외통제의 성격 유형이 많다는 사실에서도[120] 유추할 수 있는데, 외통제형일수록 동조 행동을 많이 하기 때문이다.[121]

그러나 집단주의 사회에 사는 사람들이라고 해서 누구에게나 동조하는 것은 아니다. 중국의 학생들은 같은 지위의 동료들 사이에는 동조가 크지만,[122] 낯선 사람에 대한 동조는 아주 작다.[123] 같은 경향이 일본에서도 밝혀지고 있는데, 일본의 학생들은 동조 실험 장면에서 다수가 친구들로 구성되었을 때는 동조를 많이 하지만, 낯선 사람들로 구성되었을 때는 동조를 거의 하지 않거나,[124] 어떤 경우에는 오히려 적극적인 반동조(anti-conformity) 경향을 보이기도 했던 것이다.[125] 이러한 결과들은 집단주의자들은 내집단 성원들에게는 동조를 잘 하지만, 외집단에 대해서는 거의 동조를 하지 않음을 보여주는 것이다.

이러한 사실은 집단주의 사회에서 동조 행동이 갖는 사회적 의미에 대해 중요한 점을 시사해 주고 있다. 곧 "집단주의자들은 사회 압력에 저항해서 자신의 지각·태도·신념 등을 유지하는 능력이 없는 것이 아니라, 이들에게

---

118 Bond & Smith, P. B., 1996.

119 Hofstede, 1980, 1983, 1991; Schwartz, S. H., 1994; Trompenaars, 1993.

120 Cheung, F. M. C., 1986; Weisz et al., 1984; Yang, K. S., 1986.

121 Lefcourt, 1966; Petri, 1996.

122 Ho, 1979; Meade & Barnard, 1973, 1975.

123 Bond & Hwang, 1986.

124 Williams, T. P., & Sogon, 1984.

125 Frager, 1970.

상호의존적인 타인에 대한 동조는 고도로 높이 평가되는 목표 상태로서, 이는 중요한 관계를 유지하기 위해 자기의 욕구와 원망을 조절하고 타인에게 화답하려는 용의성의 표현"[126]인 것이다.

이러한 동조 행동의 문화 간 차이에 관한 연구들에서는 집단주의 사회에서 동조 행동이 큰 까닭을 "괴리 가설"이나 "인상관리 책략"에 근거하여 설명하려 했다.[127] 곧 집단주의 사회에서는 집단 성원과 조화를 유지하는 일을 중시하므로, 공적 신념과 사적 신념이 대립할 때 사적 신념을 포기하고 공적 신념을 수용하는 경향이 두드러지고 따라서 동조 행동이 많아지므로, 공개적인 의견이나 태도는 진실한 내면적인 의견이나 태도가 아닐 가능성이 높다는 것이 이러한 관점들의 전제이다. 그러나 많은 학자들은 이에 대비되는 "내면화 가설"을 제시하고 있다. 곧 집단주의 사회에서는 집단을 개인보다 앞세우고, 개인 존재는 집단 속에서만 그 존재 의미를 찾을 수 있다고 봄으로써, 집단 규범을 개인적 규범으로 받아들여 내면화하게 된다. 따라서 공개적인 의견이나 태도는 바로 개인에게 내면화된 가치의 반영이므로, 진실한 내면적인 의견이나 태도라고 볼 수 있다는 것이다.[128]

이러한 내면화 가설의 타당성은 브라질과 미국의 대학생들에게서 직접 밝혀지고 있다. 브라질과 미국의 대학생들에게 "내집단이 기대하는 부담스러운 행동"(예: 시간을 많이 허비하면서 친한 친구에게 병문안 가는 것)을 해야 하는지(당위성)와 이러한 행동이 즐겁겠는지(유쾌도)의 두 차원에서 응답하게 했는데, 이때 응답은 공개 조건과 익명 조건에서 하도록 되어 있었다. 그 결과, 브라질인들(집단주의자)은 공개 조건과 익명 조건에 차이 없이 당위성과 유쾌도의 평정이 모두 높았지만, 미국인들(개인주의자)은 공개 조건에서는 당위성과 유쾌도를 모두 높게 평정했으나 익명 조건에서는 모두 낮게 평정하여, 두 조건의 반응에 큰 차이가 있었다. 이는 브라질인들은 내집단의

---

126 Markus & Kitayama, 1991a, p. 247.

127 Bond & Hwang, 1986; Markus & Kitayama, 1991a, b, 1994a.

128 Bond & Smith, P. B., 1996; Bond & Hwang, 1986; Markus & Kitayama, 1991a, b, 1994a.

규범을 내면화하여, 남들에게 알려지지 않을 경우에도 기꺼이 이에 따르는 태도를 보여주고 있는 것으로, 내면화 가설을 직접 지지해 주는 결과이다.[129] 중국인의 이상적 자기와 사회적 자기의 차이는 미국인보다 작으며, 따라서 사회 활동에서 갈등이 더 적다는 사실도[130] 내면화 가설을 지지해 주는 것으로 볼 수 있을 것이다.

집단주의자들이 이렇게 내집단 규범을 내면화했기 때문에 내집단원들에 대한 동조 행동이 많아진다는 사실은 필자의 연구에서도[131] 밝혀지고 있다. 이 연구에서는 우리나라의 고등학생과 대학생을 집단중심성향자와 개인중심성향자로 나누었을 때, 전자가 후자보다 내집단원(친구들)에게 동조를 더 많이 함이 확인되어 다른 문화비교연구와 같은 결과가 얻어졌다. 이 연구에서 더욱 중요한 결과는 참여자들을 동조를 많이 한 집단(동조자)과 동조를 하지 않은 집단(비동조자)으로 나누었을 때, 전자가 후자보다 자기와 친구들 사이의 유사성을 더 크게 인식하고, 또한 자기와 친구들 사이에 여러 가지 문제에 대한 가치관·태도·의견의 일치도가 더욱 큰 것으로 인식하는 점이 밝혀졌다는 사실이다. 이러한 결과들은 집단주의자들에게 동조는 굴복이 아니라, 내집단을 자신의 중요한 속성으로 내면화하는 자기확대의 중요한 통로 기능을 함을[132] 시사한다.

(3) 변이가능성: 가변성 강조 - 안정성 강조

집단주의 사회에서는 사람이 다양한 상황과 관계에 의해 규정된다고 보며, 이러한 상황과 관계에 따른 역할·지위 및 책임이 사회 행위의 원동력이라고 여긴다. 따라서 이러한 다양한 상황과 관계에 맞추어 스스로의 행위를

---

129 Bontempo et al., 1990.

130 Harding, 1980.

131 조긍호·김은진, 2001.

132 Markus & Kitayama, 1991a, p. 247; Valentine, 1997, pp. 107-108.

적합하게 조정할 것이 요구되므로, 상황과 관계에 따른 행위의 가변성을 인정하고 강조하게 된다. 이와는 대조적으로, 개인주의 사회에서는 사람은 스스로 보유하거나 이룩한 능력·태도·가치관·성격·정서 같은 내적 성향에 의해 규정된다고 보며, 이러한 내적 성향이 사회 행위의 원동력이라고 여긴다. 따라서 지속적이고 안정된 내적 성향이 개인의 정체성의 바탕이 되므로, 상황과 관계의 변이가 있더라도 일관된 안정성을 유지할 것을 강조하게 된다.

　문화 유형에 따른 이러한 강조점의 차이는 두 문화권에서 중시하는 특성과 동기의 차이를 낳는다. 곧 집단주의 사회에서는 상황과 관계의 변이에 직면하여 스스로를 적합하게 조정하는 노력을 중시하며, 특히 자기의 단점을 스스로 확인하고 개선하는 자기개선의 노력을 중시한다. 그리고 끊임없이 스스로를 상황과 관계에 맞추어 나가야 하기 때문에, 집단주의 사회에서는 일관성 추구의 동기가 그렇게 중요한 것으로 부각되지 않는다. 이와는 달리, 개인주의 사회에서는 스스로의 안정된 성향을 고양시키는 일, 특히 여러 가지 능력을 증진하는 일을 중시한다. 그리고 자기의 여러 측면들은 개인의 정체감을 구성하는 핵심이므로, 이들 사이에 일관성을 추구하는 동기가 아주 강하게 부각된다.

① 자기개선 동기 - 자기 고양 동기

　집단주의 사회에서는 연계성이 문화적 명제이므로 타인에 대한 배려와 조화의 유지를 강조하게 되고, 결과적으로 정적인 자기상이나 자기에 대한 정적인 감정보다는 자기의 부적인 측면과 부적 감정에 더 민감하고, 또 이러한 경험을 더 쉽게 수용할 가능성이 높다. 이와는 대조적으로, 개인주의 사회에서는 독립성이 문화적 명제이므로 개인의 독특성을 강조하게 되고, 결과적으로 자기의 장점과 고유성에 민감하게 되어, 정적인 자기상과 자기에 대한 정적인 감정을 추구하게 된다.[133]

---

133 조긍호, 1997a; Diener, E., & Diener, M., 1995; Diener, E., & Larsen, 1993; Fiske, A. P. et al., 1998; Heine & Lehman, 1995; Kitayama & Markus, 1994, 1995; Kitayama et al., 1994, 1995, 1997; Markus & Kitayama, 1994a, b.

이와 같이 집단주의 사회에서는 자기 비판과 이를 통한 자기개선의 방향으로 문화적 압력이 존재하게 되어, 자기의 부적 측면에 주의를 기울이고 이를 정교화하게 된다. 그 결과, 집단주의 사회에서 자기화(self-making)는 집단의 기대에 비추어 보아 자기에게 결여된 것이 무엇인가를 찾아내어, 이를 수정하는 자기개선이 주축이 되며, 이러한 자기개선이 자존심의 근거가 된다. 이에 견주어, 개인주의 사회에서는 자기 고양의 방향으로 문화적 압력이 존재하게 되어, 자기의 부적 측면은 회피하거나 축소하는 대신 자기의 정적 측면에 주의를 기울이고 이를 정교화하게 된다. 그 결과, 개인주의 사회에서 자기화는 자기 속에 갖추어져 있는 안정적이고 일관적인 정적 특성(성격·능력 들)을 확인하고 고양시키는 일이 주축이 되며, 이러한 자기 고양이 자존심의 근거가 된다.[134]

이러한 사실은 미국 성인의 자기 개념을 구성하는 정적 특성은 부적 특성의 4~5배나 되지만,[135] 일본인,[136] 중국인[137] 및 한국인[138]에게서는 그렇지 않거나 또는 부적 특성으로 자기를 기술하는 경향이 높다는 결과들에서 입증되고 있다. 또한 이러한 사실은 유럽계 캐나다인들의 자기존중감의 분포는 이론적 중간점으로부터 압도적 다수(약 93%)가 정적인 방향으로 편포되어 있으나, 일본인의 자기존중감 분포는 이론적 중간점을 기준으로 정상분포하고 있다는 결과에서도 잘 드러나고 있다.[139]

그리하여 개인주의 사회에서는 부적 특성보다는 정적 특성을 더욱 규범적이고 정상적인 것으로 받아들여, 이러한 정적 특성의 보유에 따른 자기 만족도가 곧 행복감을 유발하는 근거가 된다. 그러나 집단주의 사회에서는 집단 내의 조화와 사회관계 속에서 자기가 차지하는 적합한 위치에 주의를

---

134 Fiske, A. P. et al., 1998; Kitayama et al., 1994, 1995, 1997.

135 Holmberg et al., 1997,

136 Kitayama et al., 1995; Markus et al., 1997.

137 Bond & Cheung, T. S., 1983; Stigler et al., 1985.

138 Ryff et al., 1995; Schmutte et al., 1995.

139 Heine et al., 1999, p. 776-777, 그림 1과 그림 2.

기울이게 되어, 조화를 해치거나 남에게 피해를 줄지도 모르는 부적 측면의 확인과 개선에 힘쓰게 되므로, 이러한 노력이 곧 행복감의 바탕이 된다. 이러한 사실은 개인주의 사회에서는 자기의 정적 측면의 확인에 근거한 자기만족도가 삶의 만족도와 행복감의 직접적인 지표가 되지만, 집단주의 사회에서는 자기 만족도와 행복감은 아무런 상관이 없고, 타인에게 받아들여지는 수용감이나 대인관계에서 이루어지는 조화감이 행복감의 직접적인 지표가 된다는 연구들에서[140] 확인되고 있다. 또한 집단주의 사회인 일본에서 개인이 느끼는 행복감은, 자기가 보유한 정적 특성의 지각 정도와는 무관하고, 자기가 부적 특성을 지니고 있지 않다는 지각 정도가 행복감의 직접적인 지표가 된다는 결과도[141] 이러한 추론의 타당성을 입증해 주고 있다.

그렇기 때문에, 개인주의 사회에서 지배적인 자기고양 편향(자기의 성공에 대해서는 내부 귀인; 실패에 대해서는 외부 귀인)이 집단주의 사회에서는 나타나지 않거나, 그 반대의 자기은폐 편향(자기의 성공에 대해서는 외부 귀인; 실패에 대해서는 내부 귀인)이 나타나게 되며,[142] 미국인들은 성공 상황이 실패 상황보다 훨씬 자존심과 관련이 높은 것으로 받아들이지만, 일본인들은 반대로 실패 상황이 성공 상황보다 자존심과 관련이 높은 것으로 받아들이는 것이다.[143]

이상에서 보듯이, 집단주의 사회에서는 자기를 계속 상황에 조화롭게 적응시켜 개선할 수 있는 과정(process)으로 보는 반면, 개인주의 사회에서는 자기를 안정적이고 고정된 실체(entity)로 파악한다.[144] 그리하여 집단주의

---

140 Diener, E., & Diener, M., 1995; Heine & Lehman, 1995; Kwan, Bond, & Singelis, 1997.

141 Kitayama & Karasawa, 1995.

142 조긍호, 1993, 1996a; 한규석, 1991a, 2002; Diener, E., & Diener, M., 1993; Fiske, A. P. et al., 1998; Heine & Lehman, 1995; Kitayama & Markus, 1994, 1995; Kitayama et al., 1994, 1995, 1997; Markus & Kitayama, 1991a, b, 1994a 등.

143 Kitayama et al., 1997.

144 Fiske, A. P. et al., 1998; Kitayama et al., 1997. 최인철(Choi, I., 2002; Choi, I., & Choi, Y., 2002)은 이러한 문제와 관련하여, 집단주의 문화권에 살고 있는 동아시아인들은 개인주의 문화권에 살고 있는 미국인들보다 자기 개념 명확도(self-concept clarity)는 낮게,

사회에서는 자기의 부적 측면이나 부적 정서는 자기개선의 과정에서 필연적으로 요구되는 것으로 보아 무난히 수용하며, 삶의 과정에서 겪는 실패는 더 많은 노력이 필요하다는 징표로 받아들인다. 그러나 개인주의 사회에서 부적 측면이나 부적 정서는 부적인 자기 개념의 원천이 되므로 적극 회피하고, 그 대신 정적 측면과 정적 정서를 적극적으로 탐색하게 되며, 그 결과 삶의 과정에서 경험하는 실패는 능력 부족의 징표로 받아들여, 자기 개념에 심각한 위협을 불러온다.[145]

이러한 사실은 집단주의 사회에서는 학업 성취를 노력의 결과라고 보지만, 개인주의 사회에서는 이를 능력의 산물이라 본다는 결과들에[146] 의해 입증되고 있다. 이러한 맥락에서 일본의 교사와 학생들은 학업 성취나 도덕적 행위를 노력의 문제라고 받아들여, 잘했을 때는 보상을 해주지만 못했을 때는 비난을 하지 않는 반면, 미국의 교사나 학생들은 이를 능력의 문제라고 보아, 잘했을 때는 당연한 것으로 받아들이나 못했을 때는 비난을 많이 하는 것이다.[147]

드웩(Dweck)과 그 동료들은,[148] 사람들이 유능성 특히 지적 능력을 유동적이고 가변적이라고 보거나 아니면 고정된 것이라고 본다고 주장하면서, 전자를 "증가설(incremental theory)", 후자를 "실체설(entity theory)"이라고 불렀다. 또한 그들은 자신과 타인이 가변적인 특성들에 근거해서 행동한다고 받아들이는 증가론자와 고정된 특성에 근거해서 행동한다고 받아들이는

자기 개념 유연성(self-concept flexibility)은 높게 지각함을 발견했다. 그에 따르면, 한국 대학생들은 미국 대학생보다 자기 개념 명확도(SCC)는 매우 낮고(Choi, I., 2002), 자기 개념 유연성(SCF)은 매우 높다(Choi, I., & Choi, Y., 2002). 따라서 한국 대학생들은 상황에 따라 자기 성격이나 동료 집단에서의 상대적 위치 또는 삶의 가치에 대한 평가가 매우 달라질 뿐만 아니라(Choi, I., & Choi, Y., 2002), 서로 일치하지 않는 자기 평가를 옳은 것으로 믿는 경향(Barnum effect)도 더 강한 것(Choi, I., 2002)으로 나타나고 있다.

145 Morris & Peng, 1994; Pittman, 1998.

146 조긍호, 1993, 1996a; Mizokawa & Ryckman, 1992; Stevenson & Stigler, 1992.

147 Hamilton, Blumenfeld, Akoh, & Miura, 1990.

148 Dweck, 1991; Dweck & Leggett, 1988.

실체론자의 두 유형으로 사람들을 분류할 수 있다고 보았다. 그들에 따르면, 이 두 유형의 사람들은 세계를 아주 다르게 인식하는데, 예를 들면 증가론자들은 여러 사회추론에서 상황 특수적인 추론을 많이 하는 반면, 실체론자들은 고정되고 안정된 성향에 기초한 추론을 많이 한다는 것이다. 이러한 사실에서 유추해 보면, 집단주의 사회의 성원들은 증가론자의 특징을 보이고, 개인주의 사회의 성원들은 실체론자의 특징을 보인다고 해석할 수 있을 것이다.[149] 이렇게 개인주의 사회에서는 대체로 능력을 선천적이고 고정된 안정적인 특성이라고 보지만[150] 집단주의 사회에서는 "능력도 오랜 기간에 걸친 노력을 통해 변화시킬 수 있다고 믿는 것이다."[151]

집단주의자들의 이러한 증가론자적인 특징은 능력에 대한 생각에서만 나타나는 것은 아니다. 그들은 성격 특성도 근본적으로 변화할 수 있다고 본다.[152] 성격에 대한 증가설과 실체설적 신념을 측정하는 척도를 미국 대학생과 한국 대학생에게 실시해 본 한 연구에서,[153] 미국 학생들은 강한 실체설적 신념(일시적인 행동은 변화할 수 있어도, 근본적인 성격은 변화하지 않는다는 신념)을 가지고 있는 반면, 한국 학생들은 증가설적 신념(일시적 행동뿐만 아니라 근본적인 성격도 변화할 수 있다는 신념)을 강하게 가지고 있는 것으로 밝혀졌던 것이다. 또한 최인철 등[154]은 한국인들은 미국인들과는 달리, 개인의 성향은 실제로 주변 상황에 의해 조형된다는 신념이 강함을 발견하였다. 이러한 결과들은, 집단주의 사회에서는 개인주의 사회와는 달리 여러

---

149 타인의 행동이나 사회적 사건의 원인을 추론할 때 집단주의 사회에서는 상황 조건에서 원인을 찾는 상황 귀인이 두드러지지만, 개인주의 사회에서는 개인의 속성에서 원인을 찾는 성향 귀인이 두드러진다는 사실은 이미 잘 알려진 사실이다(조긍호, 1993, 1996a; 한규석, 2002 참조).

150 예: Weiner, 1979.

151 Markus & Kitayama, 1991a, pp. 244.

152 Choi, I. et. al., 1999.

153 Norenzayan et al., 2002.

154 Choi, I., & Nisbett, 1998, 2000; Choi, I. et al., 1999; Norenzayan et al., 2002.

가지 능력뿐만 아니라 성격까지도 가변적이어서, 개인의 노력을 통해 변화시키고 증진할 수 있다는 강한 믿음을 가지고 있음을 보여주고 있다.

② 일관성 동기의 차이

자신의 여러 측면들(예: 태도·행동·신념·인지 내용) 사이의 균형과 일관적인 구조가 추구되고 선호된다는 생각은[155] 초창기부터 사회심리학의 가장 핵심적인 이론을 형성해 왔다.[156] 이런 이론들에서는 자신의 행동과 태도 또는 여러 신념 및 인지 내용 사이에 불일치가 있으면, 이를 해소하려는 동기가 작동된다고 본다. "이러한 일관성의 추구 경향은 흔히 인간의 합리성의 징표로 받아들여졌으며, 따라서 이는 광범위하게 적용되는 보편적인 동기라고 간주되었다."[157] 그러나 최근에 와서 이러한 일관성 동기의 보편성에 관한 신념은 무너지게 되었다.[158]

집단주의 사회에서 개인의 행위는 상황과 관계에 내재한 역할·지위 및 책임에 따른 것이므로, 개인의 내적 특성과 행위의 불일치는 문제로 부각되지 않고, 따라서 이 사회에서는 일관성 추구의 동기가 그다지 작용하지 않게 된다. 그러나 개인주의 사회에서 개인의 행위는 안정된 내적 속성의 발현이므로, 내적 속성과 행위의 불일치 또는 상황 간 행위의 불일치는 개인의 정체감에 심한 혼란을 일으키게 되고, 결과적으로 일관성 추구의 동기가 강할 수밖에 없는 것이다.[159] 곧 개인주의 사회에서는 개인적 원망의 표출과 개인적 목표의 추구에 가치를 두므로, 자기의 내적 속성(예: 태도)에 따라 행동하지 못하는 것은 외적 제약에 굴복하는 비겁함이나 자신에게 충실하지 못한 위선으로 받아들여진다. 이와는 대조적으로, 집단주의 사회에서

---

155 예: Festinger, 1957; Heider, 1958; Newcomb, 1961.

156 Fiske, A. P. et al., 1998, pp. 937-939; Pittman, 1998, pp. 556-563.

157 Fiske, A. P. et al., 1998, p. 938.

158 조긍호, 1993, 1996a; 한규석, 1991a; Fiske, A. P. et al., 1998; Markus & Kitayama, 1991a, b; Pittman, 1998; Triandis, 1989, 1990, 1995.

159 Markus & Kitayama, 1991a, pp. 240-241.

는 관계의 조화에 가치를 두므로, 개인의 내적 속성이 원만한 사회적 평형의 유지와 갈등할 때 이를 따르는 것은 이기적이고, 미성숙하며, 불성실한 징표로 받아들여지는 것이다.[160]

이러한 사실은 태도와 행동 사이의 일관성에 대한 신념은 호주인이 일본인보다 훨씬 강하며, 일본인들은 태도와 행동 사이의 불일치를 상황에 따른 유연성의 징표라 받아들인다는 연구에서[161] 잘 드러나고 있다. 또한 집단주의 사회에서는 공적 자기와 사적 자기가 일치하지 않지만 개인주의 사회에서는 일치한다는 결과,[162] 집단주의 사회인 일본에서는 개인주의 사회와는 달리 속마음과 겉표현이 다른 경우가 많다는 사실도[163] 위의 추론을 입증해 주는 것이다.

집단주의 사회에서는 이렇게 개인의 내적 속성과 실제 외부로 드러나는 결과 사이의 불일치를 당연한 것으로 받아들이고, 따라서 기대했던 결과가 나타나지 않아도 그리 크게 놀라지 않는다. 그러나 개인주의 사회에서는 내적 속성(기대)과 실제 결과 사이의 불일치는 심한 혼란을 일으키고, 따라서 이러한 결과에 대해 크게 놀라게 될 것이다.[164] 이러한 사실은 한국 대학생들과 미국 대학생들을 대상으로 한 연구에서[165] 확인되고 있다. 이 연구에서 한국 학생들은 미국 학생들보다 기대에 일치하지 않는 결과에 대해 그다지 놀라지 않으며, 이러한 사실들에 대해 "사후 설명 편향(hindsight bias)"[166]을 보여주는 것으로 밝혀졌다. 예기치 않은 사건에 대해 집단주의자들이 개

---

160 Fiske, A. P. et al., 1998, p. 938.

161 Kashima, Y., Siegel, Tanaka, & Kashima, E. S., 1992.

162 Triandis, 1989, 1990.

163 Doi, 1986; Iwao, 1988.

164 Nisbett et al., 2001.

165 Choi, I., & Nisbett, 2000.

166 어떤 일이 벌어진 이후에 그 일이 왜 벌어졌는가에 대한 설명(hindsight)은 어떤 일이 벌어지기 전에 그 일에 대해 예측하는 것(foresight)보다 쉬우며, 이러한 사후 설명은 실제로 우연적인 사건일지라도 필연적으로 그렇게 벌어질 수밖에 없었던 것처럼 보이게 한다는 것이 "사후 설명 편향"이다(Fischhoff, 1975).

인주의자들보다 사후 설명 편향을 크게 보인다는 것은, 개인주의자들은 기대와 결과의 일치에 대한 신념이 강하여 이것이 어그러졌을 때 사후 설명에 어려움을 겪지만, 집단주의자들은 이의 일치에 대한 신념이 약하므로, 불일치에 대한 설명을 쉽게 할 수 있음을 뜻하는 것이다.

문화 유형에 따른 일관성 동기의 이러한 차이는 서구에서 지금까지 1,000개 이상의 연구가 진행되어, 사회심리학의 가장 중요하고도 풍요로운 이론이었던[167] 인지부조화이론(cognitive dissonance theory)에서[168] 예측하는 "부조화 해소 효과"가 집단주의 사회에서는 잘 나타나지 않는다는 사실에서도 드러난다.[169] 예를 들면, "불충분 타당화 효과(insufficient justification effect)"[170]는 동양에서 재검된 경우도 있으나[171] 전혀 나타나지 않은 경우도 있다.[172] 그리고 선택 결정 후의 부조화 해소 효과가[173] 미국인에게서는 거듭 재검되

---

167 Cooper & Fazio, 1984, pp. 229-230.

168 인지부조화이론(Festinger, 1957)은 1950년대 후반부터 1970년대 초반까지 사회심리학 연구를 주도했으나(Jones, 1985), 그 이후 이 이론이 가지는 개념의 모호성과 실험 절차의 문제점이 지적되고(예: Rosenberg, M., 1965), 또 더 경제적인 설명체계〔예: Bem(1967)의 자기지각이론에 의한 불충분 타당화 효과 설명〕가 제시되면서 관심이 쇠퇴했다가, 최근에 와서 다시 관심이 나타나고 있다. Pittman(1998)은 최근에 인지부조화에 대한 연구 관심이 폭발하고 있다고 보면서, 이를 "인지부조화가 다시 원기를 회복하였다"(p. 561)고 적고 있다.

169 Fiske, A. P. et al., 1998, pp. 937-939; Heine & Lehman, 1997; Markus & Kitayama, 1991a, pp. 240-241; Pittman, 1998, pp. 556-563.

170 태도와 일치되지 않는 행동을 한 댓가로 보상을 불충분하게 주었을 때(1 $ 제공)는 태도-행동의 불일치로 생겨난 부조화를 해소하기 위해 태도가 변화했으나, 오히려 보상을 충분하게 주었을 때(20 $ 제공)는 불일치 행동에 대한 충분한 타당화가 이루어져 부조화가 일어나지 않은 탓에 태도 변화가 나타나지 않은 현상(Festinger & Carlsmith, 1959). 이는 인지부조화이론의 설명이고, 이를 Bem(1967)은 자기지각이론(Bem, 1965)에 따라 귀인이론으로 설명한다.

171 예: Takata & Hashimoto, 1973.

172 예: Choi, I., Choi, K. J., & Cha, 1992; Yoshizaki, Ishii, S. & Ishii, K., 1977.

173 여러 선택지 중 하나를 선택하게 하면, 선택된 선택지의 부적 측면과 배척된 선택지의 정적 측면 사이에 불일치가 있게 되고, 여기서 부조화가 생겨난다. Brehm, J. W.(1956)

고 있으나, 일본인에게서는 이런 효과가 전혀 나타나지 않는 것으로 검출되기도 했던 것이다.[174]

이 밖에도 집단주의 사회에서는 내집단과 외집단 성원에 대한 여러 가지 행동(예: 친교행동·분배행동·동조행동 등) 사이에 차이가 크게 나지만, 개인주의 사회에서는 내집단 성원과 외집단 성원에 대한 행동이 달라지지 않는다는 연구들도[175] 개인주의 사회에서는 일관성 추구의 동기가 강하게 작용하지만, 집단주의 사회에서는 그다지 작용하지 않는다는 사실을 단적으로 드러내고 있는 것으로 볼 수 있을 것이다.

3) 문화 유형에 따른 동기의 차이 대비

지금까지 집단주의와 개인주의 문화에서 특징적인 동기들과, 추구 목표나 대상 또는 강도에서 차이가 나타나는 동기들에 대해 살펴보았다. 집단주의 사회에서는 소속의 동기에서 비롯하여 존경·모방·친밀·양육(보호)·수혜(의존)·비난회피·굴종·욕구통제·자기개선 같은 타인 및 집단과 맺는 연결성과 사회 통합, 대인간 조화, 자기 억제를 지향하는 동기들이 특징적인 동기들로 중시된다. 이와는 대조적으로, 개인주의 사회에서는 자율·극복·지배·자기과시·독립·환경통제·자기고양 같은 개인의 개별성과 독립성을 지향하는 동기들이 특징적인 동기들로 중시된다. 이렇게 집단주의 사회에서 중시되는 특징적인 동기는 '관계지향적, 자기 억제적, 가변성 추구적인 동

에 따르면, 이를 해소하기 위해 선택한 선택지의 정적 측면을 과장하거나 부적 측면을 축소하게 되고, 배척한 선택지의 정적 측면을 축소하거나 부적 측면을 과장하게 되어, 결과적으로 선택한 선택지의 호감도는 선택 이전보다 높아지고 배척한 선택지의 호감도는 낮아짐으로써, 선택 결정에 따른 부조화가 해소된다는 것이다.

174 Heine & Lehman, 1997.

175 예: Bond & Hwang, 1986; Gudykunst et al., 1987; Leung & Bond, 1982, 1984; Triandis, 1990, 1995; Williams, T. P., & Sogon, 1984.

기'들이고, 개인주의 사회에서 중시되는 특징적인 동기는 '개체지향적, 환경 통제적, 안정성 추구적인 동기'들인 것이다.

이러한 특징적인 동기의 차이 말고도 문화 유형에 따라 같은 동기라 해도 그 추구 대상이나 목표 또는 강도에 차이가 있을 수 있음이 확인되고 있다. 곧 무엇인가 보람 있는 목표를 이루기 위해 노력하는 점은 같지만, 집단주의 사회에서 이는 가족 같은 내집단의 기대에 부응하려는 목표를 갖는 '사회지향 성취동기'로 나타나는 반면, 개인주의 사회에서는 개인적 욕구의 추구라는 목표를 갖는 '개인지향 성취동기'로 나타난다. 또한 스스로를 정확히 평가함으로써 효능감을 갖추려 하는 사회 비교의 동기는 같지만, 집단주의 사회에서는 내집단을 외집단과 비교해서 평가하려 하고, 개인주의 사회에서는 자신을 유사한 타인과 비교해서 평가하려 한다는 점이 다르다. 그리고 집단주의 사회에서는 내집단에 대한 의존성과 자기 억제 및 상황에 따른 행위가변성을 강조하므로, 상대적으로 집단 특히 내집단에 대한 강한 동조 동기를 갖는 반면, 자기의 일관성을 추구하는 동기는 약하다. 이에 견주어, 개인주의 사회에서는 자율성과 자기 주장 및 내적 성향의 안정성을 강

표 5-1. 문화 유형에 따른 특징적 동기(1)와 추구목표·대상·강도의 차이(2)

차　원	집단주의 (관계중심적 인간관)	개인주의 (개인중심적 인간관)
사회 행위의 원동력 · 목표	연계성 강조 (1) 관계지향 동기 (2) 사회지향 성취동기· 　　집단중심 사회비교	자율성 강조 (1) 개체지향 동기 (2) 개인지향 성취동기· 　　개인중심 사회비교
자기 표현 양식	자기 억제 강조 (1) 욕구 통제 동기 (2) 강한 동조 동기	자기 주장 강조 (1) 환경 통제 동기 (2) 약한 동조 동기
행위의 변이가능성	가변성 강조 (1) 자기개선 동기 (2) 약한 일관성 동기	안정성 강조 (1) 자기 고양 동기 (2) 강한 일관성 동기

조하므로, 비록 내집단일지라도 집단에 대한 동조 동기는 상대적으로 약한 반면, 자기의 일관성을 추구하는 동기는 아주 강한 것으로 드러나고 있다. 이러한 문화 유형에 따른 동기의 차이를 정리한 것이 표 5-1이다.

두 문화권에서 관찰되는 동기 행동의 이러한 현상적 차이는 두 문화권에서 형성되고 경험되며 전수되는, 세상사와 사람을 보는 관점이 서로 다른 데서 연유하는 것이다. 이러한 세상사와 인간을 보는 견해의 차이는, 서로 다른 사회에 살고 있는 사람들이 삶의 과정에서 추구하는 목표와 대상, 그리고 이를 추구하는 행동양식 및 욕구 충족 여부에 대한 평가 같은 측면에서 차이를 보인다. 이러한 내용들로 구성되는 문화적 모형은 강력한 동기적 기능을 수행하기 때문이다. 집단주의 사회에서는 대인관계가 사회 구성의 궁극적 단위라고 여기기 때문에 사람들 사이의 연계성의 확립과 집단 속의 조화 달성이 삶의 목표로 부각되는 반면, 개인주의 사회에서는 사회 구성의 단위를 독립적인 개인이라고 여기기 때문에 개인의 자율성과 독특성의 추구가 삶의 목표로 부각된다. 바로 이러한 기본적인 추구 목표의 차이에서 전술한 바와 같은 동기 행동의 문화 간 차이가 유발된다고 볼 수 있는 것이다.

2. 유학사상과 동기

　유학은 사람에게 기본적으로 도덕의 근거가 선천적으로 갖추어져 있다고 보아, 스스로가 모든 도덕의 주체라는 사실에 대한 인식과 도덕성의 일상적 실천을 인간 삶의 이상이라고 여기는 사상체계이다. 그렇다면 유학사상에서는 도덕 주체가 작용하도록 하는 추진력, 곧 인간 행동의 동인(動因)에는 어떠한 것들이 있으며 이러한 동인들 사이에는 어떠한 관계가 있다고 보는가? 이것이 이 절에서 다루게 될 유학사상에서 도출되는 동기이론의 핵심적인 문제이다.

　유학사상에서는 인간의 생물적 존재 특성과 사회적 존재 특성 모두에서 인간의 동기와 욕구의 원천을 찾는 태도를 보이고 있다. 곧 인간은 생물적 감각적 욕구〔欲〕와 도덕적 인식능력〔良知·知〕 및 행위능력〔良能·能〕의 양 측면을 갖추고 있는 존재로서, 이 두 체계가 바로 인간의 근본적인 행위 원동력으로 작용한다고 보는 것이 공자·맹자·순자 같은 선진유학자들의 공통된 주장이며, 이는 성리학자들에게도 그대로 이어지고 있는 관점인 것이다.

　유학사상에서 동기이론을 체계화시킨 대표적인 학자들은 성리학자들이다. 특히 조선조의 성리학자들은 이기론(理氣論)에 입각한 독자적인 심성론(心性論)을 전개하는 과정에서 인간의 욕구와 동기체계에 관심을 가져, 이를 인심도심설(人心道心說)로 체계화하고 있다. 인심도심설은 정서에 관한 사칠논변(四七論辨), 그리고 사람과 사물의 본성이 같은지 아니면 다른지 하는 인성(人性)·물성(物性) 동이논변(同異論辨) 같은 핵심 논쟁[1]과 함

---

1 윤사순, 1994, pp. 21-22; 1997, pp. 313-314.

께 조선조 성리학의 중추인 심성론을 구성하는 이론체계였다. 이러한 배경에 따라 여기에서는 선진유학과 조선조 성리학에서 전개된 동기 이해의 문제를 고찰함으로써, 동아시아 집단주의 사회인이 보이는 동기의 특징이 유학사상을 모체로 하여 배태된 것임을 확인해 보고자 한다.[2]

1) 선진유학 경전에서 제시되는 동기의 종류

선진유학의 경전은 《논어》·《맹자》·《순자》가 핵심인데, 여기에서는 《예기》와 《대학》도 그 안에 넣어,[3] 이들 경전 속에서 동기와 욕구가 어떻게 이해되고 있는지를 살펴보기로 하겠다. 이를 위해 본고에서는 각 경전 속에서 욕(欲)이란 낱말이 어떤 내포를 가지고 어떻게 사용되고 있는지를 우선 살펴보고, 이와 함께 식(食)·색(色)·부(富)·귀(貴)·이(利) 같은 그 추구 대상이 분명히 욕구 또는 동기적인 함축을 가지는 내용에 대해서도 살펴볼 것이다. 또한 맹자와 순자는 분명한 인성론을 제시하고 있으므로, 《맹자》와 《순자》의 분석에서는 그들이 인성에 본유한 것으로 보는 특성 가운데 욕구 또는 동기

---

2 이 절과 다음 절의 내용은 졸저(조긍호, 2003a, pp. 423-411)의 내용에 자료를 보완하여 재조직함.

3 朱熹가 제시한 유학의 四書에 포함되는 《中庸》과 《大學》은 각각 《禮記》의 제31편과 제42편에 해당하는 것으로, 초기 유학의 사상을 살피는 데 필수적으로 중요한 저술이다. 여기에서는 《中庸》과 《大學》을 제외한 다른 편들을 중심으로 《禮記》의 욕구 개념을 살펴보고, 《大學》과 《中庸》의 욕구 개념은 별도로 다루고자 한다. 이는 《中庸》과 《大學》을 《論語》·《孟子》와 함께 四書라고 하여, 유학의 가장 기본적인 경전으로 중시한 朱熹 이후의 유학의 전통을 따르고자 함이다. 朱熹가 제시한 性理學은 조선조 이후 우리나라 국가 경영의 기초가 되었던 이념체계이기 때문에, 한국인의 동기 이해를 위한 개념틀을 도출해 내려면 성리학에서 중시했던 경전들을 따로 떼어 고찰하는 시도가 필요하다고 보았던 데 그 까닭이 있다. 그러나 《中庸》에는 欲이란 글자가 한 번도 출현하지 않으므로, 여기에서는 《中庸》의 분석은 제외했다. 다만 朱熹의 《中庸章句》의 〈序〉에 성리학적 동기론의 핵심이라고 볼 수 있는 人心道心說의 근거가 되는 人心惟危 道心惟微 惟精惟一 允執厥中(《書經》, 大禹謨)이라는 글귀와 이에 대한 약간의 해설이 나오고 있으므로, 성리학의 동기론을 언급할 때 이 부분을 참고하기로 하겠다.

적인 특징이 강한 내용에 대해서도 고찰해 볼 것이다.

(1) 《논어》

욕(欲)이란 글자는 《논어》 전체에서 45회 출현하는데,[4] 이 중 13회는 어떤 동작이나 상태에 대한 바램을 일반적으로 서술하는 것일 뿐 특정 대상에 대한 추구를 나타내는 것이 아니어서,[5] 욕구나 동기 상태를 함축하는 것이라고 볼 수 없다. 따라서 여기에서는 그 추구 대상이 비교적 분명하게 기술되어 있는 32회의 용례만을 분석에 사용했다. 이 밖에 추구 대상이 분명히 명시되어 있어, 욕구 또는 동기에 관한 명백한 진술이라고 볼 수 있는 부(富)·귀(貴)·생(生)·이(利)·색(色)·식(食) 들에 관한 각각 8, 4, 4, 6, 4, 5회의 용례를 분석에 포함시켰다.[6]

이러한 분석을 근거로 삼으면, 《논어》에서 공자가 직접적으로 제시하고 있거나 암묵적으로 인정하고 있는 인간의 욕구 또는 동기는 상당히 다양한데,[7] 이들은 크게 네 가지 종류로 묶을 수 있다. 첫째는 생물학적 생존 동기로, 여기에는 식(食),[8] 색(色),[9] 거(居),[10] 생(生)[11] 같은 욕구가 포함된다.

---

4 《論語引得》 참조

5 欲이 이렇게 쓰인 예는 君子欲觀之矣(《論語》, 八佾 10)와 같은 용례에서 볼 수 있는데, 이 밖에도 八佾 17; 雍也 4; 子罕 10, 13; 先進 10; 陽貨 1, 5, 7, 20; 微子 5; 子張 24 등에서 이러한 용법으로 欲이 쓰이고 있다.

6 《論語》에 富·貴·生·利·色·食은 각각 17, 8, 18, 10, 26, 42회 나오나, 이 중 추구 대상으로서의 욕구 또는 동기적 함축이 강한 용법으로 쓰이는 곳은 각각 8, 4, 4, 6 ,4, 5회이다(《論語引得》 참조).

7 《論語》에서 욕구에 대한 진술은, "부와 귀는 사람이 바라는 것이다"(富與貴 是人之所欲也: 里仁 5)와 같이 직접적으로 욕구의 내용을 제시하고 있는 형태와 "어렸을 때에는 혈기가 아직 안정되지 않았으므로, 여색을 경계해야 한다"(少之時 血氣未定 戒之在色: 季氏 7)와 같이 욕구의 내용을 직접 제시하고 있지는 않으나, 문맥으로 보아 욕구의 내용(이 경우는 色欲 또는 性欲)을 추론할 수 있는 형태의 두 가지로 이루어지고 있다.

8 《論語》, 學而 14; 鄕黨 8; 衛靈公 31, 37; 堯曰 1. 이 중 衛靈公 31(君子謀道不謀食)과 37(事君 敬其事而後其食)에서는 食이 祿의 뜻으로 쓰이고 있어, 생존 동기와 함께 후속되는 이

둘째는 이기적 동기로, 부(富),[12] 귀(貴),[13] 이(利),[14] 빈천(貧賤) 회피,[15] 탐욕[16] 같은 욕구들이 이에 해당된다. 셋째는 자기 제시 동기로, 여기에는 언(言),[17] 자기 자랑〔伐〕,[18] 남을 이기고자 함〔勝人〕[19] 같은 욕구가 포함된다. 넷째는 도덕적 동기로, 인(仁),[20] 선(善),[21] 역할 수행[22], 타인 배려[23], 도덕 실천[24] 같은 욕구가 이에 포함된다.

　　기적 동기의 내용도 포괄하는 욕구로 제시되고 있다.

　9 學而 7; 子罕 17; 衛靈公 12; 季氏 7.

10 學而 14; 子路 8.

11 顔淵 5, 10; 衛靈公 8.

12 學而 15; 里仁 5; 述而 11, 15; 泰伯 13; 顔淵 5; 季氏 7.

13 里仁 5; 述而 15; 泰伯 13; 顔淵 5.

14 里仁 12, 16; 子罕 1; 子路 17; 憲問 13.

15 里仁 5; 泰伯 13.

16 이는 慾(公冶長 10), 欲(憲問 2), 得(季氏 7; 陽貨 15) 등으로 제시되고 있다.

17 學而 14; 里仁 24; 顔淵 3; 陽貨 19.

18 憲問 2.

19 "남을 이기고자 하는 욕구"는 克(憲問 2), 鬪(季氏 7) 등으로 제시되고 있다.

20 述而 29; 堯曰 2.

21 顔淵 19.

22 "역할 수행의 욕구"는 "공인들이 자기 직무를 잘 해내려 하면, 반드시 먼저 그 도구를 예리하게 벼린다"(工欲善其事 必先利其器: 衛靈公 9)거나 "군주를 섬길 때는 자기 직무를 성실히 하고, 녹은 뒤로 미루어야 한다"(事君 敬其事而後其食: 衛靈公 37)라는 진술에 드러나 있다.

23 "타인 배려의 욕구"는 "다른 사람이 나에게 더해주기를 바라지 않는 일을 나도 다른 사람에게 더해주지 않는 것"(我不欲人之加諸我也 吾亦欲無加諸人: 公冶長 11), "자기가 서고자 하는 곳에 남을 먼저 세워주고, 자기가 도달하고자 하는 곳에 남을 먼저 도달하게 해주는 것"(己欲立而立人 己欲達而達人: 雍也 28), "자기가 바라지 않는 일을 남에게 베풀지 않는 것"(己所不欲 勿施於人: 顔淵 2; 衛靈公 23)이라 진술되고 있다.

24 "도덕 실천의 욕구"는 好德(吾未見好德如好色者也: 子罕 17; 衛靈公 12)과 謀道·憂道(君子謀道不謀食 …… 君子憂道不憂貧: 衛靈公 31)로 표현되고 있다.

(2) 《맹자》

욕(欲)이란 단어는 《맹자》 전체에서 93회 나오는데,[25] 이 가운데 50회 정도가 명시적으로나 암묵적으로 추구 대상이 제시되어 있어 이를 분석 대상으로 삼았다. 또한 38회 출현되는 이(利)에 대한 언급 중 19회 및 기타 부(富)·귀(貴)·식(食)·색(色) 들에 관해 논급한 내용 가운데서도 욕구 또는 동기에 관한 진술임이 분명한 것은 분석 대상에 포함시켰다. 이러한 분석에서는, 공자와 달리 분명한 인성론〔性善說〕을 제안하고 있는 맹자도 《논어》에서 제시되는 동기론을 거의 그대로 이어받고 있다는 사실이 확인되었다.[26]

《맹자》에서 제시되는 인간의 동기도 《논어》와 마찬가지로 크게 네 가지로 묶을 수 있다. 첫째는 생존·감각 추구 동기로, 여기에는 식(食),[27] 색(色),[28] 생(生)[29] 및 아름다운 색깔·소리·맛·냄새·편안함 같은 이목구비(耳目口鼻)와 사지(四肢)의 감각을 추구하는 욕구들이[30] 포함된다. 이는 《논어》에서 제시되고 있는 생존 동기와 같이 인간의 생물학적 존재 특성에서 비롯되는 동기인데, 다만 《맹자》에서는 감각 추구 동기를 강조하고 있는 점이 흥미롭다.[31] 둘째는 이기적 동기로 이(利),[32] 부(富),[33] 귀(貴)[34] 같은

---

25 《孟子引得》참조.

26 맹자는 제자인 공손추(公孫丑)가 伯夷와 伊尹은 어떤 사람이냐고 묻자 이들과 공자를 대비해 논하면서, "이들은 모두 옛날의 성인들로서, 나는 아직 그분들처럼 할 수가 없다. 나의 소망은 오직 공자를 배우는 것이다"(皆古聖人也 吾未能有行焉 乃所願 則學孔子也: 《孟子》, 公孫丑上 2)라고 말하고 있다. 이 말에서 드러나듯이, 맹자는 楊朱의 爲我說이나 墨翟의 兼愛說 같은 그릇된 학설을 반박하여 물리침으로써, 공자가 제시한 유학을 수호하고 전파하는 일을 자기의 임무로 삼고 있었으므로(滕文公下 9), 《孟子》에서 제시되는 동기론이 《論語》의 동기론을 그대로 이어받고 있다는 사실은 어찌 보면 당연한 논리적 귀결인 것이다.

27 《孟子》, 梁惠王上 7; 告子上 7, 10; 告子下 1; 盡心下 24.

28 梁惠王上 7; 梁惠王下 5; 萬章上 1; 告子下 1.

29 告子上 10.

30 梁惠王上 7; 離婁下 30; 告子上 7, 15; 盡心下 24.

31 맹자는 사람이 감각기관의 욕구에 가리워지는 것이 본래 착하게 태어난 사람이 不善하게 되는 한 가지 요인이라 보고 있다(조긍호, 1990, pp. 66-68; 1998a, pp. 85-90 참조). "눈과

욕구가 이에 속한다. 셋째는 사회적 동기로 지배,[35] 지위,[36] 명예[37] 같은 욕구들이 해당된다. 이는 《논어》에서 말하는 자기 제시 동기와 같은 종류의 동기로 볼 수 있는데, 《맹자》에서는 《논어》의 언(言)·벌(伐)·승인(勝人) 같은 자기 표현과 관련된 욕구 대신에, 지배·지위·명예 같은 권력 지향의 욕구들이 강조되는 점이 흥미롭다.[38] 넷째는 도덕적 동기로, 이에는 인의(仁

귀 같은 감각기관은 생각하지 못하고, 외부의 사물에 가리운다. 감각기관과 외부 사물이 교접하면, 외부 사물에 이끌려버릴 뿐"(耳目之官 不思而蔽於物 物交物 則引之而已矣: 告子上 15)이므로, 이렇게 物欲에 가려 좋은 맛, 아름다운 색깔, 듣기 좋은 소리, 좋은 냄새, 편안함 등 감각기관의 욕구(盡心下 24)를 추구하는 것이, 본래의 착한 마음을 간직(存心)하지 못하고 放心하게 되어 小人이 되는 까닭인 것이다. 그리하여 맹자는 "사람의 몸에는 귀한 부분도 있고 천한 부분도 있으며, 작은 것도 있고 큰 것도 있는데(여기서 귀하고 큰 것은 心, 천하고 작은 것은 耳目之官을 가리킴), 작은 것으로 큰 것에 해를 끼쳐서는 안 되며, 천한 것으로 귀한 것에 해를 끼쳐서도 안 된다. 그 작은 것을 기르는 사람은 小人이고, 그 큰 것을 기르는 사람은 大人이다"(體有貴賤 有小大 無以小害大 無以賤害貴 養其小者爲小人 養其大者爲大人: 告子上 14)라거나 "(心之官인) 大體를 좇으면 大人이 되고, (耳目之官인) 小體를 좇으면 小人이 된다"(從其大體爲大人 從其小體爲小人: 告子上 15)라고 표현하여, 감각기관의 욕구에 빠지는 것이 不善의 요인임을 지적하고 있는 것이다. 이 밖에도 생존 욕구나 이기적 욕구 등 다른 욕구의 物欲에 가리우는 것도 不善의 요인이기는 하지만(梁惠王上 1; 萬章上 1; 告子下 4; 盡心上 27), 맹자는 특히 감각기관의 욕구로 인한 폐해를 강조하고 있으며, 이 점이 바로 《論語》에서와는 달리 《孟子》에서 감각 추구 동기가 중시되는 까닭이라고 볼 수 있을 것이다.

32 梁惠王上 1; 離婁下 33; 告子下 4.

33 梁惠王下 5; 公孫丑下 10; 離婁下 33; 萬章上 1, 3.

34 公孫丑下 10; 離婁下 33; 萬章上 1, 3; 告子上 17.

35 梁惠王上 7; 梁惠王下 15; 盡心上 21.

36 滕文公下 3; 告子上 16.

37 離婁下 33; 萬章上 1.

38 《論語》에서는 자기 제시 동기가 제어되어야 할 동기의 대표적인 것으로 강조되고 있다〔이 절의 주 133(p. 388) 참조〕. 그러나 《孟子》에서는 자기 제시 동기가 언급조차 되지 않고 있다. 이는 공자와 맹자의 학술상의 처지의 차이에 그 까닭이 있는 것으로 추론할 수 있다.

공자는 춘추시대 말기에 태어나서 유학의 대지를 밝혀 창시했는데, 당시에 아무도 그와 항거하여 다투는 자가 없었다. 따라서 학술적인 논쟁을 할 필요가 없었고, 다만 일상

義),[39] 예(禮),[40] 인정(仁政),[41] 의리(義理),[42] 역할 수행,[43] 도덕 체득[44] 같은 욕구가 포함된다.

(3)《순자》

욕(欲)은《순자》전체에서 242회 출현하는데,[45] 이 중 171회 정도가 명시적으로나 암묵적으로 추구 대상이 분명히 제시되어 확실하게 욕구나 동기에 관한 진술로 볼 수 있으므로, 이를 분석 대상으로 삼았다. 이 밖에 이(利)·작(爵)·부(富)·귀(貴)·식(食)·색(色) 들에 관해 언급한 내용 가운데서도 욕구나 동기에 관한 진술임이 분명한 것은 분석 대상에 포함시켰다. 이러한 분석을 따르면,《순자》에서 제시되는 동기론도 대체로《논어》에서

생활에서 仁을 실천하는 데에 말을 앞세우는 것이 장애가 된다고 보았기 때문에(《論語》, 學而 3; 陽貨 17), 자기 제시 동기의 제어를 강조했던 것이다.

　그러나 맹자가 생존했던 전국시대에는 그렇지 않았다. 당시에 이미 楊朱·墨翟의 학이 성행하였고, 蘇秦·張儀의 무리들도 모두 제각기 그 설을 마음대로 펼치는 이른바 백가쟁명의 시대였다. 유학은 이때에 이미 적대론자들의 위험에 직면해 있었다. 그러므로 맹자가 공자의 가르침을 말할 때는 반드시 이를 넓혀서 논함으로써, 백가를 꺾어야 했다. 이로 말미암아 맹자는 유학을 보전하고 옹호하여, 이단의 학설을 반박해 물리치는 일을 자기의 임무로 삼았다. 시대는 맹자에게 논변가의 사명을 부여했으며, 그 결과 맹자는 "말하기를 좋아하는 사람"이라는 세평을 감수해야 했던 것이다(公都子曰 外人皆稱夫子好辯 敢問何也 孟子曰 予豈好辯哉 予不得已也 …… 我亦欲正人心 息邪說 距詖行 放淫辭 以承三聖者 豈好辯 哉 予不得已也:《孟子》, 滕文公下 9). 이러한 상황에서 공자를 따라 자기 제시 동기의 제어를 주장하는 것은 아마도 맹자에게는 자기 부정으로 인식되었을 것이며, 따라서 그는 공자가 그토록 강조했던 訥과 訒에 대해 아무런 언급도 하지 않을 수밖에 없었을 것이다.

39 梁惠王上 1; 梁惠王下 9; 滕文公下 9; 告子上 8, 10, 16, 17; 告子下 4; 盡心上 21; 盡心下 24.

40 離婁下 27; 告子下 1; 盡心上 21; 盡心下 24.

41 梁惠王下 5; 離婁上 9.

42 告子上 7.

43 離婁上 2.

44 離婁下 14.

45《荀子引得》참조.

제시되는 동기론의 세 가지 특징을 공유하고 있어서, 공·맹·순 세 사람의 동기이론이 일치하는 것을 알 수 있다.[46]

우선 《순자》에서 제시되는 동기의 종류는 《논어》나 《맹자》에서 제시되는 그것과 대체로 비슷하다. 첫째는 생존·감각 추구 동기로, 여기에는 식(食),[47] 음(飮),[48] 의(衣),[49] 거(居),[50] 색(色),[51] 수(壽)〔生·命〕,[52] 감각적 쾌락[53] 및 편안함〔安佚〕[54] 같은 욕구가 포함된다. 둘째는 인지적 동기로, 이는 《순자》에서 특유하게 제시되는 동기인데 예(禮)와 인(仁)의 인식·표출〔言·辯〕,[55] 마음에 두고 생각함〔慮〕,[56] 사물의 이치를 알고자 함〔志〕,[57] 지각

---

46 순자도 맹자와 마찬가지로 "오늘날 성왕이 사라지고 천하가 혼란하여, 간사한 말들이 성행하나, 군자가 세력을 얻어 이에 임하지 못하고, 또 형벌로써 이들을 금하지 못하니, (내가) 변설을 하는 것이다"(今聖王沒 天下亂 姦言起 君子無勢以臨之 無刑而禁之 故辯說也: 《荀子》, 正名 14)라고 하여, 유학을 통해 제자백가를 비판하는 자신의 입장을 표현하고 있다.

　　그러나 순자는 같은 유가인 맹자와 자사도 "대략 선왕을 따르기는 하지만, 그 전체적 계통을 이해하고 있지 못하다"(略法先王 而不知其統: 非十二子 26)라고 비판하여, 선왕의 가르침을 온전히 확립한 공자(孔子仁知且不蔽 故學亂術 足以爲先王者也: 解蔽 9)의 적통은 바로 자신에게 있음을 과시하고 있다. 이러한 점에서 순자가 공자의 입장을 그대로 이어받고 있다는 사실을 이해할 수 있는데, 순자가 그렇게 비판했던 맹자도 공자와 같은 논지를 전개하고 있으므로, 결국 공·맹·순 삼자의 동기론은 같은 특징을 공유하게 된 것이다.

47 《荀子》, 修身 25; 榮辱 23, 31, 36; 非相 8; 王霸 19; 性惡 4, 15.

48 修身 25; 榮辱 23.

49 修身 25; 榮辱 31, 36; 非相 9; 王霸 19.

50 修身 25; 榮辱 31; 非相 9; 性惡 4.

51 富國 3; 性惡 15.

52 彊國 2, 12; 天論 34; 禮論 4.

53 勸學 21; 榮辱 31; 王霸 13, 19; 正論 31; 禮論 5; 解蔽 20; 性惡 1, 6.

54 修身 29; 榮辱 36; 非相 9; 王制 7; 王霸 13; 君道 16; 彊國 12; 正論 31; 禮論 4; 性惡 4, 6.

55 勸學 21; 非相 15, 18; 非十二子 30; 正名 14.

56 勸學 21.

57 天論 26.

및 변별[知·異·辨][58] 같은 욕구가 이에 속한다. 순자가 이렇게 사람의 인지적 동기를 강조하는 입장을 취하는 것은 인식능력인 지(知)가 사람에게 본유적으로 갖추어져 있다고[59] 보기 때문인데, 바로 이러한 인식능력인 지의 추진 동인으로 작용하는 것이 인지적 동기라고 볼 수 있다. 곧 사람은 본유적으로 갖추고 있는 인식능력인 지를 동원하여 사물의 이치를 알 수 있게 되는데,[60] 그러한 지의 추동력이 바로 인지적 동기라고 볼 수 있는 것이다. 이는 인간을 덕성 주체(德性主體)로 파악하는 맹자와 다른 점으로, 인간을 지성 주체(知性主體)로 파악하는 순자의 입장에서 나오는 특징이라 볼 수 있을 것이다.[61] 셋째는 이기적 동기로, 부(富),[62] 귀(貴),[63] 이(利)[64] 같은 욕구가 이에 해당된다. 넷째는 사회적 동기로, 여기에는 투쟁[勝人],[65] 호영(好榮)·오욕(惡辱),[66] 친애(親愛),[67] 지위[爵],[68] 명예[功名],[69] 사회생활[群],[70] 지배,[71] 타인의 인정[72] 같은 욕구가 포함된다. 다섯째는 도덕적 동기로, 수신

---

58 榮辱 31; 非相 8, 10; 解蔽 11-12, 28; 正名 6-8.

59 所以知之在人者 謂之知(正名 3).

60 凡以知 人之性也 可以知 物之理也(解蔽 25).

61 牟宗三, 1979, p. 225; 蔡仁厚, 1984, pp. 405-409; 黃公偉, 1974, pp. 454-458. 이에 대해서는 졸고(조긍호, 1995, pp. 2-18; 1998a, pp. 210-245) 참조.

62 修身 29; 榮辱 23, 36, 39; 王覇 19; 正論 29.

63 修身 29; 榮辱 39; 王覇 19.

64 修身 29, 38; 不苟 4, 17; 榮辱 23, 28, 31; 非相 9; 非十二子 35; 富國 23; 王覇 5, 11, 18, 19, 33; 禮論 4; 性惡 1, 6; 大略 20.

65 儒效 28; 王制 6, 9, 21; 富國 3; 彊國 7; 性惡 18.

66 榮辱 28; 儒效 36; 王制 7; 君道 16.

67 榮辱 28; 君道 8.

68 正論 29; 性惡 15.

69 王制 7; 富國 3; 王覇 19.

70 王制 21; 富國 6.

71 "지배의 욕구"는 王(王制 13), 覇(王制 13), 彊(王制 13; 君道 16, 19), 制人(王覇 19), 君(王覇 19), 治國馭民(君道 19) 등으로 표현되고 있다.

(修身),[73] 의〔公義·合義〕,[74] 예〔禮義〕,[75] 선(善),[76] 인륜(人倫) 실천,[77] 인정 (仁政)[78] 같은 욕구가 이에 속한다.

(4) 《예기》

　"중국 전통 사회의 제도적 틀을 규정하고 그 이념을 풀이한 저술"이 《예기》이다. "출생할 때부터 사망할 때까지의 한 인간의 삶은 물론, 사회와 국가의 모든 행동 규범과 의미를 제시하고자 한 《예기》는 고대 중국의 예법 전체를 공·맹·순의 사상에 입각하여 새롭게 해석하고 정착"[79]시키려 한 시도로서, 모두 49편으로 이루어진 방대한 저술이다. 이 49편은 상례(喪禮)·제례(祭禮)와 같이 각 의례의 구체적인 예법과 제도를 논한 편들과 구체적 의례들이 지니고 있는 원리를 제시한 통론(通論) 부분으로 나누어지는데, 여기서는 통론 부분을[80] 중심으로 《예기》의 동기론을 고찰하도록 하겠다.

---

72 이는 "다른 사람에게 잘 보이거나 다른 사람의 좋은 평가를 받으려는 욕구"로서, "남들이 나를 현명한 사람이라고 인정해 주기를 바라는 것"(欲人之賢己也: 修身 23), "남들이 나를 믿어주기를 바라는 것"(欲人之信己也: 榮辱 23), "남들이 나를 착한 사람이라고 인정해 주기를 바라는 것"(欲人之善己也: 榮辱 29), "남들이 나를 공평하고, 수양이 닦였으며, 지혜로운 사람이라고 생각해 주기를 바라는 것"(冀人之以己爲公也 …… 冀人之以己爲修也 …… 冀人之以己爲知也: 儒效 37) 등으로 표현되고 있다.

73 修身 33.

74 修身 40; 榮辱 25; 王覇 11; 彊國 8, 20; 大略 20.

75 君道 4; 禮論 5.

76 性惡 8.

77 王制 21.

78 "仁政을 베풀고자 하는 욕구"는 "정치를 닦고 나라를 아름답게 하고자 하는 것"(欲修政美國: 君道 9), "귀한 도를 세우고, 귀한 이름을 빛냄으로써, 천하 사람들에게 은혜를 베풀고자 하는 것"(欲立貴道 欲白貴名 以惠天下: 君道 21), "천하 사람들과 괴로움과 즐거움을 같이 하고자 하는 것"(欲與天下同苦樂之: 性惡 18) 등으로 표현되고 있다.

79 김승혜, 1990, p. 308.

80 《禮記》 안에서 通論 부분을 규정하는 설은 일정하지 않다. 鄭玄은 15편, 吳澄은 8편을

제42편인 〈대학(大學)〉 편을 제외한 《예기》 통론 부분에 욕(欲)이란 글자는 모두 10회 나오는데, 이 중에서 욕구 또는 동기에 대한 진술임이 분명한 것은 6회 정도이다. 이 밖에 재(財)·식(食)·색(色)과 같이 욕구에 대한 표현임이 분명한 것을 분석 대상에 포함시켰다. 비록 양이 적은 자료이기는 하지만, 이러한 분석을 통해 《예기》에서 제시되는 동기론도 공·맹·순의 그것과 대체로 일치함이 밝혀졌다.

우선 《예기》에서도 사람에게 다양한 동기가 있음을 읽어낼 수 있다. 첫째는 생존 동기로 식(食),[81] 음(飮),[82] 색(色)〔男女·昏姻〕[83] 같은 욕구가 이에 속한다. 둘째는 이기적 동기로 여기에는 재(財),[84] 부(富),[85] 귀(貴)[86] 같은 욕구가 포함된다. 셋째는 사회적 동기로 투쟁〔很·爭奪〕,[87] 자기 표현〔辭〕[88] 같은 욕구가 이에 해당된다. 넷째는 도덕적 동기로 이에는 "신의와 화목을 익힘〔講信修睦〕",[89] "사람들을 교화하여 아름다운 풍속을 이룸〔化民成俗〕"[90] 같은 욕구가 포함된다.

通論으로 규정하고 있는데, 대체로 이론 부분이 《禮記》의 약 3분의 1 정도는 된다. 여기에서는 김승혜(1990, p. 321)를 따라 曲禮上·曲禮下·月令·禮運·禮器·學記·中庸·經解·大學의 9편을 通論으로 보고, 이를 분석 대상으로 삼았다. 이 중 《中庸》과 《大學》은 따로 떼어 고찰하기로 했으므로〔이 절의 주 3(p. 365) 참조. 다만 《中庸》에는 欲이란 글자가 한 번도 출현하지 않으므로, 이 장의 고찰에서 《中庸》은 제외함〕, 여기에서는 이 두 편을 제외한 나머지 7편만을 분석했다.

81 《禮記》, 禮運 301.

82 禮運 301.

83 禮運 301; 經解 648.

84 曲禮上 2.

85 曲禮上 6.

86 曲禮上 6.

87 曲禮上 2; 禮運 301.

88 曲禮上 3.

89 禮運 301.

90 學記 477.

(5) 《대학》

《대학》에서 욕(欲)은 〈경문(經文)〉 가운데 팔조목(八條目)의 위계를 제시하는 부분에서, 다음과 같이 모두 6회 나온다.[91]

> 옛날에 광명한 덕을 천하에 밝히려 한 사람은 먼저 자신의 나라를 다스렸고, 자기의 나라를 다스리려 한 사람은 먼저 자신의 집을 정돈하였으며, 자기의 집을 정돈하려 한 사람은 먼저 자신의 덕을 닦았다. 자기의 덕을 닦으려 한 사람은 먼저 자신의 마음을 바로잡았고, 자기의 마음을 바로잡으려 한 사람은 먼저 자신의 뜻을 참되게 하였으며, 자기 뜻을 참되게 하려 한 사람은 먼저 자신의 지혜를 넓혔다. 이렇게 지혜를 넓히는 것은 사물의 이치를 구명하는 데 달렸다. 그러므로 사물의 이치가 구명된[格物] 뒤에야 지혜가 극진하게 되고, 지혜가 극진하게 된[致知] 뒤에야 뜻이 참되어지고, 뜻이 참되어진[誠意] 뒤에야 마음이 바로잡히고, 마음이 바로잡힌[正心] 뒤에야 덕이 닦이고, 덕이 닦인[修身] 뒤에야 집이 정돈되고, 집이 정돈된[齊家] 뒤에야 나라가 다스려지고, 나라가 다스려진[治國] 뒤에야 천하가 화평해지는[平天下] 것이다.[92]

이것이 《대학》에 나오는 "격물(格物)−치지(致知)−성의(誠意)−정심(正心)−수신(修身)−제가(齊家)−치국(治國)−평천하(平天下)"라는 수양의 팔

---

91 朱熹의 《大學章句》에서는 三綱領과 八條目을 제시한 經 1장과 이들 각각을 설명한 열 개의 傳으로 나누어 주석을 붙이고 있다. 그 중 傳 5장은 補亡章이라 하여, 원문에는 없어진 것을 朱熹가 전후의 맥락을 고려하여 창작·삽입한 것으로, 格物과 致知의 관계를 해설한 것이다. 여기에서 "이른 바 致知가 格物에 달려 있다는 것은, 나의 앎을 지극히 하고자 하면 사물에 나아가 그 이치를 궁구해야 한다는 말이다"(所謂致知在格物者 言欲致吾之知 在卽物 而窮其理也: 傳 5)라고 하여, 欲이란 글자가 한 번 나온다. 그러니까 《大學章句》에는 欲이 모두 7회 나오는 셈이다.

92 古之欲明明德於天下者 先治其國 欲治其國者 先齊其家 欲齊其家者 先修其身 欲修其身者 先正其心 欲正其心者 先誠其意 欲誠其意者 先致其知 致知在格物 物格而后知至 知至而后意誠 意誠而后心正 心正而后身修 身修而后家齊 家齊而后國治 國治而后天下平(《大學》, 經).

조목이다. 그런데 이 인용문에서 분명히 드러나듯이 《대학》에서는 이 팔조목 각각을 사람의 욕구로 개념화하고 있으며, 따라서 이는 욕구위계설(欲求位階說)의 형태를 취하고 있다. 곧 격물이 가장 하위의 기본적인 욕구이고, 평천하가 가장 상위의 욕구라고 보고 있는 것이다.

여기서 격물(格物) 욕구와 치지(致知) 욕구는 사물의 이치를 궁구하여, 지혜를 극진하게 하려는 '인지적 동기'라 볼 수 있다. 그 다음 성의(誠意) 욕구와 정심(正心) 욕구 및 수신(修身) 욕구는 뜻을 참되게 하고 마음을 바르게 함으로써, 덕을 닦으려는 '자기 완성의 동기'라고 볼 수 있다. 이어서 제가(齊家) 욕구는 집을 정돈하여 집안사람들과 올바른 관계, 곧 인륜(人倫)을 다하려는 '관계 완성의 동기'라고 볼 수 있다. 다음으로 치국(治國) 욕구와 평천하(平天下) 욕구는 이러한 바탕 위에서, 사회의 모든 사람들 스스로가 도덕적 주체로서 명덕(明德)을 보유한 존재임을 밝게 깨닫게 하려는 '사회 완성의 동기'라고 볼 수 있다. 이렇게 보면, 《대학》에서 제시되는 욕구들은 '인지적 동기-자기 완성 동기-관계 완성 동기-사회 완성 동기'의 위계구조를 가지는 것으로 생각할 수 있을 것이다.

2) 선진유학의 동기이론

이상에서 보았듯이, 《논어》·《맹자》·《순자》 같은 선진유학의 경전들과 《예기》 및 《대학》에서는 현대심리학에서 다루는 거의 모든 동기들이 언급되고 있다. 이러한 동기들에는 식·색·감각적 쾌락 추구와 같은 생존 동기(또는 생존·감각 추구 동기), 부·귀·이익 추구 같은 이기적 동기, 자기표현·자기자랑과 같은 자기 제시 동기, 예의 인식·지각 및 변별과 같은 인지적 동기, 지배·지위·명예추구와 같은 사회적 동기, 그리고 인과 선의 추구·타인 배려·역할 수행과 같은 도덕적 동기 들이 포괄된다.

이러한 동기들 가운데 유학자들이 가장 중요하게 여겨 권장하는 것은 도덕적 동기이다. 이는 성덕을 지향하는 유학의 체계에서 당연한 논리적인 귀결이다. 유학자들은 이러한 도덕적 동기는 재기자에 속하는 것이어서, 그 충족 여부가 개인의 수양 수준에 달려 있다고 본다. 곧 도덕적 동기는 그 충족 조건이 개인의 노력에 달려 있으므로, 실생활에서 사람이 스스로 통제할 수 있기 때문에, 유학자들이 중시하고 권장하는 것이다. 유학자들에 따르면, 도덕적 동기 이외의 다른 동기들은 모두 그 충족 여부가 외적 환경 조건에 달려 있는 재외자·재천자이다. 그러므로 이는 사람이 노력한다고 해서 충족되는 것이 아닐 뿐만 아니라, 이러한 외적 욕구는 인간이 올바른 길에서 벗어나 악으로 향하게 만들 가능성이 있기 때문에, 억제하고 조절해야 할 필요가 있다고 유학자들은 본다.

유학의 동기이론은 이렇게 재기자인 도덕적 동기를 적극 권장하고, 재외자인 그 밖의 동기를 억제해야 한다는 주장을 중심으로 성립되고 있다. 이러한 동기의 통제와 조절은 자기 수양의 요체로서, 자기개선과 자기 향상을 이루어 군자가 되는 길에서 중핵적인 과제가 된다는 것이 유학의 경전들에서 도출되는 동기이론의 핵심 내용인 것이다.

(1) 도덕적 동기의 권장

《논어》·《맹자》·《순자》·《예기》·《대학》에서는 모두 도덕적 동기가 인간에게 본래부터 갖추어져 있는 본유적인 동기로 제시되고 있다. 이러한 도덕적 동기는 자기 수양에만 머무르지 않고, 함께 살아가고 있는 다른 사람에 대해 관심을 가지고 그들을 배려하며, 마침내 그들과 함께 선을 이루는 일의 근거가 되는 동기이기 때문에, 유학자들이 중시하고 권장한다. 유학적 수양의 핵심은 도덕적 동기를 실생활에서 실천하는 데 있는 것이다.

① 《논어》

이상에서 드러나듯이, 공자는 현대심리학이 제시하는 동기 가운데 대부분의 동기를 사람이 갖추고 있는 것으로 본다. 그런데 여기에서 주목할 것은 《논어》에서는 도덕적 동기가 사람에게 갖추어져 있는 것으로 보고, 이를 특히 강조하고 있다는 점이다. 이러한 도덕적 동기가 사람에게 생득적으로 갖추어져 있는지, 아니면 후천적으로 습득되는지에 대해서 공자가 분명하게 언급하고 있지는 않다.[93] 그러나 중요한 것은 공자는 이러한 도덕적 동기에 의해 나머지 동기들이 제어될 수 있다고 보며, 또 그러한 상태를 이상적인 인간의 상태로 제시함으로써, 이를 인간의 중핵적인 동기로 보고 있다는 사실이다. 이 점이 《논어》에서 제시되는 동기론의 한 가지 특징이다.

이렇게 도덕적 동기가 중핵적인 동기가 되어야 하는 까닭은, 다른 동기들 특히 생존 동기와 이기적 동기의 충족 여부는 외적 조건에 달려 있어서 스스로 통제할 수 있는 범위를 벗어나지만, 도덕적 동기는 스스로가 통제할 수 있기 때문이다. 이러한 사실은 다음과 같은 진술들 속에 잘 드러나 있다.

> 인(仁)이 멀리 있는가? (그렇지 않다.) 내가 인을 행하고자 하면, 곧바로 인이 이르는 것이다.[94]

> 인을 행하는 것은 자기에게 달려 있는 일이지, 어찌 남에게 달려 있는 일이겠는가?[95]

> 능히 가까이 자기 몸에서 취해 남에게 비유할 수 있으면, 인을 행하는 방도

---

93 《論語》에서 공자가 사람에게 본유한 특성인 性에 대한 언급한 것은 "타고난 본성[性]은 사람마다 비슷하지만, 익히는 바[習]에 따라 서로 달라진다"(子曰 性相近也 習相遠也: 陽貨 2)는 구절 뿐이다. 이는 그에게서 직접 가르침을 받은 자공의 "선생님의 문장은 들을 수 있으나, 선생님께서 性과 天道를 말씀하시는 것은 들을 수 없다"(子貢曰 夫子之文章 可得而聞也 夫子之言性與天道 不可得而聞也: 公冶長 12)라는 진술 속에 잘 드러나고 있다. 여기서 공자가 性相近(도덕적 동기의 본유설)의 입장을 강조하고 있는지 아니면 習相遠(도덕적 동기의 학습설)의 입장을 강조하고 있는지는 분명하지 않은데, 이러한 애매한 진술은 후대의 학자들의 논쟁을 촉발하는 계기가 되었다. 예를 들면, 맹자는 性相近을 강조하는 논지를 전개하고 있는 반면, 순자는 習相遠을 강조하는 논지를 전개하여 서로 대립하고 있는 것이다 (김형효, 1990; 정인재, 1981; 조긍호, 1998a, 1999b; 陳大齊, 1954; 蔡仁厚, 1984 등).

94 子曰 仁遠乎哉 我欲仁 斯仁至矣(《論語》, 述而 29).

95 爲仁由己 而由人乎哉(顔淵 1).

라고 이를 만하다.96

  이 인용문들은 모두 도덕적 동기〔爲仁〕가 내재적으로 통제 가능한 동기임을 강조하고 있다. 이렇게 도덕적 동기는 내재적으로 통제 가능하므로, 이를 행하는 데 힘이 미치지 못하는 사람은 없다.97 따라서 이를 추구하면, 어디에서나 원망을 받지 않고,98 또한 스스로뿐만 아니라 다른 사람들도 선으로 이끌기 때문에,99 이는 사람이 일생 동안 견지하고 추구해야 할 가장 핵심적인 동기가100 되는 것이다. 이렇게 도덕적 동기를 인간의 가장 중핵적인 동기로 보고, 실생활에서 이를 적극 함양하고 실천하도록 권장하는 것이 《논어》에서 도출되는 동기이론의 가장 큰 특징이다.

② 《맹자》

  맹자의 동기론에서 특이한 점은 그가 도덕적 동기까지도 포함해서 모든 동기를 인간이 본유적으로 갖추고 있는 것으로 본다는 사실이다. 맹자는 고자(告子)와 벌인 인내의외지변(仁內義外之辨)에서,101 고자가 "식욕과 색욕은 인간의 본성〔性〕이다"라고 한 데 대해 직접적인 비판을 가하지 않고 그의 의외설(義外說)에 대한 비판만을 함으로써, 식(食)·색(色) 같은 생존 욕구를 인간이 본유적으로 갖추고 있음을 부정하지 않고 있다.102 또한 그가

---

96 能近取譬 可謂仁之方也已(雍也 28).

97 有能一日用力於仁矣乎 我未見力不足者(里仁 6).

98 己所不欲 勿施於人 在邦無怨 在家無怨(顏淵 2).

99 子欲善而民善矣(顏淵 19).

100 子貢問曰 有一言而可以終身行之者乎 子曰 其恕乎 己所不欲 勿施於人(衛靈公 23).

101 맹자는 仁義의 본유설에 따라 仁과 義는 인간에게 내재적인 도덕적 욕구라고 보고 있으나, "태어난 그대로를 性이라고 한다"는 生之謂性論(《孟子》, 告子上 3)을 주장하는 고자는 "仁은 내재적인 것이지만, 義는 외재적인 것"이라는 仁內義外說을 전개하고 있다(告子上 4). 이에 대해서는 졸고(조긍호, 1990, pp. 62-65) 참조.

102 告子曰 食色性也 仁內也 非外也 義外也 非內也 孟子曰 何以謂仁內義外也(《孟子》, 告子上 4).

감각기관의 욕구뿐만 아니라, 이기적 동기와 사회적 동기도 사람이 본유적으로 갖추고 있음을 인정하는 만큼, 도덕적 동기의 본유성은 그의 성선설의 논지에 비추어 볼 때 두말할 나위도 없이 자명한 일이다.[103]

이렇게 맹자는 모든 동기가 사람에게 본유적으로 갖추어져 있는 것으로 보기는 하지만, 그렇다고 해서 그가 모든 동기를 똑같이 중요하게 보는 것은 아니다. 이러한 태도는 다음과 같은 진술에서 잘 드러난다.

> 예(禮: 도덕적 동기)와 식(食: 생존 동기) 중에서 어느 것이 더 중요한가? 예(도덕적 동기)가 더 중요하다. 색(생존 동기)과 예(도덕적 동기) 중에서 어느 것이 더 중요한가? 예(도덕적 동기)가 더 중요하다.[104]

이 인용문에서 보듯이, 모든 동기의 본유성을 인정하더라도, 그 중에서 도덕적 동기가 중핵이 되어야 한다는 것이 《논어》와 마찬가지로 《맹자》의 동기론의 가장 큰 특징이다.

도덕적 동기가 중핵적인 인간의 동기가 되어야 하는 까닭은, 다른 동기들 특히 생존 동기나 감각 추구 동기의 충족 여부는 외적 환경 조건에 달려 있어서 이를 인간의 본성이라 할 수 없지만, 도덕적 동기의 충족 여부는 스스로의 노력에 달려 있으므로, 이는 동물과는 다른 인간의 독특한 본성이 되기 때문이다. 이러한 사실은 다음 진술문에 잘 드러나 있다.

> 입이 맛을 느끼고, 눈이 색깔을 보고, 귀가 소리를 듣고, 코가 냄새를 맡고, 사지가 안일해지려는 것은 성(性: 타고난 본성)이다. 그러나 거기에는 명(命: 외

---

103 天下之士悅之 人之所欲也 …… 好色 人之所欲 …… 富 人之所欲 貴 人之所欲(萬章上 1); 凡同類者 擧相似也 何獨至於人而疑之 聖人與我同類者 …… 口之於味也 有同耆焉 耳之於聲也 有同聽焉 目之於色也 有同美焉 至於心 獨無所同然乎 心之所同然者 何也 謂理也 義也 聖人 先得我心之所同然耳 故理義之悅我心 猶芻豢之悅我口(告子上 7); 雖存乎人者 豈無仁義之心 哉(告子上 8); 欲貴者 人之同心也 人人有貴於己者 弗思耳(告子上 17).

104 禮與食孰重 曰 禮重 色與禮孰重 曰 禮重(告子下 1).

적 조건)이 있으니, 군자는 이를 성이라 일컫지 않는다. 부자(父子) 간에 친애〔仁〕하고, 군신(君臣) 간에 의(義)롭고, 손님과 주인이 예(禮)를 갖추고, 현명한 사람이 지혜〔智〕롭고, 성인이 천도(天道)를 따르는 것은 명(하늘이 부여한 것)이다. 그러나 거기에는 성(사람이 고유하게 할 일)이 있으므로, 군자는 이를 명이라 일컫지 않는다.105

이를 "군자가 사람의 본성〔性〕으로 삼는 것은 인의예지(仁義禮智)로서, 이는 마음에 뿌리를 두고 있는 것"106이라는 진술과 결부시켜 보면, 맹자가 주장하려는 논지가 분명하게 드러난다. 말하자면 인간의 본성은 외적 조건에 따라 그 충족 여부가 결정되는 동기, 곧 내재적으로 통제 불가능한 동기들(생존·감각 추구 동기, 이기적 동기, 사회적 동기)에서 찾을 수 없고, 스스로의 자발적인 노력으로 충족되는 동기, 곧 내재적으로 통제 가능한 동기(도덕적 동기)에서 찾아야 한다는 것이다. 이렇게 "충족 여부가 스스로에게 달려 있는 것〔在我者〕은 구하면 얻어지고 내버려두면 없어지는 것이어서, 애써 노력하면 반드시 얻어지게 마련이지만, 충족 여부가 외적 조건에 달려 있는 것〔在外者〕은 구하는 데 방법이 따로 있고, 또 얻어지느냐의 여부는 외적 조건〔命〕에 달려 있으므로, 애써서 구하려 해도 별로 잘 얻어지지 않기"107 때문에, 재외자(在外者)인 여타 동기들이 아니라 재아자(在我者)인 도덕적 동기가 인간의 중핵적 동기가 되어야 한다는 것이 맹자의 성선설의 논지인 것이다.

③《순자》

순자도 이러한 동기들이 모두 본유적으로 사람에게 갖추어져 있음을 인정한다.108 이러한 사실은 다음과 같은 진술들에서 잘 드러난다.

---

105 口之於味也 目之於色也 耳之於聲也 鼻之於臭也 四肢之於安佚也 性也 有命焉 君子不謂性也 仁之於父子也 義之於君臣也 禮之於賓主也 智之於賢者也 聖人之於天道也 命也 有性焉 君子不謂命也(盡心下 24).

106 君子所性 仁義禮智根於心(盡心上 21).

107 盡心上 3.

무릇 사람에게는 한 가지로 똑같은 바가 있다. 굶주리면 배불리 먹기를 바라고, 추우면 따뜻해지기를 바라며, 피로하면 휴식을 취하기를 바란다. 또한 이익을 좋아하고, 손해를 싫어한다. 이것은 사람이 태어나면서부터 갖추고 있는 바로서, 그렇게 되기를 기다려서 그러한 것이 아니다. 이는 성인인 우(禹)나 악인인 걸(桀)이나 똑같다.[109]

무릇 눈이 아름다운 색깔을 좋아하고, 귀가 좋은 소리를 좋아하며, 입이 좋은 맛을 좋아하고, 마음이 이익을 좋아하며, 몸과 피부가 편안함을 좋아하는 것은 모두 사람의 본성에서 나온 것으로, 느껴서 스스로 그러한 것이지 그렇게 되기를 기다려서 그러한 것은 아니다.[110]

무릇 귀(貴)하기로는 천자(天子)가 되고 싶고, 부(富)하기로는 천하를 소유하고 싶은 것, 이는 사람의 본성으로 모두 똑같이 바라는 것이다.[111]

의(義: 도덕적 동기)와 이(利: 이기적 동기)는 사람이 함께 가지고 있는 것이다.

---

108 보통 순자는 性惡說의 주창자로서, 그는 사람에게 생물적 동기와 이기적 동기가 본유적으로 갖추어져 있고, 도덕적 동기는 후천적인 교육을 통해 습득되어야 한다는 이론을 편 것으로 알려져 있다. 그러나 이는 현재 전하는 《荀子》 중 제23편인 〈性惡〉 편 때문에 생긴 오해로서, 순자의 이론은 性惡說이 아니라 情惡說로 보아야 한다(郭沫若, 1945; 김승혜, 1990; 김충렬, 1982; 徐復觀, 1969; 陳大齊, 1954 등)는 주장이 《荀子》에 관한 연구자들 사이에 설득력을 얻어가고 있다. 이들의 주장에 따르면, 순자가 인간에게 본유한 性으로 보고 있는 것은 이러한 생물적 이기적 욕구만이 아니라 인지적 능력(知)과 도덕적 행위능력(能)도 포함된다. 이렇게 보면, 전술한 모든 동기들을 사람이 본유적으로 갖추고 있는 것으로 순자가 파악하고 있다는 논리가 성립하는 것이다. 순자의 이론을 性惡說로 단정해서는 안 된다는 주장에 대해서는 김승혜(1990, pp. 220-221, 244-245)와 졸고(조긍호, 1995, pp. 2-6; 1998a, pp. 210-219) 참조.

109 凡人有所一同 飢而欲食 寒而欲煖 勞而欲息 好利而惡害 是人之所生而有也 是無待而然者也 是禹桀之所同也(《荀子》, 榮辱 31; 非相 8-9에도 凡人有所一同을 제외한 같은 귀절이 나온다).

110 若夫目好色 耳好聲 口好味 心好利 骨體膚理好愉佚 是皆生於人之情性者也 感而自然 不待事而後生之者也(性惡 6).

111 夫貴爲天子 富有天下 是人情之所同欲也(榮辱 39).

비록 요(堯)·순(舜) 같은 성인도 사람들의 이익 추구 욕구를 다 없앨 수는 없지만, 이익 추구 욕구가 의를 좋아하는 마음(도덕적 동기)을 이기지 못하게 할 수는 있다.[112]

길거리의 사람들도 모두 인의법정(仁義法正)을 알 수 있는 자질을 갖추고 있고, 또한 모두 인의법정을 행할 수 있는 바탕(도덕적 동기)을 갖추고 있다. 그러므로 누구나 다 틀림없이 우(禹)와 같은 성인이 될 수 있는 가능성이 있는 것이다.[113]

위의 첫 인용문에서는 생존 동기와 이기적 동기, 두 번째 인용문에서는 감각 동기와 이기적 동기, 세 번째 인용문에서는 이기적 동기, 네 번째와 다섯 번째 인용문에서는 도덕적 동기의 본유성에 대해 언급하고 있다.[114]

이러한 다양한 동기들 가운데 도덕적 동기의 충족 여부는 사람이 하기에 달려 있어서 자발적인 통제가 가능하지만, 나머지 동기들 특히 생존·감각 동기, 이기적 동기, 사회적 동기 들의 충족 여부는 외적 조건에 달려 있어서 자발적인 통제가 불가능하다는 점에 대해서도 순자의 생각과 공자·맹자의 생각은 같다. 순자는 도덕적 동기의 충족으로 인한 즐거움은 사람의 내부에서 나오는 것이기 때문에, 이를 "의로운 즐거움[義榮]"이라 부르고, 이기적 동기와 사회적 동기의 충족으로 인한 즐거움은 밖에서 오는 것이기 때문에, 이를 "조건적 즐거움[勢榮]"이라 부르고 있다.[115] 그는 전자는 "나에게 달린 것[在我者·在己者]", 후자는 "외적 조건에 달린 것[在天者·在外者]"이기 때

---

112 義與利者 人之所兩有也 雖堯舜 不能去民之欲利 然而能使其欲利不克其好義也(大略 20).

113 然而塗之人也 皆有可以知仁義法正之質 皆有可以能仁義法正之具 然則其可以爲禹明矣(性惡 13).

114 이 밖에 榮辱 36; 禮論 1; 性惡 1, 4 등에서 생존·감각 동기와 이기적 동기의 본유성에 관한 진술이 보이고, 王制 21과 富國 6에서는 "사람은 태어나면서부터 사회생활[群]을 하지 않을 수 없다[人之生不能無群]"고 하여, 군(群)이라는 사회적 동기도 사람에게 본유한 것이라는 입장이 제시되고 있다.

115 志意修 德行厚 知慮明 是榮之由中出者也 夫是之謂義榮 爵列尊 貢祿厚 形勢勝 上爲天子諸侯 下爲卿相士大夫 是榮之從外至者也 夫是之謂勢榮(正論 28-29).

문에, 사람은 외적 조건에 달린 것에 연연하지 말고 자기에게 달린 것에 삼가 힘씀으로써, 날로 발전이 있도록 해야 한다고[116] 주장한다. 이렇게 순자의 동기론에서도 공자·맹자의 동기론과 마찬가지로 도덕적 동기를 사람의 가장 중핵적인 동기로 파악하는 특징을 보이고 있는 것이다.

④《예기》

《예기》에서 제시되고 있는 생존 동기, 이기적 동기, 사회적 동기, 그리고 도덕적 동기 가운데 사람의 중핵적 동기가 되어야 하는 것으로《예기》의 기자가 강조하는 것도 역시 도덕적 동기이다. 이는 다음과 같은 진술에 잘 드러나 있다.

> 하고 싶어 하는 욕구와 싫어하는 감정은 사람 마음의 두 가지 강렬한 지향성이다. 그러나 사람이 이러한 욕구와 감정을 마음속에 숨기고 있으면, 이를 알아내기 어려운 경우가 많다. 사람 행위의 선과 악은 모두 그 마음에서 일어나는 것이지만, 즉시 외부로 나타나지 않는 경우가 많은 것이다. 이때 한 가지로써 이 둘을 아우르려 한다면, 예(禮)를 제쳐놓고 또 무엇이 있겠는가?[117]

이 인용문에서도 제시되고 있듯이, 도덕적 동기[禮]는 나머지 동기들을 제어하고 통제하는 유일한 도구가 되는 것이므로, 실생활에서 적극 함양하고 실천하도록 권장되어야 한다는 것이《예기》에서 도출되는 동기이론의 기본 관점이다.

---

116 若夫心意修 德行厚 知慮明 生於今而志乎古 則是在我者也 故君子敬其在己者 而不慕其在天者 …… 君子敬其在己者 而不慕其在天者 是以日進也(天論 28-29).

117 故欲惡者 心之大端也 人藏其心 不可測度也 美惡皆在其心 不見其色也 欲一而窮之 舍禮何以哉(《禮記》, 禮運 301).

⑤《대학》

다른 경전들과는 달리,《대학》에서는 인지적 동기〔格物·致知〕와 도덕적 동기만이 제시되고 있고, 도덕적 동기도 자기 완성〔誠意·正心·修身〕, 관계 완성〔齊家〕, 사회 완성〔治國·平天下〕의 동기로 세분하여, 이들 사이에 위계 질서를 부여하고 있다.《대학》에서는 도덕적 동기는 물론, 격물과 치지의 인지적 동기도 수양의 가장 기본적인 단계를 이룬다고 보아 권장하는 관점을 제시하고 있다.

《대학》에서는 인간 삶의 모든 과정이 사회 완성이라는 최종 목표에 집중되는 것으로 보고 있는데, 그 과정에서 외계 사물과 인간사에 대한 올바른 지식을 확립하는 것이 가장 근본적이라고 여겨, 인지적 동기도 권장하는 것이다. 그러나 이는 도덕적 완성을 위한 준비 단계의 의미를 갖는 것으로,《대학》에서 권장되는 최종의 동기도 역시 자기 완성·관계 완성·사회 완성 같은 도덕적 동기들이다.

(2) 생물적 동기와 이기적 동기의 억제

선진유학의 경전들에서는 앞에서 살펴본 바와 같은 도덕적 동기를 제외한 나머지 동기들, 그 가운데서도 특히 식(食)·색(色)·수(壽)·쾌락 추구 같은 생물적 동기와 부(富)·귀(貴)·이(利)·달(達) 같은 이기적 동기는 적극적으로 억제할 것을 강조한다. 이러한 욕구들은 충족여부가 전적으로 외적 조건에 달려 있을 뿐만 아니라, 이러한 욕구의 무절제한 추구는 사람을 악으로 이끄는 원천이 된다고 보기 때문이다.

① 《논어》

공자는 도덕적 동기 이외의 나머지 동기들이 스스로의 통제 범위를 벗어나는 동기라는 사실을 다음과 같이 강조하고 있다.

부(富)가 구해서 얻어질 수 있는 것이라면, 비록 마부 같은 천한 일이라도 나는 마다 않고 하겠지만, 구해서 얻어질 수 있는 것이 아니라면, 나는 내가 좋아하는 바(인을 행하는 일)를 따르겠다.[118]

죽음과 삶[死·生]에는 외적 조건[命]이 있고, 부(富)와 귀(貴)는 외적 조건[天]에 달려 있다.[119]

이 두 인용문은 생존 동기[死·生]와 이기적 동기[富·貴]가 외적 조건에 달려 있어서, 스스로 통제할 수 없는 것임을 말하고 있다. 이렇게 생존 동기와 이기적 동기는 스스로 통제할 수 없기 때문에, 이러한 욕구에 가리워지면 강직하지 못하게 되거나,[120] 사물의 이치에 어두워 의혹에 사로잡히게 되거나,[121] 무엇이든지 하지 않는 일이 없이 마구 덤비게 되거나,[122] 다른 사람의 원망을 많이 받게 되거나,[123] 일이 제대로 이루어지지 않거나,[124] 인륜을 크게 어지럽히는[125] 폐단에 빠지게 된다.

이렇게 도덕적 동기 이외의 동기들은 내재적인 통제 가능성이 없어서, 이를 그대로 방치하거나 추구할 경우 여러 가지 폐단에 빠지게 되기 때문에, 이들을 절제하고 제어할 필요가 있다는 것이 공자의 생각이다. 이러한 외적 조건의 통제를 받는 동기의 절제와 제어에 관한 공자의 논지는 다음과 같은 진술들 속에서 엿볼 수 있다.

군자는 먹는 데서 배부르기를 구해서는 안 되고, 거처하는 데서 편안하기를

---

118 子曰 富而可求也 雖執鞭之士 吾亦爲之 如不可求 從吾所好(《論語》, 述而 11).

119 死生有命 富貴在天(顏淵 5).

120 子曰 棖也慾 焉得剛(公冶長 10).

121 愛之欲其生 惡之欲其死 旣欲其生 又欲其死 是惑也(顏淵 10).

122 其未得之也 患得之 旣得之也 患失之 苟患失之 無所不至矣(陽貨 15).

123 子曰 放於利而行 多怨(里仁 12).

124 無見小利 …… 見小利 則大事不成(子路 17).

125 欲潔其身而亂大倫(微子 7).

구해서는 안 된다.126

뜻있는 선비와 어진 사람은 살기를 도모하다가 인(仁)을 해치는 일은 없지만, 자기 몸을 버려서 인을 이루는 일은 있다.127

부(富)와 귀(貴)는 사람들이 바라는 바이다. 그러나 그 도(道)로써 얻은 것이 아니면, 이에 머무르지 말아야 한다.128

어진 사람은 그 말을 참고 조심한다.129

군자에게는 경계해야 할 일이 세 가지가 있다. 젊었을 때에는 혈기가 안정되어 있지 않으므로 여색[色]을 경계해야 하고, 장년기에 이르러서는 혈기가 바야흐로 강하므로 싸움[鬪: 남을 이기려는 욕구]을 경계해야 하며, 노년기에 이르러서는 혈기가 이미 쇠잔했으므로 탐욕[得]을 경계해야 한다.130

위의 첫 번째와 두 번째 인용문에서는 생물적 생존 동기의 절제를 강조하고 있고,131 세 번째 인용문에서는 이기적 동기의 제어를 논술하고 있으며,132 네 번째 인용문에서는 자기 제시 동기의 제어에 대해 주장하고 있

---

126 子曰 君子食無求飽 居無求安(學而 14).

127 子曰 志士仁人 無求生以害仁 有殺身以成仁(衛靈公 8).

128 富與貴 是人之所欲也 不以其道得之 不處也(里仁 5).

129 子曰 仁者其言也訒(顔淵 3).

130 孔子曰 君子有三戒 少之時 血氣未定 戒之在色 及其壯也 血氣方剛 戒之在鬪 及其老也 血氣旣衰 戒之在得(季氏 7).

131 《論語》에서 생존 동기의 절제에 대해서는 이 밖에도 子路 8; 憲問 11; 衛靈公 8, 31, 37; 季氏 7 등에서 언급되고 있다.

132 이기적 동기의 제어에 대해서는 이 밖에도 學而 15; 述而 15; 泰伯 13; 子路 17; 憲問 13; 季氏 7 등에서 언급되고 있다.

다.[133] 그리고 마지막 인용문에서는 생존 동기〔色〕, 자기 제시 동기〔鬪〕 및 이기적 동기〔得〕의 세 가지는 인생의 청년기, 장년기 및 노년기에 특히 삼가고 제어해야 한다고 보는 흥미 있는 견해를 밝히고 있다. 각 시기의 신체적인 에너지〔血氣〕의 성쇠에 따라 제어 또는 절제해야 할 동기가 달라진다는 것이다.

이와 같이 생물적 이기적 동기는 그 충족 여부가 외적 조건에 달려 있어서 스스로가 통제할 수 있는 동기가 아닐 뿐만 아니라, 이러한 동기를 무분별하게 추구하다 보면 도덕적 수양,[134] 대인관계,[135] 외계 인식[136] 및 일 처리[137] 같은 삶의 전체 과정에서 많은 문제를 일으키는 폐단에 빠지게 된다. 그러므로 이러한 동기들은 될 수 있는 대로 제어하고 통제하는 것이 바른 삶의 자세라는 주장이 《논어》에서 도출되는 정서이론의 또 한 가지 특징이다.

---

133 자기 제시 동기의 제어는 이 밖에도 學而 14; 里仁 24; 憲問 2; 陽貨 19와 같이 여러 곳에서 강조되고 있다. 《論語》에서는 특히 자기 제시 동기의 제어를 강조하고 있는데, 《論語》에 출현하는 124회의 言 중에서 자기 제시 동기의 제어와 관련된 표현이 대략 3분의 1 정도(40여 회)에 이른다는 사실이 이를 입증한다(《論語引得》 참조). 이러한 표현에는 앞에서 제시한 "말을 참고 조심하는 것" 말고도 "말에는 믿음이 있도록 해야 한다"(言而有信: 學而 7; 言必信: 子路 20), "일에는 민첩하고, 말은 신중히 해야 한다"(敏於事而愼於言: 學而 14; 君子欲訥於言 而敏於行: 里仁 24), "말보다 행동이 앞서야 한다"〔先行其言而後從之: 爲政 13(이렇게 읽는 것은 何晏의 《論語集解》 같은 古注의 전통으로, 朱熹의 《論語集註》의 新注에서는 先行其言 而後從之라 읽는데, 集註에서는 이렇게 읽고도 古注와 같이 풀이하고 있다); 古者 言之不出 恥躬之不逮也: 里仁 22〕거나 "禮가 아니면 말하지 말라"(非禮勿言: 顏淵 1)는 것이 있다. 이렇게 자기 제시 동기의 제어를 강조하는 것은 "말을 잘 꾸미고 얼굴 빛을 곱게 하는 사람은 仁이 부족"(巧言令色 鮮矣仁: 學而 3; 陽貨 17)하게 마련이어서, "말을 삼가는 것〔訥〕은 仁에 가까워지는 한 가지 조건"(剛毅木訥 近仁: 子路 27)이 된다고 보았기 때문이다.

134 公冶長 10.

135 里仁 5; 微子 7.

136 顏淵 10.

137 子路 17.

② 《맹자》

맹자도 도덕적 동기를 제외한 나머지 동기들은 사람이 스스로 통제할 수 없기 때문에,[138] 이러한 욕구에 가리워지면 욕구의 바름〔正〕을 잃게 된다고 본다. 그리하여 이러한 생물적 이기적 욕구에 가려지게 되면, 아무것이나 마구 먹고 마시거나,[139] 방탕·편벽·사악·사치한 일을 마구 저지르게 되고,[140] 또한 남의 것을 빼앗지 않으면 만족하지 못한다.[141] 이렇게 도덕적 동기를 미루어 두고 이기적 생물적 동기만을 추구하다 보면, 마음의 걱정거리를 풀어버리지 못하여,[142] 인생과 국가를 망치기도 한다.[143] 이와 같이 이기적 생물적 동기만을 추구한다면 사물에 가려서 이에 이끌림으로써,[144] 자기의 도덕적 수양에 방해가 될 뿐만 아니라, 삶의 전체 과정을 그르치는 폐단에 빠지게 되는 것이다.

이러한 폐단에서 벗어나는 길은 생물적 이기적 욕구를 절제하는 수밖에 없다. 이러한 사실을 맹자는 다음과 같이 진술하고 있다.

> 마음을 기르는 데는 욕심을 줄이는 것〔寡欲〕보다 더 좋은 방법이 없다. 그 사람됨이 욕심이 적으면, 본래 착한 마음을 간직하지 못하는 바가 있다고 하더라도 그런 경우는 드물게 마련이고, 반대로 그 사람됨이 욕심이 많으면, 어쩌다가 본래의 착한 마음을 간직하는 수가 있다고 하더라도 그런 경우 또한 드물게 마련이다.[145]

---

138 《孟子》, 盡心上 3.

139 飢者易爲食 渴者易爲飮(公孫丑上 1); 飢者甘食 渴者甘飮 是未得飮食之正也 飢渴害之(盡心上 27).

140 苟無恒心 放僻邪侈 無不爲已(梁惠王上 7; 滕文公上 3).

141 苟爲後義而先利 不奪不饜也(梁惠王上 1).

142 人悅之 好色 富貴 無足以解憂者 惟順於父母 可以解憂(萬章上 1).

143 是君臣父子兄第 終去仁義 懷利而相接 然而不亡者 未之有也(告子下 4).

144 告子上 15.

145 養心莫善於寡欲 其爲人也寡欲 雖有不存焉者寡矣 其爲人也多欲 雖有存焉者寡矣(盡心下 35).

이 인용문에서 보듯이, 맹자는 외적 조건에 의해 그 충족 여부가 결정되는 재외자인 이기적 생물적 욕구를 줄이는 과욕(寡欲)이, 이들이 가져오는 여러 가지 폐해에서 벗어나 사람이 타고난 본래의 선성(善性)을 유지하고 기르는 가장 확실한 방법이라고 주장한다. 곧 공자와 마찬가지로, 맹자도 이기적 생물적 욕구를 절제하는 일을 수양의 전제 조건으로 설정하고 있다. 이렇게 이기적 생물적 욕구를 억제함으로써 마음의 선함을 유지하는 것, 이것이 성덕(成德)에 이르는 바른 삶의 자세라는 주장이 《맹자》에서 도출되는 동기이론의 두 번째 특징인 것이다.

③ 《순자》

앞에서 보았듯이 생존 동기, 이기적 동기 및 사회적 동기들은 도덕적 동기와는 달리 스스로 통제할 수 없는 동기들이기 때문에, 이러한 욕구들을 제한 없이 추구하면, 천하의 온갖 폐해가 이로부터 일어나게 된다고[146] 순자는 본다. 이기적 욕구를 앞세우고 도덕적 동기를 뒤로 돌리는 것은 치욕을 불러오는 일이며,[147] 이렇게 되면 욕구에 가리워 큰 이치에 어둡게 됨으로써,[148] 의혹에 빠진 채 무슨 일을 해도 즐겁지 않고,[149] 무엇이 화인지 복인지도 모르게 된다.[150] 또한 사물의 노예가 되어[以己爲物役][151] 날로 퇴보하게 됨으로써,[152] 인륜도 저버리고,[153] 아무 일이나 마구 하는 소인이 되고 마는[154] 것이

---

146 天下害生縱欲(《荀子》, 富國 2).

147 先利而後義者辱(榮辱 25).

148 蔽於一曲 闇於大理(解蔽 1).

149 以欲忘道 則惑而不樂(樂論 7).

150 離道而內自擇 則不知禍福之所託(正名 25).

151 故欲養其欲 而縱其情 …… 夫是之謂以己爲物役(正名 26-27).

152 小人錯其在己者 而慕其在天者 是以日退也(天論 29).

153 人情何如 …… 妻子具 而孝衰於親 嗜欲得 而信衰於友 爵祿盈 而忠衰於君 人之情乎 人之情乎甚不美 又何問焉(性惡 15).

154 唯利所在 無所不傾 如是則可謂小人矣(不苟 17).

다. 그리하여 만일 군주가 이렇게 이기적 욕구만을 추구하면 난세가 되고,[155] 나라를 상하게 하여,[156] 결국에는 망하게 된다[157]고 순자는 보고 있다.

이러한 폐단에서 벗어나는 길은 생물적, 이기적, 사회적 동기의 추구를 절제하는 수밖에 없다고 보는 점에서도 순자는 공·맹과 같은 입장이다. 이러한 입장은 다음과 같은 진술에 잘 드러나 있다.

> 무릇 수양〔治〕에 대해 말하면서 사람들의 욕구가 모두 없어지기를 기다리는 것은 욕구를 지도해 줌〔道欲〕이 없이 욕구가 있다는 사실에 곤란해하는 것이다. 무릇 수양에 대해 말하면서 사람들의 욕구가 적어지기를 기다리는 것은 욕구를 절제하는 법〔節欲〕을 가르쳐줌이 없이 욕구가 많다는 사실에 곤란해하는 것이다. …… 욕구는 충족되든 충족되지 못하든 간에 일어나게 마련이지만, 사람이 구하는 것은 가능한 바를 좇는다. 충족되지 못할지라도 욕구가 일어나는 것은 하늘〔天〕로부터 자연적으로 받은 바이기 때문이고, 가능한 바를 좇는 것은 마음〔心〕으로부터 나온 것이기 때문이다. …… 마음이 가능하다고 여기는 것이 이치에 맞으면, 비록 욕구가 많다고 해도 수양이 잘 이루어지는데 무슨 해가 되겠는가? …… 마음이 가능하다고 여기는 것이 이치에 맞지 않으면, 비록 욕구가 적다고 해도 어찌 혼란스러움〔亂〕에만 그칠 것인가? 그러므로 수양이 잘 이루어지느냐 아니면 그렇지 못하냐 하는 것〔治亂〕은 마음이 가능하다고 여기는 것이 무엇이냐에 달려 있는 것이지, 사람이 본성적으로 바라는 바가 얼마나 많으냐에 달려 있는 것이 아니다. …… 욕구란 비록 다 채우지는 못할지라도 이에 가까이 갈 수는 있고, 다 없애지는 못할지라도 구하는 바를 절제할 수는 있는 것이다.[158]

---

155 故義勝利者爲治世 利克義者爲亂世(大略 20).

156 大國之主也 而好見小利 是傷國(王霸 33).

157 挈國以呼功利 不務張其義 齊其信 唯利之求 …… 如是則 …… 國不免危削 綦之以亡(王霸 5-6).

158 凡語治而待去欲者 無以道欲 而困於有欲者也 凡語治而待寡欲者 無以節欲 而困於多欲者也 …… 欲不待可得 而求者從所可 欲不待可得 所受乎天也 求者從所可 所受乎心也 …… 心之所可中理 則欲雖多 奚傷於治 …… 心之所可失理 則欲雖寡 奚止於亂 故治亂在於心之所可 亡於情之所欲 ……

이 인용문에서는 생물적 이기적 욕구의 절제〔節欲〕와 도덕적 동기에 의한 생물적 이기적 욕구의 제어〔道欲〕를 욕구 추구의 폐단에서 벗어나는 방법으로 제시하고 있다.[159] 이렇게 욕구를 줄이는 절욕(節欲)과 욕구를 올바르게 인도하는 도욕(道欲)을 통해 욕구의 바름을 얻고, 그럼으로써 혼란에서 벗어나 바른 몸가짐의 상태로 나아가는 것, 이것이 군자가 되는 지름길이라는 것이 《순자》에서 도출되는 동기이론의 두 번째 특징인 것이다.

(3) 동기의 조절과 통제: 도덕적 수양과 자기개선

지금까지 보았듯이, 유학사상에서는 재기자·재아자에 속하는 도덕적 동기는 적극 권장하는 대신, 재천자·재외자에 속하는 생물적 동기와 이기적 동기는 적극 억제해야 한다는 자세를 굳게 지니고 있다. 이렇게 동기를 통제하고 조절함으로써, 욕구의 폐해에서 벗어나 마음의 평온과 선함을 유지하는 일은 도덕적 수양과 자기개선을 이루는 전제 조건이다. 따라서 통제와 조절을 통해 항상 도덕적 동기가 이기적 동기와 생물적 동기에 대해 통제력을 갖도록 하는 동기의 승화를 이루는 일이, 바로 군자의 경지에 이를 수 있는 핵심이라고 유학자들은 보는 것이다.

① 《논어》

공자는 도덕적 동기 이외의 나머지 동기들은 내재적인 통제 가능성이 없기 때문에, 이를 그대로 내버려둘 경우 여러 가지 폐단에 빠지므로, 이를 적극적으로 억제하고 조절할 필요가 있다고 본다. 그런데 이러한 동기들은 최종적으로 도덕적 동기에 따라 제어되어야 한다는 것이 《논어》에서 제시되고 있는 입장이다. 이는 "군주를 섬길 때에는 자기 직무를 성실히 하고(도덕적 동기가 기본적이고), 식(食)은 뒤로 미루어야 한다(생존 동기와 이기적 동기

欲雖不可盡 可以近盡也 欲雖不可去 求可節也(正名 19-22).

159 이 밖에도 修身 29, 40; 不苟 4; 榮辱 37, 39; 儒效 19; 王制 7; 彊國 7; 正論 32 등에서 절욕과 도욕에 대해 논술하고 있다.

는 부차적이다)"160라거나 "군자는 도(道: 도덕적 동기)를 도모하지 식(食: 생존 동기·이기적 동기)을 도모하지 않는다. …… 군자는 도(도덕적 동기의 충족)를 걱정하지 식(생존 동기·이기적 동기의 충족)을 걱정하지 않는다"161라는 진술에서 단적으로 드러나고 있다.

그러나 "생존 동기〔食〕의 충족은 도덕적 동기〔喪祭〕의 충족과 마찬가지로, 사람들의 삶에서 소중한 것"162이고, 어떤 면에서 생존 동기는 도덕적 동기보다 더 강한 것이기163 때문에, 도덕적 동기에 의한 나머지 동기의 제어는 상당히 어려워진다. 더욱이 이러한 도덕적 동기는 그 자체로 실현하기 어렵다는 사실이 동기 제어의 문제를 더욱 복잡하게 만드는 요인이 된다. 도덕적 동기를 만족시키는 일이 아주 어렵다는 사실은 다음과 같은 진술에 잘 드러난다.

> 자공이 "저는 다른 사람이 저에게 더해주기를 바라지 않는 일을 저도 역시 다른 사람에게 더해주지 않으려 합니다"라고 하자, 공자께서 "사(賜)야! 이것은 네가 미칠 바가 아니다"라고 말씀하셨다.164

도덕적 동기의 충족이 어렵다는 사실은 이 밖에도 인(仁)의 실현 또는 성인이 되는 일의 어려움을 논술한 여러 곳에서165 제시되고 있다. 그러나 이러한 도덕적 동기는 내재적으로 통제 가능한 동기이기 때문에, 스스로의 노력에 따라 충족되는 것이다.166 따라서 공자는 사람들이 끊임없는 노력을 통해 도덕적 동기를 실현해야 한다고 본다.167 이러한 주장은 다음과 같은

---

160 《論語》, 衛靈公 37.

161 衛靈公 31.

162 所重民食喪祭(堯曰 1).

163 吾未見好德如好色者也(子罕 17; 衛靈公 12).

164 子貢曰 我不欲人之加諸我也 吾亦欲無加諸人 子曰 賜也 非爾所及也(公冶長 11).

165 雍也 28; 子罕 10; 憲問 2, 13, 26.

166 雍也 28; 顔淵 1.

167 君子去仁 惡乎成名 君子無終食之間違仁 造次必於是 顚沛必於是(里仁 5).

진술에서 잘 드러나고 있다.

> 자공이 "한 마디 말로써 평생토록 행해야 할 만한 것이 있습니까?"라고 여쭈었다. 이에 대해 공자께서는 "그것은 서(恕)일 것이다. 곧 자기가 바라지 않는 일을 남에게 베풀지 말아야 하는 것이다"라고 말씀하셨다.[168]

평생토록 힘써야 할 이러한 도덕적 동기의 핵심은 "자기의 사욕을 극복하여 예(禮)로 돌아감으로써〔克己復禮〕 인(仁)을 이루는 일이다. 이렇게 하루라도 사욕을 이겨 예로 돌아가면, 천하가 모두 인으로 돌아오게 되는 것이다."[169] 이렇게 하여 인을 체현하는 것이 바로 이상적인 인간이다. 공자는 스스로의 경험에 비추어, 이렇게 되면 바라는 것이 모두 사람의 도리에 맞는 것뿐이어서, "언제나 마음이 바라는 바대로 행하여도 도리에 어긋나지 않는"[170] 궁극적인 이상적 인간의 경지에 이를 수 있다고 본다. 곧 이러한 이상적 인간의 상태는, 모든 동기가 도덕적 동기에 따라 제어되어 도덕적 동기의 상태로 승화된 경지라고 볼 수 있다는 것이 바로 《논어》의 동기론에서 제시되고 있는 또 다른 특징인 것이다.

② 《맹자》

맹자는 이기적 생물적 욕구의 폐단에서 벗어나는 일은 욕구를 줄이는 일〔寡欲〕에만[171] 그쳐서는 안 되고, 한 걸음 더 나아가 도덕적 동기에 의해 다른 동기들을 제어해야 한다고 본다. 다음 진술문은 이러한 관점을 잘 드러내고 있다.

> 생(生: 생존 동기) 또한 내가 바라는 것이고, 의(義: 도덕적 동기) 또한 내가 바

---

168 衛靈公 23.

169 克己復禮爲仁 一日克己復禮 天下歸仁焉(顏淵 1).

170 七十而從心所欲 不踰矩(爲政 4).

171 《孟子》, 盡心下 35.

라는 것이다. 그런데 이 두 가지를 함께 얻을 수 없다면, 생(생존 동기)을 버리고 의(도덕적 동기)를 취해야 한다. 생 또한 내가 바라는 것이지만, 생보다 더 간절하게 바라는 것〔義〕이 있으므로, 구차하게 삶을 얻고자 하지 않는 것이다. …… 이렇게 생보다 더 간절하게 바라는 것이 있는데 …… 오직 어진 사람만이 이러한 마음을 갖는 것은 아니다. 사람은 누구나 다 이러한 마음을 가지고 있지만, 오직 어진 사람만이 이런 마음을 잃지 않고 간직하는 것이다.[172]

이 인용문에서는 도덕적 동기에 의한 생존 동기의 제어에 대해 논술하고 있다. 그런데 이렇게 욕구를 절제하거나, 제어할 수 있는 것은 마음이라는 기관이 가지고 있는 생각하는 기능 때문이라고 맹자는 본다. 곧 "눈과 귀 같은 감각기관은 생각하지 못하고 외부의 사물에 가리운다. 감각기관이 외부의 사물과 만나면 거기에 이끌려버릴 뿐이지만, 마음의 기관은 생각을 한다. 이렇게 생각을 하면 욕구의 바름을 얻고 생각하지 못하면 얻지 못하는데, 이것은 하늘이 사람에게 부여해 준 능력으로, 먼저 그 큰 것(도덕적 동기의 주관자인 마음)을 바로 세우면, 그 작은 것(생물적 이기적 동기의 주관자인 감각기관)이 큰 것의 자리를 빼앗을 수 없는 것이다."[173]

그러나 욕구의 절제나 도덕적 동기에 의한 나머지 동기의 제어가 그렇게 쉬운 일은 아니다. 생존 동기나 이기적 동기가 충족되지 않은 채로 도덕적 동기를 추구하는 바른 마음을 가진다는 것은 아주 어려운 일로, 보통 사람들은 생물적 이기적 동기가 충족되지 않으면 도덕적 동기를 추구하지 못하는 것이다.[174] 그렇지만 도덕적 동기는 자발적인 통제가 가능한 것〔在我者〕이므로, "마음과 뜻을 한결같이 하지 못하면 깨달아 알지 못하지

---

172 生亦我所欲也 義亦我所欲也 二者不可得兼 舍生而取義者也 …… 是故所欲有甚於生者 …… 非獨賢者有是心也 人皆有之 賢者能勿喪耳(告子上 10).

173 耳目之官 不思而蔽於物 物交物 則引之而已矣 心之官則思 思則得之 不思則不得也 此天之所與我者 先立乎其大者 則其小者不能奪也(告子上 15).

174 無恒産 而有恒心者 惟士爲能 若民則無恒産 因無恒心(梁惠王上 7); 民之爲道也 有恒産者 有恒心 無恒産者 無恒心(滕文公上 3).

만,"[175] "그 마음을 다하면 (스스로에게 갖추어져 있는 도덕적 동기의) 본성[性]을 깨달아 알게 되는 것"[176]이다.

이러한 상태는 바로 동기의 승화가 이루어진 상태라고 할 수 있는데, 그렇게 되면 "해야 할 일[所爲]"과 "해서는 안 될 일[所不爲]" 및 "바라야 할 것[所欲]"과 "바라서는 안 될 것[所不欲]"을 잘 구별하게 된다. 곧 "사람은 하지 않는 일이 있게 된 후에야 해야 할 일을 이룰 수 있게 되므로,"[177] 소위(所爲)와 소불위(所不爲), 소욕(所欲)과 소불욕(所不欲)(도덕적 동기와 그 밖의 동기들)을 잘 구별해야, "할 일만을 행하고 해서는 안 될 일은 하지 않으며, 바랄 것만을 바라고 바라서는 안 될 것은 바라지 않는 경지"[178]에 이르게 된다. 이것이 바로 동기의 승화가 이루어진 상태이다. 이렇게 되면 "인의(仁義: 도덕적 동기)에 배가 불러서 맛있는 음식(생물적 이기적 동기)을 더 이상 바라지 않게"[179] 되는바, 이러한 동기의 승화에 관해서도 맹자는 공자와 같은 입장을 전개하고 있는 것이다.

③ 《순자》

앞에서 보았듯이, 순자는 생물적 이기적 욕구의 폐해에서 벗어나는 방안으로 욕구를 줄이고 절제하는 일[節欲]뿐만 아니라, 이러한 욕구를 올바른 방향으로 인도하는 일[道欲]을 들고 있다.[180] 그렇다면, 이러한 절욕(節欲)과 도욕(道欲)의 기준은 무엇인가? 순자는 "무릇 사람이 어떤 것을 취할 때에 항상 순수하게 좋아하는 것만 들어오는 것은 아니며, 어떤 것을 버릴 때에 순수하게 싫어하는 것만 나가는 것은 아니므로, 사람은 언제나 (바로 재어볼 수 있는) 저울을 갖추어야[權具] 한다"[181]고 보고 있다. 그리하여 이

---

175 不專心致志 則不得也(告子上 9).

176 盡其心者 知其性也(盡心上 1).

177 人有不爲也 而後可以有爲(離婁下 8).

178 無爲其所不爲 無欲其所不欲 如此而已矣(盡心上 17).

179 飽乎仁義也 所以不願人之膏粱之味也(告子上 17).

180 《荀子》, 正名 19-22.

저울에 욕구의 실상을 잘 달아보는 것이 욕구 통제의 방법이라는 것이 바로
순자의 생각이다. 이러한 생각은 다음 진술문에 잘 드러나 있다.

좋아서 가지고 싶은 것〔欲〕을 보면 반드시 앞뒤로 싫어할 만한 점〔惡〕이 없
는지 생각해 보고, 이로울 만한 것〔利〕을 보면 반드시 앞뒤로 해로움을 끼칠
만한 점〔害〕이 없는지를 생각해 보아야 한다. 이렇게 양쪽을 모두 달아보고
〔兼權〕 자세히 재어본〔熟計〕 다음에, 좋아하고 싫어하며 취하고 버릴 것을 결
정해야 한다. 이렇게 하면, 항상 욕구의 폐단에 빠지지 않을 것이다.[182]

여기서 저울이란 바로 도(道)로서, 따라서 절욕과 도욕을 위해서는 그 기
준이 되는 도를 먼저 인식하지 않을 수 없게 된다.[183] 그런데 사람에게 이
도는 곧 예(禮)이므로,[184] 예에 따른 욕구의 조절이 곧 절욕과 도욕이라고
보아 순자는 다음과 같이 말했다.

눈으로 하여금 예가 아니면 보려 하지 않게 하고, 귀로 하여금 예가 아니면
들으려 하지 않게 하며, 입으로 하여금 예가 아니면 말하려 하지 않게 하고,
마음으로 하여금 예가 아니면 생각하지 않게 해야 한다.[185]

이렇게 되면, 예를 무엇보다도 좋아하게 된다고[186] 순자는 보고 있는데,

---

181 凡人之取也 所欲未嘗粹而來也 其去也 所惡未嘗粹而往也 故人無動而不與權具(正名 24).

182 見其可欲也 則必前後慮其可惡也者 見其可利也 則必前後慮其可害也者 而兼權之 熟計之 然
後定其欲惡取舍 如是則常不失陷矣(不苟 17).

183 何謂衡 曰 道 故心不可以不知道(解蔽 10).

184 禮者人道之極也(禮論 13).

185 使目非是無欲見也 使耳非是無欲聞也 使口非是無欲言也 使心非是無欲慮也(勸學 21: 여기서
의 是는 사람의 正道, 곧 禮를 말하는 것인데, 이는 《論語》, 顏淵 1장의 非禮勿視 非禮勿
聽 非禮勿言 非禮勿動과 같은 입장이다).

186 及至其致好之也 目好之五色 耳好之五聲 口好之五味 心利之有天下(勸學 21).

이것이 바로 동기의 승화가 이루어진 상태라고 볼 수 있을 것이다. 순자는 이렇게 예를 무엇보다 좋아하도록 동기의 승화가 이루어지면, 덕을 지키는 굳은 의지[德操]가 갖추어져서,[187] 소위와 소불위, 소욕과 소불욕을 잘 분별하게 되며,[188] 항상 즐겁고 혼란하지 않을 뿐만 아니라[189] 날로 발전하게 되어,[190] 자기를 소중히 여겨 사물을 부리는 상태[重己役物]가 이루어진다고[191] 본다. 본래 예란 욕구를 기르려는 것이지 없애고자 하는 것은 아니어서,[192] 이렇게 예에 따른 욕구의 제어가 곧 동기의 승화가 된다는 것이 바로 순자의 예론(禮論)에 전개된 동기론의 핵심인 것이다.

④ 《예기》

앞서 인용한 〈예운〉 편에서 제시되고 있듯이, 도덕적 동기의 대상인 예는 사람의 욕구를 전체적으로 아울러 궁구할 수 있도록 하기 때문에, 예에 따라서 이기적 동기와 사회적 동기를 제어함으로써, 욕구를 방종하게 따르는 폐해에서[193] 벗어나야 한다는 것이 《예기》의 정신이다. 그렇게 함으로써, 싸움에서 꼭 이기려 들지도 말고,[194] 재물을 보고 이를 구차스럽게 얻으려 하거나 이를 나눌 때 많이 가지려 해서는 안 되며,[195] 또한 이를 꼭 자기가

---

187 是故權利不能傾也 群衆不能移也 天下不能蕩也 生乎由是 死乎由是 夫是之謂德操(勸學 21).

188 聖人淸其天君 正其天官 …… 養其天情 以全其天功 如是則知其所爲 知其所不爲矣(天論 25).

189 以道制欲 則樂而不亂(樂論 7).

190 天論 29.

191 心平愉 則色不及傭 而可以養目 聲不及傭 而可以養耳 …… 故無萬物之美 而可以養樂 無勢列之位 而可以養名 如是而加天下焉 其爲天下多 其和樂少矣 夫是之謂重己役物(正名 27-28: 王先謙의 《荀子集解》에서는 傭을 備의 誤字, 그리고 和樂을 私樂의 誤字로 보고 있다).

192 禮起於何也 曰 人生而有欲 欲而不得 則不能無求 求而無度量分界 則不能不爭 爭則亂 亂則窮 先王惡其亂也 故制禮義以分之 以養人之欲 給人之求 使欲必不窮乎物 物必不屈於欲 兩者相持而長 是禮之所起也 故禮者養也(禮論 1).

193 欲不可從(《禮記》, 曲禮上 1); 昏姻之禮 所以明男女之別也 …… 故昏姻之禮廢 則夫婦之道苦 而淫辟之罪多矣(經解 648).

194 很無求勝(曲禮上 2).

간직하려고도 하지 말아야[196] 한다는 것이다.

이렇게 예(도덕적 동기)에 의해 이기적 사회적 동기가 제어되면, 사람들이 자기가 바라는 것을 구하지 않아도 저절로 얻어지며,[197] 부귀해져도 교만하거나 방탕하지 않고, 빈천해도 두려워서 기가 죽지 않게 된다.[198] 이것이 바로 동기의 승화가 이루어진 상태인 것이다. 이렇게 보면, 《예기》에서 제시되는 동기론은 공·맹·순의 동기론을 그대로 이어받고 있다고 할 수 있을 것이다.

⑤ 《대학》

《대학》에서 제시되는 인지적 동기-자기 완성 동기-관계 완성 동기-사회 완성 동기의 위계는 공자가 《논어》에서 제시한 군자의 세 특징과 일치하는 것으로 보인다. 곧 공자는 군자의 특징에 대해 "자기를 닦음으로써 삼가게 된 사람[修己以敬]", "자기를 닦음으로써 주위 사람들을 편안하게 해주는 사람[修己以安人]", 그리고 "자기를 닦음으로써 온 천하 사람들을 편안하게 해주는 사람[修己以安百姓]"이라 표현하고 있다.[199] 여기서 수기이경(修己以敬)은 인지적 동기 및 자기 완성 동기의 단계, 수기이안인(修己以安人)은 관계 완성 동기의 단계, 그리고 수기이안백성(修己以安百姓)은 사회 완성 동기의 단계와 일치한다고 추론해 볼 수 있는 것이다.

이러한 관점에서 보면, 《대학》에서 제시되는 여덟 가지 욕구는 인지적 동기에 해당하는 격물과 치지의 욕구를 제외하고는, 모두 자기를 닦고 다른 사람들에게 덕을 베푸는 것과 관련된 욕구들로서, 지금까지의 논지에서는 도덕적 동기에 해당되는 것이다. 따라서 《대학》에서는, 인지적 동기와 도덕적 동기의 위계관계 및 도덕적 동기를 구성하는 요소 동기들(자기 완성-관

---

195 臨財毋苟得 …… 分毋求多(曲禮上 2).

196 貨惡其棄於地也 不必藏於己(禮運 290).

197 民不求其所欲而得之(經解 646).

198 富貴而知好禮 則不驕不淫 貧賤而知好禮 則志不懾(曲禮上 6).

199 《論語》, 憲問 45.

계 완성-사회 완성) 사이의 위계구조를 설정하고 있는 것이라 하겠다. 이렇게 《대학》에서는 도덕적 동기를 상위에 있는 동기로 봄으로써, 사람에게 가장 중핵적인 동기는 도덕적 동기가 되어야 한다는 점, 그리고 도덕적 동기 중에서도 사회 완성 동기를 가장 상위에 둠으로써, 사회의 모든 사람들에게 인의를 베풀고자 하는 이러한 사회 완성이 욕구 승화의 정점이 된다는 점을 강조하고 있는 것이다.

3) 선진유학의 동기이론 종합

지금까지 《논어》·《맹자》·《순자》·《예기》·《대학》 같은 선진유학의 경전들에 제시되고 있는 동기에 관한 논의들을 살펴보았다. 선진유학자들은 사람은 다양한 동기들을 본유적으로 갖추고 있다고 본다. 이러한 동기들은 인간의 생물체적 특성과 사회적 특성에서 나오는 것들이다. 인간의 생물체적 존재 특성에서는 생존 동기와 감각 추구 동기, 그리고 이기적 동기 들이 나온다. 인간의 사회적 존재 특성에서 나오는 정서가 자기 제시 동기, 사회적 동기(지위·권력·명예 같은 사회적 대상을 추구하는 동기) 그리고 도덕적 동기들이다.

선진유학자들에 따르면, 이러한 다양한 동기들은 개인의 노력에 따라 충족 여부가 달라지는 것과 그 충족 여부가 전적으로 외적 조건에 달려 있는 것들로 나뉜다. 그들은 전자를 재기자·재아자라 하고, 후자를 재외자·재천자라 부른다. 재기자의 대표적인 것이 도덕적 동기이고, 재외자의 대표적인 것이 생물적 동기와 이기적 동기라는 것이 유학자들의 관점이다. 이러한 구분으로부터 성덕을 지향하는 체계인 유학의 동기이론이 도출된다고 볼 수 있다.

선진유학자들에 따르면, 성덕을 지향하는 과정에서 가장 중요한 동기는 인의예지 같은 덕성을 주체적으로 자각하고 이를 일상생활에서 실천하려는 도덕적 동기이다. 이러한 도덕적 동기의 충족 여부는 전적으로 개인적 수양의 정도에 달려 있기 때문에, 이는 재기자의 가장 대표적인 것으로, 이런 점에서 '자율적 동기'가 부를 수 있다. 그러므로 이러한 도덕적 동기는 언제나 권장되고 강조된다. 도덕적 동기는 자기 수양을 통한 성덕을 이루는 길에서 핵심적인 동기 상태라는 것이 유학사상에서 도출되는 동기이론의 첫 번째 요지이다.

이와는 대조적으로, 생물적 동기와 이기적 동기는 그 충족 여부가 외부 대상이나 환경 조건에 따라 달라지는 동기이다. 이러한 재외자·재천자는 그 충족을 위해 사람의 자율적인 노력이 개재할 여지가 거의 없다는 점에서 '타율적 동기'라 부를 수 있다. 생물적 이기적 동기는 이렇게 외적 근원을 갖는 동기이기 때문에, 이를 과도하게 좇게 되면 다양한 폐해가 나오게 된다. 그러므로 자기 수양을 통해 이러한 동기를 절제하고 억제할 필요가 생긴다. 유학자들이 주장하는 자기 수양이란 생물적이고 이기적인 욕구의 지배에서 벗어나는 일이라고 볼 수도 있다. 이렇게 타율적 근원을 갖는 생물적 욕구와 이기적 욕구를 절제하고 억제하는 것이 올바른 삶의 자세라는 주장이 유학사상에서 제시하는 동기이론의 두 번째 요지이다.

이렇게 도덕적 동기의 권장과 생물적 이기적 동기의 억제는 유학적 수양의 핵심 과정이다. 이러한 동기의 통제와 조절을 통해, 도덕적 동기가 욕구 유발과 그 충족의 중심이 되는 동기의 승화와 자기개선을 이룰 수 있고, 따라서 이러한 동기의 승화를 통해 도덕적 완성의 경지〔成德〕에 도달할 수 있다는 것이 유학적 수양론의 기본 관점이라 볼 수 있다. 이러한 자기 수양을 통한 동기의 승화에 대한 강조가 유학사상에서 도출되는 동기이론의 세 번째 요지이다.

유학사상의 동기이론에서 도출되는 이러한 세 측면의 강조점 또한 제2장에서 제시된(표 2-2 참조) "문화 유형에 따른 인간 이해의 양식과 강조점의 차이"와 밀접하게 연관되어 있다. 이러한 사실은 표 2-2에 따라 유학사상에서 도출되는 동기의 세 가지 특징을 정리해 본 다음 표 5-2에서 잘 드러나고 있다.

이 표에서 나타나듯이, 유학사상에서 도출되는 동기의 세 차원의 강조점

표 5-2. 유학사상에서 강조하는 동기의 특징

차 원	유학사상의 강조점
사회 행위의 원동력과 목표	도덕적 동기 중시·권장
자기 표현의 양식 (통제 대상)	생물적 이기적 욕구 통제 강조
행위의 변이가능성	동기의 변용과 승화를 통한 자기개선

또한 앞의 사회인지(제3장) 및 정서(제4장)의 경우와 마찬가지로, 이 책에서 문화 유형에 따른 심리적 특성의 차이를 개관하기 위한 세 차원의 기본틀과 완전히 일관되는 상응관계를 보이고 있다. 이러한 사실은 앞의 두 장에서 계속 지적되었듯이, 유학의 체계가 이를 사상적 배경으로 삼아왔던 집단주의 사회에 그 특유의 사회인지·정서·동기의 심리적 특징이 나타나게 하는 기반이 되어왔음을 의미하는 것이다.

인간의 동기라는 측면에서 유학사상이 제시하는 이러한 세 차원의 강조점은 실제로 유학사상에서 보는 인간 파악의 세 가지 관점에서 논리적으로 유추되는 것들이다. 곧 '도덕적 동기를 중시하고 권장하는 태도'는 인간을 개체적 존재가 아니라 '사회적 관계체'로 파악하는 관점으로부터 직접 도출된다. 도덕적 동기는 타인을 지향 대상으로 삼는 것일 뿐만 아니라, 타인에 대한 관심과 배려를 주축으로 하는 동기이기 때문이다.

이어서 '생물적 동기와 이기적 욕구의 통제를 강조하는 태도'는 인간을 '능동적이고 주체적인 존재'로 파악하는 관점으로부터 도출된다. 생물적 동기와 이기적 동기는 타율적인 근원을 가지는 것으로, 도덕 주체인 자기 자신에 대한 능동적 자각에 의해 그 통제 가능성이 열릴 수 있을 것이기 때문이다.

마지막으로 '동기의 승화와 이를 통한 자기개선을 중시하는 태도'는 인간을 '무한한 가능성을 지닌 존재'로 파악하는 관점으로부터 자동적으로 추론된다. 동기의 승화와 이를 통한 자기개선의 모색은 미래를 향해 무한히 열려 있는 과정적 존재로 인간을 파악할 때에만 가능한 태도이기 때문이다.

이와 같이 유학의 동기이론도 사회인지 및 정서의 이론과 마찬가지로, 유학적 인간 파악의 관점과 직접적으로 연관되어 있다고 볼 수 있으며, 이러한 사실 또한 현대 동아시아인의 심성과 행동의 배경에 유학사상이 놓여 있다는 주장의 논리적 근거를 제공해 주고 있는 것이다.

3. 유학적 동기이론의 집단주의적 특징
— 인심도심설의 관점

　지금까지 보아왔듯이, 선진유학자들의 동기론은 공통적으로 다음과 같은 세 가지 특징을 갖는 것으로 요약할 수 있다. 첫째, 사람은 생물적 동기, 감각 추구 동기, 이기적 동기, 사회적 동기, 도덕적 동기와 같은 다양한 동기들을 지니고 있는데, 이 가운데 도덕적 동기만이 사람이 스스로 통제할 수 있는 동기이기 때문에, 인간의 가장 중핵적인 동기는 도덕적 동기이다. 둘째, 도덕적 동기 이외의 나머지 동기들의 충족 여부는 외적 조건에 의존되는 것일 뿐만 아니라, 이러한 동기의 충족으로 말미암는 쾌락은 사람으로 하여금 욕구의 바름을 잃게 하고 불선(不善)으로 이끄는 폐단이 있기 때문에, 이는 절제되거나 제어될 필요가 있다. 셋째, 도덕적 동기는 사람이 스스로 통제할 수 있는 가장 중핵적인 동기일 뿐만 아니라 욕구 위계에서 가장 상위에 있는 동기이기 때문에, 나머지 동기들이 이에 따라 제어됨으로써, 하위 동기들의 폐단에서 벗어나 동기의 승화가 이루어지는 것이 바람직하며, 이것이 바로 이상적 인간이 되는 길이다.

　이러한 선진유학자들의 동기론은 성리학자들이 그대로 이어받고 있다. 그러나 성리학자들은 선진유학자들보다 생물적 이기적 동기들의 향악성(向惡性)을 더욱 강조함으로써, 도덕적 동기에 의한 이의 철저한 통제를 중시하는 엄격한 자세를[1] 굳게 지니고 있었던 것으로 보인다. 성리학자들, 그

---

[1] 선진유학자들이 생물적 이기적 동기의 향악성을 전제하고, 이러한 바탕 위에서 도덕적 동기에 의한 제어를 주장한다는 점은 지금까지 보아온 바와 같다. 그러나 그들은 생물적 동기나 이기적 동기가 생물적 존재인 인간에게 어쩔 수 없는 필요악이어서, 이를 철저히 배격해야 한다는 입장을 취하지는 않는다. 그들은 "생존 동기의 충족은 도덕적 동기의 충족

가운데서도 특히 조선조의 성리학자들이 제시하는 동기론의 핵심은 두 가지인데, 그 하나는 권장하거나 억제해야 할 동기의 내용에 관한 인심도심설(人心道心說)이고, 또 하나는 욕구와 정서 통제의 방법론인 거경(居敬) 사상이라고 볼 수 있다.

성리학의 인심도심설은 순(舜)이 우(禹)에게 선위하면서 해주었다는, "인심은 오직 위태롭고 도심은 오직 은미하니, 오로지 정밀하고 전일하여, 진실로 그 중도를 잡으라〔人心惟危 道心惟微 惟精惟一 允執厥中〕"는 《서경(書經)》〈대우모(大禹謨)〉편의 말을 주희가 《중용장구(中庸章句)》의 〈서(序)〉에서 인용하고, 이에 다음과 같은 해설을 붙이면서 비롯되었다.

> 인심은 오직 위태롭고 도심은 오직 은미하니, 오로지 정밀하고 전일하여, 진실로 그 중도〔中〕를 잡으라. …… 이를 논해 보면, 마음이 허령(虛靈)함과 지각(知覺)함은 하나일 뿐이지만, 인심과 도심이 다름이 있음은, 인심은 부여받은 신체적 조건〔形氣〕의 사사로움에서 나오고 도심은 천명에 따른 본성〔性命〕의

과 마찬가지로 사람의 삶에서 소중한 것"(《論語》, 堯曰 1)이라고 보아, 多欲을 경계하여 寡欲(《孟子》, 盡心下 35)과 節欲·道欲(《荀子》, 正名 19-22)을 주장했지, 無欲과 去欲을 주장하지는 않았던 것이다. 곧 생물적 감각적 동기나 자기 이익을 보전하려는 동기는 생존을 위해 필요한 것이므로, 이런 욕구를 가지고 있다는 사실 자체가 아니라 이런 욕구가 많아서〔多欲〕 이에 이끌림으로써(《孟子》, 告子上 15), 이의 노예가 되는 것〔以己爲物役〕(《荀子》, 正名 26-27)이 위험한 일이라는 것이다.

그러므로 욕구 추구에서 오는 이해득실을 잘 숙고해서(《荀子》, 不苟 17; 正名 24) 所欲과 所不欲, 所爲와 所不爲를 분별함으로써(《荀子》, 天論 25), 항상 바랄 일만을 바라고 할 일만을 행하는 것(《論語》, 爲政 4; 《孟子》, 離婁下 8; 盡心上 17)이 바로 寡欲·節欲·道欲의 요체라고 선진유학자들은 보고 있는 것이다. 인간의 욕구에 대해 가지는 선진유학자들의 이러한 유연함은 뒤에서 보듯이 욕구의 완전한 배격〔遏人欲〕을 주장하는 성리학의 엄격한 경직성과는 다소 거리가 있는 것으로 보인다.

그러나 이러한 거리가 양자의 이론 사이의 근본적인 차이를 가져오는 것은 아니고, 다만 정도의 차이만이 있을 뿐이다. 인간 욕구의 철저한 부정을 강조하는 도교·불교와 경합하면서 유학적 형이상학 체계의 정립에 몰두했던 성리학자들이 이러한 엄격성을 지향했던 것은 시대적 요청에 부응했던, 어찌 보면 당연한 논리적 귀결이라 볼 수 있을 것이다.

바른 데서 비롯되어, 지각되는 바가 같지 않기 때문이다. 그러므로 인심은 위
태롭고 편안하지 않으며, 도심은 미묘하여 보기 어렵다. 그러나 몸[形]을 갖지
않은 사람이 없으므로, 비록 성인과 같은 상지(上智)라 하더라도 인심이 없을
수 없으며, 또한 본성[性]을 가지고 있지 않은 사람이 없으므로, 비록 아주 어
리석은 하우(下愚)라 하더라도 도심이 없을 수 없는 것이다. 그리하여 이 두
가지가 가슴 속에 섞여 있는데도 이를 다스릴 방도를 알지 못하면, 위태로운
인심은 더욱 위태롭게 되고 은미한 도심은 더욱 은미하게 되어, 천리(天理)의
공변됨이 끝내 사람 욕구[人欲]의 사사로움을 이기지 못하게 될 것이다. 여기
서 정밀함[精]은 두 가지를 살펴서 섞이지 않게 하는 것이고, 전일함[一]은 본
심의 바름을 지켜 떠나지 않게 하는 것이다. 그러니 이를 일삼아 좇아서 잠시
라도 그침이 없게 함으로써, 반드시 도심으로 하여금 항상 몸의 주인이 되게
하고 인심은 매번 도심의 명령을 듣게 하면, 위태로운 인심은 안정되고 은미한
도심은 밝게 드러나서, 움직이고 고요히 머무르고 말하고 행동하는 것이 모두
넘치거나 모자라는 착오가 없게 될 것이다.[2]

이 해설에 대해 율곡은 "이 말은 요·순·우가 서로 전해준 '마음을 다잡는
법[心法]'으로, 만세의 성학(聖學)의 연원이어서 지금까지 유학자들의 주
석이 많았지만, 그 가운데에서 주희의 설이 가장 정밀하고 확실하다"[3]라고
하여, 《중용장구》의 〈서〉에 붙인 주희의 해설을 인심도심설을 세우는 바탕
으로 삼고 있다. 퇴계도 "인심은 곧 욕구에 눈을 뜬 것이고 …… 도심은 곧
의리(義理)에 눈을 뜬 것이다. …… 실로 형기(形氣)에서 나오게 되면 모두

2　人心惟危 道心惟微 惟精惟一 允執厥中 …… 蓋嘗論之 心之虛靈知覺 一而已矣 而以爲有人心道
　　心之異者 則以或生於形氣之私 或原於性命之正 而所以爲知覺者不同 是以或危殆而不安 或微妙
　　而難見耳 然人莫不有是形 故雖上智不能無人心 亦莫不有是性 故雖下愚不能無道心 二者雜於方
　　寸之間 而不知所以治之 則危者愈危 微者愈微 而天理之公 卒無以勝夫人欲之私矣 精則察夫二
　　者之間而不雜也 一則守其本心之正而不離也 從事於斯 無少間斷 必使道心常爲一身之主 而人心
　　每聽命焉 則危者安 微者著 而動靜云爲 自無過不及之差矣(《中庸章句》, 序).

3　人心惟危 以下十六字 乃堯舜禹傳授之心法 萬世聖學之淵源 先儒訓釋雖衆 獨朱子之說最爲精確
　　(《栗谷全書》, 聖學輯要 修己上 窮理章 453).

인심이 아닐 수 없고, 성명(性命)에 근원을 두게 되면 곧 도심이 되는 것이다"[4]라고 하여, 주희의 해설을 받아들이고 있다.

앞의 인용문에서 주희가 주장하는 요점은 도심의 권장과 함양, 인심의 억제와 통제, 그리고 정일(精一)함을 통한 동기 승화라는 세 가지이다. 이러한 세 가지 요점은 성리학의 동기론인 인심도심설로 그대로 이어지고 있는 것이다.

1) 도심의 권장과 연계성·조화성 강조

인심도심설이 기대고 있는 첫 번째 논거는 인심은 사람의 생물적 특성에서 나오는 이기적 동기[形氣之私]의 근거이고, 도심은 사람의 본성에 뿌리를 두고 있는 바른 도덕적 동기[性命之正]의 근거로서, 이 두 가지는 성인과 어리석은 사람을 가릴 것 없이 사람이면 누구나 다 가지고 있다는 주장이다. 이러한 사실을 퇴계는 "인심은 욕구에 눈을 뜬 것이고, 도심은 의(義)와 이(理)에 눈을 뜬 것"[5]이라고 하여, 인심은 생물적 동기와 이기적 동기의 근원이고, 도심은 도덕적 동기의 근원임을 주장하고 있다. 이러한 사실을 율곡은 다음과 같이 더욱 분명하게 제시하고 있다.

사람의 정(情)이 발동할 때에는, 도의(道義)를 위해서 발동하는 경우가 있다. 예를 들면, 어버이에게 효도를 하려 하거나, 군주에게 충성하려 하거나, 어린아이가 우물에 빠지려는 것을 보고 측은해하거나, 옳지 않은 일을 보고 부끄러워 싫어하거나, 종묘를 지날 때에 공손하고 삼가는 것 등이 이런 종류로서, 이를 도심이라 한다. 이에 비해, 몸의 쾌락을 위해서 발동하는 경우가 있다. 예를 들면, 배고프면 먹을 것을 바라고, 힘들면 쉬기를 바라고, 정기가 성하면 여

---

4 人心卽覺於欲者 …… 道心卽覺於義理者 …… 實以生於形氣 則皆不能無人心 原於性命 則所以
　爲道心(《退溪全書上》, 聖學十圖 心學圖說 208).

5 위와 같음.

자를 생각하는 것 등이 이런 종류로서, 이를 인심이라 한다.[6]

이 밖에도 율곡은 "무릇 좋은 소리·색깔·냄새·맛에 대한 욕구를 인심이라 하고, 인의예지(仁義禮智)에 대한 지향을 도심이라 한다"[7]라거나 "군주에게 충성하고 어버이에게 효도하는 것 같은 종류는 도심이고, 배고프면 먹기를 바라고 추우면 옷 입기를 바라는 것 같은 종류는 인심이다"[8]라는 식으로 똑같은 생각을 여러 곳에서 표현하고 있다.

이 가운데에서 "도심은 순전히 천리(天理)일 뿐이어서, 이에는 선(善)만 있고 악(惡)은 없지만, 인심에는 천리도 있고 인욕(人欲)도 있어서, 이에는 선도 있고 악도 있다"[9]는 것이 이들의 생각이다. 이렇게 도심이 순수한 선〔純善〕인 까닭은 도심이 곧 인성(人性)의 중핵인 사단(四端)이기 때문이다.[10] 따라서 선악 혼재 상태인 인심(생물적 이기적 동기)보다 순선 상태인 도심(도덕

---

6 情之發也 有爲道義而發者 如欲孝其親 欲忠其君 見孺子入井而惻隱 見非義而羞惡 過宗廟而恭敬之類 是也 此則謂之道心 有爲口體而發者 如飢欲食 寒欲衣 勞欲休 精盛思室之類 是也 此則謂之人心(《栗谷全書》, 說 人心道心圖說 282).

7 夫聲色臭味之類 所謂人心也 仁義禮智之類 所謂道心也(《栗谷全書》, 聖學輯要 修己上 窮理章 453).

8 忠於君 孝於親之類 道心也 飢欲食 寒欲衣之類 人心也(《栗谷全書》, 語錄上 757).

9 道心純是天理 故有善而無惡 人心也 有天理也 有人欲 故有善有惡(《栗谷全書》, 說 人心道心圖說 282).

10 退溪와 栗谷은 道心이 곧 純善인 四端이라고 본다는 점에서는 생각이 같다. 그러나 양자의 人心과 七情의 관계에 대한 생각은 다르다. 즉, 退溪는 人心은 곧 七情이라고 보는 데 반해(人心七情是也 道心四端是也:《退溪全書上》, 書 答李宏仲問目 816; 人心爲七情 道心爲四端 …… 二者之爲七情四端固無不可:《退溪全書上》, 書 答李平叔 849), 栗谷은 七情에는 본래 四端이 포함되므로, 따라서 이에는 人心과 道心이 섞여 있다고 본다(四端不能兼七情 而七情則兼四端:《栗谷全書》, 書 答成浩原 192; 若七情則已包四端在其中 不可謂四端非七情 七情非四端也 …… 七情之外 更無四端矣 然則 四端專言道心 七情合人心道心而言之也:《栗谷全書》, 書 答成浩原 199; 七情則人心道心善惡之摠名也 …… 四端卽道心及人心之善者也 …… 論者或以四端爲道心 七情爲人心 四端固可謂之道心矣 七情豈可只謂之人心乎 七情之外無他情 若偏指人心 則是擧其半 而遺其半矣:《栗谷全書》, 說 人心道心圖說 283). 이러한 양자의 차이에 대해서는 한덕웅(1994, pp. 123-127; 1999. pp.197-204, 218-222) 참조.

적 동기)이 중핵적인 인간의 동기 상태가 되어야 한다는 것이 조선조 성리학자들의 관점이었는데, 이 점은 선진유학자들의 견해와 동일한 것이다.

이렇게 성리학자들의 관점에서 도심은 곧 순선인 사단과 같은 것이다. 퇴계는 "도심은 마음의 본체를 가지고 말하여 시종(始終)과 유무(有無)를 관통하는 것이고, 사단은 마음의 단서를 가지고 말하여 마음이 발현되는 데에 나아가 그 단서를 가지고 말한 것이다"[11]라고 하여, 사회적 대상인 다른 사람을 대상으로 도심이 발하여 나타난 정(情)이 곧 사단임을 지적하고 있다. 앞 장에서 보았듯이, 사단은 대인관계에서 다른 사람을 지향 대상으로 하여 나타나는 사회적 정서이다. 그러므로 도심은 사회관계에서 다른 사람을 목표 대상으로 하여 나타나는 동기와 정서의 본체가 되는 마음 상태라고 볼 수 있다. 율곡은 "도심은 군주에게 충성하고, 어버이에게 효도하려는 종류의 마음"[12]이라고 하여, 이러한 사실을 직접 표현하고 있다.

이렇게 보면, 도덕적 동기가 인간의 가장 중핵적인 동기이고, 그 근원인 도심이 실생활에서 함양되고 권장되어야 할 마음의 본체라는 인심도심설의 주장은 인간을 '사회적 관계체'로 파악하는 유학자들의 견해에서 직접 도출되는 것이라 할 수 있다. 도덕적 동기는 타인에 대한 관심과 배려를 가지고 그들의 안녕에 이바지하려는 행동의 근거가 되는 타인지향의 동기이다. 따라서 이러한 동기 상태를 간직하게 되면, 일상생활에서 언제나 타인과 연계되어 있는 자신을 인식하고, 그들과 조화로운 관계를 유지하려는 태도로 살아가게 될 것이다. 이러한 맥락에서 보면, '도덕적 동기와 그 근거인 도심의 권장'이라는 유학적 동기이론의 첫 번째 특징은, 동아시아 집단주의 사회인이 일상생활에서 타인과 맺는 '연계성'의 인식과 '조화성'의 유지를 위해 힘을 쏟도록 유도하게 될 것이 분명하며, 여기에서도 동아시아 집단주의의 배경에 유학의 체계가 놓여 있다는 논거를 확인할 수 있는 것이다.

---

11 道心以心言 貫始終而通有無 四端以端言 就發見而指端緒(《退溪全書上》, 書 答李平叔 849).
12 《栗谷全書》, 語錄上 757.

2) 인심의 억제와 자기 억제의 강조

인심도심설에 따르면, 인심이란 사람의 생물적 특징[形氣]에서 나오는 이기적[私]인 욕구의 근원이다. 이를 퇴계는 "인심은 욕구에 눈을 뜬 것"[13]이라거나, "인심이란 사람 욕구[人欲]의 근본이고, 인욕(人欲)이란 인심이 흘러내린 것"[14] 또는 "인심이란 말은 이미 도심과 상대해서 성립되는 것으로, 자기 몸의 이기적 측면에 속하는 것"[15]이라고 하여, 인심이 생물적 동기와 이기적 동기의 근원임을 확실히 하고 있다.

이렇게 인심은 생물적 이기적 동기의 근원으로서, 이를 추구하면 여러 가지 폐단에 빠지게 되므로, 이를 억제하고 도덕적 동기의 근원인 도심을 보존하도록 해야 한다는 것이 인심도심설의 주장이다. "사람이 착하지 못하게 되는 것은 욕구의 꾀임을 받게 되기 때문인데, 욕구의 꾀임에 빠졌음에도 이를 알지 못하면, 천리(天理: 도덕적 동기·도덕성의 근거)가 모두 없어져도 돌아올 줄 모르거나"[16] 그 본심을 잃어서 뜻을 빼앗기는 지경에[17] 빠지고 마는 것이다. 이런 까닭에 인심을 억제하고 도심을 보존해야 하는데, 퇴계는 이를 다음과 같이 간결하게 표현하고 있다.

> 대체로 마음을 다잡는 공부[心學]의 방법은 비록 많지만, 그 요점을 종합해서 말하면, 사람의 욕구를 억제하고[遏人欲] 천리를 보존하는[存天理] 두 가지에 불과하다. 여기서 욕구를 억제하는 일은 인심의 측면에 속하는 것이고, 천리를 보존하는 일은 도심에 속하는 것이라 할 수 있다.[18]

---

13 《退溪全書上》, 聖學十圖 心學圖說 208.

14 人心者 人欲之本 人欲者 人心之流(《退溪全書上》, 書 答僑姪問目 897).

15 人心之名 已與道心相對而立 乃屬自家體段上私有底(《退溪全書上》, 書 答李平叔 849).

16 甚哉 慾之害人也 人之爲不善 欲誘之也 誘之而弗知 則至於滅天理而不反(《栗谷全書》, 聖學輯要 修己中 矯氣質章 467).

17 欲如口鼻耳目四肢之欲 雖人之所不能無 然多而不節 未有不失其本心者 …… 凡百玩好皆奪志(《栗谷全書》, 聖學輯要 修己中 養氣章 469).

이것이 퇴계의 유명한 알인욕(遏人欲)·존천리(存天理)의 입장인데, 이는 본래 성학십도(聖學十圖)의 심학도설(心學圖說)에서 제시된 것이다.[19] 율곡도 "평상시에 엄숙하고 삼가함으로 자신을 지켜서, 생각이 떠오를 때마다 그것이 어디에서 연유하고 있는지를 잘 살펴야 한다. 그래서 만일 그것이 생물적 이기적 욕구〔人心〕에서 발동되었음을 알게 되면, 힘을 다하여 이를 이기고 다스려서, 이것이 자라나지 않도록 해야 한다. 그런데 만일 그것이 인의예지〔道心〕에서 발동되었음을 알게 되면, 한결같이 이를 간직하고 지켜서, 변하거나 옮겨가지 않도록 해야 한다"[20]라고 말하여, 똑같은 견해를 밝히고 있다. 이러한 관점을 그는 "대체로 인심은 마구 자라나도록 해서는 안 되며 이를 절제하고 단속하는 일을 중히 여겨야 하고, 도심은 마땅히 간직하고 길러내야 하며 이를 미루어 나가고 넓히는 일을 아름답게 여겨야 한다"[21]라고 표현하고 있기도 하다.

이렇게 인심이란 인간의 생물적 존재 특성에 바탕을 둔 이기적 욕구의 근원이어서, 이러한 욕구의 꾀임을 받게 되면 도심〔天理〕이 모두 없어져도 돌아올 줄 모르고 불선을 저지르게 되거나,[22] 뜻을 빼앗기게 되는[23] 폐단에 빠진다고 성리학자들은 본다. 그런 까닭에 생물적 이기적 욕구의 근원인 이러한 인심은 철저히 억제해야 한다〔遏人欲〕는 것이 성리학자들의 주장인데, 이 점도 선진유학자들의 관점과 동일한 것이다.

이렇게 생물적 이기적 욕구를 통제하고 조절할 수 있는 것은, 사람은 성

---

18 大抵心學雖多端 總要而言之 不過遏人欲存天理兩事而已 …… 凡遏人欲事當屬人心一邊 存天理事當屬道心一邊 可也(《退溪全書上》, 書 答李平叔 849).

19 自精一擇執以下 無非所以遏人欲而存天理之工夫也 愼獨以下 是遏人欲處工夫 戒懼以下 是存天理處工夫(《退溪全書上》, 聖學十圖 心學圖說 208).

20 惟平居 莊敬自持 察一念之所從起 知其爲聲色臭味而發 則用力克治 不使之滋長 知其爲仁義禮智而發 則一意持守 不使之變遷(《栗谷全書》, 聖學輯要 修己上 窮理章 453).

21 大抵人心不可滋長 而節約爲貴 道心宜保養 而推廣爲美也(《栗谷全書》, 語錄上 758).

22 《栗谷全書》, 聖學輯要 修己中 矯氣質章 467.

23 《栗谷全書》, 聖學輯要 修己中 養氣章 469.

덕을 지향하는 삶의 과정에서 모든 도덕성의 원천이 스스로에게 갖추어져 있다는 사실을 인식하여, 스스로에게서 모든 일의 책임을 찾는 능동적 주체성을 지닌 덕성 주체이기 때문에 가능한 것이다. 곧 도덕적 완성을 통해 지극한 선의 상태에 도달하는 것이 덕성 주체인 스스로의 책임이듯이, 생물적 이기적 욕구에 휘둘려 불선해지는 것도 역시 개인의 책임이므로, 능동적이고도 주체적으로 이러한 욕구를 억제하고 통제할 수 있게 되는 것이다. 이렇게 보면, 인간을 '능동적 주체자'로 파악하는 유학사상의 관점에서 '이기적 욕구와 생물적 욕구의 억제'를 통한 성덕의 지향이라는 동아시아 집단주의의 특징이 직접 도출되고 있는 것이다.

3) 동기의 승화와 자기개선의 강조

성리학자들은 생물적 이기적 욕구의 근원인 인심의 폐단에서 벗어나는 일은 단순히 이를 억제하거나[24] 절제하는 일에만[25] 머물러서는 안 되고, 도심으로 이를 제어함으로써 도심의 주재가 이루어지도록 해야 한다고 주장한다. 퇴계는 "인심이란 도심과 상대해서 성립하는 것으로, 사람 몸의 이기적 측면에 속한 것이어서, 이렇게 인심은 이미 이기적인 한 방향에 떨어져 있는 것이기 때문에, 다만 도심의 명령을 들어서 도심과 하나가 되도록 해야 한다"[26]라는 말로 이러한 논점을 전개하고 있다. 율곡은 이러한 주장을 다음과 같이 좀더 적극적으로 표현하고 있다.

마음을 다스리는 사람은, 어떤 생각이 발동할 때 이것이 도심임을 알게 되면 이를 넓혀서 채워야 한다. 그러나 이것이 인심임을 알게 되면 정밀하게 잘

---

24 《退溪全書上》, 聖學十圖 心學圖說 208; 書 答李平叔 849.

25 《栗谷全書》, 聖學輯要 修己上 窮理章 453; 語錄上 758.

26 人心之名 已與道心相對而立 乃屬自家體段上私有底 蓋旣曰私有 則已落在一邊了 但可聽命於 道心而爲一(《退溪全書上》, 書 答李平叔 849).

살펴서 반드시 도심을 가지고 이를 제어함으로써, 인심이 항상 도심의 명령을 따르도록 해야 한다. 이렇게 되면 인심도 또한 도심이 될 것이다.[27]

율곡은 이렇게 인심이 도심에 의해 제어되어 도심과 하나가 되면, "이(理)와 의(義: 도덕적 동기)가 항상 보존되고, 물욕(物欲: 생물적 이기적 동기)이 뒤로 물러날 것이니, 이로써 만사를 응대하면, 중도[中]에 맞지 않는 일이 없게 될 것"[28]이라고 주장하고 있다.

이렇게 도심에 따른 인심의 제어가 이루어져서 인심 또한 도심이 될 수 있는 것은 인심과 도심이 서로 다른 두 마음이 아니기 때문이다. 퇴계는 이를 "인심은 욕구에 눈을 뜬 것이고 …… 도심은 의리(義理)에 눈을 뜬 것이지만, 이는 두 가지 종류의 마음이 있다는 말은 아니다"[29]라고 표현하고 있다. 이렇게 인심과 도심은 선악 혼재이냐 아니면 순선이냐 하는 정도의 차이를 나타낼 뿐이어서,[30] 순선인 도심 상태로 승화되는 일이 가능한 것이다. 이러한 사실을 율곡은 다음과 같이 진술하고 있다.

이러므로 인심과 도심은 서로를 겸할 수 없고[不能相兼], 서로 처음과 끝이 되는 것이다[相爲終始]. …… 직접 성명(性命)의 바름에서 나온 도심일지라도, 이것을 따라 선(善)으로 완성시키지 못하고 여기에 이기적인 욕구[私意]가 개재되면, 처음에는 도심이었다 하더라도 끝내는 인심이 되고 말 것이다. 이에 비해, 신체적 조건[形氣]에서 나온 인심이라 하더라도, 바른 이치[正理]를 거스르지 않으면, 도심과 어그러지지 않을 것이다. 이때 혹시 바른 이치를 거스르는 일이 있다고 하더라도, 잘못을 알아서 제압함으로써 그 욕구를 따르지 않

---

27 治心者 於一念之發 知其爲道心 則擴而充之 知其爲人心 則精而察之 必以道心節制 而人心常聽命於道心 則人心亦爲道心矣(《栗谷全書》, 說 人心道心圖說 282-283).

28 夫如是則理義常存 而物欲退聽 以之酬酢萬變 無往而非中矣(《栗谷全書》, 聖學輯要 修己上 窮理章 453).

29 人心卽覺於欲者 …… 道心卽覺於義理者 此非有兩樣心(《退溪全書上》, 聖學十圖 心學圖說 208).

30 《栗谷全書》, 說 人心道心圖說 282.

게 되면, 처음에는 인심이었다 하더라도 끝내는 도심이 되는 것이다.[31]

여기서 인심과 도심이 "서로 처음과 끝이 된다"는 것은 이 둘 사이의 위계구조를 말한 것이다. 따라서 도심에 따라 인심을 제어하게 되면, "자아중심적 개체 지향적인 인심"이 "상호의존적 대인관계 지향적인 도심"[32]으로 통합되는 동기의 승화가 이루어진다는 것이 퇴계와 율곡의 주장인 것이다.

성리학자들이 이렇게 사람의 욕심을 버리고〔遏人欲〕 천리를 보존함으로써〔存天理〕 동기의 승화를 이루는 방법으로 제시하는 것이 경 상태에 머무르는 거경(居敬)이다.《중용장구》〈서〉에 붙인《서경》〈대우모〉 편의 해설에서 주희는 이를 "정밀하게 살피고, 마음을 한결같이 하는 일〔精一〕"에서 찾고 있는데, 이러한 정일(精一)이 곧 거경의 상태에 해당된다.[33] 말하자면, 거경은 인심을 제어하고〔遏人欲〕 도심을 보존하는〔存天理〕 구체적인 방법인 것이다.

이러한 "경(敬)은 마음의 주재로서, 온갖 일의 근본이 되는 것"[34]이어서, "경은 성인이 되고자 하는 학문〔聖學: 유학 전체를 가리킴〕의 처음이자 마지막이 되는 요체"[35]라는 데 퇴계와 율곡의 생각이 일치하고 있다. 이러한 거경은 성학(聖學)의 또 하나의 방법으로서 사물의 이치를 깊이 탐구하는 궁리(窮理)의 근본이 되기 때문에[36] 성학의 처음이자 마지막이 된다

---

31 是故人心道心不能相兼 而相爲終始焉 …… 今人之心 直出於性命之正 而或不能順而遂之 間之
以私意 則是始以道心 而終以人心也 或出於形氣 而不咈乎正理 則固不違於道心矣 或咈乎正理
而知非制伏 不從其欲 則是始以人心 而終以道心也(《栗谷全書》, 書 答成浩原 192).

32 한덕웅, 1994, p. 37.

33 윤사순, 1997, pp. 267-271.

34 敬者一心之主宰 而萬事之本根也(《退溪全書上》, 聖學十圖 大學經 203); 蓋心者一身之主宰
而敬又一心之主宰也(《退溪全書上》, 聖學十圖 心學圖說 208); 爲學莫如先立其主宰 曰 何如
可以能立其主宰乎 曰 敬可以立主宰(《退溪全書下》, 言行錄一 論持敬 796).

35 敬爲聖學之始終 豈不信哉(《退溪全書上》, 聖學十圖 敬齋箴 210); 敬之一字 豈非聖學始終之
要也哉(《退溪全書上》, 聖學十圖 大學經 203); 敬者聖學之始終也(《栗谷全書》, 聖學輯要 修
己上 收斂章 431).

36 敬以爲主 而事事物物 莫不窮其所當然與其所以然之故 …… 至如敬以爲本 而窮理以致知 反躬
以踐實 此乃妙心法 而傳道學之要(《退溪全書上》, 疏戊辰六條疏 185-186); 持敬是窮理之本

는 것이다.[37]

그렇다면 어떻게 해야 경 상태에 머무를 수 있게 되는가? "유학에서 경이라는 개념이 본격적으로 내세워져 문제시된 것은 송대의 정이천(程伊川, 이름 頤, 호 伊川, 1033~1107)부터"[38]인데, 그와 그의 제자들은 거경의 구체적인 방법을 다음과 같이 네 가지로 제시했다.

> 어떤 사람이 "경 상태를 이루려면 어떻게 힘을 써야 합니까?"라고 물었다. 이에 대해 주희는 "정자(程子)는 일찍이 '마음을 하나에 집중시켜서 다른 곳으로 흩어지지 않도록 해야 한다〔主一無適〕'고 하였고, 또한 '몸가짐을 정돈하여 가지런히 하고, 마음을 엄숙하게 지녀야 한다〔整齊嚴肅〕'고도 하였다. 그리고 그 문하생인 사씨(謝氏)는 '항상 똑똑하게 각성 상태에 머무르는 일〔常惺惺法〕'이라 말하였고, 또한 윤씨(尹氏)는 '마음을 거두어들여 다른 생각이 그 속에 들어오지 못하게 하는 일〔其心收斂 不容一物〕'이 그 요체라고 말하였다"라고 대답했다. 요컨대, 경(敬)이란 한 마음의 주재자요 만사의 근본인 것이다.[39]

이 인용문에서는 주일무적(主一無適) · 정제엄숙(整齊嚴肅) · 상성성법(常惺

(《栗谷全書》, 聖學輯要 修己上 收斂章 431); 大抵敬字 徹上徹下 格物致知 乃其間節次進步處 又曰 今人皆不肯於根本上理會 如敬字只是將來說 更不做將去 根本不立 故其他零碎工夫無湊泊處(《栗谷全書》, 聖學輯要 修己上 收斂章 433-434).

37 敬者聖學之始終也 故朱子曰 持敬是窮理之本 未知者非敬無以知 程子曰 入道莫如敬 未有能致知而不在敬者 此言敬爲學之始也 朱子曰 已知者非敬無以守 程子曰 敬義立而德不孤 至于聖人 亦止如是 此言敬爲學之終也(《栗谷全書》, 聖學輯要 修己上 收斂章 431); 蓋此心旣立 由是格物致知 以盡事物之理 則所謂尊德性而道問學 由是誠意正心 以修其身 則所謂先立其大者 而小者不能奪 由是齊家治國 以及平天下 則所謂修己以安百姓 篤恭而天下平 是皆未始一日而離乎敬也 然則敬之一字 豈非聖學始終之要也哉(《退溪全書上》, 聖學十圖 大學經 203).

38 김성태, 1989, p. 5.

39 或曰 敬若何以用力耶 朱子曰 程子嘗以主一無適言之 嘗以整齊嚴肅言之 門人謝氏之說 則有所謂常惺惺法者焉 尹氏之說 則其心收斂 不容一物者焉云云 敬者一心之主宰 而萬事之本根也(《退溪全書上》, 聖學十圖 大學經 203).

惺法)·불용일물(不容一物)의 네 가지가 대표적인 경 공부의 방법으로 제시되고 있다. 퇴계는 이 밖에도 여러 곳에서[40] 이 네 가지 경 공부의 방법에 대해 언급하고 있으며, 율곡도 이 네 가지 경 공부의 방법을 받아들이고 있다.[41]

이러한 거경의 상태는 앞에서 보았듯이, 궁리의 근본이어서 사물의 이치를 올바로 이해하게 하는 기능과 함께 이렇게 깨달은 도를 일상생활에서 실천하여 도덕적 완성을 이루게 하는 등 다양한 기능을 갖는다. 이에 대해 퇴계와 율곡은 각각 다음과 같이 언급하고 있다.

> 경을 간직하는 것〔持敬〕은 생각과 배움을 함께 달성하고〔兼思學〕, 움직이거나 정지해 있는 기거동작이 일관되며〔貫動靜〕, 마음과 행동이 합일되고〔合內外〕, 드러난 것과 숨어 있는 것이 일치하게〔一顯微〕 만드는 도이다.[42]

> 대개 도(道)의 묘한 것은 헤아릴 수가 없고 정해진 바가 없으나, 오직 경(敬)하면 능히 엉겨 모여서 이 이치가 항상 있게 된다. 마음을 경하게 하면 능히 엉겨 모여서 덕이 마음에 있게 되고, 용모를 경하게 가지면 능히 엉겨 모여서 덕이 용모에 있게 되며, 귀·눈·코·입에 이르기까지 모두 그렇지 않은 것이 없다. 그러나 경하지 않으면, 마음이 방일하여 온 몸이 해이하게 이지러져서, 비록 사람의 형체를 갖추고 있다 해도 실제로는 혈기를 가진 살덩어리일 뿐으로, 사물과 전혀 다를 바가 없게 된다. 이렇게 경이란 덕을 모으는 근본이고, 인간의 본성을 완성하고 실천하는〔踐形盡性〕 요체인 것이다.[43]

---

40 蓋心者一身之主宰 而敬又一心之主宰也 學者熟究於主一無適之說 整齊嚴肅之說 與夫其心收斂 常惺惺之說 其工夫也盡而優 入於聖域而不難矣(《退溪全書上》, 聖學十圖 心學圖說 208); 敬之爲說者多端 何如不陷於忘助之病乎 曰 其爲說雖多 而莫切於程射尹朱之說矣(《退溪全書下》, 言行錄一 論持敬 796).

41 又曰 主一之謂敬 無適之謂一 …… 程子曰 整齊嚴肅則心自一 一則無非僻之干矣 嚴威儼恪 非敬之道 但敬須從此入 上蔡謝氏曰 敬是常惺惺法 和靖尹氏曰 敬者 其心收斂 不容一物之謂 或問 三先生言敬之異 朱子曰 譬如此室 四方皆入得 若從一方入至此 則三方入處皆在其中矣(《栗谷全書》, 聖學輯要 修己中 正心章 476).

42 持敬者 又所以兼思學 貫動靜 合內外 一顯微之道也(《退溪全書上》, 進聖學十圖箚 197).

이렇게 퇴계와 율곡은 거경의 기능을 유학적 수양론의 핵심 위치에 올려
놓고 있다. 한 마디로 경 상태는 주의 분산 없는 주의 집중의 인지적 기능
〔主一無適·不容一物〕[44]과 함께 실생활에서 도에 합치하는 목표를 선택하고
이에 적합한 행동을 활성화하는 동기적 기능〔整齊嚴肅·常惺惺法〕[45]도 지니
는, 심적 자기 조절의 전체 과정에 해당한다고 볼 수 있다. 거경(居敬)의 기
능을 이렇게 심적 자기 조절이라고 보면, 경이 생물적 이기적 동기〔人心〕를
제어하고 도덕적 동기〔道心〕를 발양시키는 기능을 한다는 사실은 쉽게 이
해된다. 이를 율곡은 다음과 같이 진술하고 있다.

> 경 상태에서는 안으로 욕구가 싹트지 않고, 밖으로 사물의 유혹이 들어오지
> 못한다. …… 경은 사람의 욕구〔人欲〕를 대적하는 방도로서, 사람이 항상 경 상
> 태에 있게 되면, 천리가 스스로 밝아지고, 사람의 욕구는 위로 떠오르지 못하
> 게 되는 것이다.[46]

이렇게 경에 힘입어 생물적 이기적 욕구〔人欲〕를 제어할 수 있기 때문에
"악을 버리고 선을 따르는 일은 역시 경을 위주로 하는 일〔主敬〕과 도에 대
한 올바른 이해〔明理〕에 달려 있을 수밖에 없는 것이다."[47] 이렇게 욕구 통
제의 기능을 통해 "경은 온갖 사악함을 다 이기게 되므로,"[48] 거경은 곧 동
기 승화의 직접적인 방도가 된다는 것이 바로 조선조 성리학자들의 입장이

---

43 蓋道妙莫測 靡有攸定 惟敬則能凝聚得此理常在 如心敬則能凝聚得德在心上 貌敬則能凝聚得德
　　在貌上 以至耳目口鼻之類 無不皆然 或有不敬 則心君放逸 而百體解弛 雖曰有人之形 而其實
　　塊然血氣之軀 與物無以異矣 此敬之一字 乃聚德之本 而爲踐形盡性之要也(《栗谷全書》, 聖學
　　輯要 修己中 正心章 477).

44 김성태, 1989, pp. 160-181.

45 한덕웅, 1994, pp. 91-96.

46 敬則內欲不萌 外誘不入 …… 敬所以抵敵人欲 人常敬則天理自明 人欲上來不得(《栗谷全書》,
　　聖學輯要 修己中 正心章 476).

47 其欲去惡而從善 亦在主敬與明理而已(《退溪全書上》, 書 答金而精 684).

48 敬勝百邪(《栗谷全書》, 聖學輯要 修己中 正心章 476).

었던 것이다.[49]

이상에서 보았듯이, 사람은 거경을 통해 생물적 이기적 욕구의 근원인 인심을 제어하고 도덕적 동기의 근원인 도심을 확충함으로써, 인심이 도심의 명령을 따라 도심의 상태로 변모되는[50] 동기의 승화를 이룰 수 있는 존재이며, 이러한 동기의 승화가 곧 자기 수양과 자기개선의 바탕이라는 것이 유학 특히 성리학자들의 핵심 주장이다. 이렇게 거경을 통해 인심이 도심으로 변화됨으로써 동기의 승화가 이루어질 수 있다는 유학자들의 생각은, 인간을 항상 자기개선을 지향하는 과정 속의 존재, 곧 '무한한 가능체'로 파악하는 관점에서 직접 도출된다. 이러한 추론도, 상황에 따른 인간의 '가변성'과 '자기개선'을 강조하는 동아시아 집단주의의 배경에 유학사상이 자리 잡고 있다는 사실을 확인해 주는 또 다른 논거가 되고 있는 것이다.

---

49 이러한 점에서 居敬은 도덕적 개념이다. 그러나 居敬은 또한 窮理의 근본이 된다는 점에서 도덕적 개념일 뿐만 아니라 인지적인 개념이기도 하다.

50 《退溪全書上》, 書 答李平叔 849; 《栗谷全書》, 書 答成浩原 192; 說 人心道心圖說 282-283.

제6장
종합 고찰

　　현대 문화비교심리학의 연구 결과에 따르면, 한국·중국·일본 같은 동아시아 사회에 살고 있는 사람들은 강한 집단주의적인 심성과 행동 특징을 보이는 것으로 확인되고 있다. 이들은 개체로서 존재하는 개인을 사회 구성의 기본 단위로 여기지 않고, 함께 살아가고 있는 사람들 사이의 관계나 이러한 관계의 원형인 가족과 같은 일차집단이 사회 구성의 궁극적인 단위라고 본다. 그렇기 때문에 이들은 자기가 소속되어 있는 내집단에 대해 강한 정서적 연대감을 느낀다. 이들은 내집단에 헌신할 태세를 갖추고 살며, 그리하여 내집단이 추구하는 목표와 개인이 추구하는 목표가 갈등을 일으킬 때는 개인의 목표를 감추거나 포기하고, 집단의 목표를 앞세운다. 이렇게 이들은 스스로를 내집단원과 맺는 관계 속의 존재로 받아들이며, 이러한 관계가 개인의 존재 의의를 보증해 주는 근거가 되는 것으로 생각한다.

　　이러한 맥락에서 동아시아인들은 다른 사람들과 맺는 연계성과 서로에 대한 상호의존성을 강조하며, 결국 내집단원들과 조화로운 관계를 형성하고 이를 유지하기 위해 온갖 힘을 다 쏟는다. 이들은 이러한 집단의 조화를 해칠 수 있는 요인들은 과감히 제거하려 한다. 그러므로 자기중심적 정서나 이기적 욕구를 될 수 있는 대로 억제하려 노력하며, 개인적 감정이나 의견도 집단의 조화 유지에 방해가 될 때는 드러내지 않으려 한다. 또한 이들은 상황이나 집단의 요구 또는 서로가 서로에게 바라는 내용에 맞추어 스스로를 적절하게 변화시킴으로써, 집단의 조화를 유지하려는 경향을 강하게 보인다. 이들에게 자기 향상이나 자기 발전은 곧 자기의 단점을 찾아 이를 수정함으로써 자기개선을 이루는 일과 통한다. 그러므로 이들은 자기의 단점이나 부정적 감정들도 무난히 수용하며, 항상 상황이나 집단의 기대에 따라 스스로를 변화시킬 준비를 갖추고 있다.

　　이들 한국·중국·일본 같은 동아시아 국가에서는 최근세까지도 유학사상이 국가 경영의 최고 이념으로 선양되어 온 공통점이 있다. 중국과 한국에서는 오랫동안 과거제가 실시되어 국가를 경영하는 관리들이 유학자들로 충원됨으로써, 유학은 명실 공히 관학의 위치를 누리고 있었다. 일본의 경우는 사정이 조금 다르기는 했지만, 최고 권력자 집단이 유교 장려책을 썼다는 점은 공통적이다. 그 결과, 이들 동아시아 사회에서 유학적 삶의 양식과 가치체계는 국가 경영자 층만이 아니라, 일반 민중의 일상적인 삶의 장면에서도 광범위한 지배력을 행사하고 있었던 것이다.

이들 동아시아 국가들에서 유학은 과거의 전통만은 아니다. 유학사상은 현재에도 동아시아인의 생각과 행동 및 가치관의 중추가 되어 있다. 곧 동아시아인들의 이러한 "마음의 유교적 습성들"[1]은 이들의 현재의 삶을 지배하고 있는 현실의 체계인 것이다. 이들은 아직까지도 강한 유교적 역동성의 가치를 보유하고 있는데다가,[2] 실생활의 행동과 태도 및 습관의 측면에서는 아직까지도 강한 유교적 신념과 행동양식을 보이고 있다.[3] 따라서 유학사상은 현재에도 동아시아인의 "문화 전통과 의식구조의 중추"[4]가 되어 있는 것이다.

이러한 맥락에서 보면, 현대 동아시아인들이 보이는 집단주의적인 심성과 행동의 배경에는 오랫동안 이 사회의 정신사를 지배해 왔던 유학사상이 놓여 있음을 쉽게 짐작할 수 있다. 이 책은 지금까지 많은 사람들이 상식적으로 생각해 왔던 이러한 추론을, 현대 문화비교심리학에서 이루어진 실증적 연구 결과와 유학 경전들에서 도출되는 인간의 심성에 관한 이론체계를 연결하여 논의해 봄으로써, 이론적 측면과 실증적 측면에서 확인해 보려 한 것이다.

동아시아 사회와 유학사상의 연관성을 살펴본 제1장에 이어, 제2장의 초반부에서는 동·서 집단주의와 개인주의 사회인들이 보이는 심성과 행동의 현실적인 차이를 개관하기 위한 기본틀을 집단주의와 개인주의의 차이에 관한 이론적 고찰로부터 추출하여 정립하였다. 이어서 제2장의 후반부에서는 서구 자유주의와 동아시아 유학사상에서 인간 일반과 개인을 파악하는

---

1 Tu, Wei-Ming, 1996, p. 343.

2 Hofstede, 1991/1995, pp. 240-248.

3 고병익, 1996, pp. 290-295; 윤이흠 외, 1985, pp. 360-362.

4 이광세, 1998, p. 63.

관점을 대비하여, 이 장의 초반부에 제시된 문화차 개관의 틀이 이러한 인간관·개인관의 차이와 논리적인 연관성을 가지고 있음을 살펴보았는데, 이러한 결과에서 동아시아 집단주의의 배경에 유학사상이 놓여 있음을 이론적으로 확인할 수 있었다.

이어서 동아시아인들이 실제로 사회인지(제3장)·정서(제4장)·동기(제5장)의 측면에서 드러내는 특징적인 행동양식들을 제2장에서 제시한 문화차 개관의 기본틀에 따라 정리하고, 이들이 유학사상에서 도출되는 특유한 사회인지·정서·동기의 이론들인 군자론·사단칠정론·인심도심설의 이론체계에서 도출되는 것임을 밝혀냈다. 이러한 작업을 통해 유학사상이 동아시아 사회인들이 보이는 실제 행동과 밀접하게 관련되어 있음을 밝힘으로써, 유학사상이 동아시아 사회에 집단주의적 문화를 낳은 배경이라는 사실을 실증적으로 확인해 보았다.

이제 여기에서는 이러한 결과들을 전반적으로 정리하여,[5] 이러한 작업들에서 도출되는 심리학적 함의에 대해 논의해 보기로 하겠다. 우선 이 책에서는 한국·중국·일본 같은 동아시아 국가들을 집단주의라는 하나의 체계로 묶어 고찰했는데, 이들 국가들이 보이는 다양한 실제적인 차이의 문제는 어떻게 보아야 할 것인지 논의해 보고자 한다. 이어서 동아시아 집단주의 문화와 서구 개인주의를 비교하여 그 차이를 드러내 보이는 이 책에서와 같은 작업이, 지난 세기 말부터 진행되어 온 세계화 및 아시아적 가치 논의와 연관지어 어떤 의미를 갖는지 생각해 보기로 하겠다. 마지막으로 이러한 작업을 바탕으로 하여 구축될 새로운 동양심리학의 비전을 그 주요 탐구 내용을 중심으로 간단히 고찰해 보기로 하겠다.

---

5 이의 정리는 졸저(조긍호, 2003a, pp. 476-492)의 내용에 바탕을 두었음.

1. 동아시아 집단주의의 유학사상적 배경

　　지금까지 집단주의와 개인주의라는 서로 다른 두 문화권에 살고 있는 사람들이 보이는 심성과 행동의 다양한 차이를, 이 두 문화 유형에서 드러나는 세 차원의 강조점 차이를 통해 조감하고자 "문화차 개관의 기본틀"(표 2-2)을 정립하고, 이를 바탕으로 동아시아 집단주의가 유학사상을 배경으로 하여 나오게 되었음을 다각도로 검토해 왔다. 우선 서구 개인주의와 동아시아 집단주의의 배경으로 간주되는 자유주의와 유학사상에서 인간 일반과 개인을 파악하는 관점이 각각 서구 개인주의와 동아시아 집단주의 사회인들이 보이는 세 차원의 강조점과 밀접한 연관을 맺고 있음을 살펴보았다. 이어서 현대 동아시아 사회인들의 사회인지·정서·동기의 특징들을 개관해 보고, 이러한 특징들이 유학사상에서 도출되는 사회인지·정서·동기의 이론들과 직접적으로 관련되어 있다는 사실을 확인해 보았다. 이제 이러한 연구들에서 밝혀진 내용들을 전반적으로 요약하여 검토해 보기로 하겠다.

1) 유학적 인간관과 문화차 개관의 틀

　　서구 개인주의 문화권에서는 독립적이고 자율적인 개인을 사회 구성의 기본 단위라고 보아, 상황 유리적이고 개인중심적인 인간관과 독립적인 자기관을 가지게 된다. 그러나 동아시아 집단주의 사회에서는 사람들 사이의 관계 또는 이러한 관계의 원형인 가족과 같은 일차집단이 사회 구성의 기본 단위라고 보아, 상황 의존적이고 관계중심적인 인간관과 상호의존적 자기관을 가지게 된다. 이러한 두 가지 인간관·자기관은, 사회 집단이나 다른 사람 또는 자기 자신 가운데 어디에 주의를 기울일 것인지 하는 주의의 초점 차원, 통제의 대상을 자신이라고 보느냐 아니면 외부 환경 조건이라고 보느냐 하는 통제의 대상 차원, 그리고 인간을 상황과 시간에 따라 변화하는 존재로 파악하느냐 아니면 고정되고 안정적인 존재로 파악하느냐 하는 변화 가능성 차원에서 서로 다른 강조점을 유발한다.

그리하여 독립적인 개인이 주의의 초점으로 떠올라 개인의 '자율성·독특성'을 강조하는 개인주의 사회와는 달리, 집단주의 사회에서는 다른 사람이나 집단이 주의의 초점으로 부각되어 타인과 맺는 관계 속의 상호 '연계성·조화성'을 강조하게 된다. 또한 개인주의 사회에서는 외부 세계를 자신에게 맞추도록 변화시키는 것을 통제의 의미로 받아들이고, 결과적으로 적극적인 '자기 주장'을 강조하지만, 집단주의 사회에서는 자기 자신을 외부 대상 세계에 맞추어 변화시키는 것을 통제의 의미로 받아들여, 결국 '자기 억제'를 강조하게 된다. 그리고 개인주의 사회에서는 인간은 상황 조건이나 시간의 변화에 따라 달라지지 않는 고정되고 일관된 특성을 보유하고 있는 존재라고 보아 '안정성'을 강조하지만, 집단주의 사회에서는 인간이란 상황이나 시간이 달라짐에 따라 변화하는 존재라고 봄으로써, 인간의 '가변성'과 '자기개선'의 노력을 강조하게 된다. 이 책에서는 이러한 세 차원의 강조점의 차이를, 서구 개인주의와 동아시아 집단주의 문화권에 따라 달라지는 심성과 행동의 여러 특징을 개관하는 기본틀(표 2-2)로 삼았다.

이러한 세 차원 강조점의 차이는 문화 유형에 따라 추구하는 가치와 인간관·개인관이 달라진다는 사실로부터 나오는 것이다. 현대 서구 사회의 이념적 배경은 자유주의 사상이다. 제2장에서 보았듯이, 이러한 자유주의가 중요하게 추구하는 가치들은 자유와 자유의지, 이성과 진보, 인간의 평등성과 존엄성 들인데, 이들로부터 개인 존재를 자유의 보유자, 이성 주체, 불변적이고 안정적인 실체로 파악하는 관점이 나오게 된다. 이러한 세 가지 인간 파악의 관점은, 일상생활에서 개인의 '독립성·자율성·독특성'의 강조, 합리적 '자기 이익 추구'와 적극적인 '자기 주장'의 강조, 그리고 개인의 능력이나 성격의 상황 간 '일관성'과 '안정성'의 강조 같은 특징들을 낳는다. 자유주의의 인간 파악의 관점에서 도출되는 이러한 특징들은 현대 개인주의 사회인들이 대인관계와 일상생활에서 강조하는 내용들(표 2-2)과 똑같은 것이다(표 2-3 참조). 이러한 사실은 현대 서구 개인주의의 사상적 배경에 17~18세기에 절정을 맞은 자유주의 사상이 놓여 있음을 시사하는 것이다.

동아시아 집단주의 사회는 오랫동안 유학의 체계에 지배되어 왔다. 이러한 유학, 특히 선진유학은 인간의 인간된 근거에 관한 탐색〔人性論〕을 통해 '인간의 존재 확대'를 이룰 수 있는 가능성을 타진해 보고, 존재 확대의 이상적 모형〔君子論·聖人論〕을 제시하여 삶의 목표로 설정한 다음, 존재 확대를 이룬 사람의 사회생활의 모습〔道德實踐論〕과 존재 확대를 이루기 위한 방법〔修養論〕을 제시하고 있는 사상체계이다. 유학의 핵심 경전인 《대학》에서는 격물(格物)-치지(致知)-성의(誠意)-정심(正心)-수신(修身)-제가(齊家)-치국(治國)-평천하(平天下)라는[1] 욕구위계를 제시하여, 유학적 수양이 인간의 존재 확대를 중핵으로 하고 있음을 분명히 하고 있다. 스스로의 존재 확대가 인간 삶의 이상이라는 생각은 이 밖에도 수기이경(修己以敬)-수기이안인(修己以安人)-수기이안백성(修己以安百姓)의[2] 단계로 특징지워지는 공자의 군자론과, 성지청(聖之淸)-성지화(聖之和)-성지임(聖之任)을[3] 특징으로 하는 맹자의 성인론 같은 유학자들의 이상적 인간형론에도 잘 드러나 있다.

유학자들이 이렇게 인간의 존재 확대를 부르짖게 되는 근거는 그들의 인간 파악의 기본틀에 놓여 있다. 곧 그들은, 인간이 개체로서 존재하는 한계를 뛰어 넘어, 사회에 대한 책무를 자임(自任)하고 실천해야 하는 존재(사회적 관계체)로서, 능동적이고 주체적인 자기 성찰(능동적 주체자)을 통해 존재 확대를 이루어낼 수 있는 무한한 가능성(무한한 가능체)을 지닌 존재라고 보는 것이다. 말하자면, 유학자들은 인간을 사회적 관계체, 능동적 주체자, 그리고 무한한

---

1 《大學》, 經.

2 《論語》, 憲問 45.

3 《孟子》, 萬章下 1.

가능체라는 세 가지 특성을 보유한 존재로 파악하고 있는 것이다.

이러한 세 측면의 인간관 가운데 가장 중핵은 역시 인간의 사회성에 대한 강조이다. 유학자들은 사회를 구성하는 단위는 부자·군신·부부·장유·붕우 같은 기본적인 인간관계이고, 각 관계에 내재한 질서 또는 조화의 달성이 사회 행위의 목표라고 본다. 예를 들면, 부모와 자식 사이의 질서와 조화는 '친애함'이라는 덕목이 이루어져야〔父子有親〕달성되므로, 쌍방이 각자의 역할〔分〕을 충실히 수행함으로써〔正名〕, 부모-자식 사이의 관계에 내재한 기본 질서가 달성되도록 노력해야 한다는 것이다. 이렇게 유학사상에서는 인간에게 본유한 도덕성의 근거를 사회 구성의 기본 단위인 인간관계에서 찾는다. 곧 사람은 근본적으로 타인 및 사회에 대한 관심을 갖고 있으며, 이러한 타인 및 사회에 대한 관심과 배려가 자기 이익 추구보다 선행하는 특성이라고 보아, 사회적 관계체라는 인간의 존재 특성을 부각시키고 있는 것이다.

도덕 주체인 인간의 사회성에 대한 강조는 곧바로 인간의 능동성과 주체성에 대한 강조로 이어진다. 스스로에게 본유적으로 모든 도덕성의 근거가 갖추어져 있으므로, 이를 잘 간직하고〔存心〕길러서〔養性·養心〕일상생활에서 실천해야 한다는 것이다. 이렇게 모든 일의 원천이 스스로에게 갖추어져 있다는 인식은, 결과적으로 자기와 타인 또는 자기와 상황 사이에 불일치가 있을 때 스스로에게서 책임을 구하고, 결과적으로 자기를 억제함으로써 관계의 조화를 추구하는 능동적이고 주체적인 자세를 요구하게 되는 것이다.

인간의 사회성과 능동성·주체성에 대한 강조는 필연적으로 인간의 무한한 가능성을 강조하는 데로 이어진다. 유학자들은 인간은 누구나 배움〔學〕과 후천적인 노력〔修身〕을 통해 군자나 성인 같은 이상적 인격의 상태에 이를 수 있는 존재라고 본다. 그리하여 공자·맹자·순자 같은 유학자들은 한결같이 배움과 수신을 통한 도덕적 인식과 그 실천을 장려하고 있으며, 이러한 도덕적 인식능력〔良知·知〕과 도덕적 행위능력〔良能·能〕이 인간에게 본유적으로 갖추어져 있다는 사실을 강조하고 있는 것이다. 곧 인간은 이러한 본유적인 능력을 통해 자기개선을 이루어 소인에서 군자로 탈바꿈할 수 있는 가능체라는 것이 유학사상에서 인간을 파악하는 또 하나의 입장인 것이다.

　이렇게 유학사상에서 사회적 관계체로 인간을 파악하는 견해는 사회 구성의 기본 단위를 사람들 사이의 관계에서 찾는 관점에서 나오는 것이다. 이러한 관점에서는 모든 사회 행위는 관계 속에 내포된 질서와 조화를 목표로 하게 되고, 이러한 질서와 조화는 관계 속에 본래부터 갖추어져 있는 역할의 수행을 통해 달성된다고 본다. 곧 개인 존재를 사회관계 속에서 주어지는 역할과 의무 및 타인에 대한 배려의 복합체로 인식하는 것이다. 따라서 유학사상에서는 사회 행위의 원동력을 사회관계 속의 역할과 의무 또는 책임감에서 찾는 태도가 나오게 되며, 결과적으로 이러한 역할과 의무의 근거인 관계 당사자들 사이의 ‘연계성’이나 그들에 대한 관심과 배려 및 그들과 맺는 관계 속의 ‘조화성’을 강조하게 된다. 이러한 점은 사회 행위의 원동력과 목표를 낳는 주의의 초점 차원에서 자율성을 강조하는 개인주의 문화와는 달리, 사람들 사이의 연계성·조화성을 강조하는 집단주의 문화의 관점과 같다.

　유학사상에서 능동적이고 주체적인 존재로 인간을 파악하는 견해는 모든 도덕적 바탕이 사람에게 본유적으로 갖추어져 있다는 인식, 곧 개인 존재를 덕성의 주체로 여기는 관점에서 나온다. 이러한 관점에서는 모든 사회 행위의 원인과 결과를 도덕 주체인 자신의 내부로 귀환하여, 자기 속에 침잠할 것을 강조하게 된다. 스스로가 능동적이고 주체적인 행위 원천이므로, 통제해야 할 대상은 바로 자기 자신이라고 보게 되고, 따라서 모든 결과의 책임을 스스로가 떠맡고, 또 갈등 유발 상황에서 자기 주장 대신 ‘자기를 억제’하는 태도를 중시하게 된다. 이러한 점은 통제 대상(자기 표현의 양식)의 차원에서 적극적인 자기 주장을 강조하는 개인주의 문화와는 달리, 자기 억제를 강조하는 집단주의 문화의 관점과 같은 것이다.

　끝으로, 유학사상에서 무한한 가능체로 인간을 파악하는 견해는 사람이 본래부터 도덕적 인식과 행위의 능력을 가지고 있는 존재라는 관점에서 나오는 것이다. 이는 관계에 따른 역할의 연쇄망 속에서 상대방과 맺는 관계가 달라짐에 따라 변화하는 역할을 충분히 인식하여 수행할 수 있는 인간의 가소성(可塑性)에 대한 믿음의 근거가 된다. 뿐만 아니라, 이는 자기 잘못을 적극적으로 찾아 고침으로써 자기개선을 이룰 수 있는 존재라는 믿음의 근거이기도 하다. 곧 개인을 가변적이고 과정적인 존재로 파악하는 것이다. 이렇게 가능체로 인간을 파악하는 관점에서 인간의 '가변성'에 대한 강조와 '자기개선'을 위한 노력을 중시하는 태도가 나온다. 이러한 점은 행위의 변이가능성 차원에서 일관적인 안정성을 강조하는 개인주의 문화와는 달리, 상황에 따른 가변성을 강조하는 집단주의 문화의 관점과 같은 것이다.

이상에서 보듯이, 유학사상에서 인간 일반과 개인을 파악하는 세 가지 관점은 표 2-2에서 제시된 문화차 개관의 기본틀 가운데 집단주의 사회에서 강조하는 측면(연계성·배려성·조화성 강조, 자기 억제 강조, 가변성·자기개선 강조)과 맥을 같이 하는 것이다(표 2-3 참조). 이러한 사실은 유학사상이 지니고 있는 인간관·개인관이 곧바로 동아시아 집단주의 사회인이 삶의 과정에서 드러내는 여러 가지 특징들을 유발해 왔음을 뜻한다. 곧 유학사상은 동아시아 사회에 집단주의 문화가 생성되도록 한 배경임이 분명한 것이다.

2) 동아시아인의 심성·행동의 특징과 유학사상

이상에서 현대 서구 개인주의 사회인과 동아시아 집단주의 사회인이 주의의 초점, 통제 대상, 변화가능성 차원에서 드러내는 특징적인 강조점들은 각각 자유주의와 유학사상에서 인간 일반과 개인 존재를 파악하는 관점의 차이로부터 직접 도출되는 것들임을 확인할 수 있었다. 서구 개인주의와는 달리 동아시아 집단주의 문화권에서 강조하는 주의의 초점, 통제 대상, 변이가능성 차원의 특징들은 각각 사회적 관계체(의무·역할·배려의 복합체), 능동적 주체자(덕성의 주체), 무한한 가능체(가변적이고 과정적인 존재)로 인간(개인)을 파악하는 관점에서 직접 이끌어지는 것들이었다. 여기에서는 현대 동아시아 사회인들이 드러내는 사회인지·정서·동기의 특징들이 유학사상에서 제시하는 사회인지·정서·동기의 이론체계에서 도출될 뿐만 아니라, 이들은 유학사상이 인간(개인)을 파악하는 관점들과 논리적으로 밀접하게 연결되어 있다는 사실을 요약하여 정리해 보기로 하겠다.

 이들은 사회 행위의 원동력 및 목표와 인간 존재를 사회적 관계체로 파악하는 관점을 결합한 주의의 초점 차원(개인의 개체적 존재에 주의를 기울이느냐 아니면 타인과 맺는 사회관계에 주의를 기울이느냐 하는 차원), 자기 표현의 양식 차원과 인간을 능동적이고 주체적인 존재로 파악하는 관점을 결합한 통제 대상 차원(외부 환경을 통제의 대상으로 보느냐 아니면 자기의 개인 내적 특성이나 욕구를 통제의 대상으로 보느냐 하는 차원), 그리고 행위의 변이가능성과 인간 존재를 무한한 가능체로 파악하는 관점을 결합한 자기 향상의 방안 차원(장점의 확충과 자기 고양을 자기 향상의 방안으로 보느냐 아니면 단점의 지양과 자기개선을 자기 향상의 방안으로 보느냐 하는 차원)으로 나누어서 정리해 볼 수 있을 것이다.

(1) 주의의 초점

 사람을 상황 유리적인 독립적 존재로 파악하는 개인주의 사회에서는 개인의 자율성을 강조하게 되며, 결과적으로 개별적이고 평등한 개체로서 존재하는 개인의 독립성과 독특성의 추구가 주의의 초점으로 부각된다. 그러나 사람을 상황 의존적인 관계 속의 존재로 파악하는 집단주의 사회에서는 사람들 사이의 연계성과 상호의존성을 강조하게 되며, 결과적으로 타인에 대한 관심과 배려 및 대인관계의 조화 추구가 주의의 초점으로 부각될 것이다. 두 문화 유형의 강조점(자율성·독특성—연계성·조화성)에 따른 이러한 주의의 초점의 차이는 대인평가와 귀인, 정서 및 동기 과정에서 서로 연관된 여러 차이들을 유발하게 된다.

 우선 개인주의 사회의 성원들은 대인평가 과정에서 자기를 참조 기준으로 삼아 판단하며, 독립성·전문성·외향성·주도성 같은 개인의 독특한 특성을 중시한다. 이들은 사회 행위의 원인을 개인의 성격·능력·감정·의도 같은 개인의 내적 속성에서 찾는 경향이 높아서, 귀인 과정에서 상황적 요인보다 행위자의 내적 속성인 성향을 중시하는 근본적 귀인 오류의 현상이 두드러진다. 또한 이들은 개인 사이의 분화와 독립을 촉진하는 분화적 정서의 사회화를 강조하게 되어, 결과적으로 기쁨·자부심·좌절·분노 같은 자아중심적 정서가 중시된다. 그리고 이들에게는 자율·극복·지배·자기과시·자기주장·독립 같은 주도성(agency)의 동기가 두드러지며, 성취동기도 개인지향 성취동기의 형태를 띠어, '나'의 욕구 충족을 목표로 하게 된다. 또한 자기의 상태를 객관적으로 평가하는 사회비교 과정에서도 개인으로 존재하는 타인을 사회비교의 대상으로 삼는 개인중심 사회비교가 주 양상을 이룬다.

이와는 대조적으로, 집단주의 사회의 성원들은 대인평가 과정에서 내집단의 중요한 타인을 참조 기준으로 삼아 판단하며, 단결심·겸양·호감성·신뢰성 같은 대인관계를 잘 유지하는 데 도움이 되는 조화성의 특성을 중시한다. 이들은 사회 행위의 원인을 행위자의 내적 성향에서 찾지 않고, 그의 사회관계·역할·상황적 압력 같은 상황 요인에서 찾는 경향이 높아서, 개인주의 사회에서 보편적으로 관찰되는 근본적 귀인 오류의 현상은 잘 보이지 않는다. 또한 이들은 사람들 사이의 관계를 이어주는 통합적 정서의 사회화를 강조하게 되어, 결과적으로 동정·조화감·수치·공감 같은 타인중심적 정서를 중시한다. 그리고 이들에게는 소속의 동기에서 비롯하는 존경·모방·친밀·양육·의존·비난회피 같은 일체성(communion)의 동기가 두드러지며, 성취동기도 집단지향 성취동기의 형태를 띠어, '집단'의 목표 추구가 중심이된다. 또한 자기의 평가도 내집단의 목표와 기준에 맞추어 평가하는 집단중심 사회비교가 비교의 주 양상으로 드러난다.

개인주의와 대비해서 드러나는 집단주의 문화권의 지배적이거나 특징적인 대인평가와 귀인, 정서 및 동기의 양상은 동아시아 문화의 사상적 전통이 되어온 유학사상에 드러난 대인평가와 귀인, 정서 및 동기의 이해 양상과 아주 유사하다. 인간을 '사회적 관계체'로 보는 유학사상의 관점에서 보면, 군자나 성인은 수기(修己)를 통해 개체적 존재인 자기의 인격을 완성함은 물론, 타인과 사회에 대한 관심을 가지고 이를 우선적으로 배려하는 특징이 있는 사람들이다. 따라서 이들의 주의는 자기 자신보다는 관계를 맺고 있는 타인이나 사회에 쏠려 있다. 그러므로 대인평가 장면에서도 타인과 사회에 대한 관심과 배려의 특성이 중시되고 권장된다. 이렇게 타인에 대한 관심과 배려

를 중시하는 경향은 곧바로 사단(四端)과 부끄러워함[恥] 같은 타인 및 규범
중심적인 정서를 중시하고 권장하는 경향으로 이어지며, 또한 다양한 동기들
가운데 그 충족 조건이 스스로에게 갖추어져 있으며, 타인과 사회를 지향 대
상으로 하는 도덕적 동기를 중시하고 권장하는 경향을 낳는 것이다.

이러한 주의의 초점 차원에서 중시되는 대인평가와 귀인, 정서 및 동기의
특징을 개인주의·집단주의·유학사상으로 나누어 정리해 보면, 표 6-1과 같다.

이 표의 결과는, 개인주의 사회에서는 타인이나 사회보다 자기 자신에게
주의를 기울이는 경향이 강하지만, 집단주의 사회와 유학사상에서는 자기
자신보다 타인이나 사회에 주의를 기울이는 경향이 강하다는 사실로 집약
된다. 바로 이렇게 주의의 초점이 타인과 맺는 관계, 특히 내집단과 맺는 관
계에 쏠려 있으며, 결과적으로 사회관계의 유지 및 조화에 대한 지향성이
강하다는 사실이 동아시아인의 심성과 행동의 첫 번째 특징인 것이다.

이 표에서 드러나고 있는 유학사상의 특징들은 모두 유학사상에서 제시
하고 있는 군자론, 사단칠정론, 인심도심설을 중심으로 한 사회인지, 정서
및 동기에 관한 이론체계에서 도출되는 것들이다. 우선 대인평가 장면에서
'타인 및 사회에 대한 관심과 배려'를 중시하는 태도는, 이상적 인간의 전형
인 군자란 '사회적 책무를 자임'하고 이를 일상생활에서 완수하려 하는 존
재라는 군자론에서 도출되는 특징이다. 이어서 정서 장면에서 '타인·규범
중심적 정서'를 권장하는 태도는, 일상생활에서 사단과 같은 도덕적 정서를
중시하고 권장하는 사단칠정론에서 도출되는 특징이다. 다음으로 동기 장
면에서 '도덕적 동기'를 중시하는 태도는, 도심을 중시하고 이의 함양을 강
조하는 인심도심설에서 직접 도출되는 특징이다.

유학사상의 군자론·사단칠정론·인심도심설로부터 도출되는 이와 같은
주의의 초점 차원의 강조점과 삶의 태도는, 기본적으로 인간을 다른 사람과
맺는 관계 속의 존재로 보고, 항상 자기 자신보다는 이러한 관계를 맺고 있
는 다른 사람에게 일차적으로 관심을 기울이고 그들을 우선적으로 배려하
는 존재, 곧 '사회적 관계체'로 인간의 존재 특성을 개념화하는 관점에서 나
오는 것이다. 말하자면, 유학사상에서는 개인이란 이렇게 타인과 맺는 관계

표 6-1. 주의의 초점 차원 연구 결과의 종합

심성·행동 측면	개인주의	집단주의	유학사상
대인평가	- 자기가 참조 기준 - 독특성 중시	- 타인이 참조 기준 - 조화성 중시	타인 및 사회에 대한 관심·배려 중시
귀 인	성향주의 편향	상황주의 편향	사회적 책무의 자임 강조
정 서	- 분화적 정서의 사회화 중시 - 자아중심적 정서 중시	- 통합적 정서의 사회화 중시 - 타인중심적 정서 중시	타인·규범 중심적 정서 권장
동 기	- 개체지향 동기 중시 - 개인지향 성취동기 - 개인중심 사회비교	- 관계지향 동기 중시 - 집단지향 성취동기 - 집단중심 사회비교	도덕적 동기 중시

속에서 주어지는 '역할과 의무 및 타인에 대한 배려의 복합체'로서 존재하기 때문에, 다른 사람과 맺는 관계와 이러한 관계의 당사자인 타인이 우선적인 주의의 초점으로 부각되는 데서 표 6-1이 나타내는 바와 같은 특징들이 나오는 것이다. 이렇게 주의의 초점 차원에서 일맥상통하는 것으로 드러나는 유학사상 및 집단주의 사회의 특징들은 모두 인간 일반과 개인 존재를 '사회적 관계체'와 '의무·역할·배려의 복합체'로 파악하는 유학자들의 기본 관점에서 연유하는 것이며, 이러한 사실에서 유학사상이 동아시아 집단주의의 배경이 되고 있다는 추론의 근거를 찾아볼 수 있다.

(2) 통제의 대상

개인의 독립성과 자율성을 중시하는 개인주의 사회에서는 외부 환경을 통제의 대상으로 보아, 적극적인 자기 주장을 강조하며, 그 결과 적극성과 경쟁, 자기 고양 및 솔직한 자기 표현을 권장한다. 이와는 대조적으로, 집단의 통합과 조화를 중시하는 집단주의 사회에서는 자기 자신을 통제의 대상으로 보아, 사회의 통합과 조화를 깨뜨릴 가능성이 있는 개인적 원망(願望)이나 욕구를 드러내지 않을 것을 강조하며, 결과적으로 양보와 협동, 겸양 및 자기 표현의 억제를 권장한다. 두 문화권에서 인식하는 통제 대상에 따른 이러한 강조점의 차이(자기 주장-자기 억제)는 대인평가와 귀인, 정서 및 동기 과정에서 드러나는 서로 관련된 여러 가지 차이들을 유발한다.

개인주의 사회의 성원들은 그것이 사람이든 상황이든 간에 외적 대상과 맞서는 대립을 자연스러운 것으로 받아들여서, 경쟁과 대결을 통한 해결을 선호하며, 대인관계에서도 적극성·주도성·자발성·솔직성·외향성 같은 자기를 드러내는 특성들을 높이 평가한다. 이들은 귀인 장면에서도 자기 존대를 추구하는 자기 고양 편향을 강하게 보인다. 또한 이들은 정서의 표출은 인간의 당연한 권리라고 보아, 분노 같은 정서일지라도 거리낌 없이 표출할 것을 권장한다. 그리고 이들은 환경을 자신에게 맞도록 변화시키려는 환경 통제의 동기와 자율성을 추구하려는 동기가 강하고, 결과적으로 집단과 개인의 의견이나 행동이 일치하지 않을 때 집단에 추종하는 동조의 동기는 약해진다.

이와는 대조적으로, 집단주의 사회의 성원들은 관계 당사자들 사이의 대립을 매우 부자연스러운 것으로 받아들여서, 갈등 상황에서 양보와 중재를 통한 해결을 선호하며, 대인관계에서도 양보·협동·과묵함·내향성 같은 자기를 통제하고 억제하는 특성들을 높이 평가한다. 이들은 귀인 장면에서도 자기 은폐나 내집단 고양 같은 겸양 편향의 경향을 강하게 보인다. 또한 이들은 정서와 욕구의 있는 그대로의 표출은 대인관계에서 조화와 통합을 해칠 위험이 있다고 보아, 억제할 것을 권장한다. 특히 분노와 같이 대인관계를 해칠 위험이 큰 정서는 적극적으로 억제할 것이 장려된다. 그리고 내집단의 규범을 개인적인 규범으로 내면화하는 경향이 강하고, 이는 내집단의 통합과 조화에 기여하므로 적극 권장되며, 결과적으로 내집단에 대한 동조의 동기가 강하게 된다.

개인주의와 대비하여 드러나는 집단주의 문화권의 이러한 특징들은 유학사상에 드러난 사회인지, 정서 및 동기의 이해 양상과 매우 유사한 것이다. 인간을 '능동적이고 주체적인 존재'로 인식하는 유학사상에서는 모든 책임이 도덕 주체인 자기 자신에게 달려 있다고 본다. 따라서 사회와 대인관계에서 질서와 조화를 유지하는 것도 바로 자신에게 달려 있으므로, 항상 자기를 억제하고 모든 일의 책임을 스스로에게 돌려서 찾는 자세가 중시되고 권장되는 것이다. 특히 그 유발 조건이 외부 상황에 달려 있어서, 스스로의 수양에 방해가 되는 칠정(七情)과 같은 자기중심적 정서나 생물적 이기적 욕구는 적극적으로 억제하고 조절해야 한다고 유학사상에서는 본다.

이러한 통제의 대상 차원에서 중시되거나 권장되는 대인평가와 귀인, 정서 및 동기의 특징을 개인주의·집단주의·유학사상으로 나누어 정리해 보면, 표 6-2와 같다.

이 표의 결과는 개인주의 사회에서는 통제의 대상을 환경 세계에서 찾게 되어, 적극적인 자기 표현과 주장을 강조하는 경향이 강하지만, 집단주의 사회와 유학사상에서는 통제의 대상을 환경 조건이 아니라 자기 자신에게서 찾음으로써, 자기 통제와 자기 억제를 강조하는 경향이 강하다는 사실을

표 6-2. 통제의 대상 차원 연구 결과의 종합

심성·행동 측면	개인주의	집단주의	유학사상
대인평가	- 경쟁·대결 통한 갈등 해결 선호 - 적극성·솔직성 중시	- 양보·중재 통한 갈등 해결 선호 - 양보·협동 중시	자기 표현 억제 장려
귀 인	자기 고양 편향	겸양 편향	책임의 자기 귀인 장려
정 서	- 정서 표출 장려 - 분노도 거리낌 없이 표출	- 정서 표출 억제 - 분노는 적극 억제, 동정·공감 표출 권장	자기중심적 정서의 억제·조절 장려
동 기	- 환경 통제 - 동조 동기 약함	- 내적 욕구 통제 - 동조 동기 강함	생물적 이기적 욕구의 통제 강조

드러내주는 것이다. 이렇게 통제 대상을 자기 내부에서 찾게 되고, 결과적
으로 자기 억제와 자기 은폐에 대한 지향이 강하다는 사실이, 유학사상의
영향을 받아 집단주의 성향이 강한 동아시아인의 심성과 행동의 두 번째 특
징인 것이다.

 이 표에서 제시되고 있는 유학사상의 특징들은 모두 유학사상의 사회인
지, 정서 및 동기의 이론체계인 군자론, 사단칠정론, 인심도심설에서 도출되
는 것들이다. 우선 대인평가 장면에서 '자기 표현의 억제'를 중시하는 태도
는 대인관계의 인화를 도모하는 것을 군자의 중요한 요건으로 간주하는 군
자론에서 도출되는 특징이다. 뿐만 아니라, 이러한 군자론에서는 도덕 주체
인 개인이 모든 일에 대한 궁극적인 책임의 원천이라고 봄으로써 '책임의
자기 귀인'을 장려하는 태도가 나오게 된다. 이어서 정서 장면에서 '자기중
심적 정서의 억제와 조절'을 장려하는 태도는, 일상생활에서 악으로 흐를
가능성이 높은 칠정과 같은 자기중심적이고 타율적인 정서의 억제와 조절
을 강조하는 사단칠정론에서 도출되는 특징이다. 다음으로 동기 장면에서
'생물적이고 이기적인 욕구의 통제'를 강조하는 태도는 이러한 욕구의 근원
인 인심의 억제와 조절을 중시하고 강조하는 인심도심설에서 직접 도출되
는 특징이다.

 유학사상의 군자론·사단칠정론·인심도심설에서 도출되는 이와 같은 통
제의 대상 차원의 강조점과 삶의 태도는, 기본적으로 인간을 도덕 주체로
보아, 스스로 간직하는 인간적인 폭의 확대를 능동적이고도 주체적으로 지
향해 가는 존재, 곧 '능동적 주체자'로 인간의 존재 특성을 개념화하는 관점
에서 나오는 것이다. 곧 유학사상에서는 개인 존재를 모든 도덕의 원천을
본래부터 갖추고 있는 '덕성의 주체'로 인식하므로, 모든 일의 책임을 스스
로 지고, 결과적으로 통제의 대상을 외적 조건에서 찾지 않고 자기 내부에
서 찾는 특징이 나오게 되어, 자기 억제가 기본적인 삶의 자세로 요구되는
것이다. 이와 같이 통제의 대상 차원에서 일관되게 자기 억제의 특징을 강
조하는 것으로 드러나고 있는 유학사상과 동아시아 집단주의는 일맥상통하
는 삶의 체계임이 분명하다. 이렇게 자기 억제를 강조하는 태도는 '덕성 주

체'인 개인을 '능동적 주체자'로 인식하는 유학사상의 인간 파악의 관점에서 자연스럽게 연유하는 것이며, 이러한 점에서도 동아시아 집단주의의 배경에 유학사상이 자리 잡고 있다는 사실이 분명하게 확인된다.

(3) 자기 향상의 방안

스스로 보유하거나 이룩한 능력·태도·가치관·성격·정서 같은 내적 성향에 의해 사람이 규정된다고 보는 개인주의 사회에서는 이러한 내적 성향의 지속성을 요구하게 되고, 결과적으로 상황과 관계의 변이가 있더라도 일관된 안정성을 유지할 것을 강조하게 된다. 이 사회에서는 스스로가 성취한 독특성과 장점의 확충에 의한 자기 고양을 자기 향상의 통로라고 본다. 이와는 대조적으로, 다양한 상황과 관계에 의해 사람이 규정된다고 보는 집단주의 사회에서는 이러한 상황과 관계에 맞추어 스스로의 행위를 적합하게 조정하도록 요구하게 되고, 결과적으로 상황과 관계에 따른 행위의 가변성을 인정하고 강조하게 된다. 이 사회에서는, 대인관계의 조화를 해칠 수 있는 자기의 단점을 찾아 이를 고치려고 노력하게 되고, 이러한 자기개선이 자기 향상의 통로로 부각된다. 두 문화 유형에서 드러나는 강조점(안정성-가변성)에 따른 이러한 자기 향상 방안에 대한 인식의 차이는 대인평가와 귀인, 정서 및 동기 과정에서 서로 관련된 여러 차이들을 유발한다.

개인주의 사회의 성원들은 대인평가 과정에서 상대방의 단점을 아주 부정적으로 평가할 뿐만 아니라, 스스로의 부적 특성을 수용하지 못하고 배척한다. 이들은 성취 장면에서 안정적이고 일관된 능력의 요인을 중시하여, 성취에 대한 귀인에서 노력보다 능력에 귀인하는 경향이 강하다. 또한 이들은 일상생활에서 기쁨·자부심·즐거움·행복 같은 정적(正的) 정서를 추구하고, 슬픔·수치 같은 부적(負的) 정서는 적극 회피하려 한다. 그리고 이들은 자기의 부적 측면보다는 정적 측면에 주의를 기울이는 경향이 강하므로, 자기 고양의 동기가 강하며, 스스로가 가진 여러 가지 특성과 능력이 안정성을 지닌 것으로 간주하여, 내적 특성과 행위 사이에 일관성을 추구하려는 동기가 높다.

이와는 대조적으로, 집단주의 사회의 성원들은 상황과 관계에 따른 행위의 가변성을 강조하므로, 자기 자신이나 상대방의 부적 특성이나 단점에 대해서도 관대하게 수용하며, 이를 개선하려는 노력을 중시한다. 이들은 성취 장면에서 능력보다 노력을 중시하여, 성취에 대한 귀인을 능력보다는 노력에 집중하는 경향이 강하다. 이들은 자기를 상황에 조화롭게 변화시켜 개선할 수 있는 존재로 본다. 따라서 이들은 자기의 부적 측면이나 부적 정서가 자기개선의 과정에서 필연적으로 요구된다고 보아 무난히 수용하고, 부적 특성과 정서에 대해 세분된 인지구조를 가지게 된다. 그리고 대인관계에서 계속 조화를 유지하고 내집단원들에게 수용되기 위하여, 자기의 단점을 확인하고 고쳐나감으로써 자기개선을 이루려는 동기가 강하다. 또한 이들은 사회 행위는 상황과 관계에 따라 가변적이라고 보므로, 내적 특성과 행위 사이에 일관성을 유지하려는 경향은 비교적 약하다.

개인주의와 대비해서 드러나는 이러한 집단주의 문화권의 특징적인 대인평가와 귀인, 정서 및 동기의 양상은 유학사상에 드러난 대인평가, 정서 및 동기의 양상과 아주 유사하다. 인간을 '무한한 가능체'로 보는 유학사상의 입장에서 보면, 군자나 성인은 자기 성찰을 통하여 자기의 단점을 고쳐나가려는 자기개선의 노력을 끊임없이 해야 하는 사람들이다. 이들은 이러한 노력을 통해 자기중심적 정서를 억제하고 통제하여, 사단과 같은 타인중심적 정서가 지배적인 정서가 되도록 노력해야 한다. 그리고 이기적 생물적 동기를 제어함으로써, 도덕적 동기가 지배적인 동기 상태가 되도록 주체적으로 노력하는 것이 바른 삶의 자세라고 유학사상에서는 간주한다. 곧 자기의 통제와 개선을 통한 자기 향상이 인간 삶의 이상이라고 보는 태도가 유학사상의 핵심인 것이다.

이러한 자기 향상의 방안 차원에서 중시되는 대인평가와 귀인, 정서 및 동기의 특징을 개인주의·집단주의·유학사상으로 나누어 정리해 보면, 다음의 표 6-3과 같다.

이 표의 결과는, 개인주의 사회에서는 자기 장점의 확인과 확충을 자기

표 6-3. 자기 향상의 방안 차원의 연구 결과 종합

심성 · 행 동 측면	개인주의	집단주의	유학사상
대인평가	- 부적 특성 배척 - 능력 중시	- 부적 특성 수용 - 노력 중시	자기 성찰과 자기개 선 중시
귀 인	능력 귀인 우세	노력 귀인 우세	단점의 자기 귀인과 개선 강조
정 서	- 부적 정서 배척 - 부적 정서에 대한 인지구조 단순화	- 부적 정서 수용 - 부적 정서에 대한 인지구조 세분화	정서의 승화를 통한 자기개선 중시
동 기	- 자기 고양 동기 강함 - 일관성 동기 높음	- 자기개선 동기 강함 - 일관성 동기 낮음	동기의 변용과 승화 지향

향상의 통로로 봄으로써, 스스로가 가지고 있는 부적 특성을 부정하고 부적인 정서도 적극 회피하려는 경향이 강하지만, 집단주의 사회와 유학사상에서는 자기의 단점의 확인과 개선이 자기 향상의 통로라고 봄으로써, 스스로의 단점을 무난히 수용하고 부적 정서에 대한 수용도도 높아진다는 사실로 집약하여 해석할 수 있다. 곧 개인주의 사회에서는 정적 측면의 확충이 자기 향상을 이루는 방법이라고 보지만, 집단주의와 유학사상에서는 부적 측면의 개선이 자기 향상의 방안이라고 보는 차이가 있다는 사실을 드러내주는 결과인 것이다. 이렇게 유학사상의 영향을 받아 집단주의의 성향이 강한 동아시아인들은 자기의 단점 확인과 수용 및 이의 개선을 통해 자기 향상을 이루려는 경향이 강하며, 바로 이러한 단점의 확인과 수용을 통한 자기개선의 지향이 동아시아인의 심성과 행동의 세 번째 특징인 것이다.

이 표에서 제시되고 있는 유학사상의 특징들도 모두 유학사상에서 제시하는 사회인지, 정서 및 동기의 이론체계인 군자론, 사단칠정론, 인심도심설에서 도출되는 것들이다. 우선 대인평가 장면에서 '자기 성찰'과 '자기개선'을 중시하는 태도는 자기 수련을 군자가 되는 가장 기본적인 전제 조건으로 강조하는 군자론에서 도출되는 특징이다. 군자가 되는 길에서 요구되는 자기 수련의 요체는 자기 성찰을 통해 '단점을 확인하고, 이를 일상생활의 과정에서 고쳐나감'으로써 자기개선을 이루는 일인 것이다. 이어서 정서 장면에서 '정서의 승화'를 강조하는 태도는 칠정 같은 자기중심적 정서를 억제하고 조절할 뿐만 아니라, 이러한 정서가 사단 같은 도덕적 정서의 통제를 받게 되어, 도덕적 정서를 개인의 지배적인 정서로 승화시킬 것을 강조하는 사단칠정론에서 직접 도출되는 특징이다. 다음으로 동기의 장면에서 '동기의 변용과 승화'를 중시하는 태도는 인심의 도심에 의한 제어뿐만 아니라, 모든 요구의 발생 장면에서 도심이 항상 지배력을 갖도록 보존되어야 한다는 알인욕·존천리의 인심도심설에서 직접 도출되는 특징이다.

이와 같이 유학사상의 군자론·사단칠정론·인심도심에서 도출되는 자기 향상의 방안(변화가능성) 차원의 강조점과 삶의 태도는 본질적으로 인간의 무한한 가소성을 인정하고, 현재의 현실태보다는 미래의 가능태를 지향해 가는 존재, 곧 '무한한 가능체'로 인간을 파악하는 관점에서 나오는 것이다. 말하자면, 개인이란 현재로서 완성된 고정적 실체가 아니라 '가변적이고 과정적인 존재'라고 보기 때문에, 항상 자기를 돌아보고 더 나은 상태로 나아가기 위해 자기의 잘못과 단점을 끊임없이 고쳐나가야 하며, 이것이 군자가 되는 지름길이라고 보는 데서 표 6-3에서 본 바와 같은 특징들이 나오게 되는 것이다. 이렇게 자기 향상의 방안(변화가능성) 차원에서 일맥상통하는 것으로 드러나고 있는 유학사상과 집단주의 사회의 특징들은 모두 인간 일반과 개인 존재를 '무한한 가능체'와 '가변적이고 과정적인 존재'로 파악하는 유학자들의 관점에서 연유하는 것이다. 이러한 사실도 유학사상이 동아시아 집단주의의 배경에 놓여 있다는 추론의 근거가 되고 있다.

2. 문화 성향의 개인차와 국가 간 문화차의 문제

지금까지 한국·중국·일본 같은 동아시아 국가를 집단주의라는 하나의 상위체계로 묶고, 미국·캐나다·호주·영국·프랑스·독일·덴마크·네델란드 같은 서구의 국가를 개인주의라는 하나의 체계로 묶어, 이 두 문화권의 사람들이 보이는 여러 가지 차이를 대비하고, 각 문화 유형에 공통적인 사상적 배경을 확인하는 작업을 전개해 왔다. 이러한 연구 내용을 읽다 보면, 이 책에서는 한 문화 집단 내의 성원들은 개인차가 전혀 없이 똑같은 문화 성향을 보유하고 있다거나, 또는 한 문화권에 속하는 국가들 사이에도 아무런 차이가 없이 똑같은 문화적 특징을 보인다는 사실을 전제하는 것으로 생각하기 쉽다. 그러나 이는 전혀 그렇지 않다. 현대 문화비교심리학에서는 한 문화 집단 내의 성원들 사이에 다양한 문화 성향의 개인차가 존재하고 있으며, 같은 집단주의 또는 개인주의라는 우산 속의 국가들 사이에서도 여러 가지 특징의 차이들이 나타난다는 사실이 확인되고 있다. 곧 문화비교연구들은 문화 성향의 개인차와 국가 간 또는 사회 집단 간 차이를 기본적으로 전제하고 있는 것이다.

1) 문화 성향의 개인차

동아시아의 문화가 국가 또는 사회 수준의 분석에서 집단주의의 특징을 보유하고 있다고 해서, 동아시아인이 누구나 서구와 같은 개인주의 문화권의 성원들보다 더 집단주의적이거나, 동아시아인이 개인주의적인 특징을 전혀 갖고 있지 않은 것은 아니다. 만일 그렇다고 생각한다면, 이는 사회 수준의 분석과 개인 수준의 분석을 혼동하는 것으로, 호프스테드는 이를 "생태학적 오류(ecological fallacy)"[1]라 부르고 있다. 어느 한 사회의 문화가 집단주의 또는 개인주의라고 해서, 그 사회의 성원들이 모두 집단주의자 또는 개인주의자는 아닌 것이다.[2]

이 문제에 관해서는 트리안디스와 그 일파들이[3] 집중적으로 논의하고 있다. 그들은 문화 수준에서 드러나는 개인주의-집단주의의 차원이 한 개인에게 공유될 수 있음을 밝히고, 한 개인에게서 나타나는 개인주의-집단주의의 특징을 "개인중심성향(idiocentrism)-집단중심성향(allocentrism)"[4]이라 부르고 있다. 여기서 집단중심성향자는 집단주의의 문화적 특징을 개인주의의 특징보다 더 많이 보유하고 있는 사람이고, 개인중심성향자는 개인주의의 문화적 특징을 집단주의의 특징보다 더 많이 보유하고 있는 사람이다. 같은 사회 안에서도 집단중심성향자와 개인중심성향자를 비교해 보면, 집단주의 사회와 개인주의 사회의 문화 비교에서 드러나는 차이가 그대로 나타나는 것으로 검증되고 있다.[5]

---

1 Hofstede, 1980, pp. 23-25.

2 Bond & Smith, P. B., 1996; Schwartz, S. H., 1992, 1994, 2004; Smith, P. B., Bond, & Kagitcibasi, 2006, pp. 38-54; Triandis, 1995, pp. 5-6, 35-36, 62-68; 이 문제에 관해서는 졸저(조긍호, 2003a, pp. 109-113) 참조.

3 Bontempo, Lobel, & Triandis, 1990; Singelis, Triandis, Bhawuk, & Gelfand, 1995; Triandis, 1989, 1990, 1994a, 1995, 1996; Triandis & Gelfand, 1998; Triandis et al., 1985, 1988, 1990.

4 한규석(1991b)은 idiocentrism을 "홀로 성향", allocentrism을 "두레 성향"이라고 순수한 우리말 식으로 번역하여 사용하고 있다(p. 4의 주 3 참조). 그러나 이 책에서는 개인주의-집단주의라는 문화 차원과의 일관성을 염두에 두고, 개인중심성향-집단중심성향이라 부르기로 한다.

5 Triandis, McCusker, Betancourt, Iwao, Leung, Salazar, Setiadi, Sinha, Touzard와 Zaleski(1993) 및 Smith, P. B. 등(2006)은 문화비교연구는 문화 간 비교분석 방법과 문화 내적 분석 방법에 따라 이루어진다고 보고 있는데, Smith, P. B.(1995)에 따르면 문화 간 비교분석 방법에 따라 국가 간 비교를 통해 이루어지는 연구가 32.5% 정도이고, 단일 문화 내에서 문화 성향의 개인차를 측정하여 이 문화 성향을 바탕으로 집단 간 비교를 통해 이루어지는 연구가 32.6%에 이른다. 이러한 사실은 문화 집단 간(국가 간) 비교의 방법만이 아니라, 동일

트리안디스에 따르면, 개인중심성향자가 집단중심성향자보다 많은 사회는 개인주의 사회이고, 집단중심성향자가 개인중심성향자보다 많은 사회는 집단주의 사회가 된다. 즉 "만일 한 문화 속의 개인들이 대부분의 상황에서 대체로 집단주의적 요소들을 더 많이 가지고 있는 것으로 드러난다면, 우리는 그 문화를 집단주의라 부르게 된다. 따라서 우리가 여러 가지 방법을 사용해서 측정해 낸다면 …… 우리는 '이 문화 내의 70%의 사람들은 집단주의자이고, 30%는 개인주의자이다'와 같은 식의 진술을 할 수도 있다"[6]는 것이다. 이러한 맥락에서 트리안디스는 미국·스웨덴·영국·프랑스는 70%가 개인주의자이고 30%가 집단주의자, 독일은 60%가 개인주의자이고 40%가 집단주의자인 개인주의 사회이고,[7] 일본은 75%가 집단주의자이고 25%가 개인주의자, 중국은 70%가 집단주의자이고 30%가 개인주의자인 집단주의 사회라고 보고 있다.[8]

문화 내의 문화성향자 간 비교(문화 내적 비교)의 방법도 문화비교연구의 주요 방법임을 알려주는 것이다. 최상진과 한규석(2000)은 전자를 "비교 문화적 방법", 후자를 "문화심리학적 비교의 방법"이라 부르고, 전자보다 후자가 가지는 이론적 효용적 가치를 높이 평가하고 있다(pp. 139-140).

　　실제로 우리나라에서 집단중심성향자와 개인중심성향자의 두 문화성향집단 간에 집단주의와 개인주의 국가 간 문화비교연구들에서 추론하고 예측하는 것과 똑같은 차이가 나타난다는 사실은, 저자와 공동연구자들에 의해 귀인 편향(조긍호·김소연, 1998), 동조 행동(조긍호·김은진, 2001), 자의식 유형(조긍호·명정완, 2001), 허구적 독특성 지각 경향(조긍호, 2002), 공감 및 고독의 수준(조긍호·김지용·홍미화·김지현, 2002), 통제 양식(조긍호, 2003b), 유사성 판단의 비대칭성(조긍호, 2005), 성 역할 정체감 및 도덕적 지향성(조긍호·이재영, 2007)과 같은 영역에서 거듭 밝혀져왔다. 문화비교연구의 방법으로서 문화 내적 분석 연구가 갖는 장점에 대해서는 졸고(조긍호, 2003b, pp. 88-90) 참조.

6　Triandis, 1994a, p. 42.

7　Triandis, 1995, p. 47.

8　같은 곳, pp. 89-91; 아쉽게도 이 자료에 우리나라 분포에 대해서는 언급이 없다. 그러나 Hofstede(1991)의 자료나 Oyserman 등(2002)의 자료, 그리고 Chinese Culture Connection(1987)의 자료를 근거로 해서 보면, 한국은 일본이나 중국과 유사한 수준, 경우에 따라서는 더 심한 수준의 집단주의의 특징을 보이는 것으로 생각할 수 있다. 이러한 맥락에서 보면, 우리나라도 일본이나 중국과 비슷하게 약 70% 이상의 집단주의자와 약 30% 미만의 개인주의자로 이루어진 사회라고 추정할 수 있을 것이다.

한 사회의 성원들의 문화 성향을 이렇게 다르게 하는 요인들은 다양하지만, 대표적인 것으로 연령, 교육 수준, 거주 지역, 경제적 풍요 및 아동 양육 양식 같은 요인들을 들 수 있다. 곧 연령이 낮을수록,[9] 고등교육을 받았을수록,[10] 도시에 거주할수록,[11] 경제적으로 풍요로울수록,[12] 그리고 부모가 아동 양육 과정에서 독립성을 강조했을수록[13] 개인중심성향이 강하고, 반면에 연령이 높아지거나, 교육 수준이 낮거나, 농촌에 거주하거나, 가난하거나, 아동 양육 과정에서 의존성을 강조했을수록 집단중심성향이 강한 것이다.[14] 우리나라에서도 젊은 세대일수록 기성세대에 비해,[15] 고등교육을 받은 사람일수록 교육 수준이 낮은 사람에 비해,[16] 그리고 도시인일수록 농촌 지역에 거주하는 사람에 비해[17] 개인중심성향이 강한 것으로 드러나고 있다. 이러

---

9 Gudykunst, 1993; Triandis et al., 1988.

10 Triandis, 1995, p. 66.

11 Kagitcibasi, 1990, 1996; Triandis, 1990.

12 Hofstede, 1980, 1991; Triandis, 1990, 1995.

13 Adamopoulos & Bontempo, 1984; Markus & Kitayama, 1991a.

14 도시화, 고등교육 및 경제적 풍요 같은 요인이 개인주의와 관련이 깊다는 생각(Hofstede, 1980, 1991; Triandis, 1990, 1995)은 개인주의와 근대화(modernization)가 관련이 깊다는 가정을 그럴 듯하게 보이도록 한다(Bond, 1994; Kagitcibasi, 1994, 1997). 이러한 관점을 Hofstede(1991)는 "근대화는 개인주의화와 상응된다"(p. 74)고 표현하고 있다. 이러한 입장에서 간주하는 근대화는 대체로 도시화와 서구화 및 경제성장을 의미하는 것이었는데(Kagitcibasi, 1997; Marsella & Choi, S. C., 1993; Yang, C. F., 1998), 근대화가 곧 서구화와 도시화를 유도하는 것만은 아니고(Kagitcibaci, 1990, 1996; Marsella & Choi, C. S., 1993; Sinha & Tripathi, 1994), 또한 근대화와 개인주의화가 곧 경제발전의 원동력이라는 사실의 근거가 희박하다는 사실이 밝혀짐으로써(Schwartz, S. H., 1994), 근대성이 곧 개인중심성향과 일치한다는 등식은 성립할 수 없는 것으로 드러나고 있다(Bond, 1994; Kagitcibasi, 1994, 1997; Marsella & Choi, C. S., 1993; Schwartz, S. H., 1994; Yu A. B., & Yang, K. S., 1994). 이에 관해서는 졸저(조긍호, 2003a, pp. 110-113, 주 5) 참조.

15 김의철, 1997; 한규석·신수진, 1997; Han, S. Y., & Ahn, 1990.

16 나은영·민경환, 1998; 나은영·차재호, 1999; 차재호·정지원, 1993; 한규석·신수진, 1997; Han, S. Y., & Ahn, 1990.

17 장성수·이수원·정진곤, 1990.

한 사실은 집단주의 사회나 개인주의 사회 어디에도 개인중심성향자와 집단중심성향자가 혼재해 있음을 의미하는 것이다.

이러한 사실을 고려하여 논리적으로 추론해 보면, 호프스테드처럼 한 국가 또는 사회 성원들에게서 얻은 평균치를 근거로 확인해 낸 문화차 분석의 차원(문화 수준 분석)과 개개인의 응답치를 자료로 하여 확인해 낸 차원(개인 수준 분석)은 서로 다를 것이다.[18] 그러나 이 두 수준의 분석 연구를 통해 찾아낸 문화차 분석의 차원 사이에는 높은 일관성이 있는 것으로 드러나고 있으며,[19] 어떤 연구에서는 이 두 문화차 분석 차원에 대한 다양한 응답자들의 반응 사이에 r = 0.80 이상의 높은 상관관계가 있는 것으로 검출되고 있기도 하다.[20]

이러한 "개인 수준의 가치 차원은 개인이 일상생활에서 서로 다른 가치들을 추구하는 과정에서 경험하는 갈등과 조화의 심리적 역동을 반영하는 것이다. …… 이와는 대조적으로, 문화 수준의 차원은 한 사회가 소속 성원들의 심리적 역동에 대처해 온 특유의 해결 양식, 즉 다른 문화와 비교해서 하나의 문화 내에서 선호되는 특정 제도적 장치와 투자가 정형화되고 정당화되어 온 특이한 양식을 반영하는 것이다. …… 한 사회를 특징짓는 이러한 문화 수준의 가치는 다양한 문화적 산물(cultural products: 예를 들어 민담)로부터 추론될 수 있는데 …… 이러한 문화적 산물들은 해당 사회제도 속에 구축된 선호 신념들을 반영하며, 의도적 비의도적인 사회화 과정을 통해 세대 간에 전수된다. …… 따라서 사회 성원들이 개인적으로 드러내는 가치 선호의 평균치는 이러한 문화 적응(enculturation)의 공통성 속에 반영될 것이고, 이러한 평균으로부터의 개인적 변이는 개인의 독특한 성격이나 경험을 반영할 뿐이다."[21]

---

18 이러한 연구를 한 대표적인 사람은 Schwartz, S. H.(1992, 1994, 1999, 2004)이다. 이 두 수준의 분석이 갖는 여러 문제점과 그 관계에 관해서는 Smith, P. B. et al.(2006, pp. 38-54)와 Schwartz, S. H.(1994) 참조.

19 Schwartz, S. H., 1994, p. 109의 표 7-2; Smith, P. B. et al., 2006, p. 46의 표 3-6 참조.

20 같은 곳, 1994, p. 109; Triandis, 1995, p. 36.

이렇게 어느 사회든 사회적 보상체계를 동원한 사회화 과정을 통해 해당 사회의 문화적 가치를 그 성원들에게 내면화시키게 되므로, 이러한 사회화 과정의 결과 해당 사회의 문화적 가치와 일치하는 방향으로 생각하고 행동하는 "습성의 구조(structure of habits)"[22]가 형성되어, 사회 성원들의 가치·태도·행동이 해당 사회의 문화적 가치와 대체로 일치하게 되는 것이다. 곧 집단주의 사회의 성원들에게는 '집단주의적 습성 구조'가 형성되고, 개인주의 사회의 성원들에게는 '개인주의적 습성 구조'가 형성되는 것이다. 게다가 어느 사회에나 개인중심성향자와 집단중심성향자가 섞여 있지만, 앞에서 살펴본 대로 그 분포 비율에는 차이가 있게 마련이다. 따라서 예를 들면 동아시아 사회에서 일정 수의 사람들을 표집한다면, 집단중심의 문화 성향을 가지고 있는 사람들이 표집될 가능성이 훨씬 많을 것이고, 그런 의미에서 집단중심성향은 이 사회의 전형적인(modal) 문화 성향이 되는 것이다.

이상의 맥락에서 보면, 국가 수준 분석에서 확인된 문화 분석 차원을, 서로 비교하려는 둘 이상의 문화 집단의 성원들에게 제시하고 응답하게 하여, 이러한 개인 수준의 응답 결과를 통해 해당 문화들의 특징을 비교·분석하는 것은 문화비교연구의 방법으로 타당한 근거를 가질 수 있는 것이다.[23] 물론 이러한 연구 결과의 해석에서 한 문화 내 성원들 사이에 개인차가 있을 수 있음을 항상 염두에 두어, 생태학적 오류에 빠지지 말아야 한다. 동아시아 집단주의 사회에도 약 30%에 가까운 사람들은 개인중심성향을 띠고 있으며, 서구의 개인주의 사회에도 약 30%에 가까운 집단중심성향자들이 존재하고 있는 것이다.

---

21 Schwartz, S. H., 1994, p. 92.

22 Triandis, 1995, p. 67.

23 Schwartz, S. H., 1994; Smith P. B. et al., 2006, pp. 30-55, 56-77.

2) 동일 문화권 내의 국가 간 문화차

지금까지 동아시아 지역의 한국·중국·일본을 집단주의라는 하나의 커다란 우산으로 묶고, 이들의 공통적인 심성과 행동 특징을 서구 개인주의 문화권과 비교하여 고찰해 보았다. 문화를 집단주의-개인주의 같은 서로 대비되는 커다란 유형으로 분류하는 것을 문화에 대한 구조적 정의라고 한다.[24] 이는 문화의 전반적인 유형이나 조직을 강조하는 관점으로, 외현적으로 표출되는 개개의 문화 구성 요소들이 아니라, 겉으로 드러난 사실들 사이의 상호 연관적인 통합적 구조를 찾아내고자 하는 형태주의적 접근(configurational approach)의 학자들, 예를 들면 루스 베네딕트(Ruth Benedict)나 마가렛 미드(Margaret Mead) 같은 학자들이 채택하는 정의 방식이다.[25] 베네딕트는 삶의 여러 장면에서 극단을 회피하고 중도를 택하고자 하는 푸에블로 인디언(Pueblo Indians)의 문화를 "아폴로적 문화(Apollonian culture)", 일상생활에서 과도하게 감각과 운동적 쾌락을 추구하는 플레인스 인디언(Plains Indians)의 문화를 "디오니소스적 문화(Dionysian culture)"라고 분류하거나,[26] 일본 문화를 대인관계에서 남들의 평가에 지나치게 관심을 쏟는 "수치심 문화(shame culture)", 미국을 포함하는 서구 기독교 국가들의 문화를 신과 맺는 계약과 같은 삶의 원칙에 의해 지배되는 "죄의식 문화(guilt

---

24 Kroeber와 Kluckhohn(1952, p. 181), Berry 등(1992, pp. 165-170) 및 D. Matsumoto(2000, pp. 18-19)에 따르면, 지금까지 이루어진 문화에 대한 정의와 논의는 여섯 가지 범주로 나누어 볼 수 있다고 한다. 곧 문화와 관련된 인간 생활과 활동의 모든 측면에 초점을 맞추어 이를 목록화하려 하는 기술적 정의(descriptive definitions), 한 집단의 사람들이 물려받은 오랜 시간에 걸친 유산과 전통을 강조하는 역사적 정의(historical definitions), 한 집단의 사람들을 지배하는 공유 규칙과 규범을 강조하는 규범적 정의(normative definitions), 한 집단의 사람들의 특징적인 적응·문제해결·학습·습관 등 심리적 특징의 다양성을 강조하는 심리적 정의(psychological definitions), 문화의 사회 수준 또는 조직 수준의 구조를 강조하는 구조적 정의(structural definitions) 및 문화의 기원이나 발생을 강조하는 발생적 정의(genetic definitions) 들이다.

25 Berry et al., 1992, pp. 166, 180-181.

26 Benedict, 1934.

culture)"라고 범주화하여 분류함으로써,[27] 이러한 태도의 전형을 보여주고 있다.

이렇게 문화에 거대한 우산을 씌워 대범주로 분류하는 구조적 정의를 채택하면, "하나의 명칭으로 전체 사회를 특징짓는"[28] 과일반화의 위험을 안게 된다. 곧 한 문화 유형 속에 살고 있는 수많은 개인들의 차이뿐만 아니라, 이러한 대범주에 속한 국가나 사회들의 차이를 무시하고 획일화함으로써, 이들의 전반적인 공통 특성만을 고려하는 위험을 안게 되는 것이다. "사람은 누구나 어떤 측면에서 보든지 (a) 모든 다른 사람과 유사하기도 하고, (b) 특정 집단의 사람들과 유사하기도 하며, 또 (c) 아무하고도 유사하지 않기도 하다."[29] 여기서 (a)는 한 문화 유형에 속한 대집단 사람들의 공통적인 특징을, (b)는 특정 사회 집단 (또는 국가)에 속한 사람들 사이의 유사성을, 그리고 (c)는 개인마다 지닌 독특성을 의미하는 것이다. 말하자면, (a)는 문화 유형의 차이를, (b)는 한 문화 유형 내의 국가 간 차이를, 그리고 (c)는 개인차를 나타낸다. 문화에 대한 구조적 정의에서는 이 가운데 (a)의 측면만을 강조할 뿐, (b)와 (c)의 차이는 무시하는 경향이 있는 것이다.

집단주의-개인주의의 체계로 문화 유형을 분류하는 연구들도 이러한 위험성을 안고 있다. 앞에서 집단주의 사회에 속하는 개인들이 모두 똑같이 집단 중심의 문화 성향을 나타내기만 하는 것이 아니라는 사실을 지적했다. 이제 여기에서는 한국·중국·일본 같은 동아시아 집단주의 문화권에 속하는 국가들 사이에서 나타나고 있는 문화차의 문제에 대해 생각해 보기로 하겠다.

호프스테드가 66개국(53개 문화 집단) 117,000명의 IBM 종업원을 대상으로 하여 찾아낸 문화 분류의 차원은 개인주의-집단주의 말고도 "권력 거리의 대-소", "남성성-여성성", "불확실성 회피-수용"의 차원이 있었다. 또한

---

27 Benedict, 1946.

28 Berry et al., 1992, p. 183.

29 Kluckholn & Murray, 1948, p. 35.

표 6-4. 동아시아 국가들의 문화 비교 차원의 점수(괄호 안은 순위)

	유교적 역동성	개인주의	권력 거리	남성성	불확실성 회피
중국[a]	118(1)	——	——	——	——
홍콩	96(2)	25(37)	68(15.5)	57(18.5)	29(49.5)
대만	87(3)	17(44)	58(29.5)	45(32.5)	69(26)
한국	75(5)	18(43)	60(27.5)	39(41)	85(16.5)
일본	80(4)	46(22.5)	54(33)	95(1)	92(7)

a: 호프스테드(1980, 1991/1995)의 원자료에 중국은 포함되지 않음.
출처: 호프스테드, 1991/1995, 표 2-1(p. 52), 표 3-1(p. 87),
표 4-1(p. 128), 표 5-1(p. 169), 표 7-1(p. 244) 개작.

본드를 중심으로 한 일군의 연구자들은 이 밖에 "유교적 역동성"의 가치 차
원을 문화 분류의 또 다른 차원으로 제시했다. 이러한 차원들 가운데 한국·
중국·일본의 세 나라는 유교적 역동성, 개인주의, 권력 거리의 차원에서 비
교적 유사한 경향을 보이고 있지만, 남성성과 불확실성 회피의 차원에서는
커다란 차이를 나타내고 있다. 이는 표 6-4에서 잘 드러난다.

이 표에서 보면, 한국·중국·일본이 가장 유사한 경향을 보이고 있는 것은
"유교적 역동성"의 차원이다. 이 차원에서 중국은 1위이고, 홍콩은 2위, 대
만은 3위여서 중화권 국가가 부동의 상위를 차지하고 있고, 일본과 한국은
그 뒤를 이어서 4위와 5위를 차지하고 있다. 이러한 사실은 한국·중국·일본
의 동아시아 국가들이 유교적 배경을 공유하고 있는 문화공동체임을 웅변
적으로 증명해 주고 있는 것이다.

다음으로 "개인주의"와 "권력 거리" 차원에서도 한국·중국·일본은 유사
한 경향을 보이고 있다. 개인주의-집단주의 차원에서 한국과 중국은[30] 일본

---

30 Hofstede(1980, 1991/1995)의 원자료에 중국은 포함되어 있지 않다. 그러나 표 6-4에서 보
듯이, "불확실성 회피" 차원을 빼고는 나머지 네 차원에서 홍콩과 대만은 매우 유사한

보다 더욱 집단주의적인 경향을 보이고 있는 것으로 드러나고 있으나, 일본도 역시 평균인 50점에 못 미쳐서 집단주의 경향을 보이고 있다. 곧 동아시아 삼국은 공통적으로 강한 집단주의 문화를 공유하고 있는 것이다.

"권력 거리"는 사회 내의 권력 분포의 불평등 지표로서, 상위자와 하위자의 세력의 차이 또는 불평등의 정도를 나타내는 차원이다. 이 차원은 성원들 사이의 의존 관계를 말해준다. "권력 거리가 작은 나라에서는 부하 직원이 상사에게 의존하는 정도가 약하며, 상사와 부하 직원 간의 상호 의존을 선호한다. 상사와 부하 직원 간의 감정적 거리는 비교적 작은 편이다. …… 권력 거리가 큰 나라에서는 부하 직원이 상사에게 의존하는 정도가 높다. 부하 직원은 그런 의존 관계(전체적 또는 가부장적인 상사에 대한 의존) 자체를 선호하거나, 아니면 그런 의존 관계를 전적으로 거부한다. …… 이런 경우에는 부하 직원과 상사 간의 심리적 거리가 크다. …… 그러므로 권력 거리란 한 나라의 제도나 조직의 힘없는 구성원들이 권력의 불평등한 분포를 기대하고 수용하는 정도라고 정의할 수 있다."[31] 이러한 권력 거리 점수는 개인주의 점수와 매우 큰 역상관($r = -0.68$)을 보이고 있다.[32] 곧 개인주의 사회일수록 권력 거리가 작고, 집단주의 사회일수록 권력 거리가 큰 것이다. 이러한 사실을 염두에 두고 보면, 한국·중국·일본 같은 집단주의 사회는 권력 거리가 큰 경향을 보일 것이라 추론할 수 있다. 표 6-4에서 이러한 사실이 대체적으로 입증되고 있다. 한국·중국·일본은 대체로 비슷하게 권력 거리가 큰 문화적 양상을 보이고 있는 것이다.

표 6-4에서 한국·중국·일본이 서로 커다란 차이를 보이는 문화 차원은 남성성–여성성 차원과 불확실성 회피–수용의 차원이다. 일본은 남성성 점

경향을 보이고 있다. 이를 "유교적 역동성"의 결과와 결부시켜 보면, 각 차원에서 중국은 홍콩이나 대만과 유사하거나 또는 그들보다 더 극단적인 경향을 보일 가능성이 높다. 이러한 맥락에서 여기에서는 홍콩과 대만의 자료를 바탕으로 각 차원에서 중국이 보일 경향을 추론하여 해석했다.

31 Hofstede, 1991/1995, pp.53-54.

32 같은 곳, pp.88-92.

수가 95점으로, 전 세계에서 가장 남성적 가치를 선호하는 국가이지만, 한
국은 여성적 가치가 선호되는 경향이 강한 나라이며, 중국은 이 차원에서
중간 정도의 경향을 보이고 있다. 불확실성 회피 차원에서 일본과 한국은
불확실성 회피의 경향이 큰 사회이지만, 중국은 대체로 불확실성을 수용하
는 경향이 큰 것으로 드러나고 있다.

이 가운데 남성성은 자기 주장, 경쟁, 도전, 물질적 성취 같은 남성적 가치
를 선호하는 정도를 나타내는 차원이다. 이러한 "남성성은 사회적 남·녀 역
할이 명확하게 구분되는 사회, 즉 남자는 자기 주장적이며 거칠고 물질적인
성공을 추구하는 반면, 여자는 보다 겸손하고 부드러우며 삶의 질에 관심을
두는 사회에 해당한다. 여성성은 사회적 남·녀 역할이 중첩되는 사회, 즉 남
성과 여성이 모두 겸손하고 부드러우며 삶의 질에 관심을 두는 사회에 해당
한다."[33] 호프스테드의 자료에서 남성성이 높은 사회에서 선호되는 것은 높
은 수입, 타인의 인정, 높은 직책으로의 승진, 도전적인 일로 말미암은 성취
감의 충족 들이다. 이와는 대조적으로, 여성성이 높은 사회에서 선호되는 가
치들은 직속 상관과 좋은 관계 수립, 협동, 고용의 안정성 들이다.[34]

남성성 가치를 중시하는 일본 문화의 특징은 일본 사회가 무사(武士) 집
단에 의해 지배되어 온 전통에서 연유하는 바가 큰지도 모른다. 일본은 최
근세인 에도 시대까지 도쿠가와 막부의 쇼군(將軍)들에게 지배되어 온 사
회이며, 메이지 유신 이후에도 군국주의화하여 한국을 병합하고, 중국과 동
남아 국가들을 침략하며, 태평양전쟁을 일으켰던 나라이다. 베네딕트가 이
러한 일본 문화의 특징 가운데 하나로 무사 문화(warrior culture)로 대표되
는 광신적인 상무주의(尙武主義 militarism)를 들고 있음은[35] 이러한 배경에
근거하고 있는 것이다.

이와는 대조적으로, 중국은 한무제 이후 2,000여 년 동안, 한국은 고려 광

---

33 Hofstede, 1991/1995, p. 125.

34 같은 곳, p. 126.

35 Benedict, 1946.

종 이후 1,000여 년 동안 과거제가 실시되어, 주로 문사(文士)들로 국가 경영층이 충원됨으로써 문치의 전통이 강한 문민 문화(civilian culture)를 이루었다. 중국과 한국에서는 문사를 숭상하고 무사들을 상대적으로 천시하는 경향이 강하여, 결과적으로 조화와 협동 및 겸손, 그리고 타인에 대한 배려와 같은 여성적 가치를 높이 평가하게 되었던 것으로 볼 수 있다. 물론 이들 사회에서 이러한 가치들(협동·조화·겸손·배려)은, 여성적이라기보다는 남성과 여성을 아우른 인간 일반에게 요구되는 가치로 받아들여졌던 점은 두말할 나위 없이 자명한 일이다. 이렇게 일본 사회는 도전·경쟁·물질적 성취 같은 남성적 가치를 중시하는 사회이고, 중국과 한국은 협동·조화·겸손·배려 같은 여성적 가치를 중시하는 사회라는 점에서 동아시아 삼국 사이의 한 가지 특징적인 차이가 도출되는 것이다.

불확실성 회피는 불확실하거나 판단하기 어려운 상황으로 말미암아 위협을 느껴 회피하려는 정도를 나타내는 차원이다. 불확실성 회피 경향이 큰 사회에서는 행위 규범과 규칙이 엄격하게 규정되어 있고, 이것의 준수를 강박적으로 추구하는 경향이 있다. 이러한 사회에서는 잘 구조화된 규범과 규칙의 체계를 갖춘 환경 속에서 오히려 편안함을 느낀다. 이렇게 "불확실성 회피 경향이 강한 사회에서는 감정적으로 규칙을 필요로 하기 때문에, 이로 인해 명료성과 정확성이 생기게 된다." 이와는 대조적으로, 불확실성 회피 경향이 약한 나라에서는 공식적인 규칙이나 행위 규범이 분명하게 제시되어 있지 않을 뿐만 아니라, "공식적 규칙에 대해 감정적으로 매우 두려워하는 경향"을 보인다. "이런 나라의 사람들은 공식적 규칙이 없어도 많은 문제를 해결할 수 있다는 데에 자부심을 느낀다."[36]

호프스테드에 따르면, "중국어 사용국인 대만·홍콩·싱가포르는[37] 불확실성 회피 경향이 매우 낮은"[38] 사회이다. 이를 근거로 할 때, 중국은 불확

---

36 Hofstede, 1991/1995, pp. 180-181.

37 Hofstede(1991/1995, p. 169, 표 5-1)의 자료에서 싱가포르는 불확실성 회피 점수가 8점으로, 53개 문화집단 가운데 불확실성 회피 경향이 가장 약한 나라(53위)이다.

38 Hofstede, 1991/1995, p.201.

실성에 대해 매우 수용적이고, 따라서 행위 규범과 규칙이 처한 상황과 맺는 관계에 따라 매우 유동적으로 달라지는 사회임을 알 수 있다. 이와는 대조적으로, 일본과 한국은 불확실성 회피 경향이 매우 강한 사회여서, 일상생활에서 규범과 규칙이 명시되어 있는 경향이 강하고, 이를 준수하려는 자세도 매우 강한 나라이다. 이러한 불확실성 회피 경향의 차이도 한국·중국·일본의 동아시아 삼국의 문화차를 유발하는 또 하나의 요인이 되고 있는 것이다.

이상에서 보듯이, 한국·중국·일본의 동아시아 삼국은 똑같은 유교문화의 배경을 가지고 있어서, 유교적 역동성의 가치 차원과 집단주의, 그리고 권력 거리 차원에서 유사한 성향을 보이는 사회이다. 그러나 이들 삼국은 남성성-여성성 차원과 불확실성 회피-수용 차원에서는 매우 다른 경향을 보인다. 곧 한국은 여성적이고 불확실성을 회피하려는 경향이 강한 사회이지만, 중국은 여성적이지만 불확실성의 수용 경향이 강한 사회이고, 일본은 남성적이고 불확실성을 회피하려는 경향이 강한 사회인 것이다. 말하자면, 남성성-여성성 차원에서는 중국과 한국이 유사하고 일본은 매우 다르지만, 불확실성 회피-수용의 차원에서는 한국과 일본이 유사하고 중국은 매우 다른 경향을 보인다. 이렇게 동아시아 삼국은 공통된 유교적 배경을 가진 집단주의 문화권에 속하지만, 남성성-여성성과 불확실성 회피-수용의 차원에서 드러내는 차이로 말미암아 서로 다른 독특성을 지닌 사회인 것이다.

3. 문화 연구와 세계화의 문제

20세기 중엽 이후 밀어닥치기 시작한 세계화(globalization)의 물결이 전 지구를 휩쓸고 있다. 처음에 경제 영역에서 시작된 세계화의 추세는 "1990년대 초부터 몇 가지 우호적 조건과 합류하면서, 단순히 경제 영역을 넘어 구체적 모습을 갖추기 시작했다. 그 직접적인 계기는 컴퓨터·인터넷 같은 정보 기술상의 혁명, 냉전의 종언, 우루과이 라운드에서의 무역 자유화 타결과 세계무역기구(WTO) 설립이다."[1] 특히 세계무역기구가 출범한 1995년 이래 이러한 세계화의 물결은 전 지구적인 화두가 되고 있다. 우리나라도 예외는 아니어서, 1990년대 중반 이후 정부가 주도적으로 세계화를 부르짖고 있는 실정이다.

그러나 세계화라는 개념은 대단히 혼란스러운 것이어서, 이것이 과연 무엇을 의미하는지에 관해서는 아직 논란이 끊이지 않고 있다. 많은 학자들이 세계화의 개념 정립을 위해 노력해 왔는데, 이들은 서로 중복되는 다섯 가지 의미체계로 요약할 수 있다.[2] 첫째는 국가들 사이의 국경을 가로지르는 관계의 증대, 곧 국제화의 의미로 사용되는 세계화이다. 둘째는 개방된 세계 경제를 창출하기 위해 국가 간의 물적 인적 요소의 이동을 제약하는 정부의 규제가 제거되는 과정, 곧 자유화의 의미로 사용되는 세계화이다. 셋째는 다양한 사물과 경험이 전 세계의 모든 사람에게 확산되는 보편화 과정을 지칭하는 세계화이다. 넷째는 이전에 존재하던 문화나 지방적 자율성을

---

1 강정인, 2002, p. 219.

2 Scholte, 2000, pp. 15-17; 강정인, 2002, pp. 217-219 참조.

파괴하면서, 근대적 사회구조가 전 세계로 확산되는 서구화 또는 근대화의 의미로 사용되는 세계화이다. 그리고 다섯째는 사회 공간이 더 이상 영토적 장소의 관점에서 파악되지 않고, 지리의 재편성이 일어나는 탈영토화의 의미로 쓰이는 세계화이다.

이렇게 세계화는 국제화·자유화·보편화·서구화·탈영토화라는 다양한 층위의 의미를 가지는 복잡한 개념이지만, 보통 경제·사회·문화 같은 인간 삶의 여러 영역에서 이루어지는 개방화라는 의미로 받아들이는 것 같다. 국제화는 국가 간 경계의 개방을, 자유화는 경제 활동에 대한 정부의 규제를 철폐하는 경제 개방을, 보편화는 삶을 지배하는 가치의 개방을, 서구화는 비서구 지역에서 진행되고 있는 서구의 문물과 제도에 대한 개방을, 그리고 탈영토화는 공간적 제약을 허물어뜨리는 개방을 의미하는 것이라 해석할 수 있다. 그렇다면 이러한 개방화는 현대 사회, 특히 동아시아 사회에 살고 있는 사람들에게 어떤 영향을 미칠 것인가? 개방화·세계화는 언뜻 보면 문화 전통이나 전통 사상과는 상치되는 개념인 듯하고, 따라서 개방화는 필연적으로 전통의 소멸을 유도할 것 같은데, 과연 그러한가?

1) 세계화의 심리학적 함의

세계화와 그것이 미치는 영향에 관해 고찰해 보기 전에, 이와 관련하여 한 가지 중요하게 살펴보아야 할 것은 이 개념이 가지는 심리적 실체가 무엇이냐 하는 문제이다. 인간과 관련된 현상은 어떤 것이든지 그 심리적 실체가 분명하지 않으면, 이는 어떤 다른 목적을 위해 구성된 허구 개념이기가 쉽기 때문이다.

자기 개념(self-concept)에 관한 심리학적 이론들에[3] 따르면, '내가 누구인

---

3 Gergen, K. J., 1971; Tajfel, 1981, 1982; Turner, 1982, 1985; Turner, Hogg, Oakes, Reicher, & Wetherell, 1987.

가?' 또는 '나는 어떠한 사람인가?'에 대한 인식, 곧 자기 정체성(self-identity)
은 두 측면으로 구성되어 있다. 그 하나는 "개인 정체성(personal identity)"이
고, 또 하나는 "사회 정체성(social identity)"이다. 여기서 개인 정체성은 자기
자신만이 가지고 있다고 생각하는 특성·능력·선호 들을 바탕으로 해서 갖
게 되는 스스로의 독특성에 대한 인식이다. 이는 "본질적으로 매우 개인적
인 것으로, 보통 개인의 특수한 속성을 지칭하는 것이다."[4] 예를 들면, '나는
정직한 사람이다', '나는 수학을 잘 한다', '나는 낚시보다 등산을 좋아한다'
같은 것이 개인 정체성을 구성하는 요소들이다. 이와는 대조적으로, 사회
정체성은 "특정 사회집단 (또는 집단들)에 소속되어 있는 성원이라는 사실
과 이러한 소속 성원이라는 사실에 부착되어 있는 가치와 정서적 중요성으
로부터 얻게 되는 자기 개념"[5]이다. 곧 사회 정체성은 스스로가 소속되어
있는 사회집단을 근거로 갖게 되는 스스로에 대한 인식이다. 이러한 집단에
는 가족·학교·공동체·국가·인종·성·종교 같은 개인의 중요한 측면을 드러
내고 강화해 주는 모든 집단이 포함된다. 예를 들면, '나는 대학생이다', '나
는 서울 사람이다', '나는 남자다', '나는 한국인이다'와 같은 것이 사회 정
체성을 구성하는 요소들이다.

　이러한 사회 정체성은 사람들이 외계를 인식하는 양상에 수반되는 기본
적인 것이다.[6] 사람들은 자기를 포함하여 자기를 둘러싸고 있는 주변 사람
들을, 겉으로 드러나는 특출한 단서들을 자료로 삼아, 자기가 소속된 내집
단(ingroup)과 자기가 소속되지 않은 외집단(outgroup)으로 범주화하여 받
아들이게 되는데, 이러한 범주화 과정의 결과 내집단 소속감에서 도출되는
것이 바로 사회 정체성이다. 그러므로 사회 정체성은 사회생활의 필수적인
산물인 것이다.

　이러한 이론가들에 따르면, 사람들은 긍정적인 자기 정체성을 가지려는

---

4 Gergen, K. J., 1971, p. 62.

5 Tajfel, 1981, p. 255.

6 Turner, 1982, 1985; Turner et al., 1987.

성향을 지니고 있으며, 이를 위해 개인 정체성과 사회 정체성을 높이려 노력하게 된다. 이 가운데 개인 정체성은 스스로가 지닌 특성·능력과 같이 비교적 객관적인 비교를 할 수 있는 요인들에 대한 평가에 바탕을 두게 되므로, 이러한 개인 정체성을 증진하기는 매우 힘들다. 따라서 이러한 경우, 사람들은 사회 정체성을 증진함으로써 자기 정체성을 고양하려 한다. 그 결과, 자기 소속 집단의 긍정적 측면을 자꾸 부각시키고, 부정적 측면은 가능한 대로 감추려 노력하거나, 또는 사회 정체성을 고양시킬 수 있는 새로운 집단에 소속하려고 노력하게 된다. 이렇게 사회 정체성을 고양하는 것은 자기 정체성을 증진하는 가장 중요한 방법이다. 특히 개인 정체성이 긍정적인 것이 아닐 때, 이러한 경향은 더욱 두드러진다. 개인적인 성취가 그다지 보잘것없는 사람일수록, 가문이나 출신 학교 또는 출신 지역을 내세우는 경향이 높은 것은 이러한 사정을 잘 드러내준다.

이러한 사회 정체성은 자기가 소속되지 않은 외집단과 견주어 볼 때, 자기가 소속된 내집단을 긍정적으로 평가함으로써 얻는 내집단에 대한 정적 평가를 통해 고양된다. 이렇게 사회 정체성은 내집단과 외집단 사이의 사회 비교(social comparison)를 거쳐 얻어지는 자기 정체성의 일부이다.[7] 이러한

---

7 Hogg와 Abrams(1988, p. 22)에 따르면, "사회 정체성 이론가들이 '사회비교'라는 용어에 부여하는 의미는 Festinger(1954)가 처음 제시한 사회비교라는 용어의 의미와는 상당히 다르다. Festinger의 사회비교이론(social comparison theory)은, 사람들은 자신의 신념·의견·능력 같은 것에 대한 확신을 갖기 위해 이들의 적실성(veracity)을 평가해 보려는 욕구를 갖고 있는데, 그들은 물리적 현실(physical reality)과의 직접적인 비교를 통해 이러한 욕구를 충족시키려 하게 된다고 본다. …… 그러나 그러한 직접적 비교를 할 수 있는 물리적 현실이 쉽게 얻어질 수 없을 때에는, 다른 사람의 의견과 비교—사회비교—함으로써 자신의 의견의 적실성을 평가하려 한다는 것이다. 이와는 대조적으로, 사회정체성이론의 관점에서는 물리적 세계에 대한 지식을 포함하여 모든 지식은 사회비교를 통해 사회적으로 도출되는 것이라고 본다. 자기 견해의 진실성에 대한 확신은 많은 사람들 사이의 합의성 확립에 의해 보증된다는 것이다. …… 이들은 현실이란 존재하지 않는 것이라고 주장하지는 않지만, 현실에 대한 지각은 오로지 사회적으로 구성될 뿐이라고 주장하는 것이다." 이렇게 사회 정체성 이론가들이나 자기 범주화 이론가들은 사회비교의 결과 얻어지는 사회 정체성이 자기 정체성의 핵심 내용이라고 본다. 이들에 따르면, 사회 정체성은 의식적으로 사회비교를 하지 않는다든지 또는 의도적으로 내·외집단의 범주화를 하지 않는다든지 하여

사회 정체성은 스스로가 소속된 내집단원으로 자기를 동일시(identification)하는 것이다. 앞의 예로 돌아가면, '대학생', '서울 사람', '남자', '한국인'으로 동일시하는 것이 사회 정체성의 내용이다. 그런데 이러한 동일시는 자기가 소속되지 않은 같은 수준의 다른 집단, 곧 사회비교의 대상이 될 수 있는 외집단의 존재를 전제로 할 때 가능해진다.[8] 곧 '한국인'으로의 동일시는, 자기는 한국과 마주하고 있는 같은 수준의 사회 집단인 일본·중국·미국 같은 나라에 소속되어 있지 않고, 한국에 소속되어 있는 사람이라는 인식인 것이다.

이러한 맥락에서 세계화를 고찰해 보면, 이는 '세계인으로 동일시하고, 세계인의 정체감을 갖자'라는 움직임이라고 생각할 수 있다. 그러나 '세계인'으로 동일시하여 '세계인'의 정체성을 가질 수 있는가? 이는 심리적으로 불가능한 일이다. '세계'는 모든 집단을 포괄하는 초월적 지위를 갖는 총체 집단이어서, 이와 대(對)를 이루는 같은 수준의 사회 집단은 존재하지 않기 때문이다. 만일 화성이나 금성에도 생물체가 살아 화성인과 금성인이 실제로 존재하고 있다면, 지구에 살고 있는 온 인류는 모두 자연스럽게 지구인(세계인)으로 동일시할 수 있을 것이다. 하지만 그렇지도 않은 상황에서 세계인으로 동일시한다는 것은 심리적인 허구이고, 따라서 이러한 관점에서 보면 세계화는 심리적으로 허구 개념일 가능성이 높은 것이다.

이렇게 세계화가 심리적인 실체를 갖지 못하고, 그러한 점에서 심리적인 허구 개념일 가능성이 크다면, 이는 어떤 다른 목적을 위해 구성된 정략적인(?) 개념이기 쉽다. 그렇다면 세계화와 관련된 논의를 할 때, 그 발화자가 누구이며, 어떤 의도를 배후에 숨기고 있는지 잘 살펴볼 필요가 있을 것이다. 어떤 개념이든지 "담론 주체가 청자들에게 미치고자 하는 특정한 의도와 영향력을 담고"[9] 있기 때문이다. 더구나 심리적인 허구 개념에 근거를 둔 논의는 그 심리적 실체가 허구인 만큼, 발화자의 숨겨진 의도에 맹목적

회피할 수 있는 것이 아니다. 사회비교와 내·외집단 범주화는 인간의 외계 인식 과정에 필수적으로 수반되는 과정이기 때문이다.

8 Hogg & Abrams, 1988, pp. 21-26; Tajfel, 1981, pp.256-259; Turner, 1982, pp.17-28.

9 이승환, 1999b, p. 328.

으로 동조하기 쉽다.

세계화 담론의 주체와 관련하여 한 가지 분명한 사실은 이러한 세계화가 서구인의 관점에서 서구 중심적으로, 특히 미국의 주도 아래 진행되고 있다는 사실이다.[10] 따라서 "서구인들에게는 서구 문명의 고유한 정체성을 지키면서 세계화·정보화라는 흐름을 주도하거나 또는 그 추세에 편승하는 것이 매우 자연스러운 현상으로 여겨짐"에 비해, 동아시아인들에게 세계화는 수천 년 동안 가꾸어 온 문화적 정체성을 유지할 수 있는가라는 의문을 불러일으키고 있는 것이다. 곧 이들에게는 "세계화·정보화에 따라 재편되는 전 지구적인 자본주의 시장경제에 적응하는 과제가 자신들의 문화 정체성, 예를 들어 유교적 전통을 포기할 것을 요구하는 것처럼, 곧 전 세계적인 정치·경제질서에 대한 성공적인 적응과 문화 정체성의 유지는 상호 모순된 과제인 것처럼 비쳐진다"[11]는 데에 문제의 심각성이 있다. 특히 세계화라는 것이 그 심리적 실체가 의문시되는 허구 개념일 가능성이 크다는 점에서 이러한 문제점은 더욱 복잡한 양상을 띠게 된다.

이러한 맥락에서 보면, 세계화의 움직임에 내재된 서구중심주의를[12] 극복하고 동아시아인의 문화 정체성을 유지하는 일은 세계화가 급속하게 진행되고 있는 오늘의 시점에서 매우 중요한 문제로 떠오르고 있다. 이는 동아시아인의 사회 정체성의 증진을 위한 바탕인 것이다. 이러한 동아시아인의 문화 정체성의 유지는 동아시아의 전통과 그 현대적 전개에 대한 올바른 이해라는 요구로 이어진다. 현실과 그 배경의 이해에서부터 현재의 문제점에 대한 대응책이 강구될 수 있을 것이기 때문이다. 바로 이러한 점이 이 책에서 한 것과 같은 작업의 배경이며, 이러한 작업을 통해 세계화라는 허구

---

10 강정인, 2002, pp. 215-216, 221-224.

11 같은 곳, p. 216.

12 서구중심주의는 Europocentrism, Eurocentrism, Westocentrism, Westcentrism과 같이 다양하게 불리는 용어의 번역어로, "서구의 세계관·가치·제도 및 관행을 보편적으로 우월한 것으로 인식하는 태도를 지칭한다"(강정인, 2002, p. 223). 이의 자세한 내용에 대해서는 강정인(2004, pp. 37-93, 94-115) 참조.

개념에 근거하고 있는 거대한 흐름에 대처하는 자세를 가다듬을 수 있을 것이다.

2) 세계화의 문화적 효과

세계화가 이렇게 심리적 실체가 의심스러운 수상쩍은 개념이기는 하지만, 이는 정보화와 함께 20세기 후반부터 본격적으로 전개되어, "개인과 개인, 집단과 집단, 국가와 국가, 문명과 문명 간의 시간적 간격과 공간적 경계를 해체하고 있다."[13] 세계화·정보화라는 전 지구적 격변은 21세기의 세계 질서에 어떠한 변화를 초래할 것인가? 이러한 세계화가 가져오게 될 문화적 효과에 대한 논의는 대체로 세 가지 관점으로 정리할 수 있다. 이는 동질화(homogenization), 양극화(polarization) 및 혼융화(hybridization)이다.[14]

(1) 동질화 또는 서구화

동질화 명제는 세계화·정보화에 따라 전 세계의 문화가 서구 특히 미국 문화에 동화되어 서구 문화, 곧 미국 문화로 균일화될 것이라는 관점이다. "정치학자인 후쿠야마(Fukuyama)는 《역사의 종언(*The end of history*)》이란 책에서 이미 자본주의와 민주주의라는 서구의 가치가 최종 승리를 거두었으며, 지구상의 어떤 세력도 이를 뒤집을 만한 사건을 일으킬 수는 없을 것"[15]

---

13 강정인, 2002, p. 211.

14 이 분류의 영어 원어는 Holton(1998, pp. 167-180)의 용어이다. 이를 강정인(2002, pp. 225-227)은 동질화, 양극화, 혼융화라고 번역하여 사용하고 있다. Nisbett(2003, pp. 219-229)은 사고양식의 동·서 차이가 겪게 될 미래상을 예측하면서, 똑같은 분류를 각각 서구화(Westernization), 지속적 차이(continued divergence) 및 동·서의 접근(covergence) 이라 표현하고 있다.

15 Nisbett, 2003, p. 219.

이라고 주장하여, 이러한 동질화 또는 서구화(미국화)의 견해를 밝히고 있다. 그에 따르면, 모든 문화가 자본주의와 민주주의 체제로 수렴되어 서구화 또는 미국화함으로써, 조만간 서구식 (또는 미국식) 사고양식과 생활방식 및 가치관과 태도가 전 세계인의 삶의 과정을 지배하게 된다는 것이다.

이러한 동질화 현상은 미국 기업이 전 세계 문화와 정보 산업을 장악함으로 말미암아 심화될 터인데, "미국의 문화 지배는 단순히 문화와 정보 산업을 장악하는 데 그치지 않고, 근대적 사회 조직의 특징에까지 확산됨으로 인해, 미국식 문화 관행이 영토적 경계를 넘어, 그리고 단순한 경제 영역을 넘어 삶의 모든 영역으로 확산되고 있다"[16]는 데서 단적으로 드러나고 있다. 전 세계 어디에서나 사람들은 청바지를 입고, 나이키를 신으며, 코카콜라와 스타벅스 커피를 마시고, 맥도날드 햄버거를 먹으며, 미국 음악을 듣고, 미국 영화에 열광한다. 이렇게 세계화를 통해 전 세계 국가의 문화가 미국 문화로 수렴될 것이라고 보는 견해가 동질화 명제인 것이다.

동아시아 학교 교육도 이미 논리적 분석과 비판적 사고 및 형식논리를 통한 문제 해결을 강조하는 등 그 어느 때보다도 서구화되어 가고 있다. 실제로 동아시아 어린이들은 서구식의 사회화 과정을 거치고 있다. 10여 년 전만 해도 자녀들에게 가장 바라는 것이 "원만한 인간관계를 맺는 것"이었던 중국의 어머니들이, 요즈음에는 미국 어머니들과 마찬가지로 "독립성을 가지고 이 세상에서 앞서가는 것"을 가장 바라고 있음이 드러나고 있다.[17] 또한 어떤 특정한 가치에 대해서는 동아시아 대학생들이 미국 대학생보다 더 서구적인 경향을 보이는 것으로 밝혀지기도 했다. 1997년에 실시된 어떤 조사에는 중국 베이징 대학생들이 미국 미시간 대학생들보다 "평등·상상력·독립성·개방성·다양한 경험" 같은 서구적 가치를 더욱 중시하는 것으로 드러나고 있었던 것이다.[18] 이러한 사실들은 동아시아가 점차 서구화되어

---

16 강정인, 2002, p. 226

17 Nisbett, 2003, p. 221.

18 Peng, Nisbett, & Wong, 1997.

감을 시사하는 것으로, 세계화로 말미암은 세계 문화의 동질화가 단순한 우려만이 아님을 보여주고 있다.

(2) 양극화 또는 문화차 확산

양극화 명제는 세계화가 진행되면서 서로 다른 문화 사이의 차이가 더욱 두드러져 양극화되고, 문명 사이의 갈등이 심화되어, 결국 문명 사이의 충돌로 이어질 것이라는 관점이다. 이러한 견해의 대표자는 《문명의 충돌(*The clash of civilizations*)》의 저자인 헌팅턴(Huntington)인데, 그는 이 책에서 동아시아·이슬람 및 서구라는 대표적 문명들이 가치관과 세계관에서 서로 좁혀질 수 없을 정도로 사이가 벌어져 있기 때문에, 세계화와 더불어 문화 간 차이가 더 심해질 것이라고 주장한다. 그에 따르면, "민족 분쟁과 문명 충돌이 본격화될 세계에서 서구 문화의 보편성에 대한 서구인의 믿음은 세 가지 문제에 봉착"하게 되는데, "그것은 첫째 거짓이고, 둘째 비도덕적이며, 셋째 위험"[19]이라고 한다. 서구 문명의 보편성에 대한 믿음은 문화적 다양성을 무시하고 있으므로 거짓이고, 비서구를 서구화하는 데 엄청난 희생을 강요하게 되므로 비도덕적이며, 비서구인들의 자의식 강화로 인해 문명 핵심국들 사이에 문명 전쟁을 낳을 가능성이 있기 때문에 위험하다는 것이다.

이러한 양극화 명제는 "세계의 문화가 서구 문화로 동질화될 것이라는 가정은 서구인의 자민족 중심주의(ethnocentrism)와 근시안적인 단견에 근거한 환상일 뿐"이라는 비판에 근거를 둔 관점이다. 이러한 견해의 주창자들은 "국가 사이의 차이는 여전히 엄청나서, 미래에 발생하게 될 국제 사회의 갈등은 거의 대부분 과거처럼 경제적이거나 정치적인 문제 때문이 아니라, 문화적 차이에서 비롯될 것이라고 주장한다. 또한 이들은 이슬람, 동아시아(특히 중국) 및 서구는 전혀 다른 문화적 배경을 가지고 있으며, 동아시아의 경제 발전과 이슬람의 인구 증가로 말미암아 서구의 영향력은 상대적으

---

19 Huntington, 1996/1997, p. 426.

로 쇠퇴할 것이라고 주장한다."[20]

이러한 양극화 명제에 부합하는 증거들도 주변에서 쉽사리 찾아 볼 수 있다. 일본은 자본주의를 수용한 지 이미 100여 년이 지났으므로, 서구적 가치인 독립성·자유·합리주의가 강하게 유포되어 일본인들의 실제 삶을, 특히 경제 영역에서의 행동을 지배하고 있을 것이라고 예측할 수 있다. 그러나 일본 사회는 여전히 전통적인 집단주의 가치에 지배되고 있어서, 일본인들의 사고양식은 서구인들과 매우 다르다. 회사에 대한 충성심, 단체 정신, 기업 간의 협동 등 서구인들에게서는 찾아보기 힘든 가치와 관행이 일본 기업 문화의 주축을 형성하고 있다. 자본주의가 동아시아적 가치와 결합되어 변형된 형태로 발전한 것이다. 이러한 사정은, 비록 산업화가 늦게 진행되어 자본주의의 역사가 짧기는 하지만, 한국·대만·홍콩·싱가포르에서도 마찬가지다. 서구인들은 산업화, 복잡한 산업구조, 부의 축적, 사회적 이동성, 문맹률 저하 및 도시화와 같은 근대화가 곧 서구화를 가져올 것이라고 믿었지만, 이는 근거없는 환상일 뿐이었다.[21] 이들 근대화된 동아시아 사회에는 서구와는 다른 그들 고유의 가치가 여전히 존속하고 있으며, 따라서 "코카콜라를 마시고 컴퓨터를 생산한다고 해서 이들이 서구화했다고 생각하는 것은 그야말로 착각에 불과하다"[22]는 견해가 양극화론의 주장인 것이다.

(3) 혼융화 또는 문화 간 접근

마지막으로, 혼융화 명제는 세계화·정보화가 진행되어 서로의 문화에 대해 잘 이해하게 됨으로 말미암아, 상대방 문화의 장점을 수용하여 자신들의 문화 내용과 결합함으로써, 문화의 혼융 현상이 나타나게 될 것이라는 관점

---

20 Nisbett, 2003, p. 222.

21 Kagiticibasi, 1997, pp. 29-31; Marsella & Choi, S. C., 1993.

22 Nisbett, 2003, p. 224.

이다. 이러한 견해는 세계화와 정보화에 힘입어 "다양한 방식으로 문화 간 상호 빌리기와 교차 문화적 융합 현상이 일어난다"는 사실을 전제로 하고 있다. 이러한 "혼융화 명제는 문화 교차의 유동성, 비결정성 및 개방성을 강조하는 시각으로서, 서구중심주의의 부담을 피할 수 있는 장점이 있다."[23]

이 견해는 문화적 차이가 수렴되어 동·서의 접근이 이루어질 것이라고 주장한다. 이러한 동·서의 접근은 "단순히 동아시아가 서구화되는 것에만 기초하여 이루어지는 것이 아니라, 서구도 동아시아화하여 사회구조와 가치관에서 동·서가 혼융(blending)을 이루는 것에 바탕을 두고 이루어지게 될 것"[24]이라고 혼융화론자들은 주장하는 것이다.

이러한 혼융화 명제를 지지해 주는 증거도 많이 찾아볼 수 있다. 서구인들은 점차 동아시아적인 것에 매력을 느끼고 있다. 서양 요리는 이미 동양 요리를 가미한 퓨전 스타일을 지향하고 있으며, 동아시아인들도 피자나 맥도날드 햄버거 같은 서구의 음식에 길들여지고 있다. 한국 인구의 약 3분의 1은 기독교도이고, 서구에서 불교 신자는 눈에 띄게 늘고 있다. 서구인들의 유학 경전에 대한 독서열도 상당할 뿐만 아니라, 서구 대학의 동아시아 지역학에 대한 연구 열기는 동아시아 대학의 서구 지역학에 대한 연구 열기에 못지않을 정도이다. 많은 서구의 의사들이 침술이나 뜸 같은 동아시아의 의술을 환자 치료에 접목하기 시작했으며, 두통이나 구토 같은 증상에는 서구 의술보다는 동아시아의 의술을 이용한 치료를 권하기까지 한다.

서구의 많은 사회과학자들은 인간 소외와 사회 병리 현상의 증가, 그리고 정신 건강의 악화 같은 서구 개인주의의 병폐를 치유할 대안을 공동체를 중시하는 동아시아 유학사상에서 찾아보려 시도하고 있기도 하다. 20세기의 저명한 물리학자인 닐스 보어(Nils Bohr)는 양자 역학에서 자신이 이룬 업적은 동아시아적 사상을 물리학에 접목시킨 덕분이라고 주장하기도 했다. 뿐만 아니라, 전 세계 기업인들이 일본식 기업 경영 방식과 노-사 관계 모

---

23 강정인, 2002, p. 227.

24 Nisbett, 2003, p. 224.

형을 배워서 자신들의 기업 경영에 접목시키려 노력하고 있다.[25] 서양 음악의 연주에 동양의 악기가 동원되기도 하며, 동양 음악을 연주하는 데 서양 악기가 동원되기도 한다. 이 둘의 결합은 서로의 장점을 살리면서 새로운 화음을 만들어내고 있는 것이다. 이러한 사례들은 이제 동아시아나 서구가 서로의 문화를 수용하여 하나로 융합함으로써, 동·서의 접근을 이루고 있는 극히 일부의 예에 해당할 것이다.

이 세 가지 견해는 동아시아인들에게 그리 낯선 개념이 아니다. 서세동점 현상이 극에 달하여 사회의 전통이 해체되어 가던 19세기 말엽의 동아시아 삼국, 특히 중국과 한국에서는 이 세 가지 견해가 격렬하게 대립하고 있었던 것이다. 중국의 전반서화론자(과학파)와 한국의 개화파, 그리고 일본의 탈아입구(脫亞入歐)론자들은 동질화(서구화)론자들이었다고 볼 수 있다. 중국의 현학파, 한국의 위정척사파는 양극화론자들이었다고 볼 수 있으며, 중국과 한국의 현대신유가와 동도서기론자, 유교개신론자들은 혼융화론자들이었다고 볼 수 있을 것이다.[26]

세계화가 몰고 올 이러한 세 가지 효과 가운데 현대 사회에서 가장 바람직한 것은 무엇인가? 이에 대해서는 19세기 말의 역사 전개 과정에서 이미 결정이 난 듯하다. 동도서기론과 현대신유가의 득세는 동·서의 장점을 융합하는 혼융화가, 그리하여 동·서의 문화적 접근을 이루는 것이 논리적으로나 실제적으로 가장 바람직한 방안임을 암시해 주고 있는 것이다. 동아시아의 학자나[27] 서구의 학자에게서[28] 이러한 주장은 공통적이다. 특히 이러한 태도는 서구보다는 동아시아에서 더욱 절실한 것이다. 이러한 사실을 이상익은 다음과 같이 지적하고 있다.

---

25 Nisbett, 2003, pp. 224-229.

26 이상익(1999)은 논점은 다르지만, 비슷한 견해를 피력하고 있다.

27 예: 강정인, 2004, pp. 426-491.

28 예: Nisbett, 2003, pp. 223-230.

유교 문명과 서양 근대 문명이 전통과 현대의 두 축을 이루고 있는 우리의 경우, 유교의 인륜주의와 서양 근대의 자유주의를 지양시키는 것과, 전통적 환경친화적 생산양식과 서양 근대의 자본주의적 생산양식을 지양시키는 것이 우리가 지향해야 할 대체적인 방향이라 할 것이다.[29]

3) 아시아적 가치 논의

1990년대에 들어서면서 동아시아 공동체, 동아시아의 문화와 문명, 동아시아의 위상과 역할 같은 주제를 둘러싼 이른바 동아시아 담론이 활발하게 진행되었다. 이들은 동아시아의 정체성 추구, 동아시아의 경제적 성취에 대한 설명의 모색, 그리고 서구 중심적인 세계 체제의 확산에 맞서서 자위적 공동체를 형성하려는 동아시아 사회들의 욕구와 자신감이 빚어낸 담론이었다. 곧 "동아시아 담론의 요체는 한국·중국·일본의 문화적 동질성과 역사적 필연성, 그리고 공동체 형성의 당위성에 대한 담론으로 수렴된다."[30] 이 시기 동아시아 사회 안팎에서 전개된 "아시아적 가치(Asian values)" 논의는 이러한 동아시아 담론의 가장 핵심적인 부류였다.

이러한 아시아적 가치 논의가 등장한 배경은 정치·경제·사회적으로 다양하지만, 가장 중요한 것은 역시 1970~1980년대에 일본을 비롯한 한국·대만·홍콩·상가포르 같은 동아시아 유교권 국가들에서 이루어진 눈부신 경제 성장을 들 수 있다. 1960년에 일본과 동아시아의 국민총생산 누계는 전 세계의 4%에 지나지 않았지만, 1990년대 중반 이 지역 국가들의 국민총생산 누계는 전 세계의 24%에 이르고 있다. 곧 동아시아는 그 경제적 비중만으로도 자기 목소리를 내면서 일정한 역할을 할 수 있을 정도로 성장하여, 세계 무대에 등장했던 것이다. 이렇게 동아시아가 눈부신 경제 발전을 이루던

---

29 이상익, 1999, p. 31.

30 김광억, 1998, p. 6.

시기에 서구는 경제적으로 침체하고 있었다. 참고로 1960년 미국·캐나다·멕시코를 포함한 북미의 국민총생산 누계는 전 세계의 37%에 이르렀지만, 1990년대 중반에는 24%로 떨어져 동아시아 지역 국가들과 같은 수준이 되었다.[31] 이와 같이 "1990년대 아시아적 가치론을 촉발시킨 가장 중요한 구체적 사건은 무엇보다도 서구의 경제 침체 및 사회주의권의 붕괴에 대비된 동아시아의 급속한 경제 성장"이라고 볼 수 있으며, "아시아의 경제 성장에 따른 힘의 부상을 견제할 필요성에 따라 …… 인권 공세를 강화"하기 시작한 "미국과 동아시아 정치지도자들의 공방"[32]도 이 논의의 부상에 일정한 몫을 담당했던 것으로 보인다.

(1) 아시아적 가치 논의의 유형

이러한 아시아적 가치 논의가 진행된 배경에는 매우 복잡한 정치·경제·사회적인 사정이 놓여 있다. 이렇게 복잡한 배경에서 발단된 아시아적 가치 논쟁은 아시아 역내의 논자들뿐만 아니라, 서구의 논자들도 참여함으로써 더욱 혼란스러운 양상을 띠게 되었다. 그러나 이들 아시아적 가치 논의는 대체로 세 가지 문제를 중심으로 전개되었다고 볼 수 있다. 이들은 아시아적 발전 모형 논의(경제 영역), 아시아적 민주주의 논의(정치 영역), 그리고 아시아적 공동체주의 논의(사회·문화 영역) 들이다.[33]

---

31 Mahbubani, 1995, pp. 100-101.

32 강정인, 2002, p. 229.

33 아시아적 가치 논의의 문제를 이렇게 세 영역으로 분류하여 정리하고 있는 대표적인 학자로 전제국(1999)을 들 수 있다. 그는 "아시아적 가치와 경제 발전: 경제 기적 vs. 금융 위기"(pp. 207-211), "아시아적 가치와 정치 발전: 아시아식 민주주의의 이상과 현실"(pp. 200-207), "아시아적 가치와 사회 발전: 공동체주의의 허실"(pp. 195-200)이라는 제목으로 경제·정치·사회 영역에서 전개된 아시아적 가치 논의를 정리하고 있다. 이승환(1999, pp. 313-317; 2000, pp. 198-202)도 이 세 영역에서 아시아적 가치 논의를 요약하여 제시하고 있다. 여기서는 이들에게 기대어 아시아적 가치 논의를 정리해 보기로 하겠다.

① 아시아적 발전 모형 논의

"베버(Weber, 1904~1905/1930)는 서구의 자본주의 정신이 프로테스탄트 윤리에 의하여 발전한 것으로 보았으며, 아시아에서는 그러한 기독교적 윤리체계의 결여로 인하여 자본주의가 발전하지 못했다는 해석을 제공하였다." 베버로 대표되는 이러한 동아시아 정체론은 "서구적인 것 이외에서는 발전이나 성장이란 어휘의 실천은 불가능한 것"[34]으로 믿게 했는데, 이러한 동아시아 정체론자들에게 1970~1980년대에 비약적으로 이루어진 일본을 비롯한 '아시아의 네 마리 작은 용(한국·대만·홍콩·싱가포르)'의 눈부신 경제 성장은 그 자체로 신선한 충격이었다.

서구의 학자들에게 이러한 현실은 지적인 도전이었는데, "동아시아의 경제 기적을 설명하기 위하여 허만 칸(Herman Kahn)이나 에즈라 포겔(Ezra Vogel) 같은 학자들은 '아시아적 발전 모델'이라는 개념을 도입했고, 이들은 아시아의 네 마리 작은 용들이 모두 유교문화권에 속한다는 점에 착안하여, 유교적 가치가 이 지역 경제 발전의 원동력이 되었다는 해석을 이끌어냈다. 곧 유교 문화에 내재한 강한 리더십, 검약과 절제 의식, 높은 교육열, 가족주의적 인간관계, 협동과 근면 등의 문화적 요인이 이 지역 경제 발전의 원동력이 되었다는 것이다."[35] 이 시기 서구의 학자들은 서구 사회가 지속적인 경제 침체에서 벗어날 수 있는 방안을 이러한 아시아적 발전 모형에서 찾아보려 시도하기도 하였다.

이러한 아시아적 발전 모형론에 고무된 일군의 동아시아권 학자들은 한 걸음 더 나아가 "퓨리타니즘과 자본주의가 결합될 수 있었던 것처럼, 유교도 자본주의와 결합하여 경제 발전을 이룩할 수 있다"는 '유교 자본주의론'을 전개했다. 시마다 겐지(島田虔次)와 김일곤 같은 사람이 이러한 주장의 대표자인데, 이들은 "유교에 내재한 교육 중시의 경향, 중앙집권제, 충효 일치의 인간관 등이 유교문화권의 경제 발전에 기여했다고 주장"했다. 이렇게

---

34 김광억, 1998, pp. 11, 5.

35 이승환, 1999b, p. 314; 2000, pp. 198-199.

"아시아적 경영 모델과 유교 자본주의론이 성행하게 되었던 데에는 급속한 경제 발전에서 얻게 된 자신감이 크게 작용"[36]했는데, 이들은 "유교적 자본주의의 이론을 뒷받침하기 위해 '유상(儒商)'이라는 용어를 사용하여 그 역사적 근원을 찾으려"[37] 할 정도로 이에 심취하여 열을 올리고 있었다.

그러나 아시아가 경제 위기에 봉착하게 된 1990년대 후반부터 이러한 논의는 정반대의 방향으로 급선회하게 되었다. "오랫동안 동아시아의 성공을 설명하는 데 사용되었던 '아시아적 가치'는 이제 아시아의 경제 위기를 설명하는 데 이용되기 시작하였다. …… 아시아의 경제 위기는 동양 특유의 인간관계를 바탕으로 하는 '정실 자본주의(crony capitalism)'가 시장에 대한 정부의 과도한 개입과 '도덕적 해이(moral hazard)'를 조장함으로써 초래되었다"[38]는 주장이 제시되었던 것이다. 이러한 논의의 주창자들은 "아시아가 경제 위기에 빠지게 된 것은 정부-기업 간의 공생관계에 기초한 동아시아 발전 모델의 내재적 한계에서 비롯되었으며, 이것은 '아시아적 가치의 허구성'을 입증하는 것이라고 단정하였다. 이들에 의하면, 아시아 금융 위기의 직접적인 원인은 족벌주의적 기업 운영과 가산제적 자본주의, 국가 개입주의적 경제 운영과 정부-기업-은행 간의 부패적 삼각 동맹, 폐쇄적 정책 결정과 권위주의적 정치 구조, 금융 거래의 불투명성 등에 있지만, 이 모든 것의 뿌리 원인은 아시아적 가치에서 비롯되었다는 것이다."[39]

이렇게 "한때는 아시아의 경제 기적을 설명하기 위해 동원되었던 '아시아적 가치'의 개념이 이제는 정반대로 경제 위기를 몰고 온 주범으로 지목"[40]되고 있다. 이렇게 아시아적 가치에 대한 폄훼론이 다시 등장하면서, 일본과 한국에서 '유교 자본주의론'의 목소리도 급속히 가라앉았다. "하지만 불과 몇 년 뒤, 한국과 말레이시아가 그런 대로 경제 위기에서 벗어나는

---

36 이승환, 2000, pp. 199-200.

37 정인재, 1998, p. 398.

38 함재봉, 2000, pp. 88-89.

39 전제국, 1999, p. 29.

40 이승환, 1999b. p. 315.

기미가 보이자, 사람들은 또다시 '아시아적 가치' 덕분이라고 말한다." 이렇게 이 지역의 "경제의 저발전 / 급속한 경제 발전 / 경제 위기 / 경제 위기의 극복—이 모든 복합적이고 반전적(反轉的)인 사태들은 모두 '아시아적 가치'라는 마법의 주문 한 마디로 설명된다."[41] 이러한 사실은 많은 사람들이[42] 아시아적 가치론이 갖는 허구성을 주장하는 근거가 되고 있다.

② 아시아적 민주주의 논의

아시아적 가치 논의는 곧 이 지역 정치 지도자들에 의해 아시아적 민주주의 논의로 전개되었다. 이러한 "아시아 민주주의론의 명분은 한 마디로 말해 '서구 문명의 산물인 자유민주주의는 아시아의 문화 전통에 맞지 않기 때문에 아시아의 역사적 현실과 미래 방향에 잘 맞는 아시아적 민주주의를 발전시켜 나가야 한다'는 것이다."[43] 이러한 주장의 대표자는 말레이시아의 마하티르(Mahathir Bin Mahamad) 총리, 싱가포르의 리콴유(李光耀, Lee Kuan Yew) 수상, 그리고 한국의 박정희 대통령 같은 정치인들이었다.

싱가포르를 포함하는 말레이 반도는 16세기 이래 서구의 식민지였다가, 1963년에 영국으로부터 독립하여 말레이 연방이 되었고, 1965년에는 싱가포르가 다시 여기에서 독립하여 신생 공화국이 되었다. 이들은 다인종·다종교·다언어 국가로서, 국민 통합을 위한 이념적 구심점과 강력한 정치적 지도력이 필요한 상황이었다. 말하자면, "신생 독립국으로서 '정체성 확보'를 위하여 지배자였던 서구와는 다른 문화적 특수성을 주창할 필요가 있었으며, 이러한 이유에서 '아시아적 가치'가 국민 통합의 이데올로기로 활용"[44]되었다.

충효의 행동 강령을 내세우면서 한국의 박정희가 주창했던 '한국적 민주

---

41 이승환, 2000, p. 198.

42 예: 김광억, 1999; 박동천, 2002; 이승환, 1999b, 2000; 전제국, 1999.

43 전제국, 1999, p. 200.

44 이승환, 2000, p. 201.

주의'도 그렇지만, 가족중심적 아시아 사회에서 서구식의 민주주의는 적합하지 않다고 주장하는 싱가포르의 리콴유나, 아시아의 독특한 문화적 요인을 거론하면서 서구식 인권과 민주주의의 무조건적인 이식에 반발하는 말레이시아의 마하티르는, 서구와 다른 아시아적 문화의 가치를 표방함으로써 아시아적 민주주의론에 불을 지폈다. 이러한 논의는 서구 제국주의의 압력에 대항하려 했다는 점에서 주의를 끌기도 하지만, 자국 내 민중들의 인권에 대한 반발을 호도하고 권위주의적 통치를 정당화하려 한다는 비판을 받기도 했다.[45]

③ 아시아적 공동체주의 논의

근대 이후의 서구 문화가 지나치게 물질적 가치를 추구하고 개인주의화함에 따라, 서구 사회에는 "가치관의 상실, 도덕적 진공 상태, 자아의 파편화, 가족과 공동체의 해체" 같은 현상이 만연하게 되었고, 그 결과 이를 치유할 대안 모색의 필요성이 대두되었다. 뚜 웨이밍(Tu, Wei-Ming), 로져 에임스(Roger Anes), 데이비드 홀(David Hall)은 이러한 치유 대안을 동아시아의 유교사상에서 찾아, "유교의 인문 정신을 다시 살려내어 후기 산업사회의 문화적 위기를 극복하기 위한 발판으로 삼아야 한다고 주장하였다." 곧 이들은 "후기 산업사회의 문화적 위기를 극복하기 위한 대안으로 '아시아적 가치', 특히 유교적 가치를 선양한다"[46]는 공통점을 보이고 있는 것이다.

이러한 사회·문화적 영역의 "아시아 가치론은 '질서 정연하고 건강한 사회를 창출함에 있어서, 아시아의 유교 문화적 공동체주의가 서구의 개인주의에 비해 훨씬 우월하다'는 논리에서 출발한다." 이러한 논의의 주창자들은 개인주의에 뿌리박은 서구 사회의 퇴화 현상을 지적하면서, 아시아적 가치의 상대적 우월성을 내세우고 있는 것이다. "이들에 의하면, 서구 사회에서 '개인의 불가침성(개인우상주의)'이 교조주의적 이념으로 자리 잡으면서 극

---

45 김명수, 2000; 이승환, 1999b, pp. 315-316; 2000, p. 201-212; 전제국, 1999, pp. 200-207.
46 이승환, 1999b, pp. 316-317; 2000, p. 202.

단적인 개인주의·이기주의를 낳았고, 이것은 곧 개인의 사회적 책임의 축소와 권위·윤리체계의 붕괴로 이어져, 기강의 해이와 방종, 가족의 붕괴와 미혼모·청소년 비행의 급증, 마약·폭력·범죄의 확산 및 학문적 퇴보 같은 시민사회의 파탄을 가져왔다는 것이다." 이와는 대조적으로 "아시아 사회는 가족중심주의와 충효 사상, 개인보다 사회를 앞세우는 공동체주의, 권위에 대한 존중과 사회질서·기강의 중시, 경쟁·대결보다 합의·조화의 존중 같은 문화 전통과 가치 규범이 있었기 때문에, 질서 정연하고 건강한 사회를 유지하고 있다고 주장한다."[47] 이와 같이 이들은 "서구적 가치와 대립되는 곳에 유교적 가치를 놓고, 유교적 가치를 미래 사회의 대안으로 삼으려고 한다는 점에서 '탈근대적 기획'으로 '아시아적 가치'를 주장"[48]하는 것이다.

(2) 아시아적 가치 논의의 심리학적 함의

이상과 같은 다양한 분야의 아시아적 가치 논의에 대해 논자마다 각자의 관점에서 적극적인 옹호와 지지를 표하기도 하고, 이에 대해 반대 주장이나 비판을 하기도 하면서 논쟁이 지속되어 왔다. 일부의 논자들은 아시아적 가치는 허구라고 보고, 이러한 허구적인 아시아적 가치에 관한 논의 자체가 과연 성립할 수 있는지에 대해 의문을 표시하기도 했다.[49] 이렇게 아시아적 가치 논의의 허구성을 지적하는 사람들이 제시하는 논거에는 공통된 것들도 있고, 또 각자의 관점에 따라 다른 것도 있다. 공통된 비판의 논거에는 아시아 또는 동아시아라는 지역의 내포와 외연의 불명확성 문제, 문화결정론이 지니는 오류의 문제, 문화의 역동성과 가변성에 대한 무시의 문제 및 주창자의 의도와 맥락의 비순수성의 문제 들이 있다.

우선 이들은 아시아가 지리적으로 광범위한 지역에 걸쳐 있고, 인종적으

---

47 전제국, 1999, pp. 195-196.

48 이승환, 2000, p. 202.

49 예: 김광억, 1998; 박동천, 2002; 이승환, 1999b, 2000; 전제국, 1999.

로도 수많은 집단이 살고 있어, 다양한 문화·전통·종교·이념·언어·체제가 섞여 있기 때문에, 아시아라는 명칭 속에 어디까지를 포함할 것인지가 불확실할 뿐만 아니라, 아시아 전체를 포괄하는 공통 가치가 있을 수 없다는 점에 주목한다. 결과적으로 이들은 아시아적 가치란 인위적으로 축조된 허상(虛像)에 불과하다고 주장하는 것이다.[50]

이들이 또 주목하는 것은 아시아적 가치 논의에 개재하고 있는 문화결정론의 문제이다. 문화적 가치가 인간 삶의 여러 영역의 조형에서 기본적인 결정력을 가지는 요인이라는 생각이 문화결정론의 요체이다. 그러므로 문화결정론에서는 각국의 정치나 경제 발전이 문화적 요인에 따라 결정된다고 본다. 그러나 이는 지나친 단순화일 뿐만 아니라 오류이기도 하다는 사실이 이미 밝혀져왔다. 베버의 "프로테스탄트 윤리 → 자본주의 정신 → 자본주의 발달"이라는 문화결정론은, 이미 토니(Tawney)가 프로테스탄트 정신이 있기 이전에 항해술과 교역이 발달했던 데서 자본주의 체제가 발달했다고 주장함으로써, 그 허구성이 입증된 바 있다.[51] 곧 프로테스탄트 윤리라는 문화적 가치 때문이 아니라, 항해술과 교역의 발달이라는 사회적 조건 때문에 자본주의 경제체제가 발달했다는 설명이다. 이러한 관점에 따르면, 동아시아 각국의 경제 발전 원인이 오로지 유교적 가치에 있는 것으로 해석하는 것은 지나친 단순화일 뿐만 아니라, 각국의 경제 발전에 미친 내·외적 상황 요인의 영향을 무시하는 근시안적인 단견을 드러낼 뿐이라는 것이다.[52]

게다가 아시아적 가치 논의는 문화를 고정·불변하는 실체로서 파악하는 오류를 범하고 있다고 이들은 주장한다. 아시아적 가치 논의들은 고정·불변하는 아시아적 가치가 있다고 전제하고, 이것이 아시아 지역인의 삶의

---

50 김광억, 1998, pp. 8-10, 13-15; 이승환, 1999b, pp. 317-318; 2000, p. 203; 전제국, 1999, p. 194.

51 Tawney, 1938.

52 김광억, 1998, pp. 10-13; 이승환, 1999b, pp. 329-332; 2000, pp. 204-205; 전제국, 1999, pp. 217-218.

과정에서 지배적인 영향력을 미친다고 상정함으로써, 문화의 가변성과 역동성 그리고 융통성을 무시하는 오류를 범하고 있다는 것이 이들의 주장이다. 한국·중국·일본 같은 동아시아 지역에 살고 있는 사람들의 가치관이 최근 급속하게 변화하고 있다는 조사 연구 결과들에 주목하면서, 이들은 아시아적 가치 논의가 문화의 가변성과 역동성을 무시하고 있다고 비판하는 것이다.[53]

또한 아시아적 가치 논의의 비판론자들은 '아시아적 가치'는 특정한 맥락과 의도에 따라 만들어진 고안물일 뿐, 객관 사실을 있는 그대로 가리키는 중립적인 개념이 아니라고 비판한다. 예를 들면, '아시아적 민주주의 논의'의 경우, 이는 아시아 권역 내의 정치 지도자들이 자기들의 권위주의 정치체제를 옹호하기 위한 배경에서 제시한 논의라는 것이다. 이들은 아시아 경제 위기를 정실주의·연고주의·부정부패·권위주의 같은 유교적 가치 때문이라고 매도한 서구의 논자들이나 아시아 경제 발전을 교육열·근면·절제·협동·가족주의적 인간관계 같은 유교적 가치 때문이라고 추켜 올린 논자들의 견해야말로 아시아적 가치란 것이 특정한 맥락과 의도 아래 고안된 허구 개념일 뿐이라는 사실을 잘 드러내 준다고 주장한다. 이러한 논의들은 폄훼론이든 찬양론이든 모두 "발화자의 의도에 따라 카멜레온처럼 색깔을 달리 하는 '실재성'이 결여된 수상쩍은 개념"으로서, "이러한 '아시아적 가치' 담론은 '오리엔탈리즘(Orientalism)'과 마찬가지로, 서양인들의 의도와 목적에 따라 모습을 달리 하는 '허구적 구성(imaginary construct)'일 따름"[54]이라고 비판론자들은 주장한다. 이들은 이러한 허구적인 논의는 서구중심주의에 바탕을 둔 배경에서 출발한 것이어서, 아시아의 타자성을 고착시켜 아시아를 계속 세계사의 주변부에 묶어놓으려는 음모(?)에서 연유했거나, 아시아 권역 내의 권위적인 전제 정권이나 서구 편향 지식인들이 자기 이익 보호를 위한 술책으로 이분법적 반서구의 탈(?)을 쓰고 만들어낸 것이어서, 정합성이 없

---

53 김광억, 1998, pp. 8-9, 17-20; 이승환, 2000, pp. 203-204; 전제국, 1999, pp. 218-219.
54 이승환, 1999b, p. 320.

이 사용되는 "개념적 착취"[55]일 뿐이라고 목소리를 높이기도 한다. 이렇게 아시아적 가치 논의의 비판론자들은 한 목소리로 이 논의의 주체들이 배경에 숨기고 있는 의도의 비순수성에 의심의 눈초리를 보내고 있는 것이다.[56]

이러한 아시아적 가치 문제는 심리학적으로 어떤 의미를 지니는가? 곧 이러한 아시아적 가치에 관한 논쟁에서, 특히 이에 대한 비판론에 직면해서, 문화 현상과 그 배경에 대해 관심을 둔 심리학도로서 어떠한 태도를 가져야 할 것인가? 이러한 문제에 접근하는 데는 한 정치학자의 다음과 같은 글을 참고로 할 수 있을 것으로 보인다.

> 이러한 논의를 하다 보면, 흔히 두 가지 비판을 접하게 된다. 첫 번째는 아시아적 가치를 옹호하는 것은 이미 적실성을 상실한 전통의 무비판적인 복고를 주장하는 보수 반동적인 사조라는 비판이고, 두 번째는 이와는 반대로 아시아적 가치 운운하는 것은 서양이 만들어놓은 담론을 무비판적으로 수용함으로써 '역 오리엔탈리즘'을 범하고 있다는 비판이다. 첫 번째 비판은 '아시아적 가치'나 '동아시아 발전 모델'을 얘기하는 것은 곧 '유교 자본주의'를 이야기하는 것이고, 이는 …… 역사적으로 그 역할과 의미가 아직도 모호한 사상을 전통이라는 이름 하에 무비판적으로 받아들이는 결과를 낳는다는 것이다. 두 번째 비판은 유교 자본주의나 아시아적 가치 논쟁이 서양의 학계가 발명한 주제이고 논쟁인 만큼, 이를 수입하는 것은 서양에 대한 학문적 종속을 심화시키는 비주체적인 행위라는 주장이다.[57]

이 정치학자는 이어지는 글에서 우리 사회에서 "아시아적 가치를 운운하는 것은 너무 전통적인 동시에 너무 서양적인 것"이 된다고 주장한다. 너무 전통적인 까닭은 유교가 이미 사라진 과거의 것이어서 정치 의식과 구조에

---

55 박동천, 2002, pp. 65-71.

56 김광억, 1998, pp. 15-17; 박동천, 2002, pp. 62-71; 이승환, 1999b, pp. 318-328; 2000, pp. 204-206; 전제국, 1999. pp. 190-195.

57 함재봉, 2000, pp. 108-109.

별다른 영향을 미치지 못하기 때문이 아니라, "역설적으로 유교가 아직도 우리의 정치 의식, 사회구조, 가치관을 철저히 지배하고 있기 때문"이라는 것이다. 한국의 지식인은 '진보적'이어야 한다는 자아 의식을 가지고 있는데, "아시아적 가치론은 유교가 사라지기는커녕 우리 사회 내에서 작동하고 있을 뿐만 아니라, 매우 긍정적인 영향을 미침으로써 경제 발전의 원동력이 되었다고 주장"하는 탓에, 한국 지식인들의 진보적 자아상을 위협하게 되었다고 그는 파악한다.[58]

아시아적 가치 논의가 너무 서양적이라고 이 정치학자가 파악하는 까닭은 "유교에 대한 본격적인 재평가와 연구가 한국 학자들이 아닌 외국 학자들에 의해서 시작"되었으므로, "유교에 대한 얘기를 하는 것이 서양 학문의 노예가 되는 것"이라고 비판론자들이 주장하기 때문이다. 그러나 "특정 이론이 어느 나라에서 시작되었는가 하는 문제를 가지고 그것을 받아들일 것인지 아닌지를 가른다는 것은 실로 어처구니없는 짓이다." 백 번 양보하여 아시아적 가치론이나 유교론이 서양에서 수입된 담론이라고 하더라도, 그렇다면 이러한 비판론자들이 자주 거론하는 자유주의·사회주의·진보주의·자본주의·민족주의는 수입된 개념이 아니란 말이냐고 그는 반문하고 있다.[59]

이러한 관점에 서면, 또 다른 사회과학자의 말대로 "탈정치·경제적 관점에서 아시아적 가치를 볼 필요가 있다."[60] 필자는 아시아적 가치 논의의 심리학적 함의를 찾기 위해서는 이 두 학자들의 주장대로 탈정치적 관점에서 문제를 바라볼 필요가 있다는 입장이다. 따라서 여기서는 아시아적 가치 논

---

58 함재봉, 2000, pp. 109-110.

59 같은 곳, pp. 110-113: 이 글의 대미를 그는 "현재 한국의 지식인들 앞에 놓여 있는 이론과 사상들 중에서 한국 근대화의 경험을 가장 잘 설명해 주고, 그 논리와 지향점을 가장 설득력 있게 보여주는 것은 사회주의도, 자유주의도, 자본주의도 아닌 '유교론', 즉 아시아적 가치론과 동아시아 경제발전론, 그리고 유교 자본주의론이다"(p. 114)라는 함축적인 말로 장식하고 있다.

60 김명수, 2000, p. 287.

의를 둘러싼 비판 가운데 가장 정치적(?)인 색채가 짙은 맨 마지막 비판의 관점에서는 떠나서 '아시아적 가치' 문제에 접근하도록 하겠다. 이 책에서 지금까지 전개해 온 연구 내용에 따라, 여기서는 아시아적 가치를 "한국·중국·일본 같은 동아시아 지역의 유교적 가치"라고 범위를 좁혀서 논의해 보기로 한다.[61]

한국·중국·일본의 동아시아 삼국, 또는 범위를 좀 넓혀 홍콩·대만·싱가포르 같은 중화권 국가까지 포함해서 동아시아의 범위를 제한한다면, 우리는 쉽게 이 지역인으로 스스로를 동일시할 수 있다. '동아시아인'은 '서구인', '중동인', '남미인' 등 개념적으로 같은 수준의 다른 지역 사람과 대(對)를 이루는 사람들이다. 예를 들어, 한국 사람들은 스스로를 '한국인'이라고 동일시하면서, 동시에 '동아시아인'이라고 동일시할 수 있다. 동아시아는 광대하기는 하지만 그 포괄 범위가 한정적이고 분명하기 때문이다. 그러므로 '동아시아인'은 심리적 실체가 분명한 개념이고, 따라서 그 심리적 실체가 의심되는 '세계인'과는 다른 차원의 실재적 개념(substantial concept)인 것이다.

동아시아인이 이렇게 심리적 실체가 분명한 개념이듯이, '유교적 가치' 또한 그 내용을 분명히 할 수 있는, 확실한 심리·행동적 의미를 갖는 개념이다. 제1장에서 살펴보았듯이, 중국·대만·홍콩·일본·한국·싱가포르 사람들은 미국·캐나다·호주·영국·프랑스·독일 사람들과는 달리 강한 "유교적 역동성"의 가치를 공유하고 있다. 이들 유교적 역동성의 가치들은 인내심, 지위와 서열 존중, 절약, 검소, 염치, 체면, 전통 존중, 인사치례와 은혜 갚기 같은 유교적 가치를 반영하는 것들이다. 동아시아인들은 대체로 그들이 내세우는 종교와는 상관없이 아직도 그 신념이나 행동 습관으로 보아 유교도라고 볼 수 있을 정도로 "마음의 유교적 습성들"을 간직하고 있다. 이러한 마음의 유교적 습성들은 동아시아인의 "문화 전통과 의식구조의 중추"가

---

61 '아시아적 가치' 논의가 동아시아 유교권 국가들의 비약적인 경제 발전을 설명하려는 맥락에서 출발했으므로, '아시아'를 '동아시아 유교권 국가'로, '가치'를 '유교적 가치'로 범위를 좁혀서 살펴보는 것이 논지에서 크게 벗어나는 일은 아닐 것이다.

되어, 그들의 사회인지(제3장)·정서(제4장)·동기(제5장) 같은 심성의 여러 차원에서 유교적인 가치를 드러내고 강조하도록 영향을 미치고 있었던 것이다. 이 책의 제3장부터 5장까지 보았듯이, 이러한 유교적 행동양식과 심성은 한국인·중국인·일본인에게서 별 차이 없이 공통적이었다.

이렇게 보면, 한국인·중국인·일본인 같은 동아시아인들은 유교적 가치를 공유하고 있으며, 이들에게 이러한 유교적 가치는 아직까지도 그들의 실제 삶에 영향을 미치는 중요한 가치체계로 작동하고 있는 것이다. 물론 이 밖에 다른 가치들, 예를 들면 많은 한국인들에게는 불교와 기독교적 가치, 일본인들에게는 신도(神道)의 가치, 중국인들에게는 도교의 가치도 그들의 삶에 영향을 미칠 것이다. 그 밖에 많은 사회·경제·정치적인 외적 요인도 이들의 삶의 과정에서 커다란 영향을 미치고, 그럼으로써 그들의 행동이 상황에 따라 달라질 것이라는 사실은 두말할 나위도 없이 자명한 일이다. 그리고 이들 동아시아인들이 간직하고 있는 이러한 유교적 가치는 시대에 따라 조금씩 달라지기도 할 것이다. 예를 들면, 부모에 대한 효의 가치는 현대에 와서 과거보다 많이 퇴색했을 것이다. 많은 심리학적 연구들에서 이러한 여러 가지 사실들이 계속 밝혀지고 있다. 이러한 사실들을 잘 고려하면, 문화결정론의 오류에서도 벗어나고, 또 문화의 역동성과 가변성도 잘 고려하는 연구의 태도를 견지할 수 있을 것이다.

이상에서 고찰한 바와 같이, '동아시아의 유교적 가치'는 한국·중국·일본 같은 동아시아 유교권 국가에 살고 있는 사람들에게는 분명한 실재성을 가지는 심리적 실체라고 할 수 있다. 따라서 심리학적으로 보면, 이러한 맥락에서 아시아적 가치는 더 이상 허구 개념이 아니다. 심리학적으로 동아시아의 유교적 가치는 분명히 현재에도 작동하고 있는 현실의 체계인 것이다.

4. 새로운 동양심리학의 기획

　지금까지 서구 개인주의의 배경에 고대 그리스 시대부터 면면히 이어져 오다가 17세기에 들어서 절정에 이른 자유주의의 사상이 놓여 있듯이, 동아시아 집단주의의 배경에는 고대 중국에서 발원하여 중국은 물론 그 이웃인 한국과 일본 사회를 오랫동안 지배해 왔던 유학사상이 놓여 있음을 살펴보았다. 이러한 유학사상은 동아시아 사회의 과거를 지배해 왔던 역사적 유물이기만 한 것이 아니라, 현재도 살아 이 지역 사람들의 "문화 전통과 의식구조의 중추"를 형성하고 있다. 곧 동아시아인들은 아직도 "마음의 유교적 습성들"을 지니고 살아가고 있다. 이렇게 유교적 가치체계는 동아시아인들의 현재의 삶을 지배하고 있는 "실재성"을 가지는 현실의 체계인 것이다.

　이렇게 유학적 가치를 사상적 배경으로 삼고 있는 동아시아 사회인들은 강한 집단주의 문화를 형성했다. 이들은 사회의 궁극적인 구성 요소를 개인들 사이의 관계라고 보아, 사람들 사이의 연계성과 상호의존성을 중시하며, 이러한 관계 속에서 조화를 이루는 일을 삶의 가장 중요한 주제로 삼는 자세를 견지하고 있다. 이들은 자신의 개인적 감정이나 이기적 욕구는 대인관계와 집단의 조화를 해치는 핵심 요소라고 보아, 삶의 과정에서 이를 적극 억제하려 한다. 이들은 인간은 이러한 자기 억제를 통해 자기개선을 이룰 수 있고, 그럼으로써 이상적 상태에 이를 수 있는 가변적인 존재라고 인식한다. 이렇게 동아시아인들은 사람들 사이의 연계성·상호의존성·조화성을 추구하고, 자기 억제를 중시하며, 가변성과 자기개선을 강조하는 삶의 태도를 지니고 있는데, 이러한 사실은 그들의 실제 행동과 심성에 그대로 드러나고 있다.

동아시아인들이 보이는 이러한 집단주의적인 삶의 모습은 기본적으로 이 사회를 오랫동안 지배해 왔던 유학사상의 인간관에서 직접 도출되는 것이다. 유학사상에서는 인간을 개체로서는 그 존재 의의를 찾을 수 없는 사회적 관계체, 모든 도덕의 근거를 스스로 갖추고 있는 능동적 주체자, 그리고 자기 수련과 자기개선을 통해 이상적 인간의 상태에 도달할 수 있는 무한한 가능체로 파악한다. 이렇게 사회적 관계체로 인간을 인식하므로 사람들 사이의 연계성과 상호의존성, 그리고 조화성의 추구를 강조하게 되고, 능동적 주체로 인간을 파악하므로 도덕 주체인 스스로를 통제의 대상으로 보아 스스로에게서 모든 책임을 구하는 자기 억제를 중시하게 되며, 사람을 무한한 가능체라고 생각하므로 자기 향상을 위해 자기개선을 지향하는 태도를 간직하게 된다.

이와는 대조적으로, 서구 개인주의 사회인들은 독립적이고 평등한 개인들 각자가 사회 구성의 궁극적 단위라고 보아, 개인의 자율성과 독립성, 그리고 독특성을 강조하고, 개인이 본유적으로 갖추고 있는 자유와 권리들을 적극적으로 드러내고 추구하는 일을 중시하며, 개인은 안정적이고도 고정된 속성을 갖춘 실체라고 인식한다. 이렇게 서구인들은 개체적 존재인 개인의 독립성·자율성·독특성을 중시하고, 적극적으로 자기 주장을 하며, 개인의 고정된 안정성을 강조하는 삶의 태도를 지니고 있는데, 이는 그들의 실생활의 행동과 심성의 특징으로 고스란히 드러나고 있는 것이다.

서구인들이 보이는 이러한 개인주의적인 삶의 모습은 이 사회에서 인간과 세상사를 파악하는 배경으로 작용해 온 자유주의 사상의 인간관에서 직접 나오는 것이다. 자유주의 사상에서는 사회를 이루는 기본 단위인 개인을 자유의 보유자, 이성의 주체, 그리고 고정적이고 안정적인 실체라고 개념화한다. 자유의 보유자이기 때문에 개인은 스스로의 자율적인 선택과 독특성을 중시하게 되고, 스스로가 이성의 주체로서 합리성의 원천이기 때문에 적극적인 자기 주장을 강조하게 되며, 안정적인 실체이므로 자기의 신념이나 행동체계들 사이의 일관된 안정성을 추구하는 삶의 태도를 갖추게 되는 것이다.

서구의 자유주의 사상에서 인간 존재를 이와 같이 파악하는 관점은 서구 사회에서 발달해 온 현대심리학의 연구 내용과 그 방향을 결정하는 토대가 되어왔다. 심리학은 인간이 삶의 과정에서 경험하는 심리 내용과 그 과정 및 이의 행동적 표출에 대해 객관적으로 탐구하여 그 법칙성을 찾아내려는 학문이다. 그러므로 심리학은 연구되고 있는 사회의 인간을 대상으로 할 수밖에 없으며, 따라서 해당 사회에서 인간을 파악하는 관점에 따라 탐구하는 내용이 달라질 수밖에 없다. 서구에서 발달한 현대심리학은 서구인이 가지고 있는 인간관을 그대로 반영하고 있는 것이다. 이러한 맥락에서 보면, 인간을 파악하는 관점이 서구와 다른 동아시아에서는 심리학의 체계를 달리 구성할 수밖에 없을 것이다.

지금까지 강조해 왔듯이, 동아시아 집단주의의 사상적 배경이 되었던 것은 유학의 체계였다. 이러한 유학사상은 현재에도 동아시아인들의 삶의 과정에서 지배적인 영향력을 행사하고 있다. 이러한 배경에서 동아시아인들은 세상사와 인간을 파악하는 인지양식이 서구인들과 다를 뿐만 아니라, 정서·동기 같은 심리 내용과 그에 따른 행동도 매우 달라진다. 그러므로 동아시아인들의 삶에 토대를 둔 심리학의 내용은 서구인들의 삶에 근거한 현대 서구심리학의 그것과는 다른 모습을 갖출 수밖에 없다. 동아시아인들의 삶의 배경을 이루고 있는 것이 유학사상이므로, 동아시아인들의 삶에 토대를 둔 동양심리학은[1] 유학적 심리학이 되지 않을 수 없는 것이다.

유학사상은, 특히 선진유학 사상은 우주 안에서 인간이 지닌 독특한 위치와 특성에 관한 사색〔人性論〕, 이러한 독특함을 지닌 사람으로서 지향해야 할 이상적인 상태에 관한 사색〔君子論·聖人論〕, 사회적 존재로서 이러한 인간이 지녀야 할 삶의 양태에 관한 사색〔道德實踐論〕, 그리고 이러한 이상적 상태를 이루기 위해 인간이 해야 할 일에 관한 사색〔修養論〕의 네 체계로 정리될 수 있다. 그러므로 유학사상에 바탕을 두고 전개될 동양심리학은 이

---

1 "동양심리학"이란 용어는 "동아시아인들에 관한 토착심리학"이라는 의미로 쓰일 수도 있고, "동아시아인들의 삶에 토대를 둔 보편심리학의 체계"라는 의미로 쓰일 수도 있다. 여기서는 이를 서구에서 전개된 현대심리학을 보완하는 새로운 심리학의 체계라는 관점에서 후자의 의미로 쓰기로 한다.

네 체계를 근거로 하는 것일 수밖에 없다. 이들은 각각 심리구성체론, 이상적 인간형론, 사회관계론, 그리고 자기통제론과 관계된 내용이 될 것이다.[2]

1) 인성론과 심리구성체론의 문제

인성론은 우주에서 인간이 차지하는 독특한 위상을 인간이 태어날 때부터 갖추고 있는, 그리하여 다른 생물체와는 구별되는 인간의 본성에서 찾아보려는 이론체계로서, 유학사상이 성립하고 있는 논리적 바탕이다. 유학에서 인성론은 맹자와 순자에 의해 기초가 닦였는데,[3] 이들의 인성론은 인간 본성의 구성체들과 그들 각각의 기능 및 그들 사이의 관계에 관한 논리체계로 구성되어 있다. 이러한 인성론에서는 인간이 태어날 때부터 갖추고 있는 심성의 내용에는 어떤 것들이 있느냐 하는 문제, 그래서 심리학에서 핵심적으로 탐구해야 할 인간 심성의 내용은 어떠한 것들이냐 하는 심리구성체론의 문제를 이끌어낼 수 있다.

(1) 심리구성체론의 동·서 대비

서구에서는 인간 심성의 구성 요소를 지·정·의 세 가지로 보는 관점이 주류를 이루어왔으며, 이렇게 인간 심성을 구성하는 심리구성체를 지·정·의 삼분체계로 보는 것은 현대심리학이 받아들인 서구 철학의 전통이었다.[4] 플라톤은 인간의 영혼은 이성·감정·욕구의 세 부분으로 구성되어 있다고 보아, 이러한 관점의 서막을 열었다.[5] 이 세 부분은 각각 현대심리학에서 인

---

2 이의 자세한 내용은 졸저(조긍호, 1998a, pp. 349-410; 1999b, pp. 31-161) 참조.

3 김충렬, 1982, pp. 172-175; 馮友蘭, 1948/1977, pp. 105-107.

4 Geen, 1995a, p. 17; Hilgard, 1980; Parkinson & Colman, 1995.

5 박전규, 1985, p. 44; Bordt, 1999/2003, pp. 108-110; Dickinson, 1967/1989, p. 148; Guthrie, 1960/2003, pp. 148-150.

지·정서·동기로 탐구되고 있는데, 플라톤은 이 세 심리구성체 가운데 이성이 중심이라는 이성우월론을 택하여, 현대심리학의 핵심 교의인 인지우월론의 씨앗을 뿌리기도 했다.

그러나 선진유학자들이 보는 심리구성체론은 이와는 다르다.6 맹자는 도덕의 근거인 사단, 생물적 감각적 욕구, 인식능력인 양지와 도덕적 행위능력인 양능을 사람이 갖추고 태어난다고 본다. 순자는 생리·감각적 욕구 체계, 인식능력인 지, 그리고 도덕적 행위능력인 능을 사람이 갖추고 있다고 본다. 이들이 제시하는 생물·감각적 욕구체계에는 동기 말고도 외부 대상에 대한 감정체계인 정(情)이 포괄된다. 이렇게 보면, 유학사상에서는 도덕성과 도덕 의지, 인식능력, 그리고 동기와 정서체계로 인간의 심리구성체를 파악하고 있는 셈이다. 곧 덕·지·정·의라는 사분체계로 인간의 심성체계를 나누는 것이 유학사상에서 제시하는 심리구성체론의 특징이다. 이러한 맥락에서 보면, 지금껏 서구심리학에서 추구했던 인지·정서·동기에 덕성(德性)을 덧붙여서 연구해야 할 필연성이 도출되며, 여기에 바로 새로운 동양심리학이 성립할 수 있는 바탕이 놓여 있는 것이다.

이러한 인간 심성의 구조론에서 또 한 가지 도출해 볼 수 있는 심리학적 문제는 각 구성 요소 사이의 관계 문제이다. 전술한 바대로, 현대심리학에서는 이성 중심의 인지우월론이 대세를 이루어 왔다. 그러나 유학자들은 덕성의 우월성을 주장한다. 곧 덕성에 따라 인지·정서·동기의 체계가 통어되어야 한다고 보는 것이다. 이는 유학이 기본적으로 성덕을 지향하는 체계라는 점에서 당연한 논리적인 귀결이라 할 수 있다. 이렇게 보면, 동양심리학에서 덕성은 가장 중핵적인 체계가 될 수밖에 없고, 따라서 이에 따라 나머지 심적 구성 요소들이 제어되고 통합되는 과정에 관한 새로운 연구 문제가 제기되는 것이다.

---

6 유학사상의 심리구성체론에 대해서는 이 책의 제3장 2절 중 "유학의 인성론과 덕성우월론" 부분(pp. 206-220) 참조.

(2) 도덕심리학과 그 내용

인간을 이성 주체로 개념화하는 자유주의 사상과는 달리, 유학사상은 인간을 덕성 주체로 보아, 도덕성이 인간의 가장 근본적이고도 중요한 특성이라고 인식한다. 따라서 동양심리학의 가장 핵심적인 체계는 도덕심리학이 되어야 할 것이다. 이러한 도덕심리학에서는 도덕성의 존재 근거의 문제, 도덕성의 본질과 기능의 문제, 그리고 덕성우월성의 문제 들이 중요한 연구 문제로 등장할 것이다.[7]

① 도덕성의 존재 근거

서구심리학에서 도덕성에 관한 연구는 정신역동이론·학습이론·인지발달이론의 관점에서 탐구되어 왔다. 이들은 도덕성을 "개인에 의해서 내면화된 사회적 행위 상의 일련의 문화적 규칙"[8]이라 규정한 다음, 정신역동이론은 내면화의 정의적(情意的) 측면, 학습이론은 내면화의 행동적 측면, 인지발달이론은 내면화 현상 속의 인지적 판단의 측면을 중요시하여 연구해 왔다고 볼 수 있다.[9] 이들은 모두 도덕성의 인간 본유설을 부정하고, 이를 부차적이거나 다른 심리구성체의 하위 종속 요인으로 본다는 공통점이 있다.

프로이트의 정신역동이론에서는 도덕성의 존재 자체는 인정하나, 그 근거는 개인 밖의 사회 속에 있다는 견해를 편다. 곧 개인 밖의 사회 속에 존재하는 도덕적 가치가 동성 부모에 대한 동일시 과정을 거쳐 내면화 되어 개인 속에 자리 잡게 된다는 것이다. 이에 견주어, 학습이론이나 인지발달이론에서는 도덕성의 존재 자체를 거부하거나 인정하지 않는 입장을 취한다. 다만 사회적 규칙이 강화의 원리에 따라 학습되어 내면화되거나, 인지 능력이 발

---

7 이의 자세한 내용은 졸저(조긍호, 2006, pp. 513-535) 참조.

8 Kohlberg, 1964, p. 384.

9 김호권, 1969, pp. 211-212.

달하는 데 따라 판단 과정에서 이러한 규칙이 고려되거나 고려되지 않을 뿐이지, 도덕성이라는 심리구성체가 별도로 존재하지는 않는다는 것이다.

또한 이들은 모두 도덕성을 인간 심성을 구성하는 고유 체계가 아니라, 하위 체계 또는 부속 체계라고 본다. 프로이트는 초자아(super-ego)라는 도덕성의 존재 자체는 인정하지만, 이는 욕구 체계(id)에 딸려 있거나 욕구 체계에 의존해서 발달되는 하위 체계라고 본다. 학습이론에서는 행동 습관만이 있을 뿐이라고 보아, 도덕성이라는 것의 존재 자체를 거부하므로 말할 것도 없고, 인지발달이론에서도 도덕성은 인지능력의 발달에 수반되어 달라지는 인지능력의 부속 체계라고 보고 있는 것이다.

이와 같이 도덕성의 본유설을 부정하고, 이를 인간 심성의 부차 체계 또는 하위 체계라고 보는 서구심리학의 연구 경향과는 대조적으로, 유학사상에서는 도덕성의 본유설에 바탕을 두어, 이를 인간 심성을 구성하는 가장 기본적이고도 핵심적인 체계라고 본다. 맹자는 측은지심·수오지심·사양지심·시비지심, 곧 인·의·예·지 같은 도덕의 근거가 인간에게 본유적으로 갖추어져 있음을 설파하고 있고,[10] 순자는 동물과는 달리 인간에게는 옳고 그름을 구별하는 변(辨)과 의(義) 같은 도덕성의 바탕이 본래부터 갖추어져 있기 때문에 우주에서 가장 귀한 존재가 된다고 보아,[11] 도덕성의 본유설을 내세우고 있는 것이다.

도덕성의 존재 근거를 보는 관점이 이렇게 달라지게 되면, 도덕심리학이 심리학 전체에서 차지하는 위상이 달라진다. 현대 서구심리학에서와 같이 도덕성을 인간 심성의 하위 체계 또는 부속 체계로 보는 관점에서는 이를 욕구나 인지의 하위 요소로 탐구하면 되므로, 도덕성은 그 자체가 심리학적 탐구의 중심 문제에서 밀려나게 된다. 그러나 유학사상에서와 같이 본유설에 근거하여 도덕성을 인간 심성의 중핵 체계로 보게 되면, 도덕성의 문제가 심리학에서 다루어야 할 가장 중심적인 문제 영역으로 떠오를 것이다.

---

10 《孟子》, 公孫丑上 6; 告子上 6.

11 《荀子》, 非相 9-10; 王制 20-21.

곧 유학사상을 바탕으로 정립될 동양심리학의 체계에서는 도덕심리학이 핵심적인 위치를 차지하게 되는 것이다.

② 도덕성의 본질 또는 기능

위에서 살펴본 도덕성의 존재 근거에 관한 물음은 도대체 도덕성이 심리학의 연구 문제로서 어떠한 위상을 갖는 것인지에 관한 물음일 뿐이었다. 이러한 도덕성의 존재 근거에 대한 물음보다 도덕성에 관한 심리학적 탐구에서 더욱 중요한 물음은 도덕성의 본질 또는 기능에 관한 물음이다. 심리학은 인간의 행동에 미치는 상황적 개인적 요인의 영향을 객관적으로 분석하여 인간 행동 및 심성에 개재하는 법칙을 정립하려 하는 학문으로서, 이러한 법칙은 연구 주제가 되는 심리구성체 또는 심성 특성의 기능과 영향의 탐구를 통해 정립될 수 있을 것이기 때문이다. 그러므로 도덕성에 관한 심리학적 탐구는 도덕성이 개인에게 어떠한 기능을 하는지, 그리고 이것이 개인의 행동과 심성에 어떠한 영향을 미치는지 하는 문제에 대한 분석에 초점을 맞추게 될 것이다.[12]

서구 개인주의 사회에서는 인간을 타인이나 집단과 분리되고 구획된 독립적인 실체라고 보므로, 개인은 자기실현을 비전으로 하여 자기가 지향하고 있는 바를 자유롭게 추구하고 이에 맞게 살 자율적 권리를 보유하고 있다는 관점에서, 도덕성의 본질을 개인의 자유 선택과 독립적인 개인 사이의 계약에서 찾는다. 이러한 서구식 접근의 근본 가정은 사회란 개인들이 이익 갈등을 최소화하고 스스로의 이익을 지키기 위해 다른 성원들과 계약을 맺음으로써 형성된 것이며, 개인들은 이러한 계약을 통해 자기 이익을 최대로 보장해 줄 수 있는 행위 원칙에 합의하게 된다는 것이다. 이러한 행위 원칙 가운데 핵심이 되는 것은 정의(正義)의 원칙이며, 도덕성은 이러한 정의 원

---

12 Fiske, A. P. et al., 1998; Gilligan, 1982; Hamilton et al., 1990; Miller, J. G., 1991, 1994, 1997; Miller, J. G., & Bersoff, 1992, 1994; Miller, J. G., & Luthar, 1989; Miller, J. G. et al., 1990; Shweder, Mahapatra, & Miller, J. G., 1990; Shweder, Much, Mahapatra, & Park, 1997; Taylor, C. 1989.

칙에 따른 자율적 선택에서 나온다고 본다. 곧 서구 개인주의 사회에서는 도덕성의 본질을 "정의의 도덕성(the morality of justice)"이라고 보아, 도덕적 문제의 핵심은 개인의 권리와 자유, 사회 계약에 의한 공정성의 확보, 그리고 개인의 자율적 선택에 있지, 타인이나 사회에 대한 배려와 책임에 있지 않다고 받아들이는 것이다.

이와는 대조적으로, 동아시아 집단주의 사회에서는 인간은 타인 및 집단과 맺는 관계 속에서 존재 의의를 찾을 수밖에 없다고 보므로, 자기확대를 비전으로 하는 타인 및 집단에 대한 배려에서 도덕성의 본질을 찾는다. 유학자들은 인간에게서 사회성을 제거해 버리면 인간은 존재 의의 자체를 상실하게 된다고 본다. 이러한 관점에서 개인의 권리와 객관적인 정의의 원칙은 절대적이거나 보편적인 것이 아니라 이차적인 중요성을 가질 뿐이며, 이보다는 관계 상대방에 대한 관심과 배려 및 책임감이 더 중요하게 된다. 유학사상에서는 대인관계에서 서로 간의 배려와 책임이 외면되거나 무시되면 객관적인 행위 원칙의 도출 근거 자체가 사라진다고 보고, 도덕성은 바로 이렇게 다른 사람에 대한 배려와 책임감에서 나오는 것이라고 본다.[13] 곧 유학사상과 동아시아 집단주의 사회에서는 도덕성의 본질을 "배려의 도덕성(the morality of caring)"이라고 보아, 도덕적 문제의 핵심은 대인관계에서 조화와 질서의 형성과 유지, 다른 사람에 대한 우선적인 배려, 사회적 의무와 책임감에 있지, 개인적 이익의 확보나 자유 선택에 있지 않다고 인식하는 것이다.

도덕성의 본질을 이렇게 서로 다르게 개념화하면, 도덕적 문제 상황의 규정이나 도덕성이 인간 삶에서 수행하는 기능들에 관해 서로 다른 관점을 가지게 된다. 개인주의 사회에서 도덕적 문제 상황은 개인의 권리가 침해되었는지의 여부이고, 이에 개입할 것인지는 개인의 선택에 달려 있지만, 집단주의 사회에서 도덕적 문제 상황은 관계 당사자가 곤경에 빠져 있는지의 여

---

13 葉公語孔子曰 吾黨有直躬者 其父攘羊 而子證之 孔子曰 吾黨之直者異於是 父爲子隱 子爲父隱 直在其中矣(《論語》, 子路 18).

부이고, 이에 개입하는 것은 개인의 책임이자 의무가 된다. 그러므로 어떤 것이 도덕적인 문제 상황이고, 또 어떤 행동이 도덕적으로 착한 행동인지에 대한 규정과 그러한 행동이 가져오는 효과들을 놓고 서로 다른 관점을 가지게 되므로, 동양심리학에서 전개될 도덕성에 관한 탐구 주제들은 서구심리학의 그것과는 크게 달라질 것이다.

③ 덕성우월주의의 문제

유학자들은 도덕성의 본유설에 대한 강한 신념에 덧붙여서, 도덕성이 인간 심성의 가장 중핵적인 체계라는 덕성우월론을 견지하고 있다. 맹자나 순자는 양지·양능 또는 지·능 같은 도덕적 인식능력과 도덕적 행위능력을 사람이 본유적으로 갖추고 있다고 보고, 이를 통해 스스로가 덕성 주체라는 자각을 이루어야 할 뿐만 아니라 이기적 욕구와 정서를 억제하여, 이러한 이기적 욕구와 정서가 도덕성에 의해 지배되고 통어되도록 해야 한다고 주장한다. 이러한 관점은 공자로부터 이어지는 유학의 전통이며, 특히 성리학자들은 삶의 목표를 "이기적 욕구와 정서를 통제하고, 도덕성을 간직하는 일〔遏人欲·存天理〕"[14]이라고 보아, 도덕성에 따른 이기적 욕구와 정서의 통제를 중시하고 있다.

이러한 맥락에서 보면, 유학자들이 도덕성의 본유설을 통해 주장하려 했던 핵심은 덕성우월론의 관점이라 할 수 있다. 곧 유학자들은 도덕성에 의해 인간 존재가 지닌 특성들이 모두 통합되어야 함을 강조하고 있는 것이다. 동양심리학에서는 이러한 도덕성에 따른 욕구와 정서의 통제가 어떻게 가능하고, 또 이는 개인에게 어떠한 효과를 가져올 것인지가 또 하나의 중요한 탐구 문제로 등장하게 될 것이다. 특히 이 문제는 자기심리학에서 다루어질 자기 통제의 핵심이 된다는 점에서 도덕심리학과 자기심리학을 관련짓는 연결 고리가 될 수 있을 것이다.

---

14 《退溪全書上》, 書 答李平叔 849; 《栗谷全書》, 說 人心道心圖說 282-283.

2) 군자론·성인론과 이상적 인간형론의 문제

군자론과 성인론은 인성론에서 전개된 바와 같은 존재 특성을 지닌 인간이 삶의 과정에서 도달할 수 있는 가장 바람직한 상태에 관한 이론체계이다. 곧 이는 인간 삶의 목표를 설정한 논리체계인 셈이다. 이러한 군자론과 성인론은 삶의 과정에서 추구해야 할 가장 이상적인 인간상에 관한 연구 문제를 낳는다. 역으로 이러한 군자론과 성인론에서 바람직하지 못한 인간의 삶의 모습에 관해 추론해 볼 수도 있다. 그러므로 이로부터 정신 건강과 심리치료 문제를 대하는 동양심리학의 체계를 도출해 낼 수 있다.

(1) 이상적 인간형론의 동·서 차이

타인과 구분되는 독립적 실체인 개인을 사회 구성의 기본 단위로 인식해온 서구에서는, 개인이 개체로서 지닌 독특한 능력과 특성을 현실 세계에서 최대한 실현하는 것을 이상적 인간의 기본 조건이라 여겨왔다. 이는 타인과 공동체에 대한 관심과 배려보다 삶의 여러 측면에서 개인이 성취하는 탁월성(aretē)을 크게 여겨 덕(virtue)의 원형을 개념화해 온, 고대 그리스 시대부터 이어진 개인중심 인간관에서 필연적으로 생겨나는 관점이라 할 수 있다.[15]

이러한 배경을 가진 서구심리학에서 이상적 인간상을 그리는 핵심 개념은 자기실현이다. 곧 서구심리학에서는 독립적인 개체인 개인이 자기의 독특성과 자율성을 인식하고(주체성), 이를 현실 속에서 자신의 것으로 받아들이고 인정하며(자기 수용), 자기의 독특한 개성을 실생활에서 발휘하기 위하여(문제중심성) 통일된 인생 목표를 세우고 노력하며(자기 통일), 그러한 과정에서 사람들과 따뜻하고 원만한 관계를 맺으면서(따뜻한 대인관계) 살아가는 사람을 이상적 인간으로 여기고 있다.

이러한 과정에서 가장 중요한 것은 개인의 이성이다. 이성의 주체로서 개

---

15 Guthrie, 1960/2003, pp. 21-24.

인은 자기에게 가장 유익하고도 바람직한 자기상을 합리적으로 설정하고 추구해 가야 하며, 이것이 이상적인 삶의 조건이라고 보는 것이다. 이러한 관점을 따르면, 타인에 대한 관심과 배려를 중핵으로 삼는 도덕성은 이상적 인간상을 설정하는 데 그다지 중요하지 않거나 부차적인 중요성을 가질 뿐이다. 이들은 철저히 개인중심적이어서, 이성을 동원한 합리적이고 자율적인 선택을 통해 개체로서 자기 자신이 지니고 있는 능력과 특성을 실생활에서 남김 없이 발휘함으로써, 자기실현을 이루는 일이 이상적 인간이 되는 길의 핵심이라고 보는 것이다.[16]

이와는 대조적으로, 유학사상에서 제시하는 이상적 인간상인 군자와 성인은, 수기(修己)를 통해 도덕적 자기 완성을 이루어야 할 뿐만 아니라, 이렇게 터득한 도를 타인에게까지 미루어 나가서, 그들 또한 도를 몸소 지니도록 도와줌으로써, 그들과 함께 더 나은 공동체를 이루고자 노력하는 인간상으로 그려진다. 이는 타인과 공동체에 대한 관심과 배려를 축으로 삼아 덕을 이해하는 유학사상의 관계중심 인간관에서 자연스럽게 나오는 지론이다.

유학자들이 보기에 인간은 사회적 존재로서, 사회성을 외면하고 인간을 이해한다는 것은 있을 수 없는 일이다. 사람은 타인들과 연결된 관계 속에서 태어나서, 새로운 관계를 맺으면서 살다가, 그러한 관계 속에서 죽어가는 관계 속의 존재이다. 이렇게 서로 관계를 맺고 살아가는 다른 사람과의 연계 속에서 개인의 존재 의의와 특성이 드러나게 된다는 것이 유학자들의 생각이다. 그러므로 개체로서 자기의 존재 의의를 타인이나 사회와 맺는 관계 속에서 찾아, 그들에 대해 관심을 가지고, 그들을 우선적으로 배려하며, 그들에 대한 책임을 다하려고 노력하는 것이 바람직한 삶의 태도이며, 이상적인 인간이 되는 길의 핵심이라고 보는 것이 유학사상의 관점인 것이다.

이러한 과정에서 가장 중요한 것은 덕성이다. 덕성 주체로서 개인은 스스로가 도덕 주체임을 깨달아, 남들과 함께 일상생활에서 도덕성을 실천해야

---

16 서구 개인주의 사회에서 개념화해 온 이상적 인간상과 이에 관한 심리학적 연구에 대해서는 졸저(조긍호, 2006, pp. 195-278, 466-479) 참조.

한다는 것이 유학자들이 보는 이상적 인간상의 전제 조건이다. 이러한 관점
에서는 타인에 대한 관심과 배려를 핵심으로 하는 도덕성이 가장 중요한 특
성으로 떠오르며, 인간 삶의 가치는 개체로서 가지는 개인의 능력이나 특성
을 완전히 발휘하는 데서가 아니라, 덕성을 함양하고 실천함으로써 더불어
함께 사는 사람들과 조화로운 사회를 이루는 일에서 드러나게 된다고 보는
것이다.[17]

이상적 인간상을 설정하는 과정에서 드러나는 이러한 동·서 차이는 심리
적 부적응과 그 치료의 문제에 접근하는 관점과 방법의 차이를 유발하게 된
다. 바람직한 이상적(理想的) 인간상에 관한 입론을 뒤집으면, 역으로 부적
응적인 이상적(異常的) 상태에 관한 개념화로 이어질 것이기 때문이다. 따
라서 바람직한 인간상에 관한 동·서 차이는 부적응과 그 치료 문제를 보는
관점의 차이를 낳게 되고, 결국 서구심리학과 동양심리학에서 정신 건강과
심리치료 문제에 접근하는 시각과 양상은 매우 달라질 수밖에 없을 것이다.

(2) 정신건강심리학과 그 내용

정신 건강과 심리치료에 관한 현대 서구심리학의 연구에서는 부적응 행
동의 원인과 증상, 그리고 그 종류와 이의 진단에는 보편적인 기준이 적용
될 수 있다고 보는 관점이 주류를 이루어왔다. 곧 여러 다양한 부적응 행동
은 문화권의 차이에 상관없이 동일한 원인 때문에 나타나고, 보편적인 증상
을 보이며, 그 종류도 문화에 상관없이 똑같을 뿐만 아니라, 이의 측정과 확
인 기법도 문화에 따라 달라지지 않는다는 것이다.

그러나 정신분열증·우울증·신체화증상·약물중독 같은 가장 일반적인 부
적응 행동에서조차 문화 유형에 따라 그 개념 규정이나 원인 및 증상이 달
라질 수 있다는 사실이 최근의 연구들을 통해 밝혀지고 있다.[18] 문화 유형에

---

17 유학자들이 제시하는 이상적 인간상과 그 심리학적 함의에 대해서는 졸저(조긍호, 2006,
   pp. 353-420, 480-498) 참조.

18 Brandt & Rozin, 1997; Draguns, 1997; Matsumoto, D., 2000,

따라 권장되는 정서의 종류와 그 표출 규칙이 달라짐으로 말미암아,[19] 그리고 자기를 파악하는 관점이 달라짐으로 말미암아,[20] 적응과 부적응의 개념 규정이나 주로 나타나는 부적응의 증상이 달라질 뿐만 아니라, 이에 대한 처치 또는 사회적 개입의 양상이 달라지는 것이다.[21] 이러한 사실에서 문화 유형에 따라 정신 건강의 기준, 심리치료의 목표 및 심리치료 과정이 달라질 것임을 쉽게 추론해 볼 수 있다.[22]

① 정신 건강의 기준

서구 개인주의의 배경인 자유주의 사상에서는 개인 존재를 자유의 보유자, 이성 주체, 안정적 실체라고 개념화하여 받아들인다. 그러므로 개인주의 사회에서는 자유의 보유자로서 지니는 독립성·독특성·자율성, 이성의 주체로서 지니는 합리성·적극성, 안정적 실체로서 지니는 일관성을 이상적 인간의 기준이라고 본다. 이와는 대조적으로, 동아시아 집단주의의 배경인 유학사상에서는 개인을 의무·역할의 복합체, 덕성의 주체, 가변적이고 과정적인 존재라고 파악한다. 그러므로 집단주의 사회에서는 의무·역할의 복합체로서 지니는 연계성·조화성, 덕성의 주체로서 지니는 배려성·겸손성, 과정적 존재로서 지니는 가변성을 이상적 인간의 기준이라고 본다.

이렇게 두 문화권에서 개인을 파악하는 세 가지 관점 각각에 따라 이상적 인간에게 요구하는 강조점들은, 제2장에서 제시된 바와 같은 세 차원(주의의 초점, 통제 대상, 행위가변성)의 문화차 개관의 틀(표 2-2 참조)에서 문화권에 따라 강조하는 내용들과 일치하는 것이었다. 이러한 강조점들은 두 문화권에서 각각 바람직한 정신 건강의 기준으로 작용한다고 볼 수 있다. 그러므로 이러한 기준에 부합하는 특성을 가지고 있거나, 이에 부합하는 삶의

---

19 Jenkins, J. H., 1994.

20 Marsella, 1985.

21 Lefley, 1994.

22 이의 자세한 내용은 졸저(조긍호, 2006, pp. 555-570) 참조.

태도를 견지하고 있는 사람은 정신적으로 건강한 사람이 되지만, 그렇지 못한 사람은 해당 사회에서 부적응자로 낙인찍히는 것이다.

그런데 여기서 중요하게 생각해 볼 것은 각 차원에서 문화 유형에 따라 강조하는 내용이 대체로 반대가 된다는 사실이다. 예를 들면, 주의의 초점 차원의 경우 개인주의 문화권에서는 독립성·자율성·독특성을 강조하지만, 집단주의 문화권에서는 연계성·상호의존성·유사성을 강조하는 것이다. 그러므로 개인주의 사회에서 정신적으로 건강한 사람이 집단주의 사회에서는 부적응자로 여겨질 수도 있고, 그 반대의 경우도 있을 수 있는 것이다.

주의의 초점 차원에서 보면, 독립적이고 독특하며 특출한 사람은 개인주의 사회에서는 바람직하지만 집단주의 사회에서는 철이 덜 든 사람일 뿐이며, 사회 규범에 잘 순응하고 모가 나지 않는 사람은 집단주의 사회에서는 바람직하지만 개인주의 사회에서는 정신적으로 종속적이어서 문제가 있는 사람일 뿐이다.

통제의 대상 차원에서 보면, 적극적으로 자기의 사적 감정과 욕구를 표출하고 자기 존대를 추구하는 사람은 개인주의 사회에서는 바람직하지만 집단주의 사회에서는 사회의 통합을 해치는 사람일 뿐이며, 자기의 감정과 욕구를 잘 억제하고 겸손을 추구하는 사람은 집단주의 사회에서는 바람직하지만 개인주의 사회에서는 솔직하지 못하거나 정신적인 문제를 일으킬 가능성이 높은 사람일 뿐이다.

그리고 행위가변성의 차원에서 보면, 자기의 정적 측면을 자꾸 확충하여 드러내려 하고 적극적으로 일관성을 추구하려는 사람은 개인주의 사회에서는 바람직하지만 집단주의 사회에서는 지나치게 자기 과시적이거나 경직되고 유연성이 부족한 사람일 뿐이며, 자기의 부적 측면에 민감하고 상황에 따라 가변적인 사람은 집단주의 사회에서는 바람직하지만 개인주의 사회에서는 부적응 증상을 보이는 사람일 뿐인 것이다.

이상에서 보듯이, 문화 유형에 따라 주의의 초점, 통제 대상, 행위가변성 차원에서 설정하는 정신 건강의 기준이 달라진다. 이렇게 정신 건강은 문화 보편적인 문제가 아니라 문화특수적인 문제이다. 그러므로 유학사상을 바탕으로 하여 정립될 새로운 동양심리학에서 정신 건강과 관련된 문제를 다룰 때는, 지금까지 서구심리학에서 제시해 왔던 정신 건강의 기준을 재검토하는 작업부터 해야 할 것으로 보인다.

② 심리치료의 목표

문화 유형에 따라 부적응의 판정 기준과 그 밑바탕에 깔린 심리적 원인이 달라진다면, 이를 치료하기 위한 접근법도 문화적 맥락에 따라 달라질 것이라는 사실은 자명한 일이다. 사실 심리치료의 여러 접근법들은 이러한 문화적 맥락에 따른 문화적응(enculturation)의 결과였다고 볼 수 있다. 현대 심리치료적 접근법의 뿌리는 프로이트가 창시한 정신분석학에 있다고 볼 수 있는데, 이에는 유태인이었던 프로이트가 받아들인 유태 문화의 가치가 반영되어 있으며,[23] 이에 바탕을 두고 미국 사회에서 변형·발전된 다른 심리치료법들은 또 그들 나름대로 미국의 문화적 가치를 드러내고 있는 것이다.[24]

이러한 맥락에서 보면, 부적응에 대해 서로 다른 기준을 보유하고 있는 개인주의 사회와 집단주의 사회에서는 저마다 전제하는 심리치료의 목표가 달라질 수밖에 없다. 각 사회에서 바람직한 인간상으로 강조하는 특성과 이에 부합하는 삶의 태도가 이러한 치료 목표에 반영될 것이기 때문이다.

개인주의 사회에서는 '개체로서 지니는 자기의 독립성·자율성·독특성을 인식하고, 적극적으로 자기를 주장하며, 안정적이고 일관적인 정적(正的) 자기상을 지니고 있는 사람'이 되도록 도와주는 것이 심리치료의 궁극적인 목표로 부각된다. 이와는 대조적으로, 집단주의 사회에서는 '더불어 함께 사는 존재로서 상호의존성과 조화성을 인식하고, 가능한 대로 자기의 사적 감정과 욕구를 억제하고 드러내지 않으며, 자기의 단점을 수용하고 상황에 따라 유연한 적응성을 보이는 사람'이 되도록 도와주는 것이 궁극적인 심리치료의 목표로 부각될 것이다.

---

23 Langman, 1997.

24 Matsumoto, D., 2000, pp. 264-269.

③ 심리치료 과정의 특징

이렇게 문화 유형에 따라 부적응 행동의 기준과 이를 치료하기 위한 심리치료의 목표가 달라진다면, 개인주의와 집단주의 사회에서 이루어지는 심리치료 과정의 특징과 그 과정에서 중시하는 내용에 커다란 차이가 나타나게 된다는 사실은 두말할 나위도 없이 분명한 일이다.

우선 치료 과정에서 통찰해야 할 내용이 달라질 것이다. 개인주의 사회에서는 독립적인 개인의 개체적 존재 특성을 강조하므로, 심리치료를 받으면서 통찰해야 할 핵심적인 내용은 자기의 독특성과 수월성에 근거를 둔 '자기에 관한 통찰'일 것이다. 이에 비해, 집단주의 사회에서는 대인관계 속에 있는 개인의 사회적 존재 특성을 강조하므로, 심리치료 과정에서 자기와 타인 사이의 유사성과 같은 '인간 일반에 관한 통찰'을 해내야 할 것이다.

뿐만 아니라, 두 사회의 심리치료 과정에서 주의와 이해의 강조점, 자기 확인의 내용, 자기 관련 훈련의 내용 들이 달라진다고 예측할 수 있다. 개인주의 사회의 심리치료 장면에서는 항상 자기의 진실한 사적 감정과 욕구에 주의를 기울이고, 자기의 정적 특성이나 능력을 찾아내며, 자기의 욕구와 감정을 적극적으로, 그리고 효과적으로 표현하는 훈련을 하도록 강조한다. 이와는 대조적으로, 집단주의 사회의 심리치료 장면에서는 자신보다는 먼저 다른 사람의 감정과 욕구에 주의를 기울이고, 자기의 단점과 부적 측면을 찾아내어 고치려 노력하며, 자기를 드러내는 대신 자기를 억제하고 절제하는 훈련을 하도록 강조할 것이다.

이상에서 보듯이, 서구의 현대심리학에서 제시하고 있는 정신 건강의 기준, 심리치료의 목표와 그 과정에서 강조하는 내용들은 모두 서구 개인주의 사회에서 설정하고 있는 바람직한 인간상에서 논리적으로 일관성 있게 도출되는 것들이었다. 동아시아 집단주의 사회에서 설정하는 이상적 인간상은 서구 사회와는 다르다. 그러므로 동아시아 사회에서 제시하는 정신 건강의 기준, 심리치료의 목표, 심리치료 과정에서 강조하는 내용들은 서구 사회의 그것과는 다를 수밖에 없다. 이러한 맥락에서 볼 때, 유학사상에 바탕을 두고 정립될 동양심리학이 정신 건강과 심리치료 영역에서 다루어야 할 내용은, 이상에서 고찰한 바와 같이 동아시아 사회인들이 삶의 과정에서 경험하는 내용을 위주로 구성되어야 할 것이다.

3) 도덕실천론과 사회관계론의 문제

군자와 성인 같은 이상적 인간의 상태에 이른 사람들의 사회적인 삶의 양태를 제시하고 있는 것이 정명론(正名論: 공자), 여인위선론(與人爲善論: 맹자), 군거화일론(群居和一論: 순자) 같은 도덕실천론이다. 유학은 지행합일(知行合一)을 지향하고 있는 윤리체계이다. 유학자들은 스스로가 도덕주체라는 사실에 대한 인식과 자기 수련을 통한 도덕적 완성에 그치지 않고, 이를 일상생활에서 실행하는 것이 사회적 관계체인 인간이 그 존재 의의를 달성하는 일이라고 본다. 실생활에서 도덕을 실천하여 사회관계의 조화를 달성함으로써 이상적인 공동체를 이룰 수 있게 된다는 것이다. 이렇게 도덕실천론은 바람직한 사회생활의 양태란 어떠한 것인지에 관한 유학자들의 이론체계라고 볼 수 있다. 이러한 도덕실천론에서는 사회관계에서 인간이 추구해야 할 것은 무엇이며, 사회관계를 유지하기 위해 해야 할 일이 무엇인지 하는 문제에 관한 심리학적 함의를 이끌어낼 수 있다.

(1) 사회관계론의 동·서 차이

서구의 현대 사회심리학에서 사회관계를 보는 기본틀은 모든 대인관계를 교환의 관점에서 보는 합리적 계산자 모형(計算者模型)[25]이다. 이 모형

---

25 보통 "사회교환이론(social exchange theory)"이라고 통칭되는 이 관점은, 한 개인의 사회 행동을 분석하는 거대 이론인 "학습이론과 의사결정이론의 두 가지를 토대로 구축"(Taylor, S. E., Peplau, & Sears, 1994, p. 9)되어, 둘 이상의 사람 사이의 관계를 분석하는 데 사용되어 온, 현대 사회심리학의 가장 기본적인 이론체계 가운데 하나이다(Brehm, S. S., 1992, p. 157; Emerson, 1992, pp. 30-31; Shaw & Constanzo, 1982/1985, p. 90). 이러한 "교환의 관점은

은 정보·도움·보상·애정 들을 주고받는 교환을 통해 사람들은 자기의 이익을 최대화하려는 이기적 존재라는 기본 전제에서 출발한다. 이것이 사회관계의 목표를 구성하는 명제이다. 곧 사회관계의 궁극적인 목표는 이러한 사회관계를 통해서 자기 이익을 최대화하는 데 있다는 것이다.

이렇게 자기 이익 최대화를 꾀하는 과정에서는 필연적으로 관계 당사자들 사이에 이익 갈등이 빚어질 수밖에 없으므로, 이를 해소하고 원만한 관계를 유지하려면 공정한 교환의 규범이 필요하게 된다. 이것이 관계 유지를 위한 규범을 구성하는 명제인데, 이 관점에서는 사회관계를 통해 얻게 될 이익과 부담의 철저한 계산과 공정한 교환을 강조한다.[26] 이렇게 교호성(交互性)과 공정성(公正性)의 원칙을 바탕으로 한 합리적 계산의 과정으로 사회관계를 개념화하는 것이 현대 사회심리학에서 전개하는 사회관계론의 핵심이다.

이렇게 '자기 이익 추구 → 이익과 부담의 철저한 계산 → 공정하고 교호적인 교환에 따른 관계 유지'의 과정으로 사회관계를 개념화하는 사회교환이론들은 기본적으로 개인주의 사회에서 인간을 파악하는 기본 관점을 잘 따르는 데서 나오는 것이다. 개인주의의 이념적 바탕인 자유주의 사상체계에서 개인 존재를 자유의 보유자, 이성 주체, 그리고 안정적 실체라고 개념화하고 있다는 사실은 이미 보아온 바와 같다. 이러한 관점에서는 개인이 자기의 사적 소유와 이익을 확대할 수 있는 자유와 권리(재산권)를 갖추고 있고, 이를 위해 이성에 바탕을 둔 합리적 계산에 따라 자기에게 가장 유리한 방안을 선택할 수 있으며, 자기 이익 최대화라는 안정적 목표를 일관성 있게 추구하는 존재라고 본다. 이러한 관점이 바로 합리적 계산자 모형에

(심리학뿐만 아니라) 사회과학 전체에 걸쳐 광범위하게 연구자들의 관심을 사로잡아온 이론틀이다"(Gergen, K. J., Greenberg, M. S., & Willis, 1980, p. viii). 현대 심리학에서 제시된 사회 교환 관점의 이론들에는 Thibaut와 Kelley(1959), Homans(1961), Blau(1964), Walster, E., Walster, G. W.와 Berscheid(1978)의 이론 들이 있다.

26 자유주의 이념에서 "이성은 본질적으로 자기 이익을 가장 효과적으로 추구할 수 있게 하는 계산 능력"(노명식, 1991, p. 41)을 의미하므로, 이 모형에서 전제하는 이성에 근거를 둔 합리성의 추구란 곧 자기 이익에 대한 철저한 계산을 의미하는 것이다. 앞에서 '사회교환이론'을 '합리적 계산자 모형'이라고 이름붙인 것은 바로 이러한 맥락에 그 까닭이 있다.

따른 사회교환이론의 논리적 바탕이 되고 있는 것이다.

이와는 대조적으로, 유학사상에서 개념화하는 인간은 기본적으로 관계를 맺고 있는 타인에게 관심을 가지고, 그들을 우선적으로 배려하는 도덕성을 갖추고 있는 존재이다. 이러한 관점에서는 사람들 사이의 관계에서 요구되는 질서와 조화를 추구하는 것이 사회관계의 목표라고 전제하는 사회관계론이 도출될 수밖에 없다. 사회관계는 일상생활에서 도덕성을 실천하는 장이기 때문이다. 이는 상호 독립적인 개인이 아니라, 사람들 사이의 관계가 사회 구성의 기본 단위라고 보는 데서 필연적으로 유추되는 관점인 것이다.

이러한 입장에 서게 되면, 독립적인 개인 사이의 공정한 교환을 통한 이익 추구가 사회관계의 목표가 아니라, 일상생활에서 자기를 다하고 타인에게까지 도덕 실천을 미루어가는 충서(忠恕)의 통합(공자),27 특정 관계 당사자들〔君臣·父子·夫婦·長幼·朋友〕 사이에서 요구되는 기본적인 조화〔親·義·別·序·信〕의 추구와 달성(맹자)28 및 함께 모여 살면서 조화롭게 통일을 이루는 일〔群居和一〕(순자)과29 같이 조화로운 사회관계를 이루는 것이 사회관계의 목표로 부각된다.

나아가 유학사상에서는 이러한 조화의 달성은 각 관계에 본유적으로 내포되어 있는 역할의 수행을 통해 이루어진다고 보아, 역할 수행을 사회관계 유지의 핵심 규범으로 본다. 이것이 이른바 "군주는 군주의 역할을 다하고, 신하는 신하의 역학을 다하며, 부모는 부모의 역할을 다하고, 자식은 자식의 역할을 다해야 한다"30는 정명론(正名論)의 체계인 것이다. 맹자와 순자도 공자의 정명론 체계를 이어받아, 역할 수행이 관계 유지의 핵심 규범이라고 보고 있다. 맹자는 추기급인(推己及人)과 여민동지(與民同之)를 통해 이루어지는 여인위선(與人爲善)이 사회생활의 목표로서, 이는 각자의 역할

---

27 《論語》, 里仁 15.

28 《孟子》, 滕文公上 4.

29 《荀子》, 榮辱 39-40.

30 《論語》, 顔淵 15.

수행을 통해 관계 융합이 이루어져야 가능한 일임을 주장하고 있다.[31] 순자
도 사회관계의 조화와 통일은 관계 속에 내재한 역할을 명료하게 인식하고
〔明分〕 이를 수행〔守分〕하는 데서 이루어진다고 봄으로써, 공자의 정명론
을 이어받고 있다.[32]

　이렇게 공자·맹자·순자가 제시하는 사회관계론은 모두 관계 속에 내재
하고 있는 역할의 인식과 그 수행의 문제로 집약되고 있다. 이러한 역할의
인식과 수행은 사회관계 유지의 규범이 될 뿐만 아니라, 사회관계가 추구하
는 목표인 조화 달성을 이루는 전제이기도 한 것이다. 이러한 맥락에서 보
면, 관계 속에 내재한 역할의 인식과 그 수행의 문제가, 유학사상의 사회관
계론에 바탕을 두고 정립될 동양심리학에서 탐구해야 할 중요한 연구 문제
로 떠오르게 되는 것이다.

(2) 역할심리학과 그 내용

　이러한 역할의 문제는 지금까지 사회학의 연구 분야로 미루고, 현대 서구
사회심리학에서는 다루지 않았던 문제임을 주목할 필요가 있다. 지금까지
서구의 심리학자들이 역할의 문제를 외면했던 까닭은, 사회적 역할이란 것
이 개인의 심리 내용 속에 있는 것이 아니라 객관적인 현실로서 여러 가지
사회적인 규정(social prescription) 속에 존재하는 것, 곧 개인 속에 내재하는
것이 아니라 개인 밖에 외재하는 것이라는 인식이 그 배경에 깔려 있었던
때문이라고 볼 수 있다. 그러나 유학자들에 따르면, 역할의 문제는 사회 구
성 다음에 필요한 사회제도의 한 가지로 생겨나는 것이 아니라, 인간 존재
가 본래부터 지닌 특성이다. 개인 존재는 역할의 연쇄망을 벗어나서는 존재
할 수 없을 뿐만 아니라, 역할의 인식과 실천은 곧 도덕성의 인식 및 실천과
통하는 인간의 본질적 특성이 되기 때문이다.

---

31 《孟子》, 離婁上 2.

32 《荀子》, 富國 2-3; 君道 5.

① 사회관계의 목표와 역할의 인식 및 수행

공자는 자신의 도가 자기를 다하는 충(忠)과 자기를 타인에게까지 미루어가는 서(恕)로 관통되어 있다고 하여, 충서의 통합을 사회관계의 목표로 제시하고 있다. 곧 도덕성의 인식과 실천을 사회관계의 목표로 부각시키고 있는 것이다. 그는 이러한 목표가 사회관계에서 모든 사람이 각자의 역할을 충실히 수행함으로써 이루어진다고 보는 정명론을 편다.

맹자는 사회관계의 목표를 대인관계에서 조화를 달성하는 일[五倫] 및 일상생활에서 다른 사람들과 함께 선을 이루는 일[與人爲善]로[33] 잡고, 이러한 목표는 각자가 자기의 역할을 다하는 데서 이루어진다고 보고 있다. 순자도 조화롭고 통일된 사회관계를 이루기 위해서는 역할의 정확한 인식과 수행이 전제되어야 한다고 본다.

이렇게 유학자들은 모두 역할의 인식과 수행이 사회관계의 목표(충서의 통합, 여인위선, 군거화일)를 이루기 위한 전제가 된다고 보아, 역할의 문제를 중시하고 있다. 그렇다면 역할의 인식과 수행이 충서의 통합, 여인위선, 군거화일이라는 사회관계의 목표, 더 나아가서는 인간 삶의 목표를 이룰 수 있는 전제가 되는 까닭은 무엇인가? 이러한 역할의 정확한 인식은 어떻게 해서 이루어질 수 있는가? 역할의 인식과 수행 사이의 관계는 어떠한가? 역할의 인식이 그대로 그 충실한 수행으로 이루어지는 것은 아닌데, 역할의 충실한 수행에 개재하는 요인에는 어떠한 것들이 있는가? 한 개인이 동시에 다양한 역할을 수행할 경우, 역할 사이에 개재하는 갈등은 어떻게 해결할 것인가? 앞으로 유학사상에 토대를 두고 정립될 동양심리학은 역할의 인식과 수행을 둘러싸고 있는 이와 같은 문제들을 집중적으로 탐구해야 할 것이다.

② 사회관계의 유지와 역할 수행

서구의 사회교환이론에서는 관계 당사자들 사이에 이득과 부담의 공정한 교환이 이루어져야 사회관계가 유지될 수 있다고 본다. 곧 합리적 계산

---

33 《孟子》, 公孫丑上 8.

에 따른 공정성의 추구가 사회적 갈등을 해소하고 두 당사자들을 계속 기존의 관계 속에 묶어두는 핵심이라는 것이다. 그러나 이러한 공정한 교환은 관계 유지의 최소 충족 요건일 뿐이다. 공정한 교환이 이루어지면 관계가 깨지지 않을 뿐, 그에 만족하게 되거나 또는 그 관계가 더 강화되는 것은 아니다.

이와는 대조적으로, 유학사상에서는 관계 속에 내재한 역할을 충실히 수행하는 것은 관계를 지속하게 만들 뿐만 아니라, 이를 더 강화하기도 한다고 본다. 순자는 이러한 사실을 "그러므로 역할과 몫을 나누지 않는 것은 사람의 커다란 재앙이고, 역할과 몫을 나누는 것은 천하의 근본적인 이익"[34]이라고 진술하여, 역할의 명확한 인식과 수행이 천하를 근본적으로 이롭게 하는 일이 된다고까지 표현하고 있다.

여기서 역할 수행과 관련하여 한 가지 더 살펴보아야 할 것은, 이러한 역할의 수행이 쌍무적으로 이루어져야 한다는 사실이다. 곧 부모가 자기의 역할을 다하는 것과 자식이 자기의 역할을 다하는 것이 함께 이루어져야 부모와 자식 사이에 친애함이라는 조화와 질서가 이루어지지, 어느 한 쪽만의 역할 수행에 따라서는 이루어지지 않는다고 유학자들은 보고 있는 것이다. 유학자들은 서로 하나의 단위를 이루는 사람들의 쌍무적인 역할 수행을 강조하여, 예를 들면 항상 군주와 신하〔君臣〕, 부모와 자식〔父子〕의 동시적이고도 쌍무적인 역할 수행을 부각시키고 있다.[35] 이러한 사실을 가리켜 순자는 "역할 수행의 길은 한 쪽만 자기 역할을 수행하면 어지러워지지만, 양쪽이 모두 자기 역할을 수행하면 사회관계에 질서가 이루어지게 될 것"[36]이라고 진술하고 있다. 이렇게 보면, 유학자들은 교환물의 공정성이 아니라 쌍무적인 역할 수행의 공정성을 강조하고 있었던 것이라 생각할 수 있다. 요컨대, 추구하는 공정성의 내용이 다른 것이지, 유학사상이라고 해서 공정성

---

34 故無分者 人之大害也 有分者 天下之本利也(《荀子》, 富國 7).

35 《論語》, 顔淵 11; 《孟子》, 離婁上 2; 《荀子》, 君道 5 등.

36 此道也 偏立而亂 俱立而治(《荀子》, 君道 5).

을 완전히 외면하는 것은 아니라는 말이다.

4) 수양론과 자기통제론의 문제

선진유학의 특징은 인간론을 중심으로 하고 있다는 것인데, 인간론의 문제 가운데서도 "인성론보다는 실천적인 수양론이 핵심을 이루고 있다."[37] 이는 유학이 기본적으로 성덕을 지향하는 이론체계라는 점에서 쉽게 이해될 수 있는 사실이다. 유학의 체계에서 이론적 전개에 더 많은 관심을 기울이고 있는 부분은 인성론과 군자론·성인론이다. 이는 인간의 본질적 존재 특성에 관한 논리(인성론)와 이에 근거한 이상적 상태에 관한 논리(군자론·성인론)의 체계이다. 이와는 대조적으로, 도덕실천론과 수양론은 유학의 실천론에 해당한다. 도덕실천론은 다른 사람과의 사회생활에서 이루어야 할 도덕적 삶의 양태에 대해 다루고 있고, 수양론은 개인적인 삶의 과정에서 추구해야 할 삶의 자세에 대해 다루고 있다. 곧 수양론은 인성론에서 제시한 바와 같은 특성을 본유적으로 갖추고 있는 사람이 이상적 인간상인 군자나 성인의 상태에 도달하기 위해서 어떻게 해야 하는지를 물음하고 있는 실천 철학 및 그 방법론의 체계인 것이다. 이러한 수양의 핵심은 자기 절제로 귀결된다는 것이 유학자들의 관점이다. 이러한 수양론에서는 자기 통제를 주축으로 하는 통제론의 문제를 이끌어낼 수 있다.

(1) 자기통제론의 동·서 차이

전통적으로 서구심리학에서는 인간과 환경을 대립항으로 놓고, 환경의 자극에서 오는 영향력을 제어하는 것이 통제의 핵심이라 여겨왔으며, 이러한 환경에 대한 통제력이 자기효능감을 구성하는 중추라고 인식해 왔다. 이

---

37 김승혜, 1990, p. 328.

는 인간과 자연, 이성과 감성, 개인과 집단, 신과 악마, 선과 악 같은 이분법으로 세상사를 개념화하는, 고대 그리스 시대부터 이어온 집요한 서구식 사상체계가 빚어내는 필연적인 결과였다. 곧 "서구인들이 가지고 있는 통제의 개념은 기본적으로 자기의 내적 속성의 주장과 이를 위해 결과적으로 사회적 상황 같은 외적 측면을 자기에게 맞게 변화시키려는 시도라는 의미를 내포"[38]하는 것이다.

서구인들이 가지고 있는 이러한 관념, 곧 통제란 외부 대상을 자기에게 맞도록 변화시키는 시도라는 관념은 서구에서 전개된 자기 통제(self-control)에 관한 연구들로 그대로 이어지고 있다. 현대 서구심리학에서 "자기 통제란 개인에게도 유익하고 사회적으로도 바람직한 결과를 가져오는 어떤 행동(표적 행동)과 그 행동의 실행을 방해하는 요인이 있을 때, 방해 요인의 영향을 제어하고 표적 행동을 실행하도록 자신을 규제하는 것"[39]이라 보고 연구를 진행해 왔다. 이러한 자기 통제 또는 자기 규제(self-regulation)에 관한 심리학적 이론들에서는 "자기 통제 또는 자기 규제 과정에는 목표 설정, 목표 지향적으로 행동하기 위한 인지적 준비(예: 계획·연습·책략선택) 및 점검·판단·자기평가를 포함하는 행동의 자동제어적 순환(cybernetic cycle of behavior) 과정이 포괄"[40]되는데, 이러한 목표 추구 활동의 과정에서 이를 가로막는 혐오 사건이나 방해 요인의 영향을 제어함으로써 자기효능감을 유지하는 일이 자기 통제 또는 자기 규제의 핵심이라고 보아왔던 것이다.[41]

이렇게 자기 통제란, 미래에 설정한 목표의 획득으로 얻게 될 더 큰 욕구의 충족이나 쾌락을 위해, 즉각적인 쾌락을 추구하려는 욕구나 즉각적인 고

---

38 Markus & Kitayama, 1991a, p. 228.

39 정영숙, 1995, p. 86.

40 Markus & Wurf, 1987, p. 308.

41 Fiske, S. T., & Taylor, S. E., 1991, pp. 197-204: 이들은 이렇게 외적 요인을 통제함으로써 자기효능감을 증진하려는 책략에는 행동 통제(behavior control), 인지적 통제(cognitive control), 결정 통제(decision control), 정보 통제(information control), 회고적 통제(retrospective control) 및 이차 통제(secondary control) 등이 있다고 보고 있다.

통을 회피하려는 욕구를 제어하는 것이라는 관점이 서구심리학에서 전개된 자기규제이론들의 배경이었다. 그 결과 "자기 통제에 관한 기존 연구들에서는 자기 통제를 증진시키는 원천으로서 행위자 자신에게 돌아가는 보상(물직적 보상 또는 사회적 보상)을 이용하는 패러다임만을 사용하였다."[42] 말하자면, 외적 보상의 크기의 함수로서 표적 행동의 유인력이 커지고 동시에 방해 요인의 제어력이 줄어들 것이라는 전제에 따라, 미래에 주어질 보상의 크기를 크게 함으로써 표적 행동의 유인력을 높이거나 즉각적인 쾌락이나 고통의 방해력을 줄이는 것과 같이, 외적 조건의 조작을 토대로 주로 연구해 왔던 것이다.[43] 외적 조건을 자기에게 맞추어 변화시키는 것을 통제라고 보는 서구인의 관점에 비추어 볼 때, 이는 자연스러운 귀결이었다.

이와는 대조적으로, 유학사상에서는 인간과 자연, 개인과 사회를 서로 대립하는 실체로 보지 않고, 서로가 서로를 내포하고 있어서 넓고 크게 서로 끌어안아 조화를 이루고 있는 광대화해(廣大和諧)의 존재들로 받아들였다. 인간은 모든 도덕성의 원천을 본유적으로 갖추고 있는 능동적 주체라고 유학자들은 인식한다. 따라서 모든 일의 원인은 스스로에게 갖추어져 있으므로, 통제해야 할 대상은 외부의 환경 세계가 아니라 모든 삶의 주체인 자기 자신이며, 결과적으로 자기의 생물적이고 이기적인 욕구와 감정을 다스리는 자기통제력이 수양의 핵심이자 효능감의 원천이라 여겨왔던 것이다.

선진유학자들 특히 맹자에 따르면, 사람은 누구나 반성적 사고를 통해 스스로에게 갖추어져 있는 선단(善端)을 인식하여 스스로가 도덕 주체임을 자각함으로써, 누구나 바라는 상태인 선을 이룰 수 있는 존재이다. 그러나 환경의 영향이나 과다한 욕구의 가리움 들로 말미암아, 스스로에게 내재적으로 갖추어져 있는 선단을 내쳐버리거나[放心] 잃어버리기[失心] 쉽다. 그러므로 스스로에게 본유적으로 갖추어져 있는 선의 근거를 잃지 않고 간직하여[存心], 이를 잘 기르도록[養性] 주체적으로 노력해야 할 필요가 생

---

42 정영숙, 1994, p. 2.

43 자기 통제에 관한 서구심리학적 연구의 개관은 정영숙(1994, pp. 1-9), 한덕웅(1994, pp. 407-500), Fiske, S. T., & Taylor, S. E.(1991, pp. 185-242) 및 Markus & Wurf(1987) 참조.

긴다는 것이다.

이렇게 존심(存心)·양성(養性)을 하는 데에는 반성적으로 사물의 이치와 사람의 도리를 밝게 깨달아 자각하는 명도(明道)와, 사람으로서 마땅히 해야 할 일을 끊임없이 수행하는 집의(集義)의 방법이 있을 수 있다. 이러한 명도와 집의를 통해 인간은 인의를 체득함으로써, 도덕 주체로서 가지는 존재 특성을 확고히 할 수 있다는 것이 맹자의 수양론의 요지이다.[44]

순자에게도 수양론은 역시 그의 인성론을 근간으로 하고 있다. 이러한 순자의 수양론은 인도(人道)의 극치인 예(禮)를 밝게 통찰하고[察道], 이를 실행함으로써[行道] 도를 실생활에서 체현해야 한다[體道]는 체도론(體道論)으로 요약될 수 있다.[45] 여기서 찰도(察道)란 사람으로서 해야 할 일[所爲]과 해서는 안 될 일[所不爲]을 분명히 체득하는 것이고, 행도(行道)란 이를 실천하여 실생활에서 종합적으로 체현하는 일이다.

이러한 유학사상의 수양론은 기본적으로 자기 자신이 모든 덕성의 주체라는 명확한 인식[明道·察道]을 근거로 하여, 스스로를 억제하고 통제함으로써 실생활에서 도덕 실천을 하는 일[集義·行道]을 근간으로 하고 있다. 곧 유학자들은 능동적 주체적으로 모든 책임을 스스로에게서 구함으로써, 자기를 억제하고 절제하는 삶의 자세를 견지하는 일이 수양의 핵심이라고 여기는 것이다.

이렇게 환경 통제를 통제의 주축이라 여기는 서구인들과는 달리, 동아시아인들에게 "통제란 고도의 자기 통제와 다양한 대인관계 상황에서 자신을 효율적으로 변화시키는 효능성의 형태를 띤다. 이들에게 통제력의 주도적 행사는, 기본적으로 대인관계의 조화로운 평형 상태를 해칠 가능성이 있는 개인적이고 사적인 욕구·목표·정서 같은 내적 속성으로 지향하는 내부 지향적인 것이 된다."[46] 이렇게 유학사상을 배경으로 하고 있는 동아시아 사

---

44 맹자의 명도와 집의를 통한 존심·양성의 수양론에 대해서는 졸고(조긍호, 1990)와 졸저(조긍호, 1998a, pp. 83-97; 1999b, pp. 111-116) 참조.

45 순자의 수양론의 찰도·행도의 체도론에 대해서는 졸고(조긍호, 1998b)와 졸저(조긍호, 1998a, pp. 299-346; 1999b, pp. 116-123) 참조.

회인들에게 통제란 곧 자기 억제와 자기 절제를 의미하는 것이다. 그 결과, 이들이 파악하는 자기의 문제는 서구인들의 그것과는 달라진다. 이러한 맥락에서 유학의 수양론에 근거하여 동양심리학에서 탐구될 자기 관련 연구의 내용은 서구심리학의 그것과는 다른 내용이 될 수밖에 없는 것이다.

(2) 자기심리학과 그 내용

서구인들에게 자기는 모든 사회 행위의 원인이 되는 능력·성격·의도 같은 내적 속성을 완비하고 있는 고정적이고 안정적인 실체이다. 그들에게 자기는 항상 주의의 초점이며, 만사의 중심이 된다. 이와는 대조적으로, 동아시아인들에게 자기는 다른 사람과의 연계 속에 놓여 있어서, 관계의 내용에 따라 가변적인 과정적 존재이다. 그들에게 주의의 초점은 타인과 맺는 관계이며, 관계 속의 조화를 이루기 위해 자기는 억제되고 조절되어야 한다. 곧 서구인들에게 자기는 외부 대상에 대한 통제력을 갖는 존재이지만, 동아시아인들에게 자기는 스스로에 대한 통제력의 원천일 뿐이다. 이렇게 서구인들의 자기는 '외부지향적'이고 '확산적'이지만, 동아시아인들의 자기는 '내부지향적'이고 '집약적'이다. 그러므로 이 두 사회에서 자기와 관련된 심리적 내용들은 기본적으로 다양한 차이를 보일 수밖에 없다.[47]

① 자기존중감의 근원

"윌리엄 제임스(William James) 이래 심리학자들은 자기에 대한 긍정적인 견해를 갖고자 하는 것이 아주 강력한 동기의 하나라는 사실을 지속적으로 밝혀왔다."[48] 이러한 정적 자기 평가를 위한 욕구는 인간의 보편적인 동기인데 이러한 욕구는 해당 사회의 문화적 명제를 달성하는 데서 충족되는 것

---

46 Markus & Kitayama, 1991a, p. 228.

47 이의 자세한 내용은 졸저(조긍호, 2006, pp. 535-555) 참조.

48 Matsumoto, D., 2000, p. 63.

임이 많은 문화비교연구들에서[49] 밝혀지고 있다. 곧 문화 유형에 따라 소속 성원들이 따를 것으로 가정하는 문화적 명제가 달라지는데, 소속 사회의 문화적 명제를 충족하는 일이 자기존중감의 근거가 된다는 것이다. 그러므로 자기존중감의 근원은 문화 유형에 따라서 달라지게 된다.

개인의 독립성을 중시하는 개인주의 사회의 문화적 명제는 자율성과 개별성 및 독특성의 추구이다. 따라서 개인주의 사회에서는 자기의 내적 욕구, 권리 및 능력의 표출과 사회적 압력에 대한 저항의 노력을 통해 개인의 역량과 주도성이 체험되므로, 결과적으로 독특성과 탁월성, 자기 표현의 유능성 및 외적 제약을 받지 않는 자유로움이 자기존중감의 근거가 된다.

이와는 대조적으로, 개인 사이의 상호의존성을 중시하는 집단주의 사회의 문화적 명제는 상호연계성, 사회 통합 및 대인 간 조화의 추구이다. 따라서 집단주의 사회에서는 타인에 대한 민감성, 상황의 필요와 요구에 대한 적응 및 자기 억제와 조절의 노력을 통해 개인의 역량과 주도성이 체험되므로, 결과적으로 이러한 자기 억제와 상황적응성 및 대인관계에서 조화를 유지하는 일이 자기존중감의 근거가 된다.

자기존중감의 근거가 이렇게 문화 유형에 따라 달라지게 되면, 문화에 따라 이를 측정하는 도구를 다르게 구성해야 할 것이다. 지금까지 이 분야의 연구에서는 서구인들의 자기존중감 수준이 동아시아인들의 그것보다 유의미하게 높다는 사실이 일관되게 나타나고 있다.[50] 이러한 결과가 나타나는 까닭은, 이 분야의 연구들에서 자기존중감을 측정하기 위해 사용되는 척도가 개인주의 사회의 문화적 명제는 잘 반영하지만, 집단주의 사회의 그것은 잘 반영하고 있지 못하기 때문이다.[51] 그러므로 자기 관련 동양심리학의 연

---

49 조긍호, 2002; Fiske, A. P. et al., 1998; Heine et al., 1999; Kitayama et al., 1995, 1997; Kunda, 2000; Markus & Kitayama, 1991a, b, 1994a, b; Matsumoto, D., 2000; Sedikides, Gaertner, & Toguchi, 2003; Sedikides, Gaertner, & Vevea, 2005.

50 Baumeister, Tice, & Hutton, 1989; Diener, E., & Diener, M., 1995; Heine & Lehman, 1997; Heine et al., 1999, pp. 776-777, 그림 1, 2.

51 조긍호, 2006, pp. 540-542; Heine et al., 1999.

구에서는 무엇보다도 먼저 집단주의 사회의 자기 관련 문화적 명제를 반영하는 측정 척도부터 개발해야 할 것이다.

② 통제력과 자기효능감의 근원

두 문화권에서 자기존중감을 낳는 근원의 차이는 그대로 자기 표현과 통제 양상의 문화차를 유발한다. 개인주의 사회에서는 자율성과 독립성을 키울 수 있는 자기 주장을 적극 권장한다. 따라서 개인주의 사회에서는 자기의 내적 욕구·감정·권리 및 능력을 표출함으로써 개인 역량이 발휘된다고 여기고, 통제란 결국 개별성과 자율성을 성취하기 위하여 사회 상황이나 외적 제약을 변화시키는 것을 뜻하게 된다. 그리하여 이들은 "환경 세계를 개인의 욕구에 합치하도록 변화시킬 수 있는 능력"이 통제력의 원천이라고 보아, "개인의 욕구에 부합하도록 외부 세계를 변화시키기 위한 노력"을 강조하는 관점에서, 능동성·도전 및 저항과 극복 같은 외부지향적 행동을 중시한다.

이와는 대조적으로, 집단주의 사회에서는 대인관계 속의 조화와 통합을 꾀할 수 있는 자기 억제를 적극 권장한다. 따라서 집단주의 사회에서는 타인에 대한 민감성, 상황의 필요와 요구에 대한 적응 및 자기 억제와 조절의 노력을 통해 개인 역량이 발휘된다고 여기고, 통제란 결국 상호의존성과 연계성을 실현하기 위하여 개인적 욕구와 목표 및 사적 감정 같은 내적 속성을 억제하는 것을 뜻하게 된다. 그리하여 이들은 "자기를 외부 세계와 합치하도록 만들고 '현실과 타협'하려는 노력"을 통제력의 원천으로서 중시하여, 자기의 기대·목표·욕구 같은 내부의 속성을 외부 현실에 맞게 변화시키려 한다.[52]

통제의 양상에 관한 이러한 문화차는 곧바로 "통제감의 주축인 효능감 신념"[53]에 관한 문화차를 유발한다. 개인주의 사회에서 효능감의 근원은 개인으로서 유능하다는 "개인효능감(personal efficacy)"이라면, 집단주의 사회

---

52 Rothbaum et al., 1982, p. 8; Weisz et al., 1984.

53 Bandura, 2000, p. 212.

에서 효능감의 근원은 집단에 대한 소속감과 집단 속의 조화감에서 나오는 "집단효능감(colletive efficacy)"이다.[54] 개인주의 사회에서 '나도 가치 있는 사람이라는 느낌'은 남이 못하는 일을 내가 할 수 있거나, 남과 다른 나만의 독특성이 드러날 때, 또는 환경과 타인을 통제하여 나에게 맞게 변화시켰을 때 높아지지만, 집단주의 사회에서 '나도 가치 있는 사람이라는 느낌'은 나의 사적인 욕구나 감정을 억제하고 남들과 잘 어울리거나, 남들이 나를 유용한 성원으로 받아들여줄 때, 또는 남들과 같은 소속원으로서 집단의 통합을 위해 함께 노력할 때 높아지는 것이다.

이러한 맥락에서 보면, 동양심리학에서 다룰 자기 통제의 문제는 자기의 사적 욕구와 감정의 억제와 이어진다. 이는 사단칠정설이나 인심도심설 같은 성리학의 정서이론과 동기이론에서 강조해 온 내용이다. 이들 이론에서 이러한 사적 감정과 욕구의 억제는 자기개선을 통한 도덕적 완성의 근간이 되는 수양의 핵심이다. 그렇다면, 이러한 욕구와 감정의 통제는 어떻게 이루어질 수 있는가? 성리학자들이 제시하는 방법은 거경(居敬)이다. 그러므로 동양심리학에서는 거경의 심리학적 탐색이 중요한 문제로 떠오르게 될 것이다.[55]

③ 자기 향상의 문제

정적인 자기상을 추구하는 경향은 인간 사회에서 누구나 가지는 문화보편적인 욕구이지만, 정적인 자기상을 구성하는 내용에 대한 생각은 문화 유형에 따라 서로 다르다. 그러므로 정적인 자기상을 이루기 위해 자기 향상을 꾀하는 방안과 자기 향상의 근본적인 지향처에 대한 관점이 문화 유형에 따라 달라질 것이라는 사실은 자명한 일이다.

개인주의 사회에서는 개인이 지니거나 이룩한 능력·태도·가치관·성격·정서 같은 고정적이고 안정적인 내적 속성에 따라 개인 존재의 의의가 드러

---

54 Bandura, 1997. pp. 31-33, 470-472.

55 이에 관해서는 한덕웅(1994, pp. 169-207) 참조.

난다고 본다. 따라서 이 사회에서는 스스로가 긍정적인 내적 속성을 가능한 대로 많이 가지는 일이 자기 향상의 지름길이라 보아, 자기가 가진 긍정적 속성을 적극적으로 드러내 보이려 한다. 그리하여 이들은 자기의 단점이나 부정적인 속성은 가능하면 감추고 드러내지 않는 대신, 자기가 성취한 장점이나 긍정적인 속성은 자꾸 찾아내고, 이를 드러내는 자기 고양을 통해 자기 향상을 이루려 노력한다.

개인주의 사회에서는 이러한 자기 고양을 통하여 개인의 독특성과 자율성 및 독립성이 최대로 높아질 수 있다고 보아, 이를 중시한다. 이들은 자기의 독특한 장점을 찾아 이를 더욱 계발하고 발전시킴으로써, 해당 영역에서 탁월한 사람이 되고자 노력한다. 그들은 이러한 과정을 통해 개인이 잠재적으로 지닌 모든 내적 성향을 이루어내는 '자기실현'이 달성될 수 있다고 믿는다. 이러한 자기실현은 개인주의 사회의 삶의 이상이다. 개인주의 사회에서 자기실현은 "삶의 궁극적 가치이며, 목적 그 자체"[56]인 것이다. 그러므로 개인주의 사회인들이 자기 향상을 통해 이루고자 하는 목표는 자기실현이고, 결국 이들의 삶을 지배하는 근본 동기는 자기실현의 동기라 할 수 있다.

이와는 대조적으로, 집단주의 사회에서는 개인이 소속하고 있는 내집단과 갖는 연계성과 책임 수행을 통해 개인의 존재 의의가 드러난다고 본다. 따라서 이 사회에서는 집단의 조화와 통합을 이루기 위해, 자기의 장점을 드러내는 대신 자기의 단점을 찾아 고침으로써 남들이나 집단에 폐를 끼치거나 누가 되지 않으려 노력한다. 그리하여 이들은 자기의 독특성이나 사적인 욕구 및 감정은 집단의 조화와 통합을 이루는 데 장애가 될 가능성이 있으므로 적극 억제하고, 대인관계의 조화를 해칠 수 있는 자기의 단점을 고침으로써 집단의 통합과 조화를 이루려 하고, 결국 이 사회에서는 이러한 자기개선이 자기 향상의 가장 중요한 통로로 부각된다.

집단주의 사회에서는 이러한 자기개선을 통하여 사회관계 속에 원만히

---

56 Lukes, 1973, p. 72: 개인주의 사회에서 "자기실현"이 가지는 중요성에 대해서는 이부영 (2002)과 졸저(조긍호, 2006, pp. 196-222) 참조.

수용되고, 그럼으로써 집단의 통합과 조화를 이루는 일을 중시한다. 이들은 이러한 자기개선을 통해 사회 통합과 조화가 이룩되고, 그럼으로써 사회 성원 사이에 상호의존성과 연계성이 최대로 증진된다고 받아들인다. 이러한 상호의존성과 연계성의 증진은 나에 대한 다양한 견해를 가지고 있는 타인이나 집단을 나 자신 속에 끌어들여 동일시하는 '자기확대(self-expansion)'의 바탕이 된다. 이러한 자기확대는 사회적 관계체로 존재하는 개인들의 삶의 이상이다. 군자와 성인은 자기의 범위를 타인과 사회로까지 확대한 사람이다. 그러므로 집단주의 사회인들이 자기개선을 통해 이루려는 목표는 자기확대이고, 결국 이들의 삶을 지배하는 근본적인 동기는 자기확대의 동기라 할 수 있다.

《대학》의 팔조목에서는 치국과 평천하를 최고의 욕구 위계에 둠으로써 이러한 관점을 집약적으로 드러내고 있다. 그런데 이러한 치국·평천하는 개체로서의 도덕적 자각과 수양(격물-치지-성의-정심-수신)에서 시작하여, 대인관계에서 조화를 이루는 일(제가)을 거쳐 이루어진다는 사실을 주목해야 한다. 곧 자기확대는 가까운 곳에서 시작하여 점진적으로 확대해 감으로써 이루어지는 것이지, 한꺼번에 달성될 수는 없다는 것이 유학자들의 주장이다. 이러한 논의에서도 동양심리학에서 탐구해야 할 문제들이 도출되고 있다. 자기확대가 어떻게 하여 이루어질 수 있는가? 그것의 기능은 어떠한 것인가? 자기확대를 이룬 사람과 그렇지 못한 사람은 어떠한 차이가 있는가? 이러한 것들이 자기확대와 관련하여 동양심리학에서 탐구해 보아야 할 문제의 예가 될 것이다.

5. 동양심리학과 문화 간 접근의 지향

앞에서 세계화의 문화적 효과를 동질화(서구화), 양극화(문화차 확산), 그리고 혼융화(문화 간 접근)의 세 가지 관점에서 정리하였다. 동질화 명제가 맞다면, 전 세계 문화는 서구 특히 미국 문화로 통일될 것이고, 그렇게 되면 이 책에서 살펴본 바와 같은 서구와 동아시아인의 인지·정서·동기 과정의 다양한 차이는 서구인의 그것으로 동질화될 것이다. 한국·중국·일본인들도 모두 미국인처럼 사고하고 판단하며, 그들처럼 느끼고 행동할 것이다. 그러나 양극화 명제가 맞다면, 서구와 동아시아인이 현재 다양한 심성과 행동양식에서 보이고 있는 차이들은 지속되거나, 문명 간 충돌이 심각해질 경우 그 차이가 더 깊어질지도 모른다. 혼융화 명제가 맞다면, 서구와 동아시아의 차이가 좁혀질 것이다. 그들의 사고양식·느낌·욕구 들은 오랜 세월에 걸쳐 점차 비슷해져서, 결국에는 중간의 어느 지점에서 통합될 것이다.[1] 오늘날의 안목에서 본다면, 그러한 혼융화 시대에 사는 사람들은 서구인도 아니고 동아시아인도 아닌, 그야말로 세계인일 것이다.

이 세 가지 예상 가운데 어느 것이 가장 가능성이 있을까? 논자에 따라 다르겠지만, 역사적인 경험에 비추어 볼 때 혼융화가 가장 가능성이 있는 예측일 듯하다. 과거에 비추어 보면 동아시아 사회는 많이 서구화하였다. 또 서구 사회도 얼마 전에 비추어 보면 많이 동양화하였다. 이러한 과정을 통해 동아시아와 서구는 서로의 문화에 대해 이해할 수 있게 되고, 또 그 차이를 인정하여 서로 다른 이질적인 문화를 포용할 수 있게 될 것이다.

---

1 Nisbett, 2003, p. 220.

그러나 혼융화 명제가 가장 그럴 듯하기는 하지만, 아주 오랜 시간이 흐른다고 해도 중간 지점의 어느 한 곳으로 통합되는 일은 아마도 일어나지 않을 것이다. 그러한 중간적 통일이 아마도 세계화의 궁극적 종말일 텐데, 이는 심리적으로 허구일 가능성이 크다. 그런 상태가 이루어진다고 해도, 그것은 바람직한 상태는 되지 못할 것이다. 서구인 또는 동아시아인 같은 사회 정체성이 사라지는 대신, 사람들은 이를 대체하는 다른 범위의 사회 정체성으로 자신들을 동일시하려 할 것이고, 그렇게 되면 현재보다 더 복잡한 문화차들이 다시 생겨난다는 사실이 논리적으로 예견되기 때문이다.

하지만 그럼에도, 동질화나 양극화 명제보다는 혼융화 명제가 인류 사회의 미래를 위해 더 좋은 결과를 가져올 것이다.[2] 혼융화의 결과로 상대방에 대한 서로의 이해 수준이 높아질 것이고, 그럼으로써 양극화론자들이 우려하는 문명 간의 충돌에 따른 인류 사회의 파국 가능성은 점차 줄어들게 될 것이다.

이러한 맥락에서 본다면, 지금까지 논의해 온 서구심리학과는 다른 동양심리학을 정립하려는 시도는 심리학 연구의 미래에 어떠한 효과를 미칠 것인가? 심리학 연구가 서구심리학 특히 미국심리학으로 동질화하는 데 기여할 것인가? 아니면 동·서의 심리학이 서로 각자의 길을 달려서, 결과적으로 차이가 심화될 것인가? 그것도 아니라면, 이러한 연구들을 통해서 서로의 차이와 그 원인에 대한 이해 수준이 높아짐으로써, 둘을 아우르는 그야말로 보편적인 심리학이 나올 수 있을 것인가?

이 가운데 첫 번째 가능성은 동양심리학 자체가 성립될 논리적 터전이 없다면 모를까, 그렇지도 않은 상황에서는 가능성이 없는 일이다. 우선 이 책과 같이 동양심리학을 구축하자고 주장하는 논의 자체가 미국심리학에 의한 심리학의 통일 가능성을 일축하고 있다. 미국심리학은 미국의 문화특수적인 토착심리학일 뿐이지, 더 이상 전 세계를 끌어안는 보편심리학은 아닌 것이다.[3]

---

2 강정인, 2002, pp. 231-234; Nisbett, 2003, pp. 224-229.

그렇다면 새로운 동양심리학을 구축하려는 시도는 심리학의 양극화를 부추겨 문화차를 확산시키게 될 것인가? 그럴는지도 모른다. 기존의 서구심리학을 보편심리학으로 받아들이고 있는 사람들에게 이러한 시도는 그 자체로 양극화 또는 문화차 확산의 위험을 내포하는 시도로 비칠 수도 있다. 그들의 눈에 필자 같은 사람은 헌팅턴 같은 극단적인 양극화론자로 보일는지도 모른다.

그러나 이러한 시도는 동·서 심리학의 혼융화를 꾀하는 새로운 시도로 여겨질 수도 있다. 필자의 바램은 이렇게 받아들여지는 것이다. 이러한 새로운 동양심리학이 정립되고, 그 연구 성과가 현재의 서구심리학만큼 쌓여 대등한 관계에 이른다면, 이 두 진영의 심리학은 제삼의 보편심리학으로 통합될 수 있는 가능성을 열게 될 것이다. 그렇지 않고 현재의 상태에 만족하고 만다면, 심리학계에 진정한 의미의 보편심리학의 꿈은 이루어질 수 없을 것이다.

그렇다면 어떻게 해야 새로운 동양심리학이 심리학의 양극화라는 치명적인 결과를 빚지 않고, 보편심리학의 모색을 위한 중간 단계의 중책을 감당할 수 있을 것인가? 그것은 아마도 연구의 자세에 따라 달라질 것이다. 문화 사이의 차이를 찾아내어 자꾸 벌려놓기만 해서는 양극화의 오류에서 벗어나기 힘들 것이다. 그렇게 되면, 서로 간의 차이만 확대해서 부각시키는 결과가 될 것이다. 그 대신 그러한 차이의 원인을 정확히 밝혀내고, 그 원인이 삶의 과정에서 갖는 의미를 천착하는 작업을 계속 한다면, 문화차는 단지 다양성일 뿐이라는 인식에 도달하거나, 또는 문화 간의 차이는 단지 겉보기에 드러난 현상일 뿐이고, 그 배경의 맥락은 유사하다는 이해에 도달할 수 있을 것이다.

이러한 예를 한 가지만 들어보기로 하자. 문화비교에 관한 초기의 연구들에서는, 서구인들은 자기의 독특성을 과장하여 생각하는 '허구적 독특성 지각 경향'이 동아시아인들보다 크다는 사실들이 지속적으로 밝혀져왔다. 이

---

3 Berry et al., 1992, p. 378; Greenfield, 2000, p. 231; Kim U., 2000. pp. 284-285; Yang, K. S., 2000, pp. 245, 250.

러한 연구자들의 견해는, 서구인들은 개인주의 사회에서 강조하고 중시하는 여러 가지 능력(지능·기억력·운동능력)이나 개체성 특성(독립성·자립성·자기주장성)뿐만 아니라, 집단주의 사회에서 중시하는 배려성 특성(동정심·배려성·타인사정이해심)에서도 비교 대상이 되는 다른 사람보다 자기가 더 특출하다고 생각한다는 것이었다. 그들은 문화차에 관해 가지고 있는 기존 관념에 기대어 모든 특성과 능력을 통합하여 전체적으로 분석함으로써, 개인주의 사회인이 보이는 허구적 독특성 지각 경향이 집단주의 사회인이 보이는 그것보다 항상 크다는 결과를 거듭 제시하고 있었던 것이다.

그러나 얻어낸 자료를 특성 유형별로 분석해 보면, 허구적 독특성 지각 경향은 개인주의 사회에서만 나타나는 특징이 아니라는 사실이 바로 드러난다. 곧 능력이나 개체성 특성의 경우에는 개인주의자가 집단주의자보다 허구적 독특성 지각 경향을 크게 보이지만, 배려성 특성의 경우에는 집단주의자의 허구적 독특성 지각 경향이 개인주의자의 그것보다 더 큰 것이다.[4]

이러한 결과는 이 현상에 대한 해석을 완전히 새로운 시각에서 하도록 요구한다. 곧 문화 유형에 따라 권장하고 강조하는 특성이 다르고, 해당 사회에서 권장하는 특성에 대해서는 어느 사회에서나 허구적 독특성의 지각 현상이 나타난다는 것이다. 이러한 해석을 통해, 정적(正的) 자기상의 추구는 개인주의 사회만의 특징이라고 생각하던 이전까지의 관점이 변화하게 되었다. 곧 정적 자기상의 추구는 어느 사회에서나 중요하지만, 정적 자기상을 낳는 특성들에서는 문화 간에 차이가 있을 수 있다는 좀더 성숙한 해석이 유도되었던 것이다. 이러한 연구들을 통해, 보편적인 현상(정적 자기상의 추구)과 문화특수적인 현상(정적 자기상의 근원)을 구분해서 볼 수 있게 되는 것이다.

필자는 이러한 연구의 태도가 문화비교연구에 확산되어야 하리라 믿는다. 단순한 문화차의 나열이 아니라, 심층적인 보편적 심리 현상과 표층적인 현상적 차이를 구분해서 보는 성숙한 태도로 문화비교연구를 진행한다

---

4 이러한 방향의 기존 연구들의 개관과 새로운 결과에 대해서는 졸고(조긍호, 2002) 참조.

면, 새로운 동양심리학의 정립이 문화차를 확산하는 잘못된 시도라는 비난에서 벗어나, 진정한 보편심리학의 구축을 위한 대안이라고 받아들여질 수 있다고 생각하기 때문이다.

참고문헌

유학 경전 관련 자료

大東文化硏究院 影印 (1958). 《栗谷全書》. 서울: 成均館大學校.

______ (1958). 《退溪全書》 上·下. 서울: 成均館大學校.

民族文化推進會 編 (1976). 《국역 퇴계집》 (수정판). 서울: 경인문화사.

______ (1997). 《국역 율곡집》 (중판). 서울: 솔.

成百曉 譯註 (1998). 《大學·中庸集註》. 서울: 傳統文化硏究會.

楊　倞 (818). 《荀子注》. (服部宇之吉編, 《漢文大系》 卷十五. 東京: 富山房, 1972.)

王夢鷗 註譯 (1969). 《禮記今註今譯》. 臺北: 臺灣商務印書館.

王先謙 (1891). 《荀子集解》. (服部宇之吉編, 《漢文大系》 卷十五. 東京: 富山房, 1972.)

李相玉 譯著 (1993). 《禮記》 上·中·下. 서울: 명문당.

張基槿 譯 (1980). 《孟子新譯》. 서울: 汎潮社.

鄭長澈 譯解 (1992). 《荀子》 (惠園東洋古典 19). 서울: 惠園出版社.

趙　岐 (130-201?). 《孟子章句》. (服部宇之吉編, 《漢文大系》 卷一. 東京: 富山房, 1972.)

朱　熹 (1177). 《論語集註》. (京城書籍組合編, 《原本備旨 論語集註》. 서울: 太山文化社, 1984.)

______ (1177). 《孟子集註》. (京城書籍組合編, 《原本備旨 孟子集註》. 서울: 太山文化社, 1984.)

______ (1177). 《大學集註》. (京城書籍組合編, 《原本備旨 大學·中庸》. 서울: 太山文化社, 1984.)

______ (1177). 《中庸集註》. (京城書籍組合編, 《原本備旨 大學·中庸》. 서울: 太山文化社, 1984.)

車柱環 譯 (1969). 《論語》. 서울: 乙酉文化社.

______ (1974). 《中庸·大學》. 서울: 乙酉文化社.

韓相甲 譯 (1982). 《四書集註》 I·II. 서울: 三省出版社.

Dubs, H. H. (1928/1966). *The works of Hsüntze*. Taipei: Ch'eng-Wen Publishing Co. (Original ed. published by Arthur Probsthain, London in 1928.)

Harvard-Yenching Institute (1940). 《論語引得》. HYI Sinological Index Series, Supplement 16. Cambridge, MA: Harvard University Press.

______ (1940). 《孟子引得》. HYI Sinological Index Series, Supplement 17. Cambridge, MA: Harvard University Press.

______ (1950). 《荀子引得》. HYI Sinological Index Series, Supplement 22. Cambridge, MA: Harvard University Press.

Legge, J. (1970). *The works of Mencius*. New York: Dover.

Watson, B. (1963). *Hsün Tzu: Basic wrightings*. New York: Columbia University Press.

심리학 및 기타 관련 자료

강정인 (2002). 〈세계화·정보화와 동아문명의 정체성: 서구중심주의와 아시아적 가치〉. 《한국정치외교사 논총》, 24집 2호, 211-238.

______ (2004). 《서구중심주의를 넘어서》. 서울: 아카넷.

고병익 (1996). 《동아시아의 전통과 변용》. 서울: 문학과 지성사.

郭沫若 (1945). 《十批判書》. 重慶: 科學出版社. (조성을 역. 《중국고대사상사》. 서울: 까치, 1991.)

孔　繁 (1994). 〈유학의 역사적 지위와 미래가치〉. 동아일보사 편, 《공자사상과 21세기》 (pp. 195-220). 서울: 동아일보사.

길희성 (1998). 〈철학과 철학사: 해석학적 동양철학의 길〉. 한국철학회 1998년도 춘계 학술 발표회 주제 논문.

김광억 (1998). 〈동아시아 담론의 문화적 의미〉. 《정신문화연구》, 21권 1호 (통권 70호), 3-25.

김명수 (2000). 〈아시아적 가치의 문화적 기원: 싱가포르 중화민족의 정체성 위기〉. 《전통과 현대》, 봄호, 268-289.

김석근 (2000). 〈현대 일본 사회와 유교: 로고스와 파토스의 거리〉. 성균관대학교 유학·동양학부 편, 《동아시아의 유교문화와 미래적 전망》 (pp. 51-68). 서울: 성균관대학교 유학·동양학부.

김성기 (2000). 〈동아시아에 있어서 유교의 현황과 미래〉. 성균관대학교 유학·동양학부 편, 《동아시아의 유교문화와 미래적 전망》 (pp. 33-50). 서울: 성균관대학교 유학·동양학부.

김성태 (1989). 《경과 주의》 (증보판). 서울: 고려대학교 출판부.

김승혜 (1990). 《원시유교》. 서울: 민음사.

김영한 (1975). 〈서평: Steven Lukes (1973), *Individualism*〉. 《서양사론》, 16집, 107-114.

______ (1998). 〈휴머니즘〉. 김영한 편, 《서양의 지적 운동 II》 (pp. 11-32). 서울: 지식산업사.

김의철 (1997). 〈한국 청소년의 가치체계〉. 한국정신문화연구원 편, 《한국 청소년 문화: 심리-사회적 형성요인》. 경기: 한국정신문화연구원.

김충렬 (1982). 〈동양 인성론의 서설〉. 한국동양철학회 편, 《동양철학의 본체론과 인성론》 (pp. 169-184). 서울: 연세대학교 출판부.

김태영 (2002). 《유교 문화의 돌연변이 일본》. 서울: 보고사.

김형효 (1990). 《맹자와 순자의 철학 사상: 철학적 사유의 두 원천》. 서울: 삼지원.

김혜숙 (1995). 〈귀인상황의 공개성과 (집단)자아존중이 자기고양귀인과 집단고양귀인에 미치는 영향〉. 《한국심리학회지: 사회》, 9(1), 45-63.

______ (1997). 〈귀인상황의 공개성과 집단자아존중이 경쟁상황에서의 과제수행 결과에 대한 귀인에 미치는 영향〉. 《아주사회과학논총》 (아주대학교 사회과학연구소), 12, 1-19.

김혜숙·유주란 (1995). 〈자기고양귀인과 집단고양귀인이 귀인자에 대한 인상에 미치는 영향〉. 《한국심리학회지: 사회》, 9(2), 51-67.

김호권 (1969). 〈도덕성의 발달과 교육〉. 정원식 편, 《정의의 교육》 (pp. 211-234). 서울: 배영사.

나은영·민경환 (1998). 〈한국문화의 이중성과 세대차의 근원에 관한 이론적 고찰 및 기존 자료 재해석〉. 《한국심리학회지: 사회문제》, 4(1), 75-93.

나은영·차재호 (1999). 〈1970년대와 1990년대 간의 한국인의 가치관 변화와 세대차 증감〉. 《한국심리학회지: 사회 및 성격》, 13(2), 37-60.

노명식 (1991). 《자유주의의 원리와 역사: 그 비판적 연구》. 서울: 민음사.

唐君毅 (1986). 《中國哲學原論: 原性篇》. 臺北: 學生書局.

勞思光 (1967). 《中國哲學史: 古代篇》. 臺北: 三民書局. (정인재 역. 《중국철학사: 고대편》. 서울: 탐구당, 1986.)

牟宗三 (1979). 《名家與荀子》. 臺北: 學生書局.

蒙培元 (1990). 《中國心性論》. 臺北: 學生書局. (이상선 역. 《중국심성론》. 서울: 법인문화사, 1996.)

민경환 (2002). 《성격심리학》. 서울: 법문사.

민석홍 (1984). 《서양사개론》. 서울: 삼영사.

박동천 (2002). 〈아시아적 가치라는 개념〉. 서강대학교 사회과학연구소 편, 《세계화·정보화와 동아문명의 미래》 (pp. 61-73). 2002년 서강대학교 사회과학연구소 연구 성과 발표회 자료집.

박전규 (1985). 《아리스토텔레스의 실천적 지혜》. 서울: 서광사.

배종호 (1982). 〈동양 인성론의 의의〉. 한국동양철학회 편, 《동양 철학의 본체론과 인성론》 (pp. 343-367). 서울: 연세대학교 출판부.

徐復觀 (1969). 《中國人性論史: 先秦篇》. 臺北: 商務印書館.

신정근 (2004). 《동중서: 중화주의의 개막》. 서울: 태학사.

辻本雅史 (1998). 〈일본의 전통유학과 대학〉. 성균관대학교 대동문화연구원 편, 《동아시아의 유학전통과 대학》. 서울: 성균관대학교 대동문화연구원.

안병주 (1987). 〈퇴계의 학문관: 심경후론을 중심으로〉. 《퇴계학연구》 (단국대학교 퇴계학연구소), 1, 39-59.

안신호·김진·이상희 (1991). 〈한국에서의 성취동기와 경제성장 간의 관계〉. 한국심리학회 편, 《1991년도 한국심리학회 연차대회 발표논문집》 (pp. 391-397). 서울: 한국심리학회.

안신호·이승혜·권오식 (1993). 〈정서의 구조: 한국어 정서단어 분석〉. 《한국심리학회지: 사회》, 7(1), 107-123.

양승무 (1986). 〈맹자 성설설의 함의에 대한 고찰〉. 동양철학연구회 편, 《중국철학사상논구 1》 (pp. 99-120). 서울: 여강출판사.

柳熙星 (1993). 〈荀子禮論的價值根源硏究〉. 미간행 석사학위 논문, 中華民國 東海大學.

윤사순 (1992). 〈머리말: 민족과 사상〉. 민족과 사상 연구회 편, 《사단칠정론: 민족과 사상 1》 (pp. 5-9). 서울: 서광사.

______ (1994). 〈인성·물성의 동이논변에 대한 연구〉. 한국사상사연구회 편, 《인성물성론》 (pp. 21-40). 서울: 한길사.

______ (1997). 《한국 유학 사상사론》. 서울: 예문서원.

윤이흠·박무익·허남린 (1985). 〈종교인구조사의 방법론 개발과 한국인의 종교성향〉.

장병길 교수 은퇴기념논총 발간위원회 편, 《한국 종교의 이해》 (pp. 343-371). 서울: 집문당.

윤호균 (1999). 〈불교의 연기론과 상담〉. 최상진·윤호균·한덕웅·조긍호·이수원, 《동양심리학: 서구심리학에 대한 대안 모색》 (pp. 327-375). 서울: 지식산업사.

이강수 (1982). 〈원시 유가의 인간관〉. 한국동양철학회 편, 《동양철학의 본체론과 인성론》 (pp. 185-219). 서울: 연세대학교 출판부.

이광세 (1998). 《동양과 서양: 두 지평선의 융합》. 서울: 길.

이기동 (2003). 〈일본 유학을 통해 본 일본 문화의 뿌리〉. 홍윤식 편, 《일본 문화의 뿌리를 찾아서》 (pp. 55-98). 서울: 솔.

이만영·이홍철 (1990). 〈형용사 서술의미의 구조에 관한 연구: 정서관련 어휘를 중심으로〉. 《한국심리학회지: 실험 및 인지》, 2, 118-138.

이부영 (2002). 《자기와 자기실현: 하나의 경지, 하나가 되는 길》 (분석심리학의 탐구 3). 서울: 한길사.

이상은 (1976). 《유학과 동양문화》. 서울: 범학도서.

이상익 (1999). 〈한말 문명론에 있어서 도와 기의 문제〉. 《철학》, 58집, 5-33.

이수원 (1984). 〈한국인의 인간관계 구조와 정〉. 《교육논총》 (한양대학교 교육문제 연구소), 1, 95~125.

이승환 (1998a). 〈후기 근대 유학담론의 두 유형: 뚜웨이밍(杜維明)과 에임스(Roger Ames)를 중심으로〉. 《동아연구》 (서강대학교 동아연구소), 35, 363-416.

______ (1998b). 《유가 사상의 사회철학적 재조명》. 서울: 고려대학교 출판부.

______ (1999a). 〈문화심리학과 자아형성〉. 한국심리학회·한국 사회 및 성격심리학회 편, 《한국심리학회 1999년도 하계 심포지움 자료집: 문화와 심리학》 (pp. 21-33). 서울: 한국 사회 및 성격심리학회.

______ (1999b). 〈'아시아적 가치'의 담론학적 분석〉. 이승환 외, 《아시아적 가치》 (pp. 313-336). 서울: 전통과 현대.

______ (2000). 〈'아시아적 가치' 논쟁과 유교 문화의 미래〉. 《퇴계학》, 11, 197-226.

______ (2004). 《유교 담론의 지형학》. 서울: 푸른숲.

張其昀 (1984). 《中華五千年史: 戰國學術編》. 臺北: 華岡書城. (中國文化硏究所 譯. 《中國思想의 根源》. 서울: 文潮社, 1984).

장석만 (1999). 〈'근대문명'이라는 이름의 개신교〉. 《역사비평》 (역사문제 연구소), 봄호 (통권 46호), 255-268.

장성수·이수원·정진곤 (1990). 〈한국인의 인간관계에 나타난 분배정의에 관한 연구〉.《교육논총》(한양대학교 한국교육문제연구소), 3, 217-265.

전제국 (1999). 〈"아시아적 가치" 관련 동서 논쟁의 재조명〉.《한국과 국제정치》(극동문제연구소), 15권 1호 (봄·여름), 187-219.

정양은 (1970). 〈감정론의 비교연구: 사회적 감정을 중심으로〉.《한국심리학회지》, 1(3), 77-90.

______ (1988). 〈조직에서의 인간관계〉.《사회심리학 연구》, 4(1), 1-13.

정영숙 (1994). 〈어머니에 대한 배려가 자기통제에 미치는 효과〉. 미간행 박사학위 논문, 서울대학교.

______ (1995). 〈두 유형의 사회적 기대가 자기통제에 미치는 효과〉.《한국심리학회지: 사회》, 9(1), 85-97.

______ (1996). 〈어머니에 대한 배려가 아동의 과제수행 열심도에 미치는 효과〉.《한국심리학회지: 사회》, 10(1), 159-170.

정인재 (1981). 〈순자의 지식론〉. 강성위 외.《동서 철학의 향연》(pp. 323-357). 대구: 이문사.

______ (1998). 〈중국의 천하 사상: 유상(儒商)의 세계화를 중심으로〉.《동아연구》(서강대학교 동아연구소), 35, 267-299.

諸橋轍次 (1982).《孔子·老子·釋迦: 三聖會談》. 東京: 講談社. (심우성 역.《공자·노자·석가》. 서울: 동아시아, 2001.)

조경욱 (2000). 〈일본 사회의 "이에"(家) 의식에 나타난 효와 조상 숭배〉.《동양사회사상》, 3집, 211-236.

조긍호 (1986). 〈대인지각 연구의 전개〉.《행동과학연구》(고려대학교 학생생활연구소), 8, 197-223.

______ (1990). 〈맹자에 나타난 심리학적 함의 (I): 인성론을 중심으로〉.《한국심리학회지: 사회》, 5(1), 59-81.

______ (1991). 〈맹자에 나타난 심리학적 함의 (II): 교육론과 도덕실천론을 중심으로〉.《한국심리학회지: 사회》, 6(1), 73-108.

______ (1993). 〈대인평가의 문화간 차이: 대인평가 이원모형의 확대 시론〉.《한국심리학회지: 사회》, 7(1), 124-149.

______ (1994). 〈순자에 나타난 심리학적 함의 (I): 천인관계론에 기초한 연구 방향의 정초〉.《한국심리학회지: 사회》, 8(1), 34-54.

522

______ (1995). 〈순자에 나타난 심리학적 함의 (Ⅱ): 인성론을 중심으로〉. 《한국심리학회지: 사회》, 9(1), 1-25.

______ (1996a). 〈문화유형과 타인이해 양상의 차이〉. 《한국심리학회지: 일반》, 15(1), 104-139.

______ (1996b). 〈삶의 질과 주관적 안녕: 비교 문화적 고찰〉. 《사회과학연구》 (서강대학교 사회과학연구소), 5, 229-283.

______ (1997a). 〈문화유형과 정서의 차이: 한국인의 정서 이해를 위한 시론〉. 《심리과학》 (서울대학교 심리과학연구소), 6(2), 1-43.

______ (1997b). 〈순자에 나타난 심리학적 함의 (Ⅲ): 예론을 중심으로〉. 《한국심리학회지: 사회 및 성격》, 11(2), 1-27..

______ (1997c). 〈한국인의 주관적 안녕과 정서의 조절〉. 《사회과학연구》 (서강대학교 사회과학연구소), 6, 27-86.

______ (1998a). 《유학심리학: 맹자·순자 편》. 서울: 나남출판.

______ (1998b). 〈순자에 나타난 심리학적 함의 (Ⅳ): 수양론을 중심으로〉. 《한국심리학회지: 사회 및 성격》, 12(2), 9-37.

______ (1999a). 〈문화유형에 따른 동기의 차이〉. 《한국심리학회지; 사회 및 성격》, 13(2), 233-273.

______ (1999b). 〈선진유학에서 도출되는 심리학의 문제〉. 최상진·윤호균·한덕웅·조긍호·이수원, 《동양심리학: 서구심리학에 대한 대안 모색》 (pp. 31-161). 서울: 지식산업사.

______ (2000). 〈문화유형과 동기의 차이: 한국인의 동기 이해를 위한 시론〉. 《한국심리학회지: 사회 및 성격》, 14(2), 83-122.

______ (2002). 〈문화성향과 허구적 독특성 지각 경향〉. 《한국심리학회지: 사회 및 성격》, 16(1), 91-111.

______ (2003a). 《한국인 이해의 개념틀》. 서울: 나남출판.

______ (2003b). 〈문화성향과 통제 양식〉. 《한국심리학회지: 사회 및 성격》, 17(2), 85-106.

______ (2005). 〈문화성향에 따른 유사성 판단의 비대칭성〉. 《한국심리학회지: 사회 및 성격》, 19(1), 45-63.

______ (2006). 《이상적 인간형론의 동·서 비교: 새로운 심리학의 가능성 탐색 Ⅰ》. 서울: 지식산업사.

조긍호·김소연 (1998). 〈겸양편향자의 선호 현상〉.《한국심리학회지: 사회 및 성격》, 12(1), 169-189.

조긍호·김은진 (2001). 〈문화성향과 동조행동〉.《한국심리학회지: 사회 및 성격》, 15(1), 139-165.

조긍호·김지용·홍미화·김지현 (2002). 〈문화성향과 공감 및 고독의 수준〉.《한국심리학회지: 사회 및 성격》, 16(3), 15-34.

조긍호·명정완 (2001). 〈문화성향과 자의식의 유형〉.《한국심리학회지: 사회 및 성격》, 15(2), 111-139.

조긍호·이재영 (2007). 〈문화성향, 성역할 정체감 및 도덕적 지향성〉.《한국심리학회지: 사회 및 성격》, 21(1), 105-126.

조은경 (1994). 〈사회심리학의 최근 동향: 동기와 정서의 복귀〉. 한국심리학회 편,《심리학 연구의 최근 동향: ’94》(pp. 39-82). 서울 : 한국심리학회.

______ (1995). 〈정서적 균형과 삶의 질〉. 한국심리학회 편,《삶의 질의 심리학》(pp. 25-43). 서울: 한국심리학회.

중앙일보 (1998). 〈다시 떠오르는 아시아적 가치〉. 8월 21일자, 9면.

陳鼓應 (1994).《易傳與道家思想》. 臺北: 商務印書館. (최진석·김갑수·이석명 역.《주역: 유가의 사상인가, 도가의 사상인가》. 서울: 예문서원, 1996.)

陳大齊 (1954).《荀子學說》. 臺北: 中華文化出版.

차경호 (1995). 〈한국, 일본 및 미국 대학생들의 삶의 질의 비교〉. 한국심리학회 편,《삶의 질의 심리학》(pp. 113-144). 서울: 한국심리학회.

차재호·나은영 (역) (1995).《세계의 문화와 조직》. 서울: 학지사. (Hofstede, G., 1991 참조)

차재호·정지원 (1993). 〈현대 한국 사회에서의 집합주의〉.《한국심리학회지: 사회》, 7(1), 150-163.

蔡錦昌 (1989).《荀子思想之本色》. 臺北: 唐山出版社.

蔡仁厚 (1984).《孔孟荀哲學》. 臺北: 學生書局.

최상진 (1995). 〈한국인의 통제 유형〉. 임능빈 편,《동양사상과 심리학》(pp. 535-543). 서울: 성원사.

______ (2000).《한국인 심리학》. 서울: 중앙대학교 출판부.

최상진·한규석 (2000). 〈문화심리학적 연구방법론〉.《한국심리학회지: 사회 및 성격》, 14(2), 123-144.

524

최영진 (2000). 〈90년대 한국사회의 유교담론 분석〉. 성균관대학교 유학·동양학부 편, 《동아시아의 유교문화와 미래적 전망》 (pp. 20-32). 서울: 성균관대학교 유학·동양학부.

馮友蘭 (1948). *A short history of Chinese philosophy*. 臺北: 雙葉書店. (정인재 역. 《중국철학사》. 서울 : 형설출판사, 1977.)

한국갤럽조사연구소 (1990). 《한국인의 인간가치관》. 서울: 한국갤럽조사연구소.

한규석 (1991a). 〈사회심리학 이론의 문화특수성: 한국인의 사회심리학 연구를 위한 고찰〉. 《한국심리학회지: 사회》, 6(1), 132-155.

______ (1991b). 〈집단주의-개인주의 이론의 현황과 그 전망〉. 《한국심리학회지: 일반》, 10(1), 1-19.

______ (2002). 《사회심리학의 이해》 (개정판). 서울: 학지사.

한규석·신수진 (1999). 〈한국인의 선호가치 변화: 수직적 집단주의에서 수평적 개인주의로〉. 《한국심리학회지: 사회 및 성격》, 13(2), 293-310.

한덕웅 (1994). 《퇴계심리학》. 서울: 성균관대학교 출판부.

______ (1999). 〈한국 유학의 심리학〉. 최상진·윤호균·한덕웅·조긍호·이수원, 《동양심리학: 서구심리학에 대한 대안 모색》 (pp. 163-286). 서울: 지식산업사.

______ (2000). 〈대인관계에서 4단7정 정서의 경험〉. 《한국심리학회지: 사회 및 성격》, 14(2), 145-166.

______ (2003). 《한국유학심리학: 한국유학의 심리학설과 유교문화에 관한 심리학적 접근》. 서울: 시그마프레스.

한자경 (2001). 《동서양의 인간 이해: 희랍·기독교·불교·유가의 인간관 비교 연구》. 서울: 서광사.

______ (2005). 《불교 철학의 전개: 인도에서 한국까지》. 서울: 예문서원.

함재봉 (2000). 《유교·자본주의·민주주의》. 서울: 전통과 현대.

현상윤 (1949). 《조선유학사》. 서울: 민중서관.

홍숙기 (2004). 《성격심리》 상 (수정판). 서울: 박영사.

黃公偉 (1974). 《孔孟荀哲學證義》. 臺北: 幼獅書店.

黑住眞 (1998). 〈일본사상사와 유학〉. 경상대 개교 50주년 기념 남명학연구소 국제학술심포지움 발표 논문.

Adamopoulos, J., & Bontempo, R. (1984). A note on the relationship between socialization practice and artistic preference. *Cross-Cultural Psychology Bulletin, 18*, 4-7.

Alexander, C. N., & Knight, G. W. (1971). Situated identities and social psychological experimentation. *Sociometry, 34,* 65-82.

Alexander, C. N., & Lauderdale, P. (1977). Situated identities and social influence. *Sociometry, 40,* 225-233.

Allport, G. W. (1968). The historical background of modern social psychology. In G. Lindzey & E. Aronson (Eds.), *The handbook of social psychology* (2nd ed., Vol. 1, pp. 1-80). Reading, MA: Addison-Wesley.

Amir, Y., & Sharon, I. (1987). Are social psychological law cross-culturally valid? *Journal of Cross-Cultural Psychology, 18,* 383-470.

Armon-Jones, C. (1986). The thesis of constructionism. In R. Harré (Eds.), *The social construction of emotions* (pp. 32-56). Oxford, UK: Blackwell.

Arndt, J., Greenberg, J., Solomon, S., Pyszczynski, T., & Simon, L. (1997). Suppression, accessibility of death-related thoughts and cultural world-view defense: Exploring the psychodynamics of terror management. *Journal of Personality and Social Psychology, 73,* 5-18.

Asch, S. E. (1951). Effects of group pressure on the modification and distortion of judgments. In H. Guetzkow (Ed.), *Groups, leadership and men* (pp. 177-190). Pittsburgh, PA: Carnegie.

______ (1955). Opinions and social pressure. *Scientific American, 193,* 33-35.

______ (1956). Studies of independence and conformity: A minority of one against a unanimous majority. *Psychological Monographs, 70* (9, Whole No. 416).

Averill, J. R. (1982). *Anger and aggression: An essay on emotion.* New York: Springer.

______ (1985). The social construction of emotion: With special reference to love. In K. J. Gergen & K. E. Davis (Eds.), *The social construction of the person* (pp. 89-109). New York: Springer.

Bagozzi, R. P., Wong, N., & Yi, Y. (1999). The role of culture and gender in the relationship between positive and negative affect. *Cognition and Emotion, 13,* 641-672.

Bakan, D. (1966). *The duality of human existence.* San Francisco, CA: Jossey-Bass.

Bandura, A. (1977). Self-efficacy: Toward a unifying theory of behavioral change. *Psychological Review, 84,* 191-215.

________ (1997). *Self-efficacy: The exercise of control*. New York: Freeman.

________ (2000). Self-efficacy. In A. E. Kazdin (Ed.), *Encyclopedia of psychology* (Vol. 7, pp. 212-213). Washington, DC: American Psychological Association.

Barnlund, D. C. (1975). *Public and private self in Japan and the United States*. Tokyo, Japan: Simul Press.

Baron, R. A., & Byrne, D. (1997). *Social psychology* (8th ed.). Boston, MA: Allyn & Bacon.

Barry, H., Child, I., & Bacon, M. (1959). Relation of child training to subsistence economy. *American Anthropologist, 61*, 51-63.

Batson, C. D., & Ventis, W. L. (1982). *The religious experience: A social-psychological perspective*. New York: Oxford University Press.

Baumeister, R. F., & Leary, M. R. (1995). The need to belong: Desire for interpersonal attachments as a fundamental human motivation. *Psychological Bulletin, 117*, 497-529.

Baumeister, R. F., Tice, D. M., & Hutton, D. G. (1989). Self-presentational motivations and personality differences in self-esteem. *Journal of Personality, 57*, 547-579.

Bem, D. J. (1965). An experimental analysis of self-persuation. *Journal of Experimental Social Psychology, 1*, 199-218.

________ (1967). Self-perception: An alternative interpretation of cognitive dissonance phenomena. *Psychological Review, 74*, 183-200.

Benedict, R. (1934). *Patterns of culture*. New York: Mentor.

________ (1946). *The chrysanthemum and the sword: Patterns of Japanese culture*. Boston, MA: Houghton Mifflin. (김윤식·오인식 역. 《국화와 칼》. 서울: 을유문화사, 1991.)

Berkowitz, L. (1969). Social motivation. In G. Lindzey & E. Aronson (Eds.), *The handbook of social psychology* (2nd ed., Vol. 3, pp. 50-135). Reading, MA: Addison-Wesley.

________ (1993). Towards a general theory of anger and emotional aggression: Implications of a cognitive-neoassociationistic perspective for the analysis of anger and other emotions. In R. S. Wyer & T. Srull (Eds.), *Advances in social cognition* (Vol. 6, pp. 1-46). Hillsdale, NJ: Erlbaum.

Berry, J. W. (1966). Temne and Eskimo perceptual skills. *International Journal of Psychology, 1,* 207-209.

______ (1971). Ecological and cultural factors in spatial perceptual development. *Canadian Journal of Behavioural Science, 3,* 324-336.

______ (1976). *Human ecology and cognitive style: Comparative studies in cultural psychological adaptation.* New York: Sage/Halsted.

______ (1979). A cultural ecology of social behavior. In L. Berkowitz (Ed), *Advances in experimental social psychology* (Vol. 12, pp. 177-206). New York: Academic Press.

Berry, J. W., & Annis, R. C. (1974). Acculturative stress: The role of ecology, culture and differentiation. *Journal of Cross-Cultural Psychology, 5,* 382-406.

Berry, J. W., Poortinga, Y. H., Segall, M. H., & Dasen, P. R. (1992). *Cross-cultural psychology: Research and applications.* New York: Cambridge University Press.

Blau, P. M. (1964). *Exchange and power in social life.* New York: Wiley.

Block, J., & Colvin, C. R. (1994). Positive illusions and well-being revisited: Separating fiction from fact. *Psychological Bulletin, 116,* 28.

Blumenthal, E. P. (1977). Models in Chinese moral education: Perspectives from children's books. *Dissertation Abstracts International, 37,* 6357A-6358A.

Bock, P. K. (1988). *Rethinking psychological anthropology.* New York: Freeman.

Bond, M. H. (1979). Dimensions of personality used in perceiving peers: Cross-cultural comparisons of Hong Kong, Japanese, American and Filipino university students. *International Journal of Psychology, 14,* 47-56.

______ (1988). *The cross-cultural challenge to social psychology.* Beverly Hills, CA: Sage.

______ (1994). Into the heart of collectivism: A personal and scientific journey. In U. Kim, H. C. Triandis, C, Kagitcibasi, S. C. Choi, & G. Yoon (Eds.), *Individualism and collectivism: Theory, method, and applications* (pp. 66-76). Thousand Oaks, CA: Sage.

Bond, M. H., & Cheung, T. S. (1983). College students' spontaneous self-concepts: The effect of culture among respondents in Hong Kong, Japan, and the United States. *Journal of Cross-Cultural Psychology, 14,* 153-171.

528

Bond, M. H., Chiu, C. K., & Wan, K. C. (1984). When modesty fails: The social impact of group-effacing attributions following success and failure. *European Journal of Social Psychology, 14*, 335-338.

Bond, M. H., Hewstone, M., Wan, K. C., & Chiu, C. K. (1985). Group-serving attributions across intergroup contexts: Cultural differences in the explanation of sex-typed behaviors. *European Journal of Social Psychology, 15*, 435-452.

Bond, M. H., & Hwang, K. K. (1986). The social psychology of Chinese people. In M. H. Bond (Ed.), *The psychology of Chinese people* (pp. 213-266). New York: Oxford University Press.

Bond. M. H., Leung, K., & Wan, K. C. (1982). The social impact of self-effacing attributions: The Chinese case. *Journal of Social Psychology, 118*, 157-166.

Bond, M. H., & Smith, P. B. (1996). Culture and conformity: A meta-analysis of studies using Asch's (1952b, 1956) line judgement task. *Psychological Bulletin, 119*, 111-131.

Bontempo, R., Lobel, S. A., & Triandis, H. C. (1990). Compliance and value internalization in Brazil and the U. S.: Effects of allocentrism and anonymity. *Journal of Cross-Cultural Psychology, 21*, 200-213.

Bordt, M. (1999). *Platon.* Freiburg: Verlag Herder. (한석환 역. 《철학자 플라톤》. 서울: 이학사, 2003.)

Boucher, J. (1979). Culture and emotion. In A. Marsella, R. Tharp, & T. Ciborowski (Eds.), *Perspectives on cross-cultural psychology.* New York: Academic Press.

Brandt, A. M., & Rozin, P. (Eds.) (1997). *Morality and health.* New York: Routledge.

Brehm, J. W. (1956). Post-decision changes in desirability of alternatives. *Journal of Abnormal and Social Psychology, 52*, 348-389.

Brehm, S. S. (1992). *Intimate relationship* (2nd ed.). New York: McGraw-Hill.

Brewer, M. B., & Gardner, W. (1996). Who is this "we"? Levels of collective identity and self representations. *Journal of Personality and Social Psychology, 71*, 83-93.

Briggs, J. (1970). *Never in anger: Portrait of an Eskimo family.* Cambridge, MA: Harvard University Press.

Brown, J. D. (1986). Evaluations of self and others: Self-enhancement biases in social judgment. *Social Cognition, 4*, 353-376.

Brown, J. D., & Taylor, S. E. (1986). Affect and the processing of personal information: Evidence for mode-activated self-schemata. *Journal of Experimental Social Psychology, 22*, 436-452.

Bruner, J. (1986). *Actual minds, possible worlds.* New York: Plenum.

Buck, R. (1988). *Human motivation and emotion* (2nd ed.). New York: Wiley.

Burns, E. M., Lerner, R. E., & Meacham, S. (1984). *Western civilizations* (10th ed.). New York: Norton. (박상익 역. 《서양문명의 역사》 I-Ⅳ. 서울: 소나무, 2003.)

Burr, V. (2002). *The person in social psychology.* New York: Taylor & Francis.

Campos, J. J., & Miyake, K. (1992). *Development of attachment and emotion in Japanese infants.* Paper presented at the International Conference on Emotion and Culture, Eugene, OR.

Carr, S. C., & MacLachlan, M. (1997). Motivational gravity. In D. Munro, J. F. Schumaker, & S. C. Carr (Eds.), *Motivation and culture* (pp. 133-155). New York: Routledge.

Chagnon, N. A. (1968). *Yanomamö: The fierce people.* New York: Holt, Rinehart & Winston.

Chang, W. C., Chua, W. L., & Toh, Y. (1997). The concept of psychological control in the Asian context. In K. Leung, U. Kim, S. Yamaguchi, & Y. Kashima (Eds.), *Progress in Asian social psychology* (Vol. 1, pp. 95-117). Singapore: Wiley.

Chang, W. J. (1983). *The prediction of junior high-school students' sociometric status from some psycho-social variables.* Unpublished doctoral dissertation, University of Oregon.

Chen, C., & Stevenson, H. W. (1989). Homework: A cross-cultural examination. *Child Development, 60*, 551-561.

Cheung, F. M. C. (1986). Psychopathology among Chinese people. In M. H. Bond (Ed.), *The psychology of Chinese people* (pp. 171-212). Hong Kong: Oxford University Press.

Chien, M. (1977). Factors related to peer interaction among school children in urban and rural areas. *Psychological Testing, 24*, 32-40.

Chinese Culture Connection (1987). Chinese values and the search for culture-free dimensions of culture. *Journal of Cross-Cultural Psychology, 18*, 143-164.

Chiu, C., Hong, Y., & Dweck, C. S. (1997). Lay dispositionism and implicit theories of personality. *Journal of Personality and Social Psychology, 73*, 19-30.

Chiu, L. H. (1972). A cross-cultural comparison of cognitive styles in Chinese and American children. *International Journal of Psychology, 7*, 235-242.

Choi, I. (2002). *Who trusts fortune telling? Self-concept clarity and the Barnum effect.* Unpublished manuscript, Seoul National University, Seoul, Korea.

Choi, I., Choi, K. W., & Cha, J. H. (1992). *A cross-cultural replication of Festinger and Carlsmith (1959).* Unpublished manuscript. Seoul National University, Seoul, Korea.

Choi, I., & Choi, Y. (2002). Culture and self-concept flexibility. *Personality and Social Psychology Bulletin, 28*, 1508-1517.

Choi, I., Dalal, R., & Kim-Prieto, C. (2000). *Information search in causal attribution: Analytic versus hislistic.* Unpublished manuscript, Seoul National University, Seoul, Korea.

Choi, I., & Nisbett, R. E. (1998). Situational salience and cultural differences in the correspondence bias and actor-observer bias. *Personality and Social Psychology Bulletin, 24*, 949-960.

________ (2000). The cultural psychology of surprise: Holistic theories and recognition of contradiction. *Journal of Personality and Social Psychology, 79*, 890-905.

Choi, I., Nisbett, R. E, & Norenzayan, A. (1999). Causal attribution across cultures: Variation and universality. *Psychological Bulletin, 125*, 47-63.

Choi, S. H., & Gopnik, A. (1995). Early acquisition of verbs in Korean: A cross-linguistic study. *Journal of Child Language, 22*, 497-512.

Chung, Y. E. (1994). Void and non-conscious processing. In G. Yoon & S. C. Choi (Eds.), *Psychology of the Korean people: Collectivism and individualism* (pp. 3-14). Seoul: Dong-A.

Cialdini, R. B., & De Nicholas, M. E. (1989). Self-presentation by association. *Journal of Personality and Social Psychology, 57*, 626-631.

Cialdini, R. B., & Trost, M. B. (1998). Social influence: Social norms, conformity, and compliance. In D. T. Gilbert, S. T. Fiske, & G. Lindzey (Eds.), *The handbook of social psychology* (4th ed., Vol. 2, pp. 151-192). Boston, MA: McGraw-Hill.

Clark, M. S., & Mills, J. (1979). Interpersonal attraction in exchange and communal relationships. *Journal of Personality and Social Psychology, 37,* 12-24.

______ (1993). The difference between communal and exchange relationships: What is and is not. *Personality and Social Psychology Bulletin, 19,* 684-691.

Colvin, C. R., & Block, J. (1994). Do positive illusions foster mental health? An examination of the Taylor and Brown formulation. *Psychological Bulletin, 116,* 3-20.

Cooper, J., & Fazio, R. H. (1984). A new look at dissonance theory. In L. Berkowitz (Ed.), *Advances in experimental social psychology* (Vol. 17, pp. 229-266). Orlando, FL: Academic Press.

Cousins, S. (1989). Culture and selfhood in Japan and the U. S. *Journal of Personality and Social Psychology, 56,* 124-131.

Crocker, J. (1982). Biased question in judgement of covariation studies. *Personality and Social Psychology Bulletin, 8,* 214-220.

Cua, A. S. (1985). *Ethical argumentation: A study in Hsün Tzu's moral epistemology.* Honolulu, HI: University of Hawaii Press.

D'Andrade, R. G. (1981). The cultural part of cognition. *Cognitive Science, 5,* 179-195.

______ (1984). Cultural meaning systems. In R. A. Shweder & R. A. LeVine (Eds.), *Culture theory: Essay on mind, self and emotion* (pp. 88-119). Cambridge, UK: Cambridge University Press.

______ (1992). Schemas and motivation. In R. G. D'Andrade & C. Strauss (Eds.), *Human motives and cultural models* (pp. 23-44). New York: Cambridge University Press.

D'Andrade, R. G. & Strauss, C. (Eds.). (1992). *Human motives and cultural models.* New York: Cambridge University Press.

Darwin, C. (1872/1955). *The expression of the emotions in man and animals.* New York: Philosophical Library.

Das, V. (1992). Moral orientations to suffering: Litigimation, power and healing. In L. Chen, A. Kleinman, & N. Ware (Eds.), *Health and social change in international perspectives.* Beverly Hills, CA: Sage.

Davis, M. H., & Stephan, W. G. (1989). Attributions for exam performance. Journal of *Applied Social Psychology, 10,* 235-248.

Davis, W. B. (1987). Religion and development: Weber and the East Asian experience.

In M. Weiner & S. P. Huntington (Eds.), *Understanding political development* (pp. 221-280). Boston, MA: Little, Brown and Co.

Deci, E. L., & Ryan, R. M. (1985). *Intrinsic motivation and self-determination in human behavior.* New York: Plenum.

Deuchler, M. (1992). *The Confucian transformation of Korea: A study of society and ideology.* Boston, MA: Harvard University Press. (이훈상 역. 《한국 사회의 유교적 변환》. 서울: 아카넷, 2003.)

DeVos, G. A. (1973). *Socialization for achievement: Essay on the cultural psychology of the Japanese.* Berkeley, CA: University of California press.

Dickinson, G. L. (1967). *The Greek view of life* (4ch ed.). New York: Macmillan. (박만준·이준호 역. 《그리스인의 이상과 현실: 서양철학의 뿌리》. 서울: 서광사, 1989.)

Diener, E., & Diener, M. (1995). Cross-cultural correlates of life satisfaction and self-esteem. *Journal of Personalty and Social Psychology, 68,* 653-663.

Diener, E., & Larsen, R. J. (1993). The experience of emotional well-being. In M. Lewis & J. M. Haviland (Eds.), *Handbook of emotion* (pp. 405-415). New York: Guilford.

Diener, E., Suh, E., Smith, H., & Shao, L. (1995). National and cultural difference in reported subjective well-being: Why do they occur? *Social Indicators Research, 34,* 7-32.

Doi. T. (1986). *The anatomy of self: The individual versus society.* Tokyo: Kodansha.

Dollard, J., & Miller, N. E. (1950). *Personality and psychotherapy.* New York: McGraw-Hill.

Dore, R. (1973). *British factory—Japanese factory.* London: Allen & Unwin.

Douglas, M. (1975) *Implicit meanings: Essay in anthropology.* London: Routledge.

Draguns, J. (1997). Abnormal behavior patterns across cultures: Implications for counseling and psychotherapy. *International Journal of Intercultural Relations, 21,* 213-248.

Dubs, H. H. (1927). *Hsüntze: The moulder of ancient Confucianism.* London; Arthur Probsthain

Dülmen, R. v. (1997). *Die Entdeckung des Individuums 1500-1800.* Frankfurt am Main:

Fischer Taschenbuch Verlag. (최윤영 역. 《개인의 발견: 어떻게 개인을 찾아가는가 1500-1800》. 서울: 현실문화연구, 2005.)

Dumont, L. (1970). *Homo hierarchicus*. Chicago, IL: University of Chicago Press.

Dweck, C. S. (1991). Self-theories and goals: Their role in motivation, personality, and development. In R. A. Dienstbier (Ed.), *Perspectives on motivation: Nebraska Symposium on Motivation, 1990* (pp. 199-235). Lincoln, NB: University of Nebraska Press.

Dweck, C. S., Hong, Y., & Chiu, C. (1993). Implicit theories: Individual differences in the likelihood and meaning of dispositional inference. *Personality and Social Psychology Bulletin, 19*, 644-656.

Dweck, C. S., & Leggett, E. L. (1988). A social-cognitive approach to motivation and personality. *Psychological Review, 95*, 256-273.

Early, P. C. (1989). Social loafing and collectivism: A comparison of the United States and the People's Republic of China. *Administrative Science Quarterly, 34*, 565-581.

______ (1993). East meets West meets Mideast: Furthur exploration of collectivistic and individualistic work groups. *Academy of Management Journal, 36*, 319-348.

______ (1994). Self or group? Cultural effects of training on self-efficacy and performance. *Administrative Science Quarterly, 39*, 89-117.

Edwards. A. L. (1959). *Manual for the Personal Preference Schedule*. New York: Psychological Corp.

Eible-Eibesfeldt, I. (1979). *The biology of peace and war* (E. Mosbacher, Trans.). New York: Viking.

Ekman, P. (1972). Universals and cultural differences in facial expression of emotions. In J. K. Cole (Ed.), *Nebraska Symposium on Motivation, 1971* (Vol. 19, pp. 207-283). Lincoln, NB: University of Nebraska Press.

______ (1982). *Emotions in the human face* (2nd ed.). Cambridge, UK: Cambridge University Press.

______ (1992). An argument for basic emotions. *Cognition and Emotion, 6*, 169-200.

Ellsworth, P. C. (1994). Sense, culture, and sensibility. In S. Kitayama & H. R. Markus (Eds.), *Emotion and culture: Empirical studies of mutual influence* (pp. 23-50).

Washington, DC: American Psychological Association.

Emerson, R. M. (1992). Social exchange theory. In M. Rosenberg & R. H. Turner (Eds.), *Social psychology: Sociological perspectives* (pp. 30-65). New Brunswick, NJ: Transaction Publishers.

Epstein, S. (1984). Controversial issues in emotion theory. In P. Shaver (Ed.), *Review of personality and social psychology: Emotions, relationships, and health* (Vol. 5). Beverly Hills, CA: Sage.

Festinger, L. (1954). A theory of social comparison processes. *Human Relations, 7,* 117-140.

______ (1957). *A theory of cognitive dissonance.* Evanston, IL: Row, Peterson.

Festinger, L., & Carlsmith, J. M. (1959). Cognitive consequences of forced compliance. *Journal of Abnormal and Social Psychology, 58,* 203-210.

Fischhoff, B. (1975). Hindsight ≠ foresight: The effect of outcome knowledge on judgment under uncertainty. *Journal of Experimental Psychology: Human Perception and Performance, 1,* 288-299.

Fiske, A. P. (1990). *Making up society: The four elementary relational structures.* New York: Free Press.

Fiske, A. P., Kitayama, S., Markus, H. R., & Nisbett, R. E. (1998). The cultural matrix of social psychology. In D. T. Gillbert, S. T. Fiske, & G. Lindzey (Eds.), *The handbook of social psychology* (4th ed., Vol. 2, pp. 915-981). Boston, MA: McGraw-Hill.

Fiske, S. T. (1993). Social cognition and social perception. *Annual Review of Psychology, 44,* 155-194.

Fiske, S. T., & Taylor, S. E. (1984). *Social cognition.* Reading, MA: Addison-Wesley.

______ (1991). *Social cognition* (2nd ed.). New York: McGraw-Hill.

Frager, R. (1970). Conformity and anti-conformity in Japan. *Journal of Personality and Social Psychology, 15,* 203-210.

Franken, P. E. (1998). *Human motivation* (4th ed.). Pacific Grove, CA: Brooks/Cole.

Freud, S. (1933). *New introductory lectures on psychoanalysis* (W. J. H. Sproutt, Trans.). New York: Norton.

Fridlund, A. J. (1994). *Human facial expression: An evolutionary view.* San Diego, CA:

Academic Press.

Friend, R., Rafferty, Y., & Bramel, D. (1990). A puzzling misinterpretation of the Asch conformity study. *European Journal of Social Psychology, 20,* 29-44.

Frijda, N. H. (1986). *The emotions.* Cambridge, UK: Cambridge University Press.

_______ (1988). The laws of emotion. *American Psychologist, 43,* 349-358.

Frijda, N. H., Kuipers, P., & ter Schure, E. (1989). Relations among emotion appraisal and emotional action readiness. *Journal of Personality and Social Psychology, 57,* 212-228.

Frijda, N. H., & Mesquita, B. (1994). The social rules and functions of emotions. In S. Kitayama & H. R. Markus (Eds.), *Emotion and culture: Empirical studies of mutual influence* (pp. 51-87). Washington, DC: American Psychological Association.

Gabrenya, W. K., Latané, B., & Wang, Y. (1983). Social loafing in cross-cultural perspective: Chinese on Taiwan. *Journal of Cross-Cultural Psychology, 14,* 368-384.

Gabrenya, W. K., Wang, Y., & Latané, B. (1985). Social loafing on an optimizing task: Cross-cultural differences among Chinese and Americans. *Journal of Cross-Cultural Psychology, 16,* 223-242.

Geen, R. G. (1991). Social motivation. *Annual Review of Psychology, 42,* 377-399.

_______ (1995a). *Human motivation: A social psychological approach.* Pacific Grove, CA: Brooks/Cole.

_______ (1995b). Social motivation. In B. Parkinson & A. M. Colman (Eds.), *Emotion and motivation* (pp. 38-57). London: Longman.

Geen, R. G., & Shea, J. D. (1997). Social motivation and culture. In D. Munro, J. F. Schumaker, & S. T. Carr (Eds.), *Motivation and culture* (pp. 33-48). New York: Routledge.

Gentner, D., & Grudin, J. (1985). The evolution of mental metaphors in psychology: A 90-year retrospective. *American Psychologist, 40,* 181-192.

Gergen, K. J. (1971). *The concept of self.* New York: Holt, Rinehart & Winston.

Gergen, K. J., & Davis, K. E. (Eds.). (1985). *The social construction of the person.* New York: Springer.

Gergen, K. J., & Gergen, M. M. (1988). Narrative and the self as relationships. In L. Berkowitz (Ed.), *Advances in experimental social psychology* (Vol. 21, pp.

536

17-56). New York: Academic Press.

Gergen, K. J., Greenberg, M. S., & Willis, R. H. (1980). Introduction. In K. J. Gergen, M. S. Greenberg, & R. H. Willis (Eds.), *Social exchange: Advances in theory and research* (pp. vii-xi). New York: Plenum.

Gilbert, D. T., Fiske, S. T., & Lindzey, G. (Eds.). (1998). *The handbook of social psychology* (4th ed.). Boston, MA: MaGraw-Hill.

Gilligan, C. (1982). *In a different voice: Psychological theory and woman's development.* Cambridge, MA: Harvard University Press.

Goffman, E. (1955). On face-work: An analysis of ritual elements in social interaction. *Psychiatry, 18,* 213-231.

_______ (1961). *Asylums.* Garden City, NY: Anchor Books.

Gray, J. (1995). *Liberalism,* London: Open University Press. (손철성 역. 《자유주의》. 서울: 이후, 2007.)

Greenberg, J., Pyszczynski, T., & Solomon, S. (1982). The self-serving attributional bias: Beyond self-presentation. *Journal of Experimental Social Psychology, 18,* 56-67.

_______ (1986). The causes and consequences of a need for self-esteem: A terror management theory. In R. F. Baumeister (Ed.), *Public self and private self* (pp. 189-212). New York: Springer.

Greenberg, J., Pyszczynski, T., Solomon, S. Rosenblatt, A., Veeder, M., Kirkland, S., & Lyon, D. (1990). Evidence for terror management theory II: The effects of mortality salience on reactions to those who threaten or bolster the cultural worldview. J*ournal of Personality and Social Psychology, 58,* 308-318.

Greenfield, P. M. (2000). Three approaches to the psychology of culture: Where do they come from? Where can they go? *Asian Journal of Social Psychology, 3,* 223-240.

Greenwald, A. G., & Pratkanis, A. R. (1984). The self. In R. S. Wyer, Jr. & T. K. Srull (Eds.), *Handbook of social cognition* (Vol. 3, pp. 129-178). Hillsdale, NJ: Erlbaum.

Gudykunst, W. B. (Ed.), (1993). *Communication in Japan and the United States.* Albany, NY: State University of New York Press.

Gudykunst, W. B., Yoon, Y., & Nishida, D. (1987). The influence of individualism and collectivism on perceptions of communication in ingroup and outgroup relationships. *Communication Monographs, 54*, 295-306.

Guthrie, W. K. C. (1960). *The Greek philosophers: From Thales to Aristotle.* New York: Harper & Row. (박종현 역. 《희랍 철학 입문: 탈레스에서 아리스토텔레스까지》. 서울: 서광사, 2003.)

Hall, C. S., & Lindzey, G. (1978). *Theories of personality* (3rd ed.). New York: Wiley. (이상로·이관용 역. 《성격의 이론》. 서울: 중앙적성출판부, 1987.)

Hall, D. L., & Ames, R. T. (1987). *Thinking through Confucius.* Albany, NY: State University of New York Press.

Hamilton, V. L., Blumenfeld, P. C., Akoh, H., & Miura, K. (1990). Credit and blame among American and Japanese children: Normative, cultural, and individual differences. *Journal of Personality and Social Psychology, 59*, 442-451.

Hamilton, V. L., & Sanders, J. (1980). Universals of judging wrongdoing: Japanese and Americans compared. *American Sociological Review, 48*, 199-211.

Han, S. P., & Shavitt, S. (1994). Persuasion and culture: Advertising appeals in individualistic and collectivistic societies. *Journal of Experimental Social Psychology, 30*, 326-350.

Han, S. Y., & Ahn, C. Y. (1990). Collectivism and its relationships to age, education, mode of marriage, and living in Koreans. 《한국심리학회지: 사회》, 5(1), 116-128.

Harding, C. (1980). East meets West: A conflict of values. *Hong Kong Psychological Society Bulletin, 5*, 35-43.

Harré, R. (Ed.) (1986). *The social construction of emotions,* Oxford, UK: Blackwell.

Hayashi, C. (1988). *National character of the Japanese.* Tokyo: Statistical Bureau, Japan.

Heelas, P. (1986). Emotion talk across cultures. In R. Harré (Ed.), *The social construction of emotions* (pp. 234-266). Oxford, UK: Blackwell.

Heider, F. (1958). *The psychology of interpersonal relations.* New York: Wiley.

Heine, S. J., Kitayama, S., Lehman, D. R., Takata, T., Ide, E., Leung, C., & Matsumoto, H. (2001). Divergent consequences of success and failure in Japan and North America: An investigation of self-improving motivations and malleable selves. *Journal of Personality and Social Psychology, 81*, 599-615.

Heine, S. J., & Lehman, D. R. (1995). Cultural variation in unrealistic optimism: Does the West feel more invulnerable than the East? *Journal of Personality and Social Psychology, 68,* 595-607.

______ (1997). The cultural construction of self-enhancement: An examination of group-serving biases. *Journal of Personality and Social Psychology, 72,* 1268-1283.

Heine, S. J., Lehman, D. R., Markus, H. R., & Kitayama, S. (1999). Is there a universal need for positive self-regard? *Psychological Review, 106,* 766-794.

Hess, R. D., Chang, C. M., & McDevitt, T. M. (1987). Cultural variations in family beliefs about children's performance in mathematics: Comparisons among People's Republic of China, Chinese-Americans, and Caucasian-American families. *Journal of Educational Psychology, 79,* 179-188.

Hewstone, M. (1989). *Causal attribution: From cognitive processes to collective beliefs.* Oxford, UK: Blackwell.

Hewstone, M., Bond, M. H., & Wan, K. C. (1983). Social facts and social attributions: The explanation of intergroup differences in Hong Kong. *Social Cognition, 2,* 142-157.

Hilgard, E. R. (1980). The trilogy of mind: Cognition, affection, and conation. *Journal of the History of the Behavioral Sciences, 16,* 107-117.

______ (1987). *Psychology in America: A historical survey.* San Diego, CA: Harcourt Brace Jovanovich.

Hjelle, L. A., & Ziegler, D. J. (1981). *Personality theories: Basic assumption, research, and applications* (2nd ed.). New York: MaGraw-Hill. (이훈구 역. 《성격심리학》. 서울: 법문사, 1983.)

Ho, D. Y. F. (1979). Psychological implications of collectivism: With special reference to the Chinese case and Maoist dialectics. In L. H. Eckensberger, W. J. Lonner, & Y. H. Poortinga (Eds.), *Cross-cultural contributions to psychology* (pp. 143-150). Lisse, Netherlands: Swets & Zeitlinger.

______ (1986). Chinese patterns of socialization: A critical review. In M. H. Bond (Ed.), *The psychology of Chinese people* (pp. 1-37). Hong Kong: Oxford University Press.

Hochschild, A. R. (1983). *The managed heart: Commercialization of human feeling.*

Berkeley, CA: University of California Press.

Hofstede, G. (1980). *Culture's consequences: International differences in work-related values*. Beverly Hills, CA: Sage.

______ (1983). Dimension of national cultures in fifty countries and three regions. In J. B. Deregowski, S. Dziurawiec, & R. C. Annis (Eds.), *Expiscations in cross-cultural psychology* (pp. 335-355). Lisse, Netherlands: Swets & Zeitlinger.

______ (1991). *Cultures and organizations: Software of the mind*. London: McGraw-Hill. (차재호·나은영 역.《세계의 문화와 조직》. 서울: 학지사, 1995.)

Hofstede, G. & Bond, M. H. (1988). The Confucius connection: From cultural roots to economic growth. *Organizational Dynamics, 16*, 4-21.

Hogan, R. (1983). A socioanalytic theory of personality. In M. Page & R. Dienstbier (Eds.), *Nebraska Symosium on Motivation, 1982* (pp. 55-89). Lincoln, NB: University of Nebraska Press.

Hogg, M. A., & Abrams, D. (1988). *Social identifications: A social psychology of inter-group relations and group processes*. New York: Routledge.

Holloway, S. D. (1988). Concept of ability and effort in Japan and the United States. *Review of Educational Research, 56*, 327-345.

Holloway, S. D., Kashiwagi, K., Hess, R. D., & Azuma, H. (1986). Causal attributions by Japanese and American mothers and children about performance in mathematics. *International Journal of Psychology, 21*, 269-286.

Holmberg, D., Markus, H. R., Herzog, A. R., & Franks, M. (1997). *Self-making in American adults: Content, structure and function*. Unpublished manuscript, University of Michigan.

Holton, R. J. (1998). *Globalization and the nation-state*. London: Macmillan.

Holyoak, K. J., & Gordon, P. C. (1983). Social reference points. *Journal of Personality and Social Psychology, 44*, 881-887.

Homans, G. C. (1961). *Social behavior: Its elementary forms*. New York: Harcourt, Brace, Jovanovich.

Hong, Y., Chiu, C., & Kung, T. M. (1997). Bringing culture out in front: Effects of cultural meaning system activation on social cognition. In K. Leung, U. Kim, S. Yamaguchi, & Y. Kashiman (Eds.), *Progress in Asian social psychology* (Vol.

540

1, pp. 139-150). Singapore: Wiley.

Horton, R. (1970). African traditional thought and Western science. In B. R. Wilson (Ed.), *Rationality* (pp. 131-171). Oxford, England: Blackwell.

Howell, S. (1981). Rules not words. In P. Heelas & A. Lock (Eds), *Indigenous psychologies: The anthropology of the self* (pp. 133-143). London: Academic Press.

Hsu, F. L. K. (1971). Psychological homeostasis and jen: Conceptual tools for advancing psychological anthropology. *American Anthropologist, 73*, 23-44.

_______ (1983). *Rugged individualism reconsidered.* Knoxville, TN: University of Tennessee Press.

Hui, C. H., & Triandis, H. C. (1986). Individualism and collectivism: A study of cross-cultural researchers. *Journal of Cross-Cultural Psychology, 17*, 225-248.

Hui, C. H., Triandis, H. C., & Yee, C. (1991). Cultural difference in reward allocation: Is collectivism the explanation? *British Journal of Social Psychology, 30*, 145-157.

Huntington, S. P. (1996). *The clash of civilizations and the remaking of world order.* New York: Simon & Schuster. (이희재 역. 《문명의 충돌》. 서울: 김영사, 1997.)

Iwao, S. (1988, August). *Social psychology's models of man: Isn't it time for East to meet West?* Invited address to the International Congress of Scientific Psychology, Sydney, Australia.

Iyengar, S. S., & Lepper, M. R. (1999). Rethinking the value of choice: A cultural perspective on intrinsic motivation. *Journal of Personality and Social Psychology, 76*, 349-366.

Izard, C. E. (1971). *The face of emotion.* New York: Appleton-Century-Crofts.

_______ (1977) *Human emotions.* New York: Plenum.

Jahoda, M. (1958). *Current concepts of positive mental health.* New York: Basic Books.

James, W. (1890/1950). *The principles of psychology.* New York: Dover. (정양은 역. 《심리학의 원리》 I·II·III. 서울: 아카넷, 2005.)

Jenkins, J. H. (1994). Culture, emotion, and psychopathology. In S. Kitayama & H. R. Markus (Eds.), *Emotion and culture: Empirical studies of mutual influence* (pp. 307-335). Washington, DC: American Psychological Association.

Ji, L. & Nisbett. R. E. (1999). *Categories vs. relationship as organizing principles for Americans and Chinese.* Unpublished manuscript, University of Michigan.

Ji, L., Peng, K., & Nisbett, R. E. (2000). Culture, control, and perception of relationships in the environment. *Journal of Personality and Social Psychology, 78,* 943-955.

Johnson, F. (1985). The Western concept of self. In A. J. Marsella, G. A. DeVos, & F. L. K. Hsu (Eds.), *Culture and self: Asian and Western perspective* (pp. 91-138). New York: Tavistock.

Jones, E. E. (1985). Major developments in social psychology during the past five decades. In G. Lindzey & E. Aronson (Eds.), *The handbook of social psychology* (3rd ed., Vol. 1, pp. 47-107). New York : Random House.

_______ (1990). *Interpersonal perception.* New York: Freeman.

_______ (1998). Major developments in five decades of social psychology. In D. T. Gilbert, S. T. Fiske, & G. Lindzey (Eds.), *The handbook of social psychology* (4th ed. Vol. 1, pp. 3-57). Boston, MA: McGraw-Hill.

Jones, E. E., & Davis, K. E. (1965). From acts to dispositions: The attribution process in person perception. In L. Berkowitz (Ed.), *Advances in experimental social psychology* (Vol. 2, pp. 220-266). New York: Academic Press.

Jones, E. E., & Nisbett, R. E. (1972). The actor and the observer: Divergent perceptions of the causes of behavior. In E. E. Jones, D. E. Kanouse, H. H. Kelley, R. E. Nisbett, S. Valins, & B. Weiner (Eds.), *Attribution: Perceiving the causes of behavior* (pp. 79-94). Morristown, NJ: General Learning Press.

Jourard, S. M., & Landsman, T. (1980). *Healthy personality: An approach from the viewpoint of humanistic psychology* (4th ed.). New York: Macmillan.

Jung, C. G. (1923/1971). Psychological types. In Read et al. (Eds.), *The collected works of C. G. Jung* (Vol. 6, pp. 1-495). Princeton, NJ: Princeton University Press.

Kagitcibasi, C. (1990). Family and socialization in cross-cultural perspective: A model of change. In J. Berman (Ed.), *Cross-cultural perspectives: Nebraska Symposium on Motivation, 1989* (pp. 135-200). Lincoln, NB: University of Nebraska Press.

_______ (1994). A critical appraisal of individualism and collectivism: Toward a new formulation. In U. Kim, H. C. Triandis, C. Kagitcibasi, S. C. Choi, & G. Yoon (Eds.), *Individualism and collectivism: Theory, method, and applications* (pp. 52-65). Thousand Oaks, CA: Sage.

_______ (1996). *Family and human development across cultures: A view from the other*

542

side. Hillsdale, NJ: Erlbaum.

______ (1997). Individualism and collectivism. In J. W. Berry, M. H. Segall, & C. Kagitcibasi (Eds.), *Handbook of cross-cultural psychology* (2nd ed., Vol. 3, pp. 1-49). Boston, MA: Allyn & Bacon.

Kagitcibasi, C., & Berry, J. W. (1989). Cross-cultural psychology: Current research and trends. *Annual Review of Psychology, 40,* 493-531.

Kahneman, D., Slovic, P., & Tversky, A. (Eds.). (1982). *Judgment under uncertainty: Heuristics and biases*. New York: Cambridge University Press.

Kao, H. S. R., & Ng, S. H. (1997). Work motivation and culture. In D. Munro, J. F Schumaker, & S. C. Carr (Eds.), *Motivation and culture* (pp. 119-132). New York: Routledge.

Karau, S. J., & Williams, K. D. (1993). Social loafing: A meta-analytic review and theoretical integration. *Journal of Personality and Social Psychology, 65,* 681-706.

Kashima, Y. (1997). Culture, narrative, and human motivation. In D. Munro, J. F. Schumaker, & S. C. Carr (Eds.), *Motivation and culture* (pp. 16-30). New York: Routledge.

Kashima, Y., Siegel, M., Tanaka, K., & Kashima, E. S. (1992). Do people believe behaviors are consistent with attitudes? Toward a cultural psychology of attribution processes. *British Journal of Social Psychology, 31,* 111-124.

Kelley, H. H. (1967). Attribution theory in social psychology. In D. Levine (Ed.), *Nebraska Symposium on Motivation, 1967* (pp. 192-238). Lincoln, NB: University of Nebraska Press.

______ (1972a). Causal schemata and the attribution process. In E. E. Jones, D. E. Kanouse, H. H. Kelley, R. E. Nisbett, S. Valins, & B. Weiner (Eds.), *Attribution: Perceiving the causes of behavior* (pp. 151-174). Morristown, NJ: General Learning Press.

______ (1972b). Attribution in social interaction. In E. E. Jones, D. E. Kanouse, H. H. Kelley, R. E. Nisbett, S. Valins, & B. Weiner (Eds.), *Attribution: Perceiving the causes of behavior* (pp. 1-26). Morristown, NJ: General Learning Press.

Kemper, T. (1984). Power, status, and emotions: A sociological contribution to a psychophisiological domain. In K. Scherer & P. Ekman (Eds.), *Approaches to emotion* (pp. 369-383). New York: Erlbaum.

Kim, H., & Markus, H. R. (1999). Deviance or uniqueness, harmony or conformity? A cultural analysis. *Journal of Personality and Social Psychology, 77,* 785-800.

Kim, U. (1994). Individualism and collectivism: Conceptual clarification and elaboration. In U. Kim, H. C. Triandis, C. Kagitcibasi, S. C. Choi, & G. Yoon (Eds.), *Individualism and collectivism: Theory, method, and applications* (pp. 19-40). Thousand Oaks, CA: Sage.

______ (1995). *Individualism and collectivism: A psychological, cultural and ecological analysis.* Nordic Institute of Asian Studies (NIAS) Report Series, No. 21. Copenhagen, Denmark: NIAS Books.

______ (2000). Indigenous, cultural, and cross-cultural psychology: A theoretical, conceptual, and epistemological analysis. *Asian Journal of Social Psychology, 3,* 265-287.

Kim, U., & Choi, S. C. (1993). Asian collectivism: Indigenous and comparative perspectives. 중앙대학교 사회과학연구소 편, 《한국적 심리학의 탐색》 ('93 사회과학연구소 국제학술세미나 자료집, pp. 1-28). 서울: 중앙대학교 사회과학연구소.

King, A. Y. C., & Bond, M. H. (1985). The Confucian paradigm of man: A sociological view. In W. S. Tseng & D. Y. H. Wu (Eds.), *Chinese culture and mental health* (pp. 29-46). New York: Academic Press.

Kitayama, S. (1993). *Culture, self, and emotion: The nature and functions of "good moods/feelings" in Japan and the United States.* Mimeo. Also lecture given at East-West Center, Honolulu, Hawaii, October 21.

Kitayama, S., & Karasawa, M. (1995). Self: A cultural psychological perspective. *Japanese Journal of Experimental Social Psychology, 35,* 113-165.

Kitayama, S., & Markus, H. R. (1990). *Culture and emotion: The role of other-focused emotions.* Paper presented at the 98th Annual Convention of the American Psychological Association, Boston, MA.

______ (Eds.) (1994). *Emotion and culture: Empirical investigations of mutual influence.* Washington, DC: American Psychological Association.

______ (1995). Construal of self as cultural frame: Implications for internationlizing psychology. In N. R. Goldberger & J. B. Veroff (Eds.), *The culture and psychology reader* (pp. 366-383). New York: New York University Press.

Kitayama, S., Markus, H. R., & Kurokawa, M. (1994). *Cultural views of self and emotional experience: Does the nature of good feelings depend on culture?* Unpublished manuscript, Kyoto University, Kyoto, Japan.

Kitayama, S., Markus, H. R., & Lieberman, C. (1995). The collective construction of self-esteem: Implications for culture, self and emotion. In J. Russel, J. Fernandez-Dols, T. Manstead, & J. Wellenkamp (Eds.), *Everyday conceptions of emotion: An introduction to the psychology, anthropology, and linguistics of emotions* (pp. 523-550). Dordrecht, Netherlands: Kluwer.

Kitayama, S., Markus, H. R., Matsumoto, H., & Norasakkunkit, V. (1997). Individual and collective processes of self-esteem management: Self-enhancement in the United States and self-criticism in Japan. *Journal of Personality and Social Psychology, 72,* 1245-1267

Kitayama, S., Markus, H. R, Tummala, P., Kurokawa, M., & Kato, K. (1990). *Culture and self-cognition.* Unpublished manuscript, University of Oregon.

Kitayama, S., Palm, R., Masuda, T., & Carroll, J. (1998). *Interdependent and independent modes of cultural participation: Coping with earthquake risks in Japan and the United States.* Unpublished manuscript, Kyoto University, Kyoto, Japan.

Kleinman, A. (1988). *Rethinking psychology: From cultural category to personal experience.* New York: Free Press.

Kluckhohn, C. (1956). Toward a comparison of value emphasis in different cultures. In L. D. White (Ed.), *The state of the social sciences* (pp. 116-132). Chicago, IL: University of Chicago Press.

Kluckhohn, C., & Murray, H. A. (1948). *Personality in nature, society and culture.* New York: Knoff.

Kohlberg, L. (1963). The development of children's orientation toward a moral order: I. Sequence in the development of moral thought. *Vita Humana, 6,* 11-33.

______ (1964). Development of moral character and moral ideology. In M. L. Hoffman & L. W. Hoffman (Eds.), *Review of child development research* (Vol. 1, pp. 383-431). New York: Russell Sage Foundation.

Kornadt, H. J., Eckensberger, L. H., & Emminghaus, W. B. (1980). Cross-cultural research on motivation and its contribution to a general theory of motivation. In H. C. Triandis & W. Lonner (Eds.), *Handbook of cross-cultural psychology* (Vol. 3, pp. 223-321). Boston: Allyn & Bacon.

Korten, F. F. (1974). The influence of culture and sex on the perception of person. *International Journal of Psychology, 9*, 31-44.

Kravitz, D., & Martin, B. (1986). Ringelmann rediscovered: The original article. *Journal of Personality and Social Psychology, 50*, 936-941.

Kroeber, A. L., & Kluckhohn, C. (1952). *Culture: A critical review of concepts and definitions.* Cambridge, MA: Peabody Museum, Vol. 47, No. 1.

Kubany, E. S., Gallimore, R., & Buell, J. (1970). The effects of extrinsic factors on achievement-oriented behavior: A non-Western case. *Journal of Cross-Cultural Psychology, 1*, 77-84.

Kuhl, J. (1986). Motivation and information processing: A new look at decision making, dynamic change, and action control. In R. M. Sorrentino & E. T. Higgins (Eds.), *Handbook of motivation and cognition: Foundations of social behavior* (pp. 404-434). New York: Guilford.

Kuhlen, R. G., & Lee, R. J. (1943). Personality characteristics and social acceptability in adolescence. *Journal of Educational Psychology, 34*, 321-340.

Kuhn, M. H. & McPartland, T. S. (1954). An empirical investigation of self-attitudes. *American Sociological Review, 19*, 68-76.

Kunda, Z. (2000). *Social cognition: Making sense of people.* Cambridge, MA: MIT Press.

Kwan, V. S. Y., Bond, M. H., & Singelis, T. M., (1997). Pancultural explanation for life satisfaction: Adding relationship harmony to self-esteem. *Journal of Personality and Social Psychology, 73*, 1038-1051.

Langer, E. J. (1975). The illusion of control. *Journal of Personality and Social Psychology, 32*, 311-328.

Langer, E. J., & Roth, J. (1975). Heads I win, tails it's chance: The illusion of control as a function of the sequence of outcomes in a purely chance task. *Journal of Personality and Social Psychology, 32*, 951-955.

Langman, P. F. (1997). White culture, Jewish culture, and the origins of psychotherapy.

Psychotherapy, 34, 207-218.

Latané, B., Williams, K. D, & Harkins, S. G. (1979). Many hands make light the work: The causes and consequences of social loafing. *Journal of Personality and Social Psychology, 37,* 822-832.

Laurent, A. (1993). *Historie de l'individualisme.* Paris: Presses Universitaires de France. (김용민 역. 《개인주의의 역사》. 서울: 한길사, 2001.)

Lazarus, R. S. (1984). On the primacy of cognition. *American Psychologist, 39,* 124-129.

______ (1991). *Emotion and adaptation.* New York: Oxford University Press.

Lazarus, R. S., & Lazarus, B. N. (1994). *Passion and reason: Making sense of our emotions.* New York: Oxford University Press. (정영목 역. 《감정과 이성》. 서울: 문예출판사, 1997.)

Leary, D. E. (Ed.) (1990). *Metaphors in the history of psychology.* Cambridge, UK: Cambridge University Press.

Lebra, T. (1976). *Japanese patterns of behavior.* Honolulu, HI: University of Hawaii Press.

LeDoux, J. E. (1987). Emotion. In V. M. Castle (Ed.), *Handbook of psychology: The nervous system* (Vol. 1, pp. 419-459)). Bethesda, MD: American Psychological Society.

Lee, F., Hallahan, M., & Herzog, T. (1996). Explaining real-life events: How culture and domain shape attributions. *Personality and Social Psychology Bulletin, 22,* 732-741.

Lee, H. O., & Boster, F. J. (1992). Collectivism-individualism in perceptions of speech rate: A cross-cultural comparison. *Journal of Cross-Cultural Psychology, 23,* 377-388.

Lee, H. O., & Rogan, R. G. (1991). A cross-cultural comparison of organizational conflict management behaviors. *International Journal of Conflict Management, 2,* 181-199.

Lefcourt, H. M. (1966). Internal versus external control of reinforcement: A review. *Psychological Bulletin, 65,* 206-220.

Lefley, H. P. (1994). Mental health treatment and service delivery in cross-cultural perspective. In L. L. Adler & U. P. Gielen (Eds.), *Cross-cultural topics in psychology* (pp. 179-199). Westport, CT: Praeger.

Lepper, M. R., Greene, D., & Nisbett, R. E. (1975). Turning play into work: Effects of adult surveillance and extrinsic rewards on children's intrinsic motivation. *Journal of Personality and Social Psychology, 31,* 479-486.

Leung, K., & Bond, M. H. (1982). How Americans and Chinese reward task-related contributions: A preliminary study. *Psychologia, 25,* 2-9.

______ (1984). The impact of cultural collectivism on reward allocation. *Journal of Personality and Social Psychology, 47,* 793-804.

Levy, R. I. (1973). *The Tahitians.* Chicago, IL: University of Chicago Press.

______ (1984). The emotions in comparative perspective. In K. R. Scherer & P. Ekman (Eds.), *Approaches to emotion* (pp. 397-412). Hillsdale, NJ: Erlbaum.

______ (1990). *Mesocosm: Hinduism and the organization of a traditional Newar city of Nepal.* Berkeley, CA: University of California Press.

Levy-Bruhl, L. (1926). *How natives think.* London: Allen & Unwin.

Lew, S. K. (1977). Confucianism and Korean social structure. In C. S. Yu (Ed.), *Korean and Asian religious tradition* (pp. 151-172). Toronto, Canada: University of Toronto Press.

Lewinsohn, P. M., Mischel, W., Chaplin, W., & Barton, R. (1980). Social competence and depression: The role of illusory self-perceptions. *Journal of Abnormal Psychology, 89,* 203-212.

Lewis, M. (1993). Self-conscious emotions: Embarrassment, pride, shame, and guilt. In M. Lewis & J. M. Haviland (Eds.), *Handbook of emotions* (pp. 563-573). New York: Guilford.

Lindzey, G. (Ed.). (1954). *The handbook of social psychology.* Cambridge, MA: Addison-Wesley.

Lindzey, G., & Aronson, E. (Eds.). (1969). *The handbook of social psychology* (2nd ed.). Reading, MA: Addison-Wesley.

______ (Eds.). (1985). *The handbook of social psychology* (3rd ed.). New York: Random House.

Liu, I. M. (1986). Chinese cognition. In M. H. Bond (Ed.), *The psychology of Chinese people* (pp. 73-105). Hong Kong: Oxford University Press.

Livesley, W. J. & Bromley, D. B. (1973). *Person perception in childhood and adolescence.* London: Wiley.

548

Lukes, S. (1973). *Individualism*. New York: Harper & Row.

Lutz, C. (1982). The domain of emotion words on Ifaluk. *American Ethnologist, 9*, 113-128.

______ (1988). *Unnatural emotions: Everyday sentiments on a Micronesian atoll and their challenge to Western theory*. Chicago, IL: University of Chicago Press.

Maehr, M. (1974). Culture and achievement motivation. *American Psychologist, 29*, 887-896.

Maehr, M., & Nicholls, J. (1980). Culture and achievement motivation: A second look. In N. Warren (Ed.), *Studies in cross-cultural psychology* (Vol. 2, pp. 221-267). New York: Academic Press.

Mahbubani, K. (1995). The Pacific way. *Foreign Affairs. 74: 1*(Jan./Feb.), 100-111.

Maine, H. (1963). *Ancient law*. Boston, MA: Beacon.

Mandler, G. (2007). *A history of modern experimental psychology: From James and Wundt to cognitive science*. Cambridge, MA: The MIT Press.

Mann, L. (1988). Culture and conformity. In M. H. Bond (Ed.), *The cross-cultural challenge to social psychology* (pp. 184-187). Newbury Park, CA: Sage.

Marks, G. (1984). Thinking one's abilities are unique and one's opinions are common. *Personality and Social Psychology Bulletin, 10*, 203-208.

Markus, H. R., & Kitayama, S. (1991a). Culture and the self: Implications for cognition, emotion, and motivation. *Psychological Review, 98*, 224-253.

______ (1991b). Cultural variation in the self-concept. In J. Strauss & G. R. Goethals (Eds.), *The self: Interdisciplinary approaches* (pp. 18-48). New York: Springer.

______ (1994a). A collective fear of the collective: Implications for selves and theories of selves. *Personality and Social Psychology Bulletin, 20*, 568-579.

______ (1994b). The cultural construction of self and emotion: Implications for social behavior. In S. Kitayama & H. R. Markus (Eds.), *Emotion and culture: Empirical investigations of mutual influence* (pp. 89-130). Washington, DC: American Psychological Association.

Markus, H. R., Mullally, P. R., & Kitayama, S. (1997). Self-ways: Diversity in modes of cultural participation. In U. Neisser & D. Jopling (Eds.), *The conceptual self in context* (pp. 13-61). New York: Cambridge University Press.

Markus, H. R., & Wurf, E. (1987). The dynamic self-concept: A social psychological perspective. *Annual Review of Psychology, 38,* 299-337.

Markus, H. R., & Zajonc, R. B. (1985). The cognitive perspective in social psychology. In G. Lindzey & E. Aronson (Eds.), *The handbook of social psychology* (3rd ed., Vol. 1, pp. 137-230). New York: Random House.

Marsella, A. J. (1985). Culture, self, and mental disorder. In A. J. Marsella, G. DeVos, & F. L. K. Hsu (Eds.), *Culture and self: Asian and Western perspectives* (pp. 281-307). New York: Tavistock.

Marsella, A. J., & Choi, S. C. (1994). Psychological aspects of modernization and economic development in East Asian Nations. *Psychologia, 36,* 201-213.

Masuda, T., & Nisbett, R. E. (2001). Attending holistically versus analytically: Comparing the context sensitivity of Japanese and Americans. *Journal of Personality and Social Psychology, 81,* 922-934.

Matsuda, N. (1985). Strong, quasi-, and weak conformity among Japanese in the modified Asch procedure. *Journal of Cross-Cultural Psychology, 16,* 83-97.

Matsui, T., Kakuyama, T., & Onglatco, M. L. (1987). Effects of goals and feedback on performance in groups. *Journal of Applied Psychology, 72,* 407-415.

Matsumoto, D. (1989). Cultural influence on the perception of emotion. *Journal of Cross-Cultural Psychology, 20,* 92-105.

______ (2000). *Culture and psychology: People around the world* (2nd ed.). Belmont, CA: Wadsworth.

Matsumoto, D., & Ekman, P. (1989). American-Japanese cultural differences in the recognition of universal facial expression of emotion. *Motivation and Emotion, 13,* 143-157.

Matsumoto, D., Kudoh, T., Scherer, K. R. & Wallbott, H. G. (1988). Antecedents of and reactions to emotions in the United States and Japan. *Journal of Cross-Cultural Psychology, 19,* 267-286.

McAdams, D. P. (2001). *The person: An integrated introduction to personlity psychology* (3rd ed.). Orlando, FL: Harcourt College Publishers

McArthur, L. Z., & Baron, R. M. (1983). Toward an ecological theory of social perception. *Psychological Review, 90,* 215-247.

McClelland, D. C. (1963). Motivational patterns in Southeast Asia with special reference to the Chinese case. *Social Issues, 19*, 6-19.

Meade, R. D., & Barnard, W. A. (1973). Conformity and anti-conformity among Americans and Chinese. *Journal of Social Psychology, 89*, 15-24.

______ (1975). Group pressure on American and Chinese females. *Journal of Social Psychology, 96*, 137-138.

Mesquita, B., & Frijda, N. H. (1992). Cultural variation in emotions: A review. *Psychological Bulletin, 112*, 179-204.

Miller, J. G. (1984). Culture and the development of everyday social explanation. *Journal of Personality and Social Psychology, 46*, 961-978.

______ (1986). Early cross-cultural commonalities in social explanation. *Developmental Psychology, 22*, 514-520.

______ (1987). Cultural influence on the development of conceptual differentiation in person description. *British Journal of Developmental Psychology, 5*, 309-310.

______ (1991). A cultural perspective on the morality of beneficence and interpersonal responsibility. *International and Intercultural Communication Annual, 15*, 11-23.

______ (1994). Cultural diversity in the morality of caring: Individually-oriented versus duty-based interpersonal moral codes. *Cross-Cultural Research, 28*, 3-39.

______ (1997). Cultural conceptions of duty. In D. Munro, J. F. Schumaker, & S. C. Carr (Eds.), *Motivation and culture* (pp. 178-192). New York: Routledge.

Miller, J. G., & Bersoff, D. M. (1992). Cultural and moral judgement: How are conflicts between justice and interpersonal responsibilities resolved? *Journal of Personality and Social Psychology, 62*, 541-554.

______ (1994). Cultural influences on the moral status of reciprocity and the discounting of endogenous motivation. *Personality and Social Psychology Bulletin, 20*, 592-602.

Miller, J. G., Bersoff, D. M., & Harwood, R. L. (1990). Perceptions of social responsibilities in India and the United States: Moral imperatives or personal decision? *Journal of Personality and Social Psychology, 58*, 33-47.

Miller, J. G., & Luthar, S. (1989). Issues of interpersonal responsibility and accountability: A comparison of Indians' and Americans' moral judgement. *Social*

Cognition, 3, 237-261.

Miller, W. I. (1993). *Humiliation.* Ithaca, NY: Cornell University Press.

Mills, J., & Clark, M. S. (1982). Exchange and communal relationships. In L. Wheeler (Ed.), *Review of personality and social psychology* (Vol. 3, pp. 121-144). Beverly Hills, CA: Sage.

Mischel, W. (1968). *Personality and assessment.* New York: Wiley.

Misumi, J. (1985). *The behavioral science of leadership: An interdisciplinary Japanese research program.* Ann Arbor, MI: University of Michigan Press.

Miyake, K., Campos, J. J. Kagan, J., & Bradshaw, D. L. (1986). Issues in socioemotional development. In H. Stevenson, H. Azuma, & K. Hakuta (Eds.), *Child development and education in Japan* (pp. 239-261). New York: Freeman.

Mizokawa, D. T., & Ryckman, D. B. (1990). Attributions of academic success and failure: A comparison of six Asian-American ethnic groups. *Journal of Cross-Cultural Psychology, 21,* 434-451.

Morling, B. (1997). *Cotrolling the environments and controlling the self in the United States and Japan.* Paper presented at the Second Conference of the Asian Association of Social Psychology, Kyoto.

Morling, B., Kitayama, S., & Miyamoto, Y. (2002). Cultural practices emphasize influence in the U.S. and adjustment in Japan. *Personality and Social Psychology Bulletin, 28,* 311-323.

Morris, M. W. (1993). *Culture and cause: American and Chinese understandings of physical and social causality.* Unpublished doctoral dissertation, University of Michigan.

Morris, M. W., Nisbett, R. E., & Peng, K. (1995). Causal attribution across domains and cultures. In D. Sperber, D. Premack, & A. J. Premack (Eds.), *Causal understandings in cognition and culture* (pp. 577-614). Oxford, UK: Oxford University Press.

Morris, M. W., & Peng, K. (1994). Culture and cause: American and Chinese attributions for social and physical events. *Journal of Personality and Social Psychology, 67,* 949-971,

Moscovici, S. (1981). On social representation. In J. P. Forgas (Ed.), *Social cognition:*

Perspectives on everyday understanding (pp. 181-209). London: Academic Press.

______ (1985). Social influence and conformity. In G. Lindzey & E. Aronson (Eds.), *The handbook of social psychology* (3rd ed., Vol. 2, pp. 437-412). New York: Random House.

Mullen, B., & Riordan, C. A. (1988). Self-serving attributions in naturalistic setting: A mata-analytic review. *Journal of Appled Social Psychology, 18*, 3-22.

Munro, D. (1997). Levels and process in motivation and culture. In D. Munro, J. F. Schumaker, & S. C. Carr (Eds.), *Motivation and culture* (pp. 3-15). New York: Routledge.

Munro, D., Schumaker, J. F., & Carr, S. C. (Eds.). (1997). *Motivation and culture.* New York: Routledge.

Munro, D. J. (1969). *The concept of man in early China.* Stanford, CA: Stanford University Press.

Murphy, G. (1954). Social motivation. In G. Lindzey (Ed.), *The handbook of social psychology* (Vol. 2, pp. 601-633). Cambridge, MA: Addison-Wesley.

Murray, H. A. (1938). *Explorations in personality.* New York: Oxford University Press.

Myers, D. G. (1987). *Social psychology* (2nd ed.). New York : McGraw-Hill.

Myers, D. G., & Diener, E. (1995). Who is happy? *Psychological Sciences, 6*, 10-19.

Needham, J. (1969). *Science and civilization in China* (3 Vols.). Cambridge, UK: Cambridge University Press. (이석호·이철주·임정대 역. 《중국의 과학과 문명》. 서울: 을유문화사, 1986.)

Newcomb, T. M. (1961). *The acquaintance process.* New York: Dryden.

Nisbett, R. E. (2003). *The geography of thought: How Asians and Westerners think differently and why.* New York: Free Press.

Nisbett, R. E., & Cohen, D. (1996). *Culture of honor: The psychology of violence in the South.* Boulder, CO: Westview.

Nisbett, R. E., Peng, K., Choi, I., & Norenzayan, A. (2001). Culture and systems of thought: Holistic vs. analytic cognition. *Psychological Review, 108*, 291-310.

Nisbett, R. E., & Ross, L. (1980). *Human inference: Strategies and shortcomings in social judgement.* Englewood Cliffs, NJ: Prentice-Hall.

Norenzayan, A, Choi, I., & Nisbett, R. E. (2002). Cultural similarities and differences in social inference: Evidence from behavioral predictions and lay theories of behavior. *Personality and Social Psychology Bulletin, 28*, 109-120.

Oatley, K. (1993). Social construction in emotions. In M. Lewis & J. M. Haviland (Eds.), *Handbook of emotions* (pp. 341-352). New York: Guilford.

Oatley, K. Keltner, D., & Jenkins, J. M. (2006). *Understanding emotions* (2nd ed.). Cambridge, MA: Blackwell

Oyserman, D., Coon, H. M., & Kemmelmeier, M. (2002). Rethinking individualism and collectivism: Evaluation of theoretical assumptions and meta-analyses. *Psychological Bulletin, 128*, 3-72.

Parkinson, B. (1995). Emotion. In B. Parkinson & A. M. Colman (Eds.), *Emotion and motivation* (pp. 1-21). London: Longman.

Parkinson, B., & Colman, A. M. (1995). Introduction. In B. Parkinson & A. W. Colman (Eds.), *Emotion and motivation* (pp. xi- x vi). London: Longman.

Peevers, B. H., & Secord, P. F. (1973). Developmental changes in attribution of descriptive concepts to persons. *Journal of Personality and Social Psychology, 27*, 120-128.

Peng, K., & Nisbett, R. E. (1999). Culture, dialectics and reasoning about contradition. *American Psychologist, 54*, 741-754.

Peng, K., Nisbett, R. E., & Wong, N. (1997). Validity problems of cross-cultural value comprison and possible solutions. *Psychological Methods, 2*, 329-341.

Pepitione, A. (1987). The role of culture in theories of social psychology. In C. Kagitcibasi (Ed.), *Growth and progress in cross-cultural psychology* (pp. 12-22). Lisse, Netherlands: Swets & Zeitlinger.

Petri, H. L. (1996). *Motivation: Theory, research, and applications* (4th ed.). Pacific Grove, CA: Brooks/Cole.

Pettigrew, T. F. (1979). The ultimate attribution error: Extending Allport's cognitive analysis of prejudice. *Personality and Social Psychology Bulletin, 5*, 461-476.

Piaget, J. (1932). *The moral judgement of the child.* (tr. by M. Gabain, New York: Free Press, 1965.)

Pittman, T. S. (1982). *Intrinsic and extrinsic motivational orientations toward others.* Paper presented at the 90th meeting of the American Psychological Association,

Washington, DC.

______ (1998). Motivation. In D. T. Gilbert, S. T. Fiske, & G. Lindzey (Eds.), *The handbook of social psychology* (4th ed., Vol. 1, pp. 549-590). Boston, MA: McGraw-Hill.

Pittman, T. S., Boggiano, A. K., & Main, D. S. (1992). Intrinsic and extrinsic motivational orientations in peer interactions. In A. K. Boggiano & T. S. Pittman (Eds.), *Achievement and motivation: A social-developmental analysis* (pp. 37-53). New York: Cambridge University Press.

Pittman, T. S., & Heller, J. F. (1987). Social motivation. *Annual Review of Psychology*, *38*, 461-489.

Premack, D. (1990). The infant's theory of self-propelled objects. *Cognition*, *36*, 1-16.

Quattrone, G. A. (1986). On the perception of group variability. In S. Worchel & W. G. Austin (Eds.), *The psychology of intergroup relations* (Vol. 2, pp. 25-48). Chicago, IL: Nelson-Hall.

Quinn, N., & Holland, D. (1987). Culture and cognition. In D. Holland & N. Quinn (Eds.), *Cultural models in language and thought* (pp. 1-40). Cambridge, UK: Camgridge University Press.

Redding, G., & Wong, G. Y. Y. (1986). The psychology of Chinese organizational behavior. In M. H. Bond (Ed.), *The psychology of Chinese people* (pp. 267-295). Hong Kong: Oxford University Press.

Reeve, J. (1992). *Understanding motivation and emotion.* Fort Worth, TX: Harcourt Brace Jovanovich.

______ (2005). *Understanding motivation and emotion* (4th ed.). Hoboken, NJ: Wiley.

Rempel, J. K., Holmes, J. G., & Zanna, M. P. (1985). Trust in close relationships. *Journal of Personlity and Social Psychology*, *49*, 95-112.

Rhee, E, Uleman, J. S., Lee, H. K., & Roman, R. J. (1995). Spontaneous self-descriptions and ethnic identities in individualistic and collectivisitic cultures. *Journal of Personality and Social Psychology*, *69*, 142-152.

Robinson, M. (1991). Confucianism in twentieth century Korea. In G. Rozman (Ed.), *The East Asian region.* Princeton, NJ: Princeton University Press.

Rohner, R. (1984). Toward a conception of culture for cross-cultural psychology. *Journal of Cross-Cultual Psychology, 15*, 111-138.

Rosaldo, M. Z. (1984). Toward an anthropology of self and feeling. In R. A. Shweder & R. A. LeVine (Eds.), *Culture theory: Essays on mind, self, and emotion* (pp 137-157). Cambridge, UK: Cambridge University Press.

Roseman, I. J. (1984). Cognitive determinants of emotion: A structural theory. In P. Shaver (Ed.), *Review of personality in social psychology* (Vol. 5, pp. 11-36). Beverly Hills, CA: Sage.

Rosemont, H., Jr. (1991). Rights-bearing individuals and role-bearing persons. In M. I. Bockover (Ed.), *Rules, rituals and responsibility: Essays dedicated to Herbert Fingarette*. LaSalle, IL: Open Court Press.

Rosenberg, M. (1965). *Society and the adolescent self-image*. Princeton, NJ: Princeton University Press.

Rosenberg, S., & Sedlak, A. (1972). Structural representations of implicit personality theory. In L. Berkowitz (Eds.), *Advances in experimental social psychology* (Vol. 6, pp. 235-297). New York: Academic Press.

Ross, L. (1977). The intuitive psychologist and his shortcomings: Distortions in the attribution process. In L. Berkowitz (Ed.), *Advances in experimental social psychology* (Vol. 10, pp. 174-220). New York: Academic Press.

Ross, L., & Nisbett, R. E. (1991). *The person and the situation: Perspectives of social psychology*. New York: McGraw-Hill.

Rothbaum, F., Weisz, J. R., & Snyder, S. S. (1982). Changing the world and changing the self: A two-process model of perceived control. *Journal of Personality and Social Psychology, 42*, 5-37.

Rotter, J. B. (1966). Generalized expectancies for internal versus external control of reinforcement. *Psychological Monographs, 80* (1, Whole No. 609).

______ (1975). Some problems and misconceptions related to the construct of internal versus external control of reinforcement. *Journal of Consulting and Clinical Psychology, 43*, 36-67.

Russel, J. A. (1980). A circumplex model of affect. *Journal of Personality and Social Psychology, 39*, 1161-1178.

______ (1983). Pancultural aspects of the human conceptual organization of emotions.

Journal of Personality and Social Psychology, 36, 1152-1168.

______ (1991). Culture and categorizations of emotions. *Psychological Bulletin, 110*, 426-450.

Russell, B. (1959). *Wisdom of the West: A historical survey of Western philosophy in its social and political setting.* London: Crescent Books. (이명수·곽강제 역. 《서양의 지혜: 그림과 함께 보는 서양철학사》. 서울: 서광사, 2003.)

Ryff, C., Lee, L. Y., & Na, K. (1995). *Through the lens of culture: Psychological well-being at midlife.* Unpublished manuscript, University of Michigan.

Saarni, C. (1993). Socialization of emotion. In M. Lewis & J. M. Haviland (Eds.), *Handbook of emotions* (pp. 435-446). New York: Guilford

Sastry, J., & Ross, C. E. (1998). Asian ethnicity and the sense of personal control. *Social Psychology Quarterly, 61*, 101-120.

Scherer, K. R. (1984). Emotion as a muti-component process: A model and some cross-cultural data. In P. Shaver (Ed.), *Review of personality and social psychology: Emotions, relationships, and health* (Vol. 5, pp. 37-63). Beverly Hills, CA: Sage.

Scherer, K. R., & Wallbott, H. G. (1994). Evidence for universality and cultural variation of differential emotion response patterning. *Journal of Personality and Social Psychology, 66*, 310-328.

Schmutte, P. S., Lee, L. Y., & Ryff, C. D. (1995). *Reflections on parenthood: A cultural perspective.* Madison, WI: University of Wisconsin Press.

Schneider, D. J., Hastorf, A. H., & Ellsworth, P. C. (1979). *Person perception* (2nd ed.). Reading, MA: Addison-Wesley.

Scholte, J. A. (2000). *Globalization: A critical introduction.* New York: St. Martin's Press

Schumaker, J. F. (1997). Religious motivation across cultures. In D. Munro, J. F. Schumaker, & S. C. Carr (Eds.), *Motivation and culture* (pp. 193-208). New York: Routledge.

Schwartz, B. (1986). *The battle of human nature: Science, morality and modern life.* New York: Norton.

Schwartz, J. M., & Smith, W. P. (1976). Social comparison and the inference of ability difference. *Journal of Personality and Social Psychology, 34*, 1268-1275.

Schwartz, S. H. (1992). Universals in the content and structure of values: Theoretical advances and empirical tests in 20 countries. In M. Zanna (Ed.), *Advances in experimental social psychology* (Vol. 25, pp. 1-66). New York: Academic Press.

______ (1994). Beyond individualism-collectivism: New cultural dimensions of values. In U. Kim, H. C. Triandis, C. Kagitcibasi, S. C. Choi, & G. Yoon (Eds.), *Individualism and collectivism: Theory, method, and applications* (pp. 85-119). Thousand Oaks, CA: Sage.

______ (1999). A theory of cultural values and some implications for work. *Applied Psychology: An International Review, 48*, 23-47.

______ (2004). Mapping and interpreting cultural difference around the world. In H. Vinken, J. Soeters, & P. Ester (Eds.), *Comparing cultures: Dimensions of culture in a comparative perspective* (pp. 43-73). Leiden, NL: Brill.

Sedikides, C. (1993). Assessment, enhancement, and verification determinants of the self-evaluation process. *Journal of Personality and Social Psychology, 65*, 317-338.

Sedikides, C., & Brewer, M. B. (Eds.) (2001). *Individual self, relational self, collective self.* Philadelphia, PA: Psychology Press.

Sedikides, C., Gaertner, L., & Toguchi, Y. (2003). Pancultural self-enhancement. *Journal of Personality and Social Psychology, 84*, 60-79.

Sedikides, C., Gaertner, L., & Vevea, J. L. (2005). Pancultural self-enhancement reloaded: A meta-analytic reply. *Journal of Personality and Social Psychology, 89*, 539-551.

Segall, M. H., Dasen, P. R., Berry, J. W., & Poortinga, Y. H. (1999). *Human behavior in global perspective: An introduction to cross-cultural psychology* (2nd ed.). Boston, MA: Allyn & Bacon.

Seligman, C., Fazio, R. H., & Zanna, M. P. (1980). Effects of salience of extrinsic rewards on liking and loving. *Journal of Personality and Social Psychology, 38*, 453-460.

Seligman, M. E. P. (1975). *Helplessness: On depression, development, and death.* San Francisco, CA: Freeman. (윤진·조긍호 역. 《무기력의 심리》. 서울: 탐구당, 1983.)

Semin, G. R. (1980). A gloss on attribution theory. *British Journal of Social and Clinical Psychology, 19*, 291-300.

558

Shaver, P., Schwartz, J. M., Kirson, D., & O'Connor, C. (1987). Emotion knowledge: Further exploration of a prototype approach. *Journal of Personality and Social Psychology, 52,* 1061-1086.

Shaw, M. E., & Constanzo, P. R. (1982). *Theories of social psychology* (2nd ed.). New York: McGraw-Hill. (홍대식 역. 《사회심리학이론》. 서울: 박영사, 1985.)

Shedler, J., Mayman, M., & Manis, M. (1993). The illusion of mental health. *American Psychologist, 48,* 1117-1131.

Shikanai, K. (1978). Effects of self-esteem on attribution of success-failure. *Japanese Journal of Experimental Social Psychology, 18,* 47-55.

Shweder, R. A. (1990). Cultural psychology: What is it? In J. W. Stigler, R. A. Shweder, & G. Herdt (Eds.), *Cultural psychology: Essays on comparative human development* (pp. 1-43). New York: Cambridge University Press.

______ (1993). The cultural psychology of the emotions. In M. Lewis & J. M. Haviland (Eds.), *Handbook of emotions* (pp. 417-431). New York: Guilford.

Shweder, R. A., & Bourne, E. J. (1984). Does the concept of the person vary cross-culturally? In R. A. Shweder & R. A. LeVine (Eds.), *Culture theory: Essays on mind, self, and emotion* (pp. 158-199). New York: Cambridge University Press.

Shweder, R. A., Mahapatra, M., & Miller, J. G. (1990). Culture and moral development. In J. W. Stigler, R. A. Shweder, & G. Herdt (Eds.), *Cultural psychology: Essays on comparative human development* (pp. 130-204). New York: Cambridge University Press.

Shweder, R. A., Much, N. C., Mahapatra, M., & Park, L. (1997). The "big three" of morality (autonomy, community, divinity), and the "big three" explanations of suffering. In A. Brandt & P. Rozin (Eds.), *Morality and health* (pp. 119-169). New York: Routlege.

Singelis, T. M., Triandis, H. C., Bhawuk, D. D., & Gelfand, M. (1995). Horizontal and vertical dimensions of individualism and collectivism: A theoretical and measurement refinement. *Cross-Cultural Research, 29,* 240-275.

Singh, R. (1981). Prediction of performance from motivation and ability: An appraisal of the cultural difference hypothesis. In J. Pandey (Ed.), *Perspectives on ex-*

perimental social psychology in India (pp. 31-53). New Delhi, India: Concept.

Sinha, D., & Tripathi, R. C. (1994). Individualism in a collectivist culture: A case of co-existence of opposites. In U. Kim, H. C. Triandis, C. Kagitcibasi, S. C. Choi, & G. Yoon (Eds.), *Individualism and collectivism: Theory, method, and applications* (pp. 123-136). Thousand Oaks, CA: Sage.

Skinner, B. F. (1971). *Beyond freedom and diginity.* New York: Knopf. (차재호 역. 《자유와 존엄을 넘어서》. 서울: 탐구당, 1982.)

Smith, C., & Ellsworth, P. C. (1987). Patterns of appraisal and emotion related to taking an exam. *Journal of Personality and Social Psychology, 52,* 475-488.

Smith, P. B. (1995). Journal of Cross-Cultural Psychology: Looking to the future. *Journal of Cross-Cultural Psychology, 26,* 588-590.

Smith, P. B., Bond, M. H., & Kagitcibasi, C. (2006). *Understanding social psychology across cultures: Living and working in a changing world.* Thousand Oaks, CA: Sage.

Snyder, C. R., & Fromkin, H. L. (1980). *Uniqueness: The human pursuit of difference.* New York: Plenum.

Snyder, M., Stephan, W. G., & Rosenfield, D. (1976). Egotism and attribution. *Journal of Personality and Social Psychology, 33,* 435-441.

Solomon, R. C. (1984). Getting angry: The Jamesian theory of emotion in anthropology. In R. A. Shweder & R. A. LeVine (Eds.), *Culture theory: Essays on mind, self, and emotion* (pp. 238-254). New York: Cambridge University Press.

Solomon, S., Greenberg, J., & Pyszczynski, T. (1991). A terror management theory of social behavior: The psychological functions of self-esteem and cultural worldviews. In M. P. Zanna (Ed.), *Advances in experimental social psychology* (Vol. 24, pp. 91-159). New York: Academic Press.

Srull, T. K., & Gaelick, L. (1983). General principles and individual differences in the self as a habitual reference point: An examination of self-other judgments of similarity. *Social Cognition, 2,* 108-121.

Stevenson, H. W., & Lee, S. Y. (1996). The academic achievement of Chinese students. In M. H. Bond (Ed.), *The handbook of Chinese psychology* (pp. 124-142). New York: Oxford University Press.

560

Stevenson, H. W., Lee, S. Y., & Stigler, J. W. (1986). Mathematics achievement of Chinese, Japanese, and American children. *Science, 231*, 693-699.

Stevenson, H. W., & Stigler, J. W.(1992). *The learning gap*. New York: Summit Books.

Stigler, J. W., Smith, S., & Mao, L. (1985). The self-perception of competence by Chinese children. *Child Development, 56*, 1259-1270.

Strauss, C. (1992). Models and motives. In R. G. D'Andrade & C. Strauss (Eds.), *Human motives and cultural models* (pp. 1-20). Cambridge. UK: Cambridge University Press.

Suh, E., & Diener, E. (1995). Subjective well-being: Issue for cross-cultural research. 한국심리학회 편, 《삶의 질의 심리학》 (pp. 147-165). 서울: 한국심리학회.

Tajfel, H. (1981). *Human groups and social categories: Studies in social psychology*. Cambridge, UK: Cambridge University Press.

______ (Ed.) (1982). *Social identity and intergroup relations*. Cambridge, UK: Cambridge University Press.

Takata, T. (1987). Self-depreciative tendencies in self-evaluation through social comparison. *Japanese Journal of Experimental Social Psychology, 27*, 27-36.

Takata, T., & Hashimoto, H. (1973). Effects of insufficient justification upon the arousal of cognitive dissonance: Timing of justification and evaluation of task. *Japanese Journal of Experimental Social Psychology, 13*, 77-85.

Tardif, T. (1996). Nouns are not always learned before verbs: Evidence from Mandarin-speakers early vocabularies. *Developmental Psychology, 32*, 492-504.

Tawney, R. H. (1938). *Religion and the rise of capitalism*. Harmondsworth: Penguin Books.

Taylor, C. (1989). *Soures of the self: The making of modern identities*. Cambridge, MA: Harvard University Press.

Taylor, S. E. (1983). Adjustment to threatening events: A theory of cognitive adaptation. *American Psychologist, 38*, 1161-1173.

Taylor, S. E., & Brown, J. D. (1988). Illusion and well-being: A social psychological perspective on mental health. *Psychological Bulletin, 103*, 193-210.

______ (1994a). Positive illusion and well-being revisited: Separating fact from fiction. *Psychological Bulletin, 116*, 21-27.

______ (1994b). "Illusion" of mental health does not explain positive illusions. *American Psychologist, 49*, 972-973.

Taylor, S. E., & Fiske, S. T. (1975). Point of view and perceptions of causality. *Journal of Personality and Social Psychology, 32*, 439-445.

______ (1978). Salience, attention, and attribution: Top of the head phenomena. In L. Berkowitz (Ed.), *Advances in experimental social psychology* (Vol. 11, pp. 249-288). New York: Academic Press.

Taylor, S. E., Peplau, L. A., & Sears, D. O. (1994). *Social psychology* (8th ed.). Englewood Cliffs, NJ: Prentice-Hall.

______ (2003). *Social psychology* (11th ed.). Upper Saddle River, NJ: Prentice-Hall.

Tesser, A. (1988). Toward a self-evaluation maintenance model of social behavior. In L. Berkowitz (Ed.), *Advances in experimental social psychology* (Vol. 21, pp. 181-227). San Diego, CA: Academic Press.

Tetlock, P. E., & Levi, A. (1982). Attribution bias: On the inconclusiveness of the cognition-motivation debate. *Journal of Experimental Social Psychology, 18*, 68-88.

Thibaut, J. W., & Kelley, H. H. (1959). *The social psychology of groups*. New York: Wiley.

Ting-Toomey, S. (Ed.). (1994). *The challenge of facework: Cross-cultural and interpersonal issue*. Albany, NY: State University of New York Press.

Tomkins, S. S. (1981). The quest for primary motives: Biography and autobiography of an idea. *Journal of Personality and Social Psychology, 41*, 306-329.

______ (1984). Affect theory. In K. R. Scherer & P. Ekman (Eds.), *Approaches to emotion* (pp. 163-195). Hillsdale, NJ: Erlbaum.

Tönnies, F. (1887/1957). *Community and society* (C. P. Loomis, Trans.). East Lansing, MI: Michigan State University Press.

Toulmin, S. (1990). *Cosmololis: The hidden agenda of modernity*. New York: Free Press. (이종흡 역. 《코스모폴리스: 근대의 숨은 이야깃거리들》. 마산: 경남대학교 출판부, 1997.)

Triandis, H. C. (1988). Collectivism versus individualism: A reconceptualization of a basic concept of cross-cultural psychology. In G. K. Verma & C. Bagley (Eds.), *Cross-cultural studies of personality, attitudes and cognition* (pp. 60-95). London:

Macmillan.

_______ (1989). The self and social behavior in differing cultural contexts. *Psychological Review, 96,* 506-520.

_______ (1990). Cross-cultural studies of individualism and collectivism. In J. J. Berman (Ed.), *Cross-cultural perspectives: Nebraska Symposium on Motivation, 1989* (pp. 41-133). Lincoln, NB: University of Nebraska Press.

_______ (1994a). Theoretical and methodological approaches to the study of collectivism and individualism. In U. Kim, H. C. Triandis, C. Kagitcibasi, S. C. Choi, & G. Yoon (Eds.), *Individualism and collectivism: Theory, method, and applications* (pp. 41-51). Thousand Oaks, CA: Sage.

_______ (1994b). *Culture and social behavior.* New York: McGraw-Hill.

_______ (1994c). Major cultural syndromes and emotion. In S. Kitayama & H. R. Markus (Eds.), *Culture and emotion: Empirical studies of mutual influence* (pp. 285-306). Washington, DC: American Psychological Association.

_______ (1995). *Individualism and collectivism.* Boulder, CO: Westview.

_______ (1996). The psychological measurement of cultural syndromes. *American Psychologist, 51,* 407-415.

Triandis, H. C., Bontempo, R., Villareal, M. J., Asai, M., & Lucca, N. (1988). Individualism and collectivism: Cross-cultural perspectives on self-ingroup relationships. *Journal of Personality and Social Psychology, 54,* 323-338.

Triandis, H. C., & Gelfand, M. J. (1998). Converging measurement of horizontal and vertical individualism and collectivism. *Journal of Personality and Social Psychology, 74,* 118-128.

Triandis, H. C., Leung, K., Villareal, M. J., & Clark, F. L. (1985). Allocentric versus ideocentric tendencies: Convergent and discriminant validation. *Journal of Research in Personality, 19,* 395-415.

Triandis, H. C., McCusker, C., Betancourt, H., Iwao, S., Leung, K., Salazar, J. M., Setiadi, B., Sinha, J. B. P., Touzard, H., & Zaleski, Z. (1993). An etic-emic analysis of individualism and collectivism. *Journal of Cross-Cultural Psychology, 24,* 366-383.

Triandis, H. C., McCusker, C., & Hui, C. H. (1990). Multimethod probes of individualism and collectivism. *Journal of Personality and Social Psychology, 59*, 1006-1020.

Trompenaars, F. (1993). *Riding the ways of culture*. London: Economist Books.

Tu, Wei-Ming (1985). Selfhood and otherness in Confucian thought. In A. J. Marsella, G. A. DeVos, & F. L. K. Hsu (Eds.), *Culture and self: Asian and Western perspective* (pp. 231-251). New York: Tavistock.

______ (1996). *Confucian tradition in East Asian modernity*. Cambridge, MA: Harvard University Press.

Turner, J. C. (1982). Towards a cognitive redefinition of the social group. In H. Tajfel (Ed.), *Social identity and intergroup relations* (pp. 15-40). Cambridge, UK: Cambridge University Press.

______ (1985). Social categorization and self-concept: A social cognitive theory of group behavior. In E. J. Lawler (Ed.), *Advances in group processes: Theory and reseach* (Vol 2, pp. 77-122). Greenwich, CT: JAI Prees.

Turner, J. C., Hogg, M. A., Oakes, P J., Reicher, S. D., & Wetherell, M. S. (1987). *Rediscovering the social group: A self-categorization theory*. New York: Basil Blackwell.

Tversky, A. (1977). Features of similarity. *Psychological Review, 84*, 327-352.

Tversky, A., & Kahneman, D. (1974). Judgment under uncertainty: Heuristic and biases. *Science, 185*, 1124-1131.

Valentine, J. (1997). Conformity, calculation, and culture. In D. Munro, J. F. Schumaker, & S. C. Carr (Eds.), *Motivation and culture* (pp. 97-116). New York: Routledge.

Walster, E., Walster, G. W., & Berscheid, E. (1978). *Equity: Theory and research*. Boston, MA: Allyn & Bacon.

Watson, D. C., & Tellegan, A. (1985). Toward a consensual structure of mood. *Psychological Bulletin, 98*, 219-235.

Weber, M. (1904-5). *The protestant ethic and the spirit of capitalism*. tr. by T. Parsons, London, 1930.

Weiner, B. (1974). *Cognitive views of human motivation*. New York: Academic Press.

______ (1979). A theory of motivation for some classroom experiences. *Journal of Educational Psychology, 21*, 3-25.

______ (1982). The emotional consequence of causal attributions. In M. S. Clark & S.

564

T. Fiske (Eds.), *Affect and cognition: The 17th annual Carnegie Symposium on Cognition* (pp. 185-210). Hillsdale, NJ: Erlbaum.

_______ (1986). *An attributional theory of emotion and motivation.* New York: Springer.

_______ (1991). Metaphors in motivation and attribution. *American Psychologist, 46,* 921-930.

Weinstein, N. D. (1980). Unrealistic optimism about future life events. *Journal of Personality and Social Psychology, 39,* 806-820.

Weisz, J. R., Rothbaum, F. M., & Blackburn, T. C. (1984). Standing out and standing in: The psychology of control in America and Japan. *American Psychologist, 39,* 955-969.

Weldon, E. (1984). Deindividuation, interpersonal affect and productivity in laboratory task groups. *Journal of Applied Social Psychology, 14,* 469-485.

White, G. M. (1993). Emotions inside out: The anthropology of affect. In M. Lewis & J. M. Haviland (Eds.), *Handbook of emotions* (pp. 29-30). New York: Guilford.

_______ (1994). Affecting culture: Emotion and morality in everyday life. In S. Kitayama & H. R. Markus (Eds.), *Emotion and culture: Empirical studies of mutual influence* (pp. 219-239). Washington, DC: American Psychological Association.

White, R. W. (1959). Motivation reconsidered: The concept of competence. *Psychological Review, 66,* 297-333.

Wiggins, J. S. (1992). Agency and communion as conceptual coordinates for the understanding and measurement of interpersonal behavior. In W. M. Grove & D. Cicchetti (Eds.), *Thinking clearly about psychology* (pp. 89-113). Minneapolis, MN: University of Minnesota Press.

Williams, T. P., & Sogon, S. (1984). Group composition and conforming behavior in Japanese students. *Japanese Psychological Research, 26,* 231-234.

Wilson, S. R. (1997). Self-actualization and culture. In D. Munro, J. F. Schumaker, & S. C. Carr (Eds.), *Motivation and culture* (pp. 85-96). New York: Routledge.

Witkin, H. A. (1969). *Social influences in the development of cognitive style.* New York: Rand McNally.

Witkin, H. A., & Berry, J. W. (1975). Psychological differentiation in cross-cultural perspective. *Journal of Cross-Cultural Psychology, 6,* 4-87.

Witkin, H. A., & Goodenough, D. R. (1977). Field dependence and interpersonal behavior. *Psychological Bulletin, 84*, 661-689.

Wyer, R. S., Jr., & Carlston, D. E. (1979). *Social cognition, inference, and attribution.* Hillsdale, NJ: Erlbaum.

Yamagishi, T. (1988). Exit from the group as an individualistic solution to the free-rider problem in the United States and Japan. *Journal of Experimental Social Psychology, 24*, 530-542.

Yamauchi, H. (1988). Effects of actor's and observer's roles on causal attributions by Japanese subjects for success and failure in competitive situations. *Psychological Reports, 63*, 619-626.

______ (1990). Actor and observer attributions by Japanese subjects for success and failure in non-competitive situations. *Psychologia, 33*, 212-219.

Yang, C. F. (1988). Familism and development: An examination of the role of family in comtemporary China Mainland, Hong Kong, and Taiwan. In D. Sinha & H. S. R. Kao (Eds.), *Social values and development: Asian perspectives* (pp. 93-123). London: Sage.

Yang, K. S. (1981). Social orientation and individual modernity among Chinese students in Taiwan. *Journal of Social Psychology, 113*, 159-170.

______ (1982). Causal attributions of academic success and failure and their affective consequences. *Acta Psychologica Taiwanica, 24*, 65-83.

______ (1986). Chinese personality and its change. In M. H Bond (Ed.), *The psychology of the Chinese people* (pp. 106-170). Hong Kong: Oxford University Press.

______ (1997). Indigenizing Westernized Chinese psychology. In M. H. Bond (Ed.), *Working at the interface of cultures: Eighteen lives in social science* (pp. 62-76). London: Routledge.

______ (2000). Monocultural and cross-cultural indigenous approaches: The royal road to the development of a balanced global psychology. *Asian Journal of Social Psychology, 3*, 241-263.

Yang, K. S. & Liang, W. H. (1973). Some correlates of achievement motivation among Chinese high school boys. *Acta Psychologica Taiwanica, 15*, 59-67.

Yoshida, T., Kojo, K, & Kaku, H. (1982). A study on the development of self-presentation in children. *Japanese Journal of Educational Psychology, 30,* 30-37.

Yoshizaki, S., Ishii, S., & Ishii, K. (1975). The effects of reward magnitude and choice freedom on opinion change. *Japanese Journal of Experimental Social Psychology, 15,* 35-44.

Yu, A. B., & Yang, K. S. (1994). The nature of achievement motivation in collectivistic societies. In U. Kim, H. C. Triandis, C. Kagitcibasi, S. C. Choi, & G. Yoon (Eds.), *Individualism and collectivism: Theory, method, and applications* (pp. 239-250). Thousand Oaks, CA: Sage.

Yu, E. S. H. (1974). Achievement motive, familism, and hsiao: A replication of McClellad-Winterbottom studies. *Dissertation Abstracts International, 35,* 593A.

Zajonc, R. B. (1980). Feeling and thinking: Preferences need no inferences. *American Psychologist, 35,* 151-175.

———— (1984). On the primacy of affect. *American Psychologist, 39,* 117-123.

———— (1998). Emotion. In D. T. Gilbert, S. T. Fiske, & G. Lindzey (Eds.), *The handbook of social psychology* (4th ed., Vol. 1, pp. 591-632). Boston, MA: McGraw-Hill.

Zebrowitz, L. A. (1990). *Social perception.* Pacific Grove, CA: Brooks/Cole.

찾아보기

용 어

【ㄱ】

가능태(可能態)　112, 232, 233, 234, 439
가도(可道)　201
가변성　73~75, 91, 99, 125~128, 131, 133, 140,
　　141, 148, 151, 155, 170, 172, 173, 176, 183,
　　185, 186, 237, 243, 245, 267, 274, 319, 352,
　　353, 362, 418, 424, 428, 436, 471, 473, 477,
　　478, 491, 492
　　＿＿＿추구적인 동기　361
가부장적 지도자　338
가산모형(加算模型)　174
가소성(可塑性)　32, 34, 133, 245, 319, 427, 439
가족 통합　59, 165
갈등　122, 166, 167, 179, 263, 269, 342, 427,
　　433, 444, 461, 499, 500
　　＿＿ 해결　31, 32, 434
　　＿＿ ＿＿ 양식　166~169
감각(적) 동기　383, 405
　　＿＿ 추구 동기　368, 371, 376, 380, 381, 400,
　　404
　　＿＿적 욕구　188, 192, 193, 196, 221, 282, 364,
　　482
감성　252
감정　144, 188, 192, 252, 258, 263, 267, 271, 277,
　　279, 288, 293, 298~300, 481, 492~494, 503
　　＿＿ 통제　508
강한 동조 동기　362
강화(强化)　291
　　＿＿의 원리　273, 483
개과(改過)　126, 133
개방화(성)　454, 463
개별성　69, 248, 333, 343, 361, 506, 507
개인 목표　18, 60, 62, 122, 166, 342, 331
　　＿＿ 관　56, 127, 135, 140, 422, 428
　　＿＿적 규범　351

＿＿적 자기　334
＿＿적 정체감　67, 161
＿＿ 정체성　455, 456
＿＿주의　18, 21~23, 25, 27, 28, 31, 32, 51,
　　54~60, 62~66, 68~70, 72, 74~77, 79, 80,
　　85, 91, 94, 96, 97, 128, 129, 131, 133, 135,
　　138, 140, 141, 145, 147, 148, 150, 152~159,
　　161~171, 173, 174, 176~178, 180, 183, 185,
　　186, 237, 253, 257, 258, 260, 262~264,
　　267~274, 323, 328, 330~332, 335, 336,
　　338~342, 344, 346~350, 353~355, 357~359,
　　361~363, 421~424, 427~429, 431~434,
　　436~438, 440, 442, 444, 445, 447, 448, 463,
　　471, 478, 479, 485, 486, 491~493, 494, 496,
　　506~509, 514
＿＿주의 성향　23
＿＿중심 사회비교　362, 430, 432
＿＿중심 인간관　488
＿＿중심성향　156, 158, 159, 163, 259, 345, 352,
　　441~445
＿＿중심적 인간관　32, 63, 67, 68, 70, 72, 74,
　　75, 77, 92, 147, 149, 156, 177, 186, 257, 274,
　　362, 423
＿＿지향 동기　331, 333
＿＿지향 성취동기　336, 337, 362, 430, 432
＿＿지향적 성취　331
＿＿차　440, 445, 447
＿＿화　55, 76, 82
＿＿효능감　348, 507
개체성　59, 163
　　＿＿지향 동기　362, 432
개화파　464
거경(居敬)　252, 318, 319, 405, 414, 416~418, 508
격물(格物)　375, 385, 399, 425, 510
겸권(兼權)　304
겸손　28, 122, 208, 451, 492
겸술(兼術)　117, 216

【ㅎ】

인 명

국·한문

【ㄱ】

구미 어문

【A】

【B】

588

고전 장·쪽

《論語》